全国职业病诊疗康复人才培训系列教材

职业性尘肺病

国家卫生健康委职业健康司　组织编写

李 涛　谭 勇　李 颖　主编

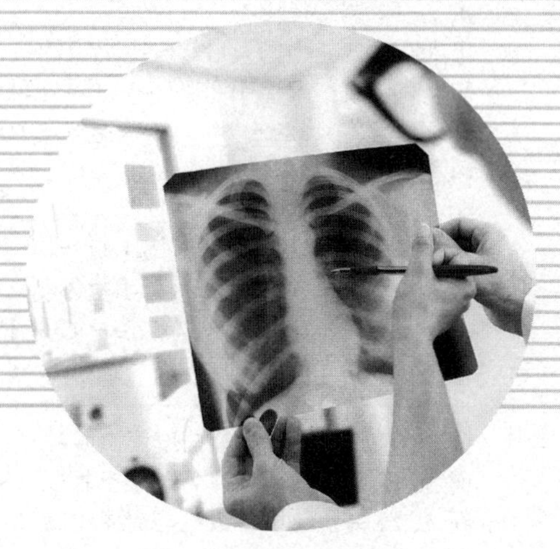

中国人口与健康出版社
China Population and Health Publishing House
全国百佳图书出版单位

图书在版编目（CIP）数据

职业性尘肺病 / 国家卫生健康委职业健康司组织编写 . -- 北京 : 中国人口与健康出版社，2025. 6.
（全国职业病诊疗康复人才培训系列教材）. -- ISBN 978-7-5238-0435-3

Ⅰ. R598.2

中国国家版本馆 CIP 数据核字第 2025XH1204 号

全国职业病诊疗康复人才培训系列教材

职业性尘肺病

QUANGUO ZHIYEBING ZHENLIAO KANGFU RENCAI PEIXUN XILIE JIAOCAI

ZHIYEXING CHENFEIBING

国家卫生健康委职业健康司　组织编写

责任编辑　李春荣
责任设计　刘海刚
责任印制　任伟英
出版发行　中国人口与健康出版社
印　　刷　天津中印联印务有限公司
开　　本　889 毫米 × 1194 毫米　1/16
印　　张　20.75
字　　数　542 千字
版　　次　2025 年 6 月第 1 版
印　　次　2025 年 6 月第 1 次印刷
书　　号　ISBN 978-7-5238-0435-3
定　　价　62.00 元

微 信 ID　中国人口与健康出版社
图书订购　中国人口与健康出版社天猫旗舰店
新浪微博　@ 中国人口与健康出版社
电子信箱　rkcbs@126.com
总编室电话（010）83519392　　**发行部电话**（010）83557247
办公室电话（010）83519400　　**网销部电话**（010）83530809
传　　真（010）83519400
地　　址　北京市海淀区交大东路甲 36 号
邮　　编　100044

全国职业病诊疗康复人才培训系列教材
编写指导委员会

《职业性尘肺病》编委会

主　　编： 李　涛　中国疾病预防控制中心职业卫生与中毒控制所
谭　勇　湖南省职业病防治院
李　颖　湖南省职业病防治院

副 主 编： 王焕强　中国疾病预防控制中心职业卫生与中毒控制所
毛　翎　同济大学附属上海市肺科医院（上海市职业病防治院）
叶　俏　首都医科大学附属北京朝阳医院
彭莉君　四川大学华西第四医院
金盛辉　重庆市职业病防治院
李智民　深圳市职业病防治院
李宝平　应急总医院

编写人员：（按姓氏笔画排序）
马　丽　山东省职业卫生与职业病防治研究院
马艳红　山东省职业卫生与职业病防治研究院
卫　栋　无锡市人民医院
王永义　重庆市职业病防治院
朱　钧　首都医科大学附属北京胸科医院
刘移民　广州市职业病防治院
闫永建　山东省第二人民医院呼吸疾病诊疗中心
孙治平　应急总医院
李　欣　湖南省职业病防治院
李丹叶　中日友好医院
余　晨　中国疾病预防控制中心职业卫生与中毒控制所

张华东　重庆市疾病预防控制中心（重庆市预防医学科学院）
张建芳　国家卫生健康委职业安全卫生研究中心
张晓华　湖南省职业病防治院
张雁林　北京大学第三医院
陆长城　湖南省职业病防治院
陈　刚　应急管理部北戴河康复院
陈志军　深圳市职业病防治院
陈钧强　杭州医学院
陈静瑜　浙江大学医学院附属第二医院
范晓丽　山东省职业卫生与职业病防治研究院
赵红梅　中日友好医院
罗　东　重庆市职业病防治院
贺咏平　内蒙古自治区鄂尔多斯市蒙医医院
钱青俊　国家卫生健康委职业安全卫生研究中心
郭林红　湖南省职业病防治院
黄　曼　浙江大学医学院附属第二医院
黄　蕾　湖南省疾病预防控制局
崔　萍　山东省职业卫生与职业病防治研究院
梁伟辉　广东省职业病防治院

序言

人民健康是民族昌盛和国家富强的重要标志，职业健康关系亿万劳动者身心健康和家庭幸福，党中央、国务院历来高度重视职业健康工作。党的十八大以来，以习近平同志为核心的党中央坚持以人民为中心的发展思想，把保障人民健康放在优先发展的战略地位，提出从以治病为中心转变为以人民健康为中心，实施健康中国战略，将健康融入所有政策，为人民群众提供全方位全周期健康服务。党的二十届三中全会明确提出实施健康优先发展战略，健全公共卫生体系，促进社会共治、医防协同、医防融合，强化监测预警、风险评估、医疗救治等能力。

我国正处于工业化、城镇化快速发展阶段，广大劳动者在职业活动中接触的职业病危害因素日益复杂多样，职业性尘肺病、职业中毒等传统职业病防治形势仍然严峻，肌肉骨骼系统疾病和工作压力导致的生理、心理问题正成为亟待应对的职业健康新挑战。保障劳动者健康，做好职业病诊疗康复工作，需要大力加强专业技术人才培养，加强职业卫生放射卫生服务能力建设，以适应新时代职业健康工作需要。

按照《“健康中国 2030”规划纲要》《国家职业病防治规划（2021—2025 年）》等要求，国家卫生健康委将职业病诊疗康复人才培训纳入卫生健康人才培养项目。为加强人才培训培养工作的专业性、规范性和实效性，国家卫生健康委职业健康司组织编写了“全国职业病诊疗康复人才培训系列教材”，共 10 种，分别是《职业健康检查》《职业病诊断与鉴定》《职业性尘肺病》《职业性化学中毒》《职业性噪声聋》《职业性皮肤病及其他职业病》《放射工作人员职业健康检查》《职业性放射性疾病》《工作相关肌肉骨骼疾病》《工作相关精神和行为障碍》。

本套教材由 200 多位来自疾病预防控制机构、职业病防治院所、专科医院等职业病诊断、治疗和康复相关领域的专家学者共同编写，内容丰富、科学系统，具有较强的专业性、科学性、针对性、实用性，既可用于职业病诊疗康复人员的培训，也可供职业健康监管人员、用人单位职业卫生管理人员、职业健康技术服务人员以及大专院校相关专业师生学习参考。

因时间仓促，本套教材虽经多次讨论和修改，但难免会有不妥和错误之处，欢迎广大读者批评指正。

全国职业病诊疗康复人才培训系列教材
编写指导委员会
2025 年 6 月

前 言

随着工业化、城镇化、人口老龄化、疾病谱、生态环境及生活方式等的变化，我国职业健康保护工作面临多重疾病威胁并存、多种健康影响因素交织的局面。尽管以尘肺病为主的传统职业病得到一定程度遏制，尘肺病报告的病例数显著降低，但尘肺病仍是现阶段最主要的职业病，是影响我国劳动者健康的最严重的职业病，也成为“健康中国 2030”目标实现中不可忽视的公共卫生问题。尘肺病的诊断鉴定涉及用人单位、劳动者以及职业病诊断机构等各方利益，具有很强的技术性和政策性。做好职业性尘肺病诊断工作，不仅要求从业者具有一定的专业背景，也要熟悉和掌握相关的职业病防治法律法规和职业病诊断标准，更需要造就合格的职业病医师，建设一支高素质的职业病诊断技术队伍。尘肺病患者的有效救治，对减轻患者痛苦、延长患者寿命具有重要的意义。

《职业性尘肺病》为全国职业病诊疗康复人才培训系列教材之一，以从事尘肺病诊断、治疗的医师为对象。本书共十一章，从系统性、完整性、严谨性、逻辑性、科学性、可读性出发，以尘肺病诊断标准为基础，系统地阐述了尘肺病的发病机制、呼吸系统应用解剖和生理学、粉尘作业劳动者的职业健康检查、尘肺病的诊断与鉴别诊断、尘肺病的治疗康复以及尘肺病的预防。同时，本书尽可能汇集了尘肺病诊治康复相关的最新理论和最新技术，以及新型尘肺病的特征及病因诊断，具有一定的先进性和实用性。本书还分享了尘肺病检查、诊断、治疗、康复等典型案例及分析，以及尘肺病康复站建设与运行管理等内容。

本书概念清晰、内容全面、技术严谨、语言通顺、简明扼要，可作为尘肺病诊疗康复及研究、教学、培训的参考书，对于提高尘肺病诊疗医师的整体素质将会起到重要的作用。

本书是在国家卫生健康委职业健康司的具体指导下，由来自全国 40 余名知名专家、学者共同执笔撰写，由李涛、谭勇、李颖担任主编，王焕强、毛翎、叶俏、彭莉君、金盛辉、李智民、李宝平担任副主编。在此，谨向参与教材编写的各位专家、老师的辛勤付出，向来自各方面的支持帮助，一并表示衷心感谢。

由于编者经验、水平有限，书中难免存在不足甚或错误，敬请各位同行和读者批评、指正，以便再版时修订。

《职业性尘肺病》编委会

2025 年 6 月

目 录

第一章　职业性尘肺病概述……1
第一节　尘肺病的定义及种类……1
第二节　尘肺病的发病机制……4
第三节　尘肺病的病理……7
第四节　尘肺病的临床表现……10
第五节　尘肺病的并发症……12
第六节　尘肺病的治疗与康复……22
第二章　生产性粉尘与健康……25
第一节　生产性粉尘主要类型及来源……25
第二节　生产性粉尘的职业接触……27
第三节　生产性粉尘对健康的危害……30
第三章　呼吸系统应用解剖和生理学……37
第一节　呼吸系统的基本结构……37
第二节　肺的通换气功能……42
第三节　缺氧与机体的代偿……45
第四节　呼吸系统的防御、损伤与修复……48
第四章　粉尘作业劳动者的健康检查……51
第一节　粉尘作业劳动者的职业健康检查……51
第二节　粉尘作业劳动者职业健康检查项目及周期……55
第三节　粉尘作业劳动者职业健康检查中的职业禁忌与疑似职业病……59
第四节　粉尘作业劳动者职业健康检查结论及报告……63
第五章　职业性尘肺病的诊断……68
第一节　尘肺病诊断标准及诊断原则……68
第二节　尘肺病的影像学诊断……74
第三节　肺活检技术在尘肺病诊断中的作用……121
第四节　高分辨率计算机断层扫描检查在尘肺病诊断中的辅助作用……123
第五节　尘肺病患者的肺功能诊断……126
第六节　尘肺病的实验室检查……131
第七节　尘肺病诊断的质量控制……135
第八节　尘肺病的诊断与鉴定……139

第六章　不同类型尘肺病的特征及病因诊断……141
第一节　矽肺……141
第二节　煤工尘肺……147
第三节　石墨尘肺……151
第四节　炭黑尘肺……153
第五节　石棉肺……155
第六节　滑石尘肺……158
第七节　水泥尘肺……161
第八节　云母尘肺……163
第九节　陶工尘肺……165
第十节　铝尘肺……168
第十一节　电焊工尘肺……171
第十二节　铸工尘肺……174
第十三节　其他尘肺病……176
第七章　职业性尘肺病与常见呼吸系统疾病的鉴别诊断……184
第一节　肺结核病……184
第二节　特发性肺间质纤维化……188
第三节　肺癌与胸膜间皮瘤……192
第四节　过敏性肺炎……195
第五节　结节病……201
第六节　需要鉴别诊断的其他呼吸系统疾病……202
第七节　金属及其化合物粉尘肺沉着病……206
第八节　硬金属肺病……208
第八章　职业性尘肺病的治疗……212
第一节　我国尘肺病治疗研究的成就……212
第二节　尘肺病治疗的目标和原则……214
第三节　尘肺病的抗肺纤维化治疗……214
第四节　对症治疗……216
第五节　中医治疗……219
第六节　综合治疗……222
第七节　并发症与合并症治疗……224
第八节　非药物治疗……234
第九节　干细胞与免疫细胞治疗……244
第十节　病情评估与分级治疗……248
第十一节　尘肺病患者的健康管理……249
第九章　职业性尘肺病的康复……254
第一节　尘肺病呼吸康复……254
第二节　尘肺病住院康复……256

第三节　尘肺病的社区和居家康复……278

第四节　尘肺病康复站康复……280

第十章　职业性尘肺病的预防……285

第一节　尘肺病的三级预防原则……285

第二节　尘肺病的预防控制措施……286

第三节　我国尘肺病防治进展……288

第十一章　职业性尘肺病诊疗康复典型案例……292

第一节　尘肺病职业健康监护质量控制典型案例及分析……292

第二节　尘肺病诊断典型案例及分析……294

第三节　尘肺病治疗典型案例及分析……298

第四节　尘肺病肺康复治疗典型案例及分析……303

第五节　尘肺病康复站的建设与运行管理……309

附录　职业性尘肺病相关标准文件……314

参考文献……315

01 第一章 职业性尘肺病概述

第一节 尘肺病的定义及种类

一、定义

《职业性尘肺病的诊断》（GBZ 70—2015）将尘肺病定义为：劳动者在职业活动中长期吸入生产性矿物性粉尘并在肺内潴留而引起的以肺组织弥漫性纤维化为主的疾病。

人类关于在生产活动中接触矿物性粉尘对健康造成损害的认识，可以追溯到公元前400年，古希腊学者希波克拉底（Hippocrates）描述了矿工中呼吸困难的症状可能和从事的采矿工作有关。1713年，意大利医学家贝尔纳迪诺·拉马齐尼（Bernardino Ramazzini）多次观察到石材切割劳动者肺部沙粒状物质并发哮喘。1867年，德国人费克尔（Zenker）首先使用尘肺（pneumoconiosis）表述吸入粉尘且在肺内潴留而引起的肺组织改变。1870年，意大利阿希尔·维斯康蒂（Achille Visconti）医生创造了“矽肺”（silicosis）一词用以描述吸入以二氧化硅（SiO_2）粉尘为主所致的尘肺病。1906年，英国蒙塔古·默里（Montague Murray）博士首先报道了石棉可以引起肺病。

我国关于尘肺病的记载可追溯至北宋时期，孔平仲在《谈苑》中记载“贾古山采石人，石末伤肺，肺焦多死”，指出了尘肺病的病因及对人类机体的危害。1957年，我国制定了《职业病名单》，包括尘肺病等14种职业病，但未规定尘肺病种类。1987年，原卫生部、原劳动人事部、财政部、全国总工会联合公布关于修订颁发《职业病范围和职业病患者处理办法的规定》，将矽肺、煤工尘肺、石墨尘肺、炭黑尘肺、石棉肺、滑石尘肺、水泥尘肺、云母尘肺、陶工尘肺、铝尘肺、电焊工尘肺、铸工尘肺等12种尘肺列为法定职业病。2002年颁布的《职业病目录》中增加了《尘肺病诊断标准》和《尘肺病理诊断标准》可以诊断其他尘肺病。2015年，尘肺病诊断标准经多次修改修订为《职业性尘肺病的诊断》，沿用至今。

当粉尘被吸入呼吸道之后，人体通过鼻腔滤尘、气管黏膜分泌物、支气管黏膜上皮的纤毛运动，伴随黏液往外移动运送出去，并通过咳嗽反射可将大部分粉尘排出体外。直径小于5μm的尘粒能够进入肺组织中，沉积在呼吸道，损伤呼吸道的结构，导致肺组织损伤造成肺组织纤维化。

二、全球尘肺病流行病学概况

有关尘肺流行病学的研究主要集中在慢性矽肺。流行病学研究发现，即使停止职业接触，也可能发生慢性矽肺或进展。1969年，美国矿山安全健康管理局（Mining Safety and Health Administration，MSHA）根据《联邦煤矿健康安全法》制定了煤矿工人健康监测项目（Coal Workers’ Health

Surveillance Program，CWHSP）。该项目由美国国家职业安全卫生研究所（National Institute for Occupational Safety and Health，NIOSH）管理、联邦政府资助，旨在通过提供X线胸片、定期肺功能测定和呼吸健康问卷，由经NIOSH认可的医疗机构报告煤矿劳动者的健康状况，以跟踪因接触煤矿粉尘而引起的呼吸系统疾病。对MSHA政府网站公开的2000—2019年美国金属和非金属矿劳动者职业接触呼吸性游离SiO_2的数据进行研究发现，个人接触呼吸性游离SiO_2（SiO_2浓度＞1%）的总体几何平均（GM）为28.9μg/m³（GSD：2.5）；11.8%和27.3%的样本的接触高于MSHA容许接触限值（PEL，100μg/m³）和NIOSH建议的接触水平（REL，50μg/m³）。2018年、2019年接触呼吸性游离SiO_2的几何平均分别为45.9μg/m³和52.9μg/m³，显著高于之前所有年份的几何平均。2000—2019年，总体接触呼吸性游离SiO_2的第95百分位数为148.9μg/m³；比较个体接触呼吸性游离SiO_2时间加权平均值（TWA）与MSHA PEL和NIOSH REL的比值（MSHA将个体接触呼吸性粉尘的TWA/PEL比值超过1.2视为超标），年度超标分数分别在6.9%~17.3%和21.7%~46.3%。此外，1991年NIOSH数据显示，美国至少有170万劳动者可能接触呼吸性晶体型SiO_2，许多劳动者的接触浓度超过强制性接触限值。也有报告指出，在劳动者40~45年的工作期间，在美国职业安全与健康管理局（Occupational Safety and Health Administration，OSHA）规定、MSHA PEL或者NIOSH REL水平接触呼吸性游离SiO_2发生矽肺的风险至少为1%。这些研究结果表明，美国矿山劳动者仍然存在高于PEL和REL的呼吸性游离SiO_2的接触。

接触SiO_2是已知最古老的职业接触之一。已经证实接触呼吸性游离SiO_2与发生矽肺、肺癌、慢性阻塞性肺疾病以及肾病有关。一项针对3330名金矿劳动者的大型研究发现，年累积暴露量小于0.5 mg/m³的矿工患矽肺的风险为1%，而大于4mg/m³的矿工患矽肺的风险则增加到68%~84%。尽管与矽肺相关的死亡率在过去几十年中有所下降，但美国职业与环境医学学会（American College of Occupational and Environmental Medicine，ACOEM）认为接触SiO_2仍然普遍，仍有许多与矽肺相关的死亡病例发生，在1992—1995年，美国因矽肺病导致的估计死亡率可能在200~300人/年之间。在某些情况下，矽肺病可能与肺结核、癌症或自身免疫性疾病等其他疾病的发生有关。例如，流行病学研究证据确定矽肺病是结核病的危险因素之一；职业性接触呼吸性游离SiO_2与支气管炎和肺气肿等慢性阻塞性肺疾病有关；接触SiO_2的劳动者非恶性呼吸道疾病（包括矽肺和其他肺病、慢性支气管炎、肺气肿、哮喘和其他相关呼吸疾病）的死亡率显著增加；接触游离SiO_2或矽尘的劳动者，自身免疫性疾病或免疫性疾病（硬皮病、系统性红斑狼疮、类风湿性关节炎、结节病）、慢性肾病和亚临床肾脏改变导致的过量病例或死亡具有统计学意义，但与哮喘的关联性不大。职业安全卫生学会（Institution of Occupational Safety and Health，IOSH）对接触呼吸性煤尘相关的不良健康效应的可用信息进行评估后指出，接触呼吸性煤尘与职业性呼吸系统疾病的发生有关，包括煤工尘肺（CWP）、进展性大面积纤维化（PMF）和慢性阻塞性肺疾病（COPD）。研究表明，劳动者在MSHA容许接触限值2mg/m³水平以下接触呼吸性煤尘时，患职业性呼吸系统疾病的风险仍较高。关于SiO_2致癌性问题，国际癌症研究机构（International Agency for Research on Cancer，IARC）1996年对实验研究、接触呼吸性游离SiO_2的流行病学研究等信息进行评估，得出结论认为有足够的流行病学证据证明职业性接触游离SiO_2致癌。NIOSH在对IARC和美国胸科学会（The American Thoracic Society，ATS）的观点评估后，建议将游离SiO_2视为潜在的职业性致癌物。此外，在接触游离SiO_2的职业人群中，胃癌的死亡率有统计学意义。但由于大多数研究没有调整混杂因素的影响，或没有评估游离SiO_2的接触－反应关系，因此尚未得两者之间的相关联的结论。综合以上所述，近年流行病学证据表明，接触呼吸性游离 SiO_2，即使接触水平低于 100μg/m^3 也可发生肺癌和矽肺。

鉴于这些流行病学证据，美国一些标准制定机构大幅调低了游离 SiO_2 的职业接触限值。2006 年美国政府及工业卫生协会将游离 SiO_2 的最高允许浓度调低为 25μg/m^3。2016 年 3 月，OSHA 发布建筑行业 SiO_2 最终规则，将呼吸性游离 SiO_2 的 PEL 的 8h-TWA 修改为 50μg/m^3，与 1974 年 NIOSH 建议的呼吸性游离 SiO_2 的值 50μg/m^3 基本一致（NIOSH 建议的 REL 为 10h-TWA）。

矽肺是尘肺病中最为严重的类型，占尘肺病总病例数的 60% 以上。1990—2019 年，全球尘肺病发病率增加 65% 左右，但年龄标准化发病率（ASIR）、年龄标准化患病率（ASPR）以及总体年龄标准化死亡率（ASDR）均呈降低的趋势。不同国家和地区的尘肺病发病率和死亡率存在差异，东亚和南亚发病率及死亡率增幅最大，西欧降幅最大。截至 2021 年，中国和印度是尘肺病死亡报告例数最多的国家，但近年来尘肺病总体发病率和死亡率呈降低的趋势。澳大拉西亚等发达地区的 ASIR 近年来则呈上升趋势。

据全球疾病负担（Global Burden of Disease, GBD）的数据显示，近 30 年全球尘肺发病率为 2.39/10 万，与 1990 年相比，2019 年尘肺病病例数增加约 61.5%。1991—2021 年全球尘肺病总体死亡率、伤残调整生命年（DALY）率、年龄标准化死亡率（ASMR）和 ASDR 呈下降趋势，尘肺病发病率随年龄增长持续上升，65~69 岁达峰值，且 2021 年 25~29 岁年龄段发病率较 1990 年有所增加，患者以男性为主。

由于尘肺病的患病率随年龄的增加而增大，且从粉尘暴露到尘肺病发生可能具有漫长的潜伏期以及隐匿的症状，在全球人口老龄化加重的现状下，未来仍应对粉尘诱导的尘肺病予以关注。

三、我国尘肺病流行病学概况

尘肺病是我国危害最严重和最常见的职业病。根据国家卫生健康委公布的 2013 年至 2023 年职业病发病情况，职业性尘肺病病例数逐年增加，到 2016 年达到最高。截至 2023 年底，我国累计报告尘肺病 93.1 万例，矽肺和煤工尘肺为主要尘肺种类。调查研究显示，尘肺病患者中，男性明显远高于女性，贰期、叁期尘肺病例合计占比较高，且小微型和规模不详的用人单位贰期、叁期病例较多，矽肺接尘工龄较煤工尘肺和其他尘肺短。另外在小煤窑、小水泥厂、小钢铁厂和未经工商注册的小作坊工作的农民工尘肺病发病数量亦不可忽视。除了传统行业，尘肺病还出现于一些新型的行业或工艺，如牛仔服砂洗作业、人造石材加工、义齿加工、珠宝抛光和水力压裂开采页岩气等。

近年来，我国积极开展矿业整顿工作，淘汰了很多技术水平低和管理效率差的小型矿业企业，矿业企业数量明显减少。《健康中国行动（2019—2030 年）》和《尘肺病防治攻坚行动方案》（国卫职健发〔2019〕46 号）中提出，应持续推进尘肺病防治攻坚战进行，减少尘肺病新增确诊人数。这些举措推动了我国尘肺病防治工作的进展，也有效遏制了尘肺病不断增长的态势。

四、尘肺病的种类

尘肺病是不同无机矿物性粉尘所引起的一类疾病的总称，不同粉尘所致尘肺的命名尚没有规范化的方法，粉尘的化学性质不同，其致病的能力及其所致的肺组织的病理学改变也有所不同，但其基本特征是肺组织弥漫性纤维化。我国 2024 年 12 月颁布的《职业病分类和目录》（国卫职健发〔2024〕39 号）中包括 12 种有具体病名的尘肺和其他尘肺病，主要以粉尘的名称和工种命名，包括矽肺、煤工尘肺、石墨尘肺、碳黑尘肺、石棉肺、滑石尘肺、水泥尘肺、云母尘肺、陶工尘肺、铝尘肺、电焊工尘肺、铸工尘肺以及根据《尘肺病诊断标准》和《尘肺病理诊断标准》可以诊断的其他尘肺病。

（彭莉君）

第二节　尘肺病的发病机制

一、氧化损伤与尘肺病

氧化损伤是粉尘暴露诱导肺组织病变的早期事件，自由基是导致氧化损伤的关键分子，通常带有一个或者多个不成对的电子，反应活性高，活性氧自由基（reactive oxygen species，ROS）和活性氮自由基（reactive nitrogen species，RNS）是粉尘暴露后常见的自由基类型。粉尘暴露后，自由基主要有以下几个来源：（1）粉尘形成过程中，其表面由于工业切割等原因，完整的分子结构被机械力破坏可形成自由基；（2）粉尘进入肺组织后，表面裸露的活性基团如硅烷醇基团、表面携带的荷电以及附着的金属离子等对细胞的膜结构造成损伤，释放自由基；（3）粉尘被巨噬细胞吞噬后，巨噬细胞释放自由基。

氧化应激是导致尘肺病发展的一个重要机制，粉尘暴露后肺表面抗氧化剂消耗增多，抗坏血酸和谷胱甘肽的含量显著降低。长期暴露于粉尘颗粒中会导致肺部组织抗氧化系统失调，包括抗氧化酶如超氧化物歧化酶、过氧化氢酶和谷胱甘肽过氧化物酶的活性下降，降低对自由基的清除能力。活性自由基诱导的脂质过氧化是氧化应激的早期事件。生物膜结构上与多不饱和脂肪酸酯化的甘油磷脂以及细胞内的游离脂肪酸是脂质过氧化的主要成分。在自由基的作用下，甘油磷脂发生非酶氧化，而游离脂肪酸则在环加氧酶、细胞色素酶 P450 等的作用下发生酶促氧化，最终产生丙二醛、4-羟基 -2 壬烯醛以及氧化磷脂等，破坏细胞的膜结构。膜结构的损伤和脂质过氧化的产物均可直接诱导炎性损伤甚至细胞死亡。铁死亡是一种程序性死亡调控机制，以铁积累和脂质过氧化为特征，暴露于含有铁离子的粉尘可能通过 Fenton 反应直接诱导细胞的铁死亡。

活性氧自由基可直接造成 DNA 损伤，其损伤机制为：（1）直接与 DNA 中的碱基发生反应，例如，与鸟嘌呤发生反应生成 8- 羟基鸟嘌呤，这些 DNA 氧化产物会进一步干扰 DNA 的正常功能；（2）直接导致核酸链的断裂；（3）感染 DNA 的碱基修复、双链断裂修复等。与 DNA 相似，活性氧自由基也可直接造成蛋白质的损伤和结构变化，导致其功能紊乱。粉尘暴露后，活性氧自由基可作为细胞内的信号分子，直接激活下游信号转导的激活，从而导致细胞功能的改变与损伤。线粒体是粉尘暴露后细胞中 ROS 的一个关键来源，粉尘暴露可诱导线粒体的损伤以及 ROS 产生，过量的 ROS 抑制氧化还原平衡调节枢纽分子 NRF2 的表达，并抑制 NRF2 下游抗氧化分子以及解毒酶的产生，诱导氧化损伤；同时，大量 ROS 使细胞内的谷胱甘肽耗竭，进一步促进氧化损伤。

二、炎症与尘肺病

持续的炎症反应是粉尘引起肺组织损伤的关键因素。粉尘暴露后，巨噬细胞、中性粒细胞等吞噬粉尘并释放信号因子募集免疫细胞，如 T 细胞、B 细胞以及树突细胞，同时释放多种细胞因子，启动免疫反应修复粉尘暴露导致的组织和细胞损伤。

肺巨噬细胞是呼吸系统的重要防线，具有维持肺部内环境稳态的重要作用。粉尘暴露后，肺组织中巨噬细胞的比例增加。肺泡巨噬细胞是直接暴露于空气的巨噬细胞类型。粉尘暴露后，肺泡巨噬细胞表面的“清道夫”受体识别并结合粉尘颗粒，并将粉尘内化至细胞中形成吞噬体，并转移至溶酶体中进行清除。但粉尘性质稳定，无法被酶解和完全清除，吞噬体和溶酶体膜在吞噬和转移粉尘的过程中被破坏，从而导致溶酶体破裂并激活 NLRP3 炎性小体，启动炎性级联反应。同时，受损的巨噬细胞可进一步激活免疫反应，加重炎性损伤。粉尘暴露后，巨噬细胞还可通过极化形成不同的亚型，包括经典激活巨噬细胞（M1）和选择性激活巨噬细胞（M2）。M1 型巨噬细胞主要分泌促炎因子，如 IL-12、IL-15、IL-23、IL-1β 等，参与 Th1 型免疫应答，发挥促炎和吞噬作用。M2 型巨噬细胞可分泌促纤维化因子，如纤连蛋白、胰岛素样生长因子和 TGF-β1 等，促进炎症消退和组织重塑。STAT/IRF、NOD/RIP2/NF-κB、cGAS/STING、MAPK 等信号通路参与巨噬细胞极化的调节。

中性粒细胞是免疫细胞中的主要炎性细胞类型之一。粉尘暴露后，中性粒细胞可直接吞噬粉尘，同时还可释放炎性细胞因子和趋化因子，其中趋化因子可招募其他炎性细胞在肺组织中聚集，从而加剧炎性损伤。此外，中性粒细胞还可形成包含 DNA、蛋白质和细胞因子的细胞外细菌陷阱，该陷阱的形成也会加剧炎性损伤。T 细胞和 B 细胞是适应性免疫的关键细胞类型，粉尘可通过激活 T 细胞和 BCR 复合物来诱导 T 细胞和 B 细胞增殖，并发生亚型组成的变化，促进 T 细胞和 B 细胞中 c-Myc 产生，调节炎性反应。在尘肺病早期的炎性阶段，Th1 细胞是优势亚型，可通过分泌 IFN-γ 和 IL-12 等促进炎性损伤。Th17 通过增加 IL-6 的分泌诱发肺部炎症。在尘肺病进展过程中，B 细胞对 Th1、Th2 以及 Treg 细胞的平衡具有调节作用，还可分泌 IL-10 抑制炎性的进展。

ROS 诱导炎性级联反应的激活。粉尘暴露后产生的 ROS 可激活 NLRP3，从而促进 IL-1β 的分泌和释放，NLRP3 还可促进 caspase-1 的产生，随后 caspase-1 可对前体 IL-1β 进行加工，使其具有生物活性。粉尘表面的硅烷醇基团可诱导细胞产生大量 ROS，随后通过 PPAR 介导 TRPM2 激活以及胞内钙离子和锌离子稳态改变，诱导溶酶体损伤并使自噬通量阻滞，随后通过促进炎性因子表达的方式诱导肺组织炎性损伤。TLR4 也是粉尘暴露诱导肺组织炎性损伤的一个关键调控分子。TLR4 可通过激活 MyD88/TIRAP 和 NF-κB 炎性信号，促进巨噬细胞中 IL-1β、IL-6、IL-10 和 TNFα 等炎性细胞因子的释放。此外，粉尘暴露后肺组织中菌群的失调也可诱导肺组织的炎性损伤。在生产环境中，粉尘携带的微生物进入肺组织后，可影响肺组织原有菌群的稳态，并释放脂多糖，脂多糖可激活 TLR4 启动上述炎性级联反应。同时，粉尘暴露后释放的各类细胞因子也影响肺组织的菌群组成，导致肺组织微生态紊乱，加重炎性损伤。

三、纤维化与尘肺病

肺纤维化是指肺部组织的瘢痕化和纤维组织增生，主要由胶原蛋白、弹性素、蛋白多糖构成的纤维结缔组织过量沉积造成。尘肺病中晚期常见弥漫性肺间质纤维化，严重影响肺组织结构并破坏肺功能。不同类型的尘肺病，纤维化病变特征不同，如矽尘可引发结节型纤维化和弥漫性纤维化，石棉粉尘等往往引起弥漫性纤维化。结节型纤维化是矽肺的特征病理改变，胶原纤维呈洋葱状多层紧密排列，内含少量成纤维细胞和尘细胞。弥漫性肺间质纤维化存在于所有类型的尘肺病中，以纤维组织弥漫性增生为特点，边缘呈放射状、星芒状或不规则状。在《尘肺病治疗中国专家共识（2024 年版）》中，专家达成的基本共识是已形成的肺纤维化是无法消融的。因此，深入研究肺纤维化的发病机制，早期阻断纤维化进程更有助于尘肺病的治疗。肺纤维化是多细胞协同下的结果，其中成纤维细胞、上皮细胞、内皮细胞发挥关键作用。

成纤维细胞是维持肺部结构完整性的重要组成部分，可分泌胶原蛋白、弹性蛋白等基质蛋白，构筑和维持肺部的支架结构。生产性矿物性粉尘在肺内潴留引起肺泡塌陷、肺组织损伤，肺成纤维细胞将被募集到肺损伤区域，进一步活化、增殖，分泌细胞外基质，重塑损伤区域。细胞外基质的过度沉积和肺组织结构重塑是形成肺纤维化的主要原因，过度沉积的细胞外基质可通过力学促进成纤维细胞活化。肺泡巨噬细胞分泌的 TGF-β 可促进成纤维细胞的增殖，诱导成纤维细胞转化为肌成纤维细胞，增加细胞外基质的分泌。炎性因子 IL-1β、IL-18 和肿瘤坏死因子水平的升高可募集成纤维细胞，刺激成纤维细胞和间质细胞的增殖，并分泌大量胶原蛋白、纤连蛋白、透明质酸和蛋白多糖等细胞外基质成分形成病灶。成纤维细胞和上皮细胞来源的结缔组织生长因子也可以激活成纤维细胞。活化后的成纤维细胞可增加 C-X-C 基序趋化因子配体 14 的表达，募集肺泡巨噬细胞并促进 M2 极化，发挥免疫调节功能，加速肺纤维化进程。此外，诱导成纤维细胞活化的经典信号通路还有 TGF-β/SMAD、PI3K/AKT、JAK/STAT、Wnt 信号通路等。

上皮细胞是构成肺泡的重要组成部分，分为Ⅰ型和Ⅱ型。其中在人体肺总细胞群中，Ⅰ型上皮细胞约占 8%，主要构成肺泡结构；Ⅱ型上皮细胞约占 16%，在肺泡中具有关键的分泌和再生作用，以维持肺稳态。肺泡上皮细胞是最早接触外源性粉尘的细胞，粉尘的物理损伤和/或炎症反应下的蛋白酶会引发Ⅰ型上皮细胞的损伤和脱落，Ⅱ型上皮细胞具有修复损伤区域的作用。病理状态下的肺泡上皮细胞通过上皮间充质转化过程转化为肌成纤维细胞，其过程为上皮细胞失去极性，重新排列肌动蛋白应激纤维并表达丝状伪足和层状伪足，具有增强的迁移能力，促进纤维化，并表达间充质标志物 α-平滑肌肌动蛋白和胶原蛋白Ⅰ，导致细胞外基质异常累积和瘢痕组织形成，最终导致器官功能障碍。上皮细胞的间质转化也是尘肺病肌成纤维细胞的主要来源之一。

内皮细胞占人肺总细胞量的 30% 左右，主要构成血管和淋巴管内壁。正常状态下内皮细胞处于静止状态，但当肺组织出现缺血或粉尘损伤时，内皮细胞被激活，发生增殖并促进血管再生。内皮细胞的缺失和不受控制的血管生成是肺纤维化的关键生物学过程。在尘肺病的肺纤维化过程中，内皮细胞可以通过内皮-间充质转化成为肌成纤维细胞的来源，或通过分泌促纤维化介质从而加速纤维化。TGF-β1 是参与组织纤维化的主要信号通路，可激活内皮细胞，促进其分化为病理性肌成纤维细胞并产生大量细胞外基质蛋白。此外，巨噬细胞分泌的基质金属蛋白酶 12 可通过促进内皮细胞损伤加速肺纤维化。

综上所述，粉尘进入肺组织中后，巨噬细胞通过吞噬作用将粉尘内化至细胞内，并释放信号分子启动 T 细胞、B 细胞等的免疫反应，释放细胞因子募集上皮细胞和成纤维细胞修复损伤。然而，由于粉尘在肺组织中大量沉积，且无法被酶解和完全清除，吞噬过多粉尘的巨噬细胞会发生死亡，胞体破裂并将粉尘重新释放到肺组织微环境中，由新的巨噬细胞继续对粉尘进行清除和吞噬，如此反复循环吞噬与释放的过程，导致免疫反应过度，大量细胞因子释放到肺组织中。从而持续促进上皮细胞间质转化、内皮间质转化等，破坏肺泡结构并损害肺毛细血管网络，影响气体交换。在细胞因子的持续作用下，成纤维细胞增殖分化为肌成纤维细胞，形成纤维增生灶并分泌胶原蛋白，沉积在肺间质，导致组织纤维化的发生，肺组织逐渐硬化。然而，尘肺病是粉尘作用下多细胞、多因子、多信号相互作用的结果，细胞和分子间的相互作用网络复杂，尘肺病的发病机制目前尚不完全清楚。目前针对组织、单一细胞类型和信号通路的研究难以精确识别尘肺病的关键分子靶点，分子机制解析得不深入和不准确导致临床诊疗中早期筛查诊断生物标志物缺乏，用于治疗尘肺病的药物疗效有限。因此，未来的研究需要结合前沿的高通量组学技术和分子生物学技术，全面且系统地解析粉尘暴露诱导肺组织细胞谱、单细胞基因表达谱等的变化，并解析细胞与细胞间的相互作用路径。

（彭莉君）

第三节　尘肺病的病理

人体对进入呼吸道的粉尘具有防御机能，可使进入肺内的大部分粉尘排出体外。但是长期吸入生产性矿物性粉尘超过人体能够清除的量时，可引起肺组织对其的反应。粉尘吸入所致的肺组织反应不光只有终期的肺纤维化，也包括病理改变的全过程。因此，尘肺病是因吸入粉尘所致的肺泡功能结构单位的损伤，其早期表现为巨噬细胞性肺泡炎，后期当肺泡结构受到严重破坏，不能完全修复时，则被胶原纤维取代，形成结节性肺纤维化或弥漫性肺纤维化或两者兼有。

肺组织对粉尘的清除反应是决定尘肺发病的重要环节。正常人的呼吸道具有清除粉尘的黏液纤毛流（或称黏液纤毛阶梯）和肺泡以及间质的清除机制。这种不同层次的清除粉尘机制是一个连续的时相过程，快相占吸入总尘量的70%~95%，在数天内即可完成；慢相约占吸入总尘量的10%，一般要100天以上，甚至多年后沉积的粉尘才被排出，因为那些进入肺间质或肺泡腔内而沉积下来的粉尘是难以清除的。当吸入的粉尘量大于人体的清除量（超负荷）时，粉尘就被蓄积在肺组织内造成肺损伤，大量的及长时间的粉尘蓄积则导致尘肺病的发生。

一、基本病理改变

在实验性矽肺中，早期可观察到巨噬细胞性肺泡炎，随后慢慢出现尘性肉芽肿，最终发展成为以胶原纤维为主要成分的纤维性结节。致纤维化矿物性粉尘的大量蓄积会引起肺结构的破坏，其基本病变可包括巨噬细胞性肺泡炎、尘性肉芽肿和结节、尘斑、尘性弥漫性纤维化。

（一）巨噬细胞性肺泡炎

巨噬细胞性肺泡炎（macrophage pulmonary alveoli）指的是在肺泡腔内充满了大量细胞质内含有粉尘颗粒的巨噬细胞（尘细胞）。研究表明，任何外源性的刺激物如粉尘、化学物或生物激惹物、致敏原等，只要进入并潴留在肺泡腔内，首先引起的就是巨噬细胞性肺泡炎。

在实验性矽肺中，染尘早期（数小时至72h）即可在肺泡腔内见到大量中性多形核白细胞为主要成分的炎性渗出物。数天（一般3天左右）后，巨噬细胞开始大量增生，取代白细胞占据绝对优势，形成含有少量中性粒细胞、脱落上皮细胞、脂类及蛋白成分的肺泡炎。这个过程中，分别出现中性多形核白细胞和巨噬细胞增生的“两个高峰”，也可见到巨噬细胞吞噬粉尘颗粒及坏死崩解的现象，同时肺泡上皮细胞（I型上皮细胞）及肺毛细血管内皮细胞也会出现不同程度的变性坏死。

（二）尘性肉芽肿和结节

在巨噬细胞性肺泡炎的基础上，粉尘和吞噬粉尘的巨噬细胞（尘细胞）会聚集成团，形成尘性肉芽肿（dust granuloma）。尘性肉芽肿进一步发展，胶原纤维开始增生，包裹或夹杂着粉尘颗粒形成了尘性结节（dust nodules），结节中的胶原纤维成分超过50%。在肺泡腔及呼吸性细小支气管旁、小叶间隔、血管及支气管周围、胸膜下及区域性淋巴组织内均可见到尘性肉芽肿和结节。

尘性结节中的粉尘颗粒如果主要为石英颗粒，则称为矽结节（silicosis nodules）。矽结节的直径一般在 2~3mm，多为圆形或椭圆形。典型矽结节的胶原纤维常呈同心圆状排列，存在胶原核心，类似洋葱的切面，结节中也可见已闭塞机化的小血管，在偏光显微镜下可见双折射的石英颗粒。结节周围则充斥着大量的尘细胞、纤维细胞及少量淋巴细胞。晚期的矽结节可出现玻璃样变或相互融合病灶。

尘性结节中的粉尘颗粒如果为其他粉尘，则称为混合尘结节（mixed dust nodules）。这种结节没有明显的胶原核心，粉尘颗粒和胶原纤维常相间排列，边缘不规整呈星芒状。

（三）尘斑

尘斑（maculae）是指肺组织中出现胶原纤维成分不足 50% 的粉尘灶。尘斑主要由网织纤维、胶原纤维与粉尘颗粒相间而成，其中胶原纤维成分不足 50%，病灶纤维与肺间质相连呈星芒状，多伴有灶周肺气肿。

（四）尘性弥漫性纤维化

尘性弥漫性纤维化（dust diffuse fibrosis）是指在肺间质由于粉尘沉积而形成的弥漫性胶原纤维增生。在肺泡壁、呼吸性细支气管壁、小叶间隔，小支气管和小血管周围，胸膜下等区域均可出现粉尘所致的弥漫性纤维化。肺间质胶原纤维增生可以破坏肺组织结构，残留的肺组织被胶原纤维取代并形成以结节为主的结节性纤维化或弥漫性纤维化或二者兼有。在结节和间质纤维化基础上可形成团块状纤维性病灶。

二、主要尘肺病的病理

（一）矽肺

矽肺是长期吸入含游离 SiO_2 粉尘而引起的尘肺病，患者的病情也最为严重。矽肺的病理改变主要表现为同心圆或漩涡状的胶原纤维结节——矽结节，也可形成肺间质弥漫性纤维化。一般来说，接触含矽量较高的粉尘的情况下以矽结节病变为主，接触含矽量较少的粉尘的情况下则以肺间质纤维化为主。

严重的矽肺患者大体解剖所见，肺脏色灰黑，失去弹性，变硬，含气量明显减少，用手触摸肺表面，有散在的细砂粒样感或硬块，这就是孤立或融合的矽结节。肺切面可见肺实质及胸膜下有略突出的结节，与周围肺组织有明显分界，结节呈灰白带黑色，质地致密。结节大小不等，小的如粟粒甚至在镜下才能见到，大的可达 5~10mm 或更大。矽结节形状以圆形、椭圆形为主，也可呈不规则形。矽结节一般以两侧对称分布多见，有分散的，也有密集的，多个结节也会相互融合。

镜下所见，典型矽结节由胶原纤维组成，胶原纤维呈同心圆排列，与周围分界清楚，边缘部有围绕的结缔组织和尘细胞浸润。结节中心或偏位处，可见血管残迹，少数结节在边缘上有一层立方上皮，为肺泡上皮丧失呼吸功能而形成。由于粉尘中游离 SiO_2 含量不同，结节的发生部位以及机体的反应性不同，矽结节常呈不典型改变，形状也会呈现不规则，胶原纤维排列走向不定。矽结节中的粉尘可用偏光显微镜来观察，可见石英颗粒散布于结节内胶原纤维束之间，也常呈散在或成堆排列。

矽尘也会导致肺间质的纤维化。镜下可见肺泡间隔和血管、支气管周围，聚集着大量粉尘颗粒和尘细胞，使得肺泡间隔明显增厚，以后纤维组织增生，相邻的肺泡间隔可连接成片，挤压肺泡，最后使肺泡结构消失。小叶间隔、胸膜下亦可见弥漫性纤维增生。

随着病变的进一步发展，矽结节会密集融合形成团块状，多发生在两肺上叶、中叶内段或下叶背段，结节周围会发生代偿性肺过度充气。融合的矽结节常因中心供血不足会出现坏死，液化后形成矽肺性空洞，也可见胆固醇结晶析出和钙盐沉积，表现为矽结节的钙化。

（二）煤工尘肺

煤工尘肺是尘肺病中发病人数最多的一种。从事掘进和采煤工种的劳动者，既接触矽尘，也接触煤尘，因此为混合粉尘尘肺，即煤矽肺，这类尘肺在煤矿中较为多见。如果粉尘含矽量高，其病理表现与矽肺相似。如果含矽量低，则以肺间质弥漫性纤维化为主，病理表现为血管、支气管周围和小叶间隔的纤维组织增生，可以看到煤尘沉积和煤尘灶的形成。病灶周围还能见到局灶性肺气肿，也可见到少量的矽结节形成。煤尘灶的大小一般在2mm以下，胶原纤维成分较少，呈不规则性排列，与矽结节的同心圆排列有所区别。

煤矽肺晚期可出现进行性大块状纤维化（progressive massive fibrosis，PMF）。其特征是大量粉尘包围在结缔组织中形成广泛的团块，病变长径超过3cm，常出现在肺脏的上中部，与矽肺叁期的团块相比较没有矽结节的背景，玻璃样变较轻。

还有一些工种是纯采煤的，主要接触含碳粉尘，称为煤尘肺。由单纯煤尘所致的病理改变主要是大量煤尘与含尘巨细胞充满肺泡腔和侵及肺间质，肺泡结构基本完整，肺间质虽有纤维增生，一般较少见到胶原纤维。有研究认为此类纤维增生是可逆的。

（三）石棉肺

石棉肺是由于吸入大量石棉粉尘所引起的肺间质纤维化为主的疾病。石棉粉尘吸入肺内后，多沉积于呼吸性细支气管内，以两下肺的粉尘量较多，因此纤维化自下肺开始往上发展。纤维化始于呼吸性细支气管或终末细支气管周围，继而扩展至邻近更多的细支气管，并蔓延至周围越来越多的肺泡管、肺泡囊及肺泡的间质组织。纤维化继续进展还会累及肺小叶间隔、支气管血管束的间质组织，直至这些独立的纤维灶相连，形成典型的弥漫性间质纤维化病变。纤维化收缩会引起一些可见的肺实质变化，如细支气管扩张、肺气肿、蜂窝肺等病理征象。

在石棉肺的动物模型中，细支气管周围和肺泡腔中可发现石棉纤维，同时肺泡腔内可见巨噬细胞或多核巨细胞吞噬石棉纤维引起的早期炎症反应。石棉肺患者的组织样本中亦可检出石棉纤维。与煤工尘肺所表现的肺间质纤维化且伴粉尘沉着不同，石棉肺以弥漫性肺间质纤维化及石棉小体为特征。石棉小体是铁蛋白黏多糖沉积于石棉纤维表面而形成的，呈黄褐色，表现为串珠状或哑铃状。典型的石棉小体常见于纤维组织中，也可见于肺泡腔内。

三、病理诊断

（一）尘肺病的病理分型

根据《职业性尘肺病的病理诊断》（GBZ 25—2014），尘肺病的病理分为三型：（1）结节型尘肺，病变以尘性胶原纤维结节为主，可伴有其他尘性病变存在；最常见的如矽肺，或者以矽尘为主的其他混合性粉尘所致的尘肺；（2）弥漫纤维化型尘肺，病变以肺尘性弥漫性胶原纤维增生为主，可伴有其他尘性病变存在，如石棉肺及其他硅酸盐肺，或者其他含矽量较低的粉尘所致的混合性尘肺；（3）尘斑型尘肺，病变以尘斑－气肿为主，可伴有其他尘性病变存在，如单纯性煤尘肺和其他碳系尘肺。

（二）尘肺病的病理诊断

尘肺病的病理诊断与尘肺病的影像学诊断一样，必须严格按照国家标准的规定来执行。首先，定性诊断，即根据职业史和病变的性质进行尘肺病的命名及病理分类；其次，根据标准作出尘肺病的分期；最后，作出相关并发症的诊断。

由于接触的粉尘的性质不同，粉尘浓度的高低、接尘时间的长短以及个体易感性的差别，肺组织纤维化的表现形式有所不同，诊断时主要依据肺组织纤维化的形态来分类，以结节病变为主的称为结节型尘肺；以尘斑为主的称为尘斑型尘肺；以弥漫性纤维化病变为主的称为弥漫纤维化型尘肺。然后再按主要病变的损害程度与分布范围分为壹、贰、叁期。

尘肺病病理诊断标准只适用于尸检或外科肺叶切除的标本。鉴于小片活检肺组织不能全面反映肺组织的病变程度，故不能作为尘肺病病理诊断的依据。但在小片活检肺组织标本中观察到尘肺结节、尘性弥漫性纤维化、尘斑等尘性病变，病灶经偏光显微镜检查可见石英颗粒，对解释影像学改变具有辅助支持的作用，可作为诊断和鉴别诊断的参考依据。小片活检肺组织中未发现尘性病变也不能作为排除尘肺病的依据。诊断外科肺叶切除标本时，要换算为全肺病变后作出诊断。

（陈钧强）

第四节　尘肺病的临床表现

尘肺病是在职业活动中长期吸入生产性矿物性粉尘并在肺内潴留而引起的以肺组织弥漫性纤维化为主的一类疾病。尘肺病的临床综合诊断及临床表现既与其他疾病有共性，又有其独有的特征。掌握尘肺病临床特点对其临床综合诊断非常重要。

尘肺病的病程和临床表现因不同情况而异，主要取决于“三要素”：（1）粉尘接触情况；（2）有无并发症/合并症；（3）患者个体情况、有无基础疾病等。尘肺病的临床表现与接触粉尘的情况密切相关，包括粉尘的性质、分散度、游离 SiO_2 含量、浓度、接触时间、累积接触剂量等。短期大量接触高浓度粉尘和/或游离 SiO_2 含量很高的粉尘，病情进展快，症状明显，肺部纤维化广泛，可短时间产生严重并发症，如呼吸系统感染、肺结核、慢性肺源性心脏病、呼吸衰竭等，导致病情恶化。患者是易感体质、免疫功能低下或有肺部基础疾病等，则病情较复杂，肺功能较差。

尘肺病一般起病缓慢，早期多有不同程度的咳嗽、咳痰、轻微胸闷等非特异呼吸道症状，往往被忽视，通过职业健康检查“筛查”发现。症状较明显者，其表现多与并发症/合并症有关。随着病情进展，患者多呈现进行性、劳力性呼吸困难，呼吸功能下降，劳动能力进行性下降。我国现行职业性尘肺病诊断标准，主要根据尘肺病肺部影像表现将其分为“壹、贰、叁”共三期。但尘肺病临床表现与尘肺病分期不一定平行。

一、症状特点

（一）咳嗽

咳嗽是尘肺病患者最常见的主诉，也是机体对吸入异物的生理反射，有助于清除气道分泌物，因此咳嗽的本质是一种保护性反射。一般为干咳，痰量少。合并慢性气道疾病者，如慢性阻塞性肺疾病等，咳嗽多频繁，痰多；合并肺部感染者，咳嗽短期急性加重，伴发热、痰量增多，痰液改变呈脓性等。咳嗽与季节、气候等有关。

如果患者有粉尘接触史，长期慢性咳嗽、X 射线胸片检查不是典型尘肺的表现，则需要进行咳嗽的鉴别诊断。

（二）咳痰

咳痰主要是呼吸系统对粉尘及炎性分泌物的不断清除所引起。一般咳痰量不多，多为灰白色黏液痰。合并慢性气道炎症者，痰量较多。合并肺内感染者，痰量短期明显增多，可呈黄脓痰。合并肺结核者，可痰中带血或咯血。痰的颜色和接触的粉尘有关，如煤工及煤工尘肺患者痰多为黑色，石棉工及石棉肺患者痰液中可检出石棉小体。

（三）呼吸困难

呼吸困难是尘肺病固有症状，和病情的严重程度相关。早期多数患者仅主诉“胸闷、气短”，随肺组织纤维化程度加重，有效呼吸面积减少，通气/血流比例失调，缺氧和呼吸困难也逐渐加重。合并症的发生可明显加重呼吸困难的程度和发展速度。导致急慢性呼吸困难的疾病很多，需要进行诊断和鉴别诊断。

（四）胸痛

尘肺病患者常常感觉胸痛。胸痛在石棉肺中最常见，其次是矽肺和煤矽肺。出现胸痛的原因与胸膜病变或肺部炎症、纤维化等病变的牵拉作用、脏层胸膜下肺大疱的牵拉及张力作用有关，和尘肺临床表现多无平行关系。疼痛部位不一，多为局限性疼痛且常有变化。疼痛性质一般为隐痛，也可为胀痛、针刺样痛等，深吸气或咳嗽时加重。骤然发生的胸痛、吸气加重，常常提示气胸。尘肺病患者的胸痛需要排除其他病因。

（五）咯血

尘肺病患者可由于呼吸道长期慢性炎症引起黏膜血管损伤，或大块纤维化病灶的溶解破裂损及血管，可见痰中带血丝或咯血，一般较为少见。合并肺结核时，可有痰中带血或咯血；合并肿瘤时可发生咯血。出现痰中带血或咯血情况时，应与常见导致咯血的疾病相鉴别。

（六）其他症状

尘肺病患者可有不同程度的全身症状，如全身乏力、消化功能减弱、消瘦等，与呼吸功能和缺氧程度有关。

二、体征特点

早期尘肺病患者一般体征不明显。随着病情进展和并发症的出现，可有不同体征。肺部纤维化明显或广泛胸膜增厚者，可闻及肺部呼吸音减低；合并气道慢性炎症者，肺部呼吸音增粗；气道阻塞者可闻及干啰音，合并感染者可闻及湿啰音等。肺部大块状病变者局部可有实变体征。

晚期尘肺病患者可有肺气肿征和缺氧征。肺气肿征表现为：桶状胸，肋间隙增宽，叩诊胸部呈鼓音，听诊呼吸音减低等；缺氧征表现为：常见口唇、甲床发绀，杵状指。合并肺心病代偿期可见肺动脉高压、右心室肥大表现，如 P2＞A2，三尖瓣区可闻及收缩期杂音或剑突下心脏搏动增强等。合并肺心病、心肺功能衰竭者，可见紫绀明显，心率加快，颈静脉充盈或怒张，下肢水肿，肝脏肿大等，重者可有腹水、肺水肿及全心衰竭体征。

三、实验室检查特点及进展

单纯尘肺病稳定期实验室检查一般正常，实验室检查可以作为尘肺病的鉴别诊断以及合并症的诊断。如果合并症/并发症时，可以出现不同的实验室检查异常。合并细菌感染时，白细胞、血沉等可增高；合并病毒及重症感染者，白细胞、血小板可减少。出现缺氧时血气分析显示动脉血压分压下降，合并慢性阻塞性肺疾病时可以出现二氧化碳分压升高；并发结核时结核相应的实验室检查异常。免疫相关检查可用于尘肺病与结缔组织疾病、血管炎相关间质性肺病的鉴别诊断。

呼出气一氧化氮（fractional exhaled nitric oxide，FeNO）检测可作为气道炎症的生物指标之一，可用于尘肺病患者气道炎症高度的评估，以及是否合并慢性阻塞性肺疾病、过敏性哮喘、慢性咳嗽等慢性气道疾病。呼出气冷凝液检测是一种新型无创检测手段，是反映下呼吸道生化状态的新方法。

质谱微生物检测、宏基因组测序、16S rRNA 基因检测等现代诊断方法可以快速精准检测病原微生物。

（闫永建）

第五节　尘肺病的并发症

我国尘肺病流行病学调查资料显示，尘肺病患者死因构成中呼吸系统并发症占首位，为 51.8%，其中主要是肺结核和气胸；心血管疾病占第二位，为 19.9%，其中主要是慢性肺源性心脏病。及时正确地诊断和治疗各种并发症，是挽救患者生命、改善病情、延长寿命、提高患者生活质量的重要内容。

一、尘肺病合并呼吸系统感染

尘肺病患者由于肺间质纤维化可致支气管扭曲、变形、狭窄，呼吸系统生理清除功能下降；慢性长期病程导致机体抵抗力低下；临床上不规范长期使用抗生素和激素，以及侵袭性诊疗等，是导致尘肺病患者常常合并呼吸系统感染的主要原因。相对于普通人群的呼吸系统感染，尘肺病并发呼吸系统感染的治疗难度加大。尘肺病易合并呼吸系统病毒、细菌、真菌、肺炎支原体、肺炎衣原体感染。

（一）尘肺病合并呼吸系统病毒感染

急性上呼吸道感染病毒多见流感病毒、副流感病毒、呼吸道合胞病毒、腺病毒、新型冠状病毒、鼻病毒、柯萨奇病毒等。呼吸系统病毒感染一般表现为流涕、打喷嚏、鼻塞、咽喉疼痛、声嘶等，胸部影像常无明显异常，经对症治疗可以痊愈，病程较短，有一定的自限性。

尘肺病合并病毒性肺炎，病原体大体可分为两类：①呼吸道病毒：如新型冠状病毒、SARS 病毒、流感病毒、副流感病毒、高致病禽流感病毒、腺病毒、呼吸道合胞病毒；②疱疹病毒：如水痘 – 带状疱疹病毒、单纯疱疹病毒和巨细胞病毒等。尘肺病合并病毒性肺炎具有较强的传染性和一定的季节性。临床表现和病情严重程度差异很大，大多急性起病，全身症状重，包括发热、头痛、全身肌肉酸痛、乏力等，呼吸道症状表现为原有尘肺病症状急性加重，明显憋喘或呼吸困难，严重者可出现心肺功能衰竭表现。肺部 CT 可见间质性浸润，呈磨玻璃影。病情发展可出现肺泡实变和融合，呈大片致密影。实验室检测有助于明确诊断，如病毒核酸检测、血清免疫学检验、基因组学等。流行病学、早期诊断、早期抗病毒及合理对症、支持治疗是降低病死率的关键。

（二）尘肺病合并呼吸系统细菌感染

尘肺病合并呼吸系统细菌感染的病原体以革兰阴性菌为主，包括肺炎克雷伯菌、大肠埃希菌、铜绿假单胞菌、鲍曼不动杆菌等，革兰阳性菌主要为金黄色葡萄球菌。尘肺病合并呼吸系统细菌感染的临床表现为尘肺病原有症状突然加重，咳嗽、咳痰量增多，痰可为白色黏稠状，也可呈黄色脓性，呼吸困难加重，可伴有发热、乏力、食欲不振。实验室检查多有外周血白细胞升高，中性粒细胞比例增高或核左移。降钙素原（PCT）是细菌感染早期诊断指标，并与病情严重程度及预后密切相关。与IL-6联合检测可有助于鉴别G-/G+菌感染。肺部CT可见在原有尘肺病病灶的基础上出现斑片浸润影、肺叶或肺段实变影、弥漫性小片状模糊影、磨玻璃影或间质性改变，少数可伴有胸腔积液。相对于单纯细菌性肺炎的治疗，尘肺病合并细菌感染的病程长、恢复慢。根据病情的严重程度宜立即选择合理诊疗模式，安排病原学标本采样检查，及时启动经验性抗感染治疗；根据病原学+药敏结果进行针对性治疗；再根据疗效评估及时调整治疗方案。

（三）尘肺病合并呼吸系统真菌感染

由于抗生素、激素和免疫抑制剂等药物的广泛使用及侵袭性诊疗技术的发展，尘肺病合并肺真菌感染日渐增多。真菌感染危险因素包括：①外周血中性粒细胞缺乏且持续10天以上；②发热或体温过低，同时伴有中性粒细胞减少10天以上；③持续使用糖皮质激素3周以上；④长时间机械通气；⑤体内留置导管；⑥侵袭性检查；⑦长期使用广谱抗生素等。

诊断依据高危因素、临床表现、微生物证据、病理证据，分为确诊、临床诊断及拟诊3个级别，具备4个证据可以确诊，具备3个证据而缺乏病理证据为临床诊断，只具备高危因素和临床表现，缺乏微生物和病理证据为疑似诊断。

1. 尘肺病合并肺念珠菌病

临床特点有持续发热，咳嗽加重，咳痰明显增多，痰液黏稠或呈黏液胶质样，偶有痰中带血，伴呼吸困难、胸痛，部分患者口咽部可见鹅口疮或散在白膜。影像学表现不明显。根据上述诊断条款和相应临床表现，痰或肺泡灌洗液标本多次分离到同一种念珠菌，且镜检同时发现多量假菌丝和孢子，可作为临床诊断证据，如真菌G试验阳性则更加支持诊断。

2. 尘肺病合并肺曲霉病

尘肺病合并下呼吸道曲霉感染包括变应性支气管肺曲霉病（allergic bronchopulmonary aspergillosis，ABPA）、肺曲霉球和急性侵袭性肺曲霉病（invasive pulmonary aspergillosis，IPA）。ABPA的特征性表现为反复发作的喘息、咯血；肺部CT表现为中心性支气管扩张或黏液嵌塞形成的圆形致密阴影伴半月形透光区；实验室检查可有外周血嗜酸性粒细胞增高，血清总IgE及特异性IgE和IgG升高。IPA是尘肺病患者合并曲霉菌感染最常见的表现，可表现为发热、胸痛、咯血，严重者出现呼吸衰竭，胸部CT显示浸润性肺部阴影（边缘有晕影）和空气半月征，对诊断有重要提示意义。血清检测曲霉抗原半乳糖甘露聚糖敏感性和特异性均较高，有重要的诊断意义。

3. 尘肺病合并肺隐球菌病

尘肺病合并肺隐球菌病较少见，临床症状轻重不一，可有发热、干咳，偶有少量咯血、乏力、体重减轻，重症患者出现呼吸困难和低氧血症，合并脑膜炎者有头痛、头晕、呕吐等脑膜刺激征。胸部CT表现多样，较为特征的征象为单发或多发结节，与尘肺病结节病灶不易区分，常有空洞形成，多位于周围肺野。多糖抗原检测隐球菌荚膜特异性高、快速灵敏，肺泡灌洗液或胸腔积液送检；必要时经支气管肺或经皮活检，进行病理组织学检查。

4. 尘肺病合并肺孢子菌肺炎

尘肺病合并肺孢子菌肺炎表现为发热、干咳和渐进性呼吸困难。胸部CT早期发现在尘肺病影像基础上出现磨玻璃样间质性浸润性阴影，迅速融合为广泛肺实变，可见支气管充气征，一般不累及肺尖、肺底和肺外带。痰液、肺泡灌洗液或肺活检标本病原微生物检测可确诊。

二、尘肺病合并肺结核 / 非结核分枝杆菌肺病

由于肺间质弥漫性纤维化，肺血液循环和淋巴回流受阻致呼吸道抵御结核菌感染的能力弱，加之工作环境差、通风不良、群体作业等因素，尘肺病易并发肺结核（tuberculosis，TB）。肺结核是尘肺病最常见的合并症，也是尘肺病快速进展和死亡的重要原因，越是晚期、重症尘肺病患者，肺结核的合并率越高。矽肺和煤矽肺合并肺结核发病率较高。据文献统计，矽肺患者活动性肺结核的流行率达到 32.1/1000 人年，不同地区矽肺患者的结核潜伏感染率高达 46.6%~61%，肺结核死亡占矽肺死因的 34.25%。近年来，非结核分枝杆菌肺病（nontuber-culous mycobacteria，NTM）呈快速增多趋势，已成为威胁人类健康的重要公共卫生问题。据统计，我国某地区 NTM 患者中，尘肺病是第三常见易感因素，列支气管扩张和肺结核之后。

（一）临床表现

尘肺病合并 TB/NTM 时均可出现常见肺结核症状，如低热、乏力、盗汗、咳嗽、食欲不振、消瘦等。有的轻症可无症状。晚期尘肺病患者，特别是叁期矽肺患者，合并 TB/NTM 后呼吸道症状急性加重，出现发热、咳嗽、咳痰、咯血、胸痛、呼吸困难等，干性胸膜炎时胸痛较明显。尘肺病合并 TB/NTM 的体征：早期不明显，可有面颊潮红、消瘦、淋巴结肿大，有胸腔积液时局部呼吸音消失。尘肺病合并 TB/NTM 后又促进肺纤维化的进展，临床快速出现呼吸困难，并可能很快出现呼吸衰竭，病情迅速进展。

（二）影像学表现

尘肺病合并 TB/NTM 的影像表现多较复杂：尘肺病病变与 TB/NTM 病变或分离或混合存在，呈多样性，宜动态观察。有时候病变混杂在一起，难以截然分开，国际劳工组织（International Labur Organization，ILO）设立单独类型“矽肺结核”。胸片上矽肺合并 TB 基本 X 射线表现：（1）渗出性病变：云雾状或云絮状影；（2）增殖性病变：结节状、纤维条索状、斑点状，密度较高；（3）干酪样病变：密度较高，大小不等，边缘清晰；呈结节状、团块状、大片实变影；可演化形成结核球、空洞、钙化灶；（4）纤维影和钙化灶：密度较高的纤维索条影和钙化灶；（5）空洞：囊蚀样、薄壁、纤维厚壁空洞、干酪空洞等；（6）胸腔积液：胸腔积液＞1000mL 时前后肋膈角消失，形成外高内低的实变影。

TB 病灶多发生于两上叶尖后段和下叶背段，两侧不对称，密度不均匀。NTM 病灶好发于上叶尖段和前段、右肺中叶和左肺上叶舌段，典型影像学表现为小叶中心结节影与支气管扩张影混合存在。矽肺团块基础上发生干酪性肺炎，双肺团块影变得不对称，病变向外周发展，向心性收缩消失，团块边界不清晰，密度不均匀，其中可有不规则透亮区，与肺门支气管有索条状影相连。矽肺结核空洞多数大而不规则，内壁凹凸不平，治疗效果差。NTM 空洞影以多发、薄壁空洞为多见。矽肺小阴影或团块影短期内增大明显，密度不均，大小不等或病灶短期内多变，要考虑结核感染的可能。当抗结核治疗效果不佳时，内壁光滑的薄壁空洞要考虑为 NTM 的可能。气管及支气管结核主要表现为气管或支气管壁不规则增厚，管腔狭窄或阻塞，远端肺组织可出现继发性不张或实变、支气管扩张及其他部位支气管播散病灶。

尘肺病患者临床症状突然加重，胸部 X 射线尘肺病改变明显进展，应考虑到合并 TB/NTM 的可能性。TB/NTM 的诊断以病原学（包括细菌学、分子生物学）为主，结合流行病学史、临床表现、胸部影像、相关辅助检查及鉴别诊断等进行综合分析，做出诊断。

（三）诊断及鉴别诊断

TB 确诊应符合下列情况之一：（1）两次痰涂片检查抗酸杆菌阳性；（2）一次痰涂片阳性加一次痰培养结核分枝杆菌阳性；（3）肺部影像学有结核样改变，同时满足下列条件之一：①一次痰涂片阳性；②痰培养阳性；③分子生物学结核核酸检测阳性；④肺组织病理学检查符合肺结核诊断。

NTM 确诊应符合以下情况之一：（1）两份分开送检的痰 NTM 培养阳性并鉴定为同一致病菌，和（或）NTM 分子生物学检测均为同一致病菌；（2）支气管冲洗液或肺泡灌洗液 NTM 培养和（或）分子生物学检测 1 次阳性；（3）肺活组织检查发现特征性改变，并且 NTM 培养和（或）分子生物学检测阳性；（4）肺活组织检查发现特征性改变，并且≥1 次的痰标本或支气管冲洗液或肺泡灌洗液中 NTM 培养和（或）分子生物学检测阳性。

痰抗酸染色涂片阳性无法区别结核分枝杆菌与 NTM，只能通过分枝杆菌培养菌型鉴定方可鉴别。NTM 病理组织学基本改变类似结核病，但以类上皮细胞肉芽肿改变多见，无明显干酪样坏死，胶原纤维增生多呈玻璃样变。

分子生物学方法检测结核分枝杆菌核酸有若干种方法，其中利福平耐药实时荧光定量核酸扩增技术（Gene X pert MTB/RIF）检测法诊断结核分枝杆菌的灵敏度和特异度均在 98% 以上，诊断耐利福平的灵敏度和特异度均高达 96%。Gene X pert MTB/RIF 是目前世界卫生组织（World Health Organization，WHO）唯一推荐的快速检测结核感染的检查方法。此外采用分子诊断技术，通过分析同源 DNA 序列组成差异将细菌鉴定至种的水平，是目前菌种鉴定的"金标准"，可实现 TB/NTM 菌种的精准诊断。

矽肺病变中分枝杆菌病灶被纤维组织包围，使分枝杆菌不易经支气管进入痰液，病灶周围纤维组织收缩，引起支气管扭曲、变形和闭塞，也不易从痰中排出，因此，矽肺合并 TB/NTM 患者痰抗酸染色涂片阳性率不高。有肺结核影像学改变特征，而无病原学和病理学确诊依据，如同时伴有肺结核临床表现或结核免疫学指标阳性（结核菌素皮试中度阳性或强阳性；或 γ 干扰素释放试验阳性；或结核分枝杆菌抗体阳性），排除其他肺部疾病，可临床诊断为肺结核。当接受正规抗结核治疗无效而反复排菌的患者，且肺部病灶以支气管扩张、多发性小结节及薄壁空洞为主等，可考虑为疑似 NTM。

具备支气管内膜结核影像学改变特征，支气管镜检查镜下可见黏膜肥厚、狭窄、充血水肿、糜烂溃疡、瘢痕狭窄，内膜活检或刷检可见干酪样肉芽肿，类上皮细胞、淋巴细胞浸润，可临床诊断为气管、支气管结核。具备肺结核影像学改变特征及肺外组织病理检查证实结核病变，可诊断为肺结核。具备结核性胸膜炎影像改变特征，胸腔积液为渗出液、腺苷脱氨酶升高，同时结核免疫学指标阳性，可诊断为结核性胸膜炎。

尘肺病合并肺结核抗结核治疗的原则和药物，与单纯肺结核基本一样。但矽肺合并肺结核的抗结核治疗效果远较单纯肺结核疗效差，其耐药发生率高、病死率高，主要死因是感染的结核恶化、咯血窒息、气胸、呼吸衰竭。

三、尘肺病并发气胸

气胸是尘肺病常见并发症，也是尘肺病急诊、死亡的主要原因。尘肺期别越高，发生率、复发率越高，文献报道尘肺病并发气胸患者中叁期病例占 52.7%~86.3%。气胸主要见于严重肺气肿、肺大疱形成患者。任何使肺内压急剧升高的原因都可导致肺大疱破裂，导致气胸的形成。如频繁咳嗽、咳痰，呼吸道异物导致的呛咳，过度用力憋气、提取重物、用力大便等。胸膜纤维化及纤维化组织的牵拉和收缩，也可发生气胸。

（一）气胸分类

根据发病原因，气胸可分为自发性气胸、外伤性气胸、医源性气胸等。自发性气胸又分为原发性和继发性。尘肺病患者属于继发性自发性气胸，是在肺部基础疾病或胸廓畸形的基础上发生的。按肺脏裂口及胸腔压力的不同，气胸可分为以下三种。

1. 闭合性气胸

裂口较小，可自行完全闭合。胸腔积气逐渐被吸收，负压恢复，肺复张。

2. 开放性气胸

裂口不能闭合，胸腔通过气管树和大气直接相通，胸腔内压和大气压相等，也称为“交通性气胸”。需要胸腔插管排气，容易造成胸腔感染。尘肺病患者肺组织及胸膜广泛纤维化，使形成的裂口很难闭合，因此并发开放性气胸并不少见。

3. 张力性气胸

裂口呈活瓣样，空气进入胸膜腔而不能排出，胸腔积气逐渐增多，胸腔压力急剧增高。患肺可完全萎陷，纵隔向对侧移位，压迫对侧肺脏和大静脉，血液回流障碍，如图 1–1 所示为右肺张力性气胸，右肺压缩 70%。此类气胸是最严重的，如不及时抢救可危及生命。频繁咳嗽可加剧胸腔压力的升高。

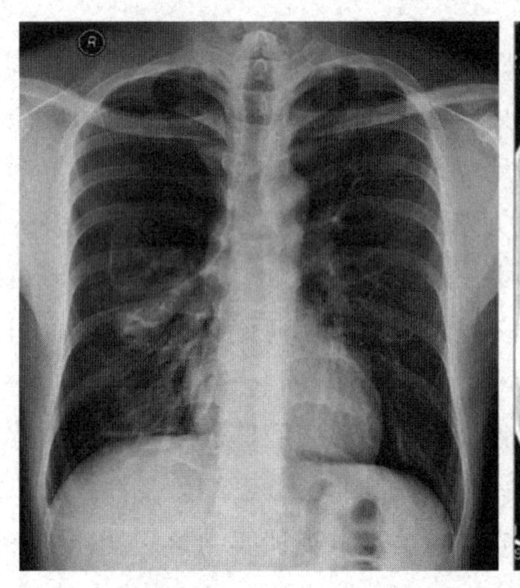

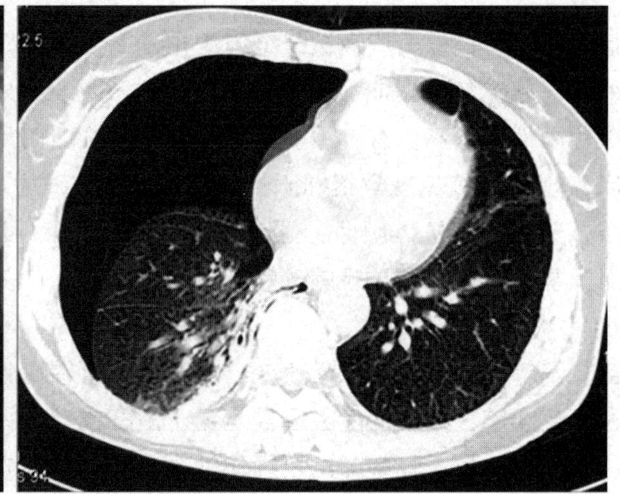

图 1–1　右肺张力性气胸

（二）临床表现

气胸表现取决于气胸发生的快慢、气胸的类型、肺组织被压缩程度及是否合并胸腔内感染等。急性发病者，突然感到患侧胸部强烈的刺痛或胀痛，疼痛可向同侧的背部和肩部放射。继之有胸闷和呼吸困难，也可有刺激性咳嗽。如缓慢发病，肺组织压缩 20% 以内闭合性气胸，患者可无明显症状，多能自愈。但老年、基础肺功能差的尘肺病患者则不一样，有的即使肺压缩不到 10%，亦可产生明显的呼吸困难症状。一般一侧肺被压缩 30% 时，会有明显的呼吸困难症状，严重时患者有窒息感。伴有胸腔出血者，患者可有休克表现；合并胸腔感染时可有脓胸，患者有持续高热，甚至产生感染性毒血症。轻者体征多不明显，听诊时患侧呼吸音减弱；重者患侧呼吸音消失，可见纵隔健侧移位。尘肺病患者由于胸膜粘连和胸膜纤维化，气胸可反复发生，亦可同时发生双侧气胸或包裹性气胸。张力性气胸症状严重，患者常表现出精神紧张、烦躁、气促、发绀、出汗，严重时出现脉搏细速、血压下降、皮肤湿冷等休克表现。

（三）诊断

胸片（包括床旁）是诊断气胸的传统方法，典型表现为肺脏有一外凸弧形的细线状阴影，阴影以内为压缩的肺组织，阴影以外为无肺纹理的胸腔气体。由于尘肺病患者常有巨疱肺气肿和（或）肺大疱，应注意鉴别诊断。CT 检查有助于确诊。

近年来，肺部超声技术日臻成熟，简便易行，可用于气胸的筛查和疗效观察。临床复杂病例，可行胸膜腔内压测定，对气胸及其分类的诊断有很大价值。尘肺病合并气胸患者中闭合性气胸最常见；其次是开放性气胸；张力性气胸不多见但病情最严重，需要紧急救治。

四、尘肺病合并慢性阻塞性肺疾病

长期接触粉尘可造成气道慢性炎症，导致持续存在的慢性咳嗽、咳痰、呼吸困难等呼吸道症状，不可逆气流受限，阻塞性通气功能障碍，此谓粉尘的直接致病作用。尘肺病患者为高危粉尘接触者，其致病性更强；另外，尘肺病引起的弥漫性肺部纤维化，可致气道狭窄、扭曲、阻塞，进一步加重慢性阻塞性肺疾病（chronic obstructive pulmonary disease，COPD）的发生、发展，因此 COPD 是尘肺病常见的合并症，严重影响尘肺病患者的生存质量、疾病治疗、病情进展和预后，共病患者病死率更高。文献报道尘肺病患者合并 COPD 的患病率为 32.7%，特别是矽肺和煤工尘肺患者，COPD 患病率分别为 40.0% 和 38.6%，并随吸烟年限、接尘工龄以及尘肺病分期的增加而增加。对临床 COPD 患者的回顾性调查发现，约四成患者有粉尘接触史，且接触组 COPD 诊断年龄明显小于不接触组，说明粉尘接触促进 COPD 早发。

（一）临床表现

尘肺病合并 COPD 患者，相比一般 COPD 患者而言，发病年龄更早，症状更明显，急性加重次数更多，肺功能下降更明显，病情进展更快。

1. 症状

表现为慢性咳嗽、咳痰和进行性加重的呼吸困难。慢性咳嗽和咳痰常先于气流受限多年而存在。尘肺病合并 COPD 患者气短或呼吸困难更加严重：患者常描述为气短、气喘和呼吸费力等，早期在劳力时出现，之后逐渐加重，劳动能力下降，甚至日常活动或休息时也感到气短；早期无痰或少痰，或少量黏液样痰，痰中可见黑色等尘埃，逐渐白色黏痰增多；合并感染时痰量多，常有脓性痰；病情较重者缺氧症状明显，消瘦，动辄喘息，丧失劳动能力。

2. 体征

除尘肺病体征外，合并 COPD 早期体征可不明显。随疾病进展，较晚期患者多呈慢性病容，体重下降。肺气肿、肺心病表现：可见桶状胸，呼吸浅快、前倾坐位、端坐呼吸；低氧血症患者可见皮肤、黏膜发绀，伴右心衰者可见下肢水肿、肝脏增大。听诊：两肺呼吸音减低，呼气延长，可闻及广泛的吸气相或呼气相哮鸣音，合并感染、心功能不全等双肺底可闻及湿啰音；心音遥远，剑突下心音响亮。

（二）实验室及特殊检查

1. 肺功能检查

尘肺病合并 COPD 患者，肺功能呈现阻塞性或混合性通气功能障碍。肺功能是判断气流受限的客观指标，对 COPD 的临床诊断、严重程度评价、疾病进展、预后及治疗反应等评估均有重要意义，宜多次反复测试。气流受限以 FEV_1/FVC 降低来确定，可敏感检出轻度气流受限；FEV_1 占预计值的百分比是评价中、重度气流受限的良好指标；应用支气管扩张剂后 $FEV_1/FVC<70\%$，表明存在持续性气流受限，即可诊断为 COPD，再按照 FEV_1 占预计值的比值，把气流受限程度分级。$FEV_1/FVC<70\%$ 固定比值可能导致某些健康老年人被误诊为轻度 COPD，对小于 45 岁的成年人可能会漏诊，应注意年龄的矫正。

其他指标：肺总量、功能残气量和残气容积增高，残气 / 肺总量比值增高。弥散功能受损，一氧化碳弥散量降低，一氧化碳弥散量 / 肺泡通气量指标更敏感。深吸气量与肺总量之比反映肺过度膨胀，在 COPD 呼吸困难程度及生存率预测方面具有意义。

2. 胸部 X 射线检查

合格的后前位高千伏或 DR 胸片是目前我国尘肺病诊断的主要指标，对 COPD 诊断无特殊性，可见肺过度充气征、肺大疱形成等。肺动脉高压和肺源性心脏病时，除右心增大，还可有肺动脉圆锥膨隆，肺门血管影扩大及右下肺动脉增宽等。胸部 CT 检查：对尘肺病的诊断、鉴别诊断有很好的辅助价值。高分辨率 CT 可辨别小叶中央型或全小叶型肺气肿及确定肺大疱的大小和数量，对预计肺大疱切除或外科减容手术等效果有一定价值。

3. 经皮血氧饱和度（SpO_2）监测和血气分析

COPD 稳定期患者如果 FEV_1 占预计值的百分比<40%，或临床症状提示有呼吸衰竭或右心衰竭时应监测 SpO_2。如果 $SpO_2<92\%$，应进行血气分析检查。可见不同程度的低氧血症，重者合并高碳酸血症。呼吸衰竭的血气分析诊断标准为 $PaO_2<60mmHg$，$PaCO_2>50mmHg$。

4. 支气管肺泡灌洗液（BALF）检查

（1）细胞学检查：尘肺病合并 COPD 患者 BALF 可见大量吞噬细胞、尘细胞，中性粒细胞增多见于细菌感染；淋巴细胞增多见于病毒性感染等；嗜酸粒细胞增多见于过敏或病情加重者。淋巴细胞亚群分析：COPD 患者 CD+8 比例显著升高，而 CD+4 明显减低。肿瘤细胞检查：腺癌和肺泡癌阳性率最高。

（2）分子成分检查：如蛋白质、酶类、免疫球蛋白等。

（3）病原微生物学检查等。

5. 其他相关指标

长期低氧血症者，血红蛋白和红细胞可以增高，血细胞比容>0.55 可诊断为红细胞增多症；肺表面活性蛋白 -D（SP-D）可反应 COPD 严重程度及治疗效果。痰液检查和培养可检出各种病原菌，指导抗菌药物的筛选应用。尘肺病合并 COPD 患者呼出气中亚硝酸盐及亚硝酸基脲水平显著增高，呼出气一氧化氮（fractional exhaled nitric oxide，FeNO）可作为 COPD 患者气道炎症及是否适用类固醇治疗的参考指标。FeNO50 指的是呼出气流速度为 50mL 时一氧化氮的浓度。FeNO50>50ppb，表明气道内存在明显的炎症或过敏反应。

（三）诊断与病情评估

尘肺病患者有呼吸困难、慢性咳嗽或咳痰等临床表现，肺功能检查显示吸入支气管扩张剂后 $FEV_1/FVC<70\%$，排除其他疾病后，可确诊为合并 COPD。再根据 FEV_1 占预计值百分比将气流受限程度分为四级（COPD 分级），$FEV_1/FVC<70\%$，轻度：$FEV_1\geq80\%$ 预计值；中度：FEV_1 50%~79% 预计值；重度：FEV_1 30%~49% 预计值；极重度：FEV_1 值<30% 预计值。

COPD 病情评估，首先根据肺功能检查明确是否存在气流受限及严重程度分级，然后根据临床症状、肺功能、中重度急性加重情况进行综合评估，分为 A、B、E 三组，目的是确定疾病严重程度，指导临床治疗。

五、尘肺病合并慢性肺源性心脏病

（一）概述

慢性肺源性心脏病（chronic pulmonary heart disease，PHD）指由支气管－肺组织、胸廓、肺血管病变致肺血管阻力增加，产生肺动脉高压，继而右心室结构和功能改变的疾病。我国尘肺病流调资料显示：尘肺病并发肺源性心脏病高，以煤工尘肺、石棉肺、水泥尘肺为多见，分别占死因构成比的 25%、28% 和 29%。尘肺病患者发生慢性肺源性心脏病的主要原因：一是尘肺病变本身，二是合并症 / 并发症。尘肺致肺组织广泛纤维化，使肺通气面积缩小；慢性气道炎症、狭窄，继发肺气肿、肺内压增高，肺毛细血管床陷闭，循环受阻；缺氧继发红细胞增多，血液黏稠度增加，心肌变性肺循环阻力增加，肺动脉压升高［经右心导管检查测定肺动脉平均压（mPAP）≥25mmHg］，右心后负荷增加，最后导致心力衰竭。

根据临床表现，PHD 分为缓解期（肺、心功能代偿期）和急性加重期［肺、心功能失代偿（衰竭）期）］。

1. 缓解期（肺、心功能代偿期）

以原发病的临床表现为主。检查可有肺动脉压增高和右心肥大的表现，颈静脉充盈，肺动脉瓣区第二心音亢进，剑突下可见心脏搏动。尘肺病合并 PHD 的患者均有肺气肿征，心电图检查可见肢体导联低电压和右心肥大改变。

2. 急性加重期［肺、心功能失代偿（衰竭）期）］

急性呼吸系统感染常为诱因。突出表现是缺氧和水肿，呼吸困难加重、心悸、紫绀、少尿等；检查可见颈静脉怒张、肝颈静脉回流征阳性、肝肿大、下肢及躯干低垂部水肿；心率增快，剑突下收缩期吹风样杂音或心前区奔马律；胸、腹腔积液。心功能衰竭往往和呼吸功能衰竭同时发生，又加重呼吸困难和缺氧；二氧化碳潴留导致高碳酸血症和呼吸性酸中毒；缺氧严重者可致肺性脑病，表现：头痛、烦躁不安、语言障碍、嗜睡和昏迷。

（二）诊断

尘肺病并发 PHD 的主要诊断指标包括：在尘肺病基础上，（1）存在活动后呼吸困难、乏力和劳动耐力下降；（2）出现肺动脉压升高、右心室增大或右心功能不全征象；（3）心电图、X 射线胸片提示有肺心病征象；（4）超声心电图检查有肺动脉增宽和右心增大、右室肥厚征象。满足（1）~（3）中任意一条，加上第（4）条，并除外其他疾病所致右心改变，可诊断为尘肺病并发 PHD。

1. 临床表现

肺气肿、缺氧症状明显，心率快，肺动脉瓣区第二心音亢进，剑突下有明显的心脏搏动并闻及吹风样收缩期杂音，三尖瓣区也可有收缩期杂音。

2. X 射线检查

符合下列任何一条：（1）右下肺动脉干扩张，横径≥15mm；（2）后前位肺动脉段明显突出，高度≥3mm；（3）右下肺动脉干 “残根征”；（4）右前斜位肺动脉圆锥明显凸出≥7mm；（5）左前斜位右心室扩大；X 射线胸片表现为肺动脉高压、右心增大等。

3. 心电图检查

主要条件：（1）额面平均电轴明显右偏≥90°；（2）右心肥大，V1 导联 R/S≥1 或 aVR 导联 R/S 或 R/Q≥1，或 Rvl+Sv5＞1.05mV；（3）心脏重度顺钟向转位，V5 导联 R/S≥1；或 V1-3 可呈酷似心肌梗死的 Qr、Qs 或 qr 型；（4）肺型 P 波。次要条件：肢体导联低电压及右束支传导阻滞。

4. 超声心动图

超声心动图是最佳无创检查方法。在静息状态下，以三尖瓣反流峰值流速估测肺动脉收缩压。肺动脉压力明显升高（mPAP≥35mmHg 或 mPAP≥25mmHg 但伴有低心脏指数＜$2.0Lmin^{-1}\cdot m^{-2}$）时，在排除其他原因（如左心疾病、慢性血栓栓塞等）后，支持本病诊断。右心导管检查 mPAP≥25mmHg 是诊断肺动脉高压的“金标准”。

六、尘肺病并发呼吸衰竭

尘肺病并发呼吸衰竭是尘肺病晚期常见的结局。由于肺通气和换气功能严重障碍，以致无法进行有效的气体交换而致呼吸衰竭。常因肺部感染、气胸等并发症而诱发。呼吸衰竭是由于呼吸功能严重障碍，以致在静息呼吸空气的情况下，患者不能维持正常的动脉血氧和二氧化碳分压，而发生一系列生理功能和代谢紊乱的临床综合征。呼吸衰竭分为慢性和急性呼吸衰竭。根据呼吸衰竭的病理生理特点分为Ⅰ型、Ⅱ型呼吸衰竭两种类型。（1）Ⅰ型呼吸衰竭：以缺氧为主，没有或轻度二氧化碳潴留，主要见于动静脉分流，通气 / 血流比例失调或弥散功能障碍的病例。（2）Ⅱ型呼吸衰竭：缺氧和二氧化碳潴留同时存在，由于通气功能障碍所致，治疗以增加通气量为主。

（一）临床表现

1. 缺氧表现

呼吸困难是缺氧的主要症状。呼吸困难明显加重，早期表现呼吸快而浅，随缺氧加重，呼吸变深慢；严重时出现呼吸窘迫甚至潮式或间隙式呼吸，伴烦躁不安、神志恍然、谵妄、昏迷。严重缺氧可致右心衰竭表现，心肌损害时，可发生血压下降、心律失常、周围循环衰竭甚至心脏停搏。缺氧可并发肝肾功能损害，缺氧严重可致胃肠黏膜糜烂、出血。缺氧还可导致酸碱失衡及水电解质紊乱。紫绀是缺氧的主要体征，轻者口唇、指甲发绀，尘肺病患者多为中心性紫绀。吸气时可见“三凹征”，伴有呼吸肌疲劳时可表现胸腹部矛盾呼吸。

2. 二氧化碳潴留表现

肺性脑病是二氧化碳潴留的主要表现。早期有头痛，继之烦躁、兴奋、幻觉；后期呼吸变慢、神志恍惚、淡漠、嗜睡、抽搐、昏迷。检查常有面部肌束及四肢震颤，手扑翼样震颤或抽动。周围血管扩张，四肢浅表静脉充盈，皮肤红润、潮湿。昏迷患者瞳孔缩小，对光反应迟钝或消失。肌腱反射减弱或消失，锥体束征可呈阳性。深度昏迷患者血压下降，有休克和循环衰竭的表现。

（二）诊断

根据患者尘肺病病史及缺氧和高碳酸血症的临床表现，动脉血气分析 PaO_2＜8kPa（60mmHg）正常或偏低，即 $PaCO_2$≤6.66kPa（50mmHg），则诊断为Ⅰ型呼吸衰竭；缺氧伴高碳酸血症，即 PaO_2＜8kPa（60mmHg），$PaCO_2$＞6.66kPa（50mmHg），可诊断为Ⅱ型呼吸衰竭。诊断呼吸衰竭需要排除心内解剖性右向左分流性缺氧和因代谢性碱中毒致低通气引起的高碳酸血症。根据尘肺病史及导致呼吸衰竭的诱因，具有缺氧及二氧化碳潴留、酸中毒的临床表现，结合有关体征可诊断。许多尘肺病患者的呼吸衰竭发生缓慢，临床表现相对隐匿，容易疏忽。应动态观察血气分析，这对诊断和治疗都很重要。

七、尘肺病合并肺部肿瘤

由于接触粉尘本身致病性特点及尘肺病弥漫间质纤维化病理改变致尘肺病患者合并肿瘤的发生率明显增高。文献报道，尘肺病因恶性肿瘤死亡占比为29.02%（其中肺部恶性肿瘤死亡占比11.22%，肺外恶性肿瘤死亡占比17.80%），是尘肺病死因顺位的第二位。

尘肺病诊断时应注意排除肺部原发肿瘤和转移瘤，以免误诊。尘肺病患者定期检查或随访时，应高度重视是否合并肿瘤问题，早识别、早治疗。

（一）病因

病因学研究显示90%的肺癌为后天因素所致。石棉、毛沸石粉尘职业暴露可引起肺癌和胸膜间皮瘤。近年来研究确定 SiO_2 粉尘也是可以致肺癌的因素。美国职业安全与健康管理局以此降低了 SiO_2 的职业接触限值。矿工肺癌高发，可能与高 SiO_2 粉尘、放射性氡、伴生金属（如砷）等有关。长期吸入砷化物可致肺鳞癌、小细胞肺癌。

在一项563例非石棉尘肺的研究中，有19%的患者发生了肺癌，其中10%的患者有弥漫性肺纤维化，有弥漫性肺纤维化的病例中53%发生了肺癌，主要为周围性鳞癌，说明肺部纤维化可诱发恶性肿瘤。

（二）分类

按照组织病理学可将尘肺病合并肺部肿瘤分为两类。

一类为非小细胞肺癌，包括鳞状上皮细胞癌（鳞癌）、腺癌（包括腺泡状、乳头状、实性、混合性腺癌和支气管肺泡癌）、大细胞癌（大细胞未分化癌）及其他癌，如腺鳞癌、类癌、肉瘤样癌、唾液腺癌等。

另一类为小细胞癌，有燕麦细胞型、中间细胞型、复合燕麦细胞型三种。

鳞癌最常见，约占原发性支气管肺癌的40%~50%。小细胞肺癌的侵袭性比较强，预后很差，约占原发性肺癌的20%。近年来腺癌发病比例增加，包括球型、巨块型和弥漫型，应注意和尘肺病X射线的鉴别诊断。

（三）诊断

1. 临床表现

尘肺病合并肺部肿瘤的临床表现和肿瘤部位、大小、病理类型、病程长短、有无转移和有无合并症有关。（1）常见局部症状：咳嗽加重、不明原因咯血或痰中带血、胸痛等。（2）转移表现：声音嘶哑、吞咽困难、胸腔积液、上腔静脉阻塞综合征、Hormer综合征等。（3）全身表现：不明原因消瘦、乏力、发热等，晚期恶性消耗性病容，全身衰竭。

2. X射线表现

X射线表现分为中央型、周围型和弥漫型。中央型X线表现：向肺内突出的肺门肿块，在病变的后期肿块常包括了转移的淋巴结，还可合并阻塞性肺炎和肺不张。周围型主要表现为肺内结节或团块影，多呈类圆形或球形，边缘呈分叶状，有细小毛刺，少数可见空洞，肿块内少有钙化。弥漫型多见于支气管肺泡细胞癌，在两肺形成广泛的结节或浸润性病变。结节1~5mm，密度均匀，轮廓清楚，分布常不对称，可融合，融合病灶可呈斑片状，灶内可见支气管充气征。

3. 病理检查

病理检查包括细胞学标本、活检标本、手术切除标本及拟进行分子检测的其他标本。如痰细胞学，呼出气冷凝液检测，淋巴结，胸腔积液，经支气管镜留取，气管内吸出物、支气管肺泡灌洗液、防污染毛刷刷检，经气管穿刺吸引物，经胸壁针刺吸引物、胸腔镜及纵隔镜活检。

4. 其他检查

（1）肺癌肿瘤标志物六项检查：癌胚抗原、癌抗原 125、鳞状细胞癌相关抗原、细胞角质蛋白 21-1 片段、神经元特异性烯醇化酶、胃泌素释放肽前体。

（2）血液循环异常细胞检测，通过检测进入循环系统中的染色体异常细胞，实现肺部恶性肿瘤的早期筛查，可发现早期肿瘤。该项检测为无创、无害、快速液态肺活检。

（3）低剂量螺旋 CT（low-dose CT，简称 LDCT）对发现早期肺癌的敏感度是常规 X 射线胸片的 4~10 倍。年筛查能发现 85% 的Ⅰ期周围型肺癌，术后 10 年预期生存率达 92%。

目前对原位癌的治愈率已接近 100%，而Ⅲ b 和Ⅳ期肺癌患者 5 年生存率仅 5%~20%，所以应把尘肺病患者作为肺癌的高危人群，做好早期筛查。

八、尘肺病其他并发症

尘肺病由于长期气道慢性炎症并弥漫性广泛间质纤维化，破坏支气管壁肌肉和弹性组织，引起支气管变形和持久扩张；加之反复合并感染，黏液分泌物增多，支气管阻塞，肺气肿，长期咳嗽、气喘等，容易发生支气管扩张。支气管扩张后又容易合并肺部感染，可出现慢性咳嗽，咳大量脓痰，可伴有咯血，以晨起、晚睡及睡觉时咳痰最多。

1971 年布加勒斯特第四届国际尘肺会议上指出，尘肺病是粉尘吸入后在肺内蓄积及因此而产生的组织反应，不同粉尘致病性不同，因此，尘肺病可并发或合并多种并发症。流行病学调查还发现，尘肺病可并发慢性支气管炎、肺气肿、肺动脉高压、胸腔积液等。有的粉尘具有致敏性、刺激性或腐蚀性，可诱发过敏性鼻炎或支气管哮喘。

另外，尘肺病患者还常合并肺外疾病。如尘肺病患者合并精神障碍的发生率高，黄振遥等对 196 名煤工尘肺病患者调查发现，焦虑症患病率为 59.18%，抑郁症患病率为 74.5%，这是由于尘肺病病程长、合并症多、劳动能力丧失、生活窘迫等生理、心理双重打击所致。近年来研究发现，尘肺病患者免疫功能低下或紊乱，自身免疫性疾病发生率高。有研究显示，接触晶态 SiO_2 会导致系统性红斑狼疮、类风湿关节炎、系统性硬化症、ND 抗中性粒细胞胞质抗体相关血管炎等自身免疫性疾病。

（闫永建）

第六节　尘肺病的治疗与康复

尘肺病的发病机制尚不完全清晰，尘肺病从肺泡炎开始到纤维化是个非常复杂的病理过程，其病情进展也比较缓慢。随着基础研究和临床治疗研究的不断深入，尘肺病的治疗方法也逐渐明确并趋于完善。通过健康管理来改善不良的生活习惯和生活环境，积极预防尘肺病的发生及其进展；同时采取有效的抗纤维化药物进行治疗，积极治疗并发症，并综合康复治疗和训练。通过这一系列措施，多数尘肺病患者可以正常生活和进行社会活动。但对于纤维化严重、并发症或合并症多的尘肺病患者，则需要长期的管理和综合治疗。

尘肺病的治疗原则：以全面的健康管理为基础，以临床综合治疗为方法，积极控制尘肺病的发展进程，预防并发症的发生、治疗并发症并控制其发展，结合康复评估和训练，达到减轻患者痛苦、延缓病情进展、提高生活质量和社会参与程度、提高生存收益、延长患者寿命的目的。

一、健康管理和教育

尘肺病一经职业诊断即会登记在册并向卫生健康行政部门和有关部门进行职业病报告，患者应脱离原粉尘作业岗位，进行相应的健康监护、康复随访，纳入尘肺病健康管理中。健康管理和教育是预防和控制尘肺病加重的重要环节。

预防病情加重和并发症的发生需要健康教育。（1）让患者认识到吸烟和继续接触粉尘的危害。（2）让患者了解有关呼吸系统疾病的知识，是控制疾病、延缓疾病发展的重要方式。（3）让患者知晓营养、康复的重要性。（4）适当的运动康复，如耐力训练、呼吸肌训练等，能提高肌肉细胞代谢，有利于提高免疫能力，增强抵抗力。

二、氧疗

氧气疗法（oxygen therapy，氧疗）是用于纠正缺氧的一种治疗方法。尘肺病患者随着病情进展，逐渐出现肺功能下降，发生并发症时出现呼吸困难、咳嗽、咳痰、胸痛等症状，需要氧疗。氧疗是通过增加吸入氧浓度，提高肺泡氧分压，加大肺泡膜两侧氧分压差，促进氧气弥散，从而提高动脉氧分压和动脉血氧饱和度，改善全身器官的氧气供应。在临床实践中合理氧疗是尘肺病患者非常需要的治疗内容，在应用时应有明确的指征，给氧应有准确的流量，对氧疗的效果给予临床和实验室评价，并根据疗效调整流量和确定氧疗的时间。

三、抗纤维化治疗

自1937年加拿大学者丹尼（Denny）首先报道用铝粉预防家兔实验性矽肺的效果后，国内外都在进行寻找抗纤维化治疗的药物。先后动物实验发现克矽平、哌喹、粉防己碱、氢氧哌喹、柠檬酸铝、山铝宁等有不同程度抑制肺纤维化的作用。大量动物试验研究的结果显示，这些药物有一定的预防和延缓肺纤维化进展的作用，并相继应用于临床治疗。先后用于临床治疗矽肺的抗纤维化药物的种类有铝制剂、克矽平、哌喹、粉防己碱等。

四、全肺大容量灌洗治疗

全肺大容量灌洗是近40年来发展起来的一种用于治疗尘肺病的新技术，为开展其他肺部疾病的治疗也提供了新的途径，在尘肺病的治疗领域受到了广泛关注。全肺大容量灌洗治疗通过清除尘肺病患者肺泡内、细支气管内乃至肺间质内积聚的粉尘、吞尘巨噬细胞和致炎性、致纤维化因子以及其他有害物质，减轻患者的症状，如咳嗽、咳痰、胸闷、胸痛、气短等，减轻肺功能继续损伤，改善肺功能，提高患者的生活质量，达到治疗尘肺病、预防进展的效果。随着技术的不断进步，全肺大容量灌洗技术更加成熟，操作更简便，更安全有效。需要注意的是，任何治疗方法都存在一定的风险和并发症，如感染、肺水肿、气胸等，所以需要严格按照操作规程进行，确保操作的规范性和安全性。同时在决定是否采用全肺大容量灌洗治疗时，应权衡利弊，综合考虑患者的具体情况和治疗效果。

五、肺康复治疗

肺康复也称呼吸康复，是在对呼吸系统疾病患者的病情进行全面评估的基础上，以维护、改善和提高肺功能为主要目标而进行的，包括医学的、社会的、家庭的、全方位的综合干预措施，主要内容包括对患者的社区管理和自我管理教育，不良生活习惯干预，生活环境的改善，社会心理干预和以呼吸保护和呼吸训练为主的康复治疗，旨在改善呼吸系统疾病患者的身体和心理状况，同时提高有利于健康的长期行为依从性。呼吸康复是慢性呼吸系统疾病长期管理的核心组成部分，是基于患者全面评估、为患者量身定制的综合干预措施，是最具成本效益的非药物治疗手段之一。

六、治疗并发症 / 合并症

尘肺病常见并发症 / 合并症有呼吸道感染、气胸、肺结核、慢性阻塞性肺疾病、肺动脉高压、呼吸衰竭、肺栓塞等并发症。一旦诊断并发症，在治疗时需要考虑尘肺病本身的特点对并发症进行综合的合理和及时的治疗，具体方案见本书第八章第七节“合并症与并发症治疗”。

（彭莉君）

02

第二章　生产性粉尘与健康

第一节　生产性粉尘主要类型及来源

接触生产性粉尘是发生职业性尘肺病的唯一原因。生产性粉尘的物理、化学特性及其接触特征和接触水平与尘肺病的发病密切相关。粉尘类型不同，所致肺组织反应及致肺组织纤维化的能力不同，所引起的尘肺病的发生发展、转归、预后等也有很大差别。了解和掌握生产性粉尘的特点和有关粉尘暴露的知识，是正确认识尘肺病的基础。

一、生产性粉尘的定义

生产性粉尘（productive dust），是指在生产过程中形成并能长时间飘浮在空气中的固体颗粒物。这些粉尘长时间飘浮在工作场所环境空气中，很容易被劳动者吸入。长期暴露在粉尘污染的工作环境，可引起包括尘肺病等多种职业性呼吸系统疾病。这些疾病往往难以治愈，严重影响劳动者的生活和工作。因此，生产性粉尘是污染作业环境、损害劳动者健康的重要的职业病危害因素。

二、生产性粉尘的分类

生产性粉尘不仅种类繁多，性质也各异。从矿山开采中的岩石粉尘，到冶金制造中的金属粉尘，再到纺织业中的纤维粉尘及农业生产中的植物粉尘，每种粉尘都有其特定的成分和危害。以下详细阐述生产性粉尘的主要类型。

（一）按粉尘性质分类

根据粉尘的化学性质，生产性粉尘可分为无机粉尘、有机粉尘和混合粉尘。

1. 无机粉尘

无机粉尘（inorganic dust）是生产性粉尘中最常见的一类，包括金属、非金属矿物粉尘和人工无机粉尘，与尘肺病发病相关的主要是矿物性粉尘。

（1）金属粉尘。金属粉尘是金属冶炼、铸造、锻造和焊接时产生的烟雾，如铁、锡、铅、锌、铜等金属及其氧化物粉尘。长期从事接触金属粉尘作业的劳动者，更容易罹患尘肺病以及金属粉尘肺沉着病等职业病。

（2）非金属矿物粉尘。非金属矿物粉尘主要由石英、石棉、滑石、煤等非金属矿物构成，是采矿、隧道施工、石材加工等行业劳动者经常接触的污染物。劳动者长期暴露在这种粉尘环境中，其呼吸系统可能会受到严重影响。非金属矿物粉尘就其化学性质可再分为以下几种。

①硅尘，是指粉尘中游离 SiO_2 含量≥10% 的粉尘，如金属矿山开采、岩石开采、隧道挖掘、煤矿掘井中产生的粉尘。硅尘是生物学活性最强，对人体健康危害最大的粉尘。

②硅酸盐粉尘，如石棉、滑石、云母、高岭土、水泥粉尘等均属此类，其中以石棉粉尘危害最为严重。此类粉尘除含有 SiO_2，还含有锰、铁、钙、铝等化学元素。

③含碳粉尘，如煤尘、炭黑、石墨、活性炭等粉尘，其中以接触煤尘的人数最多。

（3）人工无机粉尘。人工无机粉尘指由人工合成的无机材料所产生的粉尘，常见的人工无机粉尘包括水泥、玻璃纤维、金刚砂和人造矿物棉（矿渣棉、岩棉、玻璃棉）等。在建筑工地、玻璃制造厂以及耐火材料生产车间等场所，劳动者经常会接触这类粉尘。长期接触这类粉尘，若缺乏适当的防护措施，同样会对劳动者的健康造成危害。

2. 有机粉尘

有机粉尘（organic dust）主要是在农业、有机化学工业、医药等行业的生产过程中产生的粉尘，其多为动植物的蛋白及有机化学物，对健康的影响主要是引起机体过敏性疾病，如职业性哮喘、过敏性肺泡炎等。有机粉尘主要包括以下两种。

（1）植物性粉尘。植物性粉尘源自多种植物性材料，包括木尘、烟草、棉、麻、谷物、茶以及甘蔗等。从事木材加工、纺织、烟草处理或食品加工的劳动者，在日常工作中会频繁地接触这类粉尘。长期置身于这样的工作环境中，若无完善的防护措施，会对劳动者的健康产生不良影响，产生如过敏性肺炎、哮喘及慢性阻塞性肺部疾病。

（2）动物性粉尘。动物性粉尘主要由畜毛、羽毛、角粉、骨质等动物性材料产生。在皮革加工、羽毛加工等特定行业，劳动者会不可避免地接触这类粉尘。长期暴露在这种工作环境中，若缺乏有效的防护措施，可能会对劳动者的呼吸系统和其他身体机能造成不良影响，进而影响其整体健康。

3. 混合粉尘

在生产环境中，以单纯一种存在的粉尘较少见，大多数情况下以两种以上粉尘混合存在，一般称为混合粉尘（mixed dust）。混合粉尘是指由两种或两种以上不同类型的粉尘混合而成的粉尘。在生产环境中，混合粉尘主要来源于固体物料经机械性撞击、研磨、碾轧等过程形成的固体微粒，以及物质加热时产生的蒸气在空气中凝结或被氧化形成的烟尘等。这类粉尘是非常常见的，如煤矿劳动者接触的煤硅尘、金属制品加工研磨时的金属和磨料粉尘、皮毛加工时的皮毛和土壤粉尘等都是混合粉尘。

（二）按粉尘形态分类

根据粉尘的不同形态，生产性粉尘可分为尘、雾、烟。

1. 尘

尘是指固态分散性气溶胶，是固体物料经机械性撞击、研磨、碾轧而形成。尘的粒径为 0.25~20μm，其中大部分为 0.5~5μm。这类粉尘在生产过程中广泛存在，如采矿、破碎、磨粉等工序中均会产生大量尘。

2. 雾

雾是指分散性气溶胶，为溶液经蒸发、冷凝或受到冲击而形成的溶液粒子。这类粉尘主要存在于化工、喷涂等行业中。

3. 烟

烟是指固态凝聚性气溶胶，包括金属熔炼过程中产生的氧化微粒或升华凝结产物、燃烧过程中产生的烟等，粒径＜1μm，其中较多的粒径为 0.01~0.1μm。这类粉尘主要存在于冶金、焊接等行业中。

（三）按粉尘的物理和化学特性分类

主要基于粉尘的物理和化学特性进行分类，对于了解粉尘的性质和采取相应的防护措施具有重要意义。生产性粉尘按其物理和化学特性不同，可分为吸湿性粉尘、非吸湿性粉尘；不黏尘、微黏尘、中黏尘、强黏尘；可燃尘、不燃尘；爆炸性粉尘、非爆炸性粉尘；高比电阻尘、一般比电阻尘、导电性尘；可溶性粉尘、不溶性粉尘等。

三、生产性粉尘的来源

生产性粉尘的来源非常广泛。在矿山开采过程中，凿岩、爆破、破碎和运输等环节都会产生大量的粉尘。同样，在冶金和机械制造工业中，原材料的准备、粉碎、筛分和配料等工序也是粉尘的主要来源。而在皮毛和纺织工业中，原料的处理过程中同样会产生大量的纤维粉尘。在农业生产过程中，也会产生谷物尘等。以下根据生产方式阐述生产性粉尘的来源。

一是固体物质的机械加工，如矿物质的粉碎、钻孔、研磨、打光、切削，粉碎的固体物质的筛分、搅拌、运输，有机物质的加工、纺织等。这是生产性粉尘最重要的来源。

二是固体物质的不完全燃烧或爆破，如煤炭的不完全燃烧产生的含大量煤尘的烟尘，矿山开采和隧道的爆破等。

三是物质加热时产生的蒸气在空气中凝结或炭化形成固体微粒以气溶胶方式存在的粉尘，如电焊过程中产生的电焊烟尘，铸造及金属加工中产生的金属烟尘等。

四是固体粉状物质的包装、搬运、混合、搅拌等。

（刘移民　李　涛）

第二节　生产性粉尘的职业接触

生产性粉尘污染非常广泛，各行各业几乎都存在生产性粉尘。在不同行业的各种生产过程中都会有相当一部分劳动者不可避免地接触不同类型、不同性质及不同浓度的生产性粉尘。

一、矿山开采业

矿山开采业是生产性粉尘污染的重要源头。无论是煤矿，还是非煤矿山中的金属矿山、非金属矿山，多个工种如凿岩工、放炮工、支柱工和运输工等，在职业活动中都不可避免与粉尘的频繁接触。尤其是在矿山开采时的凿岩和放炮作业，劳动者接触的粉尘浓度可能较高，这无疑增加了这些岗位劳动者的健康损害风险。

（一）煤矿

在煤矿井下开采过程中，凿岩、爆破、装载、喷浆、砌磴、运输、支柱、井下通风等均可产生粉尘，主要是硅尘、煤尘、水泥尘等。在岩石掘进过程中，使用风钻打眼、机械割煤和放炮产生的粉尘量最大，在无防护措施的情况下，空气中粉尘浓度可达到1000mg/m^{3}以上；使用电钻打眼和装车时产生的粉尘量次之。露天开采在剥离岩层和采掘煤层过程中都会产生大量的粉尘，剥离岩层、煤炭装卸、破碎、筛选或跳汰、水洗、浮选、设备维护等操作均存在生产性粉尘。

（二）金属矿

金属矿包括黑色金属矿产（如铁、锰、铬等）和有色金属矿产（如铜、铅、锌、钨、锡、镍等），以及稀有金属矿产（如锂、铍、铌、钽等）和贵金属矿产（如金、银、铂族金属等）。由于金属矿物在地壳中与其他矿物混杂在一起，开采过程中主要产生大量其他矿物性粉尘，如硅尘等，而非纯的金属粉尘。

（三）非金属矿

非金属矿包括磷矿以及石墨、石棉、滑石、石英、长石、云母、金刚石等矿产，这些矿产种类繁多，经后期加工后可用作化工、建材、冶金的原料或辅助材料等。与金属矿物不同，非金属矿物基本上不含金属元素，含其他矿物也较少，也不需要提炼，因此，非金属矿物粉尘可以大量存在于采矿和后期加工使用过程中。

此外，矿山还可以根据地形和矿床埋藏条件分为露天矿山和地下矿山，根据开采工艺分为机械开采和水力冲采两类，在采矿过程中都会产生大量的矿物性粉尘。

二、金属冶炼行业

金属冶炼生产过程中的矿石粉碎、烧结、选矿等工序是产生大量粉尘的环节。钢铁冶炼是金属冶炼的主要组成部分，钢铁冶炼工序包括原料、烧结、球团、焦化、高炉、转炉、连铸、热轧及冷轧等。在生产过程中，劳动者可接触煤尘、石灰石尘、白云石粉尘、钒铁合金尘、铝铁合金尘及其他粉尘。从事金属冶炼的劳动者，在作业过程中会接触各种金属粉尘和烟尘，如铁尘、锰尘、铬尘及煤尘、石灰石尘、白云石粉尘和其他粉尘等。长期吸入这些粉尘会引起尘肺病等职业病，严重影响劳动者的健康。

三、机械制造行业

在机械制造业中，金属铸件的制造环节是粉尘污染的重灾区。铸造业的配砂、混砂、成型，以及铸件的打箱、清砂等；金属的切削、研磨、打光等，均是产生粉尘的主要工艺。从事配砂、混砂、成型以及铸件打箱、清砂等工作的劳动者是接触生产性粉尘的主要群体。铸造过程中，当金属溶液与砂型相接触时，会释放出大量的烟尘和粉尘。同时，机械加工过程中的切割、磨削等环节也会产生不容忽视的金属粉尘。这些粉尘若被劳动者不慎吸入，将给其呼吸系统带来极大的健康风险，可能造成严重的损害。

四、建筑与建筑材料生产行业

建筑业从事石料生产、破碎、碾磨、筛选、拌料等工作的劳动者会接触大量粉尘。这些粉尘主要来源于石料的开采和加工过程。此外，在建筑施工现场，由于建筑材料的运输、搅拌等作业，也会产生一定量的粉尘。这些粉尘如果被劳动者吸入体内，会对其健康造成潜在的威胁。此外，铁路、公路修建中的隧道开凿及铺路，水利电力行业中的隧道开凿及货物运输等，也是生产性粉尘的主要来源之一。

建筑材料生产行业中的耐火材料、玻璃、水泥制造等生产工艺中，可能存在或产生大量粉尘。这些粉尘不仅会对劳动者的呼吸系统造成损害，还可能引起皮肤疾病等。

水泥是主要的建筑材料，在水泥生产过程中主要存在熟料、石灰石、石膏等原料的运输、储备以及水泥生产等环节，如输送系统和储存库、水泥粉磨、水泥储存及散装或包装发货等均存在大量粉尘，粉尘主要成分为硅酸盐、铝酸盐、铁酸盐和石膏等，其中硅酸盐是水泥的主要成分，通常占水泥成分的60%~70%。同样，陶瓷卫浴洁具、石材、玻璃等也是主要的建筑材料，在原料、辅料的破碎、运输、使用及制品的深加工，如成型、切割、抛光、打磨及钻孔等环节均存在大量的粉尘，且粉尘中游离 SiO_2 含量高。

五、燃煤发电行业

燃煤发电行业生产工艺主要有输煤系统、燃烧系统、热力系统、化学水处理系统、除灰渣系统及电气系统等，在卸煤及堆煤、运煤、制粉、锅炉燃烧、除灰渣、脱硫等生产过程中产生大量的烟气、粉尘，产生的粉尘主要有煤尘、石灰石粉尘、石膏粉尘及硅尘等。

六、船舶制造行业

钢材是造船的主要材料，钢材的“二次除锈”通常采用喷射磨料处理（喷丸或喷砂），喷砂过程中，会产生一定量的粉尘，主要是喷砂产生的金属氧化物粉尘和喷料的自碎粉尘。

焊接作业为造船的主要作业，在电焊作业时可产生电弧高温（2000~6000℃），使焊条芯、药皮和焊接母材发生复杂的冶金反应，熔化蒸发、逸散在空气中氧化冷凝，从而形成颗粒极细小的混合物烟尘或气溶胶，即电焊烟尘。

此外，打磨作业也会产生大量的砂轮磨尘，绝缘作业可出现石棉和矿物纤维产生的粉尘。

七、家具制造行业

家具生产工艺过程中有材料的切、车、磨、钻、抛光、制螺纹等机械加工及装配等工序，在这些岗位作业的劳动者均会接触各类矿物性粉尘（如硅尘、金属尘等）、植物性粉尘（如木尘等）及有机粉尘（如塑料尘等）。

实木家具的原材料主要是经过干燥的板材或方材，在配料工序会产生一些小木块和锯屑的粉尘，粉尘粒径相对较大，在空气中滞留时间较短。对已配料的材料进行毛料的精加工和成型加工时产生片状刨花和铣削木屑，粉尘属中型木尘，粒径较大，这些粉尘在空气中的停留时间较短，能较快地散落地面。涂装环节要对零部件的表面修整加工，在涂装的过程中，砂光和打磨处理工序可产生木粉尘、油漆粉尘及含胶、含腻子的粉尘等，其产生的粉尘粒径小，粉尘悬浮于空气中。因此，砂光和磨光作业是实木家具生产中主要产生粉尘的环节。

金属家具制造过程通常存在打磨、抛光工艺，也可能有喷丸、喷砂工艺，该类作业均可产生粉尘，粉尘含有铁锈尘、石英尘等，属于混合性粉尘。金属焊接可产生电焊烟尘。竹藤家具制造过程中的抛光、砂光、打磨、钻孔、型面加工、装配等涉及竹、藤材料或家具部件切削等加工的工序均可产生竹尘或藤尘。

塑料家具制造过程中劳动者接触的粉尘主要为塑料粉尘，切、车、洗、磨、钻、喷砂、抛光、制螺纹等塑料的机械加工及装配的工序均有接触塑料粉尘的机会。

八、制药行业

随着制药行业的发展，制药劳动者暴露于药物粉尘，职业健康风险问题不容忽视。在化学药、中成药固体及半固体制剂制造过程中，称量、配料、混合、制粒、压片等过程中劳动者可能接触混合性粉尘及药物粉尘等；在中药饮片加工过程中劳动者可能接触其他粉尘。药物粉尘因含有药物活性成分，既具有一般粉尘的特征，又具有所含药物活性成分的药理学特性，是一种特殊的职业病危害因素，可通过皮肤和呼吸系统进入体内，会对制药劳动者的神经系统、呼吸系统、心血管系统、激素水平和耐药性等产生影响。

九、烟草行业

烟草行业中在烟草生产过程中产生的粉尘会给从业人员带来不小的职业健康危害。烟草粉尘是卷烟生产过程中在机械作用下（破碎、筛分、运输等过程）产生的含有多种成分的微细颗粒。有研究表明：烟草粉尘不但是一种有机粉尘，也是一种混合性粉尘。烟草粉尘主要来源于以下几个生产环节：制丝工艺过程中的切片、切丝、梗预处理、烟叶预回潮、加香加料、压梗、烘丝等工序；卷接包工艺过程中的卷接烟、残烟处理工序。在烟草生产过程中，如除尘、筛分、振槽振动、皮带输送、风力输送，车间的保养、清扫都会引起烟草粉尘的飞扬。烟草的生产从种植开始，经历采摘、烘干、发酵、加工和包装等多个环节。在这些环节中，烘干、加工和包装阶段最容易产生粉尘。特别是在加工阶段，剥叶、分级、剪切和混配等工序都会产生大量的烟草粉尘。

十、其他行业

除了以上产尘的行业外，一些其他行业的劳动者也会接触生产性粉尘。如在皮毛和纺织工业的原料处理及加工过程中，有大量从业人员会接触大量的有机纤维粉尘；在化工、造纸、食品生产加工、印刷等行业中，劳动者也会接触一定量的无机或有机粉尘；农民在进行农作物的种植、收获等作业过程中，也会产生大量的灰尘和杂草粉尘。

总结来说，矿山开采、机械制造、金属冶炼、建筑材料生产、家具制造、建筑行业、制药行业、烟草行业以及其他一些行业中的劳动者都会接触生产性粉尘。这些粉尘的来源广泛，可能存在于各种生产工艺过程中。为了保障劳动者的健康和安全，需要采取有效的防尘措施。我国在 20 世纪 70 年代就总结出“革、水、密、风、护、管、教、查”防尘八字方针，特别强调源头防控的技术革新（革）、湿式作业（水）、管道密闭化（密）及通风除尘（风）技术措施，同时也强调用人单位应严格遵守国家法律法规和职业卫生标准，确保劳动者在作业过程中不受生产性粉尘的危害。

（刘移民）

第三节　生产性粉尘对健康的危害

生产性粉尘长期飘浮于工作场所环境空气中，因此，呼吸道是生产性粉尘侵入机体的主要途径。生产性粉尘作为一种外源性颗粒物，随人的呼吸进入呼吸道，会引起呼吸道一系列清除机制的反应，使大部分粉尘排出体外，进入下呼吸道及肺泡的过量的粉尘则可沉积在肺内引起病理性反应。粉尘对健康的影响就是这一系列生理反应和病理反应的过程及其结果。

一、呼吸系统的清除反应

呼吸系统从其结构和生理机能上看具有强大的异物清除功能。

鼻腔的弯曲结构和鼻毛以及咽部、气管方向的多变及分叉，使得随呼吸气流进入呼吸道的粉尘颗粒发生方向改变并不断发生碰撞作用，从而使较大的粉尘颗粒（>10μm）滞留在鼻腔和大气道。

随着气管分叉的增多和气道面积的增加，气流速度也逐渐减慢，在重力的作用下尘粒可沉降在气管以至肺泡壁。粉尘沉积的机会决定于粉尘的粒径和比重以及人的呼吸通气量及流速。一般来说，较大的粉尘颗粒多沉积在上呼吸道，较小的粉尘颗粒则可沉积在下呼吸道。直径在 2~10μm 的粉尘颗粒沉积在气管壁上，直径在 2μm 以下的粉尘颗粒可沉积在呼吸性细支气管和肺泡壁。近圆形的粉尘颗粒易于重力沉降，而不规则的粉尘颗粒则更多由于惯性碰撞而被阻留在鼻腔等上呼吸道。

结构正常的鼻腔具有强大的滤尘作用，可将 30%~50% 的粉尘颗粒阻留在鼻腔。沉积于呼吸道的粉尘颗粒由于黏膜的分泌物而滞留在管壁和纤毛上。黏膜上皮的纤毛运动和咳嗽反射是完成外源性颗粒物清除作用的重要机制。完整的支气管黏膜上皮细胞的纤毛规律运动，使粉尘颗粒自呼吸道深部逐渐向上移动，随着黏液的分泌以咳嗽、咳痰的形式排出体外。

相当一部分进入肺泡的粉尘颗粒随着呼出气流直接排出体外而不发生沉积。沉积于肺泡壁的粉尘颗粒，被巨噬细胞吞噬形成吞噬体。吞噬体和初级溶酶体相结合形成次级溶酶体，次级溶酶体内的各种水解酶可将吞噬体内的某些“尘粒”消化。吞噬粉尘颗粒后的巨噬细胞通过阿米巴样运动向上移行到有纤毛上皮的细支气管黏膜表面，然后再通过纤毛运动移送到上呼吸道，通过咳嗽、咳痰排出体外。吞噬粉尘颗粒后的部分巨噬细胞也可通过肺泡间隙的扩散作用进入淋巴管，随淋巴回流进入肺门淋巴结。

由上可见，上呼吸道的阻留作用和粉尘颗粒的惯性碰撞及重力沉降作用使粉尘颗粒沉积于呼吸道内，再通过呼吸道黏液的分泌和纤毛上皮运动，经咳嗽、咳痰排出。未沉降的粉尘颗粒可随呼出气流直接排出体外。一般来说，进入呼吸道的粉尘颗粒 98% 左右可通过上述机制清除出去，滞留于肺内的粉尘颗粒只是吸入粉尘颗粒总量的 2%~3%。进入呼吸道和肺的粉尘颗粒被排除和能够滞留的比例与粉尘颗粒的分散度有直接关系。虽然吸入的粉尘颗粒只有少量可滞留于肺内，但长期吸入高浓度的呼吸性粉尘，终将使肺内的潴留量逐渐增多。长期潴留于肺内的粉尘颗粒，根据其化学性质的不同，则可引起一系列病理性反应，其中最主要的是矿物性粉尘的致纤维化作用。

二、生产性粉尘对健康的影响

生产性粉尘对机体的健康损害主要决定于粉尘的化学性质，化学性质不同，其生物学作用也不同，对健康的影响也是多方面的。如可溶性毒性粉尘在进入呼吸道后，能够迅速被吸收进入血液循环，从而引发中毒症状；某些硬质粉尘可能会对角膜和结膜造成机械性损伤，导致角膜混浊和结膜炎等损伤；当粉尘堵塞皮脂腺或对皮肤产生机械性刺激时，可能会引发粉刺、毛囊炎甚至皮肤破裂。

生产性粉尘对人体造成的危害程度受多种因素影响，包括吸入的粉尘量、侵入体内的途径、沉积部位以及粉尘自身的物理化学特性。

（一）对呼吸系统的影响

因生产性粉尘可长期飘浮于工作场所环境空气中，因此，呼吸道是生产性粉尘侵入机体的主要途径，也是受粉尘影响的最主要的靶器官，产生的主要健康损害如下。

1. 致纤维化作用

粉尘的致纤维化作用（fibrogenicity）是粉尘对人体健康危害最大的生物学作用。在生产环境中长期吸入生产性矿物粉尘可导致以肺组织纤维化病变为主要病理改变的疾病，即尘肺病

（pneumoconiosis）。尘肺病的病理特点是肺组织发生弥漫性、进行性的纤维组织增生，引起呼吸功能严重受损，进而导致劳动者劳动能力下降乃至丧失。我国最新版《职业病分类和目录》列出13种职业性尘肺病，分别为矽肺、煤工尘肺、石墨尘肺、碳黑尘肺、石棉肺、滑石尘肺、水泥尘肺、云母尘肺、陶工尘肺、铝尘肺、电焊工尘肺、铸工尘肺及根据《尘肺病诊断标准》和《尘肺病理诊断标准》可以诊断的其他尘肺病。此外，铍及其氧化物粉尘引起的慢性铍病也是以肺纤维化为主要病理改变。

（1）矽肺（silicosis）：也叫硅肺，指因长期吸入游离 SiO_2 含量较高的粉尘所引起的尘肺。游离 SiO_2 具有极强的细胞毒性和致纤维化作用，因此，粉尘中游离 SiO_2 含量的多少和该类粉尘致纤维化的程度密切相关。矽肺是纤维化病变最严重、进展最快、危害最大的尘肺。

（2）硅酸盐肺（silicatosis）：由于长期吸入含有结合 SiO_2 的粉尘如石棉、滑石、云母等引起。

（3）炭尘肺（carbon pneumoconiosis）：由于长期吸入煤炭、石墨、炭黑、活性炭等粉尘引起。如煤肺（anthracosis）、炭黑尘肺（carbon black pneumoconiosis）、石墨尘肺（graphite pneumoconiosis）、活性炭尘肺（active carbon pneumoconiosis）等。

（4）混合性尘肺（mixed dust pneumoconiosis）：由于长期同时吸入含游离 SiO_2 粉尘和其他粉尘而引起，如煤尘等引起的尘肺。

（5）其他尘肺：包括长期吸入铝及其化合物所引起的铝尘肺（aluminosis），或长期吸入电焊烟所引起的电焊工尘肺（welders' pneumoconiosis）等。

2. 金属及其化合物粉尘肺沉着病和硬金属肺病

某些生产性惰性金属粉尘，如锡、铁、锑、钡等金属及其化合物粉尘被机体吸入后，主要沉积在肺组织中并引发异物反应，此类病变通常被称为金属及其化合物粉尘肺沉着病。一般来说，这类金属粉尘的沉积对肺功能没有明确的损害，也没有致肺组织进行性纤维化的证据。但作为一种异物沉积在肺内，则会引起肺组织的反应，有的还可引起急性支气管炎或支气管哮喘。

另外，长期接触硬金属如钨、钛、钴等，还可能导致硬金属肺病的发生。硬金属肺病（hard mental lung disease，HMLD）是由吸入硬质合金粉尘引起的职业性呼吸系统疾病。最常用的硬质合金（hard metal）是由碳化钨（70%~95%）和钴（5%~25%）组成的合金，具有很高的强度、硬度和耐热性，故常在研磨钻石、制造高速切削工具和钻孔设备中使用。从事与稀有金属粉末有关工作的劳动者为该病的好发人群。劳动者接触或吸入硬质合金粉尘，在呼吸系统沉积并引起呼吸系统症状、肺功能损害和影像学弥漫性肺病变。

3. 有机粉尘引起的肺部病变

有机粉尘与无机粉尘在生物学作用上存在显著差异。例如，吸入棉、亚麻尘可能引发棉尘病，其典型症状包括休息后首日复工时出现胸闷、气急或咳嗽，并可能伴随急性肺通气功能的改变。另外，当吸入含有霉菌孢子的植物性粉尘，如草料尘、粮谷尘、蔗渣尘等，或吸入被细菌或血清蛋白污染的有机粉尘时，可能导致过敏性肺炎的发生。

4. 非特异性炎症反应

长期吸入大量粉尘，还常引起机体抵抗功能下降，容易发生肺部非特异性反应（nonspecific inflammation）。例如，在粉尘进入的部位积聚大量的巨噬细胞，导致炎性反应。呼吸道黏膜损伤，致使黏膜上皮细胞增生肥大，黏液分泌增加，纤毛运动减弱。粉尘致呼吸道的机械性损伤也常导致继发感染。粉尘诱发的纤维化、粉尘肺沉积和炎症作用常常引起肺通气功能的改变，表现为阻塞性肺病。粉尘作业劳动者的慢性支气管炎是常见的与工作有关的疾病，也有人称之为“尘性慢性支气管炎”。在尘肺病患者中还常并发肺气肿、肺心病等疾病。

刺激性化学物所致慢性阻塞性肺疾病也是接触粉尘作业人员的常见职业病。从事接触粉尘作业的劳动者容易患肺结核病。吸烟和粉尘的联合作用可增加慢性支气管炎的发病率。

（二）局部刺激作用

粉尘对呼吸道黏膜的刺激作用（irritative effect）显著。吸入的生产性粉尘首先进入呼吸道，刺激呼吸道黏膜，使黏膜下的毛细血管扩张并充血，黏液分泌增加，以加强对粉尘的阻留作用。但长期接触粉尘，黏膜毛细血管持续扩张，则会导致黏膜发生肥大性病变。随后，由于黏膜上皮细胞得不到充足的营养，就会发生萎缩性病变，如萎缩性鼻炎。硬度较大、边缘锐利的粉尘颗粒还可机械性地直接损伤黏膜细胞，引起鼻炎、咽炎、喉炎，进而导致呼吸道的防御功能下降。有些金属粉尘则可直接损伤鼻黏膜形成溃疡和穿孔。

皮肤长期接触粉尘，也可能引发一系列皮肤损害问题，如堵塞皮脂腺使皮肤干燥，发生继发感染后易形成阻塞性皮脂炎、粉刺、毛囊炎以及脓皮病等。而沥青粉尘的暴露，则可能导致光感性皮炎的发生。

此外，粉尘，特别是金属粉尘还有可能造成角膜损伤和浑浊。

（三）毒性作用

粉尘含有或吸附的可溶性毒性物质，如铅、砷、锰等，可在呼吸道黏膜上迅速溶解并被吸收，从而引发相应的毒性作用（toxication），出现急、慢性中毒症状。粉尘颗粒的粒径越小，其表面积反而越大，因此能吸附更多的化学物质，这可能对人体健康构成更大的威胁。

此外，流行病学研究表明，接触结晶型 SiO_2 还与肾病发病有关。

（四）致癌作用

某些粉尘已被国际癌症研究中心列为肯定的人类致癌物，具有致癌作用（carcinogeniesis），如石棉、游离 SiO_2、镍和铬酸盐等，长期接触含有这些物质的粉尘可能会诱发呼吸系统和其他系统的肿瘤。石棉粉尘可引起支气管肺癌和间皮瘤（mesothelioma）。结晶型 SiO_2 粉尘暴露和肺癌的高发有一定的相关性。美国国家职业安全卫生研究所（NIOSH）建议将结晶型 SiO_2 的职业接触限值调整为 $50\mu g/m^3$，美国职业安全与健康管理局（OSHA）将结晶型 SiO_2 的职业接触限值确定为 $100\mu g/m^3$，行动水平确定为 $50\mu g/m^3$。此外，放射性粉尘也是重要的致癌因素，接触放射性矿物性粉尘可引发肺癌，金属粉尘镍、铬酸盐粉尘等也和肺癌高发有关。

（五）变态反应

接触棉、大麻以及对苯二胺等粉尘，可能引发身体的变态反应，导致支气管哮喘、湿疹等症状的出现。

三、影响粉尘致病作用的有关因素

工作场所空气中粉尘的来源、物理性质、化学性质及浓度等，对于人体的危害性质和程度起着决定性的作用。因此，应从卫生学角度出发，了解粉尘理化特性的卫生学意义。

（一）粉尘的化学性质

生产性粉尘中所含的化学成分各异，可能引发纤维化、刺激、中毒以及过敏反应等多种健康问题。例如，含有游离 SiO_2 的粉尘会导致纤维化病变；而某些金属粉尘，如铅、锰及其化合物，能够通过肺组织被吸收进入血液循环，进而引发铅中毒或锰中毒。此外，吸入铬酸盐、硫酸镍、氯铂酸铵等特定金属粉尘，还可能诱发职业性哮喘。

粉尘的化学性质是决定粉尘生物学作用的主要因素，决定了粉尘对人体危害的性质。不同粉尘的生物学作用不同，所致的疾病也不同。就粉尘的致纤维化潜能而言，主要决定于粉尘的固有特性，粉尘中游离 SiO_2 含量的多少和粉尘的致纤维化程度密切相关。矿物粉尘致肺纤维化能力的强弱，主要决定于粉尘中游离 SiO_2 的含量，游离 SiO_2 含量越高，其致纤维化作用越强，病变发生越快、进展越快。含游离 SiO_2 70% 以上的粉尘在短期暴露后即可发病，病理上多形成以胶原性结节为主的纤维病灶。在无适当工程防护设备和个人防护的情况下，短期大量暴露游离 SiO_2 含量高的粉尘可引起以硅性蛋白沉积为主的急性矽肺的发生。而含游离 SiO_2 在 10% 以下时，病变的发生则需要较高浓度和较长时间的暴露，病变发展也较慢，病理上以肺间质纤维化为主。

石棉粉尘由于其纤维状结构，除引起肺组织纤维化，还可引起肺癌和间皮瘤。煤尘的致纤维化能力较弱，故煤尘肺的病理改变则以煤尘斑和肺间质纤维化为主。

（二）粉尘的分散度

分散度（dispersity），是用粉尘颗粒的大小构成描述某一生产过程中物质被粉碎的程度，可通过粉尘粒径大小的数量百分比或质量百分比表示，分别称为粒子分散度和质量分散度。不同生产过程和工艺所产生的粉尘颗粒的大小组成比例不同。当粉尘中粒径小或质量轻的颗粒越多，分散度就越高，粒径大或质量重的颗粒越多，其分散度就越低。粉尘颗粒的分散度越高，在空气中飘浮的时间就越长，沉降的速度相对较慢，故被吸入的可能性就越大；而且，随着分散度的提升，粉尘的比表面积也会相应增大，这意味着和组织作用的可能性也增大，更容易参与各种理化反应，从而可能对人体造成更大的危害。反之，较大的粉尘颗粒则很快在空气中沉降而较少有被吸入的机会，即使被吸入，也会被阻留在上呼吸道，而难以到达深呼吸道和肺泡。

不同种类的粉尘由于粉尘的粒径、比重和形状不同，同一粒径的粉尘在空气中的沉降速度也会不同。为了互相比较，引入空气动力学直径。尘粒的空气动力学直径（aerodynamic equivalent diameter，AED）是指某一种类的粉尘颗粒，不论其形状、大小和密度如何，如果在空气中的沉降速度与密度为 1 的球形颗粒的沉降速度一样时，则这种球形颗粒的直径即为该种粉尘颗粒的空气动力学直径。粉尘颗粒投影直径（dp）换算成 AED 的公式为：

$$\text{AED}\,(\mu\text{m}) = dpQ$$

式中，dp 为光镜下投影直径，μm；Q 为粉尘相对密度。

同一空气动力学直径的粉尘颗粒，在空气中具有相同的沉降速度和悬浮时间，并趋向于沉降在人体呼吸道内的相同区域。一般根据粉尘粒径的大小，将粉尘分为非吸入性粉尘、可吸入性粉尘（inhalable dust）和呼吸性粉尘（respirable dust）三种。粒径＞15μm 的为非吸入性粉尘，粒径＜15μm 的为可吸入性粉尘，粒径＜5μm 的为呼吸性粉尘。真正能够到达呼吸道深部和肺泡区，并沉积于肺内引起生物学作用的是呼吸性粉尘。

（三）粉尘的形态和表面活性

粉尘的硬度与粒径大小密切相关，球形颗粒在空气中的阻力小，易于沉降，而形状不规则的颗粒相对来说沉降较慢，悬浮时间则较长。当粉尘粒径较大且外形不规则、质地坚硬时，则有可能造成呼吸道黏膜的机械性损伤。粉尘对呼吸道黏膜的机械性损伤作用主要发生在上呼吸道，虽然金刚石、碳化硅粉尘硬度很大，但对机体的危害很小。对于那些能够进入肺泡的细小尘粒，由于其质量极轻，加之肺泡内环境的湿润以及受到肺泡表面活性物质的影响，这些粉尘颗粒对肺泡的机械性损伤可能并不显著，对致纤维化作用的影响并不大。

粉尘表面的生物活性影响其致纤维化能力。新产生的粉尘颗粒表面有较多的氧化硅和硅自由基（SiO^+ 和 Si^{++}），可与二氧化碳、氧气和水反应产生 H_2O_2 和羟基自由基（OH^+）等，因而具有更强的细胞毒性作用。

（四）粉尘的溶解度

粉尘的溶解度对于毒性粉尘对人体的影响至关重要。例如，含有铅、砷等有毒物质的粉尘，若其溶解度较高，则更易在上呼吸道被溶解吸收，从而增强其对人体的毒性作用。相反，对于相对无毒的粉尘，如面粉等，溶解度越大反而毒性越弱。然而，像石英粉尘这类难以溶解的粉尘，会在体内持续产生危害，对人体健康构成长期威胁。

（五）粉尘的荷电性

物质在粉碎产生固体颗粒和流动过程中，由于颗粒间相互摩擦或与空气中的其他离子发生吸附，粉尘颗粒往往会带电荷。粉尘颗粒的荷电量决定于颗粒和比重的大小及其新鲜程度，还与作业环境的温度和湿度紧密相关。据统计，空气中飘浮的粒子中有 90%~95% 带有正电或负电。分散度高并且新鲜的粉尘颗粒的荷电性强；作业环境温度升高、环境干燥，粉尘的荷电性也增高。粉尘的荷电性影响粉尘颗粒的聚集，故影响粉尘在空气中的飘浮时间，从而影响吸入粉尘的可能性。荷电性强的粉尘易滞留于肺内并易于被巨噬细胞所吞噬；带有相同电荷的粉尘颗粒相互排斥，使粉尘不易聚集，增强了它们在空气中的稳定性，在空气中飘浮的时间更长；带有异性电荷的粉尘颗粒则相互吸引，导致粉尘颗粒之间的撞击、聚集并加速沉降。

（六）粉尘的放射性

由于粉尘有吸附性，在有放射性核素的条件下，粉尘吸附放射性元素后就成为放射粉尘，主要源于粉尘中可能含有的放射性元素，如铀、钍等。这些元素在自然界中广泛存在，但在某些特定条件下，如煤炭燃烧、核设施运行等过程中，它们可能被释放到空气中，形成具有放射性的粉尘而产生放射性损害。

（七）粉尘的浓度和接触时间

粉尘在肺内的蓄积量决定了粉尘对人体危害的程度。粉尘只有在肺内达到一定的蓄积量，才具有致病作用，蓄积量越大，其致病的能力也就越大，即粉尘致病有明确的剂量－效应关系。粉尘在个体肺内的蓄积量与个体的呼吸量大小和个体呼吸道防御机制的生理状态密切相关。确切地计算粉尘在个体肺内的蓄积量是非常困难的，一般在评价粉尘接触情况时只考虑个体的累计接触剂量。因此，粉尘在个体肺内的蓄积量取决于接触粉尘的浓度、粉尘的分散度，以及个体接触粉尘的时间。粉尘浓度（concentration），即飘浮于生产环境空气中单位体积气体中的粉尘颗粒的质量或个数。如果生产过程中产生的粉尘的化学性质和分散度相同，其致病性就主要和工作场所空气中的浓度有关，浓度越高，且暴露时间越长，吸入的粉尘量就越大，对人体的危害也就越严重。结合分散度的讨论可知，真正能够进入肺泡的粉尘是呼吸性粉尘，就粉尘暴露浓度而言，呼吸性粉尘浓度才是真正具有生物学意义的浓度，也是把粉尘浓度和分散度一并考虑在内的评价粉尘危害程度的指标。

此外，工作场所环境温度、湿度，以及劳动者的体力劳动强度也都影响劳动者实际吸入生产性粉尘的浓度。

（八）个体因素

生产性粉尘所致疾病的发生是粉尘吸入及机体清除防御机制斗争的结果。呼吸器官具有排出异物的自净能力。任何能减弱或破坏呼吸道对异物清除作用的疾病和个体因素均可使粉尘更易在肺内沉积而致病。一些慢性呼吸系统疾病，如慢性支气管炎、哮喘、肺气肿等都可严重损害呼吸道的清除机制，吸烟也可损伤呼吸道纤毛上皮细胞而致清除机制的功能下降。个体的免疫状况对疾病的发生也有一定的影响，未成年人、健康状况差的成年人可能更易受粉尘的危害而致病。矽肺患者感染肺结核会加剧病情的进展并给治疗带来更大的难度。此外，尘肺和个体遗传易感性的关系也受到研究者的关注。

综上所述，粉尘的物理化学特性，特别是粉尘的累计接触量及粉尘游离 SiO_2 含量，是决定其致纤维化程度和尘肺病病理改变特点及临床表现的重要因素。要做出尘肺的病因学诊断，必须详细了解劳动者所暴露的粉尘的上述各项物理、化学特征及其暴露量。

（刘移民　李　涛）

03

第三章　呼吸系统应用解剖和生理学

第一节　呼吸系统的基本结构

呼吸系统（respiratory system）是执行机体和外界进行气体交换的器官的总称，由呼吸道和肺组成。呼吸道包括鼻腔、鼻旁窦、咽、喉、气管和支气管等，通常称鼻、咽、喉为上呼吸道，气管和各级支气管为下呼吸道。肺由肺实质和肺间质组成，前者包括支气管树和肺泡，后者包括结缔组织、血管、淋巴管、淋巴结和神经等。呼吸系统结构示意如图 3-1 所示。

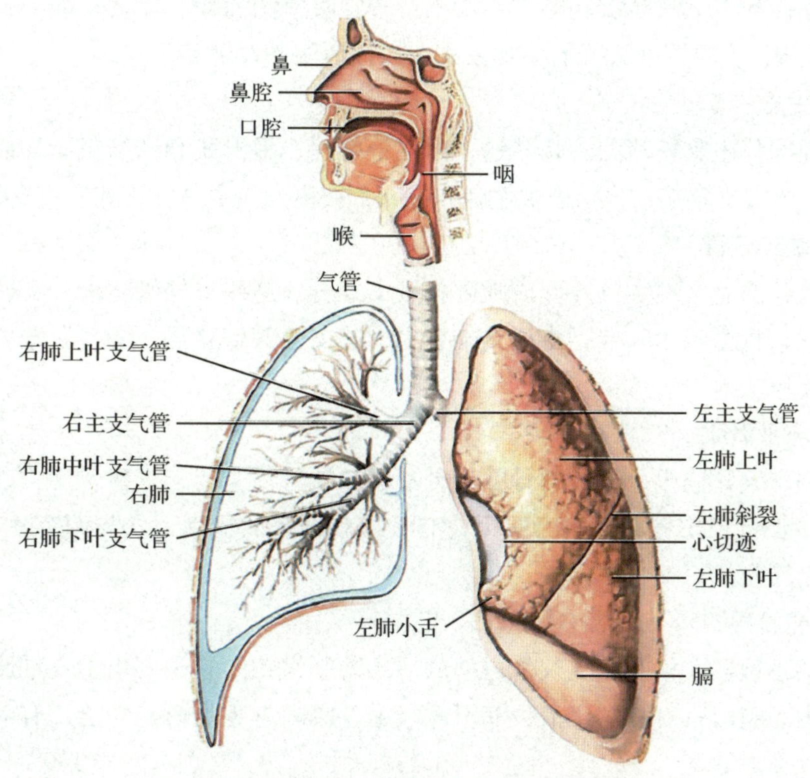

图 3-1　呼吸系统结构示意

一、上呼吸道

上呼吸道是呼吸道的起始部分，不仅具有过滤、清洁、加湿空气的功能，还参与嗅觉、发音和吞咽等生理过程。

（一）鼻腔

鼻腔位于面部中央，由骨和软骨构成，被皮肤覆盖。鼻腔被鼻中隔分为左右两腔，腔内面有鼻甲，分为上、中、下三个鼻甲，各鼻甲下方均有裂隙，分别称为上、中、下鼻道。鼻腔能够对吸入的空气进行过滤、清洁和加湿，通过鼻毛和黏膜分泌物的作用，阻挡空气中的灰尘、细菌等有害物质进入下呼吸道。鼻腔内的黏膜富含血管和神经，能够感受外界的温度和气味刺激，参与嗅觉的形成。鼻腔还具有共鸣作用，参与语音的形成。

（二）咽部和喉部

咽部是呼吸道和消化道的共同通道，位于鼻腔和喉部之间，可分为鼻咽、口咽和喉咽三个部分。咽部内有丰富的肌肉、血管和神经，对维持咽部功能和生理状态起着重要作用。喉部位于咽部和气管之间，主要由喉软骨、喉肌和喉黏膜构成。喉黏膜覆盖在喉部软骨和肌肉的表面，含有丰富的血管和神经。

二、下呼吸道

下呼吸道主要指的是喉部以下的呼吸道部分，包括气管、主支气管、肺内各级支气管。下呼吸道具有良好的舒缩性和强大的防御功能，不仅维持着呼吸道的通畅和正常功能，为人体提供必要的氧气和排出二氧化碳，也是防止外界有害物质进入人体内的重要屏障。

（一）气管与主支气管

气管是连接喉部与主支气管的管状结构，由气管软骨、平滑肌和结缔组织构成。主支气管则是气管向下分出的两个主要分支，分别进入左肺和右肺，被称为左主支气管和右主支气管。

（二）肺内各级支气管

主支气管进入肺部后，继续分支形成肺内各级支气管。这些支气管逐渐分支变细，形成树状结构，深入肺部组织，直至到达肺泡。各级支气管之间由支气管壁相隔，支气管壁内含有平滑肌、软骨和结缔组织等成分。

（三）软骨环与平滑肌

气管和较大的支气管壁中，存在软骨环和平滑肌。软骨环主要起支撑作用，确保气管和支气管在呼吸运动过程中保持稳定性。而平滑肌则具有收缩和舒张的能力，参与调节呼吸道口径的大小，以适应不同的呼吸需求。

（四）呼吸道黏膜层

呼吸道黏膜层是覆盖在气管、支气管内壁的一层薄膜组织。它主要由上皮细胞、杯状细胞和纤毛等构成。呼吸道黏膜层具有分泌黏液、润滑呼吸道、吸附有害物质等功能，有助于保持呼吸道的通畅和清洁。

（五）杯状细胞与纤毛

杯状细胞是呼吸道黏膜层中的一种特殊细胞，能够分泌黏液，使呼吸道保持湿润状态。纤毛则覆盖在呼吸道黏膜层表面，具有定向摆动的功能，能够将附着在呼吸道黏膜层上的有害物质及痰液推向喉部，以便排出体外。

（六）黏膜下层与腺体

黏膜下层位于呼吸道黏膜层下方，由疏松结缔组织和丰富的血管、神经组成。黏膜下层内含有多种腺体，能够分泌不同类型的黏液和浆液，从而进一步润滑呼吸道并参与免疫防御。

（七）外膜与结缔组织

外膜是呼吸道壁的最外层，主要由结缔组织构成。它包裹着气管、支气管的软骨和平滑肌，为呼吸道提供保护和支撑作用。同时，外膜中的血管和神经能够为呼吸道提供营养和神经支配。结缔组织是在呼吸道结构中提供支持和维护的主要组织类型，由细胞、纤维（如胶原纤维、弹性纤维）和基质组成。其功能是为呼吸道结构提供支撑，通过机械支持确保其在吸气和呼气过程中的形状和稳定性。此外，结缔组织中含有血管和神经，可为呼吸道提供营养和神经调节。含有的免疫细胞（如巨噬细胞、淋巴细胞）具有免疫功能，对外来的病原体进行识别和防御。外膜与结缔组织共同构成了呼吸系统的防线，通过保护、支撑和免疫等多种功能，确保呼吸道的健康和稳定。

三、肺

肺是人体的主要呼吸器官，位于胸腔内，左右各一，覆盖于心之上。肺有分叶，左二右三，共五叶。肺经肺系（指气管、支气管等）与喉、鼻相连，故称喉为肺之门户，鼻为肺之外窍。以下分别从肺的大体解剖结构和肺的精细结构进行阐述。

（一）肺的形态结构

肺的形态近似圆锥形，具有“一尖、一底、两面和三缘”。“一尖”指肺尖，肺尖钝圆，经胸廓上口向上突至颈根部，高出锁骨内侧段上方 2~3cm。“一底”指肺底，肺底略呈向上凸起的椭圆形，与膈肌相对。“两面”指肺的前面邻接肋骨和肋间隙，后面紧贴胸椎和肋椎关节。“三缘”是由肺组织的肋面与内侧面相交构成的有一定棱角的结构，包括前缘、后缘和下缘。肺的前缘通常较为锐利，右肺的前缘在形态上近于垂直，而左肺的前缘则在下半部分存在心切迹，这是由于心脏位于胸腔左侧并略微向左突出的结果。肺的后缘相对钝圆，紧贴于脊柱的两侧，这种形态有助于肺在呼吸过程中与脊柱保持一定的空间，避免过度压迫或摩擦。肺的下缘也较为锐利，伸向膈与胸壁之间，在呼吸过程中有助于肺部与膈肌的协同作用，促进气体的吸入和呼出。在影像学检查中，下缘是判断肺部疾病位置的重要依据之一。肺的内侧缘的中央凹陷处称肺门，有主支气管、肺动脉、肺静脉、支气管动脉、支气管静脉、神经和淋巴管等出入。这些结构被结缔组织包裹在一起经肺根出入肺门。肺的形态如图 3–2 所示，左右肺门结构如图 3–3 所示。

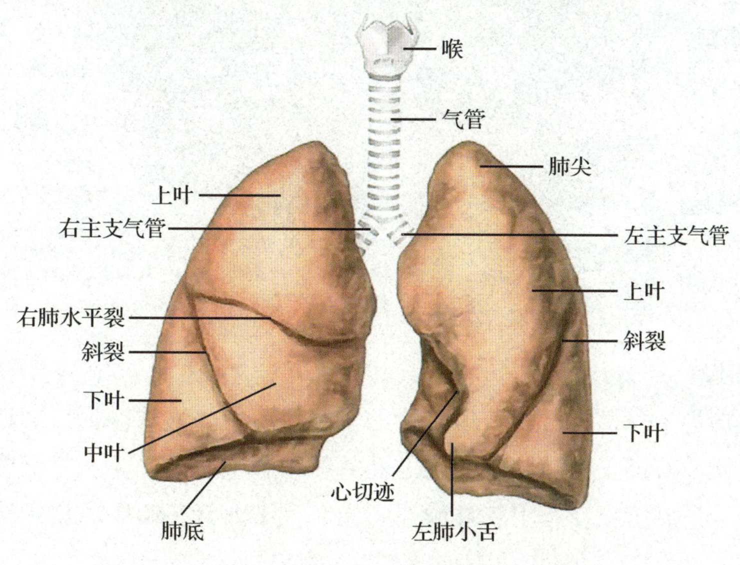

图 3–2 肺的形态

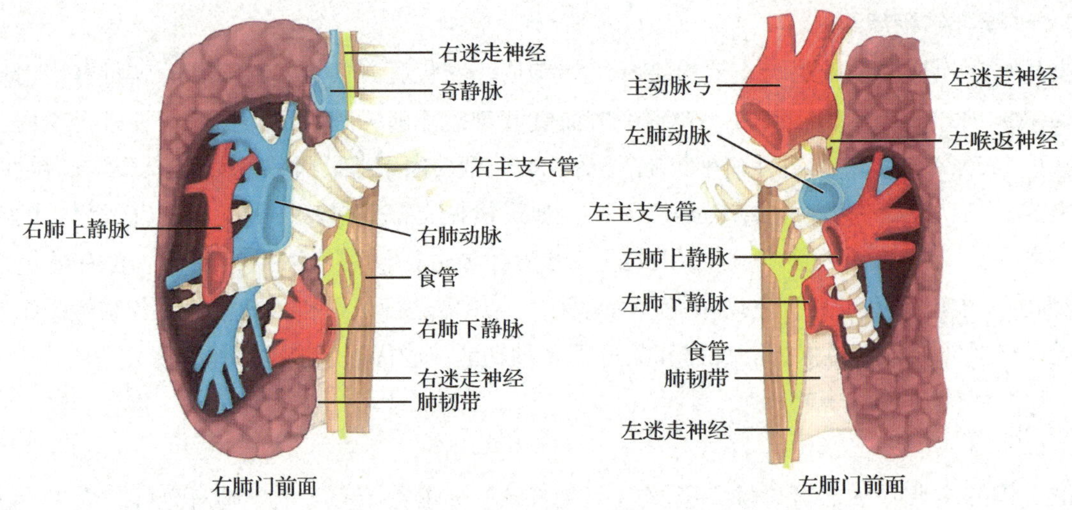

图 3-3　左右肺门结构

（二）肺的分叶与结构

左肺由斜裂分为上、下两个肺叶，右肺除斜裂外，还有一水平裂，将其分为上、中、下三个肺叶。每个肺叶均由许多肺段组成。肺段是肺的最小结构单位，由支气管、肺动脉和肺静脉的分支末端形成。肺段呈圆锥形，肺段底位于肺表面，肺段尖朝向肺门。

（三）支气管与肺段

支气管在肺内逐级分支，形成支气管树。每个肺段均有一个特定的支气管分支负责供应，该分支被称为肺段支气管。肺段支气管及其分支与所属的肺组织共同构成支气管肺段。如图 3-4 所示为肺段支气管。

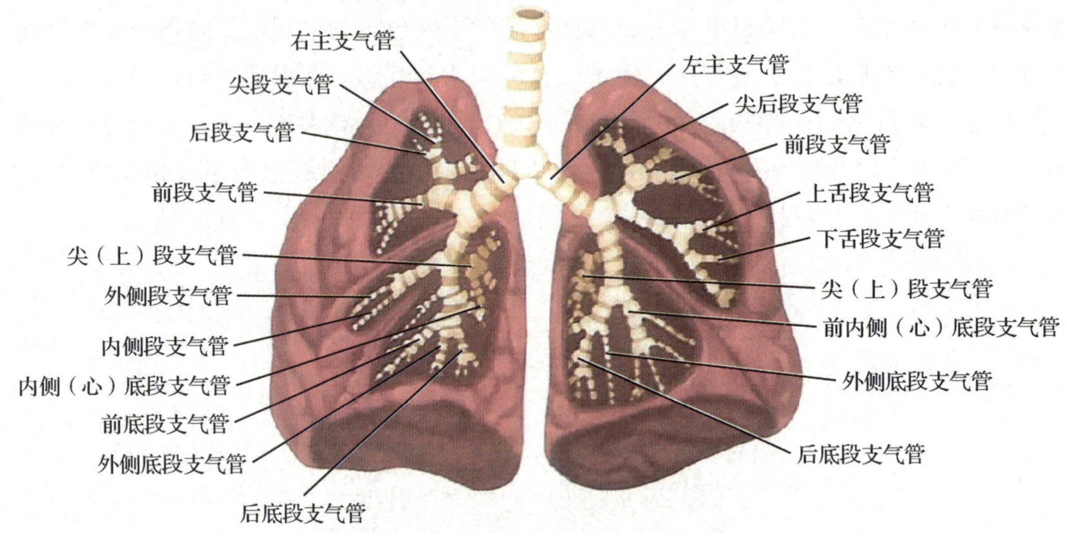

图 3-4　肺段支气管

（四）肺泡与呼吸膜

肺泡是肺的基本功能单位，是进行气体交换的主要场所。肺泡壁薄，由单层上皮细胞构成，表面覆盖有表面活性物质，有助于保持肺泡的稳定性并减小肺泡表面张力。呼吸膜是肺泡与血液之间进行气体交换的屏障，由肺泡上皮、上皮基膜、间质、毛细血管基膜和内皮组成。呼吸膜极薄，有利于气体迅速通过。

（五）血管与淋巴管

肺内的血管系统丰富，主要包括肺动脉和肺静脉。肺动脉携带含氧量较低的血液从心脏流向肺部，而血液经过肺泡进行气体交换后，转变为含氧量较高的血液，随后通过肺静脉回流至心脏。此外，肺内还有丰富的淋巴管系统，这一系统负责回收组织液中的蛋白质和其他物质，从而维持肺部组织液的平衡。

（六）胸膜与肺表面

胸膜是覆盖在肺表面和胸廓内面的一层薄膜，分为脏胸膜和壁胸膜。脏胸膜紧贴肺表面，壁胸膜覆盖在胸廓内面和纵隔表面。两层胸膜在肺根处相互延续，形成左右两个完全封闭的胸膜腔。胸膜腔内含有少量浆液，起润滑作用，有助于促进肺的呼吸运动。

肺的微细结构可以分为肺间质和肺实质两部分。肺间质主要由结缔组织、血管、淋巴管和神经组成。结缔组织在肺内形成支架，为肺组织提供支持和保护。血管，特别是肺动脉和肺静脉，负责血液的输送和氧气的交换。淋巴管在肺部的免疫防御中扮演着重要角色。而神经则负责传递感觉和运动信息。

肺的实质则进一步分为导气部和呼吸部。导气部主要包括肺叶支气管、肺段支气管、小支气管、细支气管以及终末细支气管等，这些结构的主要功能是传送气体，而不参与气体交换。随着管腔逐渐变细，管壁逐渐变薄，上皮由假复层纤毛柱状上皮逐渐移行为单层纤毛柱状上皮，杯状细胞、腺体和软骨逐渐削减。到终末细支气管，其管壁的上皮为单层柱状上皮，杯状细胞、腺体和软骨均消失。平滑肌在此形成完整的环形结构，其收缩或舒张状态能够控制进入肺泡的气量，从而调整出入肺泡的气流量。呼吸部则包括呼吸性细支气管、肺泡管、肺泡囊和肺泡，是气体交换的主要场所。肺泡是肺的基本功能单位，每个健康成年人的肺部有3亿~4亿个肺泡，总面积近100m^2，肺泡上皮由Ⅰ型肺泡细胞和Ⅱ型肺泡细胞组成。Ⅰ型肺泡细胞数量少、体积大，无增殖能力，是气体交换的主要场所。Ⅱ型肺泡细胞数量多、体积小，能分泌表面活性物质，降低肺泡表面张力，有助于维持肺泡的稳定性。

此外，肺的微细结构中还包括呼吸膜，这是肺泡与肺泡隔之间进行气体交换的重要场所，具有6层结构，厚度仅为0.5μm。肺的微细结构如图3-5所示。

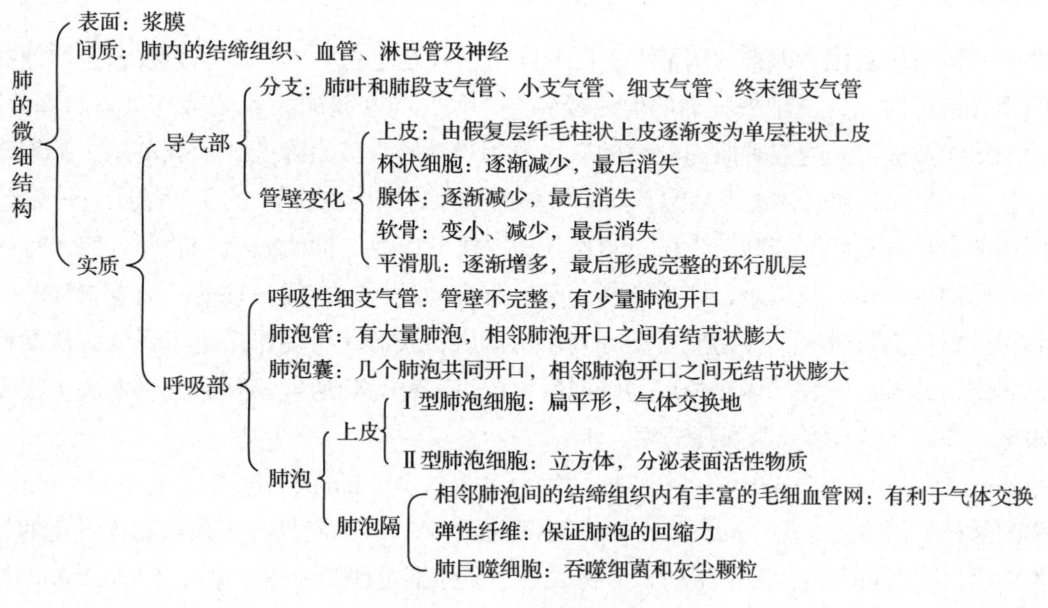

图3-5　肺的微细结构

（王焕强　李　涛）

第二节 肺的通换气功能

肺通气和肺换气是人体呼吸系统的两个基本功能，用于实现气体交换和维持机体内外环境的平衡，具有保障人体组织细胞不断新陈代谢的功能。肺通气指的是将外界空气引入肺部，而肺换气则是指在肺部内部的气体交换过程，在这一过程中，血液中的二氧化碳被排出体外，同时新鲜氧气被吸入到血液中。将氧气吸入并排出二氧化碳的这一过程称为气体交换。肺通气和肺换气总称为外呼吸，体循环与组织细胞之间的气体交换称为内呼吸。

肺通气和肺换气的功能指标主要包括肺容量指标、肺通气量指标、通气 / 血流比值及弥散量指标等。如果肺通气和肺换气功能出现异常，就会导致氧气供应不足和二氧化碳堆积，进而引发一系列呼吸系统疾病，如呼吸困难、憋气、气促等。了解并关注肺通气和肺换气的功能指标，可以帮助读者更好地了解呼吸系统的健康状况，及时采取相应的措施保护呼吸系统的健康。

一、肺容量及其组成

肺容量（lung volume）指呼吸道和肺泡的总容量，反映外呼吸的空间大小。根据肺和胸廓扩张及回缩程度的变化，肺内容纳的气体量也会相应改变，这种肺容量的变化导致通气产生，有了容量，也就有了气体的弥散面积。肺容量的大小变化可通过肺量计进行测量。

肺容量指标包括潮气量（tidal volume，TV）、补呼气量（expiratory reserve volume，ERV）、补吸气量（inspiratory reserve volume，IRV）、残气量（residual volume，RV）、深吸气量（inspiratory capacity，IC）、肺活量（vital capacity，VC）、功能残气量（functional residual capacity，FRC）、肺总量（total lung capacity，TLC）。

二、肺的通气

在神经中枢与体液化学因素的调节下，呼吸肌有节律地进行收缩。膈肌的收缩会增加胸廓的上下径；肋间外肌的收缩，会增加胸廓的前后径和左右径；吸气肌的收缩能够克服肺的弹性回缩力、气道阻力和组织黏滞力。这三种肌肉收缩的联合作用导致肺内压力降低，形成负压，肺泡内压低于口腔压时会产生气流，使气体进入肺泡。随着气体的进入，肺脏的容积也随之增加，完成吸气过程，这就是所谓的负压式呼吸。当肺泡内压 = 口腔压时，吸气终止，同时膈肌和肋间外肌变得松弛，肺弹性回缩，肺泡内压＞口腔压时，产生呼气。吸气是主动的，呼气是被动的。只有在深呼气时，肋间内肌和腹壁肌肉参与进来，才构成主动呼气。胸部风箱式的呼吸动作产生了通气，从而将新鲜空气吸进入肺泡，并排出经过气体交换后的肺泡气，此过程称为肺通气。肺通气量取决于呼吸的深度和呼吸频率。肺通气是人体呼吸功能的第一步。

肺通气量（pulmonary ventilation），亦称为每分钟通气量（minute ventilation，VE），是潮气量与呼吸频率的乘积。用力呼气量（forced expiratory volume，FEV）为吸气后用最快速度呼出的气量，通常以第 1 秒用力呼气量占用力肺活量的百分比表示，简称第 1 秒用力呼气量 %（FEV1.0），是测定有无气道阻塞的主要方法。FEV1.0 小于 70% 说明通气气流有阻塞。最常见的原因为肺组织弹性的丢失，如肺气肿、支气管痉挛、哮喘和慢性支气管炎等。应用支气管扩张剂可使用力呼气量得到改善，有改善者为可逆性呼吸道阻塞，其预后较不可逆气道阻塞患者好。

三、通气与血流在肺内的分布及通气 / 血流的比值

（一）吸气在肺内的分布

吸入气体在肺内的分布是肺的重要功能特征之一。通气功能异常可导致气体在肺内的分布不均，进而引起换气功能异常。

肺泡换气所需要的面积约达 70m²，而肺总量为 3~5L。为克服这种矛盾，肺脏被分隔为 3 亿 ~ 4 亿个微小的肺泡。吸入的气体需经过 20 余级的呼吸道分支才能达到肺泡。小气道阻力的细微变化就可能产生气体分布不均。由于重力关系，肺上下各部位肺组织弹性不同，因而使肺泡扩张的幅度和充盈的气量有差异；同时重力也影响胸腔负压的分布。吸气时，胸腔负压自肺尖向肺底递减，导致气体分布不均。具体如下：（1）初始吸气时（从功能残气位吸气至肺总量时），胸腔上部呈负压，肺底部受重力影响仍为正压，上肺区肺组织处于容积 – 压力曲线的陡直段，而下肺区肺组织则处于平坦段，故上肺区肺泡先扩张，气体优先分布在上肺区；（2）待吸气至功能残气位时，上下肺组织同处于容积 – 压力曲线的陡直段，故上下肺区同时充气，充气的时间和数量基本相同；（3）吸气量接近肺总量时，上肺区组织较下肺区组织先进入曲线平坦段，故上肺区先中止扩张充气，而下肺区肺泡继续充气。

（二）肺血流在肺内的分布

肺循环是低压、低阻、大流量系统，肺内血流和分布很容易受重力、血压、胸腔压和肺泡内压力等因素的影响，其分布不均的程度通常比吸入气体分布不均的程度更明显。肺血流分布异常也是动脉血氧含量障碍最常见的原因。肺血流分布的影响因素主要包括：体位、肺容积、低氧和高碳酸血症、肺动脉压、肺静脉压、肺泡压、通气 / 血流比值等。

肺的有效气体交换不仅依赖于充足的通气和血流量，还要求两者的比例适当。在静态条件下，健康成人的肺泡通气量约为 4L/min，肺血流量约为 5L/min。因此，全肺的平均通气与血流灌注比值（V/Q）应为 0.8 左右。

四、肺的循环功能

（一）肺循环的结构特征

肺脏有肺动脉和支气管动脉双重血源。肺动脉分支伴随支气管分支行走，自呼吸性细支气管开始，形成肺泡毛细血管网，是肺换气的功能性血管。肺动脉血最后经肺静脉流回左心房。支气管动脉是肺的营养血管。在终末细支气管的末端，支气管动脉还分出毛细血管网，与位于呼吸性细支气管周围的肺泡毛细血管相结合，形成肺的双重血源，具有重要的生理意义。如肺动脉栓塞，有时不一定继发肺梗死，这与支气管动脉的代偿营养有关。

（二）气体交换功能

在肺的终末有亿万毛细血管紧密地依附在肺泡周围，这些纤细的毛细血管仅能容纳一个红细胞通过，将气体交换的面积扩展到 70m² 的广阔区域。红细胞通过肺泡毛细血管所需要的时间，安静时为 0.75s、运动时为 0.34s 左右，而气体交换却在 0.3s 以内即可达到平衡。这种肺循环的特征，保证了非常有效的气体交换的进行。

（三）血流阻力和血压

肺内小动脉壁平滑肌很少，经过短粗壁薄的分支，形成总口径大而吻合支多的毛细血管网，所以具有较大的扩展性。肺动脉压仅为体循环压的 1/8，具有低阻、低压的特点。这一特点使其易受血

管内外作用力（如胸膜腔内压、体位、呼吸、心脏功能等）改变的影响。但当血流量有较大幅度改变时，肺循环血压却可维持相对稳定。

1. 贮血功能

肺的血容量通常约为500mL，在肺内血量增加、血压增高的过程中，肺血管阻力增高甚微，这一特征主要通过肺内毛细血管的开张和扩张来实现的。所以，肺脏也具有贮血功能。

2. 滤过功能

肺毛细血管可以滤过浮悬在返心静脉血内的癌细胞或其他微粒，使脑、肾等主要器官免受罹患。肺脏还可使血中的白细胞滞留，有时也可滤过细菌，如结核菌。

（四）代谢功能

肺脏可以合成、储存、释放、激活或灭活多种具有生物活性的化学物质，主要为胺类、肽类、前列腺类、血管紧张素转换酶等物质。这些过程大部分在肺血管内皮内或肺血管内皮上进行。

（五）液体转运功能

肺循环毛细血管流体静力压为1.33kPa，小于3.33kPa的胶体渗透压，因此可防止过多的液体自毛细血管滤出。而且肺间质还具有极丰富的淋巴管网络，对组织液起引流作用，可免除体液在肺间质和肺泡的积聚。因此，在正常情况下，肺循环不断溢出和引流，保持着动态平衡。但在某些病理情况下，如心力衰竭时，肺静脉压力升高，肺循环毛细血管血压随之升高，就可以使液体积聚在肺泡的组织间隙形成肺水肿。

五、弥散功能

弥散是指肺泡气与肺毛细血管血流的气体分子，透过肺泡－肺毛细血管膜的过程。弥散是生理条件下的物理现象。机体代谢不断消耗O_2、排出CO_2，因此，肺泡气与肺毛细血管血液中的O_2和CO_2弥散无法达到静态平衡，而是始终保持动态平衡。这种动态平衡确保了肺弥散功能的持续进行。

肺内O_2和CO_2的弥散过程，可分以下三步进行。

（一）肺泡内气体弥散

在肺泡气中，O_2的弥散略快于CO_2的弥散。正常吸气过程中，新吸入的气体与吸气前已存在于肺泡中的气体之间进行弥散。由于肺泡非常小，所以在正常情况下，80%的气体在0.002s内即可完成弥散过程。

（二）气体通过肺泡毛细血管膜的弥散

气体在肺内经过含有水分的肺泡毛细血管膜的弥散，是发生于气体与组织之间的过程，即气相与液相之间的交换，在此过程中，气体在液体中的溶解度是该气体在液体中弥散时的重要因素。CO_2和O_2从肺泡弥散到肺泡毛细血管内红细胞血红蛋白中的相对速率为：CO_2弥散速率/O_2弥散速率=（O_2分子量/CO_2分子量）×（CO_2溶解度/O_2溶解度）=20.6/1。可见，CO_2通过肺泡毛细血管膜的弥散速率为O_2的20倍。

影响肺泡毛细血管膜弥散的因素包括弥散面积、弥散距离、呼吸膜两侧气体分压差等。保证呼吸膜两侧（肺泡和毛细血管之间）氧气和二氧化碳气体分压差（压力梯度）的因素包括正常的肺通气功能，即有效肺泡通气量；正常的气体分布；时间常数。

（三）气体与血红蛋白的结合

有些气体如O_2、CO_2、CO，能与血液中血红蛋白中的某些成分进行化学反应，反应也需要一定的时间。因此，肺内气体在弥散过程中，肺泡毛细血管血容积以及气体在红细胞内与血红蛋白反应的速率，也是一个重要因素。

（王焕强 李 涛）

第三节 缺氧与机体的代偿

一、缺氧

氧是维持生命所必需的物质。当组织或器官得不到充足的氧或不能充分利用氧时，可引起组织代谢、功能甚至形态结构发生异常变化，这一病理过程称为缺氧（Hypoxia）。缺氧是许多疾病所共有的一个基本病理过程。例如，休克、呼吸功能不全、心功能不全、贫血等，都可以引起缺氧。高空飞行、潜水作业、密闭舱或坑道内作业过程中，如果处理不当或发生意外，都可发生缺氧。研究缺氧对于阐明上述各系统疾病的病理生理机制，以及对于高处作业、矿井作业以及宇宙太空旅行等领域，具有非常重要的实际意义。

完整的供氧和耗氧过程包括外呼吸和内呼吸两个部分。外呼吸是指外界空气与肺泡之间以及肺泡与肺毛细血管之间进行的气体交换，内呼吸是指组织细胞与组织毛细血管之间进行的气体交换，以及氧气在细胞内的利用。外呼吸和内呼吸可分为四个连续的过程：一是肺通气，肺通过与外环境的气体交换吸入 O_2，排出组织代谢产生的 CO_2；二是肺换气，吸入的 O_2 进入肺泡后，通过扩散进入血液，与血液中的血红蛋白结合形成氧合血红蛋白，同时血液中的 CO_2 扩散至肺泡，呼出体外；三是组织换气，氧合血红蛋白随血液循环到达全身各组织，O_2 进入组织细胞，同时排出 CO_2；四是细胞呼吸，细胞内的氧气与葡萄糖等有机物反应，产生 ATP（三磷酸腺苷），获得能量以维持生命活动，同时产生水和 CO_2 作为代谢废物。

呼吸功能和血液循环功能是密切联系的。血液是输送氧气，协调和连接外呼吸及内呼吸的中间环节。血液携带的氧有两种形式，分别为物理溶解和与血红蛋白化学结合。一般情况下，氧主要以化学结合的形式存在于血液内，而物理溶解的氧是很少的。血液氧分压决定着血液中溶解氧和结合氧的数量以及它们之间的相互转化。

组织的供氧量 = 动脉血氧含量 × 血流量；组织的耗氧量 =（动脉血氧含量 – 静脉血氧含量）× 血流量，故血氧是反映组织的供氧与耗氧的重要指标。常用的血氧指标有 PO_2、CO_2max、CaO_2、SaO_2 等。

（1）血液氧分压（partial pressure of oxygen，PO_2）：是指以物理状态溶解在血浆内的氧分子所产生的张力（又称氧张力）。

（2）氧容量（oxygen binding capacity，CO_2max）：是指在正常情况下［氧分压为 19.95kPa（150mmHg），CO_2 分压为 5.32kPa（40mmHg），温度 38℃］，在体外 100mL 内血红蛋白所结合的氧量，反映血液携氧能力。

（3）氧含量（oxygen content，CO_2）：是指 100mL 血液内的含氧量，包括实际与血红蛋白结合的氧和溶解在血浆内的氧。

（4）血氧饱和度（oxygen saturation，SaO_2）：是指血红蛋白与氧结合达到饱和程度的百分数。1g 血红蛋白最多能与 1.36mL 的氧结合，氧饱和度达到 100%。氧饱和度可用下列公式表示：氧饱和度（%）=1gHb 实际结合的氧（mL）/1.36（mL）×100。正常动脉血氧饱和度为 95%~97%，混合静脉血氧饱和度约 75%。影响血氧饱和度的主要因素是氧分压。血液氧分压与血氧饱和度之间的关系可用氧离曲线来表示。

（5）氧合血红蛋白解离曲线（oxygen dissociation curve）：表达氧分压与血红蛋白氧饱和度的关系曲线，也叫作氧离曲线（如图 3-6 所示）。一般情况下，氧分压与物理溶解度之间呈线性关系；而血红蛋白同氧的化学结合，与氧分压之间呈 S 形的正函数关系。氧分压在 10~60mmHg 时，曲线较陡，在氧分压稍加变动时，血红蛋白的氧饱和度变化很大。而在氧分压为 70~100mmHg 时，曲线较平坦，此时若氧分压做同样的变动，血红蛋白的氧饱和度变化不多，这有利于血液流经肺泡时结合氧。即使氧分压较低，如下降到 80mmHg 时，动脉血的氧饱和度仍在 95% 左右。相反，当血液流经组织时，毛细血管中的血液氧分压会降至 40mmHg 以下，此时血氧饱和度大幅度下降，从而解离出大量的氧供组织利用。

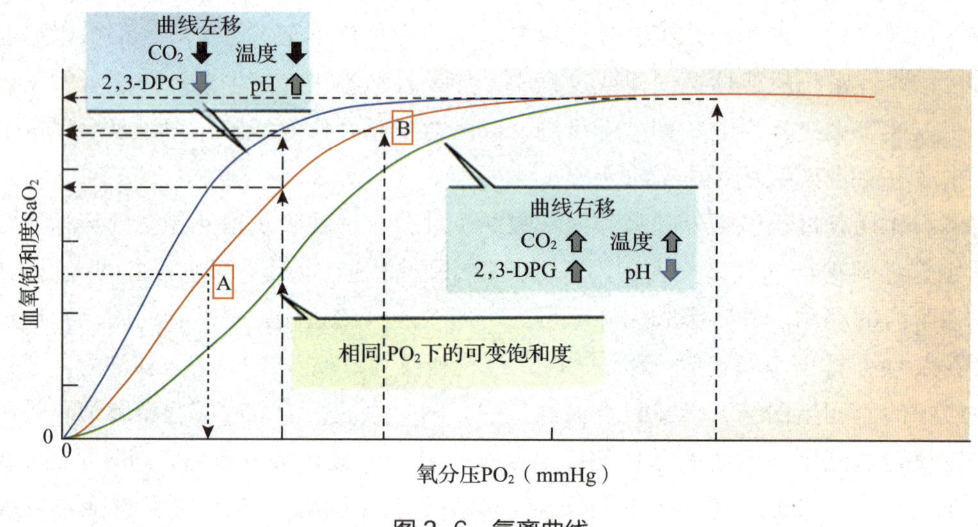

图 3-6　氧离曲线

二、缺氧时机体的功能和代谢的变化

常见的缺氧类型包括低张性缺氧（也称乏氧性缺氧）、血液性缺氧、循环性缺氧、组织性缺氧、混合性缺氧。在缺氧的情况下，机体各个系统发生一系列的变化，首先是机体各系统出现适应性代偿变化，以增加氧的供应和提高组织利用氧的能力。如果代偿不完全，即可发生严重缺氧，从而引起组织器官的代谢障碍和功能紊乱，甚至组织坏死和机体死亡。缺氧对机体的影响，取决于其发生的速度、程度、持续时间，波及的范围以及造成缺氧的原始病理变化。下面从单纯的缺氧角度对缺氧时机体的功能和代谢的变化进行阐述。

（一）呼吸系统

低张性缺氧时，血液氧分压过低（低于 60mmHg）可刺激颈动脉体的化学感受器，进而反射性地兴奋呼吸中枢，导致呼吸加深加快。呼吸的加强使肺通气量和气体交换面积增加，从而提高肺泡气的氧分压；胸廓运动的增强还可增加静脉回流和肺血流量，这些都有利于氧弥散入血，提高血氧分压及血液氧含量。如果缺氧时伴有二氧化碳潴留，或并发代谢性酸中毒，血液中的氢离子浓度增加，这些状况都可以通过刺激颈动脉体和主动脉体的化学感受器，或直接刺激中枢化学感受器，使得呼吸的增强更为明显。这是对急性缺氧最重要的代偿性反应。

（二）循环系统

缺氧初期心血管代偿反应主要表现为心率加快和心输出量增加。一般认为，心率加快是由于呼吸运动增强，这一过程通过肺膨胀的反射机制抑制了对心脏的迷走效应，同时增强了交感效应，从而导致心率加快。动脉血氧分压降低、二氧化碳分压及 H^+ 浓度的升高会刺激颈动脉体和主动脉体的化学感受器反射性的兴奋交感中枢，这也是引起心率增快、心脏收缩力增强和血压轻度上升的原因。心输出量增加则是由于心率加速，心肌收缩力加强以及静脉回心血量的增加所引起的。严重缺氧时，心率减慢；而且因为心肌能量代谢障碍，ATP 生成减少，导致心肌收缩力减弱，使心输出量明显下降，加重组织缺氧，形成恶性循环。

（三）血液和造血系统

缺氧可使血红蛋白的氧离曲线发生右移，这也是一种代偿方式。因为当肺泡的氧分压在80mmHg 以上时，仍处于血红蛋白氧离曲线的平坡段，此时血红蛋白的氧饱和度可达到95%。而在组织中，氧分压可降低到40mmHg 以下，导致局部组织因缺氧而产生更多的致酸性代谢产物，这反而有利于氧合血红蛋白的解离。如果在海拔 4000m 以上的高原，肺泡氧分压则处于右移了的氧离曲线的陡坡段，此时血液流经肺泡时血红蛋白氧饱和度显著减少。缺氧往往伴有紫绀，当每 100mL 血液还原血红蛋白超过 5g 时，皮肤、黏膜会呈暗紫色。慢性缺氧会刺激骨髓中的原血细胞分化为原红细胞，并促进其成熟。人体在缺氧数小时后，骨髓的造血功能增强，释放的红细胞数也增多，血红蛋白量也随之增高。这一过程能够增加血液的血氧容量和血氧含量，具有一定的代偿作用。

（四）中枢神经系统

脑的血流量为心输出量的 15%，而耗氧量占总耗氧量的 28%。在缺氧初期，机体一系列的代偿适应性改变，几乎完全是通过神经反射活动完成的。但缺氧时脑血管扩张的程度不如心脏明显，脑血流量一般仅增加 50% 左右（相比之下，心脏血流可增加 4~5 倍）。当脑部血流的增加仍不足以维持其最低氧耗量时，神经系统功能出现紊乱。急性缺氧患者往往最先表现为兴奋，出现欣快感，判断力下降，继而有运动不协调，头痛、乏力。慢性缺氧者则有易疲劳、思睡、注意力不集中、精神抑郁等表现。严重缺氧可致烦躁不安、惊厥、昏迷以至死亡。

（五）影响机体对缺氧耐受力的因素

机体耐受缺氧的能力受各种因素的影响。除了造成缺氧的直接原因外，主要有以下几方面。

1. 中枢神经系统功能状态

中枢神经组织，尤其大脑皮层的功能状态，是影响机体对缺氧耐受力的主要因素。低等动物以及大脑皮层未充分发育的幼小动物，比高等动物或成年动物更能耐受缺氧。在接受麻醉和冬眠疗法时，由于大脑皮层或神经系统处于深度抑制状态，机体对缺氧的耐受力也会增强。

2. 营养状态和基础代谢率

在甲状腺功能亢进或发热时，机体的基础代谢率增高，氧的消耗量增加，导致机体对缺氧的耐受力降低。相反，通过药物或冷冻方法降低机体温度，可以减小基础代谢率和氧的消耗，从而提高机体对缺氧的耐受力。低温麻醉通过降低体温来延长心脏外科手术中中断血流的时间，正是这一原理。

3. 对缺氧耐受力的锻炼

机体对于缺氧的耐受和适应能力在一定程度上取决于心、肺及造血系统的功能状态，训练有素的飞行员、攀登高山的运动员以及久居高原的居民，通过对于低氧环境的锻炼和适应，可使机体耐受缺氧的能力增强。因为这种锻炼和适应的结果使肺呼吸功能增强，血液红细胞、血红蛋白量增多，细胞内线粒体和酶的活性发生代偿性增多和提高。

（王焕强　李　涛）

第四节　呼吸系统的防御、损伤与修复

呼吸系统是人体与外界环境进行气体交换的主要通道。成年人在静息状态下，每天有12000L气体进出呼吸道，在肺泡与肺循环的毛细血管进行气体交换。而肺循环又与全身各器官的血液及淋巴循环相通，如果吸入有害物质，体循环和本身病理过程等致病因素往往会造成呼吸功能损害，诱发呼吸系统疾病。而呼吸系统可以通过多个方面的防御、损伤与修复机制协同作用，有效抵御外界有害物质和病原体的侵袭，从而维护呼吸系统的健康与稳定。

一、呼吸系统防御机制

呼吸系统的防御机制主要包括黏膜屏障功能、鼻部过滤机制、非特异性免疫、温湿度调节功能、黏液纤毛清除、物理化学防御、细胞吞噬作用以及免疫防御反应等方面。

（一）黏膜屏障功能

呼吸道黏膜是防御外界有害物质的第一道防线。黏膜表面覆盖着单层上皮细胞，细胞之间紧密相连，形成一道致密的屏障，从而防止病原体侵入。此外，黏膜下层的血管和神经网络也为防御机制提供了丰富的物质基础。

（二）鼻部过滤机制

鼻部具有强大的过滤功能，能够阻挡空气中的大颗粒物和尘埃被吸入体内。鼻毛和鼻腔内的黏膜共同构成了一个有效的过滤系统，确保进入下呼吸道的空气相对清洁。

（三）非特异性免疫

呼吸系统的非特异性免疫主要包括呼吸道黏膜上皮细胞分泌的抗菌物质、炎症细胞产生的炎症介质以及补体系统等。这些成分能够迅速响应外界刺激，通过杀菌、抗炎等方式抵御病原体的侵袭。

（四）温湿度调节功能

呼吸系统还具有调节吸入空气温湿度的功能。鼻腔内的黏膜能够分泌黏液，对吸入的空气进行加湿和加热，使其接近体温并保持适当的湿度，从而保护呼吸道黏膜不受干燥和寒冷刺激。

（五）黏液纤毛清除

呼吸道黏膜表面的纤毛能够定向摆动，将附着在黏液上的有害物质和病原体推向喉部，使人体通过咳嗽或吞咽动作排出体外。这种黏液纤毛清除机制有助于保持呼吸道的清洁和通畅。

（六）物理化学防御

呼吸道内的酸碱平衡和离子浓度等物理化学因素对病原体会产生一定的抑制作用。此外，呼吸道内的氧气和二氧化碳浓度也会对病原体的生长繁殖产生影响，从而起到防御作用。

（七）细胞吞噬作用

呼吸系统中的巨噬细胞等免疫细胞具有强大的吞噬功能，能够识别和吞噬入侵的病原体。通过细胞吞噬作用，免疫系统能够清除呼吸道内的病原体，防止其进一步扩散和感染。

（八）免疫防御反应

呼吸系统的免疫防御反应主要包括特异性免疫和非特异性免疫两个方面。特异性免疫通过产生针对特定病原体的抗体和记忆细胞来消灭病原体，非特异性免疫则通过激活补体系统、产生炎症介质等方式来抵御病原体的侵袭。这些免疫防御反应共同作用，确保呼吸系统的健康和安全。

二、呼吸系统的损伤

呼吸系统的损伤可能由多种因素导致，以下是一些常见的损伤原因。

（1）外部损伤：如交通事故、跌倒等造成的胸部创伤，可能导致肋骨骨折、气胸或血胸等；此外，吸入异物或有毒气体也可能直接损伤呼吸道黏膜。

（2）感染性损伤：由细菌、病毒或真菌等微生物引起的呼吸道感染，如肺炎、支气管炎、肺结核等，可导致呼吸道黏膜充血、水肿、糜烂甚至坏死。这些感染不仅影响呼吸功能，还可能引发全身性炎症反应。

（3）吸烟与环境因素所致慢性疾病：长期吸烟或暴露于污染环境中，可能导致慢性支气管炎、慢性阻塞性肺疾病、肺气肿、尘肺病、肿瘤等慢性损伤性疾病。这些疾病会使呼吸道黏膜长期处于炎症状态，导致黏膜增厚、纤毛功能减退，进而影响呼吸道的防御功能。

（4）自身免疫性疾病：常见的呼吸系统自身免疫性疾病包括结节病、特发性肺间质纤维化等。免疫系统错误地将呼吸道组织视为外来威胁，并产生抗体或免疫细胞攻击这些组织。这种异常免疫反应可能导致呼吸道黏膜的炎症、增厚、纤维化等病理变化，进而影响呼吸道的正常功能。

三、呼吸系统的修复

损伤造成机体部分细胞或组织丧失，机体对此进行修补恢复的过程称为修复。在肺部受到损伤或疾病侵袭时，肺组织需要通过一系列修复机制来恢复其正常的结构和功能，包括炎症反应与启动、肺泡修复过程、肺间质纤维化、结缔组织增生、实质细胞增殖、血管新生与修复、外部条件改善以及再生潜能细胞作用等。

（一）炎症反应与启动

炎症反应是启动修复过程的第一步。在肺组织受损后，炎症细胞如巨噬细胞和中性粒细胞，会迅速到达受损区域，清除坏死组织和外来病原体。同时，这些细胞还会释放一系列生物活性物质，如细胞因子和生长因子，以启动后续的修复过程。

（二）肺泡修复过程

肺泡是肺组织的基本结构单位，其修复对于肺功能的恢复至关重要。在肺泡受损后，肺泡上皮细胞会进行转分化并增殖，以此来填补损伤的区域。同时，肺泡内的巨噬细胞以及其他免疫细胞也会参与清除残留坏死物质的过程，并为修复过程提供一个适宜的微环境。

（三）肺间质纤维化

在某些情况下，肺组织修复过程可能导致肺间质纤维化的发生。这是因为过度的炎症反应或损伤会导致间质细胞异常增生以及细胞外基质的过度沉积。纤维化过程会破坏肺组织的正常结构，影响气体交换功能。因此，在肺组织修复过程中，需要平衡炎症和修复的关系，避免肺间质纤维化的发生。

（四）结缔组织增生

结缔组织增生是肺组织修复过程中的一个重要环节。在损伤区域，成纤维细胞被激活，会增殖并分泌更多的细胞外基质，形成新的结缔组织以填补损伤。适度的结缔组织增生有助于恢复肺组织的结构和功能，但过度的增生可能导致肺组织的僵硬和功能障碍。

（五）实质细胞增殖

实质细胞增殖是肺组织修复的另一个关键过程。在肺组织受到损伤后，肺实质细胞，如肺泡上皮细胞和气道上皮细胞，会进行增殖，以恢复损伤区域的细胞数量。同时，这些细胞还会进行分化和功能重塑，以适应新的生理环境。

（六）血管新生与修复

血管系统是肺组织的重要组成部分，为肺部提供氧气和营养物质。在肺组织受损后，血管新生与修复过程也至关重要。新生的毛细血管会在损伤区域形成，以恢复该区域的血液供应。同时，受损的血管也会进行修复，以维持正常的血液循环。

（七）外部条件改善

肺组织再生和修复的过程受到多种外部条件的影响。改善呼吸环境、减少有害物质的暴露、药物治疗、氧疗、手术治疗、提供充足的营养支持与生活调理、适当的运动锻炼等，都有助于促进肺组织的再生和修复。此外，戒烟、避免吸入二手烟以及积极治疗基础疾病等也是改善外部条件的重要手段。

（八）再生潜能细胞作用

近年来，再生潜能细胞在肺组织再生和修复中的作用逐渐受到关注。这些细胞具有分化为多种细胞类型的能力，可以在一定程度上替代受损的细胞。通过激活和利用这些细胞的再生潜能，有望为肺组织修复提供新的治疗策略。

（王焕强　李　涛）

第四章　粉尘作业劳动者的健康检查

04

第一节　粉尘作业劳动者的职业健康检查

粉尘的化学性质决定粉尘对人体危害的性质，不同粉尘的生物学作用不同，所致的疾病也不同。尘肺病是由于长期吸入生产性矿物性粉尘所引起的，是一种逐渐进展的进行性加重的疾病。矿物性粉尘作用的主要靶器官是人体的呼吸系统，主要作用为致肺组织弥漫性纤维化，从而引起尘肺病。尘肺病可以做到早期发现，且早期发现后采取干预措施，脱离粉尘接触，可能延缓或阻滞尘肺病的发展。因此，对粉尘作业劳动者开展职业健康检查是符合健康监护的基本原则的。GBZ 188 考虑到粉尘的致肺组织纤维化能力、所致职业病的种类和患病人数的多少，将致尘肺病的矿物性粉尘分为矽尘、煤尘、石棉粉尘、其他致尘肺病的无机粉尘四大类。这四大类粉尘均可引起肺组织的弥漫纤维化从而导致尘肺病，在职业健康检查职业禁忌证的设置上基本相同，但由于不同粉尘的致病能力和导致的尘肺病种类有所差异，在检查项目和健康检查周期上又各有特点。本节重点介绍接触矽尘、煤尘、石棉粉尘及其他致尘肺病的无机粉尘劳动者的职业健康检查，以及离岗后的健康检查。

一、接触矽尘劳动者的职业健康检查

游离 SiO_2 粉尘（又称矽尘），是指游离 SiO_2 含量在 10% 以上的矿物性粉尘，所致的尘肺称为矽肺。由于 SiO_2 粉尘致肺纤维化的作用最强，故在职业健康检查的周期和随访时间上要求更为严格。

矽尘作业劳动者上岗前职业健康检查的目标疾病为活动性肺结核病、慢性阻塞性肺疾病、慢性间质性肺病和伴肺功能损害的疾病。这四种疾病是较为常见的呼吸系统疾病，是劳动者从事矽尘作业的职业禁忌证，也就是说，劳动者患以上四种疾病的，不宜从事矽尘作业。具体的检查内容是以筛查出以上四种职业禁忌证为目标设置的，首先在症状询问时要重点询问呼吸系统、心血管系统疾病史，吸烟史及咳嗽、咳痰、喘息、胸痛、呼吸困难、气短等症状；其次在体格检查时需做内科常规检查，重点是呼吸系统、心血管系统；在实验室检查方面，必检项目有血常规、尿常规、血清 ALT、心电图、后前位 X 射线高千伏胸片或数字化摄影胸片（DR 胸片）、肺功能。其中血常规、尿常规、血清 ALT、心电图四项检查是所有危害因素接触的劳动者都要做的检查，其目的在于建立劳动者的基础健康档案。后前位 X 射线高千伏胸片或数字化摄影胸片（DR 胸片）是判断活动性肺结核病和慢性间质性肺病的主要依据，而肺功能检查是判断慢性阻塞性肺疾病和伴肺功能损害疾病的主要依据。

矽尘作业劳动者在岗期间职业健康检查的目标疾病，一种是与上岗前职业健康检查相同的职业禁忌证，因为职业禁忌证是动态的、发展的，需要定期评估劳动者是否适合工作岗位；另一种是职

业病，即矽肺，主要是评估劳动者在长时间接触矽尘后是否出现健康状况的改变，是否有导致职业病的倾向。同样，具体的检查内容是以筛查出职业禁忌证和职业病为目标设置的。在症状询问时要重点询问尘肺病的主要症状，如咳嗽、咳痰、胸痛、呼吸困难，也可有喘息、咯血等表现；体格检查仍是以呼吸系统和心血管系统为重点的内科常规检查；在实验室检查方面，后前位 X 射线高千伏胸片或数字化摄影胸片（DR 胸片）表现是尘肺病诊断和分级的主要依据，典型矽肺 X 射线表现是两中或中上肺野出现圆形小阴影，常以“q”形小阴影为主，随着病变发展小阴影逐渐增多，分布范围也逐渐扩大乃至全肺，也可增大为“r”形阴影。后前位高千伏或 DR 胸片表现是主检医师在下疑似职业病结论时必须慎重考虑的关键点，根据《疑似职业病界定标准》（GBZ/T 325—2022），“疑似职业病病人所患疾病的严重程度应达到相应职业病的诊断起点”。也就是说，被检者胸片表现至少为总体密集度 1 级，分布范围达到 2 个肺区的，才可被界定为疑似职业病。至于 GBZ 188 中所列的选检项目，如血常规、尿常规、血清 ALT 等，属于可选可不选的项目，对于在岗期间定期健康检查筛查目标疾病并无直接作用。在岗期间定期职业健康检查的周期可以依据职业卫生监督管理部门认可的生产性粉尘作业分级结果来确定。生产性粉尘作业分级为Ⅰ级，职业健康检查周期适当延长至 2 年 1 次，生产性粉尘作业分级Ⅱ级及以上的则为 1 年 1 次。对于 X 射线胸片表现为总体密集度 1 级，分布范围只有 1 个肺区或总体密集度为 0 级，但至少有两个肺区小阴影密集度为 0/1 的，职业健康检查周期为每年 1 次，连续观察 5 年，若 5 年内不能确诊为矽肺的，应按一般粉尘作业劳动者执行同样的职业健康检查周期。对于已经确诊为矽肺的患者，原则上每年检查 1 次以了解病情的进展，或根据病情随时检查。

矽尘作业劳动者离岗时职业健康检查的目标疾病为矽肺，检查内容与在岗期间定期职业健康检查相同。

二、接触煤尘劳动者的职业健康检查

煤尘是含碳粉尘，一般来说煤尘中游离 SiO_2 含量低于 10%，其致肺纤维化的作用较游离 SiO_2 粉尘弱，因此煤工尘肺的病理改变则以煤尘斑和肺间质纤维化为主。煤工尘肺发病的潜伏期也较长，有统计约有 60% 的煤工尘肺病例都是脱离粉尘后发病的。煤工尘肺是我国主要的尘肺病之一。煤工尘肺是以工种名称命名的尘肺病，实际上煤矿存在多种工种，采煤工主要接触煤尘，而掘进工主要作业是凿岩、打眼、爆破，接触粉尘以 SiO_2 粉尘为主。有的煤矿作业劳动者既采煤，又掘进；既接触煤尘，又接触矽尘，其尘肺的病理改变及病程则较复杂。

煤尘作业劳动者上岗前职业健康检查的目标疾病和检查内容与矽尘相同，主要检查活动性肺结核病、慢性阻塞性肺疾病、慢性间质性肺病和伴肺功能损害的疾病四种职业禁忌证。

煤尘作业劳动者在岗期间职业健康检查的目标疾病是煤工尘肺和上述四种职业禁忌证。由于煤尘的致肺组织纤维化能力较矽尘弱，潜伏期较矽尘长，健康检查周期设定为生产性粉尘作业分级Ⅰ级每 3 年 1 次，生产性粉尘作业分级Ⅱ级及以上每 2 年 1 次。对于 X 射线胸片表现为总体密集度 1 级，分布范围只有 1 个肺区或总体密集度为 0 级，但至少有两个肺区小阴影密集度为 0/1 的，健康检查周期为每年 1 次，连续观察 5 年，若 5 年内不能确诊为煤工尘肺者，按一般粉尘作业劳动者执行同样的职业健康检查周期。对于已经确诊为煤工尘肺的患者，每 1~2 年检查一次以了解病情的进展，或根据病情随时检查。

煤尘作业劳动者离岗时职业健康检查的目标疾病为煤工尘肺，检查内容与在岗期间定期职业健康检查相同。

三、接触石棉粉尘劳动者的职业健康检查

石棉（纤维）是一类天然纤维状矿物质的统称，是由硅酸与镁及铝等金属形成的硅酸盐，由于其具有耐酸碱、抗腐蚀、绝热、拉力强度大、柔软、不易断裂、可纺织等物理学特性而被广泛地应用。但石棉（纤维）粉尘对人体健康有很大的危害，既有像一般矿物性粉尘一样致肺组织纤维化的作用，可以引起石棉肺（是尘肺病的一种），又具有致癌作用，长期吸入石棉（纤维）可引起肺癌和胸膜、腹膜间皮瘤。

石棉作业劳动者上岗前职业健康检查的目标疾病和检查内容与矽尘、煤尘作业劳动者基本相同，仅多了肺弥散功能的选检项目。主要是由于石棉肺的典型肺功能改变是限制性通气功能障碍，且在早期即可产生弥散功能的降低，甚或胸部X射线及症状不明显时，弥散功能就可能出现下降。

石棉作业劳动者在岗期间职业健康检查的目标疾病一种是与上岗前检查相同的职业禁忌证；另一种是职业病，包括石棉肺和石棉所致肺癌、间皮瘤。石棉肺诊断的技术依据是《职业性尘肺病的诊断》（GBZ 70—2015），石棉肺的X射线改变以不规则小阴影为主，早期多出现在两下肺野，随着病情进展肺内纤维化程度加重而逐渐遍布全肺。胸膜斑是石棉接触者特征性改变，最常发生的部位是在下叶侧胸壁、膈中央部分和侧后壁，有时也见于心包或叶间胸膜。石棉所致肺癌、间皮瘤诊断的技术依据是《职业性肿瘤的诊断》（GBZ 94—2017）。在该标准中，石棉所致肺癌、间皮瘤的诊断条款为：（1）石棉肺合并肺癌、间皮瘤者，可直接诊断为石棉所致肺癌、间皮瘤；（2）不合并石棉肺的肺癌、间皮瘤患者，在诊断时应同时满足原发性肺癌、间皮瘤诊断明确、有明确的石棉粉尘职业接触史，累计接触年限1年以上（含1年）、潜隐期15年以上（含15年）三个条件。

石棉作业劳动者在岗期间职业健康检查的内容中，症状询问时应重点询问咳嗽、咳痰、胸痛、呼吸困难，也可有喘息、咯血等表现；体格检查仍是内科常规检查，重点检查呼吸系统和心血管系统；在实验室检查方面，必检项目为后前位X射线高千伏胸片或数字化摄影胸片（DR胸片）、肺功能、心电图，与接触矽尘和煤尘的检查项目一致，选检项目有侧位X射线高千伏胸片、CT检查、胸腔穿刺和病理检查、肺弥散功能、血常规、尿常规、肝功能。其中侧位X射线高千伏胸片、CT检查、胸腔穿刺和病理检查可以对后前位胸片难以发现的侧后胸壁胸膜斑、胸膜病变以及肺癌、间皮瘤进行针对性检查，是否选择由主检医师根据劳动者实际情况确定。在岗期间职业健康检查周期设定为生产性粉尘作业分级Ⅰ级，2年1次；生产性粉尘作业分级Ⅱ级或以上，1年1次。对于X射线胸片表现为总体密集度1级，分布范围只有1个肺区或总体密集度为0级，但至少有两个肺区小阴影密集度为0/1的，健康检查周期为每年1次，连续观察5年，若5年内不能确诊为石棉肺者，按一般粉尘作业劳动者执行同样的健康检查周期。对于已经确诊为石棉肺的患者，每年检查一次以了解病情的进展，或根据病情随时检查。

石棉作业劳动者离岗时职业健康检查的目标疾病为石棉肺和石棉所致肺癌、间皮瘤，检查内容与在岗期间定期职业健康检查相同。

四、接触其他致尘肺病的无机粉尘劳动者的职业健康检查

除矽尘、煤尘、石棉粉尘，其他可导致尘肺病的无机粉尘还包括炭黑粉尘、石墨粉尘、滑石粉尘、云母粉尘、水泥粉尘、铸造粉尘、陶瓷粉尘、铝尘（铝、铝矾土、氧化铝）、电焊烟尘等。不同

种类生产性矿物性粉尘的健康损害，除石棉粉尘具有致癌性外，作用的靶器官一致，所引起的健康损害均是肺组织纤维化。因此，GBZ 188 在职业禁忌证和职业健康检查的内容设置上基本一致。表 4–1 列出了接触致尘肺病粉尘劳动者职业健康监护技术要求。

表 4–1　接触致尘肺病粉尘劳动者职业健康监护技术要求一览表

<table>
<tr><th colspan="2">检查类别与内容</th><th>矽尘</th><th>煤尘</th><th>其他致尘肺病的无机粉尘</th><th>石棉粉尘</th></tr>
<tr><td rowspan="2">上岗前</td><td>目标疾病</td><td colspan="4">职业禁忌证：活动性肺结核病、慢性阻塞性肺疾病、慢性间质性肺病和伴肺功能损害的疾病</td></tr>
<tr><td>检查内容</td><td colspan="4">症状询问：重点询问呼吸系统、心血管系统疾病史，吸烟史及咳嗽、咳痰、喘息、胸痛、呼吸困难、气短等症状；
体格检查：内科常规检查：重点检查呼吸系统、心血管系统；
实验室和其他检查：必检项目为血常规、尿常规、心电图、血清 ALT、后前位 X 射线高千伏胸片或数字化摄影胸片（DR 胸片）、肺功能</td></tr>
<tr><td rowspan="3">在岗期间</td><td>目标疾病</td><td>矽肺，职业禁忌证同上岗前</td><td>煤工尘肺，职业禁忌证同上岗前</td><td>职业病目录中所列其他尘肺病，职业禁忌证同上岗前</td><td>石棉肺，石棉所致肺癌、间皮瘤，职业禁忌证同上岗前</td></tr>
<tr><td>检查内容</td><td colspan="3">症状询问：重点询问咳嗽、咳痰、胸痛、呼吸困难，也可有喘息、咯血等症状；
体格检查：内科常规检查：重点检查呼吸系统、心血管系统；
实验室和其他检查：必检项目为心电图、后前位 X 射线高千伏胸片或数字化摄影胸片（DR 胸片）、肺功能；选检项目：血常规、尿常规、血清 ALT</td><td>选检项目增加侧位 X 射线高千伏胸片、CT 检查、胸腔穿刺和病理检查、肺弥散功能，其余与前三种粉尘相同</td></tr>
<tr><td>健康检查周期</td><td>作业分级Ⅰ级，2 年 1 次，作业分级Ⅱ级及以上，1 年 1 次</td><td>作业分级Ⅰ级，3 年 1 次，作业分级Ⅱ级及以上，2 年 1 次</td><td>作业分级Ⅰ级，4 年 1 次，作业分级Ⅱ级及以上，2~3 年 1 次</td><td>作业分级Ⅰ级，2 年 1 次，作业分级Ⅱ级及以上，1 年 1 次</td></tr>
<tr><td>离岗时</td><td>目标疾病
检查内容</td><td colspan="4">职业病，同在岗期间
检查内容同在岗期间</td></tr>
<tr><td rowspan="3">离岗后</td><td>目标疾病</td><td colspan="4">职业病，同在岗期间</td></tr>
<tr><td>检查内容</td><td colspan="3">症状询问、健康检查同在岗期间，必检项目：后前位 X 射线高千伏胸片或数字化摄影胸片（DR 胸片）</td><td>选检项目增加侧位 X 射线高千伏胸片，其余与前三种粉尘相同</td></tr>
<tr><td>检查时间</td><td>工龄≤10 年，随访 10 年，工龄>10 年，随访 21 年，3 年 1 次；工龄≤5 年，且接尘浓度不超标可不随访</td><td colspan="2">工龄≤20 年，随访 10 年，工龄>20 年，随访 15 年，5 年 1 次；工龄≤5 年，且接尘浓度不超标可不随访</td><td>工龄≤10 年，随访 10 年，工龄>10 年，随访 21 年，3 年 1 次；工龄≤5 年，且接尘浓度不超标可不随访</td></tr>
</table>

五、离岗后的健康检查

尘肺病是一种长期接触生产性矿物性粉尘后导致的慢性进行性的职业病，多有较长时间的潜伏期，许多劳动者在脱离粉尘作业之后才发现尘肺病。因此对粉尘作业劳动者开展离岗后的健康检查符合生产性矿物性粉尘对健康损害的客观规律，具有一定的科学性。在实际工作中，一些国企对退休后的接尘劳动者一直坚持健康检查，在退休多年后仍能发现新发的尘肺病患者。随着用工制度的变化，对大量流动人群很难进行离岗后强制性随访，这会给职业卫生监督带来困难，因此在GBZ 188中采纳了技术处理的办法，即把原“离岗后医学随访”改为“离岗后健康检查”，并将原“强制性”统一修改为“推荐性”，并在相应的地方标明。由于不同性质粉尘的致肺组织纤维化能力不同，游离 SiO_2 含量越高，致肺组织纤维化能力越强，同时粉尘的健康影响存在剂量－反应关系，即粉尘暴露量越大，越容易引起健康损害，因此在确定粉尘作业劳动者离岗后健康检查的对象和检查周期时考虑了以上因素。在作业场所粉尘监测资料普遍不足的情况下，GBZ 188以接尘工龄来粗略估计粉尘暴露量，推荐进行离岗后健康检查的劳动者为接尘工龄5年以上的粉尘作业人员（除石棉作业人员），检查的目标疾病为尘肺病，检查时重点询问咳嗽、咳痰、胸痛、呼吸困难、喘息、咯血等症状，做内科常规检查，重点是检查呼吸系统和心血管系统，拍摄后前位X射线高千伏胸片或数字化摄影胸片（DR胸片）。考虑到石棉为确定的人类致癌物，石棉作业人员离岗后均推荐进行医学随访。在健康检查时，为提高侧后壁胸膜斑的检出率，除后前位X射线高千伏胸片或数字化摄影胸片（DR胸片）还可选择侧位片。在检查时间上，接触矽尘、石棉尘工龄在10年（含10年）以下者，随访10年；接触矽尘、石棉尘工龄超过10年者，随访21年，检查周期原则为每3年1次；若接触矽尘、石棉尘工龄在5年（含5年）以下者，且接尘浓度不超过国家卫生标准可以不随访。接触煤尘、其他致尘肺病的无机粉尘工龄在20年（含20年）以下者，随访10年；接触煤尘、其他致尘肺病的无机粉尘工龄超过20年者，随访5年，随访周期原则为每5年1次；若接尘工龄在5年（含5年）以下者，且接尘浓度不超过国家卫生标准可以不随访。

（余　晨）

第二节　粉尘作业劳动者职业健康检查项目及周期

一、粉尘作业劳动者职业健康检查项目

（一）粉尘作业劳动者职业健康检查项目的确定

1. *粉尘危害识别*

做好粉尘作业劳动者的职业健康检查，首要环节是对职业活动中可能产生或者存在的粉尘危害因素的识别，确定其种类、性质、来源、分布、浓度、接触水平，进而按照相关法规、技术规范确定粉尘作业劳动者的健康检查项目，再对劳动者进行健康检查。

在职业健康检查实际工作中，经常会遇到一些用人单位提供的职业卫生档案资料不全、劳动者职业病危害接触史不明确、现场检测资料缺失，导致职业健康检查机构无法确定职业健康检查项目和检查周期。有时也会发现，劳动者的健康改变与用人单位提供的资料不符，如职业健康检查发现劳动者X线胸片表现为典型的尘肺样小阴影，但用人单位提供的资料显示该劳动者未接触无机粉尘。以上情况均需职业健康检查机构与用人单位进一步核实实际接触情况，粉尘危害因素识别错误可能会导致检查项目不同，最终导致结论的偏差。

粉尘危害识别的方法通常包括资料收集、现场调查、粉尘作业劳动者访谈、历年工作场所职业卫生检测数据分析等。其中，资料收集包含：由用人单位提供的粉尘种类及其相关信息；根据用人单位生产工艺、设备、原辅材料等环节，结合《职业病危害因素分类目录》（国卫疾控发〔2015〕92号），

识别、确定未知的或者新的粉尘。粉尘识别时，除了识别是无机粉尘还是有机粉尘，还需识别粉尘的化学性质。

值得注意的是，《职业健康监护技术规范》（以下简称GBZ 188，特殊情况除外）纳入职业健康检查的粉尘有6类，其中第4类为其他致尘肺病的无机粉尘。这里的“其他粉尘”指的是引起《职业病分类和目录》所列职业性尘肺病的炭黑粉尘、石墨粉尘、滑石粉尘、云母粉尘、水泥粉尘、铸造粉尘、陶瓷粉尘、铝尘以及电焊烟尘等，而《工作场所有害因素职业接触限值 第1部分：化学有害因素》（GBZ 2.1—2019）中的“其他粉尘”则是指游离SiO_2含量低于10%，不含石棉和有毒物质，且未制定职业接触限值的粉尘。因此，用人单位提供的职业卫生检测评价报告，粉尘种类为“其他粉尘”时，职业健康检查机构不宜直接按照GBZ 188中的“其他粉尘”确定检查项目，而应当进一步了解粉尘的具体成分和性质。职业卫生检测评价报告中“其他粉尘”，如含有毛沸石粉尘，应按照毛沸石作业确定检查项目；如含有有机粉尘，应按照GBZ 188中的有机粉尘确定检查项目；如含有锡及其化合物粉尘、铁及其化合物粉尘、锑及其化合物粉尘、钡及其化合物粉尘等，应按照金属粉尘确定相应的检查项目；需注意的是，钡及其化合物粉尘如为可溶性的，应按照有害化学因素中的钡化合物确定检查项目。

2. 粉尘作业劳动者职业健康检查项目确定的程序

粉尘作业劳动者职业健康检查项目确定的程序如图4–1所示。

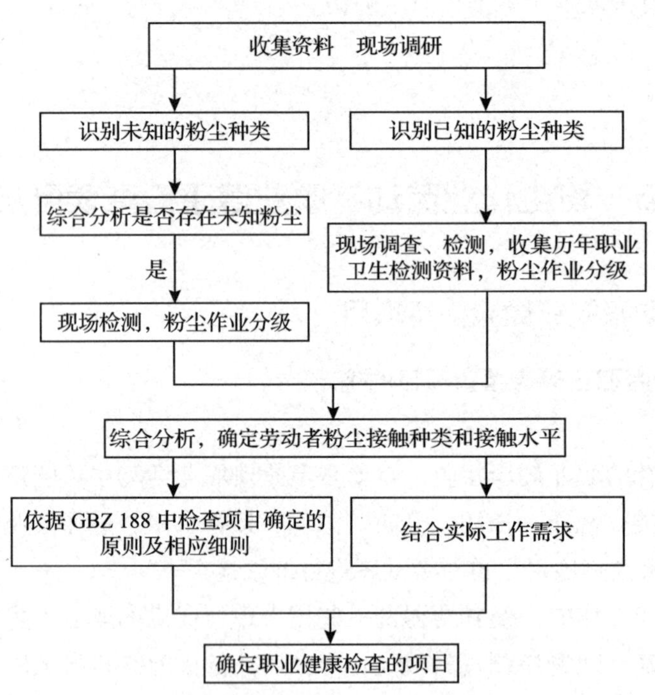

图4–1 粉尘作业劳动者职业健康检查项目确定的程序

（二）粉尘作业劳动者职业健康检查项目

1. 粉尘作业职业病危害因素种类

2015年修订的《职业病危害因素分类目录》将职业病危害因素分为粉尘、化学因素、物理因素、放射性因素、生物因素、其他因素，共459种，其中粉尘类52种。在《工作场所有害因素职业接触限值 第1部分：化学有害因素》（GBZ 2.1—2019）中，制定有工作场所空气中粉尘职业接触限值的粉尘种类49种，列出临界不良健康效应的有45种。不同性质的粉尘所导致的健康效应并不相同，有些粉尘只有急性上呼吸道刺激作用、眼部刺激作用，定期的职业健康检查并不能解决问题，检查项目的确定也存在困难。因此，建议对接触可导致职业病的粉尘作业的劳动者进行职业健康检查。

2. 需要职业健康检查的粉尘类型

现行的《职业健康监护技术规范》（GBZ 188）规定需进行职业健康检查的粉尘有6类。但毛沸石粉尘、金属粉尘和硬金属粉尘这3类粉尘在实际生产中并不少见，目前已有相应的职业病诊断标准颁布实施，即将发布的最新版GBZ 188已将这3类粉尘作业劳动者的职业健康检查纳入标准范围内。因此，应该对以下9类粉尘作业劳动者进行职业健康检查：

（1）游离 SiO_2 粉尘（结晶型 SiO_2 粉尘，又称矽尘），指游离 SiO_2 含量≥10%的无机粉尘；

（2）煤尘；

（3）石棉粉尘；

（4）其他致尘肺病的无机粉尘，指引起《职业病分类和目录》所列职业性尘肺病，除矽尘、煤尘和石棉尘外的粉尘（包括炭黑粉尘、石墨粉尘、滑石粉尘、云母粉尘、水泥粉尘、铸造粉尘、陶瓷粉尘、铝尘、电焊烟尘等粉尘）；

（5）棉尘（包括亚麻、软大麻、黄麻粉尘）；

（6）有机粉尘；

（7）毛沸石粉尘；

（8）金属粉尘（包括锡、铁、锑、钡及其化合物粉尘）；

（9）硬金属粉尘。

3. 粉尘作业劳动者职业健康检查项目

对于GBZ 188已纳入的危害因素，检查项目按标准执行。

对于GBZ 188尚未纳入的粉尘危害因素，应根据职业健康检查项目确定原则、粉尘的性质、靶器官和危害作用，参考相应诊断标准确定检查内容。确定职业健康监护方法和检查指标的基本原则是：

（1）检查方法应是成熟的可靠的技术，不能在法定职业健康监护中进行科学实验或研究；

（2）检查方法和指标易为劳动者所接受；

（3）检查指标应有明确的意义，并与监护目标密切相关；

（4）应考虑检查指标的特异性和敏感性，避免使用不能满足要求的检查；

（5）考虑检查方法和检查指标的费用；

（6）考虑文化、宗教等因素，符合医学伦理道德规范；

（7）定期对整个健康监护项目进行审查，并根据工作条件的改善及时进行修改。

在岗期间定期职业健康检查和离岗时的职业健康检查，主检医师可视目标疾病确定或排查的需要增加部分项目，在增加项目前应与用人单位和劳动者充分沟通，做到知情同意。如石棉粉尘检查项目可视情况增加胸部CT或侧位片等。

二、粉尘作业劳动者职业健康检查周期

粉尘作业劳动者职业健康检查的周期根据粉尘的性质、工作场所有害因素的浓度或强度、目标

疾病的潜伏期和防护措施等因素确定。

（一）上岗前职业健康检查

上岗前职业健康检查为强制性职业健康检查，目标人群是拟从事或者拟转至接触粉尘作业岗位的劳动者，目的是发现有无职业禁忌证，建立接触粉尘作业劳动者的基础健康档案。上岗前职业健康检查应在开始从事粉尘作业之前完成。

（二）在岗期间职业健康检查

对长期从事粉尘作业的劳动者，应进行在岗期间的定期职业健康检查。定期职业健康检查的目的，主要是早期发现粉尘作业劳动者的健康改变；及时发现有职业禁忌的劳动者或与职业相关的健康异常；通过动态观察粉尘作业劳动者群体的健康变化，评价工作场所职业危害因素的控制效果。GBZ 188 将在岗期间职业健康检查分为强制性和推荐性两种，但对于可致尘肺病的无机粉尘，其在岗期间的职业健康检查均为强制性。职业健康检查周期还与作业场所粉尘作业分级有关。粉尘作业分级依据《工作场所职业病危害作业分级　第 1 部分：生产性粉尘》（GBZ/T 229.1—2010）确定，按照分级指数（G）的计算值，将作业级别分为 0 级（相对无害作业）、Ⅰ级（轻度危害作业）、Ⅱ级（中度危害作业）、Ⅲ级（高度危害作业）。分级指数 G 计算方式为：

$$G=WM\times WB\times WL$$

式中，WM 为粉尘中游离 SiO_2 含量的权重数，WB 为工作场所空气中粉尘职业接触比值的权重数，WL 为劳动者体力劳动强度的权重数。

不同的分级结果对劳动者的健康影响程度不同，采取的控制措施也不同。生产性粉尘作业分级在Ⅱ级及以上的，与Ⅰ级相比适当缩短健康检查周期。考虑到分级的有效性和准确性，作业分级应由负责作业场所监管的职业卫生监督机构认可。如无监督机构认可的作业分级结果，用人单位应按Ⅰ级分级结果安排粉尘作业劳动者的职业健康检查周期。

对于后前位 X 射线高千伏胸片或数字化摄影胸片（DR 胸片）有尘肺样改变但尚未达到尘肺病诊断标准的，X 线胸片表现为：总体密集度 1 级，分布范围只有 1 个肺区或总体密集度为 0 级，但至少有两个肺区小阴影密集度为 0/1。对这些劳动者，应加强对其健康状况的关注，健康检查周期为 1 年，连续观察 5 年，如 5 年内不能确诊为尘肺者，再与一般粉尘作业劳动者执行同样的健康检查周期。

（三）离岗时职业健康检查

离岗时职业健康检查的主要目的是确定劳动者在停止接触粉尘时的健康状况，评价其从事的工作可能对健康的影响，及时发现疑似职业病患者。如果劳动者最后一次在岗期间的职业健康检查是在离岗前的 90 日内，则可视为离岗时职业健康检查。

（四）离岗后健康检查

劳动者接触的生产性矿物性粉尘具有慢性作用，由于所致职业病或职业肿瘤有较长潜伏期（潜隐期），脱离接触后仍有可能发生职业病。因此，劳动者即使离岗后不再继续从事接触粉尘的作业，在一定时间内也需进行健康检查。尘肺病是一种迟发性疾病，大多数尘肺病患者的潜伏期都在十年以上。离岗后健康检查周期的确定主要综合考虑个体粉尘累积暴露量、流行病学特点，如疾病的潜伏期（潜隐期）、发展、转归等因素。GBZ 188 中所有的离岗后职业健康检查均为推荐性。

对于确诊为尘肺病的职业病患者，应停止接尘作业，建议离岗后根据病情每年或每 1~2 年检查一次，其目的是监测患者的健康状况及疾病进展情况，让劳动者得到相应的治疗。

（张建芳　钱青俊）

第三节　粉尘作业劳动者职业健康检查中的职业禁忌与疑似职业病

对从事接触粉尘作业的劳动者进行职业健康检查是预防尘肺病的关键措施。对从事接触粉尘作业的劳动者进行职业健康检查的目标疾病是职业禁忌证和职业性尘肺病。但是，由于法律并未要求职业健康检查机构必须具备职业病诊断能力，因此，在职业健康检查时对怀疑患有尘肺病的劳动者的识别和合适的处置就显得十分重要。如何在对从事接触粉尘作业的劳动者进行职业健康检查时，及时、准确筛查粉尘作业职业禁忌的劳动者，早期发现疑似职业病患者，并给予相应的处置建议，是提升粉尘作业劳动者职业健康检查质量的关键环节之一。

一、粉尘作业职业禁忌筛查与疑似尘肺病患者检查的必要性

粉尘作业的职业禁忌是指劳动者因生理、病理或其他因素，从事特定粉尘作业时可能加剧劳动者健康损害，甚至更易罹患尘肺病的状况。疑似尘肺病则是指现有的粉尘接触证据或用于诊断尘肺病的医学证据尚不能确定接触粉尘作业的劳动者所患疾病是否是尘肺病，尚需要进一步收集证据以明确诊断的一种暂时的疑似疾病状态。及时发现粉尘作业的职业禁忌和疑似尘肺病患者，对于预防职业病的发生、保护劳动者的健康具有重要的意义。

1. 保护劳动者健康

（1）预防职业病的发生。粉尘作业是导致尘肺病的根本原因。存在职业禁忌的劳动者从事粉尘作业，可能显著增加劳动者患尘肺病的风险。通过职业健康检查，及时发现有粉尘作业职业禁忌或早期健康损害的劳动者，有助于及时采取干预措施，避免劳动者从事禁忌作业，可有效降低尘肺病的发生。及时发现疑似尘肺病患者，对其工作环境进行调查和评估，有助于采取措施控制职业病危害因素，防止其他劳动者受到危害，避免群发的职业病。

（2）保障劳动者健康权益。及时发现疑似职业病患者，可使用人单位和劳动者尽早了解劳动者的健康状况，以便采取相应措施，如调离岗位、作进一步的检查、诊断和治疗，有利于防止疾病发展，保护劳动者身体健康，同时也可为后续的可能的职业病诊断和工伤认定等提供依据。

（3）履行法律义务。《职业病防治法》明确规定，用人单位不得安排有职业禁忌的劳动者从事其所禁忌的作业。对粉尘作业职业禁忌劳动者的筛查，发现疑似职业病患者及时安排进行职业病诊断，用人单位和医疗卫生机构及时报告，是用人单位、职业健康检查机构及职业病诊断机构履行法律义务的具体体现。

（4）提升工作效率。劳动者身体健康是保证工作效率的基础。通过筛查职业禁忌证，早期发现疑似职业病，用人单位可早期采取干预措施，使劳动者能够以良好的身体状态投入工作，减少因健康问题导致的工作失误和生产中断，保障正常的生产秩序。此外，及时发现职业禁忌证和疑似职业病并妥善安置，有助于防止有职业禁忌的劳动者或者疑似职业病患者的病情加重或发展为职业病。

二、粉尘作业职业禁忌劳动者的筛查与处置

（一）粉尘作业职业禁忌劳动者的筛查

对粉尘作业劳动者的职业健康检查，首先应当明确粉尘作业职业健康检查的目标疾病与职业禁忌证范围。无机粉尘作业的职业禁忌主要是活动性肺结核病、慢性阻塞性肺疾病、慢性间质性肺疾病、伴肺功能损害的疾病。棉尘作业职业禁忌与无机粉尘作业职业禁忌不同之处在于不包括慢性间质性肺疾病。有机粉尘作业职业禁忌与无机粉尘作业职业禁忌不同之处在于以过敏性哮喘和支气管哮喘、伴气道高反应的过敏性鼻炎为主，且不包括活动性肺结核病，见表 4-2。

表 4-2　不同类型粉尘作业及其职业禁忌证

职业禁忌证	无机粉尘	棉尘	有机粉尘
活动性肺结核病	√	√	
慢性间质性肺疾病	√		√
慢性阻塞性肺疾病	√	√	√
伴肺功能损害的疾病	√	√	√
致喘物过敏和支气管哮喘			√
伴气道高反应的过敏性鼻炎			√

注 1: 无机粉尘：矽尘，煤尘，石棉、毛沸石、炭黑、石墨、滑石、云母、水泥、铸造、陶土、铝粉尘，电焊烟尘，锡、铁、锑、钡等金属及其化合物粉尘，硬金属粉尘；

注 2: 棉尘：亚麻、软大麻、黄麻等粉尘；

注 3: 有机粉尘：动物性粉尘、植物性粉尘、生物因素以及具有半抗原性质的化学物质等形成的气溶胶。

其次，应当确定粉尘作业劳动者职业健康检查的项目与重点指标。在以职业禁忌证为目标疾病的职业健康检查中，GBZ 188 规定的粉尘作业职业健康检查项目也是筛查职业禁忌证的指标，可通过以下方式发现职业禁忌证。

1. 全面采集病史

（1）详细询问或调查劳动者的职业史和粉尘接触史，了解劳动者连续接触粉尘的时间，工作场所空气中的粉尘浓度，以及用人单位是否提供了合格的个人防护用品、劳动者是否正确使用防护用品等。

（2）全面采集劳动者的既往病史、家族史及症状，并进行规范的身体检查。如果劳动者接触粉尘时间长、浓度高且防护措施不足，结合劳动者有关慢性呼吸道疾病史、过敏史，心肺听诊，以及胸廓畸形、杵状指等身体检查，可为判断是否为粉尘作业的职业禁忌提供证据。

2 辅助检查

（1）肺功能检查，用力肺活量（FVC）低于预计值的 80%，第一秒用力呼气容积（FEV_1）/ 用力肺活量（FVC）比值小于 70%，提示可能存在气道阻塞等异常，不宜从事粉尘作业。

（2）影像学检查，如高千伏 X 射线胸片或 DR 显示有明显的弥漫性结节、团块、磨玻璃影等肺部异常改变，结合既往史、职业史和临床表现，排除粉尘所致病变的，可判断为职业禁忌证。

如果有实验室检查资料且发现肝、肾功能指标异常，结核菌素试验（PPD）强阳性等，更是判断粉尘作业职业禁忌的重要证据。

（二）发现粉尘作业职业禁忌劳动者后应当采取的措施

在职业健康检查中发现粉尘作业职业禁忌的劳动者后，职业健康检查机构、用人单位和劳动者

应当采取必要的措施。

（1）职业健康检查机构的主检医师应对检查结果进行复核并确认，在出具的职业健康检查报告中明确标注为粉尘作业职业禁忌证及建议，并通知用人单位以书面形式告知劳动者职业健康检查结果，提出预防性建议。

（2）用人单位必须将有粉尘作业禁忌的劳动者调离粉尘作业岗位并予以妥善安置，加强劳动者的健康管理。

（3）劳动者一旦被确认为粉尘作业禁忌的，用人单位未将劳动者调离粉尘作业岗位并妥善安置的，或者调离岗位后影响其待遇的，劳动者可向用人单位提出申诉，或向所在地的职业卫生监督管理部门投诉。

三、粉尘作业职业健康检查中疑似尘肺病的判定与处置

疑似职业病，是职业病诊断过程中的一个中间环节，是疾病临床诊断的思维过程，并不是职业病诊断的最终结论。对于法定职业病的诊断，由于涉及工伤管理等原因，其最终的诊断结论必然是“全”或“无”式的结论，不应有中间及模糊的结论。疑似职业病诊断是由于劳动者的职业接触证据不足，或者是用于职业病诊断的医学证据不足，或者是疾病程度尚未达到尘肺病诊断标准要求的起点，或者是需要进一步与其他疾病鉴别，需要进一步收集证据或进行医学观察，以明确诊断的一种暂时的疑似疾病状态。在职业健康检查、职业病诊断，甚至临床诊疗等环节都可能遇到怀疑劳动者可能患有职业病的问题。由于各种原因，并未要求职业健康检查机构的基本条件必须具备职业病诊断能力。因此，并不是所有的职业健康检查机构都具有职业病诊断的能力，都能开展职业病诊断工作。而法律规定未备案开展职业病诊断工作的医疗卫生机构，不得进行职业病诊断。因此，对于大多数的职业健康检查机构，即便怀疑某劳动者可能患有职业病，也不能作出职业病诊断结论。因此，及时发现疑似尘肺病患者并予以规范处置，是预防尘肺病的关键环节，在对粉尘作业劳动者的职业健康检查中，应遵循“早发现、早诊断、早调离”的原则，及时识别可能患有尘肺病的劳动者并作出疑似尘肺病的检查结论，以利于早期采取干预措施，切实维护劳动者的职业健康权益。

（一）如何发现疑似职业病

1. 关注重点体检对象

职业健康检查人员应当重视疑似职业病的早期发现，重点关注易受尘肺危害的接尘对象，如煤矿、石英砂加工、水泥生产、铸造、隧道作业等接触高浓度粉尘的工种，尤其是从事接触粉尘作业工龄较长并长期有咳嗽、咳痰、胸闷、气短、乏力等症状的劳动者，如从事接触矽尘等高危粉尘作业工龄≥1年，或从事接触煤尘作业工龄≥3年者。

2. 关注关键检查指标异常者

对于粉尘作业职业史、粉尘危害接触史明确的劳动者，如果显示有呼吸系统症状和体征、胸部影像学检查肺部有尘肺样改变、肺功能检查显示通气功能和换气功能异常等，需要高度关注这些反映粉尘危害的关键指标。尤其是动态对比分析，如与既往影像资料对比，发现小阴影增多、融合，或者肺功能逐年下降的，更是提示劳动者已遭受粉尘危害的证据。

3. 关注劳动者上岗前职业健康检查

在实际工作中应注意，由于用工制度原因，部分劳动者流动性较大，可能在一段时间内就职于多个用人单位从事类似的粉尘作业，因此劳动者在上岗前职业健康检查时也可能发现与粉尘作业有

关的异常，应注意既往职业接触史的问询。如果劳动者提供了粉尘作业史，其胸部影像学检查结果与职业史相一致的，则可以判定为疑似职业病。

（二）针对疑似尘肺病职业健康检查的注意事项

核心注意事项是完整记录职业史与职业病危害接触史、规范职业健康检查、注重动态对比分析及排除其他疾病。

1. 全面收集职业史、职业病危害接触史

全面收集劳动者工种、工龄、粉尘类型（如游离 SiO_2 含量）、防护措施等职业史和职业病危害接触史，最好有用人单位提供的历年粉尘检测报告。注意排除非职业因素，如吸烟史、既往肺结核、慢性支气管炎等可能影响诊断的病史。

2. 做好尘肺病职业健康检查的关键控制点

一是保证 X 射线影像学质量，X 射线胸片需符合高千伏技术标准，使用 DR 的，应注意设定合理的图像处理参数，不应使用降噪、边缘增强、组织均衡等图像处理技术，以避免假阴性和假阳性，必要时可选择胸部 CT。二是规范操作肺功能，避免劳动者未理解吹气方法导致结果的假阳性。

3. 合理作出疑似尘肺病结论

根据明确的职业病危害接触史，依据高千伏 X 射线胸片或 DR 显示达到尘肺诊断起点，参考肺功能异常（如气短 +$FEV_1/FVC<70\%$）合并典型症状等，排除其他疾病，作出检查结论。

（三）发现疑似职业病后的处置

职业健康检查机构发现疑似尘肺病患者后，职业健康主检医师应对检查结果进行复核并确认，及时通知用人单位，告知劳动者职业健康检查结果，在出具的职业健康检查报告中明确标注疑似职业病的疾病名称以及有关建议。

用人单位应当在接到职业健康检查结果的 30 日内安排疑似尘肺病患者到职业病诊断机构进行职业性尘肺病的诊断，并不得以任何理由拒绝或拖延，应如实提供职业病诊断所需资料并承担诊断费用。诊断期间，可暂时调离高粉尘岗位，以避免病情加重，但不得因此解除与劳动者签订的劳动合同。

对于用人单位不配合的，劳动者可自行申请诊断。

（四）常见问题及其应对

在职业健康检查中，有时可能会遇到“漏诊”、疑似职业病检查结论无意或故意与其他结论“混淆”等问题，尤其是与职业禁忌证和一般健康异常结论的混淆。这种混淆可能会给职业健康检查机构、用人单位及劳动者带来一定的风险。对于职业健康检查机构，可能因为故意隐瞒疑似职业病例面临严厉的处罚。对于用人单位，一旦劳动者后续被确诊为职业病，则可能面临违法责任及行政处罚。对于劳动者，可能延误职业病诊断，侵犯劳动者的职业健康权益。常见的结论混淆包括并不限于以下几种。

1. 归类为“职业禁忌证”

在职业健康检查中，将疑似职业病错误归类为职业禁忌证的现象并不罕见。例如，劳动者胸部 X 射线影像已出现尘肺样改变，为规避疑似职业病给用人单位带来的法律责任，如停工留薪、赔偿等，有意作出“职业禁忌证”的结论，据此可仅将劳动者调离粉尘作业岗位而无需启动职业病诊断程序。也有部分职业健康检查机构对尘肺病诊断标准把握不准确，误将已发生的职业损害归为“潜在风险”。

2. 归类为“复查”

当发现劳动者职业健康检查指标异常时，为规避与用人单位的纠缠，个别职业健康检查机构作出“复查”的检查结论，而不明确提示疑似职业病。

3. 归类为“其他疾病或异常”

对一些职业健康检查结果异常，个别职业健康检查机构仅从临床医学角度判断，而未结合职业病危害接触史进行分析，如将与接触植物性有机粉尘相关的健康问题归为“其他疾病”，而未与接触有机粉尘危害相关联。

模糊职业健康检查结论的操作方式，往往使用“建议调岗”“健康风险”等措辞以替代“疑似职业病”的法定表述，侵害了劳动者的职业健康权益，也导致一些用人单位不履行疑似职业病报告义务。导致职业健康检查结论“混淆”的可能原因包括以下几个方面。

（1）规避法律责任。用人单位合规意识薄弱，个别用人单位错误地认为，一旦职业健康检查机构发现疑似职业病，必然需要进入职业病诊断程序，而监管部门也会因为发生职业病而处罚用人单位。为规避疑似职业病带来的法律责任，可能要求职业健康检查机构将疑似职业病降级为职业禁忌证，干预职业健康检查结论。

（2）经济利益驱动。职业健康检查实际工作中，个别用人单位往往会婉拒报告疑似职业病较多的职业健康检查机构。为维持与客户的稳定关系，部分职业健康检查机构可能迎合用人单位的不当需求，有意作出模糊结论。

（3）职业健康检查机构能力不足。个别职业健康检查机构对职业病防治法的理解不充分，忽视疑似职业病需启动法定职业病诊断程序的要求。还有个别职业健康检查机构，主检医师经验不足，尤其是对职业禁忌证“判定”、疑似职业病“界定”的能力不足，容易出现误判。

将疑似职业病归为职业禁忌证，本质是将已发生的健康损害错误定性为潜在风险，其背后可能涉及技术失误或故意违规。纠正这一问题的核心在于明确法律界限、压实用人单位主体责任和保障劳动者的知情权。

一是严格遵循 GBZ 188，严格按照“疑似职业病”应当满足的条件，结合劳动者的职业接触史、临床表现及辅助检查异常结果作出规范结论。

二是职业健康检查机构应当依法独立实施职业健康检查，排除用人单位的干预。

三是规范职业健康检查流程，加强职业健康检查的质量控制。发现疑似职业病，立即书面告知劳动者和用人单位，并报告卫生健康行政部门。

（李 涛 王焕强）

第四节 粉尘作业劳动者职业健康检查结论及报告

一、粉尘作业劳动者职业健康检查报告的种类

按照 GBZ 188，粉尘作业劳动者的健康检查报告可分为个体报告、总结报告和职业健康监护评价报告 3 种。

（一）个体报告

每个受检的粉尘作业劳动者的职业健康检查表即个体报告，应由主检医师审阅，并填写健康检查结论和签名。个体报告应在职业健康检查结束之日起 30 个工作日内书面送交用人单位。个体报

告的内容包括：受检者姓名、性别、检查日期、受检者单位、接触粉尘的种类、检查项目结果、异常项目结果及分析、本次检查结论和建议等。个体报告宜一式两份，一份给劳动者，一份给受检单位。有条件的职业健康检查机构宜开通个体健康检查结果的网络查询或将电子报告直接推送给受检人。

（二）总结报告

职业健康检查机构给委托单位（用人单位）的书面报告即职业健康检查总结报告，是对本次职业健康检查的全面总结和分析，内容应包括：受检单位、职业健康检查种类、委托检查人数、实际检查人数、检查时间和地点、检查工作的实施情况、复查/补充检查情况、发现的疑似职业病、职业禁忌证和其他疾病的人数和汇总名单、处理建议等。其中每位受检者职业健康检查结果可用一览表的形式列出。职业健康检查总结报告应在职业健康检查结束之日起30个工作日内书面送交用人单位。纸质总结报告一式两份，一份交受检单位，一份由职业健康检查机构存档。

（三）职业健康监护评价报告

职业健康监护评价报告是根据收集的历年职业健康检查结果、工作场所职业危害监测资料以及在职业健康监护过程中收集的相关资料，通过分析劳动者健康损害和职业病危害因素的关系，以及导致发生职业危害的原因，预测健康损害的发展趋势，对用人单位劳动者的职业健康状况做出总体评价，并提出综合改进建议。

职业健康检查机构可根据受检单位职业健康监护资料的实际情况及用人单位的委托要求，协商决定是否出具职业健康监护评价报告。

二、职业健康检查结论及建议

（一）职业健康检查结论

目前，劳动者个体健康检查结论可分为以下4种。

1. 目前未见异常

目前未见异常指本次健康检查各项检查指标均在正常范围内。

2. 疑似职业病

对在健康检查中发现劳动者可能患有职业病的，应建议用人单位提请职业病诊断机构进一步诊断，界定标准按《疑似职业病界定标准》（GBZ/T 325—2022）的相应规定执行，并出具疑似职业病告知书。

3. 职业禁忌证

健康检查发现有职业禁忌证的患者，需写明具体疾病名称，界定标准按照《职业禁忌证界定导则》（GBZ/T 260—2014）执行。

4. 其他疾病或异常

其他疾病或异常指除目标疾病之外的其他疾病或未达到目标疾病的某些检查指标的异常。

5. 复查

虽然复查是《职业健康监护技术规范》（GBZ 188—2014）中个体职业健康检查的一种结论，但在实际工作中，复查是一种健康检查尚未结束的中间状态，不宜作为结论存在。目前即将发布的GBZ 188拟取消“复查”结论，但在职业健康检查实施过程中可以有复查和补充检查。

因与目标疾病有关的检查指标异常需要进行复查或补充检查时，应出具书面通知并通知到本人和用人单位。复查通知应明确检查对象、内容和时间以及可能注意事项。复查或补充检查原则上应在总结报告出具前进行。如复查或补充检查发现可能患有疑似职业病，应建议到职业病诊断机构进一步明确诊断；如发现有职业禁忌证的劳动者，需写明具体疾病名称并提出脱离接触以及其他合理建议；如用人单位在首次检查的30个工作日内未完成复查或补充检查，职业健康检查机构可先出具职业健康检查总结报告，报告中应列出未完成复查或补充检查人员的名单，包括受检者姓名、性别、接触有害因素名称、检查结果及需复查或补充检查的项目。在复查或补充检查结果出来后出具复查或补充检查报告，包括受检者姓名、性别，接触有害因素名称，首次检查及复查或补充检查结果，本次健康检查结论，处理建议等。

（二）职业健康检查的处理建议

1. 上岗前职业健康检查的处理建议

检查结论为“目前未见异常”“其他疾病或异常”，未检出粉尘作业职业禁忌证的，建议可以从事接触粉尘作业工作。检查中发现为“职业禁忌证”的，建议不宜从事接触粉尘作业工作。

从理论上来说，上岗前职业健康检查是劳动者接触职业病危害因素之前的检查，目标疾病为职业禁忌证，但是随着我国用工方式的变化和劳动者流动性的增加，上岗前职业健康检查也可能发现与职业病危害因素有关的异常，应注意劳动者既往职业接触史的问询。如果其健康改变与职业危害接触一致，也可以下疑似职业病的结论。

2. 在岗期间职业健康检查的处理建议

检查结论为“目前未见异常”“其他疾病或异常”，未检出粉尘作业职业禁忌证和疑似职业病，建议可以继续从事接触粉尘作业工作。检查中发现受检者符合职业禁忌证的，按照相应疾病名单得出结论，建议不宜继续从事接触粉尘作业工作并妥善安置工作。检查中如发现受检者为“可能疑似职业病”的，如果诊断依据不充分，职业健康检查机构应建议用人单位进一步完善相应资料及相关检查，在建议中注明补充检查的原因、时间、项目内容、检查地点等。检查结论为“疑似职业病”的，建议受检者去职业病诊断机构进一步明确诊断。对于受检者关键项目指标异常且怀疑与接触粉尘危害因素有关，但未达到尘肺病诊断起点的，建议用人单位改善劳动条件、加强防护。

3. 离岗时职业健康检查的处理建议

未发现疑似职业病的，检查结论为“目前未见异常”“其他疾病或异常”，建议可以继续粉尘工作岗位。发现疑似职业病的，建议受检者去职业病诊断机构进一步明确诊断。

（三）职业健康检查结果的告知和报告

职业健康检查机构发现疑似职业病时，应当告知劳动者本人并及时通知用人单位，同时向所在地卫生健康行政部门报告。发现职业禁忌证时，应当及时告知用人单位和劳动者。职业健康检查机构应按相关规定，加强职业健康检查信息的统计报告工作。

三、职业健康检查结论及报告的实践应用

在实际工作中，各职业健康检查机构出具的职业健康检查报告已成为劳动者和用人单位签订劳动合同、劳动者申请职业病诊断、职业卫生监督执法机构履行职责以及卫生健康行政部门制定、完善职业病防治法规与政策的重要依据，所以规范职业健康检查报告的编写非常有必要。

目前职业健康检查报告编写方面尚无统一的规定，GBZ 188在职业健康检查报告内容方面作了基本的要求，但在实际工作中还会存在一些问题。依照GBZ 188的要求，结合工作实践，在查阅文

献的基础上，编者总结了职业健康检查报告的重点内容以及编写中的注意事项，为职业健康检查机构和从事职业健康检查的主检医师提供参考。

（一）职业健康检查报告的重点内容

1. 受检单位基本情况

主要表述受检单位名称、详细地址、行业所属、本次委托职业健康检查所涉及的职业病危害因素及接触此种职业危害因素的人数、本次健康检查实际人数、未检人员原因及名单、用人单位负责人姓名及联系电话等内容。编制报告的时候，用人单位的上述材料以用人单位提供的纸质盖章材料为依据。

2. 本次职业健康检查基本情况

主要内容为此次职业健康检查时间、检查地点、职业危害因素种类及接触此种职业危害因素的人数、检查种类、检查项目以及此次检查发现目标疾病等内容，可列表呈现。

3. 检出目标疾病和关键项目异常结果具体汇总表

主要包括检出疑似职业病一览表、职业禁忌证一览表、已复查人员复查结果一览表、需复查尚未复查一览表、关键项目异常（如肺功能异常）检查表、本次职业健康检查结果表等，对于放弃关键项目导致不能得出健康检查结论的应单列。各项汇总表的主要内容涉及受检人员健康检查编号、姓名、性别、年龄、工种、工龄、委托检查职业病危害因素及检查类型、检查结果、检查结论、处理意见与建议。每一种一览表又可以接触的职业病危害因素种类或者检查类型（岗前、在岗、离岗）为依据分表呈现。

（二）职业健康检查报告注意事项

1. 职业健康检查报告格式要统一

按照 GBZ 188 中对内容的要求，同一家职业健康检查机构报告格式应该统一。

2. 核对用人单位提供的信息

尤其是受检者的个人信息，比如年龄、工种、工龄、接触的职业病危害因素种类等。一般情况下，用人单位会同时提供纸质版和电子版，纸质版经用人单位盖章后由职业健康检查机构存档保存，电子版数据方便职业健康检查机构直接使用。用人单位在提供信息时，由于工作疏忽或者其他原因，会出现个人信息不一致的情况，比如工龄不一致等。在编制职业健康检查报告时，编制医师只能在系统电脑上看到由用人单位提供的电子版个人信息，并且直接用于职业健康检查报告中。职业健康检查机构在出具报告时，尤其是有阳性结果的报告，主检医师应进一步审核职业健康检查机构存档的由用人单位提供的纸质版信息。避免出现错误结论时责任不清，或者主检医师签字时，发现不一致后，随意在个体报告中更改信息等情况，引发纠纷。

3. 职业健康检查报告要用语规范、表述清晰

在目标疾病方面，有些职业健康检查机构对确定疑似职业病或者职业禁忌证综合分析能力不够、检查项目（如胸片、肺功能）报告诊断标准不统一，用词欠规范，造成健康检查结论用语不规范、表述不清晰。有些职业健康检查机构未得出职业禁忌证的结论，但为规避风险，直接建议调离原工作岗位，侵犯了劳动者的就业权。

4. 职业健康检查结论要聚焦，突出主业

有些职业健康检查机构对职业健康检查的目的认识不足，出具的报告对其他疾病均有详细的医学建议，但对于目标疾病往往视而不见。

有些职业健康检查机构在健康检查中由于增加了很多非必检项目，甚至职业健康检查和健康检查同时进行时，出具的报告将职业健康检查和健康检查汇总报告合二为一，喧宾夺主，同样也弱化了职业健康检查的目的。

5. 职业健康检查报告编写人员要熟练掌握法律法规及职业卫生知识

有些职业健康检查总结报告脱离现场监测资料，未能全面分析作业场所存在的粉尘种类；有些职业健康检查机构从事编写报告的专业技术人员对相关法律法规与标准理解掌握不够，缺乏一定的专业技术知识与技能（如综合分析检查结果能力），直接影响到职业健康检查报告书的质量，给职业健康检查工作带来一定的负面影响。

（张建芳　钱青俊）

05

第五章　职业性尘肺病的诊断

第一节　尘肺病诊断标准及诊断原则

尘肺病的诊断涉及劳动者的健康权益，也涉及用人单位、社保经办机构以及职业病诊断机构等相关方的利益，必须保证诊断的公平、公正、公开、透明。尘肺病诊断标准的制定，是规范尘肺病诊断工作的重要措施。2021 年 1 月 4 日国家卫生健康委发布的《职业病诊断与鉴定管理办法》（国家卫生健康委令第 6 号）第二条规定，职业病诊断与鉴定工作应当按照《职业病防治法》《职业病诊断与鉴定管理办法》的有关规定及《职业病分类和目录》、国家职业病诊断标准进行，遵循科学、公正、及时、便捷的原则。该管理办法确立了职业病诊断原则、职业病诊断目标疾病的范围及职业病诊断的依据，而国家职业病诊断标准则是对具体职业病进行诊断的技术文件。职业病诊断标准是国家职业卫生标准的重要部分，根据《职业病防治法》第十二条和第四十五条规定，有关防治职业病的国家职业卫生标准、职业病诊断标准，由国务院卫生健康行政部门组织制定并公布。国家已发布的现行有效的有关尘肺病的诊断标准包括：《职业性尘肺病的诊断》（GBZ 70—2015）、《职业性尘肺病的病理诊断》（GBZ 25—2014）。此外，中国卫生监督协会发布的《胸部 CT 辅助诊断尘肺病技术指南》（T/WSJD 32—2023）和《尘肺合并肺结核胸部影像学诊断指南》（T/WSJD 31—2023）作为团体标准，也对尘肺病的诊断发挥一定的指导作用。

一、职业性尘肺病诊断标准及诊断原则

《职业性尘肺病的诊断》（GBZ 70—2015）（以下简称 GBZ 70—2015）明确规定职业性尘肺病的诊断原则：根据可靠的生产性矿物性粉尘接触史，以技术质量合格的 X 线高千伏或数字化摄影（DR）后前位胸片表现为主要依据，结合工作场所职业卫生学、尘肺流行病学调查资料和职业健康监护资料，参考患者的临床表现和实验室检查，排除其他类似肺部疾病后，对照尘肺病诊断标准片进行诊断。

劳动者临床表现和实验室检查符合尘肺病的特征，没有证据否定其与接触粉尘之间必然联系的，应当诊断为尘肺病。

根据职业性尘肺病诊断标准，职业性尘肺病的诊断结论不仅应当明确是否为尘肺病，诊断为尘肺病的，还应当明确诊断分期。职业性尘肺病的诊断分期分为壹期、贰期及叁期，分期标准如下。

1. 尘肺病壹期

有下列表现之一者，应当诊断为尘肺病壹期：（1）有总体密集度 1 级的小阴影，分布范围至少达到 2 个肺区；（2）接触石棉粉尘，有总体密集度 1 级的小阴影，分布范围只有 1 个肺区，同时出现胸膜斑；（3）接触石棉粉尘，小阴影总体密集度为 0，但至少有两个肺区小阴影密集度为 0/1，同

时出现胸膜斑。

2. 尘肺病贰期

有下列表现之一者，应当诊断为尘肺病贰期：（1）有总体密集度2级的小阴影，分布范围超过4个肺区；（2）有总体密集度3级的小阴影，分布范围达到4个肺区；（3）接触石棉粉尘，有总体密集度1级的小阴影，分布范围超过4个肺区，同时出现胸膜斑并已累及部分心缘或膈面；（4）接触石棉粉尘，有总体密集度2级的小阴影，分布范围达到4个肺区，同时出现胸膜斑并已累及部分心缘或膈面。

3. 尘肺病叁期

有下列表现之一者，应当诊断为尘肺病叁期：（1）有大阴影出现，其长径不小于20mm，短径大于10mm；（2）有总体密集度3级的小阴影，分布范围超过4个肺区并有小阴影聚集；（3）有总体密集度3级的小阴影，分布范围超过4个肺区并有大阴影；（4）接触石棉粉尘，有总体密集度3级的小阴影，分布范围超过4个肺区，同时单个或两侧多个胸膜斑长度之和超过单侧胸壁长度的1/2或累及心缘使其部分显示蓬乱。

与以前尘肺病标准比较，GBZ 70—2015中的诊断原则增加了"没有证据否定其与接触粉尘之间必然联系的应当诊断为尘肺病"，这是对《职业病防治法》有关规定在标准中的实际应用，是从政策上、具体操作上向劳动者倾斜的保障措施。所谓的"证据"，包括疾病的证据、接触证据和肺部疾病与接触粉尘之间因果关系的证据。

技术质量合格的X射线高千伏或者DR后前位胸片表现，患者的临床表现和实验室检查，是判断劳动者是否患有（尘）肺部疾病的疾病证据。

可靠的生产性矿物性粉尘接触史是劳动者接触粉尘危害的定性信息，接触是否足以致病，还应考虑接触粉尘危害程度的监测信息。工作场所职业卫生学资料可以是职业性接触粉尘的定性信息，也可能是定性和定量的信息，是判定劳动者职业性接触粉尘危害的接触证据，尤其是工作场所空气中粉尘浓度测定结果，可以作为判断劳动者是否过度接触粉尘的证据。根据职业接触限值的定义，劳动者只有发生长期的粉尘过度暴露，并达到一定的累积暴露量，才有可能罹患尘肺病。尘肺流行病学调查、职业健康监测资料，可以为特定劳动者的尘肺病诊断提供有价值的参考。

尘肺病的诊断同样遵守职业病诊断的通用原则。尘肺病一定发生在接触粉尘作业之后，发生在接触粉尘作业之前的肺纤维化病变，不大可能是职业性尘肺病；肺组织弥漫性纤维化是生产性矿物性粉尘的特征性病理改变，动物实验观察到的不良健康效应与尘肺病患者的临床表现高度一致。除急进性矽肺外，大多数尘肺病为慢性疾病，其发病基本符合相应的潜伏期，如急进性、亚急性、慢性矽肺的潜伏期分别在数月、5年或者10年以上，急进性、亚急性矽肺的最短发病时间一般不会短于1年和10年。肺是生产性矿物性粉尘的最主要的致病靶器官，还可以引起全身其他部位的损害。影响尘肺病发病的因素有很多，如接触时间、累积暴露量是其中非常重要的影响因素，而且尘肺病的发病和接触粉尘的剂量有明显的剂量–反应关系，接触的粉尘浓度越高，接触的时间越长，就越有可能罹患尘肺病。采取有效的工程控制措施，将工作场所空气中粉尘浓度降低到国家职业卫生标准以下，尘肺病的发病率降低，对疑似尘肺病患者给予医学观察或者积极的治疗，患者症状减轻、缓解，也可在一定程度上支持尘肺病的诊断。

尘肺病的临床诊断主要依据X射线高千伏或DR后前位胸片表现、患者的临床表现和实验室检查，但许多疾病可能出现相似的X射线影像学表现或者相似的临床症状。因此，需要做好疾病的鉴别诊断，排除其他类似肺部疾病。同时，还要做好病因的鉴别诊断，病因不明的不是职业病，不是职业性接触粉尘导致的疾病，不能诊断为尘肺病。

二、职业性尘肺病诊断标准的发展及其阶段特征

尘肺病诊断标准产生和演变的过程，是对尘肺病的认识从陌生走向成熟的过程。我国早在1963年就发布了《矽肺X线分期及其诊断标准》，尘肺病的诊断标准先后修订5次，最近一次修订的《职业性尘肺病的诊断》（GBZ 70—2015）于2016年5月1日正式实施，形成了以《职业性尘肺病的诊断》标准为基础的、既与国际尘肺病X线分类接轨又具有中国特色的较为完善的尘肺病诊断标准体系。

（一）1957年《矽肺病诊断标准（草案）》

20世纪50年代，我国工业百废待兴，同时职业危害严重，出现大量尘肺病患者。粉尘危害的严重性引起党和国家政府的高度关注和重视。1956年5月25日，国务院第29次会议通过并颁布《厂矿企业预防矽尘危害的决定》，这是国家有关矽尘危害防治的第一个行政决定。1958年3月，原卫生部会同原劳动部发布《矿山预防矽尘危害技术措施》和《矽尘暴露工人预防肺结核的规定》等技术管理性文件，进一步推动了粉尘危害的治理工作。同时，尘肺病患者的健康筛查、诊断问题也得到高度重视。1957年，原卫生部组织专家编写了《矽肺病诊断标准（草案）》，强调矽肺诊断以临床表现为主、综合诊断、三期分级的诊断原则。尽管该草案并不是正式的职业病诊断标准，但该草案奠定了我国尘肺病诊断以临床表现为主、综合诊断的三期分级的基本框架。

（二）1963年《矽肺、石棉肺的X线诊断》标准

随着对尘肺病的深入研究，尘肺病肺纤维化改变在X线胸片上的特征性表现在尘肺病诊断中的决定性作用得到重视。1960年7月，原卫生部、原劳动部、全国总工会联合公布《矽尘作业工人医疗预防措施实施办法》，随后针对实施中发现的不足进行了修改和完善，并于1963年7月修订发布。该实施办法包括：总的要求、矽尘作业劳动者健康检查和矽肺诊断三个部分。为了更准确把握矽肺诊断，该实施办法附有“关于矽肺X线诊断及其分期标准的说明”和“石棉肺的X线分期及其诊断标准”两个附件，即《矽肺、石棉肺的X线诊断》，通称“63年标准”，这是我国第一个正式颁布的职业病诊断标准。该标准的贡献在于确定了尘肺病诊断三期分级的原则框架。该标准以患者的职业史和质量合格的X射线胸片为依据，以两肺内是否出现肯定的特征性小结节作为确诊矽肺的基本标准，以小结节阴影在肺内的分布范围和有无直径>2cm的融合块状阴影（即现在的大阴影）作为三期分级的基准：将小结节阴影散布在两侧肺野中下区域作为壹期，结节阴影超过中下4个肺区定为贰期，有直径≥2cm的大阴影定为叁期。这种分期易于掌握，且大致与肺组织纤维化的病理改变和发展过程一致，基本上体现了矽肺病肺组织纤维化的程度。该标准标志着以诊断标准科学管理职业病诊断的开始，不仅为矽肺病的诊断和分期提供了科学依据，同时也成为矽肺病患者获得工伤赔偿的重要依据。

（三）1986年《尘肺X线诊断标准与处理原则》（GB 5906—1986）

随着尘肺病诊断的实践，人们发现“63年标准”仍有很多不足，例如，标准仅规定结节阴影为尘肺病特征性改变，也提出石棉肺和煤工尘肺可以参考矽肺病诊断标准诊断，但对以肺间质纤维化为主的尘肺病（如石棉肺、煤工尘肺等）的不规则小阴影没有明确的认识，这些类型的尘肺病与矽肺的病理过程有所不同，胸片表现也有很大差异，不能统一尘肺病的诊断，导致矽肺和石棉肺诊断分立标准的现象，在诊断中容易引起异议；由于经验和认识上的不足，该标准仅依据结节阴影在肺

区的分布范围和是否形成大阴影进行分期，未考虑结节的大小、形态、密集度等因素对肺组织病理改变的影响，且分期过于笼统；该标准规定“可疑尘肺”主要是肺内有一定量的网织阴影，实际上是认可“网织阴影”是尘肺病的特征性改变，过多或过高地估计了“网织阴影”在尘肺病诊断中的作用，特别是随着对尘肺病研究的深入，“网织阴影”并非尘肺病X线影像学特征性改变，不能作为尘肺病诊断的指标已经成为共识；尘肺病X线影像学改变以小阴影为主，而小阴影的形态、大小及其密集度等指标仅用文字很难准确表达，“63年标准”对尘肺病X线影像学改变只有文字描述，没有标准片，缺乏直观的影像学标准，极易造成不同读片者的读片差异。

随着对尘肺病认识的不断提高及科学技术的不断进步，对尘肺病诊断标准的要求也越来越高。特别是1981年以后，我国尘肺病诊断标准在吸收、借鉴国际经验和与国际标准接轨方面有了突破性的进展。受ILO 1980年《尘肺X线影像学分类法》(SH–22)的启示，我国自1983年始，针对“63年标准”在使用过程中表现出来的缺点启动了标准修订工作，并于1986年2月颁布《尘肺X线诊断标准与处理原则》(GB 5906—1986)(以下简称“86年标准”)。“86年标准”统一了我国尘肺病X线影像观察方法，引进了ILO有关尘肺病影像学名词及其定义，如大、小阴影及小阴影密集度的概念及形态、大小的描述方法，将小阴影密集度与小阴影的分布范围结合起来作为诊断分期的基准，使尘肺病X线诊断分期有了依据，对分期的描述也更加简练、准确，形成了我国特有的尘肺病诊断分期，也是区别于ILO X线影像学分类之处。通过小阴影的密集度及其分布范围，基本上可以对所有不同类型尘肺病的胸部X线片表现进行比较准确的描述。更重要的是，“86年标准”研究编制了我国第一套尘肺病诊断标准片并将其纳入尘肺病诊断体系，大大提高了尘肺病诊断质量。由于密集度是一种视觉上的感知反映，用文字难以描述清楚，利用标准片能够更直观地表达尘肺病X线影像学的具体表现，为尘肺病的影像学诊断提供客观的指导。此外，该标准将普通千伏摄片早期X线影像改变的特殊表现“斑片条、发白区”列为Ⅱ+诊断指标（CT上显示为小阴影聚集或大阴影形成），避免了尘肺病诊断直接从Ⅰ期跳到Ⅲ期的现象；标准将胸膜斑列入尘肺病X线影像学改变特征之一，既统一了尘肺病诊断标准，又突出了石棉肺的特点；标准提出的通用分式记录方法适用于X线表现以混合阴影为主的分类结果记录。由于该标准的科学性、实用价值均达到很高的水平，1991年获原卫生部“七五期间优秀标准特等奖”。

（四）1997年《尘肺的X线诊断》(GB 5906—1997)

尽管“86年标准”在“63年标准”基础上有了很大改进，但是对胸片质量的要求还不够完善和规范，普通千伏技术拍摄的胸片，清晰度差，不利于尘肺病的诊断；此外，对三级片的应用规定含糊，为诊断质量控制留下隐患。由于基层胸片质量水平低，尘肺病诊断的错诊与漏诊严重，成为亟待解决的带有普遍性并影响尘肺病诊断质量的实际问题。随着X线设备和摄片技术的进步，高千伏胸片已完全可以应用于尘肺病的诊断。对此，原中国预防医学科学院劳动卫生与职业病研究所（现中国疾病预防控制中心职业卫生与中毒控制所）联合国内13家职业病防治机构起草了《尘肺的X线诊断》。1997年6月，原国家技术监督局批准发布《尘肺的X线诊断》(GB 5906—1997)(以下简称“97年标准”)。“97年标准”修订的内容主要包括：(1)对胸片质量与质量评定，特别是三级片的判定标准作出规范性要求，分别从基本要求、解剖标志显示和光密度测量三个方面评定胸片的质量，并对“差片”进行了详细的说明；(2)明确规定尘肺病X线检查必须使用高千伏摄影技术并提出摄片的设备要求，规定达不到设备和技术要求的不能进行尘肺病X线检查；(3)规范了尘肺病X线检查中的高千伏摄影技术。高千伏摄影技术扩大了曝光宽容度，图像层次和轮廓显示更加清楚，也减少了肋骨对肺内组织的遮盖，更有利于检出肺内小阴影，从而提高了尘肺病诊断的准确性。由于高千伏摄影缩短了曝光时间，受检者组织吸收量减少，也使X线球管产热减少，X线机在连续使用时的可靠性增高。

（五）2002年《尘肺病诊断标准》（GBZ 70—2002）

“97年标准”主要对胸片的质量和技术要求进行了修订，对尘肺病诊断及其分期的内容并无修改，小阴影密集度采用简化四分法，未与ILO标准完全接轨，表述不够准确和完善。为适应放射学设备和技术的进步，进一步和ILO标准接轨，1999年国家再次启动尘肺病诊断标准的修订工作。2002年4月8日，原卫生部颁布《尘肺病诊断标准》（GBZ 70—2002）（以下简称“02年标准”）。“02年标准”在小阴影密集度分级上完全与ILO X线分类接轨，即采用四大级十二小级的分级法，方法的优点是充分反映了小阴影密集度的改变是一个连续的、渐进的、从无到有、从少到多的过程，能够更好地反映胸片上小阴影密集度的细微差异，可以更好地用于流行病学研究、医学监护及临床研究，也使我国在尘肺病X线胸片小阴影密集度分级上与ILO完全接轨，更便于国际交流。“02年标准”在小阴影密集度判定上，提出用总体密集度替代国际劳工组织的全肺密集度。总体密集度是在对小阴影各肺区密集度分别判定的基础上对全肺小阴影密集度的总体判定，是尘肺病诊断分期的重要依据，既体现了对ILO X线分类方法的吸收，又丰富和发展了ILO X线分类方法。同时，“02年标准”在“86年标准”诊断标准片基础上，研制了我国第一套高千伏尘肺病诊断标准片。

（六）2009年《尘肺病诊断标准》（GBZ 70—2009）

“02年标准”中的0+和各期“+”的原意是根据受检者X线胸片改变，从健康管理角度提出对其应加强医学观察和随访，及时发现疾病进展情况。随着尘肺病诊断中出现的问题，这种表述在实际应用中产生很多歧义，有必要规范尘肺病0+和各期“+”的表述。2009年原卫生部发布的《尘肺病诊断标准》（GBZ 70—2009）（以下简称“09年标准”），在X线胸片表现分期中删除无尘肺0+、Ⅰ+、Ⅱ+及Ⅲ+，明确规定诊断期别表述为中文大写数字壹期、贰期、叁期以代替罗马字母，使诊断文书和记录更加严谨。同时，为避免在实际工作中的误解，对于某些需要通过动态观察以确定其形态学改变是否属于病理性尘肺病改变的人群，标准将其表述为“观察对象”，并对观察对象的目的、条件和处理原则进行了详细的表述。将原标准Ⅱ+中的有小阴影聚集和有大阴影但尚不够诊断为Ⅲ者修改为：肺内小阴影总体密集度3级，分布范围超过4个肺区，并有小阴影聚集或有大阴影者，可诊断为尘肺病叁期，理由是上述X线影像学改变，主要是由于接触较高浓度SiO_2粉尘所致，病理上多为典型的胶原纤维化结节和（或）弥漫性肺纤维化，病变一般进展较快，肺纤维化、肺功能损害严重。

（七）2015年《职业性尘肺病的诊断》（GBZ 70—2015）

一方面，社会对职业病诊断结论中的“观察对象”产生争议，急需在标准中予以解决。另一方面，随着数字化摄影设备和技术的发展，数字化影像技术已经成为影像学发展的趋势。2011年，为规范和改善、指导尘肺病胸部X线分类，ILO修订了《尘肺病国际射线照片分类使用指南》（2011修订版），并提供了数字化模拟标准图像，数字化胸片成为国际认可的尘肺病X线分类方法。此外，2014年原国家卫生计生委修订的《职业健康监护技术规范》（GBZ 188—2014），规定数字化胸片可用于接触粉尘作业劳动者的职业健康检查。与之相比，我国尘肺病诊断标准仍沿用以高千伏X线胸片为唯一的诊断要求，明显滞后于数字化摄影设备和技术的发展。基于职业病诊断实际需求以及数字化摄影设备和技术的发展，2015年原国家卫生计生委组织专家对“09年标准”进行了修订（以下简称“15年标准”)。“15年标准”修订的主要内容包括：将标准名称从《尘肺病诊断标准》修改为《职业性尘肺病的诊断》，取消观察对象，在X线胸片诊断分期中增加接触石棉粉尘者出现胸膜病变后的分期标准，增加数字化摄影胸片膈下光密度要求，标准片增加3张数字化大片并作为数字化胸片小阴影密集度的辅助诊断标准，全肺大片增加到19张，将附录E名称修改为“高千伏胸片X射线摄影的技术要求”，增加附录F“数字化摄影胸片的技术要求”。

“15年标准”规定了职业性尘肺病的诊断原则、尘肺病X线胸片诊断分期及处理原则。该标准适用于国家颁布的《职业病分类和目录》中所列的各种尘肺病的诊断。标准的基本框架包括：尘肺病、小阴影、密集度、大阴影、小阴影聚集、胸膜斑及肺区的定义；诊断原则及诊断分期；处理原则，包括治疗原则及其他处理。标准附有七个目录：正确使用本标准的说明（附录A）；小阴影形态、密集度、分布范围的判定及附加符号（附录B）；胸片质量与质量评定（附录C）、尘肺病X线诊断标准片（附录D）、高千伏胸片X射线摄影的技术要求（附录E）和数字化摄影胸片的技术要求（附录F）、尘肺病诊断读片要求（附录G），标准正文及其附录体现了标准的科学性和标准的可行性，有助于使用者正确理解和规范使用标准，具有极大的指导意义。

三、职业性尘肺病的病理诊断

作为疾病诊断的“金标准”，尘肺病的病理诊断标准在处置尘肺病诊断争议方面发挥了重要的作用。

1978年，基于对697例尘肺病理尸检病例的深入分析研究，原卫生部、原劳动总局转发《矽（尘）肺病理诊断分期标准（试行方案）》[卫护卫字（78）第571号]。该标准适用于接触矽尘及混合性矽尘的尘肺病理诊断，但不适用于石棉、纯煤、炭黑等粉尘所致尘肺病的病理诊断，旨在作为X线诊断的补充，为日后修订矽肺诊断标准提供了病理学依据。在此基础上，1988年原卫生部颁布了《尘肺病理诊断标准》(GB 8783—1988)。该诊断标准的制定和颁布，为粉尘作业劳动者死后或外科手术切除的肺标本的尘肺病诊断提供了规范性的法律依据。

为适应《职业病防治法》的实施，2002年原卫生部在对GB 8783—1988修订基础上，发布了《尘肺病理诊断标准》(GBZ 25—2002)。2009年郑大附属医院使用胸腔镜取局部肺组织进行尘肺病理检查，进而提出了“小片肺活检组织”用于尘肺病病理诊断的可行性问题。2012年原卫生部职业病诊断标准委员会组织专家对GBZ 25—2002再一次进行了修订，在原标准诊断分期中增加了尘肺结节、尘斑及肺纤维化的综合评分法，并明确规定了小片肺活检组织在尘肺病诊断中的应用和意义。2014年，原国家卫生计生委发布新修订的《职业性尘肺病的病理诊断》(GBZ 25—2014）标准，该标准于2015年3月1日开始实施。

四、其他与尘肺病诊断相关的团体标准

团体标准是2018年1月1日《中华人民共和国标准化法》修订并正式实施后发展起来的市场自主制定的标准。2015年，国务院印发《深化标准化工作改革方案》，确定建立政府主导制定的标准与市场自主制定的标准协同发展、协调配套的新型标准体系。其中，作为标准化改革的重要内容之一就是将团体标准视为市场自主制定的标准。2018年1月1日实施的《中华人民共和国标准化法》明确了我国标准体系由国家标准、行业标准、地方标准、团体标准、企业标准组成，从而正式确立了团体标准的法律地位。该法律将团体标准界定为：依法成立的社会团体为满足市场和创新需求，协

调相关市场主体共同制定的标准。根据该定义，团体标准的制定主体是具有法人资格和相应专业技术能力的学会、协会、商会、联合会以及产业技术联盟等依照《社会团体登记管理条例》等规定成立并在民政部登记的社会团体。团体标准的特点是自我声明公开和监督制度，团体成员约定采用或者按照本团体的规定供社会自愿采用。团体标准的作用是社会团体协调相关市场主体、共同制定，满足市场和创新需要。由于团体标准来自市场需求，团体标准的优势是具有天然的市场属性和自下而上的特性，与国家标准、行业标准相比，团体标准制定周期短，能及时响应新技术新产品需求。

近年来，中国卫生监督协会发布一系列职业卫生及职业病诊断标准。其中，《胸部 CT 辅助诊断尘肺病技术指南》（T/WSJD 32—2023）和《尘肺合并肺结核胸部影像学诊断指南》（T/WSJD 31—2023）是适用于尘肺病早期诊断和尘肺合并肺结核胸部影像学诊断的两个团体标准。

（一）《胸部 CT 辅助诊断尘肺病技术指南》

尘肺病是在职业活动中长期吸入生产性矿物性粉尘引起的以肺组织弥漫性纤维化为主的一组疾病。尘肺病的诊断主要根据生产性矿物性粉尘接触史，以胸部影像学表现为主要依据，因其缺乏生物学特异性诊断指标，在接尘史不明确、影像表现不典型和影像表现复杂时容易误诊。随着现代医学影像学技术的发展，计算机体层成像（CT）因操作简便、图像质量好、层次丰富和信息量多、易于存储和远程传输等诸多优势，已被广泛应用于肺部疾病的诊断，但是，我国很长时间缺乏 CT 用于尘肺病诊断的技术指南。为满足上述现实需求，2023 年 2 月，中国卫生监督协会发布《胸部 CT 辅助诊断尘肺病技术指南》（T/WSJD 32—2023），该标准规定了胸部 CT 辅助诊断尘肺病技术相关的术语和定义、辅助诊断原则、辅助诊断方法等内容，适用于尘肺病的筛查、诊断和鉴定，为尘肺病的早期诊断提供了有用的工具。

（二）《尘肺合并肺结核胸部影像学诊断指南》

结核病是由于感染结核分枝杆菌而引起的严重危害人民健康的呼吸道传染病，是全世界发病和死亡的主要原因之一，被列为我国重大传染病。肺结核是尘肺病最常见的合并症，也是导致尘肺病患者过早死亡的主要病因，其误诊率较高。针对缺乏适合广大基层使用的诊断尘肺合并肺结核的适宜技术，2023 年 2 月，中国卫生监督协会发布了《尘肺合并肺结核胸部影像学诊断指南》（T/WSJD 31—2023），标准规定了尘肺合并肺结核的胸部影像学诊断相关术语和定义、诊断原则、基本要求等内容，适用于尘肺合并肺结核的高千伏 X 线 / 数字化摄影（DR）后前位胸片（简称 X 线胸片）和胸部 CT 的影像学诊断。

上述两个标准可在全国团体标准信息平台（http：//www.ttbz.org.cn/Home/Standard）查询。

（李　涛）

第二节　尘肺病的影像学诊断

一、尘肺病的影像学检查方法

在尘肺病的影像技术领域，X 射线高千伏或数字化摄影后前位胸片（以下简称胸片）是《国际劳工组织尘肺 X 射线影像国际分类法应用指南》（2022 年修订版）（以下简称 ILO 2022）推荐用于尘肺病分类的工具，也是我国《职业性尘肺病的诊断》（GBZ 70—2015）（以下简称 GBZ 70—2015）

强制采用的尘肺病诊断及分期工具。然而，由于胸片存在不同组织的相互重叠以及密度分辨力较低等局限性，因此常需结合计算机体层成像（computed tomography，CT）进行进一步的鉴别诊断。双能量 CT 的出现，为临床诊断提供了更为丰富的信息，不仅有助于尘肺病的定性诊断，还可以从多维度进行定量诊断。此外，磁共振成像（magnetic resonance imaging，MRI）和正电子发射断层扫描（positron emission tomography，PET）/CT 检查在鉴别尘肺大块纤维化与肺癌及胸膜良恶性病变方面也具有显著优势。

（一）胸部 X 射线摄影

1. 普通 X 射线摄影

普通 X 射线摄影是一种模拟摄片技术，它使透过人体的 X 射线投射到夹在两侧增感屏之间的胶片上，通过暗室手动洗片或自动洗片机洗片得到最终的图像。缺点为胸片质量容易受到摄影条件及暗室污染等因素的影响。我国 1963 年《矽尘作业工人医疗预防措施实施办法》采用普通 X 射线摄影诊断尘肺，千伏值为 80~90kV。原卫生部 1997 年发布的《尘肺的 X 线诊断》（GB 5906—1997）标准正式采用高千伏摄影。高千伏摄影采用 120kV 以上管电压，产生穿透力更强的 X 射线，使肋骨、锁骨和胸壁等软组织影像变淡，减少对肺组织的遮盖，有利于小阴影的检出（如图 5-1 所示）。

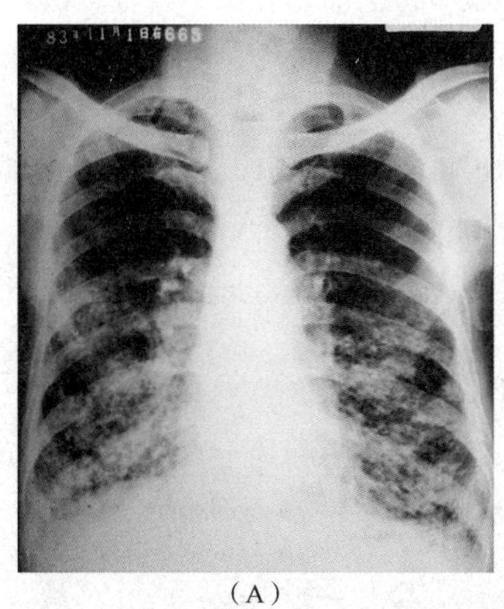

（A）

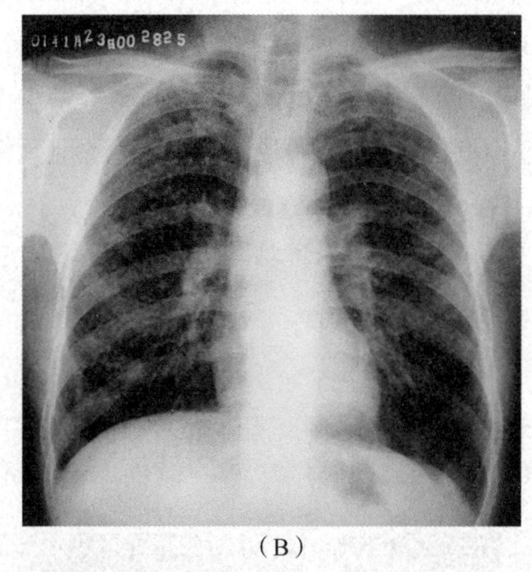

（B）

图 5-1 胸部普通 X 射线摄影与高千伏摄影

（A）普通 X 射线摄影；（B）高千伏摄影

注：（A）患者为男性，55 岁，石棉肺，肺纹理显示欠佳，心后区肺纹理显示不清，肋骨显示清晰从而掩盖部分不规则小阴影；（B）患者为男性，52 岁，煤工尘肺，肋骨影变淡，肺纹理及圆形小阴影显示清晰，气管显示清楚，左右主支气管及心后区肺纹理显示较好。

2. 数字化 X 射线摄影

随着影像技术的发展，数字化 X 射线摄影已经取代了传统胶片摄影。数字化 X 射线摄影系统主要包括计算机 X 射线摄影（computed radiography，CR）和数字 X 射线摄影（digital radiography，DR）。CR 使用成像板作为载体记录 X 射线影像信息，然后通过激光读取信息和计算机处理，形成数字化影像。DR 是在 X 射线电视系统的基础上，利用计算机数字化处理，使模拟视频信号经过采样和模 / 数转换后直接进入计算机形成数字化矩阵图像。CR 和 DR 技术条件易于控制、成像速度快、可进行图像后处理，便于图像存档、传输及调阅。相对于 DR，CR 因操作流程更复杂，成像速度更慢，且可能出现伪影等不足，已不再用于影像检查（如图 5-2 所示）。

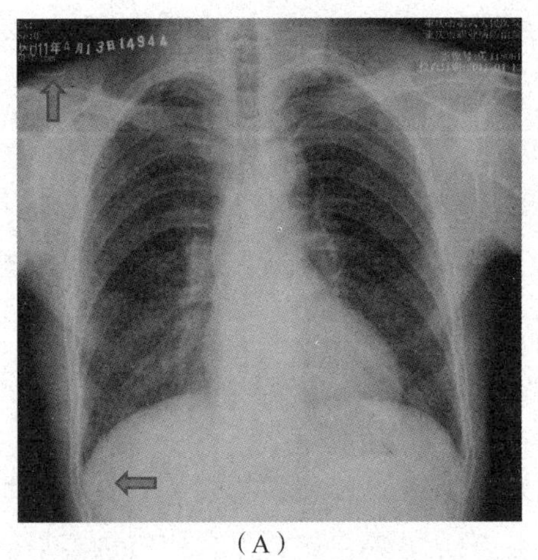
（A）

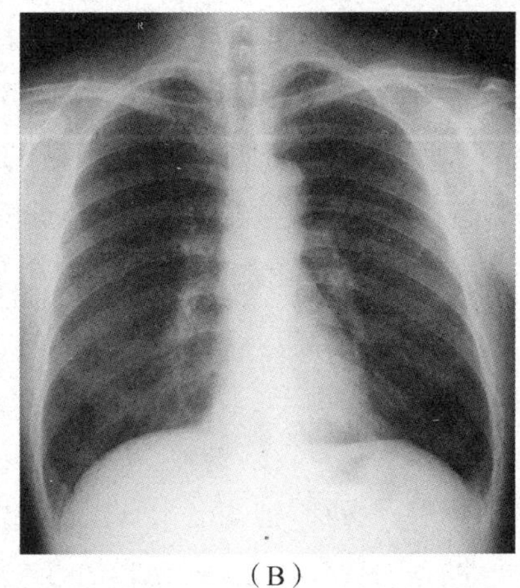
（B）

图 5-2　CR 与 DR

（A）CR；（B）DR

注：（A）患者为男性，56 岁，煤工尘肺，胸片的右上及右下（箭头）可见因成像板损伤所致的线状及不规则形伪影；（B）患者为男性，40 岁，煤工尘肺，图像质量较 CR 更好。

《ILO 尘肺病 X 线片国际分类应用指南》（2011 年版）将尘肺病影像学检查方法扩展至数字化 X 射线摄影。GBZ 70—2015 增加了数字化 X 射线摄影的技术要求，将管电压范围设置为 90~125kV，而实际操作中通常选择管电压为 110~125kV。

国内外研究一致认为 DR 胸片的质量优于高千伏胸片。在尘肺病的诊断上，大多数研究显示 DR 胸片在识别小阴影的形态、判断密集度及期别、显示胸膜病变方面和高千伏胸片具有较好的一致性。在总体密集度为 0 或 1 时，两种技术在判断上可能存在差异，DR 胸片能够更好地显示心后区、肺肝重叠区、纵隔重叠区的小阴影。

（二）CT

CT 是断层图像，密度分辨力高、后处理功能强大，能够发现胸片上难以察觉的隐匿病灶，提高诊断准确率，现已成为诊断肺部疾病的最理想的影像学方法（如图 5-3 所示）。

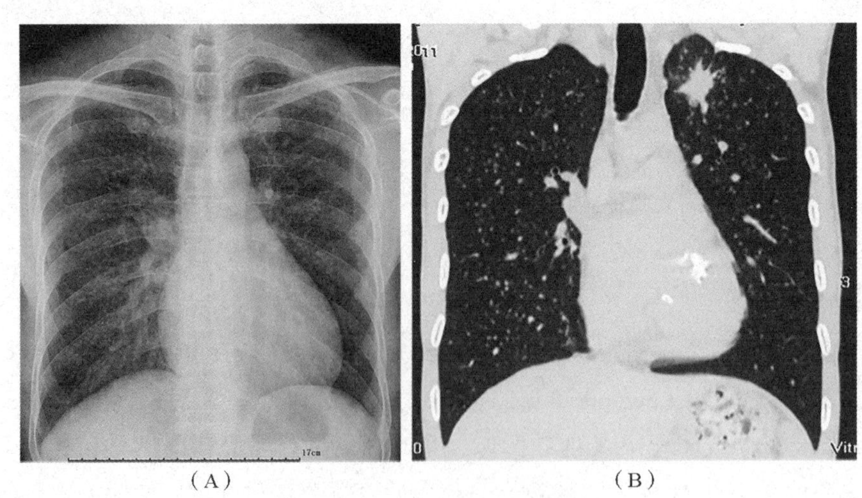
（A）　（B）

图 5-3　煤工尘肺合并肺癌

（A）胸片；（B）CT 清楚地显示平片未见显示的肺癌病灶

注：患者为男性，40 岁。

1. CT 平扫

CT 平扫是指不使用对比剂增强的扫描方法。高分辨率 CT（high-resolution CT，HRCT）是指采用薄层扫描并用高分辨力算法（或称为骨算法）重建的一种扫描技术，能在肺小叶水平清晰显示包括小叶间隔、小叶动脉在内的肺部微细结构。尘肺小阴影的直径不超过 10mm，且电焊工尘肺等多显示为磨玻璃结节，因此需要 HRCT 或薄层 CT 更好地显示病灶（如图 5-4 所示）。多平面重组（multi-planar reformation，MPR）技术可以重组冠状位和矢状位断层图像，从而更加精准地显示尘肺病灶的头尾分布和前后分布趋向。最大密度投影（maximal intensity projection，MIP）能够精确地区分肺纹理和微小结节，从而明显提高肺小结节的准确检出率（如图 5-5 所示）。仰卧位扫描常在肺的下垂部见到坠积效应所致的密度增高影，与石棉肺早期纤维化表现相似；俯卧位扫描能够很好地区分坠积效应产生的伪影和早期肺纤维化（如图 5-6 所示）。具体扫描方法及后处理见本书最后附录 5 和附录 7。

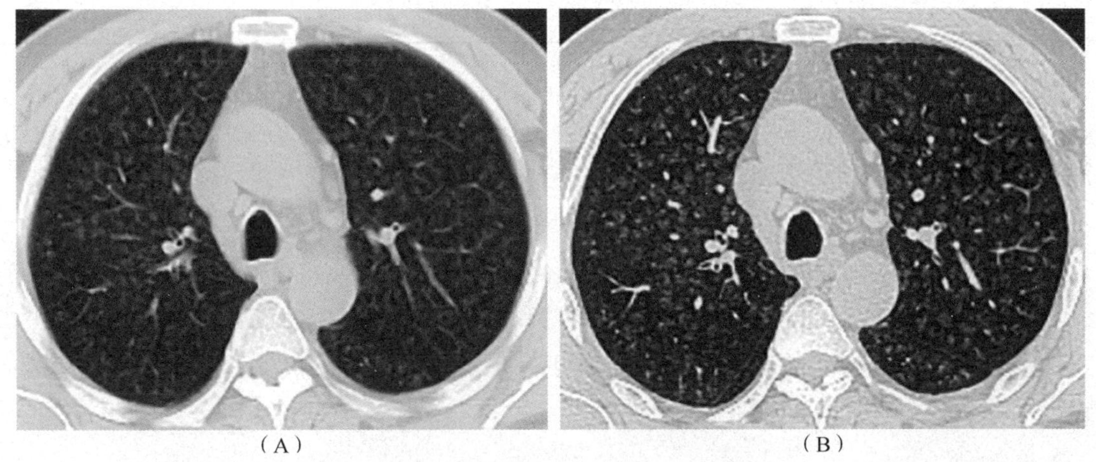

图 5-4　尘肺病不同重建层厚 CT 比较

（A）重建层厚为 5mm；（B）HRCT，重建层厚为 0.625mm，更能清晰地显示结节的特点及分布情况

注：患者为男性，52 岁，电焊工尘肺，CT 表现为双肺弥漫性小叶中心磨玻璃结节。

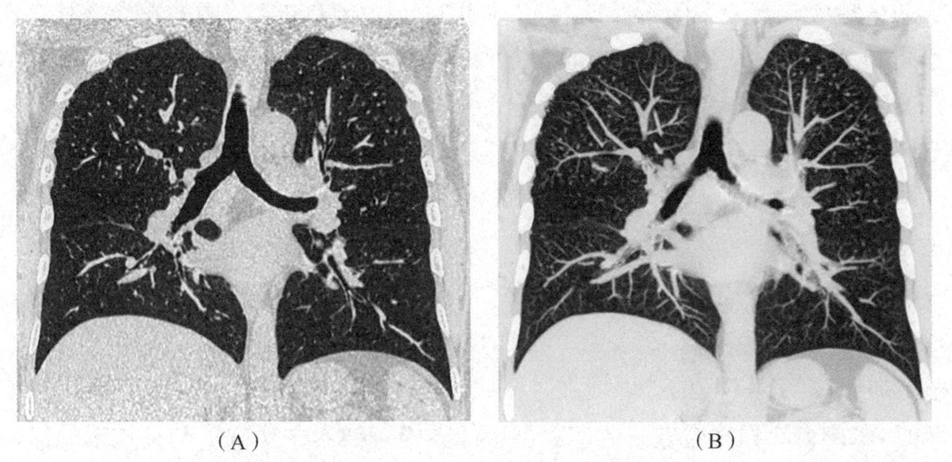

图 5-5　MPR 与 MIP 在尘肺病诊断中的应用

（A）MPR（层厚 1mm）图像显示胸膜下结节和小叶中心结节，但部分小叶中心结节与肺纹理断面难以区分；（B）MIP（层厚 5mm）图像能够准确地区分肺纹理和小叶中心结节

注：患者为男性，52 岁，采煤 25 年。

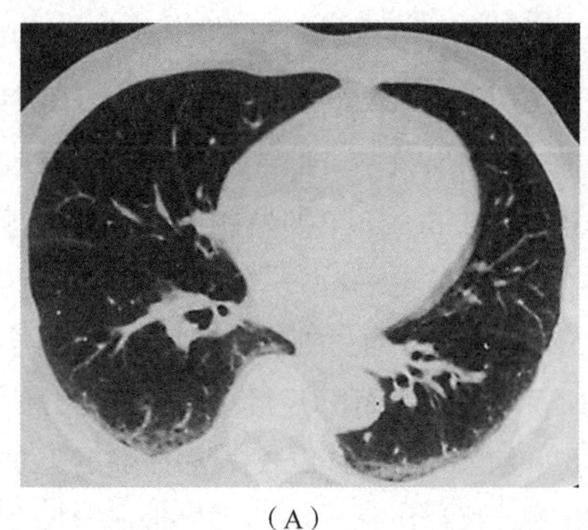
（A）

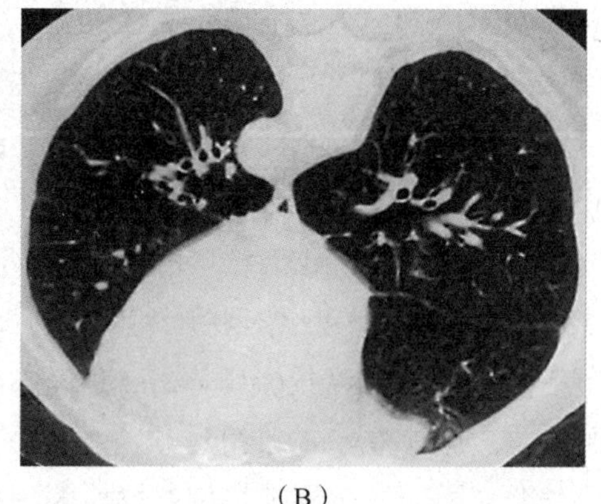
（B）

图 5-6　俯卧位扫描的临床意义

（A）仰卧位扫描显示肺的下垂部有密度增高影；（B）俯卧位扫描显示密度增高影消失，证实（A）中的密度增高影为坠积效应所致，而非纤维化病变

注：患者为男性，石棉接触者。

低剂量 CT 扫描会导致噪声增加，从而降低微小病灶的检出率，或者会模糊病灶内的密度差别，从而影响尘肺病的准确评价，所以不推荐使用。

2. CT 增强扫描

CT 增强扫描是指在血管内注射对比剂后再进行扫描的方法，通常在 CT 平扫发现病变的基础上再进行，目的是提高病变组织与正常组织的密度差和显示其血液供应情况，有助于肺部病变的定性诊断。对于尘肺病患者的 CT 检查，通常不需要使用对比剂，但若较大结节或肿块的性质难以判定时，则需 CT 增强扫描来辅助诊断。

3. 双能量 CT

双能量 CT 是应用两种不同能量的 X 射线束进行扫描，再通过后处理获得基物质图像、单能量图像及能量曲线图。双能量 CT 在胸部主要用于肺部良恶性结节及肿块的鉴别、肺癌的分期及预后。

在尘肺病的诊断中，游离 SiO_2 是主要的致病粉尘，其浓度与尘肺病的发病率存在明确的剂量－效应关系，因此准确探测肺内游离 SiO_2 的含量对于尘肺病的诊断至关重要。双能量 CT 可以直接量化尘肺病患者肺组织中 SiO_2 含量及展现其分布情况（如图 5-7 所示），有助于区分尘肺结节与其他类型的结节；还能测量叁期尘肺病 SiO_2/H_2O、SiO_2/Hyp、SiO_2/Hyl 的含量，有助于评估肺纤维化程度。

4. PET/CT

PET 是一种无创的分子成像技术，常用示踪剂是 ^{18}F- 氟代脱氧葡萄糖（^{18}F-fluorodeoxyglucose，^{18}F-FDG），通过不同病理状态下，病变对 ^{18}F-FDG 的摄取和代谢情况来反映病变的性质。恶性肿瘤葡萄糖利用率增加，对 ^{18}F-FDG 的摄取增加，在病灶处出现核素浓聚。PET/CT 是将 PET 和反映人体精细断层解剖的 CT 图像有机融合在一起的新型影像学检查技术，实现了两种技术的信息互补、优势互补，在胸部主要用于良恶性病变的鉴别、肺癌分期及预后。

进行性大块纤维化（progressive massive fibrosis，PMF）为良性病变，但在表现不典型时需要与肺癌等相鉴别。研究显示，PET 在区分这两种疾病方面具有一定的价值，且敏感性较高。然而，PMF 伴随的活动性炎症和纤维化可能导致 ^{18}F-FDG 摄取增加，从而产生假阳性，降低诊断的特异性。

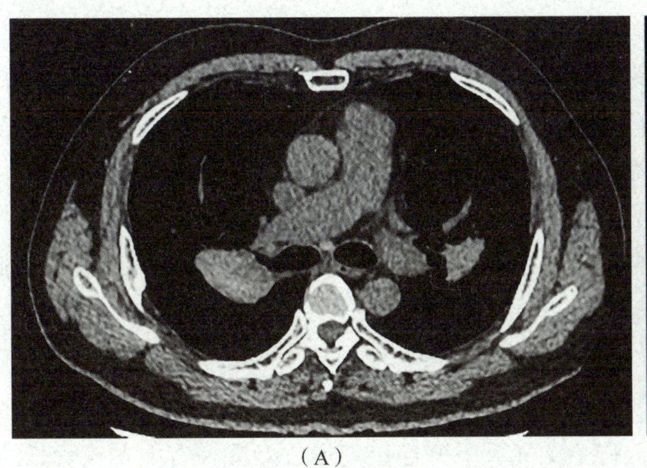

（A）

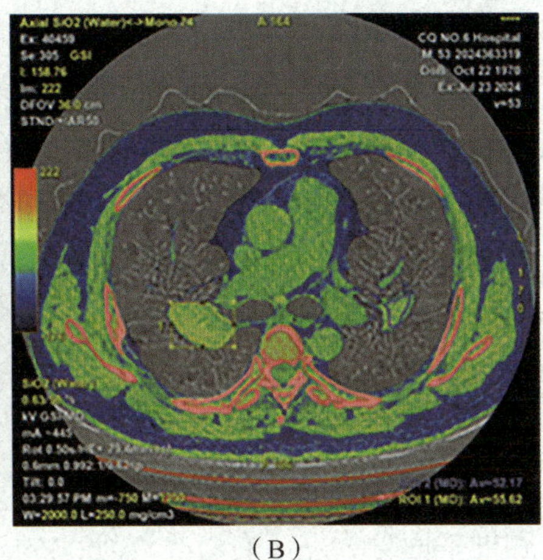

（B）

图 5-7　尘肺大阴影的双能量 CT 图像

（A）纵隔窗，双肺可见大阴影；（B）双能量 CT 后处理基物质图像，右肺大阴影感兴趣区 SiO_2 含量为 55.62mg/cm³，左肺大阴影感兴趣区 SiO_2 含量为 52.17mg/cm³

注：患者为男性，53 岁，矽肺。

PET/CT 还能够提供更多病变的特征，如对称分布、大小和 CT 值，有助于提高 PMF 诊断的特异性及有效区分肺癌的淋巴结转移与尘肺良性淋巴结；有助于诊断石棉肺合并的恶性胸膜间皮瘤。但是，PET/CT 检查的复杂性和高昂成本限制了其在临床和尘肺病领域的广泛应用。

（三）MRI

MRI 是利用人体内特定原子核在磁场中所表现出的磁共振现象而产生信号，经过空间编码、重建而获得影像的一种成像技术，凭借其无辐射、多序列及多参数成像等优势，成为医学影像领域的重要检查手段。弥散加权成像（diffusion weighted imaging，DWI）是区分恶性和良性病变最有效的序列，敏感性高达 83%，特异性为 80%，优于 PET/CT 检查。同样，动态对比增强 MRI 也展现出比 PET/CT 更高的特异性和准确性。因此，MRI 已成为肺部疾病检测及诊断的重要补充工具。

在尘肺病的诊断方面，MRI 主要用于 PMF 与肺癌的鉴别诊断，也有助于鉴别尘肺病合并的胸膜病变的良恶性，并可提示其病理亚型。但 MRI 增强扫描对大阴影和肺癌的鉴别诊断价值尚存在争议。

二、正常胸部影像学表现

（一）软组织

胸廓软组织在胸片上可与肺野重叠，不应误诊为病灶。

1. 胸锁乳突肌与锁骨上皮肤皱褶

胸锁乳突肌起自胸骨柄及锁骨胸骨端，斜向后上止于乳突，在两肺尖内侧形成外缘锐利、均匀的致密影，当颈部偏斜时，两侧影像可不对称，勿误诊为肺尖部病变。锁骨上皮肤皱褶是锁骨上皮肤及皮下组织的投影，表现为锁骨上缘 3~5mm 宽的薄层软组织影，与锁骨平行，内侧与胸锁乳突肌影相连并略呈直角。

2. 胸大肌

肌肉发达者，胸大肌在两肺中部的外侧形成的扇形密度增高影，下缘清晰，由肺野伸向腋部，右侧常较明显，勿认为肺内病变。

3. 乳房及乳头

女性乳房重叠于双肺下野，常呈对称的密度增高影，下缘清晰呈半圆形，向外与腋部皮肤连续，上缘密度逐渐减淡直至消失。在第 5 前肋间附近，有时可见小圆形致密乳头影，通常左右对称，常见于年龄较大的妇女，也见于男性，勿认为肺部结节。

4. 伴随阴影

伴随阴影指肺尖部沿第 2 后肋骨下缘的一条 1~2mm 宽的线状阴影，为肺尖反折胸膜及胸膜外肋骨下的软组织形成。

（二）气管和支气管

气管起始于喉部环状软骨下缘，向下走行于纵隔中部，长度为 10~13cm，宽度为 1.5~2cm，于第 5~6 胸椎平面分为左、右主支气管，左、右主支气管下壁连接处形成隆突。右主支气管长约 2cm，走行陡直，左主支气管细长，长约 5cm。两侧主支气管分别分出肺叶支气管，继而分出肺段支气管，后经多次分支，最终与肺泡相连。双肺支气管分支及命名见表 5–1。

表 5–1　双肺支气管分支及命名

右肺		左肺	
上叶支气管	1 尖段	上叶支气管	1+2 尖后段
	2 后段		3 前段
	3 前段		4 上舌段
中叶支气管	4 外侧段		5 下舌段
	5 内侧段		
下叶支气管	6 背段		
	7 内基底段	下叶支气管	6 背段
	8 前基底段		7+8 前内基底段
	9 外基底段		9 外基底段
	10 后基底段		10 后基底段

气管在胸片上为一透亮柱，肺段支气管只有在其末端呈环状阴影或异常增厚时才可见。胸片上最常见的肺段支气管是上叶前段支气管，呈环状与相邻肺段肺动脉伴行。气管在 CT 横断面上表现为含气管腔，多呈圆形或椭圆形，也可为马蹄形；气管壁呈高密度环状影，厚 1~2mm。常规 CT 检查能显示肺叶支气管、肺段支气管，而薄层扫描则可显示更小的支气管。在 MRI 影像上，正常的支气管及其分支表现为无信号的黑色管状影，管壁通常较薄。

（三）肺

1. 肺组织

肺组织在胸片上形成的透亮区域被称作肺野。两侧肺野透明度相同。深吸气时，肺内含气量增加，透亮度增高；相反，在呼气时，肺内含气量减少，透亮度降低。肺实质在 CT 上显示为低密度区域，在 MRI 的各个序列上表现为无信号的黑色影。

2. 肺叶

肺叶是由叶间胸膜分隔而成的。肺叶的区分依据水平裂和斜裂的位置而定。右肺上叶位于水平裂以上、斜裂前方，斜裂后方则为下叶，中叶位于水平裂以下、斜裂前方。左肺上叶位于斜裂前方，下叶位于斜裂后方。副叶是由副裂深入肺叶内形成的先天性变异，包括奇叶、下副叶、后副叶和左中副叶。与胸片相比，CT 更能清晰地展示肺叶并发现副叶结构。

3. 肺段

肺叶进一步细分为肺段，肺段呈圆锥形，其尖端指向肺门，底部朝向肺周。肺段的识别主要依赖于肺段支气管及其伴随血管的走行和位置；肺段支气管和伴行的肺动脉位于肺段的中心，而相应的肺段静脉主支则位于肺段的边缘；肺段之间没有明确的解剖界限。肺段的名称与其相应的支气管名称一致。

4. 肺小叶

肺小叶呈多边形，直径 10~25mm，是由结缔组织间隔包裹的最小肺组织单位，也是 HRCT 上可清楚识别的最小解剖单位。每个肺小叶都由小叶细支气管和动脉供应。肺小叶由小叶核心、小叶实质和小叶间隔组成。（1）小叶核心：是每个肺小叶的中心，包含了细支气管和伴行的动脉，以及淋巴管；小叶动脉在 HRCT 上呈点状或分支状结构；小叶核心细支气管直径与小叶动脉相仿，但管壁十分菲薄，在 HRCT 上难以显示。（2）小叶实质：是围绕小叶核心的肺泡结构，在正常情况下，肺泡在 HRCT 上难以单独分辨。（3）小叶间隔：肺小叶之间由结缔组织构成的间隔分隔，这些间隔被称为小叶间隔。在 HRCT 上，正常小叶间隔可部分显示，尤其是在胸膜下区域，通常表现为与胸膜表面垂直的线状致密影。但在某些病理状态下，如间质性肺病，小叶间隔可能会增厚或变形。如图 5-8 所示为肺小叶示意图。

5. 肺门

肺门影是肺动脉、肺静脉、支气管及淋巴组织的总投影，其中肺动脉和肺静脉的大分支是其主要组成部分。在标准的后前位胸片上，肺门位于两肺的中部最内侧区域，通常左侧比右侧高 1~2cm。右肺门由右上叶静脉的下后干与右下肺动脉构成较顿的夹角，称右肺门角；左肺门主要由左肺动脉及上肺静脉分支构成，行经左主支气管及上叶支气管间的左肺动脉弓形成圆形影。CT 扫描能够清晰显示肺门的详细结构，CT 增强能够有效鉴别肺门血管和淋巴结。在 MRI 自旋回波序列上，肺动静脉和支气管为无信号影，在梯度回波序列上，动静脉呈高信号而可与支气管区分开来。

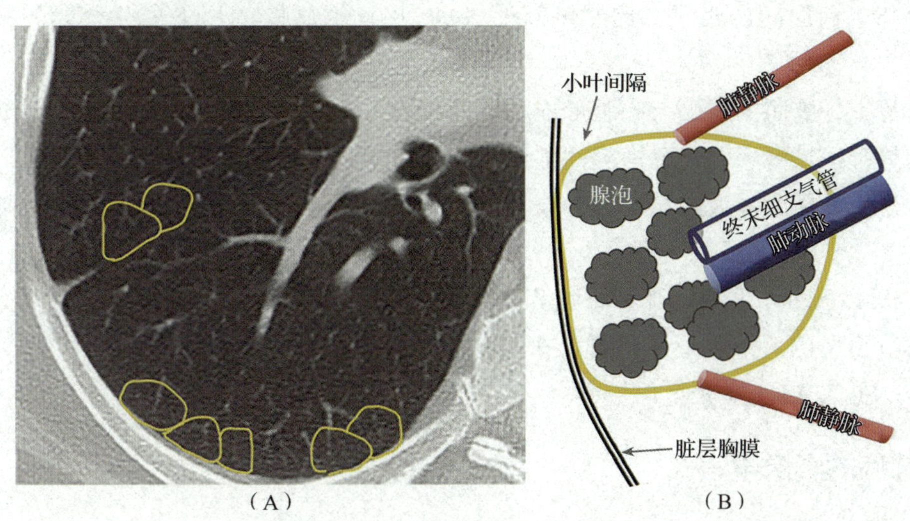

图 5-8 肺小叶示意图

（A）在胸部 CT 的轴位图上勾勒出肺小叶；（B）肺小叶的示意图

图引自 Kim J, Dabiri B, Hammer MM. Micronodular lung disease on high-resolution CT: patterns and differential diagnosis［J］. Clin Radiol, 2021, 76（6）: 399-406.

6. 肺纹理

肺纹理是自肺门向肺野呈放射分布的树枝状影，主要由肺动脉和肺静脉的分支构成，支气管、淋巴管以及少量的间质组织也参与形成。正常时，肺纹理由肺门向外延伸逐渐变细。站立位胸片上，下肺野的肺纹理比上肺野更丰富且更粗，右下肺野的肺纹理比左下肺野更多、更粗。在 CT 上，肺纹理被称为支气管血管束。当患者以仰卧位进行 CT 检查时，由于血流分布和动力学因素的影响，下胸部后方的血管可能显得相对较粗且边缘可能较为模糊，这主要是由于肺血容积的坠积效应所致。当患者处于俯卧位时，这种现象通常会消失。

（四）胸膜

胸膜分为脏层和壁层，脏层胸膜被覆于肺的表面，并深入叶间裂内；壁层胸膜贴于胸壁的内面、膈上面和纵隔表面；两层胸膜之间形成潜在的胸膜腔。通常，正常胸膜在胸片、CT 和 MRI 影像上均不显示。

叶间裂由相邻肺叶的双层脏层胸膜构成。在胸片上，叶间裂表现为连续、光滑的线状影。在正位片上，水平裂从肺外缘延伸至肺门外侧，走向接近水平，约平第 4 前肋或第 4 前肋间。在侧位片上，水平裂的后端起始于斜裂中部，向前走行至肺的前缘。斜裂通常仅在侧位胸片上显示，右侧斜裂大约起始于第 5 后肋水平，然后向前下方斜行，终止于膈面前缘 2~3cm 处；左侧斜裂约起始于第 3~4 后肋平面，向前下方斜行至肺的前下缘。叶间裂与 CT 扫描层面平行时表现为无肺纹理区，而呈斜行或垂直时表现为高密度线影。叶间裂在 MRI 上不易显示。

（五）纵隔

纵隔位于两肺之间，上自胸廓入口，下至膈，前自胸骨后缘，后至胸椎之前，包括心脏、大血管、气管、主支气管、食管、淋巴组织、神经、脂肪以及胸腺等。

在胸片上，除气管、支气管可分辨外，其他纵隔结构由于缺乏足够的对比度，只能观察其与肺部邻接的轮廓。CT、MRI 能清晰显示纵隔内结构及纵隔间隙。纵隔淋巴结通常短径不超过 10mm。

（六）横膈

横膈位于胸腔与腹腔之间，为薄层肌腱组织构成的圆顶状结构。通常，右侧膈肌的顶部位于第 5 前肋端至第 6 前肋间的水平，比左侧高 1~2cm。胸腔或腹腔的压力变化会影响膈肌的位置的高低。

在正位胸片上，膈肌的内侧与心脏形成心膈角，而外侧逐渐倾斜向下，与胸壁形成尖锐的肋膈角。当膈肌的局部区域薄弱时，膈穹隆的上缘可能会出现局限性半圆形凸起，为局限性膈膨升。有时在深吸气状态下，横膈呈波浪状，称为波浪膈，是膈肌附着于不同肋骨的前端，在吸气时受到肋骨的牵引所致。

CT 横轴位难以区分与肝脏、脾和心脏等脏器相邻的横隔部分，三维重建能清晰显示其形态，呈弧形的线状影。横膈的后下部形成膈脚，在横轴位呈向前凸起的窄带影。在 MRI 上，横膈在 T1WI 上呈等信号影，在 T2WI 上呈稍低信号影。

三、尘肺病的影像学表现

尘肺病的主要病理改变是两肺弥漫性间质纤维化、胶原结节、融合团块和胸膜病变等，当这些病变达到一定程度时，均可在影像学上显示出不同的特征，主要包括小阴影、大阴影和胸膜斑等。这些影像与肺内粉尘的聚集、纤维化程度有着量的相关关系。尘肺还有一些其他的影像改变，如肺门、肺纹理、肺气肿等，它们对尘肺的综合诊断亦有重要的参考价值。

尘肺病的胸片表现是一个渐变的过程，动态系列胸片能系统地观察其演变过程，为诊断提供可靠的依据，原则上需要有两张以上间隔时间超过半年的动态胸片方可作出确诊。特殊情况下，有可靠的生产性矿物性粉尘接触史和职业卫生学调查资料支持，有典型的尘肺病胸片表现，并有明确的临床资料排除其他疾病，亦可考虑作出诊断。必要时，CT可辅助尘肺病诊断及鉴别诊断，MRI及PET/CT也可在尘肺病的鉴别诊断方面发挥重要作用。

（一）术语

1. 圆形小阴影

圆形小阴影指胸片上肺野内直径不超过10mm的圆形阴影，根据直径大小分为p（直径≤1.5mm）、q（直径＞1.5mm且≤3mm）、r（直径＞3mm且≤10mm）；圆形小阴影在CT上称为小结节；其病理改变主要是矽结节、混合尘结节及尘斑。

2. 不规则形小阴影

不规则形小阴影指胸片上肺野内宽度不超过10mm的阴影，根据宽度大小分为s（宽度≤1.5mm）、t（宽度＞1.5mm且≤3mm）、u（宽度＞3mm且≤10mm）；不规则形小阴影等同于CT上的网状阴影，包括小叶内间质增厚、小叶间隔增厚、支气管血管束间质增厚和蜂窝；其病理改变是肺间质因粉尘沉积所致的弥漫性纤维化。

3. 大阴影

大阴影指胸片上肺野内直径或宽度大于10mm的阴影，病理上对应于尘肺结节形成的融合团块或弥漫性纤维化相联结形成的团块。病理上直径≥20mm的纤维团块也称为PMF。

4. 胸膜斑

在GBZ 70—2015中，胸膜斑定义为在胸片上表现为肺野内除肺尖部和肋膈角区以外的厚度大于5mm的局限性胸膜增厚，或局限性钙化胸膜斑块。ILO 2022中胸膜斑定义为局限性胸膜增厚，宽径至少达到3mm。病理学表现为由胸膜凸出的局限性纤维瘢痕斑块，质硬，主要位于壁层胸膜，可累及脏层胸膜。

5. 树芽征（tree-in-bud，TIB）

TIB在HRCT上表现为“分支状”，厚1~2mm，长1~2cm，常伴有分支顶端的或沿其分支分布的小结节。TIB是痰栓或黏液堵塞导致小叶中心细支气管嵌塞和扩张形成分支，伴有的细支气管周围炎症或纤维化形成树芽。

6. 小叶中心分支状阴影

小叶中心分支状阴影类似发芽的树枝，但远端无明显的杵状膨大结构，这与TIB不同，是因为粉尘沉积于1~3级呼吸性支气管周围所致的纤维化。

7. 结节

结节指胸片和CT上直径不超过3cm的圆形致密影。直径小于6mm的结节为微结节，其中直径1~2mm、弥漫分布的为粟粒结节。直径小于1cm的为小结节，直径大于或等于1cm的为大结节，直径大于3cm的称为肿块。根据密度高低，结节可分为磨玻璃结节、部分实性结节、实性结节。

8. 小叶中心分布结节

单个肺小叶呈多边形，大小为10~25mm。小叶中心结节与胸膜下、叶间裂和小叶间隔均有5~10mm的距离，即无胸膜下结节则为小叶中心分布［如图5-9中（A）所示］。小叶中心分布结节又分为位于小叶中央的TIB和小结节。

9. 淋巴管周围分布结节

肺淋巴系统主要分布在以下4个特定部位：肺门旁的支气管血管周围间质、胸膜下间质、小叶间隔、小叶中央的支气管血管周围间质，结节分布在2个及以上部位即为淋巴管周围分布，因此结节分布不均匀［如图5-9（B）所示］。

10. 随机分布结节

相对于肺组织结构或肺叶而言，随机分布的结节没有特定的分布区域，有胸膜下结节，结节发生在肺部各处、呈弥漫性均匀分布［如图5-9（C）所示］。

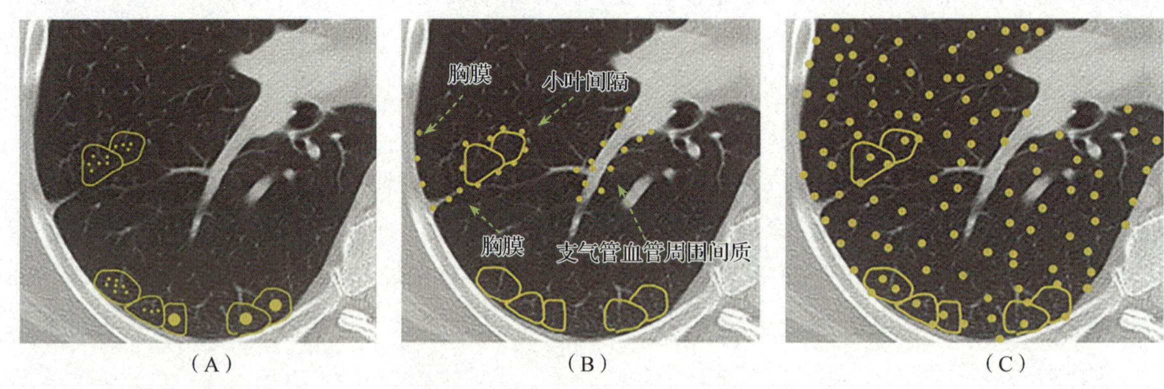

图5-9 弥漫性小结节分布示意图

（A）小叶中心分布；（B）淋巴管周围分布；（C）随机分布

图引自Kim J, Dabiri B, Hammer MM. Micronodular lung disease on high-resolution CT：patterns and differential diagnosis［J］. Clin Radiol, 2021，76（6）：399-406.

11. 淋巴结蛋壳状钙化

2005年《职业性和环境性肺疾病的高分辨计算机体层（HRCT）的国际分类》（International Classification of HRCT for Occupational and Environmental Respiratory Diseases，ICOERD）将其定义为：钙化位于淋巴结的边缘，呈蛋壳状。钙化最先呈界限不清、密度较低的钙化点或钙化条，逐渐发展为不完整的环状、边缘清楚的小环状。绝大部分钙化环的直径为0.5~1cm，厚度为1~2mm。少数病例因多数蛋壳状钙化重叠而形如葡萄或桑葚状。

12. 小叶内间质增厚

小叶内间质增厚，CT表现为均匀分布的细网格状。

13. 小叶间隔增厚

小叶间隔增厚，CT表现为大网格的线样增厚或垂直于胸膜的短线样改变。

14. 支气管血管束间质增厚

沿支气管血管束分布的中轴间质增厚，CT表现为沿支气管血管束外缘分布的鞘状高密度病灶。

15. 蜂窝

肺间质改变导致肺的结构扭曲，CT表现为成簇、成排的厚壁囊腔，直径多为3~10mm，常位于肺周围部或胸膜下。

（二）小阴影的诊断及鉴别诊断

粉尘的理化性质（如SiO_2是游离还是结合状态，含硅量多少，粉尘的化学组成、浓度和分散度的高低）不同，以及接触粉尘时间的长短，都会影响尘肺病的胸部影像学表现，如矽肺以圆形小阴影为主，石棉肺则以不规则形小阴影为主，煤工尘肺主要表现为圆形小阴影，少数病例也可表现为不规则形小阴影等。

1. 圆形小阴影的诊断

圆形小阴影见于除石棉肺以外所有类型的尘肺病。在尘肺病早期，由于圆形小阴影太小且密度浅淡，在胸片上不易显示，但在 HRCT 上可清晰显示为双肺弥漫分布的小叶中心分支状阴影或结节。

圆形小阴影在胸片和 CT 上的密度、边界、大小与吸入的 SiO_2 含量密切相关。吸入游离 SiO_2 含量高的粉尘，圆形小阴影的密度较高、边界较清楚、直径较大，以“q、r”为主，比如矽肺、部分铸工尘肺等（如图 5–10 所示）。吸入游离 SiO_2 含量较低的或不含游离 SiO_2 粉尘引起的尘肺，圆形小阴影密度较低、边界较模糊、直径较小，比如煤工尘肺、陶工尘肺、炭黑尘肺、石墨尘肺、水泥尘肺、滑石尘肺、铝尘肺、蔺草工尘肺、部分铸工尘肺（如图 5–11 所示）。吸入某些金属及其化合物粉尘所致的肺沉着病或尘肺病等，由于金属的原子量的大小不同，则其金属及化合物所致的肺沉着病或尘肺病的圆形小阴影密度高低有显著差异。比如锡或钡等及其金属化合物肺沉着病的圆形小阴影的密度高，而电焊工尘肺和稀土粉尘所致尘肺病等的圆形小阴影的密度很低而呈磨玻璃密度结节（如图 5–12 所示）。小阴影的密度、大小与接触粉尘的浓度也可能相关，接触极高浓度的粉尘，即使粉尘中游离 SiO_2 含量不高，也可能形成密度较高、直径较大的圆形小阴影。胸片是重叠影像，圆形小阴影可能不是一个小阴影而是同一轴线上几个小阴影相互重叠的结果，若重叠得一致，则圆形小阴影的边界显得清楚，否则边界模糊不清；圆形小阴影重叠越多，则密度越高。少部分圆形小阴影可因矽结节玻璃样变、中心软化，形成无定形和结晶状的嗜酸物质，或矽结节中心血管闭塞，从而发生钙化（如图 5–13 所示）。

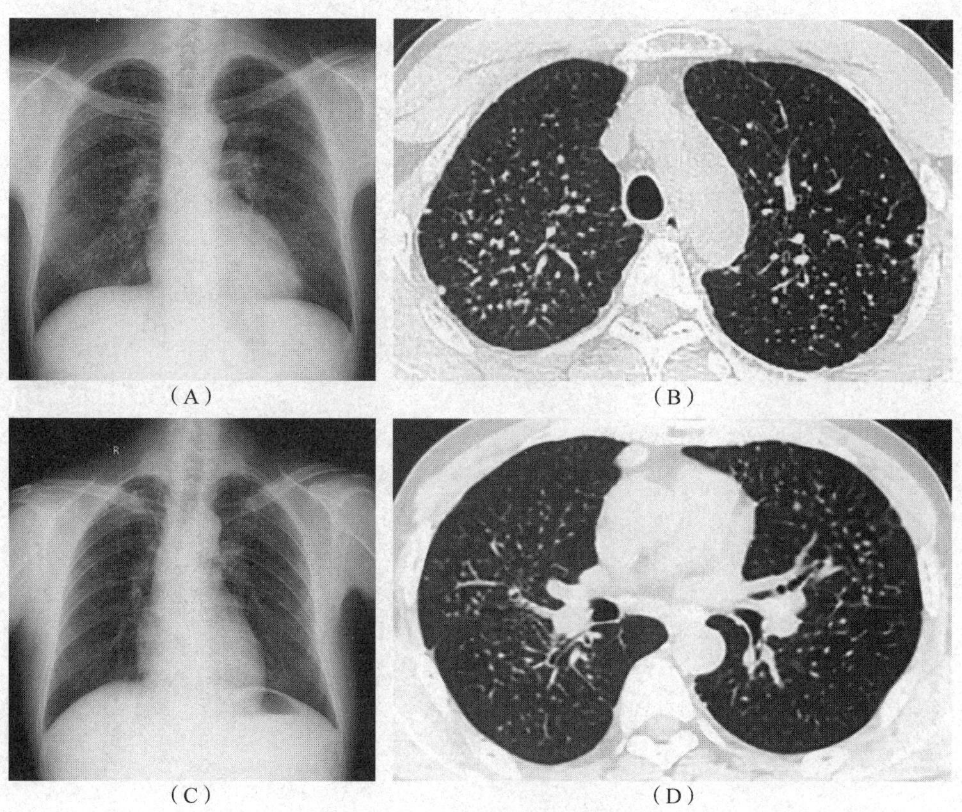

图 5–10　矽肺和铸工尘肺的圆形小阴影

（A）和（B）：矽肺的胸片和 HRCT；（C）和（D）：铸工尘肺的胸片和 HRCT

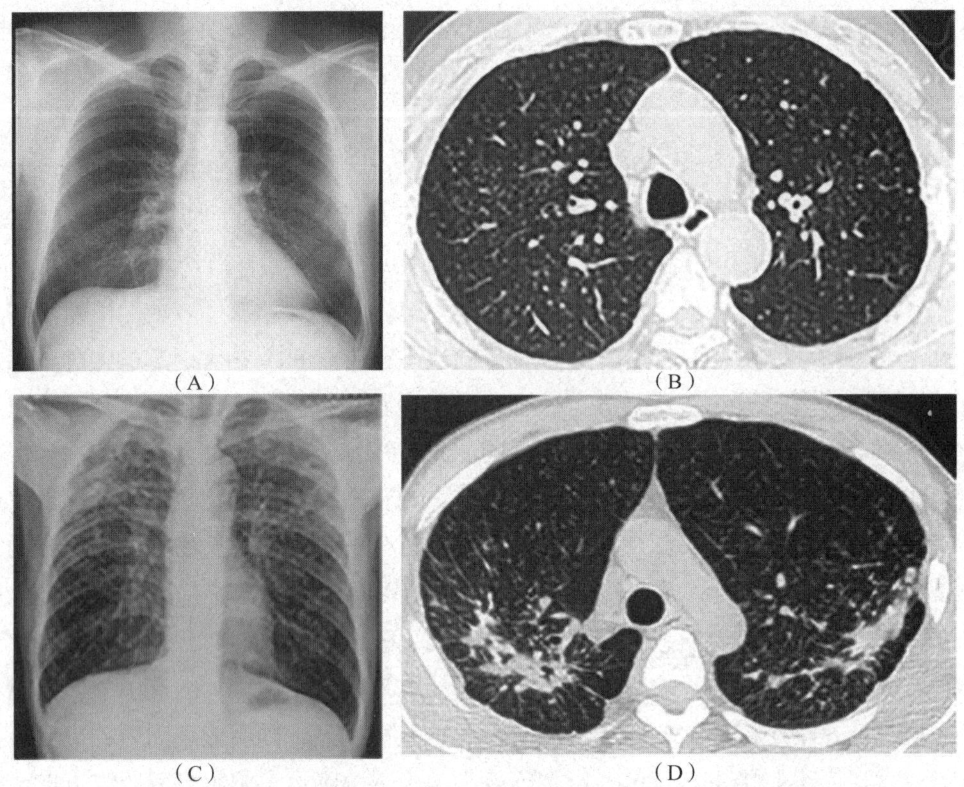

图 5-11　煤工尘肺和蔺草工尘肺的圆形小阴影

（A）和（B）：煤工尘肺的胸片和 HRCT；（C）和（D）：蔺草工尘肺的胸片和 HRCT

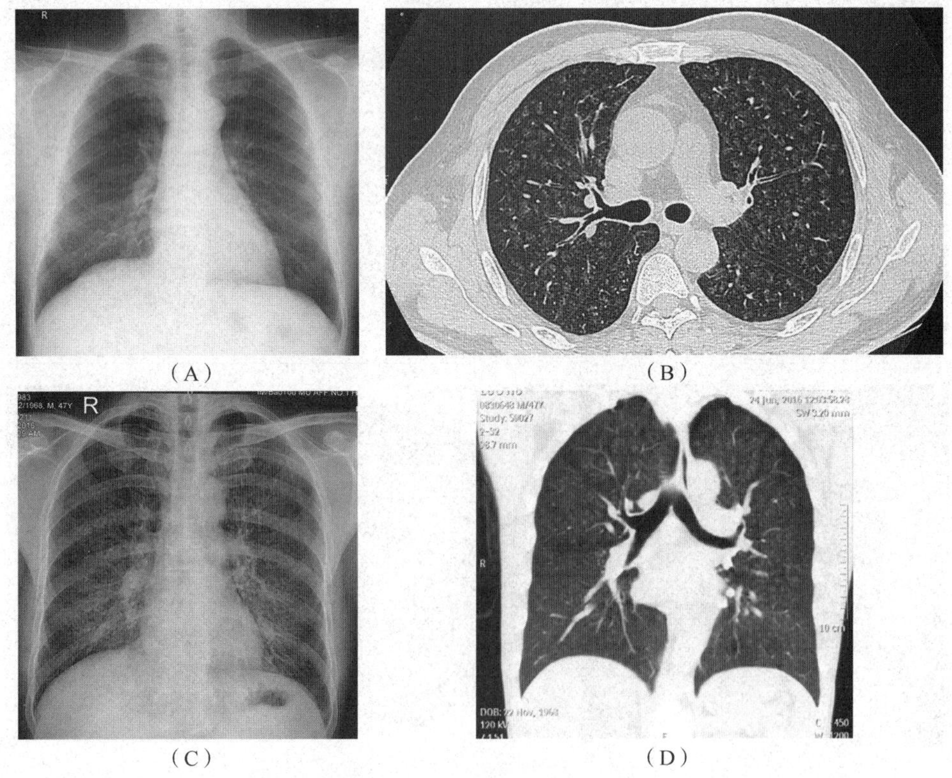

图 5-12　电焊工尘肺和稀土粉尘所致尘肺病

（A）和（B）：电焊工尘肺的胸片和 HRCT；（C）和（D）：稀土粉尘所致尘肺病的胸片和 HRCT

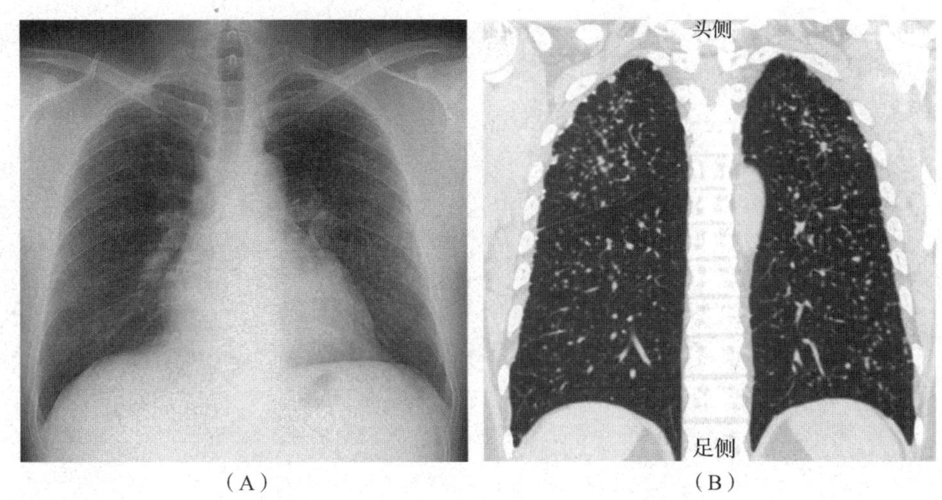

图 5-13　煤工尘肺

（A）和（B）：煤工尘肺的胸片和 HRCT，HRCT 可见平片未显示的胸膜下圆形小阴影钙化

在胸片上，圆形小阴影直径通常为 2~5mm，多见于两肺中下区，但 10%~15% 的病例可首先见于两上肺区，尤以右侧为甚。多数尸检材料证实，尘肺病变最先见于双上肺叶，同时这里也是病变最重的地方。之所以与胸片表现位置相反，可能是因为中下肺叶体积较大，病变重叠更多，在胸片上更易显示。随着尘肺病的进展，圆形小阴影的数量逐渐增多、直径增大，分布范围越来越广泛，并弥漫分布到全肺。圆形小阴影逐渐在两上中肺区中外带聚集、融合，两下肺区因代偿性肺过度充气加重而致圆形小阴影数量减少。

中心气道内迅速流动的湍流，在周围的小气道内改变为缓慢的层流，导致直径为 1~5μm 的粉尘主要沉积在呼吸性细支气管、肺泡内及其周围，即肺小叶的中心；粉尘被巨噬细胞吞噬后，持续刺激巨噬细胞，使其损伤并释放溶酶体酶、各种细胞因子和致纤维化相关因子，最终形成尘性纤维化，因此在 CT 上形成小叶中心分布的分支状阴影或结节（如图 5-14 所示）。粉尘可穿过肺泡上皮细胞进入肺泡间隔，或由巨噬细胞带入肺泡间隔，随肺泡间液进入肺泡间隔的毛细淋巴管，随后进入肺淋巴循环，淋巴循环系统分布于支气管血管周围、脏层胸膜下、小叶内及小叶间结缔组织，因此在 CT 上形成淋巴管周围分布结节，结节位于小叶中心和胸膜下是其典型表现（如图 5-15 所示）。尘肺病变的区域分布在很大程度上取决于肺淋巴清除率，淋巴流动的主要驱动力是肺动脉压力。重力依赖梯度引起上叶的低肺动脉压，上叶淋巴清除率低。主肺动脉向左倾斜，导致左肺具有较高的血流，淋巴清除率更高。胸壁运动通过挤压促进淋巴流动，后胸壁运动幅度极小致肺后部淋巴清除率极低。因此，结节在 CT 上的分布具有特征性，由上向下、由后向前逐渐减少，右侧多于左侧（如图 5-16 所示）。除肺部外，由于矽尘的血行播散，有时在肝、脾、骨髓等处也可出现矽结节，但为数极少。

急性矽肺，又称硅蛋白沉积症，是短期内（平均 3 年，最短者数月）吸入高浓度 SiO_2 粉尘所致的特殊类型矽肺，病理特征与原发性肺泡蛋白沉积症相似，常快速进展为呼吸衰竭；HRCT 表现双肺弥漫分布的小叶中心磨玻璃结节，快速进展为磨玻璃影，可伴有双肺后部的实变，此后可出现“八字征”（如图 5-17 所示），需与表现为磨玻璃影的疾病相鉴别。急性发病多见于感染、肺水肿、急性肺损伤、肺出血、误吸等，慢性发病多见于过敏性肺炎、非特异性间质性肺炎、脱屑性间质性肺炎、呼吸性细支气管炎、肺泡蛋白沉积症（如图 5-18 所示）等；鉴别诊断需密切结合磨玻璃影的分布特点及伴随的其他影像学征象和临床资料等。

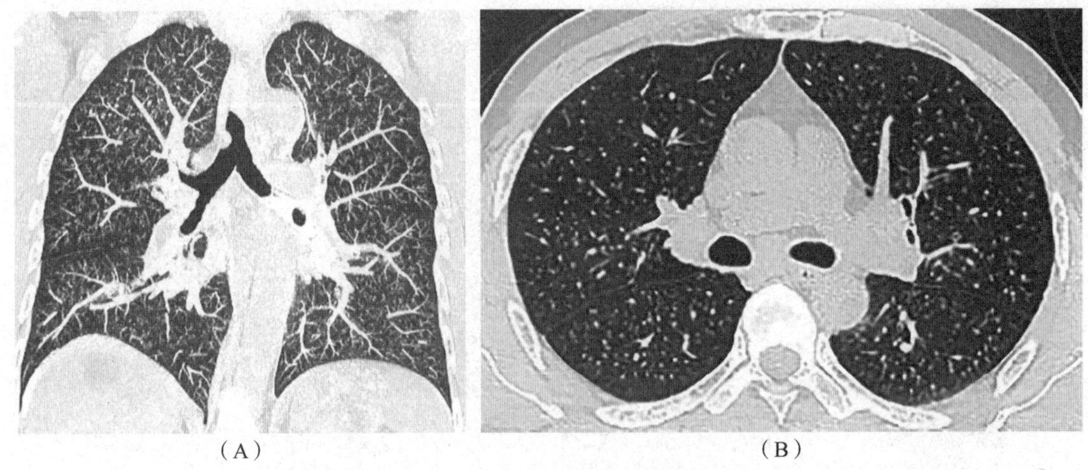
(A) (B)

图 5-14　尘肺病结节呈小叶中心分布

(A)患者为男性，53岁，煤工尘肺，表现为小叶中心分布的分支状阴影；(B)患者为男性，45岁，尘肺，表现为小叶中心分布的结节影

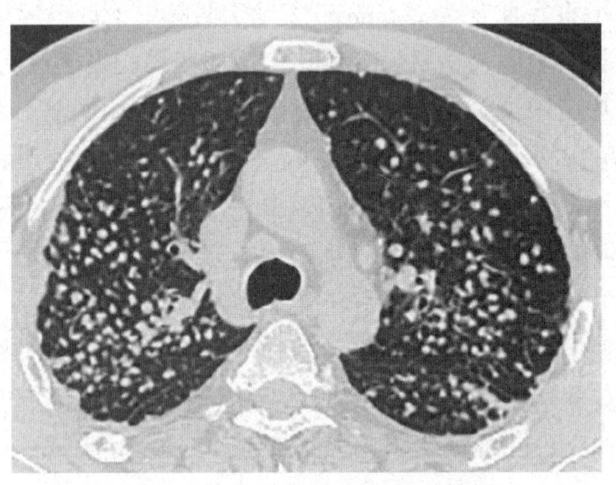

图 5-15　尘肺病结节呈淋巴管周围分布

注：双肺弥漫分布小结节影，主要位于小叶中心和胸膜下，胸膜下结节相互融合而表现为假性胸膜斑。

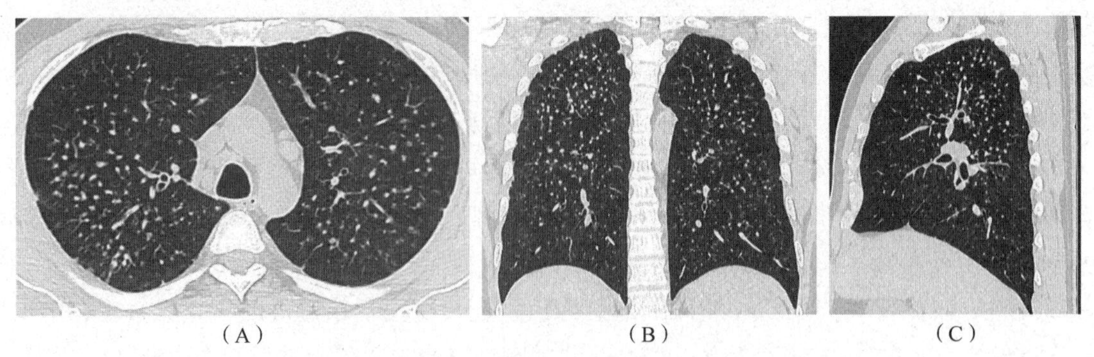
(A) (B) (C)

图 5-16　尘肺病结节分布特点

(A)横轴位；(B)冠状位；(C)矢状位

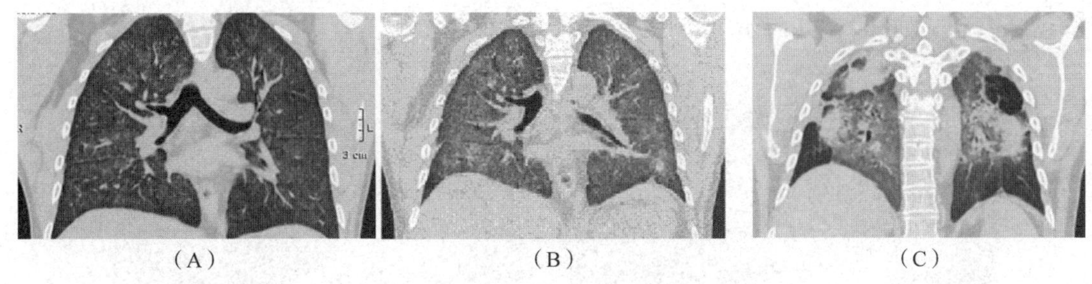

（A）　（B）　（C）

图 5-17　急性矽肺

（A）2015 年 9 月 3 日，双肺弥漫分布磨玻璃影；（B）2016 年 3 月 31 日，磨玻璃影密度增高，双肺容积缩小；（C）2017 年 3 月 20 日，磨玻璃影密度更高，双肺容积缩小更明显，双上中肺区大阴影呈“八字征”，周围的瘢痕旁型肺气肿显著

注：患者为男性，51 岁，2014—2016 年从事义齿加工 1.5 年，2017 年死于呼吸衰竭。

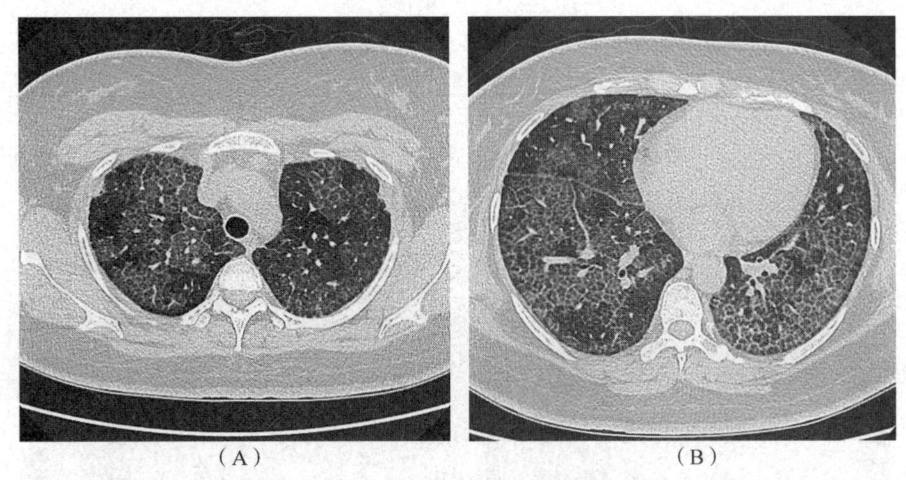

（A）　（B）

图 5-18　肺泡蛋白沉积症

（A）和（B）：双肺弥漫分布“铺路石征”，呈地图样分布

注：患者为女性，32 岁；咳嗽、咳痰、喘累 4 年，再发 2 个月；PAS+。

2. 圆形小阴影的鉴别诊断

圆形小阴影需要与表现为双肺弥漫性小结节的疾病鉴别，鉴别诊断思路：首先确定小结节的分布类型（小叶中心分布、淋巴管周围分布、随机分布），列出相应分布类型的疾病谱，结合临床资料（如发热、咯血、吸烟、粉尘接触史等）及影像学特征（结节的上、下肺分布情况，结节的形态和密度）等，进行诊断或缩小鉴别诊断范围。

（1）需与表现为双肺弥漫性小叶中心分布 TIB 的疾病相鉴别。

表现为双肺弥漫性小叶中心分布 TIB 的疾病包括感染性疾病、炎症及血管性疾病等。①感染性疾病最常见，主要有细菌性感染和继发性肺结核；细菌性感染的 TIB 呈多灶性或弥漫性分布（如图 5-19 所示）；继发性肺结核的 TIB 呈大小不等、密度不均、簇状分布（如图 5-20 所示）；痰检或支气管肺泡灌洗常可明确诊断。②炎症主要为吸入性肺炎和弥漫性泛细支气管炎等；吸入性肺炎常见于老年人，或任何影响吞咽功能的情况，如精神状态改变、头颈部或食道手术史，病变主要位于下叶背段和后基底段；弥漫性泛细支气管炎的 TIB 呈弥漫性分布，肺底部较明显，可有支气管扩张或细支气管扩张（如图 5-21 所示），伴有慢性鼻窦炎有助于诊断，红霉素治疗有效。③血管性疾病病变主要为滑石尘肺和多种原因所致的肺动脉高压等，两者均可表现为弥漫性分布的 TIB，静脉注射口服药物粉末史提示滑石尘肺，若肺动脉主干增粗（直径≥3.3cm 或同一层面大于邻近主动脉直径）

则提示肺动脉高压（如图 5-22 所示）。

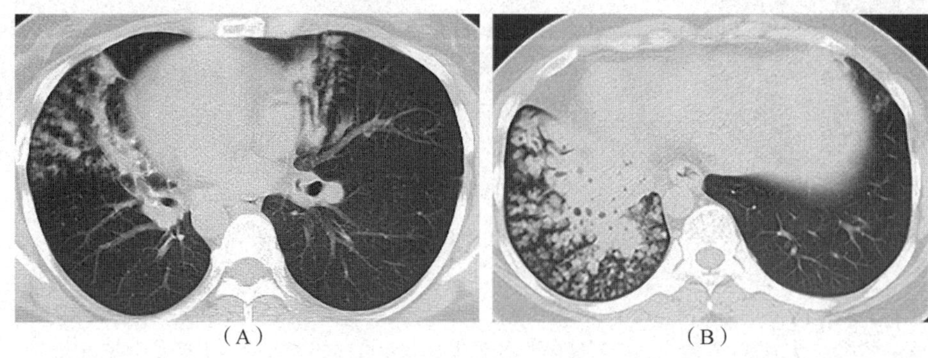

（A）　　（B）

图 5-19　细菌性感染

（A）和（B）：右肺中、下叶及左肺上叶可见沿支气管分布的 TIB，以右肺下叶为著

注：患者为女性，39 岁，因“咳嗽、气促 10+ 年，加重 3 个月”入院。氧分压 69.90mmHg↓，中性粒细胞百分比 78.80%↑，淋巴细胞百分比 16.60%↓，超敏 C 反应蛋白＞5.0mg/L↑，C 反应蛋白 19.93mg/L↑。血沉 45mm/H↑。肺泡灌洗：黏膜充血明显，大量黄白色分泌物，尤其在中叶。痰培养结果：黏液型铜绿假单胞菌。

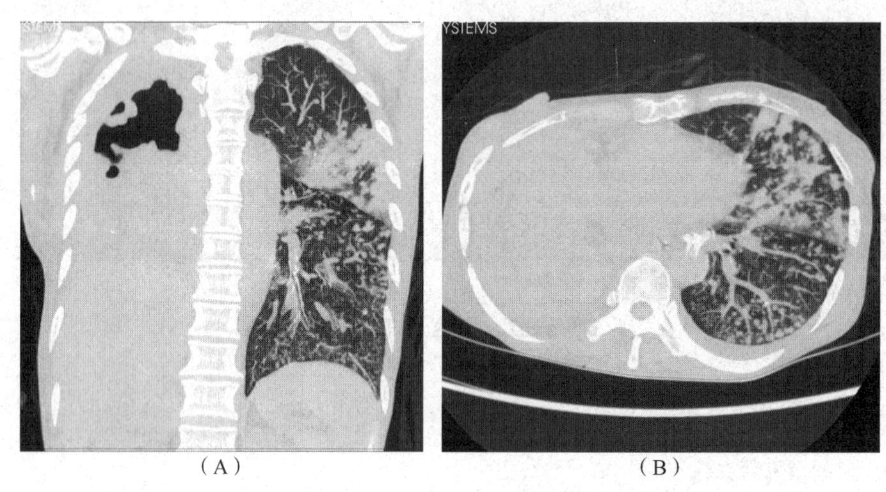

（A）　　（B）

图 5-20　继发性肺结核

（A）CT 冠状位 MIP 图像；（B）CT 横断位 MIP 图像

注：患者为女性，63 岁，右肺干酪性肺炎伴左肺支气管播散病灶。

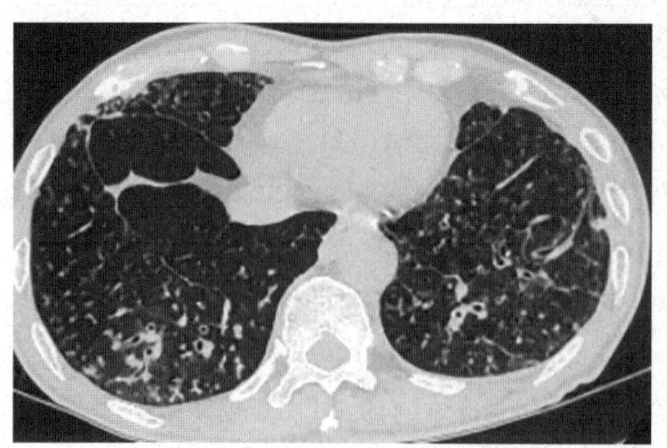

图 5-21　弥漫性泛细支气管炎

注：患者为男性，66 岁，反复咳痰、喘累 10+ 年，加重 15 天。双肺弥漫分布的 TIB 及结节影，肺底部较明显，并有支气管扩张。

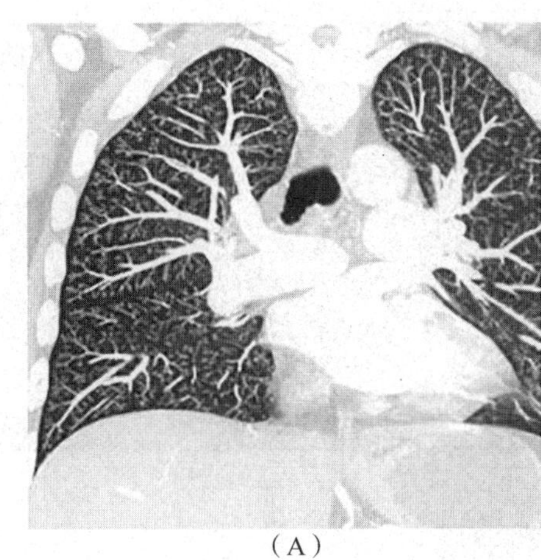
（A）

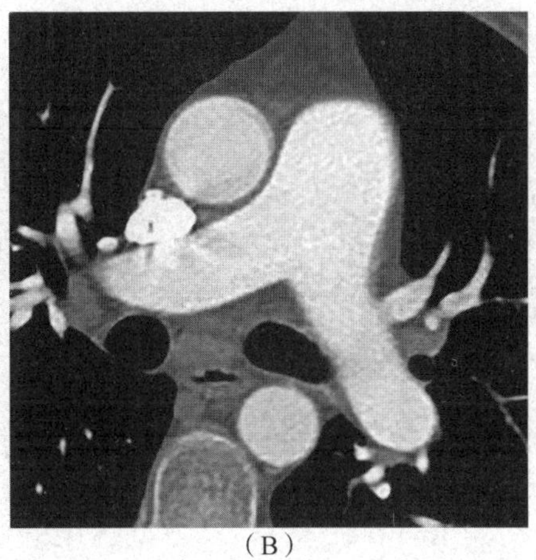
（B）

图 5-22　肺动脉高压

（A）冠状位 MIP，两侧广泛、弥漫且均匀分布的树芽状结节；（B）肺动脉主干增粗

注：患者为男性，37 岁，临床表现为严重的新发的肺动脉高压。

图引自 Winningham PJ，Martínez-Jiménez S，Rosado-de-Christenson ML，et al. Bronchiolitis：A Practical Approach for the General Radiologist-Erratum［J］. Radiographics，2017，37（5）：1607.

（2）需与表现为双肺弥漫性小叶中心分布磨玻璃结节的疾病相鉴别。

部分特殊类型的尘肺病（如电焊工尘肺、稀土粉尘所致尘肺病等）表现为双肺弥漫性磨玻璃结节，需与非纤维化型过敏性肺炎、呼吸性细支气管炎、感染性疾病、化学性肺炎、肺水肿、肺血管性疾病和肺出血、转移性钙化等相鉴别。由于双肺弥漫性磨玻璃结节的影像学表现无特异性，鉴别诊断往往需要结合临床症状及实验室检查。①无明显临床症状，在随访过程中磨玻璃结节的数量和形态无明显改变，有粉尘接触史，应首先考虑尘肺病；稀土粉尘所致尘肺病的肺门及纵隔淋巴结呈极高密度；②呼吸困难、明确有机抗原接触史及支气管肺泡灌洗液淋巴细胞增多时常可诊断为非纤维化型过敏性肺炎；③有发热时，应考虑感染性疾病如支原体肺炎（如图 5-23 所示），常见于病毒性感染（如图 5-24 所示），尤其是白细胞正常或轻度降低、淋巴细胞相对增多时；④有重度吸烟史、支气管肺泡灌洗液中见到大量棕色巨细胞，可考虑呼吸性细支气管炎（如图 5-25 所示）；有临床症状，如呼吸困难，则考虑为呼吸性细支气管炎 - 间质性肺病；⑤有呼吸困难、白细胞计数无明显增加，有有毒气体吸入史，应考虑化学性肺炎；⑥肺水肿，通常由左心衰竭、肾功能衰竭、肺炎、高原病、中毒或药物反应等引起，常伴有光滑的小叶间隔增厚，以下垂部多见（如图 5-26 所示）；⑦肺血管性疾病，最常见于多种原因所致的肺动脉高压、肺毛细血管瘤病、肺静脉闭塞性疾病和其他原因导致的血管炎；⑧出现咯血或贫血症状时，应考虑弥漫性肺出血，最常继发于系统性疾病、肺 - 肾综合征、钩端螺旋体病（如图 5-27 所示）、特发性含铁血黄素沉着症等；⑨转移性钙化，常与终末期肾病有关，抗感染治疗无效；甲状旁腺切除术、肾移植或透析后，病灶可能消退。

（3）需与表现为双肺弥漫性小叶中心分布实性结节的疾病相鉴别。

表现为双肺弥漫性小叶中心分布实性结节的疾病主要是支气管内播散相关的疾病，如支气管肺炎、侵袭性黏液腺癌等。支气管肺炎表现为急性症状，结节呈局限性、多灶性、散在性分布；侵袭性黏液腺癌可以表现为多灶性或散在性结节，结节大小不一，可伴有实变，实变内可见蜂窝征、支气管枯树枝征、血管造影征等。

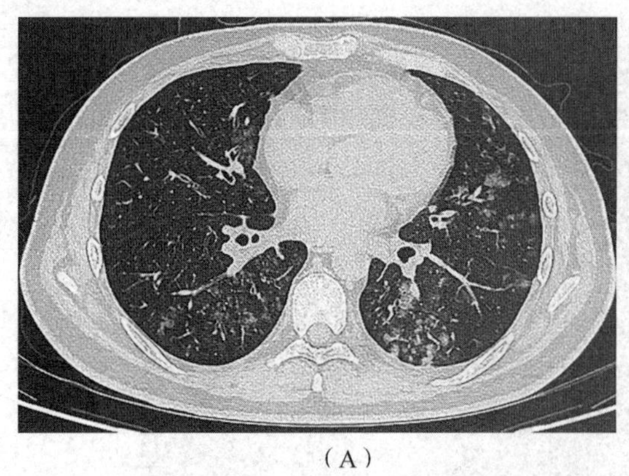

（A）

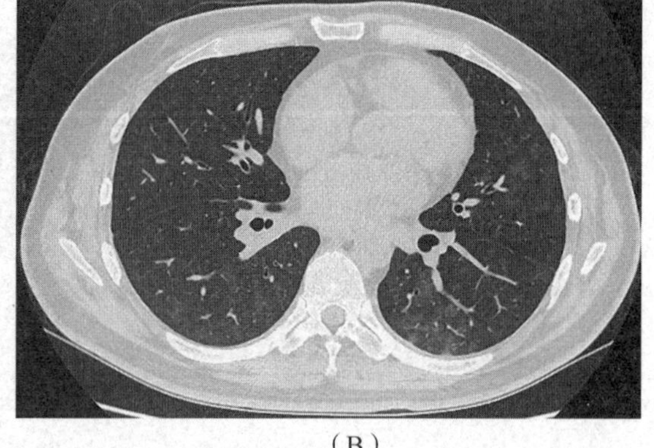

（B）

图 5-23　支原体肺炎

（A）双下肺区弥漫分布小叶中心磨玻璃结节；（B）治疗 9 天后复查，磨玻璃结节减少、密度变淡

注：患者为男性，35 岁，1 个月前受凉后出现咳痰，伴发热。

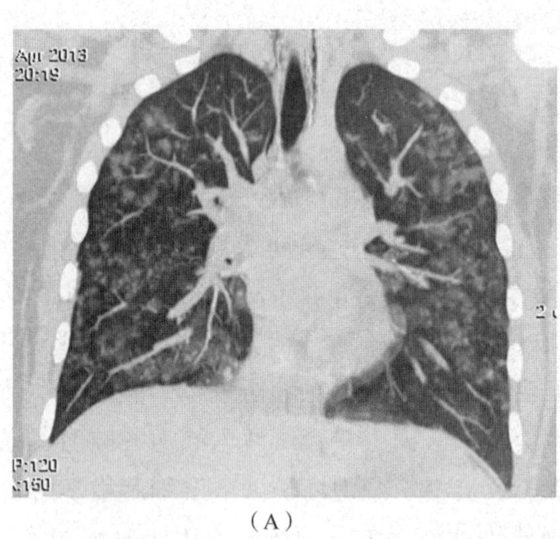

（A）

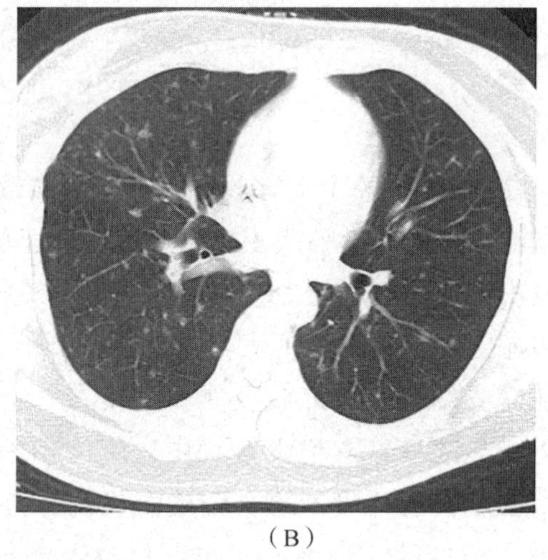

（B）

图 5-24　病毒性感染

注：（A）患者为女性，17 岁，甲型 H1N1 流感病毒性肺炎，高热并持续不退；（B）患者为女性，39 岁，水痘肺炎，全身多发皮疹 10 天，加重头晕 5 天。

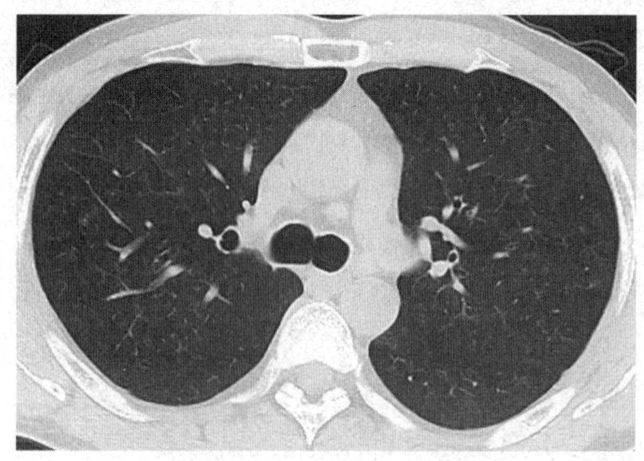

图 5-25　呼吸性细支气管炎

注：患者为男性，45 岁，吸烟 25 年，1 包 / 天。

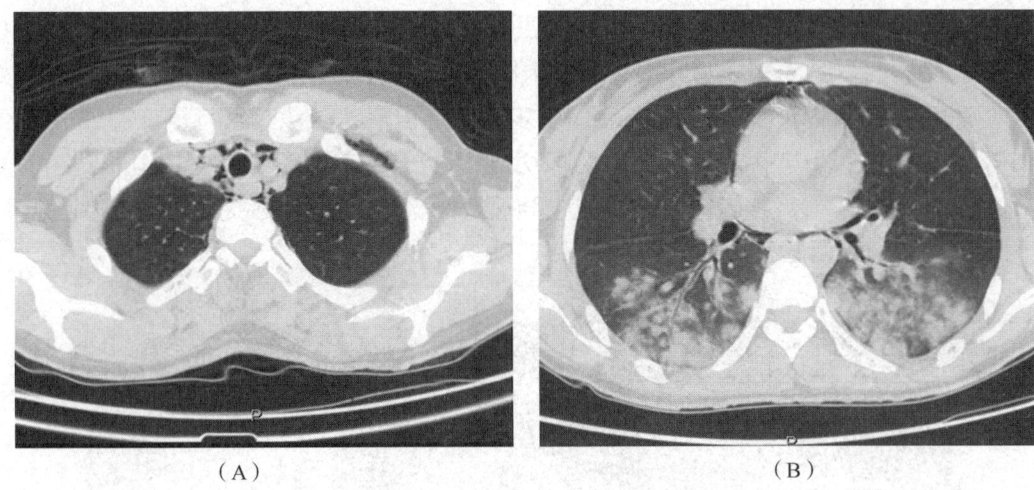

（A） （B）

图 5-26 百草枯中毒所致的早期肺损伤（肺水肿）

注：患者为女性，28 岁，口服百草枯 10mL 后，出现咳嗽、气促、呼吸困难、呕吐，口咽部充血；胸部 CT 表现为双肺下叶多发的磨玻璃结节影，支气管壁增厚，可见纵隔气肿及胸壁皮下气肿。

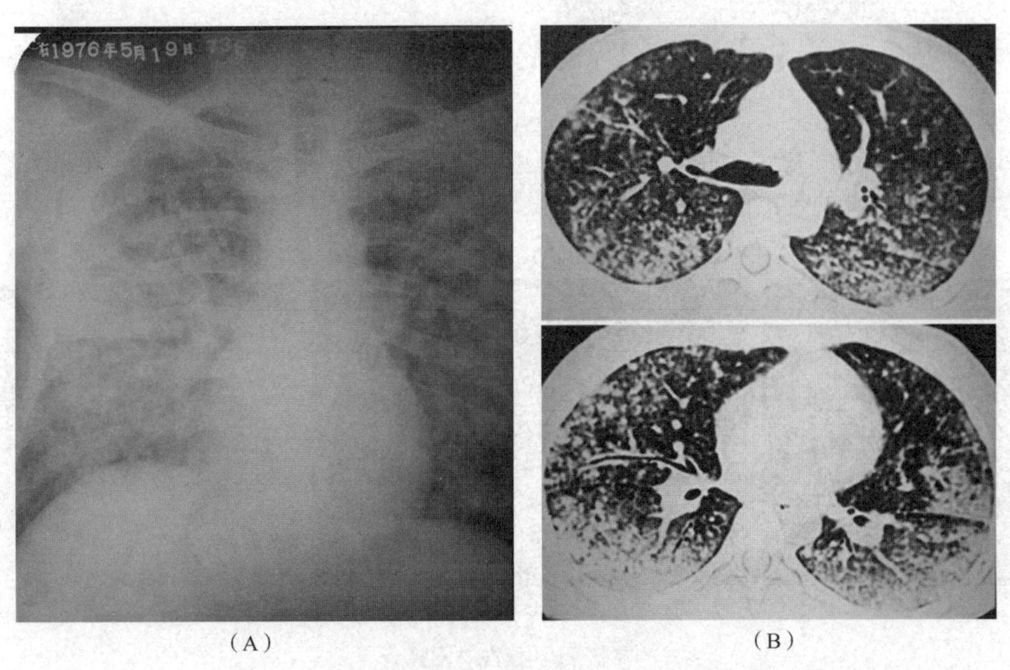

（A） （B）

图 5-27 钩端螺旋体病

（A）患者为男性，40 岁，务农；咯血、发热、咳嗽、四肢无力 4 天；青霉素及对症治疗好转；胸片表现为双肺弥漫磨玻璃结节影伴片状密度增高影；（B）CT 表现为双肺弥漫性磨玻璃结节影，后部的结节有融合

注：图（B）引自 Marchiori E，Sílvia Lourenço，Sérgio Setúbal，et al.Clinical and Imaging Manifestations of Hemorrhagic Pulmonary Leptospirosis：A State-of-the-Art Review[J].Lung，2011，189(1)：1-9.

（4）需与表现为双肺弥漫性淋巴管周围分布结节的疾病相鉴别。

表现为双肺弥漫性淋巴管周围分布结节的疾病主要包括结节病和癌性淋巴管炎，其他还有肺泡微石症、慢性铍病、淋巴细胞性间质性肺炎，kaposi 肉瘤和淋巴瘤等。①结节病的结节最常见于胸膜下、肺门旁支气管血管束周围，以斜裂和中央支气管血管周围分布及伴有对称性双肺门淋巴结肿大为特点（如图 5-28 所示）。②癌性淋巴管炎，常表现为小叶间隔平滑增厚或结节状增厚，范围较局限或两侧病变不对称（如图 5-29 所示），有恶性肿瘤或其病史。③肺泡微石症，双肺弥漫分布针尖样大小的钙化微结节，多以肺后部及下叶为主，在背侧胸膜下融合为大片状高密度钙化影，呈“火焰征”，在背侧胸膜、纵隔胸膜及叶间裂胸膜下区积聚为线样钙化影，呈“白描征”；胸膜下小气肿可形成“黑胸膜线”（如图 5-30 所示）；影像学表现明显但症状轻微是其特征。④慢性铍病，结节通常位于小叶中心和胸膜下，以上叶和下叶背段明显，部分结节可钙化；纵隔内淋巴结可增多并且伴有钙化（如图 5-31 所示），其影像表现类似尘肺病及结节病。长期的铍及其化合物接触史可提示慢性铍病的诊断，肺组织活检可明确诊断。

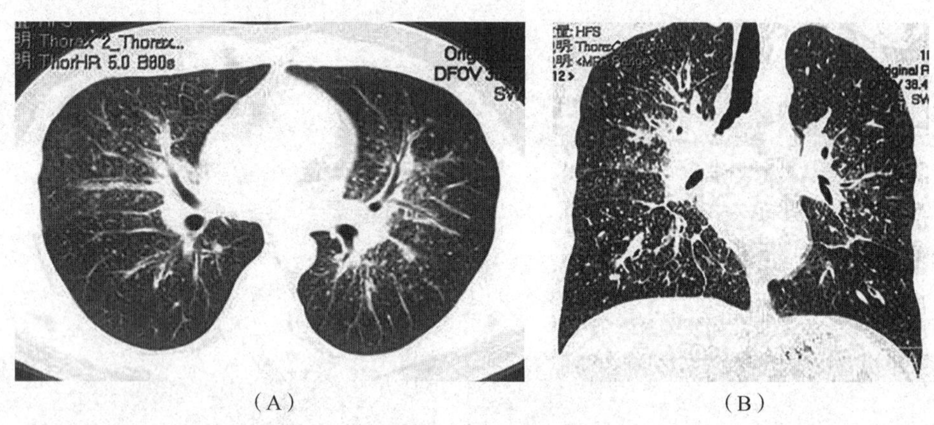

（A）　（B）

图 5-28　结节病

（A）和（B）显示胸膜下结节，双肺沿支气管血管束分布结节、以近侧明显，双侧肺门淋巴结对称性肿大

注：患者为男性，33 岁，当矿工 3 年。胸痛、咳嗽 6 个月，伴乏力和纳差，偶有盗汗及潮热，肺活检确诊结节病。

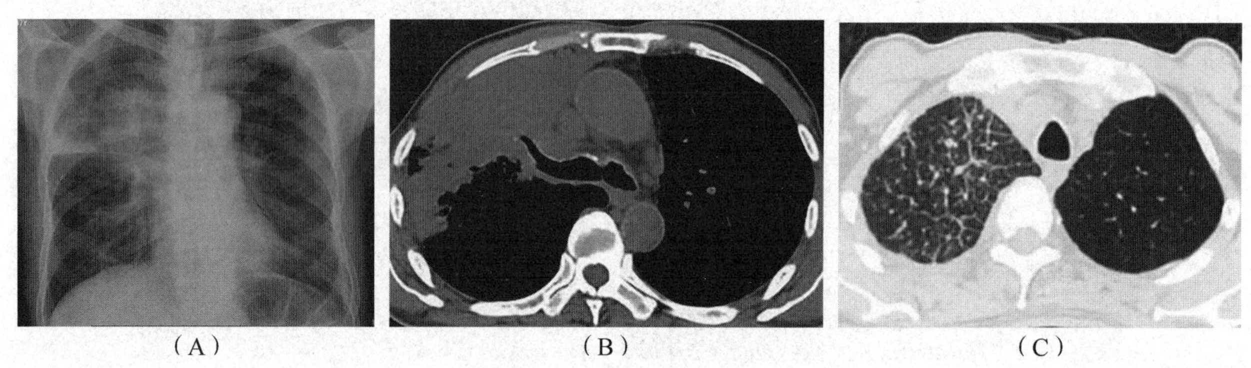

（A）　（B）　（C）

图 5-29　癌性淋巴管炎

（A）右肺门肿块影；（B）右肺上叶团块状高密度影，邻近支气管狭窄闭塞，提示肺癌；（C）右肺上叶小叶间隔增厚，提示癌性淋巴管炎

注：患者为男性，67 岁，以“咳嗽、咳痰、声嘶 3 个月”入院，1 周后乏力明显。

（5）需与表现为双肺弥漫性随机分布结节的疾病相鉴别。

表现为双肺弥漫性随机分布结节的疾病主要包括粟粒性肺结核和转移瘤，其他还有真菌感染和结节病等，粟粒性肺结核具有“三均匀”特点，即大小、密度、分布均匀（如图 5-32 所示），结核相关临床症状及体征有助于诊断。转移瘤呈密度、分布均匀，大小不一的特点，有恶性肿瘤或其病史（如图 5-33 所示）；有发热则考虑为感染性病变，根据发病率，粟粒性肺结核较真菌感染可能性大，无发热则需除外结节病。在转移瘤病例中也可见随机分布和淋巴管周围分布叠加存在（如图 5-34 所示）。

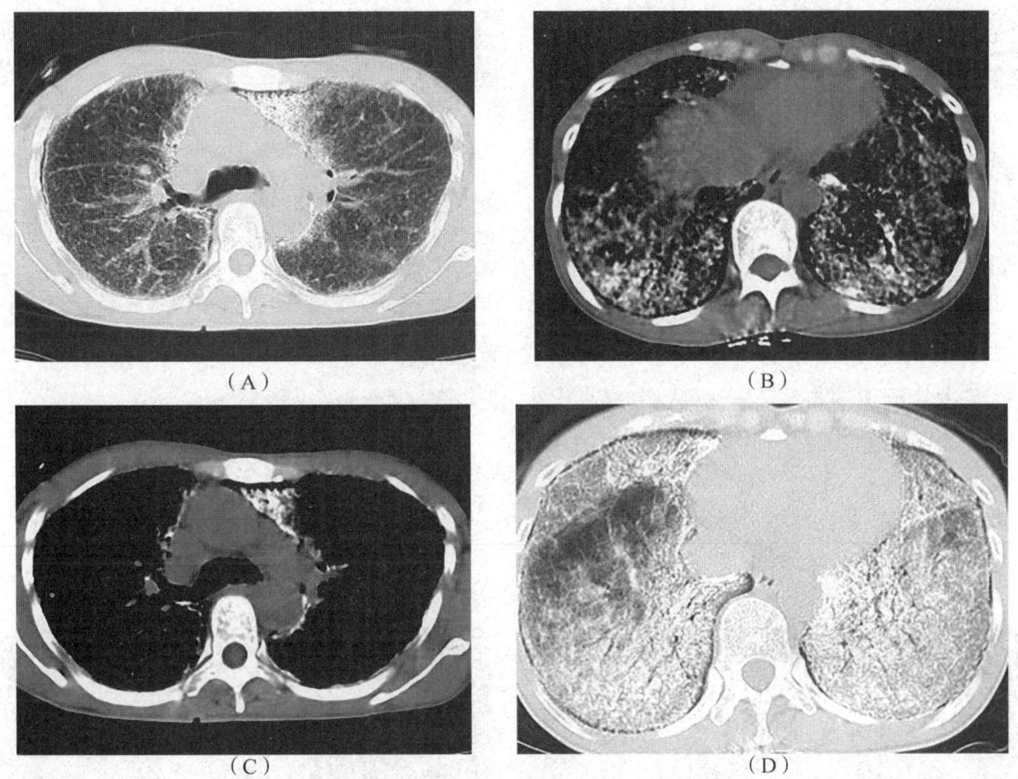

（A）　（B）　（C）　（D）

图 5-30　肺泡微石症

（A）双肺弥漫分布针尖样大小的钙化微结节；（B）在背侧胸膜下融合为大片状高密度钙化影，呈“火焰征”；（C）在背侧胸膜、纵隔胸膜及叶间裂胸膜下区积聚为线样钙化影，呈“白描征”；（D）胸膜下小气肿形成“黑胸膜线”

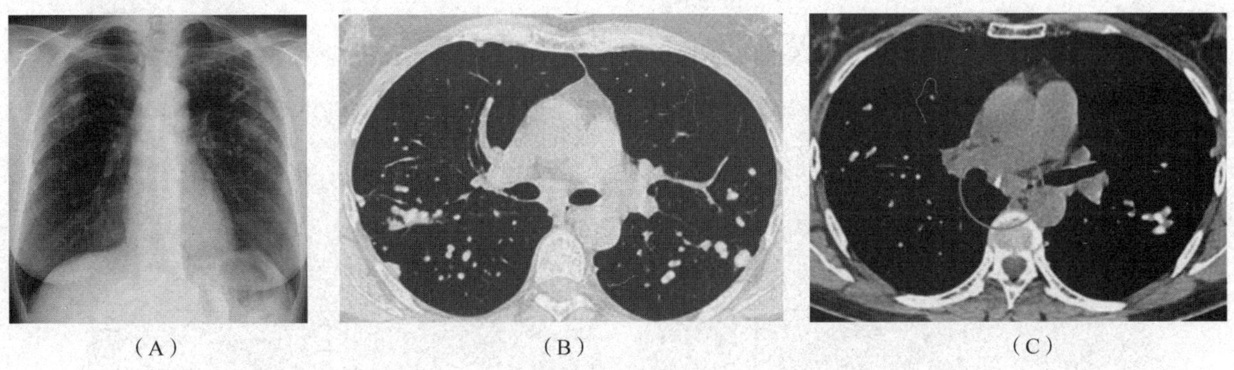

（A）　（B）　（C）

图 5-31　慢性铍病

（A）双肺结节，以上、中肺区明显；（B）CT 显示结节主要位于小叶中心和胸膜下；（C）部分肺内结节和纵隔淋巴结伴有钙化

注：患者为女性，52 岁，轻度劳力性呼吸困难数年，前臂和躯干有慢性皮疹。

图引自 Kocova E al. HRCT in Interstitial Lung Disease：Instructive Case Studies[M].Berlin：Springer，2019.

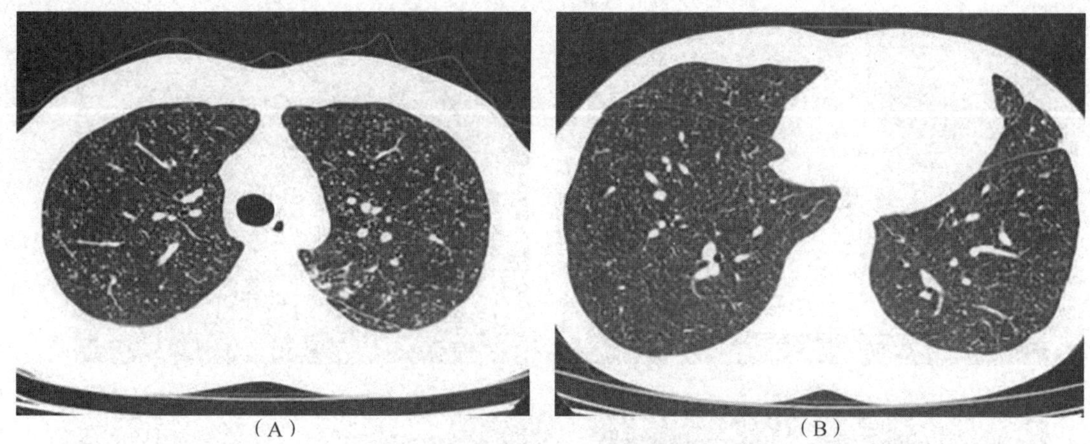

图 5-32　粟粒性肺结核

（A）和（B）CT 显示粟粒结节为随机分布、呈“三均匀”

注：患者为男性，26 岁，咳嗽、咳痰、发热 1 个月。

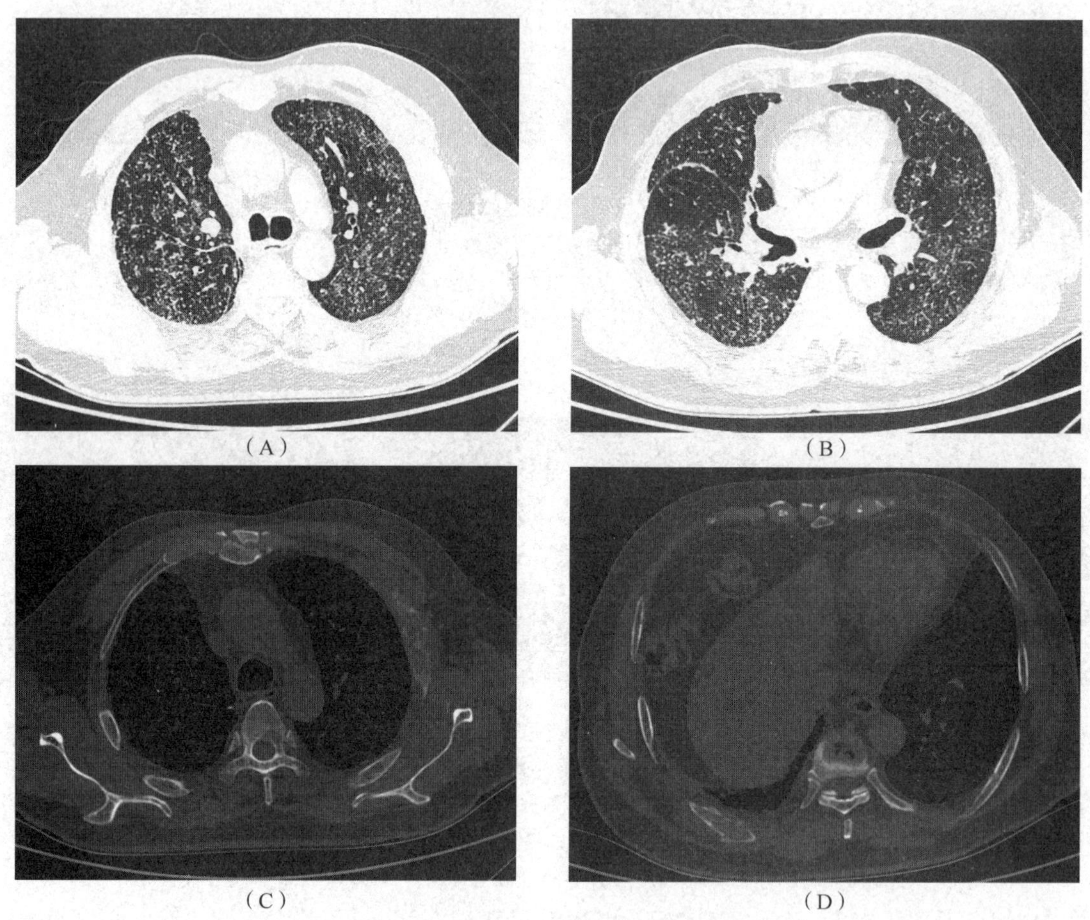

图 5-33　转移瘤 1

（A）和（B）CT 肺窗显示粟粒结节呈随机分布；（C）和（D）CT 骨窗显示双侧肋骨及胸椎有溶骨性破坏

注：患者为男性，73 岁，咳嗽、痰中带血，穿刺活检为腺癌。

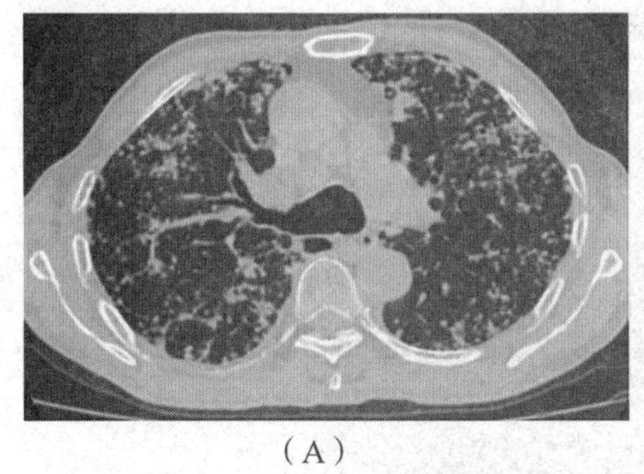
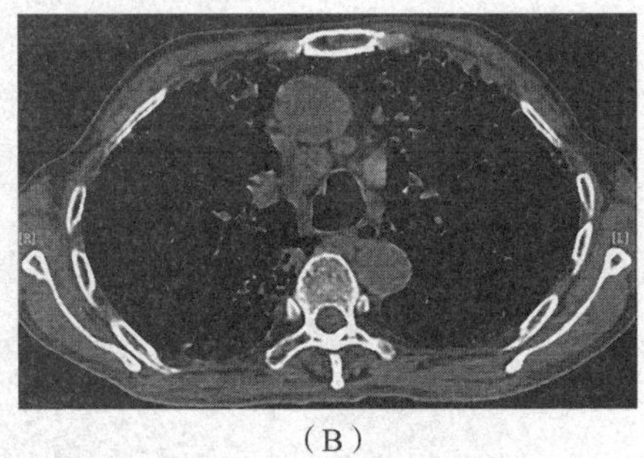
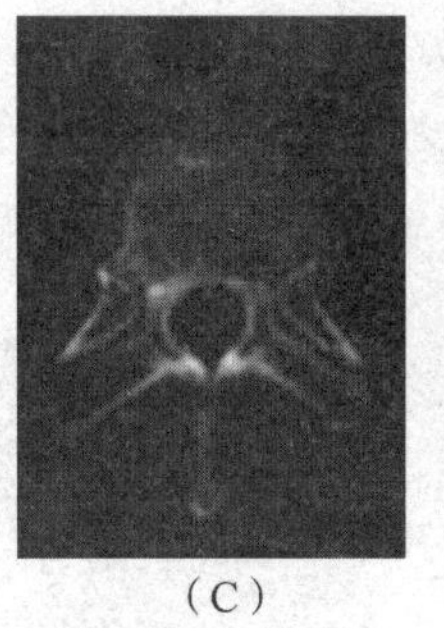
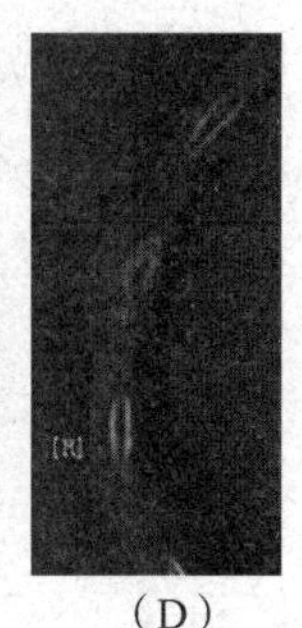

（A）　（B）　（C）　（D）

图 5-34　转移瘤 2

（A）CT 肺窗显示粟粒结节呈淋巴管周围分布和随机分布；（B）CT 纵隔窗显示肺门及纵隔淋巴结明显肿大；（C）和（D）CT 骨窗显示胸椎及右侧肋骨有溶骨性破坏并软组织侵犯

注：患者为男性，74 岁，井下采掘 30 年，3 年前病理诊断为结肠癌。

3. 不规则形小阴影的诊断

不规则形小阴影是石棉肺的主要影像学表现，也可见于吸入含游离 SiO_2 较低的粉尘所致的尘肺，如煤工尘肺、石墨尘肺、铝尘肺等。

ILO 分类没有文字描述何为不规则形小阴影，但有标准片及图解可以参照。《尘肺 X 线诊断标准及处理原则》（GBZ 5906—1986）将不规则形小阴影的胸片描述为"一群粗细、长短、形态不一的致密阴影，它们可以互不相连，也可以杂乱无章地交织在一起，表现为网状，有时呈蜂窝状"。自《尘肺病诊断标准》（GBZ 70—2002）开始取消了上述文字描述，意味着不规则形小阴影的形态以标准片显示的形态为准。

胸片上，不规则形小阴影的分布特点是以肺基底部和外周为主的对称性分布，开始多见于两肺中下区，向两上肺区发展，在肺纹理之间有细网状影，逐渐形成粗网状，最后呈蜂窝（如图 5-35 所示）。在动态观察中，随着尘肺病变的进展，部分不规则形小阴影可能逐渐演变成圆形小阴影。

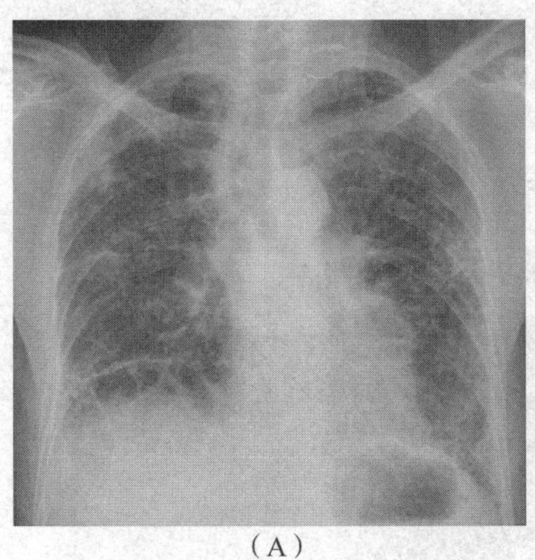
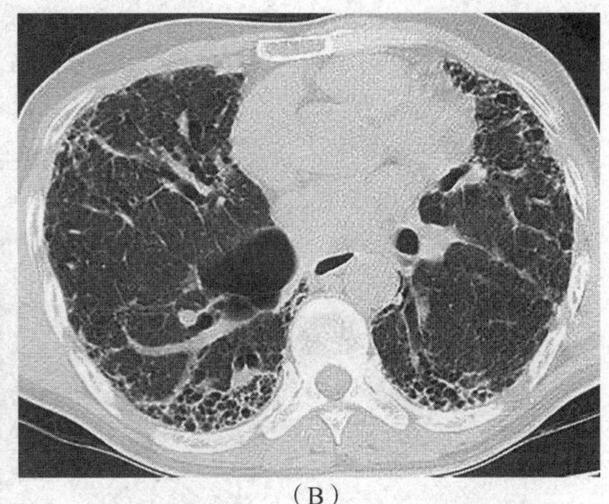

（A）　（B）

图 5-35　石棉肺

（A）胸片显示双肺弥漫性网状阴影、双下肺有蜂窝；（B）HRCT 双肺磨玻璃影、支气管扩张、蜂窝及肺大疱

注：患者为男性，62 岁，石棉肺，梳纺车间从事磨车作业 35 年。

不规则形小阴影等同于 CT 上的网状阴影，包括小叶内间质增厚、小叶间隔增厚、支气管血管束间质增厚和蜂窝（如图 5-35 所示）。石棉肺早期呈胸膜下点状或分支状影，胸膜下线、胸膜下不规则小结节，进展时出现小叶内间质增厚、小叶间隔增厚、牵拉性支气管扩张或细支气管扩张、蜂窝等，从肺基底部向上方进展。石棉性胸腔积液引起胸膜瘢痕后可出现圆形肺不张，呈胸膜下类圆形团片灶，支气管或血管呈弧形进入病变边缘内（彗星尾征），增强呈均匀强化。煤工尘肺、铝尘肺的影像学表现及分布可类似石棉肺（如图 5-36、图 5-37 所示），但无胸膜斑；部分铝尘肺病灶也可主要分布于上肺或呈弥漫性分布，也可伴有结节（如图 5-38 所示）。有时某些金属及其化合物粉尘所致的肺沉着病，如锑末沉着症也可呈网状阴影，尤其是细网状伴有小结节（如图 5-39 所示）。

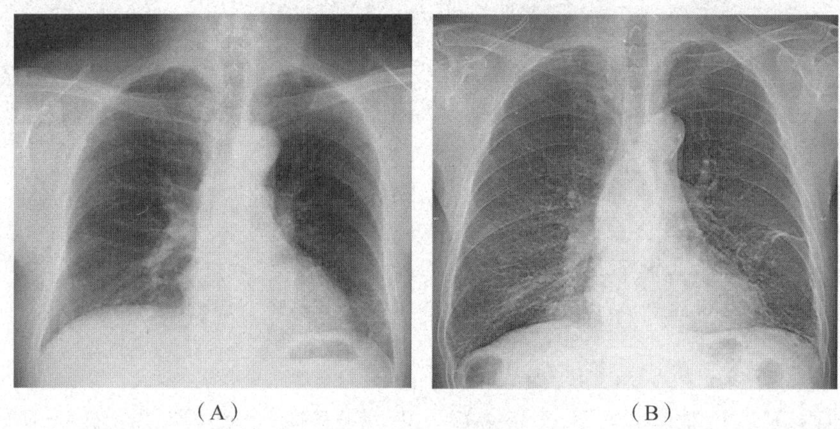

（A）　　　　（B）

图 5-36　煤工尘肺

（A）患者为男性，61 岁，煤工尘肺，胸片显示克氏 B 线，下肺明显；（B）患者为男性，77 岁，煤工尘肺，胸片显示双中下肺有克氏 B 线及网状阴影，以下肺明显

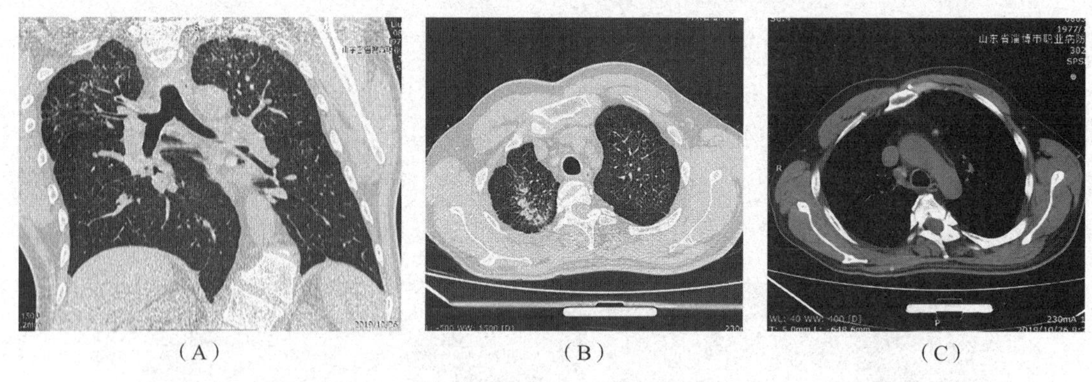

（A）　　　　（B）　　　　（C）

图 5-37　铝尘肺 1

（A）和（B）双上肺结节伴小叶间隔增厚；（C）纵隔淋巴结增大并钙化

注：患者为男性，42 岁，接触氧化铝粉尘 20 年。

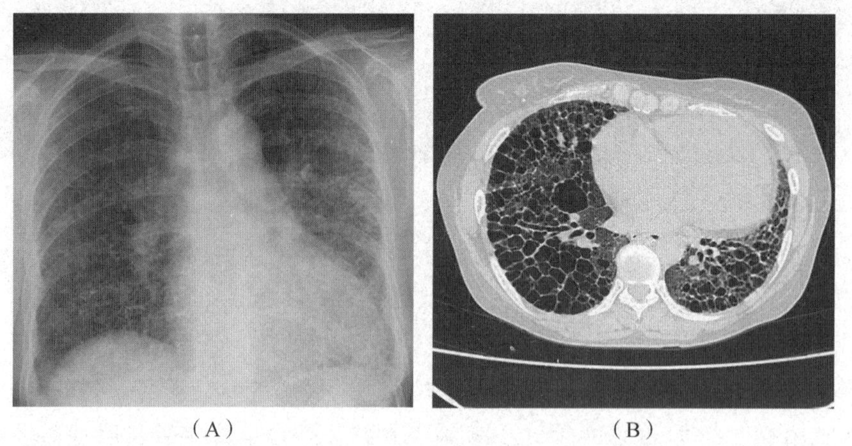

（A）　　　　（B）

图 5-38　铝尘肺 2

（A）胸片显示不规则形小阴影，以下肺区明显；（B）HRCT 显示蜂窝，以下肺区明显

注：患者为女性，接触氧化铝粉尘 9 年。

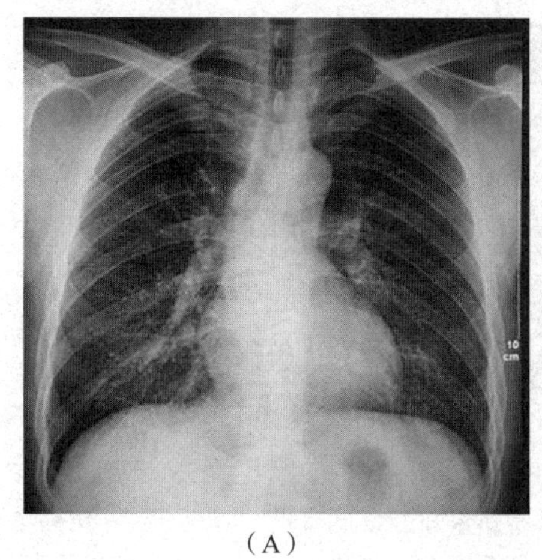

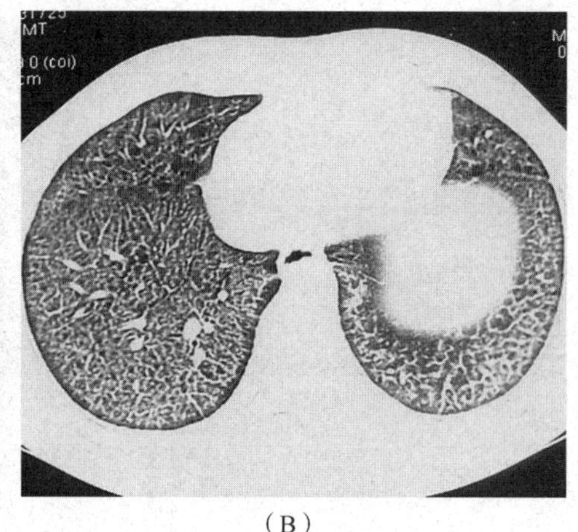

（A）　　　　　　　　（B）

图 5–39　锑末沉着症

（A）胸部平片，（B）胸部 CT；(A)和(B)均显示网状阴影伴小结节，以中下肺区明显

注：患者为男性，36 岁，在锑矿山工作。

4. 不规则形小阴影的鉴别诊断

不规则形小阴影，很难与肺部其他疾病所引起的网状阴影相鉴别。但从尘肺不规则形小阴影的发生部位、发展过程、小阴影的数量（密集度），以及小阴影的整体形态来看仍有其特点，但在诊断时必须依据可靠的职业史、现场劳动卫生学调查资料、尘肺流行病学调查情况、相应的临床资料和实验室检查等。表现为网状阴影的疾病较多，需与以下常见疾病相鉴别。

（1）纤维化型肺结节病，支气管扭曲扩张、弥漫性纤维网状影及蜂窝，病变分布多以中上肺为主。

（2）纤维化型过敏性肺炎，通常为不规则线状影 / 网格状影伴结构扭曲，可有牵拉性支气管扩张、蜂窝，但不突出，头尾和轴向随机分布，以中肺部为主，下肺部相对少见；同时伴有小气道疾病的表现：边界不清的小叶中心结节影，马赛克征、三密度征和 / 或气体陷闭。

（3）特发性肺纤维化，HRCT 表现与严重的石棉肺类似，病变主要分布于双肺下部外围区。但是，特发性肺纤维化以牵拉性支气管扩张和蜂窝多见，其胸膜下线距离胸壁内缘>5mm（通常为 1.5~2cm）（如图 5–40 所示）。而石棉肺以胸膜下点、胸膜下线、马赛克征和实质带多见，其胸膜下线距离胸壁内缘≤5mm（通常为 2~3mm）。严重的石棉肺病例，胸膜下点和胸膜下线可被小叶内网状阴影和严重的纤维化掩盖而不显示，但它们能在病变较轻的肺实质区域中显示出来；若伴有胸膜斑、弥漫性胸膜增厚（difuse pleural thickening，DPT）或淋巴结钙化，则首先考虑石棉肺。

（4）结缔组织病（硬皮病、多肌炎、皮肌炎、混合性结缔组织病、类风湿关节炎等），表现包括不规则网状阴影、牵拉性支气管扩张、蜂窝，蜂窝更多见于肺前部或呈“多泡状”；出现食管扩张提示硬皮病。

（5）药物性肺纤维化，用药后出现肺纤维化改变，停药后症状和影像学表现缓解是强有力的诊断依据。

（三）小阴影聚集的诊断

小阴影聚集是指胸片上肺野内出现局部小阴影明显增多聚集成簇的状态，但尚未形成大阴影。在 ILO 分类上，小阴影聚集以 ax 符号表达并解释。它在 CT 上定义为一群尘肺结节聚集在肺部的某一特定区域，类似肿块，但每个结节依然可以识别（如图 5–41 所示）。

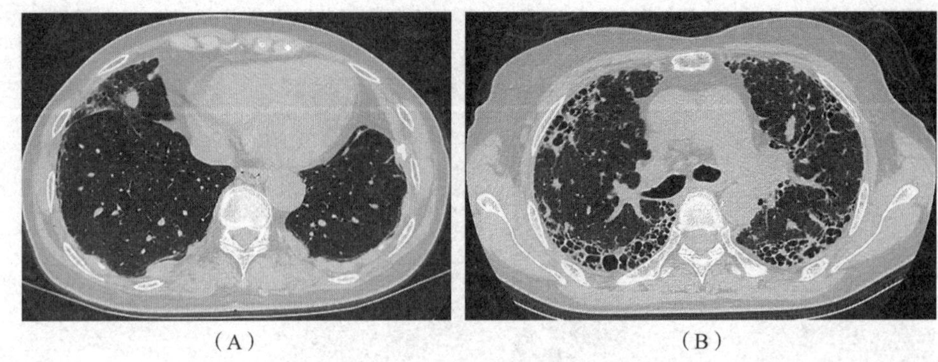

图 5-40 石棉肺和特发性肺纤维化

（A）患者为女性，68 岁，石棉肺，接触石棉 22 年，HRCT 显示胸膜斑、磨玻璃影、胸膜下线距离胸壁内缘<5mm；（B）患者为女性，66 岁，特发性肺纤维化，反复咳痰 14 年，气促半年，加重 1 个月，HRCT 显示蜂窝、支气管扩张，胸膜下线距离胸壁内缘>5mm

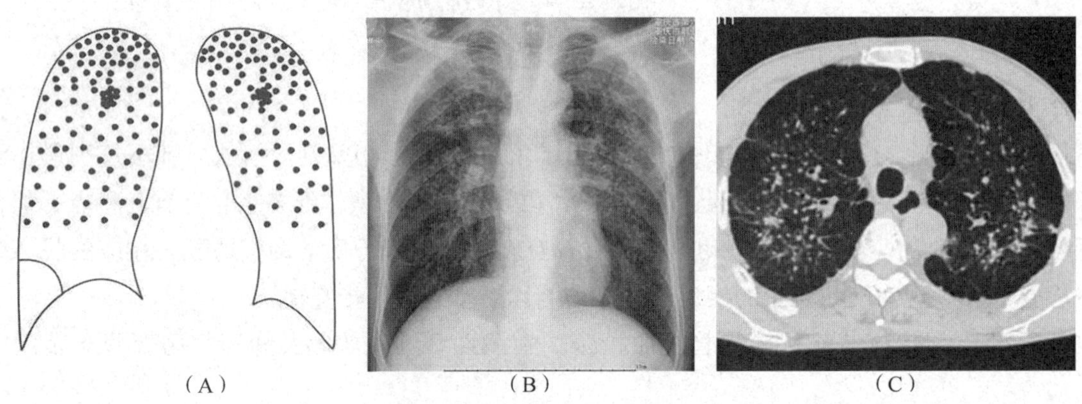

图 5-41 小阴影聚集 CT 上仍呈小阴影聚集

（A）示意图；（B）胸片，双上肺野可见小阴影聚集；（C）CT，双上肺野小阴影在 CT 上仍然表现为小阴影聚集

CT 有助于准确诊断小阴影聚集，胸片上显示的小阴影聚集在 CT 上多数是大阴影（如图 5-42 所示），也可以是小阴影聚集，在少数情况下，还可以是由于小阴影前后重叠所形成聚集的假象。CT 对于小阴影聚集的检出率明显高于胸片，因此有助于尘肺病的准确分期诊断。小阴影聚集需与结节病、亚急性/慢性粟粒性肺结核等疾病相鉴别（如图 5-43 所示）。

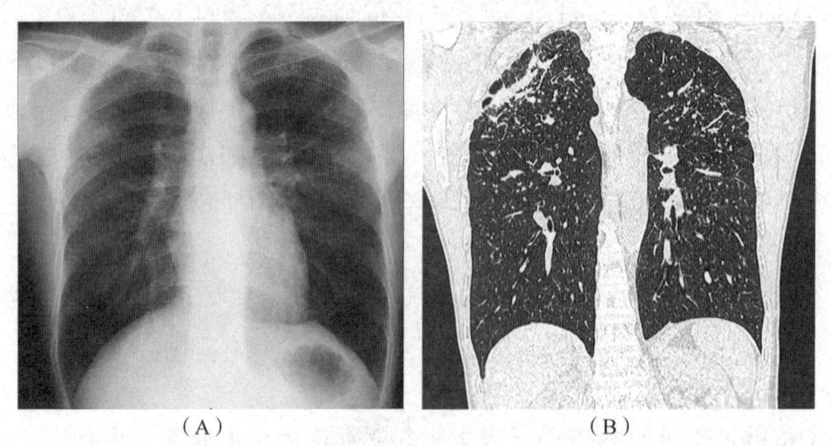

图 5-42 小阴影聚集在 CT 上呈大阴影

（A）胸片显示右上肺区有小阴影聚集；（B）HRCT 显示胸片所示小阴影聚集为大阴影

注：患者为男性，44 岁，挖煤及掘进 15 年，煤工尘肺。

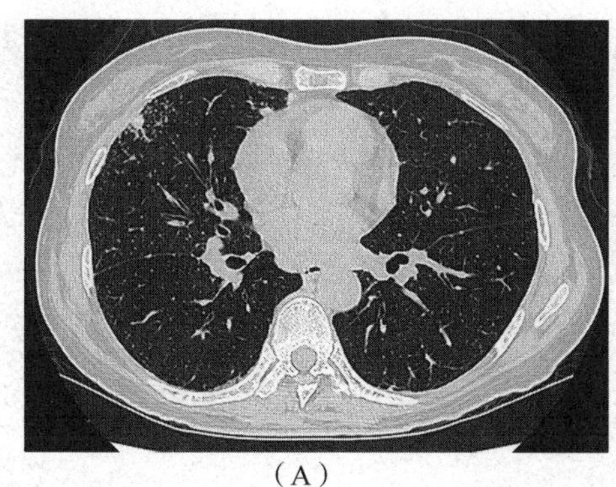
（A）

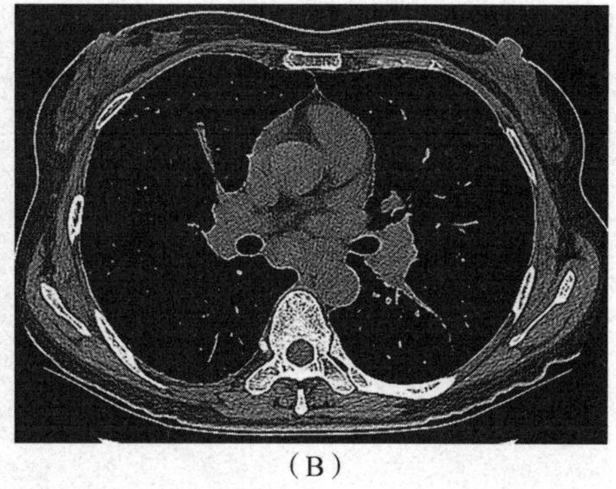
（B）

图 5-43　结节病

（A）右肺中叶结节呈“星系征”，类似小阴影聚集；（B）肺门及纵隔淋巴结对称性肿大

注：患者为女性，53 岁，体检发现肺部病灶。

（四）大阴影的诊断及鉴别诊断

1. 大阴影的诊断

大阴影沿胸廓长径发展而与侧胸壁平行，呈带状、肾形、发辫状、腊肠样等；常为 3~15cm，甚至更长，不受叶间裂限制［如图 5-44（A）所示］；CT 值通常大于 50HU，而滑石尘肺和云母尘肺的大阴影均可因其粉尘沉积导致 CT 值非常高；偶尔大阴影也可由钙化的圆形小阴影完全融合而成［如图 5-44（B）所示］。由于肺的各部位淋巴清除率存在差异，故大阴影多位于中上肺区中后部，即上叶尖段、后段或下叶背段，右侧居多；双侧出现时常对称分布（如图 5-45 所示），呈“八字征”或“蝶翼样”；边界清楚，边缘可有长毛刺；大阴影内有时可见点状、线状和大块状钙化，也可见空气支气管征；大于 4cm 的煤工尘肺大阴影内常见低密度缺血坏死区（如图 5-46 所示）；大阴影合并结核分枝杆菌感染或缺血坏死时，其内可发生空洞，以肺结核空洞最常见，由于肺结核空洞是在 PMF 的基础上发生干酪样坏死、排出后形成，因此早期表现为虫蚀样空洞（如图 5-47 所示），大小不等的空洞可相互融合而成为巨大空洞；尘肺结核空洞的特点是：大而不规则、壁厚薄不均、凹凸不平、可有壁结节，周围可有卫星病灶，可伴有支气管播散病灶，邻近胸膜明显增厚（如图 5-48 所示）；偶尔空洞内出现空气新月征，则高度提示合并曲霉菌感染（如图 5-49 所示）；大阴影常因周围纤维组织牵拉而向肺门侧移动，导致瘢痕旁型肺气肿，在矽肺中最为常见，粉尘中 SiO_2 含量较少所致的尘肺病，其瘢痕旁型肺气肿较轻，如部分煤工尘肺等；大阴影邻近常见胸膜增厚，可出现胸膜凹陷征和胸腔积液。在随访过程中，大阴影可能保持不变，也可能因纤维化病变的进展而逐渐增大，或因纤维组织的收缩而缩小、密度增加。几乎所有大阴影病例均有小阴影的背景，但偶尔也可无小阴影背景存在。

大阴影表现不典型时，形态可呈类圆形、不规则形等，位于肺的下部或前部；大阴影位于下叶时，有时可见近端支气管血管束集中、受累肺叶体积缩小及邻近的胸膜增厚，此时勿认为是圆形肺不张。大阴影移动至肺门和纵隔可类似纵隔型肺癌或纵隔肿瘤，因胸膜增厚粘连向侧胸壁移动而紧贴侧胸壁，向头侧移动紧缩至上肺野甚至肺尖。重视大阴影周围的瘢痕旁型肺气肿，有利于不典型大阴影的诊断。大阴影呈水平位时，应除外合并结核的可能性。不典型大阴影如图 5-50 所示。

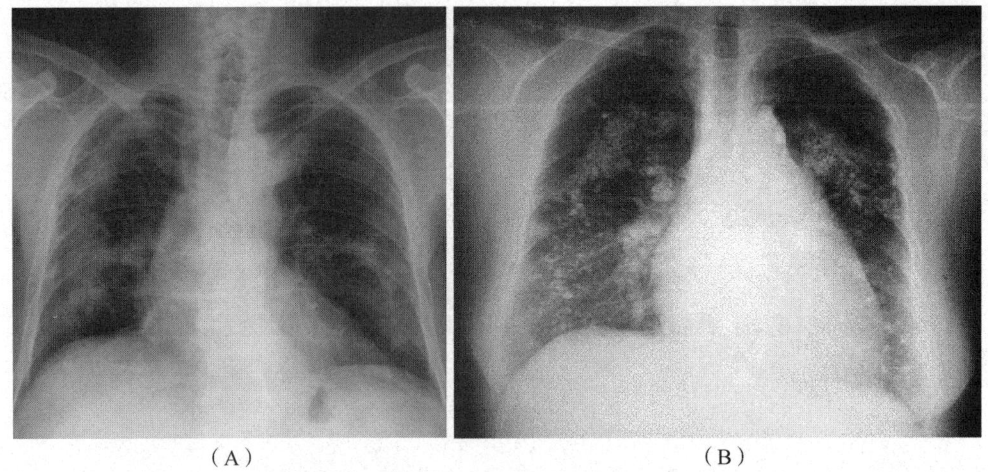

（A）（B）

图 5-44　圆形小阴影、大阴影、双肺门及纵隔淋巴结钙化

（A）煤工尘肺，右侧大阴影从右肺尖部贯通至肺底；（B）矽肺，患者为女性，60 岁，从事石英磨粉 7 年多，脱尘 34 年，胸片显示双肺圆形小阴影钙化、双上大阴影由点状钙化融合而成，双肺门及纵隔淋巴结呈蛋壳样钙化

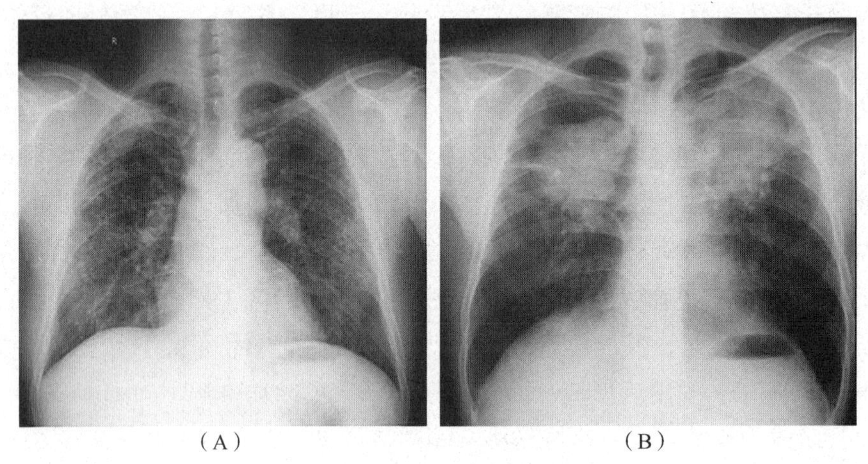

（A）（B）

图 5-45　大阴影

（A）单侧大阴影，大阴影位于右上肺区；（B）双侧大阴影，大阴影位于双上中肺区、对称性分布

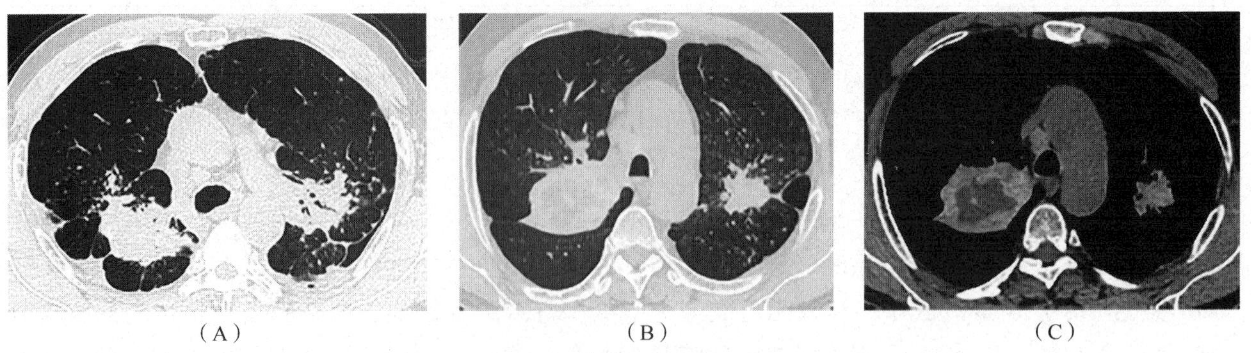

（A）（B）（C）

图 5-46　大阴影的 CT

（A）矽肺，双侧可见大阴影，瘢痕旁肺气肿显著；（B）、（C）煤工尘肺，双侧可见大阴影，瘢痕旁型肺气肿轻，右侧大阴影内有低密度缺血坏死区

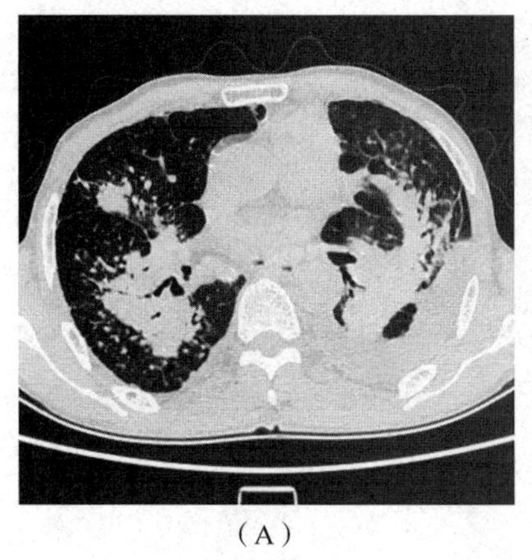
（A）

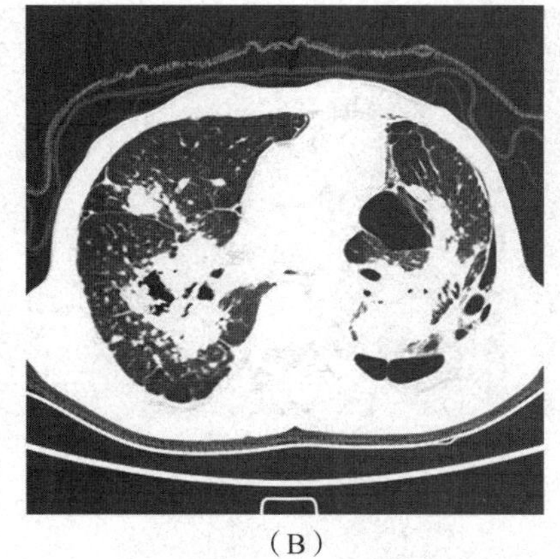
（B）

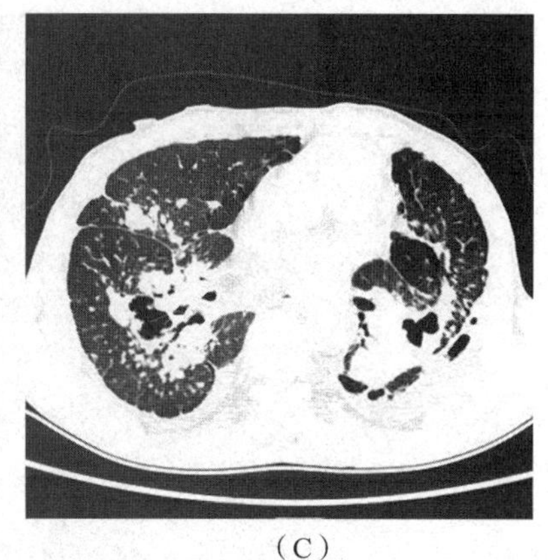
（C）

图 5-47　右侧大阴影内结核空洞的演变过程

（A）显示右侧大阴影内的虫蚀样空洞；（B）3 个月后复查，右侧大阴影内的虫蚀样空洞相互融合；（C）6 个月后复查，右侧大阴影内的空洞明显增大，左侧大阴影内也有空洞形成

注：患者为男性，65 岁，咳嗽、咳痰、胸闷，活动后加重，金矿井下工作史 16 年。

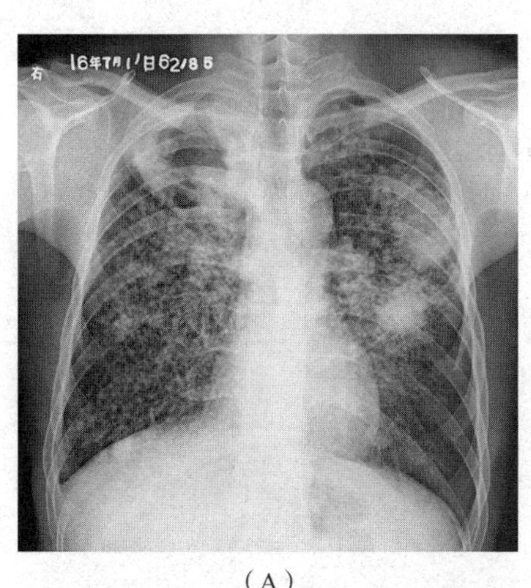

（A）

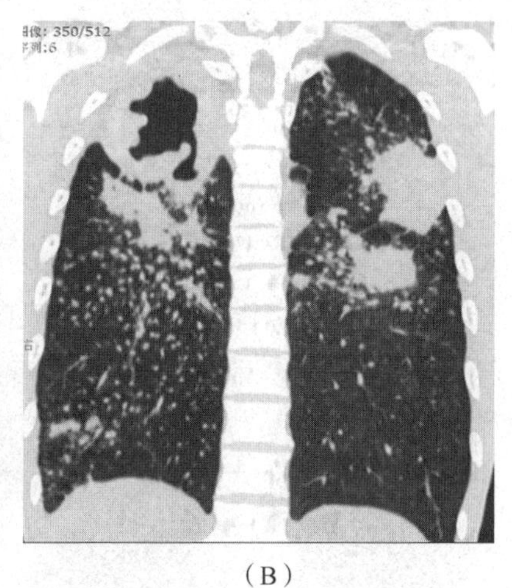

（B）

图 5-48　大阴影内的结核空洞特点

（A）胸部平片显示双上肺大阴影呈“八字征”，右侧大阴影内有大而不规则的空洞，邻近的胸膜明显增厚；（B）胸部 CT 冠状位重组图像更好地显示空洞性病灶的特点，并可见右下肺的支气管播散病灶

注：患者为男性，42 岁，咳嗽、咳痰、喘累半年，从事碎石作业 5 年余。

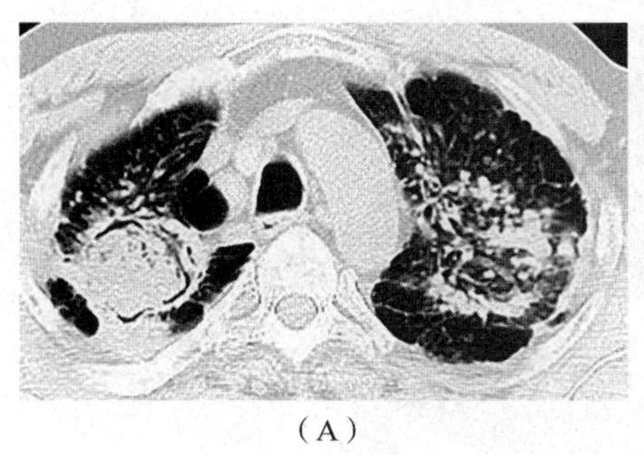
（A）

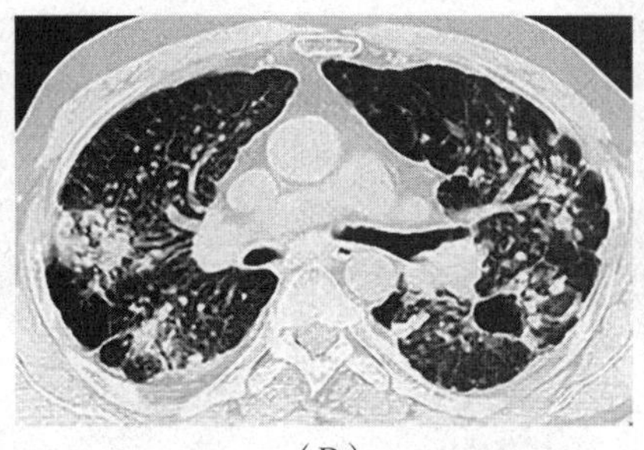
（B）

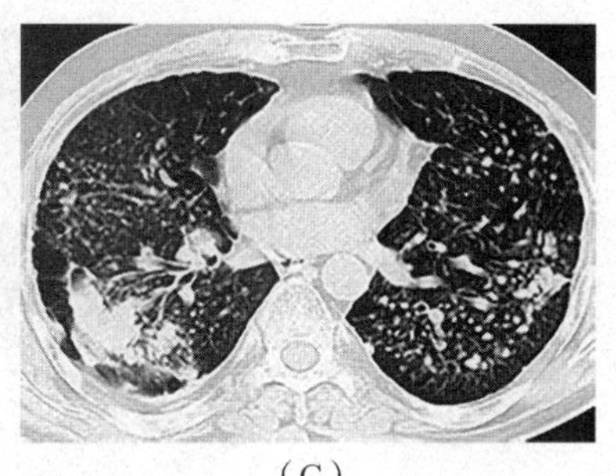
（C）

图 5-49　大阴影合并肺结核及曲霉菌感染

（A）右肺上叶大阴影空洞内出现空气新月征，提示合并曲霉菌感染；（B）左肺可见薄壁空洞，内缘光整；（A）~（C）双肺小结节及大阴影，周围可见卫星病灶

注：患者为男性，48 岁。

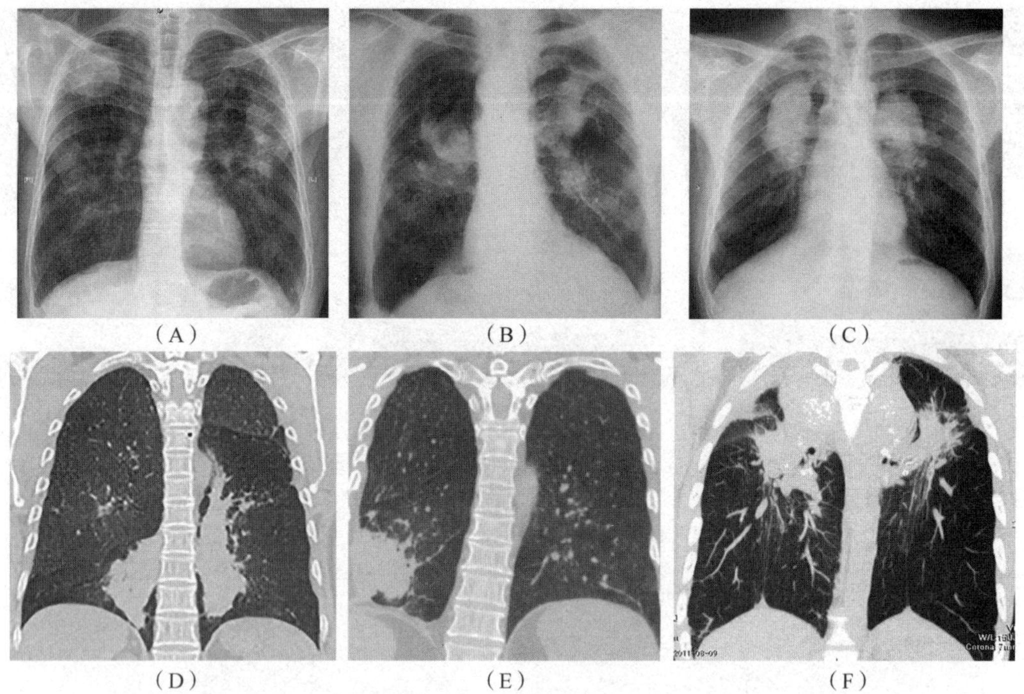

图 5-50　不典型大阴影

（A）右上大阴影呈圆形；（B）胸膜粘连牵拉致双侧大阴影呈旋涡状；（C）双侧肺门侧大阴影类似结节病；（D）双侧大阴影位于双肺下叶；（E）胸膜粘连牵拉致右下大阴影紧贴胸壁；（F）双上大阴影紧贴纵隔

由于大阴影主要为纤维化结构，故 CT 增强检查呈渐进性强化、增强幅度值通常不超过 20HU（如图 5-51 所示）；MRI 的 T1WI、T2WI 图像均呈等或低信号的团块影，扩散不受限（如图 5-52 所示）。

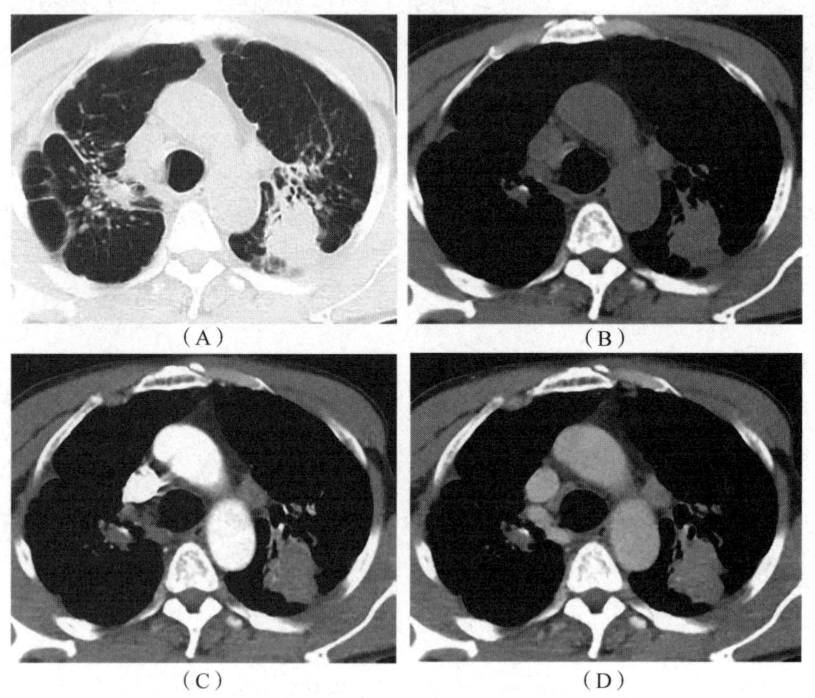

图 5-51　大阴影 CT 增强

（A）肺窗，左肺大阴影；（B）纵隔窗平扫期，CT 值为 52HU；（C）纵隔窗动脉期，CT 值为 67HU；（D）纵隔窗静脉期，CT 值为 75HU

注：患者为男性，60 岁，矽肺。

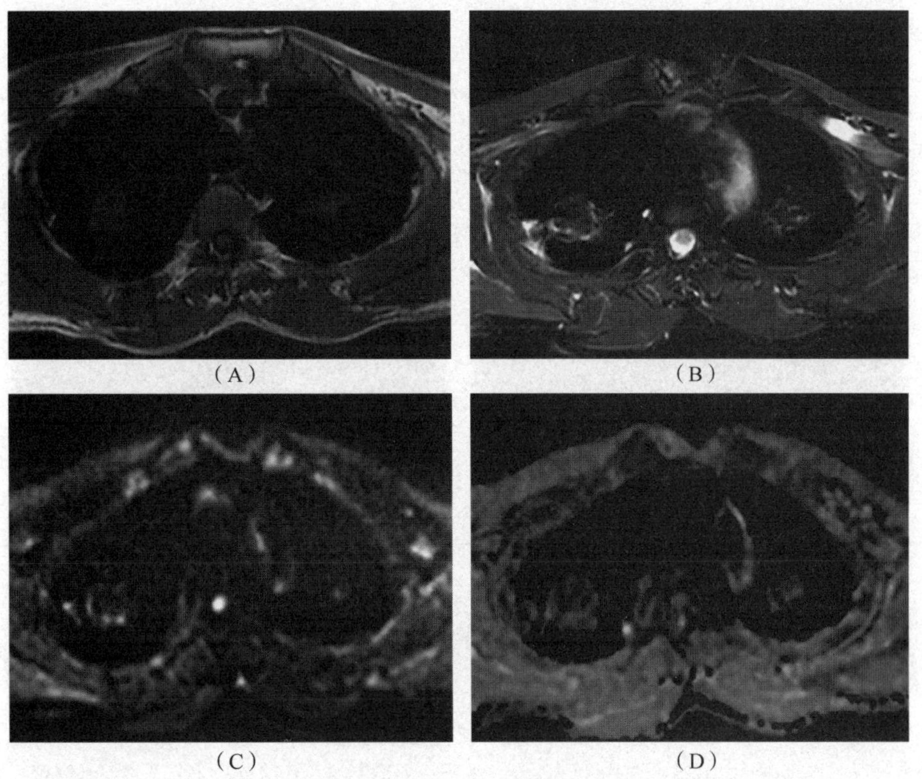

(A) (B) (C) (D)

图 5-52 大阴影 MRI 平扫

(A) T1WI，双肺大阴影呈中等或稍低信号；(B) T2WI，双肺大阴影呈中等或高信号；(C) DWI，双肺大阴影呈中间低、边缘高信号；(D) 双肺大阴影 ADC 图呈中间低、边缘高信号

注：患者为男性，69 岁，陶工尘肺。

石棉肺偶尔出现大阴影，其形成原因可能为石棉纤维、石棉矿中所含的石英，以及长期病程中继发支气管和肺部感染的结果，其内通常不会出现空洞。

2. 大阴影的定量评估

大阴影的大小与肺功能损害的严重程度呈正相关，因此定量评价大阴影的大小有重要的临床意义。

ILO 2022 中，胸片上的大阴影可根据大小分为 A~C 级，A 级：单个大阴影的长径或多个大阴影长径之和最大不超过 50mm；B 级：单个大阴影的长径或多个大阴影长径之和超过 50mm，但不超过右上肺区面积；C 级：单个大阴影的面积或多个大阴影面积之和超过右上肺区面积。

《2014 德国职业和环境相关性胸部疾病 CT/HRCT 分类标准：更新》（以下简称 2014 德国分类）中，根据单个或多个大阴影占据 CT 隆突层面右侧肺部断面面积的比例分为 A~C 级：A 级指小于四分之一面积（1 个象限）；B 级指小于一半面积（2 个象限）；C 级指超过一半面积（>2 个象限）。

3. 大阴影的鉴别诊断

大阴影需要与表现为结节 / 肿块的常见疾病进行鉴别诊断。

肺癌，常为单发肿块，多见分叶、毛刺等征象，分叶以深分叶为特点，毛刺以短细僵为特点；可出现空洞，空洞壁厚、厚薄不均、可有壁结节；周围无瘢痕旁型肺气肿；CT 增强幅度值通常大于 20HU（如图 5-53 所示）；在 MRI 上，肺癌表现为 T2WI 高信号，扩散受限（DWI 高信号，ADC 值减低），可与大阴影相鉴别（如图 5-54 所示）。

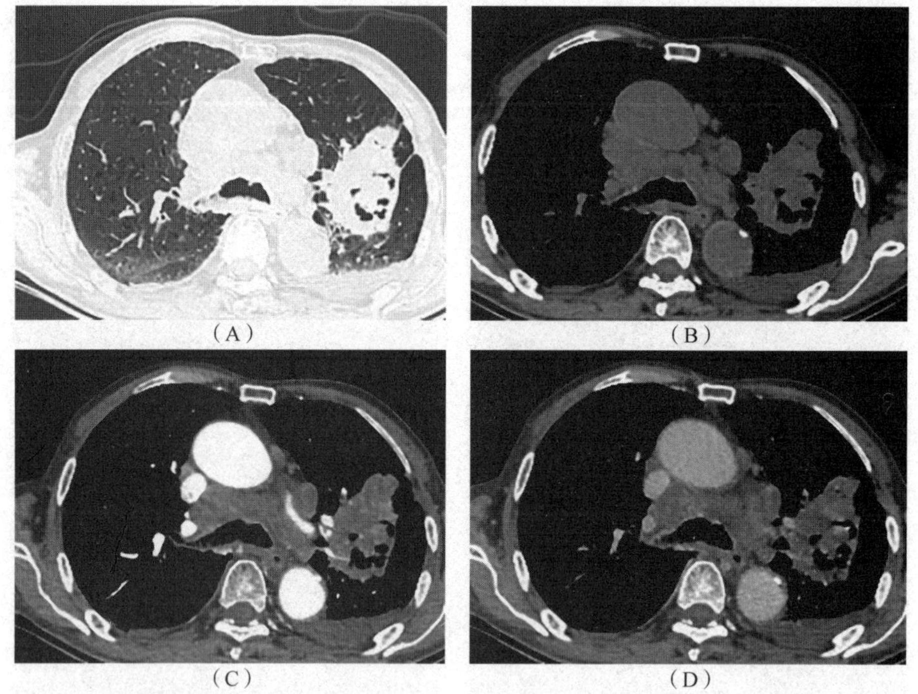

图 5-53　肺癌 CT 增强

（A）肺窗，左肺上叶不规则形肿块，边缘有深分叶，其内可见不规则形空洞及壁结节；（B）平扫期纵隔窗，肿块 CT 值 34HU；（C）动脉期纵隔窗，肿块 CT 值 69HU；（D）静脉期纵隔窗，肿块 CT 值 42HU；（B）~（D）纵隔淋巴结肿大且融合，无钙化

注：患者为男性，80 岁，左侧胸痛 5 个月，病理为肺鳞癌。

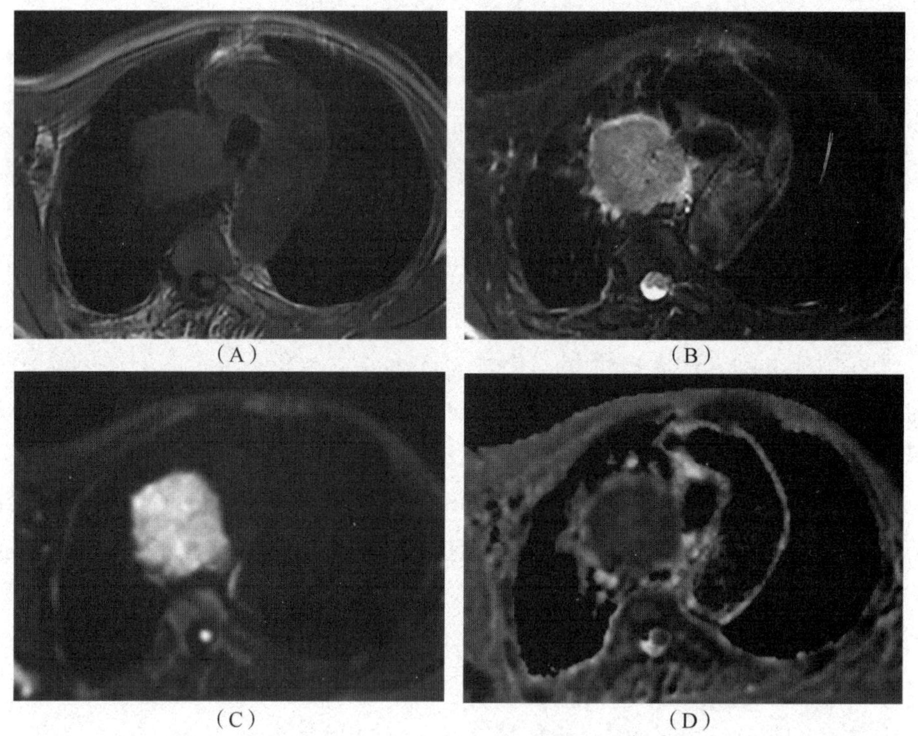

图 5-54　肺癌 MRI 平扫

（A）T1WI，右肺上叶肿块呈中等或低信号；（B）T2WI，右肺上叶肿块呈高信号；（C）DWI，右肺上叶肿块呈高信号；（D）右肺上叶肿块 ADC 图呈低信号

注：患者为男性，68 岁，肺癌。

结核球，好发于上叶尖后段和下叶背段，多为单发，大小常为2~3cm，呈类圆形，边缘可有浅分叶，其内可有环形或斑点状钙化；若出现空洞，则常在肺门侧呈半月形；周围常见卫星病灶（球形病灶附近散在的斑点状、小结节状及条索状影）；CT增强检查时通常不强化，典型者可有包膜薄环形强化（如图5-55所示）。

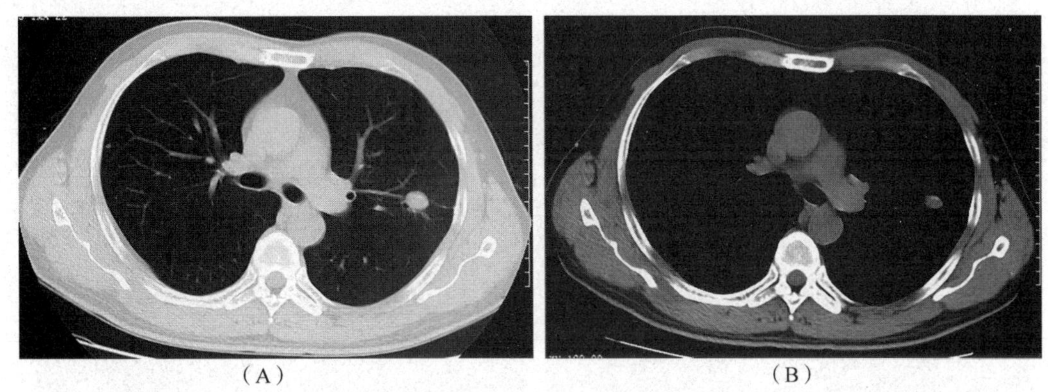

（A）　　（B）

图5-55　结核球

（A）肺窗；（B）纵隔窗

注：患者为男性，42岁，左肺上叶尖后段有一软组织密度结节，其内有钙化，结节周围有卫星病灶。

炎性假瘤，好发于胸膜下，多呈类圆形或不规则形，密度较均匀，以分叶征、毛刺征及刀切征多见，有时在肿块胸膜缘见尖角样粘连带，CT增强扫描多呈明显均匀强化（如图5-56所示）。MRI上，T1WI中等信号，T2WI高信号，增强后可见强化。在PET上^{18}F-FDG有高强度摄取。

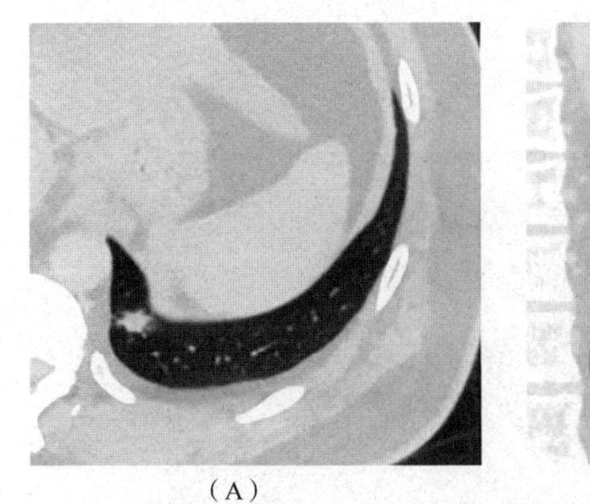

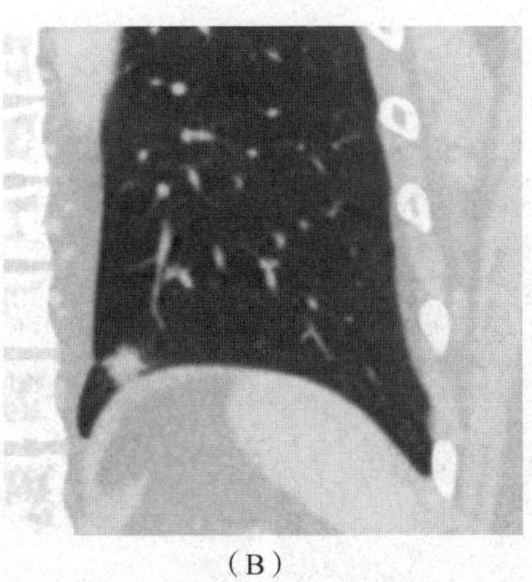

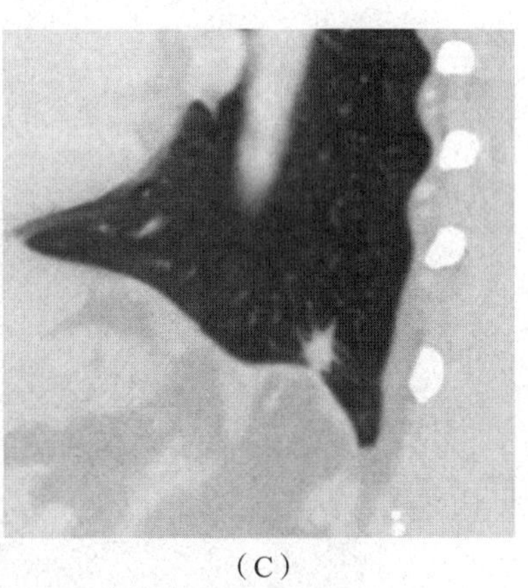

（A）　　（B）　　（C）

图5-56　炎性假瘤

（A）横轴位；（B）冠状位；（C）矢状位；（A）~（C）所示左肺下叶后基底段胸膜下类圆形结节，边缘可见分叶征及毛刺征

注：患者为男性，39岁，体检发现结节，病理为炎性假瘤。

（五）胸膜改变

胸膜改变分为胸膜斑、肋膈角闭锁、DPT、胸腔积液及恶性胸膜间皮瘤。

1. 胸膜斑的诊断

胸膜斑是石棉相关胸膜疾病的最常见表现，常在接触石棉20~30年后首次出现。胸膜斑主要位于第7~10肋骨的后外侧胸壁、第6~9肋骨的侧胸壁、膈肌穹隆和椎旁胸膜处；可为双侧或单侧；在切线位胸片时呈沿胸壁内缘光滑的致密带状影，不在切线位时呈斑片影。胸膜斑的厚度是指胸膜斑阴影内侧缘到侧胸壁之间的距离。胸膜斑长度的测量方法是计算单侧或两侧多个胸膜斑长度之和。有 10%~15% 的胸膜斑出现钙化，多在接触石棉 30 年后出现。早期胸膜增厚是不连续的，随着时间的迁移它可以增大、钙化增多。如心包膜严重增厚粘连，使心缘显示蓬乱，称为“蓬发心”（如图 5-57 所示）。壁层胸膜斑是石棉接触最具特征性的影像学表现，CT 上为局限性胸膜增厚、不伴有胸膜下纤维化，而脏层胸膜增厚常为 DPT、多伴有胸膜下纤维化（如图 5-58 所示）；壁层胸膜斑进展累及脏层胸膜时也可出现胸膜下纤维化。胸膜斑在 T1WI 和 T2WI 上均呈低信号，增强无强化；在 PET 上无 ^{18}F-FDG 摄取。

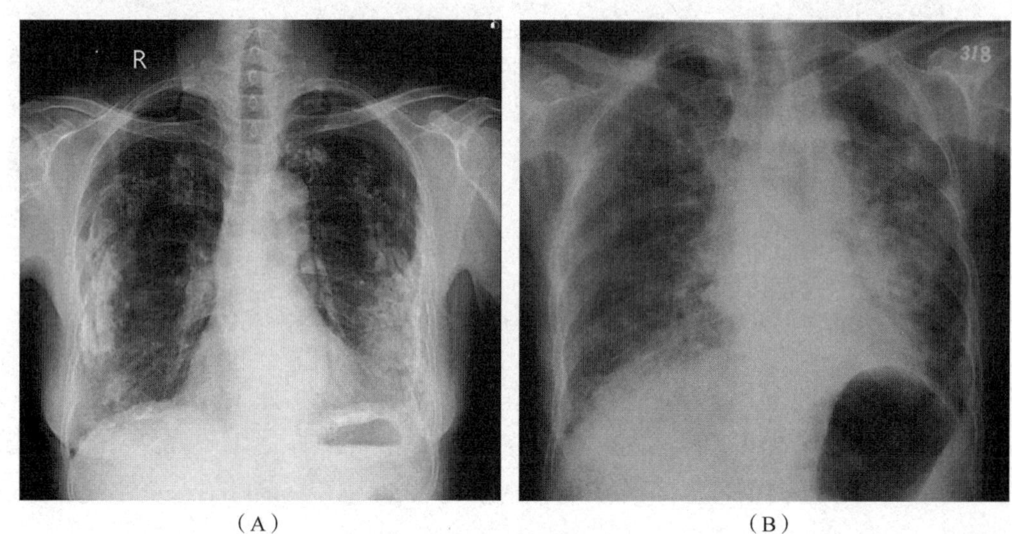

（A）　　（B）

图 5-57　胸膜斑和蓬发心

（A）胸片示胸膜增厚并钙化；（B）接触石棉 30 年以上，蓬发心

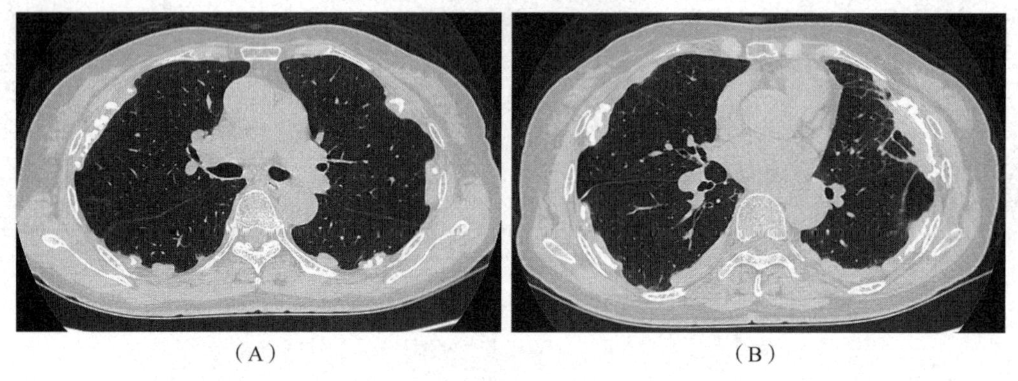

（A）　　（B）

图 5-58　胸膜斑

（A）CT 示壁层胸膜斑伴钙化；（B）CT 示左前及右后脏层胸膜斑伴钙化

注：患者为女性，68 岁，咳嗽、气喘 2 年，心慌 2 个月，接触石棉 22 年。

胸片发现胸膜斑的敏感性是 30%~80%，钙化时敏感性提高。CT 在检出胸膜病变上更敏感。在区别是胸膜增厚还是与其相似的胸膜外脂肪垫方面，CT 的准确性较胸片更高。

2014 德国分类首次将石棉所致胸膜病变分为 A~H，其石棉肺的诊断特异性递减：A~E 为壁层胸膜增厚，A 为胸部两侧有边缘清楚的胸膜增厚伴钙化，呈平顶山状或非平顶山状；B 为胸部单侧有边缘清楚的胸膜增厚而无钙化，呈平顶山状；C 为胸部两侧有边缘清楚的胸膜增厚而无钙化，呈平顶山状或非平顶山状；D 为胸部单侧有边缘清楚的胸膜增厚伴钙化，呈非平顶山状；E 为胸部单侧有边缘清楚的胸膜增厚而无钙化，呈平顶山状或非平顶山状；F 为脏层胸膜增厚；G 为圆形肺不张，几乎都伴有脏层胸膜增厚；H 为胸腔积液。

2. 胸膜斑的分类及定量诊断

ILO 2022 中，胸膜斑的长度是指在后前位胸片上胸壁斑块的总长度，包括正面和侧面影像，但不包括横膈或其他部位，是指斑块累及的单侧胸壁（从肺尖到肋膈角）长度之和。1= 总长度不超过单侧胸壁长度的四分之一；2= 总长度超过单侧胸壁长度的四分之一，但不超过二分之一；3= 总长度超过单侧胸壁长度的二分之一。

2014 德国分类中，胸膜病变定量评估包括长度和宽度。记录每个肺区中的所有胸膜增厚病变，除记录轴向胸膜病变长度之和，还必须记录纵向病变长度，这样才能准确记录胸膜病变的总范围，显示病变的严重程度。把每侧胸部当成一个假想的圆周，标注每侧增厚的胸膜长度占其周长（360°）的比例。胸膜增厚的定量标准：1 级为＜ 90°（＜周长的四分之一）；2 级为 90° ~180°（周长的四分之一至一半）；3 级为＞180°（＞周长的一半）。宽度选择胸膜增厚的最宽处进行测量：a 级为＜5mm；b 级为 5~10mm；c 级为＞10mm。

3. 胸膜斑的鉴别诊断

（1）正常解剖，在 CT 上，①胸膜外脂肪与胸膜斑相似，但其脂肪密度使其易于鉴别，在 MRI 上 T1WI、T2WI 均呈高信号；②胸横肌位于心脏层面前胸壁邻近胸骨下部或剑突部位，肋下肌位于心脏层面的后胸壁，均呈光滑、厚度一致且对称，可与胸膜斑相鉴别；③肋间静脉段常见于脊椎旁区，与奇静脉或半奇静脉相连时可正确辨认，肺窗观察时不使肺表面凹陷，可与胸膜斑相鉴别。

（2）纤维化肺病的网状影及界面征常致邻近的脏层胸膜不规则增厚，与石棉相关的壁层胸膜增厚不同。

（3）假胸膜斑由胸膜下结节融合而成，内缘呈多个结节排列，见于矽肺、煤工尘肺或结节病等。

（4）滑石粉胸膜固定术后，胸膜表面见线状和 / 或结节状高密度的滑石沉积物，密度低于钙化，PET 上 ^{18}F-FDG 摄取明显。

（5）胸壁结石或胸膜纤维蛋白体较少见，为可移动的胸膜内钙化游离体，大小 5~15mm，多在近肺基底部；常无症状。

4. 肋膈角闭锁的诊断

ILO 2022 中，胸片上，侧面胸膜增厚累及肋膈角可诊断为肋膈角闭锁。

5. DPT 的诊断

DPT 是石棉接触的另一个常见表现，代表脏层及壁层胸膜同时增厚和融合，常与胸腔积液有关（如图 5-59 所示）。ILO 2022 将 DPT 定义为：胸片上，肋膈角闭锁及其增厚的胸膜延伸至侧胸壁，胸膜增厚宽径至少达到 3mm。在 HRCT 上，DPT 定义为连续层面的胸膜增厚，横径至少达 5cm，头尾径至少达 8cm，厚度大于 3mm。ICOERD 则未对 DPT 的大小做规定。

6. 胸腔积液的诊断

胸腔积液见于肿瘤、炎症或感染、心源性、外伤及石棉接触等。良性渗出性胸腔积液可为接触石棉后第一个 10 年中仅有的表现，或接触石棉后第一个 20 年中最常见的表现，可持续存在或反复发生。影像学检查可明确胸腔积液的诊断并评估其程度。

7. 恶性胸膜间皮瘤的诊断

约 10% 的石棉接触者可发生恶性胸膜间皮瘤。恶性胸膜间皮瘤在影像上表现为广泛的不均匀胸

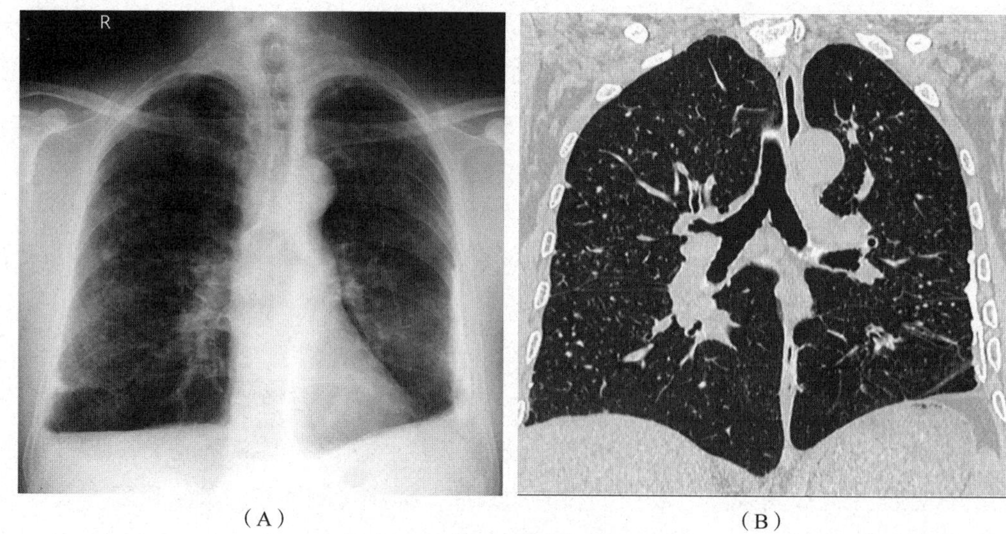

（A）　　（B）

图 5-59　弥漫性胸膜增厚

（A）胸片；（B）CT 冠状位重组，显示除双肺圆形小阴影，还可见双侧肋膈角变钝及胸膜增厚伴钙化

注：患者为男性，54 岁，尘肺病伴结核性胸膜炎后改变。

膜增厚，可呈多发或单发的胸膜结节 / 肿块，有强化；其内可见点状或大片状钙化灶；常合并胸腔积液；肺被包裹可致其体积缩小，同侧膈肌抬高、肋间隙变窄（如图 5-60 所示）。在 MRI 上，T1WI 呈稍高信号、高于胸腔积液，T2WI 呈高信号、低于胸腔积液。

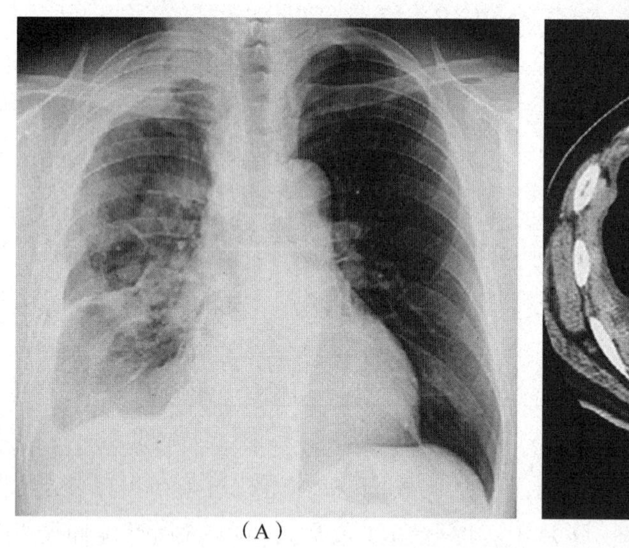

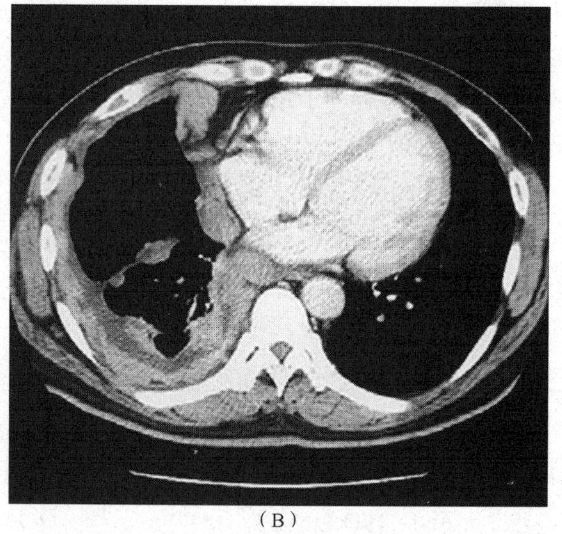

（A）　　（B）

图 5-60　胸膜间皮瘤

（A）胸片；（B）CT 增强横断面，显示右侧胸膜弥漫性增厚、内缘凹凸不平，肋隔角变钝，胸膜明显强化，胸廓明显缩小

注：患者为男性。

（六）淋巴结的肿大与钙化

矽尘随淋巴管系统引流到肺门和纵隔淋巴结并滞留，部分矽尘沉着在边缘窦，引起网状内皮细胞增生和胶原纤维化、玻璃样变，使淋巴结肿大。矽结节融合取代淋巴组织而形成硬块、坏死，胆固醇结晶析出，钙盐沉着；有的矽结节中心的血管闭塞、机化、钙化，从而形成淋巴结钙化的影像。矽尘在淋巴窦内不断堆积、阻塞，使其不易渗入髓质，致使淋巴结纤维化坏死，玻璃样

变，从而在包膜下发生钙盐沉着，形成淋巴结蛋壳样钙化的影像。有时淋巴结病变先于肺部病变出现。

正常淋巴结在胸片上不可见，而肿大淋巴结使肺门影增大、密度增高，有时使肺门角消失（如图 5-61 所示）。CT 可清晰显示淋巴结肿大和钙化，钙化可呈斑点状、结节状、蛋壳样（如图 5-62 所示）。淋巴结蛋壳状钙化主要见于矽肺，可见于混合粉尘尘肺，也可见于其他疾病，如结节病、肺结核、纵隔淋巴瘤放疗后、硬皮病、淀粉样变性、芽生菌病和组织胞浆菌病等。稀土粉尘所致尘肺病的肺门和纵隔淋巴结不肿大但密度极高（高于矽肺淋巴结钙化），可能是稀土粉尘在淋巴结沉积所致（如图 5-63 所示）；滑石尘肺、云母尘肺和锡末沉着症、钡末沉着症的淋巴结可肿大且呈高密度（如图 5-64 所示）。

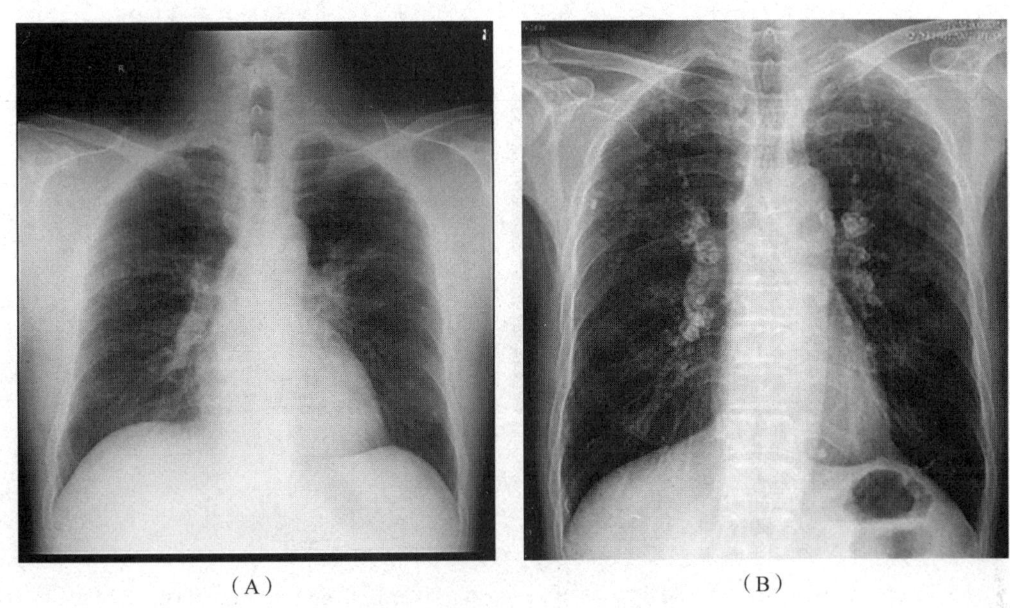

（A）　　（B）

图 5-61　淋巴结肿大

（A）肺门影增大、密度增高，提示淋巴结肿大；（B）双肺门淋巴结肿大伴蛋壳样钙化

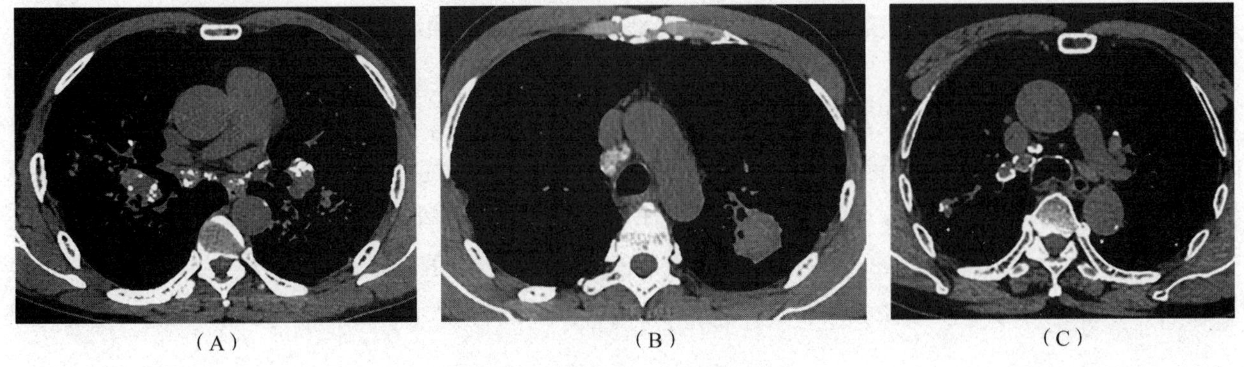

（A）　　（B）　　（C）

图 5-62　淋巴结肿大并钙化

（A）淋巴结肿大并结节状钙化；（B）淋巴结肿大并斑点状钙化；（C）淋巴结肿大并蛋壳状钙化

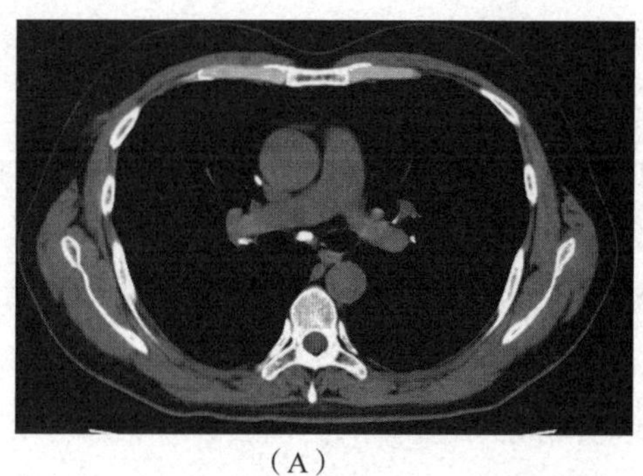
(A)

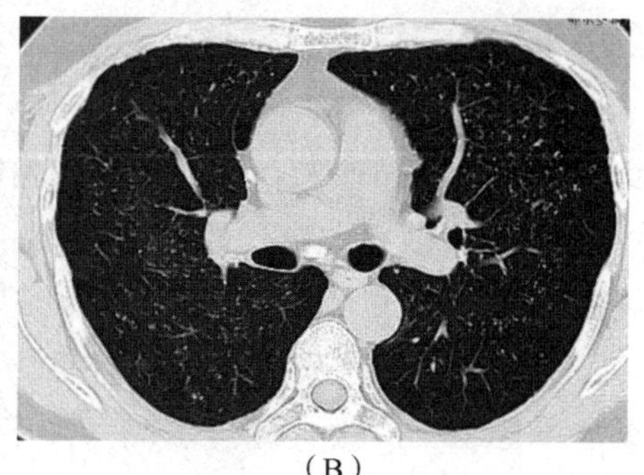
(B)

图 5-63　稀土粉尘所致尘肺病

(A)双肺门及纵隔淋巴结呈金属样密度增高，但不增大；(B)双肺可见密度浅淡的小叶中心结节

注：患者为男性，55 岁，从事土窑灼烧约 2 年、隧道窑灼烧 4 年多。

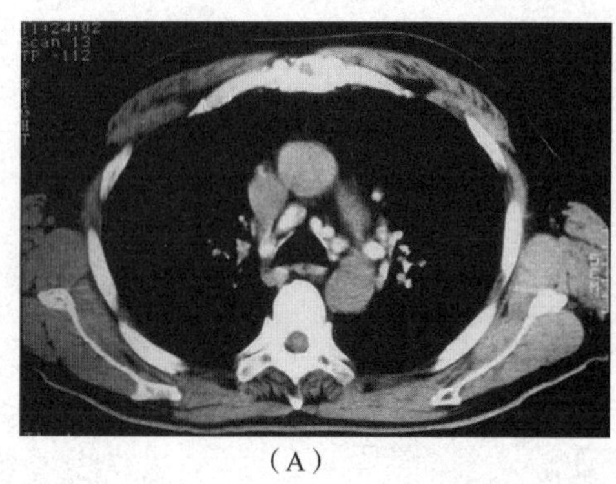
(A)

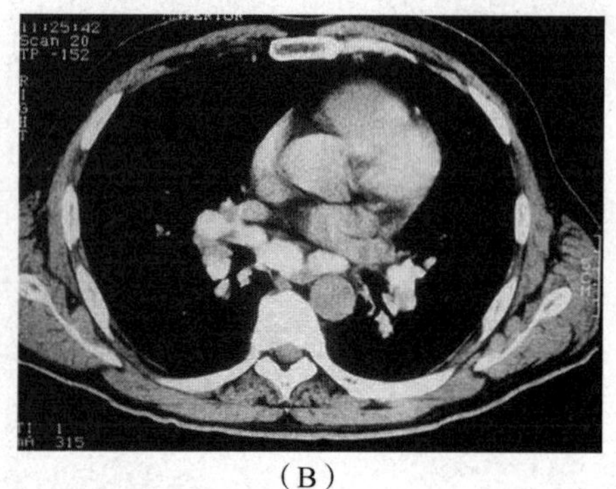
(B)

图 5-64　钡末沉着症

(A)(B)显示双肺门及纵隔淋巴结肿大且呈高密度，无明显融合

注：患者为男性，49 岁，在重晶石矿从事钻井作业。

图引自 Dosios T, et al. Baritosis of the Mediastinal Lymph Nodes[J]. Ann Thorac Surg, 2003, 76(1): 297.

（七）肺纹理

尘肺患者在胸片上肺纹理可增多、增粗，由于间质纤维化牵拉，肺纹理形态可不规则、扭曲变形、移位。大部分老年人、吸烟者和受到空气污染者也会有肺纹理增多、增粗，应注意鉴别。

（八）肺气肿

尘肺病可出现肺气肿，在胸片上表现为双侧肺野透亮度增高，肺纹理稀疏、纤细，桶状胸，肋间隙增宽、膈低平，有时可见肺大疱。肺气肿在 CT 上可分为小叶中心型、全小叶型、间隔旁型和大泡性肺气肿（如图 5-65 所示）。小叶中心型肺气肿呈位于小叶中央的无壁透亮区，常以上叶为主；全小叶型肺气肿呈密度减低区，肺血管变细稀疏，广泛分布或以下叶明显；间隔旁型肺气肿为胸膜下局限性低密度区，其间有薄壁相隔，上叶为主；大泡性肺气肿是指伴有肺大疱的肺气肿。

四、尘肺小阴影的形态、密集度和分布范围的识别与判断

正确辨认和判定小阴影的形态、密集度、分布范围是尘肺病 X 射线诊断和分期中的一个重要技术问题，也是掌握和应用尘肺病诊断标准的关键。

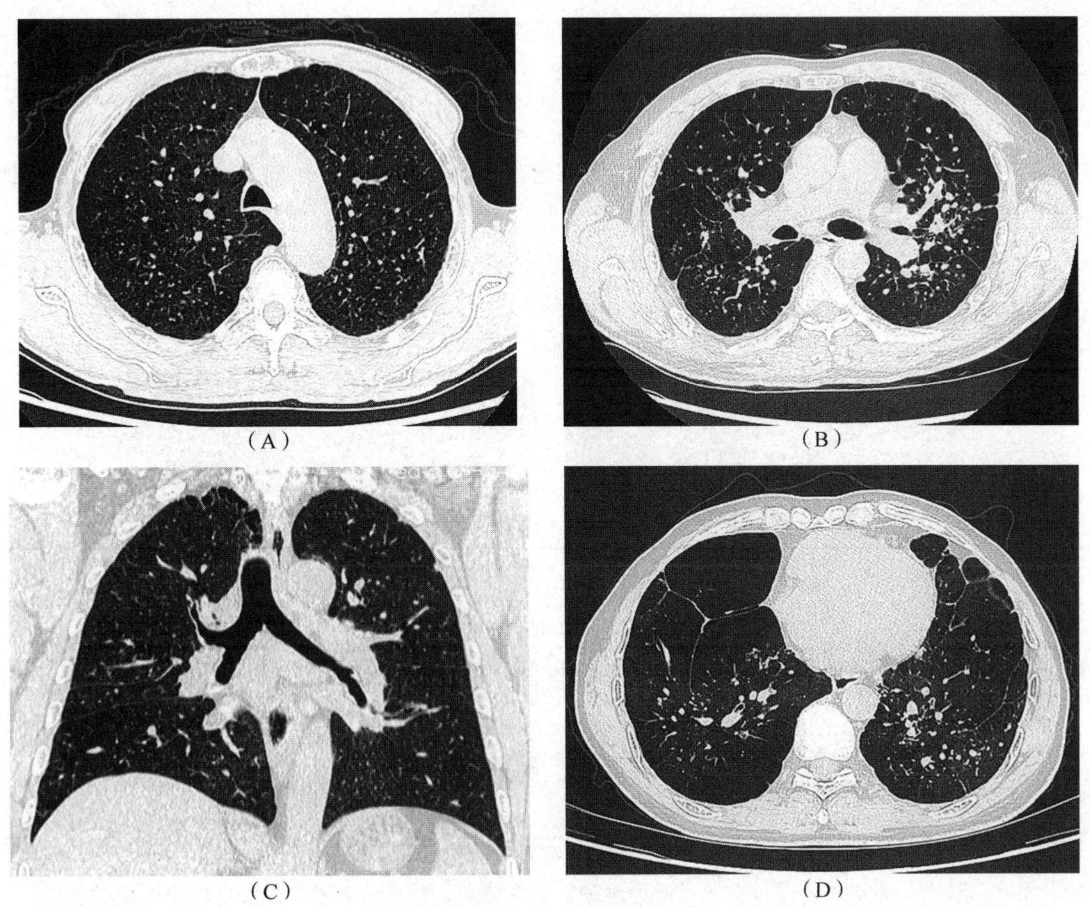

图 5-65　尘肺并肺气肿

(A) HRCT 显示小叶中心型肺气肿；(B) HRCT 显示全小叶型肺气肿；(C) HRCT 冠状位重组显示右肺尖部间隔旁型肺气肿；(D) HRCT 显示大泡性肺气肿

(一) 小阴影的正确辨识与记录

1. 小阴影的正确辨识方法

小阴影的辨识主要涉及两个核心内容：第一是小阴影的形态与大小；第二是判断这些小阴影是否为尘肺小阴影。在辨识过程中，无须对肺区内单个小阴影进行形态判断，重要的是对肺部整体小阴影的形态进行综合性评估。

(1) 小阴影的形态与大小。

小阴影的形态分为圆形与不规则形两大类。圆形小阴影根据直径大小分为 p（直径≤1.5mm）、q（直径>1.5mm 且≤3mm）、r（直径>3mm 且≤10mm）；不规则形小阴影根据宽度大小分为 s（宽度≤1.5mm）、t（宽度>1.5mm 且≤3mm）、u（宽度>3mm 且≤10mm）。判断小阴影的形态需要从整体角度出发，以标准片所示为准，文字部分仅起说明作用。

(2) 判断是否为尘肺小阴影。

尽管小阴影是尘肺病的主要胸片表现，但它们并非尘肺病的特异性胸片表现，许多其他肺部疾病也可能呈现类似的影像。为了准确判断是否为尘肺小阴影，以下几点可供参考。

①小阴影的数量需要达到一定水平，数量过少则不足以作为可靠判断的依据。若小阴影的密集度达到 1 级，则基本可以考虑为尘肺小阴影。

② 圆形小阴影与肺纹理交叉或血管断面所造成的影像不易区分。圆形小阴影的大小、数量和分布与其附近肺纹理的粗细、数量和位置通常不相符；但如果相符，那么它很可能不是圆形小阴影。

③ 不规则形小阴影与肺纹理容易混淆。肺纹理边缘清晰，由粗变细，具有分叉；而不规则形小阴影则呈克氏 B 线（Kerley B 线）、网状或蜂窝阴影。

④ 双肺的小结节或网状阴影的数量明显不对称或者仅位于一侧肺，则尘肺小阴影的可能性小（如图 5-66 所示）。

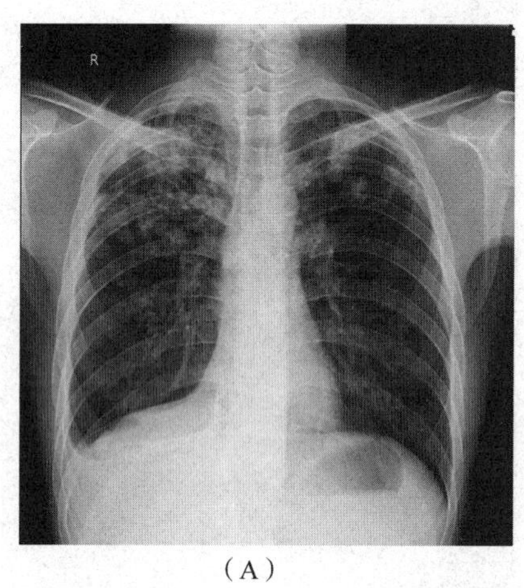

（A）

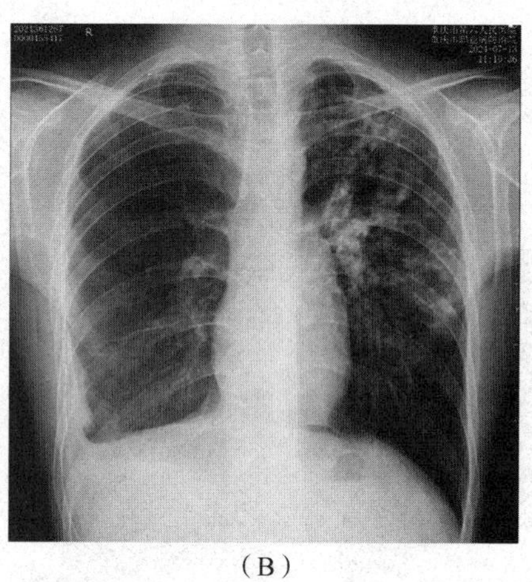

（B）

图 5-66　继发性肺结核

（A）患者为男性，27 岁，双肺的小结节数量明显不对称，右侧为主，伴有云絮影和索条影；（B）患者为男性，23 岁，双肺的小结节数量显著不对称，几乎都位于左侧，结节大小不均匀、密度不均，伴有少许索条影

⑤ 动态观察，尘肺小阴影的数量可非常缓慢地由少变多，形态由小变大，甚至可融合成大阴影。但在脱尘后，电焊工尘肺及稀土粉尘所致尘肺病的圆形小阴影、部分职业性金属及其化合物粉尘肺沉着病的小结节有时会随着时间的迁移而逐渐减少甚至消失。

2. 小阴影的记录

在一张胸片上，可能只有一种形态、大小的小阴影，但大多数情况下会有两种形态、大小的小阴影同时存在，而以一种形态、大小的小阴影为主。阅读胸片进行记录时，应如实记录看到的不同形态、大小的小阴影。

（1）当胸片上的小阴影几乎全部为同一形态和大小时，则将相应的小阴影符号分别记录在斜线的上方和下方，如 p/p、s/s 等。

（2）当胸片上出现两种以上形态和大小的小阴影时，其中一种形态的小阴影占多数，另一种较少，则将主要形态的小阴影字母符号写在斜线上方，将较少的、次要的，且有一定数量的另一种形态的小阴影字母符号写在斜线下方，如 p/q、s/p、q/t 等。

（3）当胸片上两种形态、大小的小阴影数量基本相等时（这种情况很少见），应将圆形小阴影作为主要形态的字母符号写在斜线上方，将不规则形小阴影的字母符号写在斜线下方，如 p/s、q/t 等。

（4）当胸片上有两种圆形小阴影或不规则形小阴影（如 p、q 或 t、s）且数量相近时，可将较大的小阴影字母符号作为主要的形态写在斜线上方，较小的小阴影字母符号写在斜线下方，如 q/p、t/s 等。

（二）小阴影密集度的评估与记录

1. 小阴影密集度的等级划分

小阴影的密集度是指胸片上一定范围内小阴影的数量。密集度体现了小阴影随时间从无到有、从少到多的连续性变化过程。小阴影的密集度分为四大级（0 级、1 级、2 级、3 级），每个大级下又细分为三个小级，具体划分如下：0 级包括 0/–、0/0、0/1，1 级包括 1/0、1/1、1/2，2 级包括 2/1、2/2、2/3，3 级包括 3/2、3/3、3/+。因此，小阴影的密集度分为四大级、十二小级，目的在于提供更多的信息，更细致地反映病变的演变情况，进行流行病学研究和医学监护。

2. 小阴影密集度的判定与记录方法

小阴影密集度的判定包括两个方面：一是判定每个肺区内小阴影的密集度；二是判定全肺小阴影的总体密集度。通常，全肺小阴影的分布是不均匀的，因此对全肺小阴影的密集度需要采取总体判定的方法，才能反映肺内病变的真实情况。

（1）肺区内小阴影密集度的判定。

0 级表示无小阴影或甚少，不足 1 级的下限；1 级表示有一定量的小阴影；2 级表示有多量的小阴影；3 级则表示有很多量的小阴影。在确定了小阴影的形态后，需参照相应形态的密集度组合标准片来判断各肺区的小阴影密集度。若小阴影密集度与标准片所示基本相同，则可分别记录为 1/1、2/2、3/3。若小阴影密集度和标准片比较，认为较高一级或较低一级也应认真考虑，则需同时记录下来，如 2/1 或 2/3，前者含义是密集度属于 2 级，但 1 级也要认真考虑；后者含义是密集度属于 2 级，但 3 级也要认真考虑。0/0 指无小阴影或虽有少量的小阴影，但不足以认真考虑 1 级者；0/1 指小阴影分类为 0 级，但 1 级也应认真考虑；如明显无小阴影则可分类为 0/–。胸片显示的密集度高于标准片的 3/3，则可分类于 3/+（见表 5–2）。

表 5–2　肺区内小阴影密集度的判定

四大级	0			1			2			3		
十二小级	0/–	0/0	0/1	1/0	1/1	1/2	2/1	2/2	2/3	3/2	3/3	3/+

判定肺区内小阴影密集度的原则是小阴影的分布范围至少占该肺区面积的三分之二。实际工作中，常见小阴影分布在相邻的两个肺区内，但每个肺区的小阴影分布范围均未达到其面积的三分之二。此时，可以按一个肺区的面积进行大致判断，并将密集度的判定结果记录在小阴影分布范围较多的那个肺区栏内。

肺区内小阴影密集度的判定应以相应的标准片为准，文字描述仅作为辅助说明。

（2）全肺小阴影总体密集度的判定。

全肺小阴影总体密集度指的是全肺中小阴影密集度最高肺区的密集度，是在对每个肺区小阴影密集度判定的基础上，再对全肺小阴影密集度作出总体判定，用四大级表示。换句话说，如果全肺的各个肺区密集度不同的话，则总体密集度应以最高密集度的肺区为准。例如，如果六个肺区中有一个为 2 级，四个为 1 级，一个为 0 级，则全肺小阴影的总体密集度为 2 级；又如，如果一个肺区为 3 级，一个为 2 级，其余四个为 1 级，则全肺小阴影总体密集度为 3 级。

（3）小阴影分布范围的判定。

小阴影的分布范围是指小阴影的密集度达到 1/0 级或以上的肺区数量，即一个肺区内小阴影密集度没有达到 1/0 级，则该肺区不能计算为有小阴影分布的肺区。在胸片上，将肺尖至膈顶的垂直距离等分为三段，用等分点的水平线将左右肺野各分为上、中、下三个肺区，左右共六个肺区，用方格表示，每个方格中所标数字代表一个肺区内小阴影的密集度，采用十二小级进行记录，如 1/0、1/1、2/1 等记录。如果肺区内小阴影密集度为 0/0 或 0/–，则不必记录。

当小阴影总体密集度判定后，病变分布范围的判定对尘肺病的准确分期诊断将起到至关重要的作用。如小阴影总体密集度为 2 级，分布范围为 5 个肺区，则可诊断为尘肺病贰期；小阴影总体密集度为 2 级，分布范围为 4 个肺区，则只能诊断为尘肺病壹期。

（三）GBZ 70—2015 与 ILO 2022 的比较

在识别与判断尘肺小阴影的形态和大小、密集度和分布范围方面，GBZ 70—2015 与 ILO 2022 是完全一致的。

在 GBZ 70—2015 中，标准片由 7 张组合片和 19 张全肺大片组成。组合片分别表达不同形态、大小的小阴影密集度及不同部位的胸膜斑。小阴影密集度的组合片按各级密集度的中点编制，即 0/0、1/1、2/2、3/3。全肺大片主要示范各期尘肺病小阴影密集度和分布范围之间的关系及大阴影。目前，除标准片说明中标明为数字摄影的胸片外，其余均为普通高千伏胸片。

ILO 2022 附有一套数字化标准片，由 23 张胸片组成，其中 22 张是全肺大片，另外一张是保留 ILO 2011 的组合标准片 u/u。

五、尘肺病的 X 射线诊断分期

在 GBZ 70—2015 第 5 款标题“诊断分期”中，明确表示我国尘肺病的分期诊断完全是根据胸片表现，而无须考虑其他因素，如症状、合并症、肺功能等。由于尘肺病的胸片表现是尘肺纤维化病变的固有表现，虽然尘肺病患者的临床症状和纤维化病变有一定关系，但主要是和尘肺病的合并症有关，如果在尘肺病分期中考虑临床症状等因素，不仅不能准确地反映尘肺纤维化病变的程度，且实际操作也非常困难。同时，尘肺病诊断分期涉及标准的连续性和职业病患者赔偿待遇等许多问题。GBZ 70—2015 仍然采用我国传统的根据 X 射线表现把尘肺病分为三期的原则。标准条文中的分期如下。

（一）尘肺壹期

有下列表现之一者：

（1）有总体密集度 1 级的小阴影，分布范围至少达到 2 个肺区；

（2）接触石棉粉尘，有总体密集度 1 级的小阴影，分布范围只有 1 个肺区，同时出现胸膜斑；

（3）接触石棉粉尘，小阴影总体密集度为 0，但至少有两个肺区小阴影密集度为 0/1，同时出现胸膜斑。

（二）尘肺贰期

有下列表现之一者：

（1）有总体密集度 2 级的小阴影，分布范围超过 4 个肺区；

（2）有总体密集度 3 级的小阴影，分布范围达到 4 个肺区；

（3）接触石棉粉尘，有总体密集度 1 级的小阴影，分布范围超过 4 个肺区，同时出现胸膜斑并已累及部分心缘或膈面；

（4）接触石棉粉尘，有总体密集度 2 级的小阴影，分布范围达到 4 个肺区，同时出现胸膜斑并已累及部分心缘或膈面。

（三）尘肺叁期

有下列表现之一者：

（1）有大阴影出现，其长径不小于 20mm，短径大于 10mm；

（2）有总体密集度 3 级的小阴影，分布范围超过 4 个肺区并有小阴影聚集；

（3）有总体密集度 3 级的小阴影，分布范围超过 4 个肺区并有大阴影；

（4）接触石棉粉尘，有总体密集度 3 级的小阴影，分布范围超过 4 个肺区，同时单个或两侧多个胸膜斑长度之和超过单侧胸壁长度的二分之一或累及心缘使其部分显示蓬乱。

（四）尘肺病诊断结论的表述

尘肺病诊断结论的表述为“职业性 + 具体尘肺病名称 + 期别”，如职业性矽肺壹期、职业性煤工尘肺贰期等。未能诊断为尘肺病者，应表述为“无尘肺”。

（五）尘肺病的 X 射线诊断分期的注意点

1. 各期诊断的起点

标准中规定的是各期尘肺的诊断起点，即各期诊断的基线，只有满足这个基线水平才能诊断；胸片表现超过此基线水平，但没有达到上一个期别的基线水平，仍然应当诊断为低一级的分期，如超过壹期的基线水平，但未达到贰期的基线水平，则仍诊断为壹期。

2. 尘肺病分期的依据

从标准中对各期分期的描述可以看出，我国尘肺病诊断分期的依据主要是小阴影密集度、小阴影的分布范围（肺区数）、有无小阴影聚集及大阴影。

六、尘肺病诊断标准中代号的意义和判定

GBZ 70—2015 的附录 B 中有 14 个代号，设立代号的目的是记录在胸片上看到的一些其他重要改变，这些可能是尘肺病或其并发症的改变，也可能是其他疾病的改变，多和尘肺病的诊断或鉴别诊断有一定关系。有的改变可能需要临床及时地进一步检查和处理，如气胸、活动性肺结核、肺癌和胸膜间皮瘤等。代号都是用两个小写的英语字母表示，一般是其英文的缩写。ILO 2022 附录 E 中有 30 个代号（如图 5-67 所示）。由于仅凭一张后前位胸片本身可能并不足以作出明确的诊断，因此 ILO 2022 建议在代号前可酌情用假定性的词或短语，如“病变表明”“小阴影提示”“疑似”等。各代号的意义及判定简要介绍见表 5-3。

表 5-3 GBZ 70—2015 与 ILO 2022 中代号的比较

代号	GBZ 70—2015	ILO 2022
aa		动脉粥样硬化
at		显著的肺尖胸膜增厚
ax		小阴影聚集
bu	肺大疱	肺大疱
ca	肺癌和胸膜间皮瘤	胸部恶性肿瘤但不包括胸膜间皮瘤
cg		钙化性非尘肺结节（如肉芽肿）

续表

代号	GBZ 70—2015	ILO 2022
cn	小阴影钙化	尘肺小阴影钙化
co		心脏大小或形状异常
cp	肺心病	肺心病
cv	空洞	空洞
di		胸内结构明显扭曲
ef	胸腔积液	胸腔积液
em	肺气肿	肺气肿
es	淋巴结蛋壳样钙化	肺门或纵隔淋巴结蛋壳样钙化
fr		肋骨骨折（急性或陈旧性）
hi		未钙化的肺门或纵隔淋巴结肿大
ho	蜂窝肺	蜂窝肺
id		横膈边缘模糊
ih		心缘模糊
kl		克氏线（Kerley 氏线）
me		胸膜间皮瘤
pa		盘状肺不张
pb		实质带
pc	胸膜钙化	
pi		叶间胸膜增厚
pt	胸膜增厚	
px	气胸	气胸
ra		圆形肺不张
rp	类风湿性尘肺	类风湿性尘肺
tb	活动性肺结核	肺结核
od		其他疾病或显著改变

（一）GBZ 70—2015 中代号的意义及判定

（1）bu（肺大疱）：指肺野内有直径在 1cm 以上、边缘呈细发丝状的局部透亮区。

（2）ca（肺癌和胸膜间皮瘤）：石棉或某些粉尘对肺癌和胸膜间皮瘤的发生有肯定作用，必须加以记录［如图 5-68（A）所示］。

（3）cn（小阴影钙化）：提示吸入的粉尘中的游离 SiO_2 含量较高。

（4）cp（肺心病）：右下肺动脉增宽、肺动脉段突出和心尖上翘提示有肺心病［如图 5-68（B）所示］。

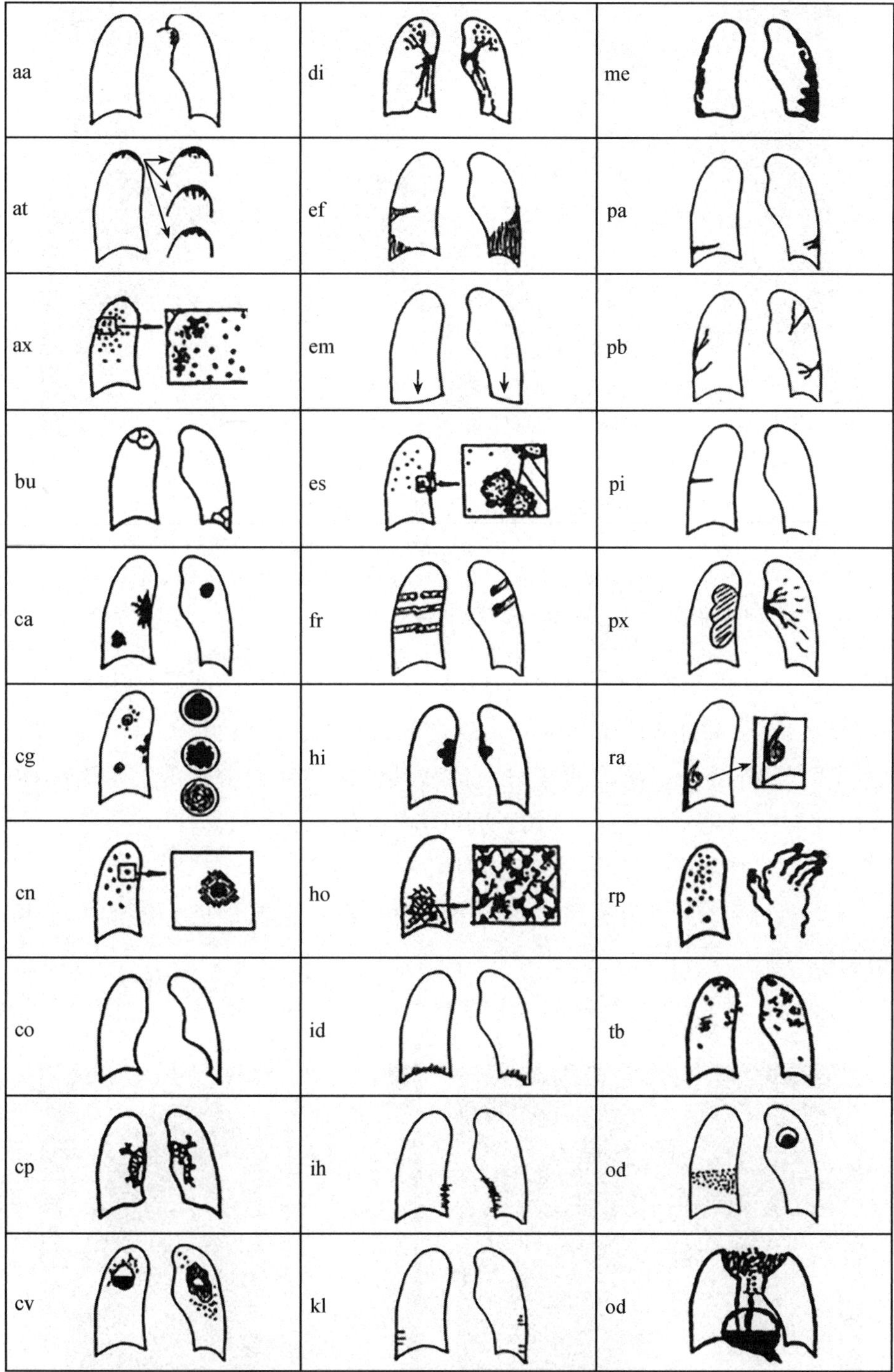

图 5-67　ILO 2022 中的 30 个代号示意图

（5）cv（空洞）：指大阴影内出现的空洞，高度提示尘肺合并肺结核。

（6）ef（胸腔积液）：特异或非特异感染、恶性肿瘤、接触石棉等矿物性粉尘均可引起胸腔积液。

（7）em（肺气肿）：有较高密集度小阴影和大阴影患者的常见合并症，胸片表现为膈肌低平、心影缩窄、肺密度减低、可出现肺大疱等。

（8）es（淋巴结蛋壳样钙化）：多见于尘肺中，有的比小阴影还早出现。在肺结核、结节病等中也可见到淋巴结蛋壳样钙化。

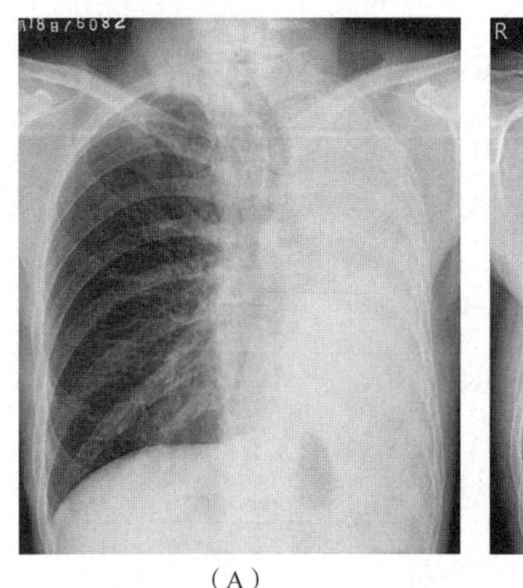

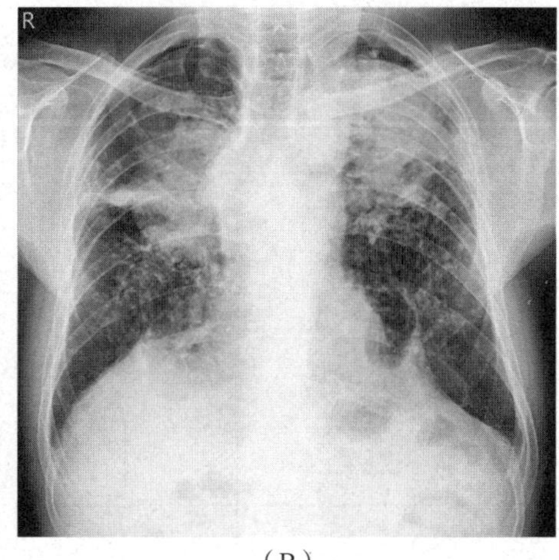

（A）　（B）

图 5-68　尘肺病合并肺癌和肺心病

（A）患者为男性，38 岁，煤工尘肺合并肺癌，胸痛、咳嗽、气促 1 个月；井下采煤 15 年；纤支镜检查：左主支气管开口见菜花样新生物完全阻塞开口，表面覆盖白色坏死物，抽吸坏死物后在此处钳取送病检；涂片找到鳞癌细胞；（B）患者为男性，61 岁，尘肺合并肺心病，咳嗽、气促 2+ 年，加重 3 天；石匠工作 10 余年，打线槽工作 10 余年

（9）ho（蜂窝肺）：可见于严重的石棉肺，也多见于其他弥漫性肺间质性疾病。

（10）pc（胸膜钙化）：局部或广泛的胸膜出现密度很高的钙化斑块。

（11）pt（胸膜增厚）：外伤、感染或接触石棉和其他矿物性粉尘后可发生胸膜增厚和（或）钙化。多发性、局限性胸膜钙化（胸膜斑）对石棉肺的诊断有一定的特异性。

（12）px（气胸）：尘肺合并肺气肿、肺大疱时可发生。

（13）rp（类风湿性尘肺）：伴有类风湿性关节炎的尘肺，尤其多见于煤工尘肺中，胸片上可见多发性圆形结节影。

（14）tb（活动性肺结核）：不包括陈旧性肺结核（如图 5-69 所示）。

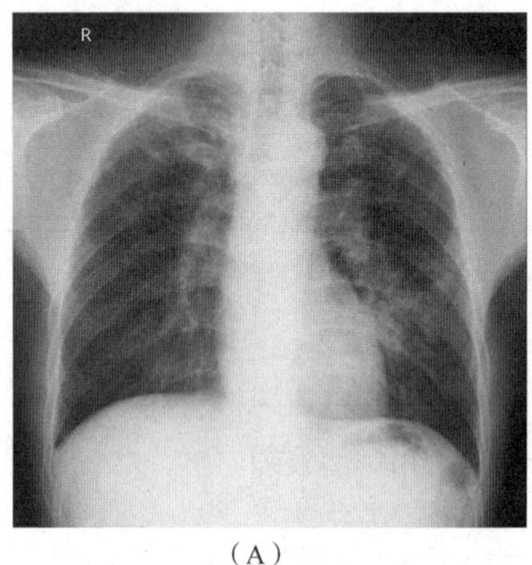

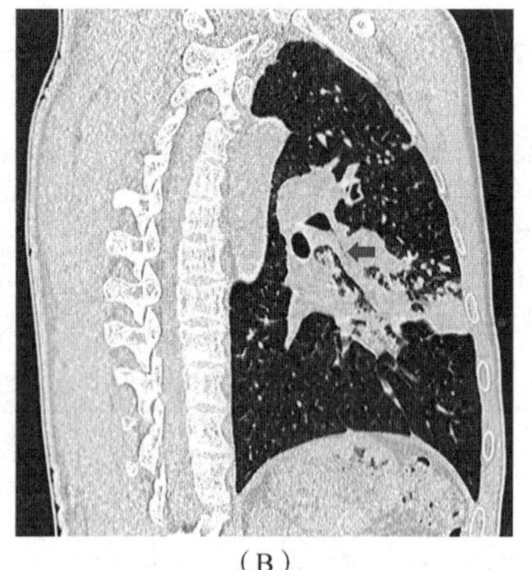

（A）　（B）

图 5-69　矽肺合并气管、支气管结核

（A）胸片显示双肺弥漫性小结节，以上中肺区明显，左中下肺中内带有絮状影，左肺门影增大；（B）CT 显示舌段支气管显著狭窄，呈鼠尾状，远端有实变

注：患者为男性，54 岁，咳嗽、咳痰 2 余月，从事打石、磨石 30 多年。

（二）ILO 2022 中部分代号的意义及判定

（1）id（横膈边缘模糊）：横膈受累长度超过一侧横膈长度的三分之一时记录。

（2）ih（心缘模糊）：当左侧或右侧心缘受累长度超过左侧心缘长度的三分之一时记录。

（3）tb（肺结核）：既指可疑的活动性肺结核也指可疑的陈旧性肺结核，但不能用于已钙化的结核性肉芽肿及其他肉芽肿性疾病，如组织胞浆菌病（如图 5-70 所示），这些应记为 cg。

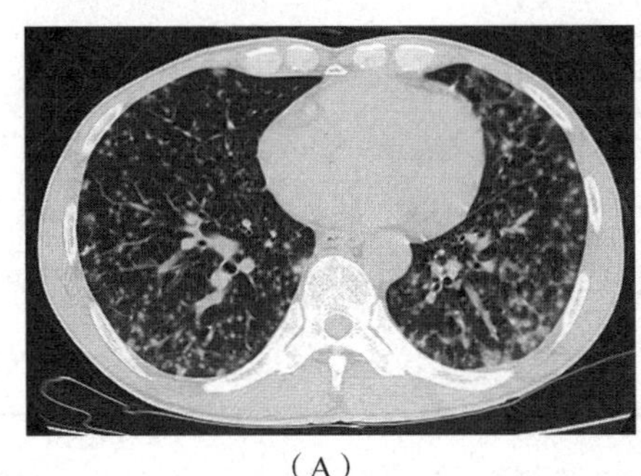
（A）

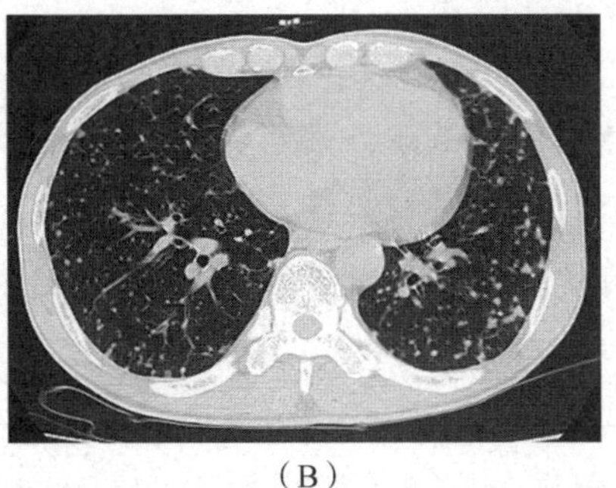
（B）

图 5-70　组织胞浆菌病

（A）双肺弥漫性小叶中心结节，从前向后逐渐增多；（B）治疗 2 余月，结节数量明显减少

注：患者为男性，50 岁，发热、头痛、咳嗽 14 天，曾接触大量蝙蝠粪。

（4）od（其他疾病或显著改变）：如果使用符号 od，则必须进行解释性注释。

在日常工作中，应当按照 GBZ 70—2015 中描述的代号意义进行记录，ILO 2022 中的代号仅作为工作中的参考。

（金盛辉）

第三节　肺活检技术在尘肺病诊断中的作用

肺活检是指从患者肺部取活体组织作病理切片，观察细胞和组织的形态结构特点，以确定病变性质作出病理诊断。肺活检方法包括经支气管肺活检术、经皮肺切割针活检术和电视辅助胸腔镜肺活检术等。

一、肺活检对尘肺病诊断的意义

对尘肺病来说，小片肺组织活检对于协助确定是否为粉尘性病变有帮助，如镜下尘肺组织的特殊病理改变矽结节、石棉小体特殊染色以及偏光显微镜检查发现石英颗粒，对尘肺病的诊断具有非常重要的参考意义。但肺部病变范围仍需以影像学改变为主要依据，不应仅凭肺活检病理学发现做尘肺病诊断。

二、肺组织活检方法

（一）经支气管肺活检（transbronchial lung biopsy，TBLB）术

1. 对弥漫性间质性肺病变取活检

对弥漫性间质性肺病变取活检一般选取右肺下叶外基底段或后基底段作为活检靶区。将支气管

镜插至病变所在段或亚段支气管口时，助手将活检钳通过支气管镜的活检通道缓慢推进，如遇到阻力且活检钳深度足够时，停止推进，并将活检钳后退 1~2cm，嘱患者深吸气，在深吸气末打开活检钳，并向前推进至遇到阻力，一般推进约 1cm。再嘱患者深呼气，深呼气末关闭活检钳，钳取肺组织。活检时如患者感到胸痛，可能活检钳触及胸膜，此时后退 1~2cm，轻轻旋转并稍加压力，重复前面步骤。如在 X 射线透视引导下进行，可减少气胸并发症。

2. 周边型病变肺活检

周边型病变肺活检宜在 X 射线或支气管腔内超声或电磁导航系统引导下进行，一般如无明显出血倾向，可取肺组织 4~6 块。在 X 射线透视引导下进行周边型病变肺活检时，术前根据胸部 CT 确定病变所在部位，将支气管镜伸至病变所在段支气管开口，并将活检钳伸至病变所在部位，在 X 线透视引导下，转动体位，多轴透视，对准病灶无误后，张开活检钳，推进少许，在呼气末关闭活检钳，缓慢退出。

3. 超声支气管镜（endobronchial ultra sound，EBUS）检查

EBUS 检查是将微型超声探头通过支气管镜送入气管、支气管管腔，通过实时超声扫描获得管壁各层次以及周围相邻脏器的超声图像的一种支气管镜介导的诊断技术。EBUS 检查能准确区分邻近肿块、淋巴结和血管结构，对于肺外周型团块的活检可以采取 EBUS 活检，安全性较高，可能的并发症包括执行、器械损伤、出血及心血管意外等。但 EBUS 检查费用较高，不主张首选 EBUS 检查。

4. 电磁导航支气管镜（electromagnetic navigation bronchoscope，ENB）检查

电磁导航支气管镜检查是一种以电磁定位技术为基础，结合计算机虚拟支气管镜与高分辨螺旋 CT 特点，经支气管镜诊断的新技术。电磁导航系统可用于准确定位周围性病变、纵隔及肺门淋巴结并进行活检，活检准确率明显高于 X 射线引导下活检，且安全性更高。但 ENB 检查费用较高，不主张首选 ENB。

5. 经支气管冷冻肺活检（transbronchial cryobiopsy，TBCB）

经支气管冷冻肺活检是通过支气管镜将冷冻探头送至肺内活检靶区，通过制冷剂的快速释放吸收周围环境热量，从而使冷冻探头迅速降温，将探头周围的组织冷冻凝固，通过冷冻的黏附力，将支气管镜、探头和探头周围的组织整体拔出，获得肺组织。TBCB 获取的肺组织标本比常规 TBLB 获取的肺组织标本大 3~6 倍，虽然不如外科肺活检诊断效能高，但其优势在于住院时间短、并发症少。

（二）经皮肺切割针活检（percutaneous lung biopsy）术

经皮肺切割针活检术是在 CT、B 超引导下，活检切割针经皮肤到达肺部病灶部位取得小块肺组织的介入诊断方法。其中 CT 导引应用广泛，CT 可清楚显示病变大小、外形、位置、病灶坏死空洞区以及与血管等周围组织的解剖关系，也能精确确定进针部位、角度、深度，避免损伤血管神经，提高活检准确率和安全性。B 超导引肺活检不宜用于小的或深的病灶。

根据术前胸部 CT 确定肺内病变位置，术时采用仰卧位、俯卧位或侧卧位在病灶部位做 CT 薄层扫描，选择距离肺内病灶最短并避开骨骼的胸壁部位为穿刺点并予以金属标记，重复 CT 扫描确定无误后用色笔在皮肤上标记穿刺点。在计算机上用光标测出皮肤进针点、允许进针最大深度和进针角度，2% 普鲁卡因或 2% 利多卡因局部浸润麻醉，将活检针拉开针芯，使针芯在套管内。将影像监测的病灶深度用定位套固定在外套管针相应深度的刻度上，在 CT 引导下，将活检针循局麻针孔插入胸

壁，针尖达胸膜前令患者屏住呼吸，迅速进针至病灶边缘，将针芯向前推进入肿块实质内。嘱患者再次屏气，按动针柄末端弹簧柄，外套管即射入，外套管的迅速冲击作用与针芯扁平槽相切取得组织并保护在槽内。拔针，拉开针柄弹簧，将针芯向前推进暴露扁平槽即见槽内有一 2cm × 1cm 条形组织标本。此法取得标本较大，但损伤大，容易发生气胸、出血，术后应 CT 扫描严密观察有无气胸、出血，警惕迟发性气胸。

（三）电视辅助胸腔镜肺活检术（video-assisted thoracoscopic surgery，VATS）

VATS 优势在于损伤相对较小，无论是单发病灶还是弥漫性病灶都可以充分探查，获取样本准确且量足，手术耐受性好。但此方法对麻醉的要求更高，设备器材更复杂，花费也更多。

患者取侧卧位，弥漫性肺疾病一般在腋中线第五或第六肋间做术中第一个小切口，用于插入内镜套管，并经套管置入胸腔镜。在监视器显示下选择其他器械操作切口并置入套管，其中一个切口应接近病变，以便于术中探查或备用转开胸手术，3 个切口构成三角形，并保持一定距离以防器械碰撞影响操作。在电视辅助胸腔镜引导下仔细观察，在病变最明显的部位从一个操作套管用内腔镜抓钳或卵圆钳提起肺组织，经另一端套管用内腔镜缝合切开器行肺楔形切除术，将肺组织切除后，创面缝合用电凝或氩气刀止血，根据创面渗出情况和切除部位放置胸腔引流管。

（毛 翎）

第四节 高分辨率计算机断层扫描检查在尘肺病诊断中的辅助作用

一、高分辨率计算机断层扫描检查的技术原理和优势

高分辨率计算机断层扫描（high-resolution computed tomography，HRCT）是一种利用 X 线束对人体某个部位一定厚度的层面进行扫描，并通过计算机处理后获得高清晰度图像的影像检查技术。相较于传统的 X 射线检查，HRCT 能更精确地显示肺部微小病变，几乎可达到与病理镜下所见的影像学图像相当的程度。HRCT 具有以下优势。

1. 提高诊断准确性

HRCT 对尘肺病的敏感性和特异性均高于传统 X 射线检查。HRCT 以其亚毫米层厚扫描和强大的后处理技术，通过多平面重建图像，能够清晰展示肺小叶间隔增厚、肺实质内小结节、肺门淋巴结肿大等尘肺病特征性改变，显著提高了尘肺病的诊断准确性。

2. 早期病变检测

通过 HRCT 扫描，医生可以观察到肺部间质增厚、细小结节等早期病变征象，为早期诊断和及时治疗提供有力支撑。

3. 有效检出并发症

HRCT 不仅能够清晰显示肺部原发病变，还能有效检出并评估并发症情况，如肺部感染灶、胸膜增厚粘连、肺动脉高压等。

4. 可重复性强

HRCT 检查具有无创性、无放射性损害等优点，可重复性强。因此在尘肺病的诊断和治疗过程中，可以多次进行 HRCT 检查以评估病情变化和治疗效果。

5. 减少漏诊和误诊

在粉尘作业健康监护中，高千伏胸片的成像局限性可能导致漏诊和误诊。而 HRCT 的应用能够减少这种情况的发生。HRCT 的高空间分辨率和清晰的图像质量使得医生能够更准确地评估肺部病变，降低漏诊和误诊的风险。

6. 个体化治疗建议

基于 HRCT 提供的准确诊断信息，医生可以为尘肺病患者制订更加个体化的治疗计划。这包括药物治疗、氧疗、肺灌洗治疗、肺移植等不同的治疗手段，以更好地满足患者的治疗需求。

但是 HRCT 也有其局限性，主要包括密度分辨率降低、易因呼吸运动而导致图像模糊或伪影增多、检查成本较高、检查有一定的复杂性、辐射暴露相对 X 射线胸部影像的辐射剂量较高等。

二、尘肺病 HRCT 表现特征及其与其他肺部疾病的鉴别诊断

在尘肺病的早期阶段，肺部纤维化程度较轻，常规 X 射线检查可能难以发现病变。而 HRCT 则能够清晰显示肺部细微结构的改变，为早期尘肺病的诊断提供重要依据。尘肺病在 HRCT 上主要表现为肺部弥漫性纤维化，呈现为网状、蜂窝状或结节状阴影。

1. 结节影

尘肺病患者在 HRCT 图像上常出现微小结节影，这些结节多位于肺野中外带，上肺野多见，且结节与胸膜下相连。这是尘肺病早期 CT 最明显的特征。结节的直径一般在 2~5mm，且多为圆形或椭圆形。结节的数量和分布与患者的病情严重程度和暴露时间有关，常随着疾病的进展而逐渐增加。

2. 肺纹理增粗

在尘肺病早期，由于肺间质内纤维组织和胶原纤维的增生，CT 上可能表现出肺纹理的增粗和紊乱。

3. 纤维化改变

随着病情的进展，尘肺病患者肺部出现纤维化改变。在 HRCT 图像上，纤维化表现为网状影、纤维条索影等。这些纤维化区域与正常肺组织界限清晰，有时可呈现蜂窝状结构。纤维化的程度和范围与患者的临床症状和肺功能密切相关。随着病情的进展，网状影可能变得更加明显和广泛，甚至形成蜂窝状结构。这些结构可能占据肺野的大部分或全部区域，导致肺体积缩小、肺门和纵隔受牵拉移位。

4. 蜂窝状改变

蜂窝状改变是肺部纤维化严重程度的体现，也是尘肺病的一个重要诊断标志。肺部纤维化的牵拉作用，可能导致支气管出现扩张的现象。终末期肺部呈现多个小囊泡样结构，可出现大面积的蜂窝状改变。蜂窝状改变与患者呼吸困难、咳嗽等临床症状密切相关。

5. 其他早期病变

除了上述特征性表现，HRCT 还可能发现其他与尘肺病相关的早期病变，如尘肺病早期有时可见肺门淋巴结增大，这是由于肺门淋巴结对吸入的粉尘进行免疫反应的结果。早期尘肺病患者有时可能出现胸膜增厚或胸腔积液，但这些改变相对不常见。

这些特征性表现在与其他肺部疾病，如肺结核、肺癌等疾病的鉴别诊断中具有重要意义。例如，肺结核在 HRCT 上通常表现为斑片状、结节状或多发空洞影，常伴有周围炎症、渗出等病变，且空洞多为薄壁或厚壁，内壁光滑或不规则。肺癌则常表现为肺部肿块或结节影，伴有支气管阻塞或肺不张等表现。而尘肺病的结节影多为微小结节，且分布广泛，无明显的支气管阻塞或肺不张表现，

且常伴随网状阴影和蜂窝肺等特征。

三、HRCT 扫描参数设置及后期处理

（一）参数设置与优化

HRCT 扫描技术参数的设置与优化对于提高图像质量和诊断准确性至关重要。常用的扫描参数包括层厚、层间距、重建算法等，以下介绍关键技术参数及其优化方法。

1. 层厚

选择较薄的扫描层厚（如 1~1.5mm 的薄层扫描），能够减少部分容积效应伪影，并提高图像的分辨率。

2. 管电压和毫安秒

适当提高管电压和增大毫安秒（如使用高千伏和高毫安秒扫描）可以减少量子噪声，但同时需注意保持合理的辐射剂量，以减少对患者的辐射影响。

3. 扫描范围

扫描范围应覆盖全肺，确保病变区域被完整扫描。

4. 扫描时间

扫描时间可根据患者呼吸状况进行调整，减少呼吸运动伪影。

5. 辐射剂量

在保证图像质量的前提下，尽可能降低辐射剂量。

6. 呼吸指导

对患者进行呼吸训练和指导，以减少呼吸运动伪影。对于不能配合的患者，如小儿、老人，可以尽量提高扫描速度，并启用腹部扫描协议中的肠气伪影校正功能。

（二）质量控制和后期处理

图像质量控制和后期处理技巧对于提高 HRCT 诊断尘肺的准确性至关重要，以下介绍关键控制点和处理技巧。

1. 图像噪声和伪影控制

通过优化扫描参数和图像处理技术，以减少图像噪声和伪影。

2. 对比度增强

提高病变区域与正常组织的对比度，以便于病变识别。

3. 三维重建和多平面重建

利用高级图像处理技术，展示肺部病变的三维结构和多平面视图，提高诊断准确性。

通过优化扫描参数、提高图像质量、加强图像处理技术等方面的质量控制措施，可以显著提高尘肺诊断的准确性和可靠性。同时，质量控制技术还有助于提高医疗机构的诊断水平和服务质量，为患者提供更好的医疗服务。因此，医疗机构应重视质量控制技术在尘肺诊断中的应用和推广。

四、有关研究成果

近年来，国内外学者对尘肺病 CT 诊断技术进行了深入研究，取得了丰硕成果。日本在 2000 年发行了尘肺病 CT 诊断技术和参考片。德国在 2004 年发表了 CT/HRCT 诊断职业与环境肺病标准，2014 年修订为《德国职业和环境相关性胸部疾病 CT/HRCT 分类标准：更新》。2005 年，日本、德国

和美国的专家联合发布了一个与ILO放射影像分类系统相似的标准化的HRCT疾病程度评分系统。2020年，中华预防医学会职业病专业委员会尘肺病影像学组发布了《尘肺病胸部CT规范化检查技术专家共识（2020年版）》。2023年，中国卫生监督协会发布了团体标准《胸部CT辅助诊断尘肺病技术指南》（T/WSJD 32—2023）。

HRCT因诊断准确性、早期病变检测、病变细节展示、并发症检出、动态监测等方面的优势，逐渐成为尘肺病精细化诊断中不可或缺的重要工具。随着技术的不断发展和完善，HRCT诊断技术将在尘肺病的早期诊断、病情评估和治疗方案制订等方面发挥更大作用。

（王焕强）

第五节　尘肺病患者的肺功能诊断

肺功能主要是指呼吸功能，肺功能测定一般是指肺的通气和换气功能的测定，是临床上评价胸、肺疾病及呼吸生理的重要手段。尘肺病心肺功能损伤主要是肺组织广泛纤维化引起的，可致患者劳动能力减低甚至丧失。因此，尘肺病肺功能诊断不仅对判断尘肺病情、观察疗效是必要的，而且也是尘肺病患者劳动能力鉴定时不可缺少的重要依据。

一、肺功能检查

肺功能检查是采用肺量计客观反映肺脏功能状态和无创伤的一种检查方法，是评价尘肺病患者呼吸功能损伤的严重程度及类型评估，临床病情判断、疗效判断、疾病预后及防控管理的关键技术。

（一）适应证及禁忌证

1. 适应证

（1）鉴别诊断呼吸系统疾病，如哮喘与COPD；（2）评价肺功能障碍的类型及严重程度；（3）评价呼吸系统动态功能变化及治疗效果；（4）评价劳动能力丧失程度等。

2. 绝对禁忌证

（1）严重低氧血症；（2）气胸及气胸愈合1个月内；（3）不稳定型心绞痛、近3个月内心梗、脑卒中及休克发生；（4）近4周内发生严重心功能不全、严重心律失常；（5）近4周发生大咯血；（6）癫痫发作；（7）未控制的高血压；（8）主动脉瘤；（9）近期行眼、耳、颅脑手术；（10）严重的甲状腺功能亢进。

3. 相对禁忌证

（1）张力性肺大疱患者；（2）颞颌关节易脱臼患者；（3）严重疝气、痔疮及重度子宫脱垂患者；（4）中、晚期妊娠患者；（5）插胃管或气切患者；（6）鼓膜穿孔患者；（7）配合较差或体弱患者；（8）明显头痛、面痛、胸痛、腹痛患者。

（二）肺容量测定

肺容量是指根据肺脏和胸廓扩张与回缩的幅度，使肺内容纳的气量所产生的相应改变，包括基础肺容量和组合肺容量。基础肺容量包括潮气量（TV）、补吸气量（IRV）、补呼气量（ERV）、残气量（RV）。组合肺容量包括深吸气量（inspiratory capacity，IC）、肺活量（VC）、功能残气量（functional residual capacity，FRC）、肺总量（TLC）。

1. 主要测定指标

（1）潮气量（TV）：平静呼吸时，每次吸入或呼出的气量。

（2）肺活量（VC）：最大吸气后能呼出的最大气量。与体表面积、性别、胸廓结构和呼吸肌强度有关，受体力劳动、运动锻炼等因素影响。

（3）残气量（RV）：最大呼气后肺内残余的气量。通常以残气量占肺总量的百分比作为衡量指标。

（4）肺总量（TLC）：深吸气后肺内所有的总气量，即肺活量和残气量的总和。

2. 肺容量正常平均值

各项肺容量指标的正常平均值见表 5–4。

表 5–4　肺容量正常平均值

指标	男性	女性
TV（L）	0.50 ± 0.03	0.46 ± 0.02
VC（L）	4.36 ± 0.46	2.14 ± 0.34
RV（L）	1.52 ± 0.39	1.18 ± 0.29
TLC（L）	5.89 ± 0.81	4.42 ± 0.61
RV/TLC（%）	27.72 ± 5.34	26.72 ± 5.20

3. 测定意义

肺活量降低见于胸廓塌陷畸形、肺扩张受限、气道阻塞、肺组织损害与膈肌活动受限等。残气量和残气 / 肺总量为反映肺气肿程度的主要指标。残气量增加主要是肺气肿所致，可见于弥漫性肺纤维化支气管哮喘、COPD 等疾病。

（三）通气功能测定

通气是胸廓扩张和收缩导致肺容量改变和气体流动量的改变。通气功能测定是测定单位时间内吸入或呼出的气量。通气功能是评价早期尘肺病患者肺功能损伤程度和代偿功能分级的基本依据。

1. 主要测定指标

（1）每分钟静息通气量（VE）：为潮气量与呼吸频率的乘积。正常成人安静状态下每分钟呼吸频率约 15 次，潮气量为 500mL，故静息通气量为 7.5L/min。

（2）肺泡通气量（AVV）：指通气量中进入肺泡部分的气量，也称为有效通气量。肺泡通气量 =（潮气量 – 无效腔气量）× 呼吸频率。

（3）最大通气量（MVV）：指单位时间内以最快的速度和尽可能深的幅度进行呼吸所得的通气量。

（4）用力肺活量（FVC）：深吸气至肺总量，以最大力量、最快速度呼气所呼出的最大气体容积。在阻塞性肺通气功能障碍时，常小于肺活量（VC）。

（5）第一秒用力呼气容积（FEV_1）：指最大吸气至肺总量后，用最大力以最快速度在第一秒时间内呼出的气量，常以 $FEV_1\%$、$FEV_1/FVC\%$ 表示。

（6）一秒率（$FEV_1/FVC\%$）：第一秒用力呼气容积与用力肺活量的比值。

2. 通气功能正常平均值

各项通气功能指标的正常平均值见表 5–5。

表 5–5 通气功能正常平均值

指标	男性	女性
FVC（L）	4.33 ± 0.68	3.21 ± 0.49
FEV_1（L）	3.69 ± 0.63	2.82 ± 0.46
FEV_1%	85.3 ± 6.37	87.76 ± 5.36
MVV（L）	135.48 ± 26.21	100.05 ± 18.31

3. 通气功能损伤类型及评定

根据通气功能损伤的不同特点，可将通气功能损害分为阻塞性、限制性、混合性三种类型。具体的分型评定方法见表 5–6。

表 5–6 各类型通气功能障碍的判断及鉴别

障碍类型	TV	FVC	RV	TLC	MVV	FEV_1	MEF
阻塞性	↑	正常或↓	↑	↑	↓	↓	↓
限制性	↓	↓	正常或↓	↓	正常或↓	正常或↑	正常或↑
混合性	不定	↓	不定	不定	↓	↓	↓

4. 测定意义

正常时进入气道的气体量中有 1/3 存留在气道内不进行气体交换。进行交换的气量即有效通气量的测定有助于了解肺部疾病对呼吸功能损害的严重程度，肺泡通气量不足将导致缺氧和二氧化碳潴留。肺泡通气量过度增加可导致呼吸性碱中毒。

FEV_1%、FEV_1/FVC% 是反映较大气道呼吸阻力程度，以及阻塞情况的重要 / 常用指标。MVV 用于衡量肺组织弹性、气道阻力、胸廓运动和呼吸肌力量。MVV 实测值>80% 预计值为正常，通常亦可作为胸外科手术的指标，若 MVV 实测值<50% 预计值，手术应慎重考虑或禁忌。测定 MVV 是一项较剧烈的呼吸运动，尘肺病晚期，严重心肺功能不全及咯血患者均不宜进行此项测定。

（四）小气道功能障碍

小气道一般指内径≤2mm 的细支气管，在支气管树第 17 级以下，包括全部细支气管和终末细支气管。小气道功能检查是为了发现常规肺功能检查不能发现的早期小气道病变。尘肺病早期易发生小气道功能障碍，其测定指标及正常值如下所述。

小气道功能障碍常用评价指标有最大呼气流量 – 容积曲线（MEFV 曲线）、闭合容量、等流量容积、最大呼气中期流速、动态顺应性及阻力测定。小气道功能障碍指反映小气道功能的流量参数 FEF50%、FEF75% 和 FEF25%~75% 下降，MEFV 曲线略向容量轴凹形，常规通气功能参数 FVC、FEF、FEF/FVC 尚在正常范围内。当 FEF50%、FEF75% 和 FEF25%~75% 三项指标中有两项低于 65% 预计值时，可判断为小气道功能障碍。

(1)最高呼气流量(PEF):用力呼气时的最高气体流量,是反映气道通畅性及呼吸肌肉力量的一个重要指标,与 FEV_1 有密切关系。正常值:男性约 9L/s,女性约 7L/s。

(2)用力呼气 25% 肺活量(余 75% 肺活量)时的瞬间流量(FEF25%,V75):是反映呼气早期的流量指标,大气道阻塞时其值明显下降。正常值:略低于 PEF。

(3)最大呼气中期流量(FEF25%~75%,MEF):指用力呼出气量为 25%~75% 肺活量的平均流量,可作为早期发现小气道疾患的敏感指标,流量下降反映小气道的阻塞。正常值:MEF=FVC/2 × MET。MET 为最大呼气中断时间,指呼出气量为 25%~75% 肺活量所需要的时间。

(4)用力呼气 50% 肺活量(余 50% 肺活量)时的瞬间流量(FEF50%,V50):是反映呼气中期的流量指标,其与 FEF25%~75% 及 FEF75% 共同参与对小气道功能障碍的判断。正常值:与 FEF25%~75% 相近。

(5)用力呼气 75% 肺活量(余 25% 肺活量)时的瞬间流量(FEF75%,V25):是反映呼气后期的流量指标,其临床意义与 FEF25%~75% 及 FEF50% 相似。正常值:为 FEF25%~75% 的 1/2。

(五)弥散功能

肺的主要功能是在通气的基础上进行气体交换,使氧和二氧化碳分子弥散通过肺泡膜进出肺泡。肺的弥散是指氧气从肺泡通过毛细血管膜、血浆、红细胞膜和血红蛋白化学结合的整个过程的速率,主要测定指标是一氧化碳弥散量测定(DLCO)。影响尘肺病弥散功能的因素主要是肺间质纤维化导致的呼吸膜增厚、通气血流比例失调、呼吸膜面积减少等。

1. 弥散量测定

弥散量是指肺泡壁两侧气体分压差为 12mmHg 时,单位时间内(1min)所能通过的气量(mL),目前多采用一氧化碳摄取量法,以 CO 为测定气体。

DLCO(mmHg · min)=1min 内通过肺泡膜的气量 / 肺泡内气体分压 – 肺毛细管血分压。正常值:男性为 25.2 ± 5.9mL/(mmHg · min),女性为 17.8 ± 3.7mL/(mmHg · min)。

2. 测定意义

(1)弥散功能减少:①弥散面积减少:可由肺气肿、肺水肿、肺感染、气胸等导致;②肺泡膜增厚:可由肺间质纤维化、尘肺病,尤其是石棉肺、结节病、硬皮病等导致;③其他疾患:可由贫血、碳氧血红蛋白症导致。

(2)弥散功能增加:可由红细胞增多症、肺动脉高压等导致。

(六)气道阻力

体积描计法目前临床应用最为广泛,且已建立相应的测试标准,是评估气道阻力的"金标准"。测定气道阻力的正常值为 0.0196~0.196 kPa/L · s(0.2~2cmH_2O/L · s)。

二、呼吸功能判定标准

(一)肺功能损害程度分级判断

1. 美国胸科协会 / 欧洲呼吸学会(ATS/ERS)的五级分类法(2005 版 /2019 版)

国内大部分指南采用的是美国胸科协会 / 欧洲呼吸学会(ATS/ERS)的五级分类法(2005 版 /2019 版)对通气功能下降程度进行分级(见表 5–7)。

表 5-7 ATS/ERS 肺功能损害程度五级分类法

严重程度	FEV_1% 预计值
轻度	70%≤FEV_1%＜正常预计值下限，或 FEV_1/FVC%＜正常预计值下限
中度	60%≤FEV_1%≤69%
中重度	50%≤FEV_1%≤59%
重度	35%≤FEV_1%≤49%
极重度	FEV_1%＜35%

2.《劳动能力鉴定　职工工伤与职业病致残等级》（GB/T 16180—2014）

根据国家标准《劳动能力鉴定　职工工伤与职业病致残等级》（GB/T 16180—2014）附录 A.5 职业病内科门的肺功能损伤分级标准，尘肺病患者的呼吸功能损伤分为正常、轻度损伤、中度损伤、重度损伤（见表 5-8）。

表 5-8 肺功能损伤分级　　单位：%

损伤级别	FVC	FEV_1	MVV	FEV_1/FVC	RV/TLC	DLCO
正常	＞80	＞80	＞80	＞70	＜35	＞80
轻度损伤	60~79	60~79	60~79	55~69	36~45	60~79
中度损伤	40~59	40~59	40~59	35~54	46~55	45~59
重度损伤	＜40	＜40	＜40	＜35	＞55	＜45

注：FVC、FEV_1、MVV、DLCO 为占预计值百分数。

（二）主观呼吸功能障碍程度评定

尘肺患者随着病情的变化，可出现不同程度的呼吸功能障碍，可参考 6 级制主观评定标准对呼吸功能障碍程度进行初步判断。

0 级：有不同程度的肺气肿，但日常生活无影响，无气短。

1 级：较剧烈劳动或运动时出现气短。

2 级：速度较快或登楼、上坡时出现气短。

3 级：慢走即有气短。

4 级：讲话或穿衣等轻微动作时气短。

5 级：安静时气短，无法平卧。

三、呼吸功能判定标准中各项指标的临床意义

肺不仅具有呼吸功能，还有防御、滤过和代谢的非呼吸功能。完整的呼吸功能包括外呼吸、内呼吸和气体运输功能。尘肺病患者的呼吸功能诊断，主要是对尘肺病患者的外呼吸（肺通气和肺换气）功能进行评定。肺通气是肺泡气与外界气体进行交换的过程，肺换气是肺泡气与血液之间的气体交换过程。尘肺的主要病变是肺部纤维化，严重的肺纤维化使肺泡扩张的弹性阻力增大，肺顺应性降低，引起限制性通气不足。尘肺病变常侵犯小气道，使外周气道阻力增高，引起阻塞性通气不

足。严重的肺纤维化、肺气肿使肺弥散功能障碍，还造成了部分肺泡通气与血流比例失调，引起气体交换障碍。GB/T 16180—2014 中规定了 6 个判定肺功能损伤程度的指标，其中肺容量指标 1 个、肺通气功能指标 4 个、换气功能指标 1 个。

1. 肺容量指标：RV/TLC（残气量 / 肺总量）

健康青年人残气量 / 肺总量比为 25%~30%。GB/T 16180—2014 中规定 36% 以上（包括 36%）为肺功能损伤。残气量 / 肺总量是反映肺气肿程度的一个重要指标。残气量 / 肺总量增加可由于残气量绝对值增加（如肺气肿）或肺总量减少（如限制性肺疾患）。残气量 / 肺总量＞35% 不一定有肺功能不全，应结合其他指标综合分析。例如，随着年龄的增长，残气量增加，而肺活量减少更甚，老年人残气量 / 肺总量可＞50% 而无任何心肺系统的症状。

2. 肺通气功能指标：FVC、FEV_1、FEV_1/FVC%、MVV

FVC、FEV_1、FEV_1/FVC% 测定方法简单，是判定肺功能损伤的常用指标。FVC 反映肺泡通气量，GB/T 16180—2014 中规定 FVC 小于正常预计值 80% 为肺功能损伤。FEV_1、FEV_1/FVC% 测定呼出气的流率，反映气道阻塞情况。GB/T 16180—2014 中规定 FEV_1 小于正常预计值 80% 为肺功能损伤，FEV_1/FVC% 小于正常预计值 70% 为肺功能损伤。在 FEV_1/FVC＜70% 的前提下，吸入支气管扩张剂后 FEV_1＜80% 预计值，是确诊不可逆气流受限的“金标准”。MVV 反映呼吸动态功能，是测定通气功能中较有意义的一种，MVV 下降与病情严重程度成正比，但一般情况下多数患者不能完成此项测试。

3. 换气功能指标：DLCO（一氧化碳弥散量）

一氧化碳弥散量降低，反映弥散面积减少（如肺气肿）、呼吸膜增厚（如肺间质纤维化）。GB/T 16180—2014 中规定 DLCO 小于正常预计值 80% 为弥散功能障碍。

（梁伟辉）

第六节 尘肺病的实验室检查

一、血常规检查

单纯尘肺病稳定期血常规一般正常；合并细菌感染时，白细胞可增高；合并病毒及重症感染者，白细胞、血小板可减少。

二、生化检查

根据需要可选择肝肾功能、蛋白、电解质、心肌酶谱、肌钙蛋白、心钠素、凝血功能等指标，需要时行动脉血气分析。

三、痰液检查

应取下呼吸道标本，2h 内送检，以避免样本的污染。

（1）痰液细胞学检查：直接镜检；痰培养加药敏实验检查。

（2）集菌法查抗酸杆菌：痰分枝杆菌培养；痰核酸检测等。

（3）痰查肿瘤细胞等。

四、急性时相反应蛋白（acute phase proteins，APP）检查

在感染、炎症、组织损伤等过程中，血浆某些蛋白会出现特征性变化，短期内血浆浓度迅速升高或降低 25% 以上：如 C 反应蛋白（CRP）、α1- 酸性糖蛋白（α1-AG）、触珠蛋白（HPT）、铜蓝蛋白（CER）、α1- 抗胰蛋白酶（AAT）等。近年来 APP 研究进展快，临床广泛应用，比传统指标白细胞、血沉等，能更早、更敏感地反映炎症和感染情况。

1. C 反应蛋白

CRP 是炎症和组织损伤的敏感非特异性标志物，可用于感染性疾病的以下各项评价。（1）评估病情程度。（2）动态观察疗效。（3）鉴别细菌和病毒感染，细菌感染时 CRP 升高，阳性率可达 90%，超过 40mg/L 时可确诊；而病毒感染时 CRP 不高。（4）评估组织损伤和炎症：各种组织损伤时 CRP 均增高，包括手术、放射损伤、急性心肌梗死、不稳定型心绞痛、风湿病活动期等。（5）评估恶性肿瘤：CRP 明显增高，可用于评估进展与疗效。CRP 敏感但特异性低，临床应用价值更看重相隔 6~12h 二次结果的比较，应注意动态观察。

超敏 C 反应蛋白（hsCRP）敏感度更好，能检测到 0.005~0.1mg/L 的浓度，用于 CRP 浓度低时（10mg/L 以下）冠心病急性心肌缺血的早期辅助诊断等。

2. 降钙素原

降钙素原（procalcitonin，PCT）是一种糖蛋白，降钙素（CT）的前肽物，主要由甲状旁腺 C 细胞合成，具有次级炎症因子、趋化因子、抗炎和保护作用。PCT 是细菌感染的特异性标志，用于细菌感染的诊断和病毒感染的鉴别、危险分层、预后评估、抗生素治疗效果的评估等。PCT 在脓毒血症患者起病后 3~6 h 即可显著升高，半衰期约为 24h。PCT 诊断截点为 0.5ng/mL。

正常人血清中 PCT 含量极低，低于 0.05ng/mL。在局部感染、病毒感染、慢性非特异性炎症、癌症发热、自身免疫性等疾病时，PCT 浓度不增加或轻微增加；在严重的全身系统性细菌感染时，PCT 明显增加，是预测脓毒血症的好指标。

3. 血清淀粉样蛋白 A

血清淀粉样蛋白 A（SAA）是组织淀粉样蛋白 A 的前体物质。正常情况下，人体内 SAA 含量极低。在受到外源性的细菌、病毒以及支原体、衣原体等刺激后，肝细胞可大量合成分泌 SAA，血液中 SAA 水平可在 5~6h 内升高 1000 倍。目前，SAA 用于细菌、真菌、病毒感染，动脉粥样硬化等心血管疾病，急性移植排斥反应，肿瘤，风湿病，血栓形成，淀粉样变性及某些慢性炎症疾病（如 COPD）等。

正常人群 SAA 在 10mg/L 以下，≥10mg/L 时提示患者存在感染、急性排异、自身免疫性疾病、肿瘤等可引起炎症的疾病。治疗后观察 SAA 下降，提示治疗有效。在尘肺病肺移植患者中，SAA 可作为移植排异检测灵敏指标。

SAA 和 CRP 联合检测可鉴别细菌感染和病毒感染，提高病毒感染早期的诊断率。在病毒感染性疾病中，SAA 显著升高，CRP 不升高；在细菌感染性疾病中，SAA 的敏感性高于 CRP，上升早、幅度大。SAA 和 CRP 联合检测可判断感染性疾病的严重程度。SAA 和 CRP 联合检测也可为病毒和细菌感染筛选治疗方案，监控感染性疾病的疗效和预后。

上述三项指标 CRP、SAA、PCT 被称为“新感染三项”，常联合应用。在尘肺病临床实践中也有很多应用，主要有：（1）用于鉴别感染、肿瘤、风湿病相关、血管病相关等肺病；（2）确诊尘肺病并发症 / 合并症，如合并感染等；（3）判定尘肺病病情程度及进展、评估疗效等。

4. 白介素 -6（IL-6）

白介素 -6（IL-6）是人体免疫系统对损伤和感染最初反应细胞因子，是急性感染早期诊断灵敏指标，可在 2h 达到高峰，升高与感染严重程度相一致。IL-6 也用于评估感染严重程度和预后。当 IL-6＞1000μg/mL 时，预示重症感染、预后不良。

IL-6 与 PCT 联合检测可有助判定 G-/G+ 菌感染：两者均明显升高，则 G- 菌感染可能性大；PCT 升高、IL-6 不高或不明显，则 G+ 菌感染可能性大。

5. 前白蛋白（PAB）

前白蛋白（PAB）是一种非特异宿主防御物质，可以清除感染释放的有毒代谢物而被消耗，所以是负性 APP。细菌感染时 PAB 迅速降低，而病毒感染时 PAB 降低不明显。病情缓解，PAB 逐渐恢复正常。尘肺病晚期 PAB 可低于正常，提示预后不良。肝脏疾病（合成减少）、肾脏疾病（丢失过多）、糖尿病等代谢性疾病（营养不良）和肿瘤、慢性消耗性疾病等可致 PAB 降低。

五、呼出气一氧化氮检测

呼出气一氧化氮（fractional exhaled nitric oxide，FeNO）是一种由内皮细胞、上皮细胞及炎症细胞等生成的一种小分子物质，它存在于呼出气体中，可作为气道炎症的生物指标之一。FeNO 测定简单易行，无创伤性，可用于尘肺病患者气道炎症测高度的评估，以及是否合并慢性阻塞性肺疾病、过敏性哮喘、慢性咳嗽等慢性气道疾病。FeNO 测定也可评估患者对激素的治疗敏感性等。指南推荐 FeNO 检测在肺部感染、间质性肺病等评估中也有应用。FeNO 正常值为 5~25ppb，25~50ppb 提示轻度炎症，大于 50ppb 提示重度炎症或噬酸细胞相关炎症，后者更高。

六、呼出气冷凝液检测

呼出气冷凝液（exhaled breath condensate，EBC）检测是一种新型无创检测手段，是反映下呼吸道生化状态的新方法。目前已在 EBC 中发现数千种物质，包括多种炎症因子、氧化应激、亚硝基应激物等。常用 EBC 检测指标包括：pH、H_2O_2、NO 及其衍生物（氨硝酸盐、亚硝酸盐）、花生四烯酸衍生物（白细胞三烯 LTs 等）、8- 异前列腺素（8-isoPG）、血栓素、前列环素；细胞因子：TNF-α、IL-1、IL-6、IL-8、IL-10；基因检测：肿瘤、病原微生物等；

EBC 检测可用于评价气道炎症和氧化应激程度，评估气管插管全身麻醉术中后，机械通气相关性肺炎（VAP）、相关肺损伤（VALI）以及肺功能的改变、生化肺功能。

七、凝血功能检测

D- 二聚体（D-dimer）可帮助鉴别肺栓塞等。

八、肿瘤标志物检测

肿瘤标志物检测用于尘肺病的鉴别诊断，以及尘肺病是否合并原发性肺癌及转移瘤的诊断。

九、风湿系列检测

风湿系列检测有利于尘肺病与结缔组织疾病或血管炎相关间质性肺病（ILD）的鉴别诊断。如 ESR、RF、ANA（抗核抗体）、ANCA（抗中性粒细胞胞质抗体）、抗双链 DNA 抗体、抗 ENA 抗体、抗核糖体 p 抗体、抗组蛋白抗体、磷脂抗体等均可用于风湿免疫性疾病检测。

十、病原微生物检测

（1）传统病原微生物检测：以染色、培养、生化鉴定等为主，检测时间长，不敏感，易出现假阴性结果。

（2）现代快速精准诊断方法：常用方法有质谱微生物检测、宏基因组测序、16S rRNA 基因检测、重水标记 - 拉曼光谱检测（快速药敏）及超多重 PCR 或基因芯片检测等。

宏基因组测序技术（metagenomics next-generation sequencing，mNGS）是基于宏基因组的新一代测序技术，可以直接对临床标本中的所有核酸进行高通量测序，无须特异性扩增，无须微生物培养，可在数小时内出结果。mNGS 技术对于新发或少见病原微生物的检出具有重要价值，可获取耐药突变信息和毒力基因，评估病原体的药物敏感性。该技术的优势：高效、快速、灵敏度高、准确性高、广覆盖（可覆盖细菌、真菌、病毒、寄生虫）。其“三代技术”可“去宿主”人源 DNA 的干扰，用于严重复杂感染病原鉴定分析、耐药基因和毒力因子分析。在尘肺病临床中，mNGS 技术可用于尘肺合并严重感染、疑难复杂感染、慢性感染迁延不愈，耐药、疗效不好时的感染病原微生物鉴定。

靶向病原微生物核酸（targeted next-generation sequencing，tNGS）检测是继 mNGS 后研发的病原检测新技术，又称病原体靶向测序，通过超多重 PCR 扩增与高通量测序，对待测样本中已知病原微生物及其毒力和 / 或耐药基因进行检测。与 mNGS 相比，tNGS 具有病原谱范围明确、测序成本低等优势。因此，目前 tNGS 在临床上应用更广泛。

病原微生物检测样本包括：血、痰（深部诱导痰）、鼻咽拭子，呼出气冷凝液、胸腔积液；经支气管镜留取下呼吸道标本，如气管内吸出物（ETA）、支气管肺泡灌洗液（BALF）、防污染毛刷（PSB）刷检；经人工气道吸引物（ETA）、经气管穿刺吸引物（TTA）、经胸壁针刺吸引物（TNA）、开胸肺活检（OLB）等。

十一、其他检查

（1）EKG 检查：尘肺病并低氧血症时，心率增快；并发肺源性心脏病时，可见 P 波高尖、ST-T 改变、心律失常等。

（2）心脏超声心动图：可见右心房和右心室增大；三尖瓣反流；室间隔运动异常等。

（3）下肢静脉超声：尘肺病由于长期缺氧可致红细胞增多，血液黏稠度增高，可致下肢静脉血栓。

（4）肺部超声检查（LUS）：近几年，LUS 从传统胸腔积液的有无及定量评估，已经革命性地走向了肺实质成像检查。传统观点认为肺内空气存在，会造成回声失落，肺实质难以直接成像，肺部超声价值有限。近年来随着经验积累，技术日臻成熟。肺内含气的变化、液体的变化、肺实质改变等，肺组织密度发生改变，会形成不同的超声影像，使得肺实质疾病超声诊断成为可能。已经证实 LUS 对多种肺部急慢性疾病的评估有重要价值，包括：①液体增加，如胸腔积液、肺水肿、肺炎，急性肺损伤导致；②含气改变，如气胸、肺气肿；③实变，如肺不张、肺梗死、肺纤维化、间质性肺疾病；④肺部占位；⑤胸膜病变，如增厚、粘连等。基于此，LUS 可用于石棉肺胸膜斑的诊断，尘肺病并肺部感染、胸腔积液、气胸、肺梗死等急性并发症的诊断及疗效观察等，但目前 LUS 在职业病学科应用还不多。超声技术具有快速、便携、可重复、无创、非电离性、可床边检查等优势，期待 LUS 未来在尘肺病诊疗、病情观察、复查随访中扮演重要角色。

（5）血气分析：动脉血气分析主要用于评估低氧血症，是否合并呼吸衰竭及呼吸衰竭的类型：PaO_2<8.0kPa，$PaCO_2$ 正常或偏低，则为Ⅰ型呼吸衰竭；缺氧伴高碳酸血症，$PaCO_2$>6.7kPa，即可诊断为Ⅱ型呼吸衰竭。

现行尘肺病诊断及分级的主要依据是 X 射线高千伏或 DR 后前位胸片。尘肺病的临床表现、X 射线表现虽有特征性，但不具有特异性，存在“同影异病，同病异影”现象。即便是有粉尘接触史，影像“尘肺样改变”，也需要与影像表现相似疾病进行鉴别。

（闫永建）

第七节　尘肺病诊断的质量控制

一、摄片时的质量控制

拍摄技术质量合格的 X 射线高千伏或 DR 后前位胸片是提高尘肺病诊断准确率的关键和前提（如图 5-71 所示）。GBZ 70—2015 对胸片质量与质量评定以及胸片摄影技术要求都作出了明确具体的规定，理解和掌握这些规定并在实际工作中认真执行才能拍摄出质量合格的胸片。

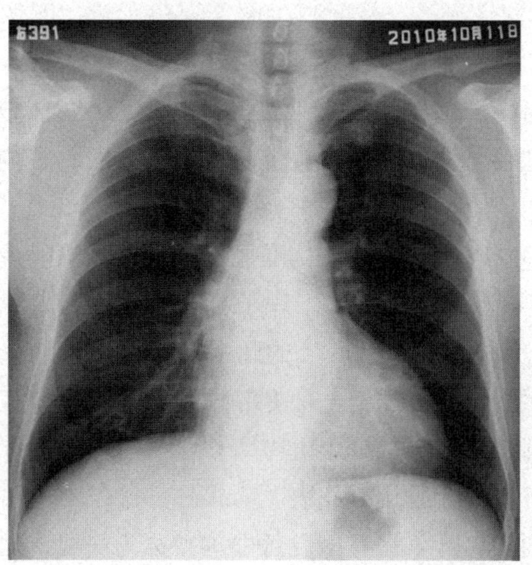

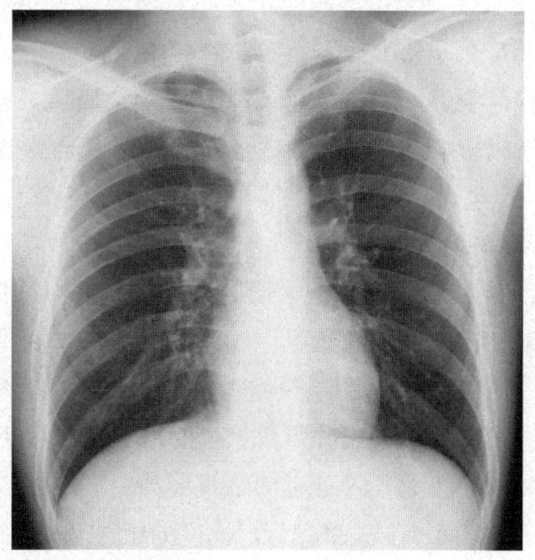

图 5-71　传统的屏胶胸片和 DR 胸片

一张质量合格的尘肺病诊断胸片应具备适当的影像密度、恰当的影像对比度、良好的锐利度和较少的影像噪声等特征。DR 胸片应与传统屏胶胸片在影像显示上有良好的可比性，这样才能确保在尘肺病有无判断和分期判断上不会产生明显差异。

摄片时的质量控制主要围绕 DR 摄片技术进行讲解。

（一）摄影体位

在质控检查过程中，经常会发现摄影体位问题，主要表现为肩胛骨与肺野重叠、吸气不足和部分肺区未摄入等情况，问题产生的根源主要在于摄片技师未认真对受检者进行摆位和引导呼吸。

确保肩胛骨与肺野不重叠，需要注意三个操作要领：双脚自然分开；手腕内旋；肘关节和肩关节紧靠摄影架。吸气不足，肺纹理重叠，可造成小阴影数量增加的假象；深吸气后，肺泡内充满气体，形成与周围组织结构的鲜明对比，可提高清晰度。因此，要确保曝光在充分吸气后屏气状态下进行，正常体形者吸气后的右侧膈顶均能达到第 10 后肋水平，肥胖者应尽量要求吸气到第 9 后肋水平。另外，还需调整球管位置，使得中心线在第 6 胸椎水平，确保两侧肺尖和肋膈角等区域全部摄入。

（二）摄片条件

与传统屏胶摄片相比，DR 摄片受摄片条件的影响相对较小，但是不能忽视摄片条件对胸片质量的影响，主要为低电压造成的层次感下降和低剂量造成的噪声增加。

相较于传统屏胶摄片，DR 摄片的曝光剂量大幅下降，但是不能盲目追求低剂量曝光以减少受检者的辐射剂量，而应以满足诊断需求的胸片质量作为前提。曝光不足会造成噪声出现，曝光过度会增加人体辐射，因此应选择合适的曝光剂量。一般来说，采用碘化铯作为闪烁体的平板探测器应设置曝光剂量在 5mAs 左右，而采用硫氧化钆作为闪烁体的平板探测器则应设置曝光剂量为 6mAs 左右，如果体形偏胖，还应增加摄片剂量或者电压。

（三）图像处理

图像处理的要领归纳起来就是四个字“三关一调”，即关闭降噪、边缘增强、组织均衡，调整对比度。

降噪：是一种图像模糊技术，它使图像变得模糊且平滑，从而减少图像噪声影响。图像模糊之后，小阴影数量就会减少。

边缘增强：是一种图像锐化技术，它通过补偿图像轮廓，增强图像边缘及灰度跳变部分，使图像变得清晰，会造成小阴影数量增加。因此降噪和边缘增强技术都会改变小阴影的数量，影响尘肺病诊断。

组织均衡：DR 机的一次曝光，可以得到多种不同密度的组织结构图像，如肺像、纵隔像、胸壁软组织图像、肋骨像。正常情况下，这些组织结构图像不会在同一张片子显示出来，而组织均衡技术就是利用 DR 宽广的曝光范围将图像分解成许多反映不同密度区域的图像，然后经过加权整合得到同时展现不同密度的组织结构细节的图像。这种技术在临床上普遍使用，但是对于尘肺病诊断来说，这种图像会表现出肺野信息量的增加，造成小阴影数量判断的增加。

调整对比度是图像处理中最重要的一环。DR 机器都会采用查找表（look up table，LUT）和调窗（windowing）两种方式来进行对比度的粗放和精细调节。LUT 在有些设备中也被称为曲线，是一组对比度处理数据，使用它可以快速改变对比度。LUT 不能精细化调节对比度，而调窗处理则可以实现对比度的精细调节。窗宽影响图像的对比度，窗位影响图像的亮度，对于肺像的对比度调节，应选择大窗宽、高窗位的调窗设置。每种 DR 设备对精细化对比度调节的参数命名都不一样，但它本质上就是一种调窗处理技术。

理解“三关一调”的技术原理并不难，难点主要在于相关参数的如何关闭、如何调节。经过多年的摸索和验证，对于进口品牌 DR 设备，已有成熟的参数设置经验及推荐值。但是，国产 DR 品牌众多，参数命名不统一，很多技师无法理解参数的具体作用，调试难度较大，需要厂家工程师配合才能完成参数调试（见表 5-9）。

表 5-9　进口品牌 DR 设备的参数设置推荐值

品牌	参数名称	参数值
佳能 RD	频率处理	STD 频率
	边缘增强	关闭
	DEP	关闭
	* 亮度	17~20
	* 对比度	14~17
佳能 NE	边缘增强	关闭
	动态范围调整	关闭
	降噪	关闭
	LUT	SA 曲线
	* 基础亮度	11
	* 基础对比度	17
飞利浦	* 密度（D）	2.5
	* 对比度（G）	4.5~5.0
	结构增强（SB）	0
	结构优先（SP）	0
	噪声补偿（N）	0
	* 细节对比度（DC）	4.5~5.0
	对比度平衡（CB）	1
	曲线图（Curve）	FC
西门子	空间滤过（SF）	关闭
	组织均衡（H）	关闭
	曲线（LUT）	8
	* 窗宽（W）	2300~3300
	* 窗位（C）	1900~2300
GE	* 对比度（C）	119~130
	* 亮度（B）	152~157
	组织对比度（TC）	0.15
	边缘锐化度（E）	1
	噪声	关闭
	曝光不足（TE-U）	0
	曝光过度（TE-O）	0
锐珂	外观	基准图像处理
	* 亮度	-10
	* 曝光度	-3
	* 对比度	0
	锐度	0
	噪点	0

注：“*”标注的参数为对比度调节参数，参数值应根据机器性能和受检者情况做适当调整，未标注的参数均需关闭。

另外，标准中提到的“不允许对 DICOM（digital imaging and communications in medicine）格式的影像文件进行图像处理”，主要是指图像处理应在图像采集处理系统上对原始文件（raw data）进行处理，而非在 PACS 图像浏览器上对已完成处理的图像进行再次处理。

（四）胶片打印

尘肺病诊断主要采用胶片阅片的方式。图像打印偏小是主要问题，会影响到阴影大小、小阴影形态和密集度的判断。按实物大小进行打印，需要注意几点：（1）采用14in × 17in胶片打印；（2）一张胶片打印一幅图像；（3）选择原始尺寸大小；（4）图像缩小比例不应低于95%。

DR摄片可以通过图像处理精细调整对比度，建议上中肺野最高密度控制在1.60~1.65较为适合。

二、读片时的规范程序

尘肺病阅片是一个需要规范化、标准化的操作过程，它是保证尘肺病诊断质量的重要内容。由于尘肺病DR摄片和专业显示屏阅片的快速普及，尘肺病读片方式也在发生变化，下面结合标准中的规范要求谈谈如何做好读片程序规范化。

（一）读片装置

1. 观片灯

观片灯阅片是职业病诊断机构普遍采用的阅片方式。尘肺病诊断要对照标准片，我国的标准片是以胶片方式发布，因此观片灯至少为3联，最好是5联，其最低亮度不低于3000cd，亮度均匀度（亮度差）小于15%。

2. 医用专业显示屏

显示屏阅读DR胸片已成为普遍现象。建议使用医用专业显示屏进行阅片，单屏医用显示器的空间分辨力不得小于3M，亮度在300cd/m^2以上；一体化双屏显示器的空间分辨力不得小于6M。有条件的机构，可以使用多屏连用的方式进行阅片诊断，由于观片灯显示和显示屏显示存在一些差异，故推荐将标准片扫描为电子版后进行对照阅片。

（二）读片环境

读片时一般取坐位，调整观片灯或专业显示屏的位置，使其位于读片者眼前25~50cm处。座椅如有滚轮最佳，方便前后移动观察，近观小阴影，远观全胸片。读片室应保持安静，无直接的其他光线照射到观片灯或专业显示屏上。

（三）读片准备

尘肺病诊断读片前要准备好待诊者的相关资料，包括职业接触史、作业场所劳动卫生学资料、受检者的临床检查资料，以及完整的系列动态X射线胸片和CT片。读片室应配备尘肺病诊断国家标准片，方便读片时随时取用。

（四）读片过程

虽然国家已取消职业病集体诊断，但是职业病诊断机构开展尘肺病诊断工作时，仍可安排多名医生进行集体诊断，以确保诊断准确率。每名读片医生要充分发表个人的意见，可以根据多数人的意见形成诊断结论。若认为资料不全或对资料的真实性和可靠性有疑问，应要求重新核实或补充，并另行安排时间读片。

职业健康检查机构的读片医生在对受检者进行尘肺病筛查时，如果发现尘肺样改变的病例，建议邀请其他诊断医师进行集体讨论后作出诊断结论。

读片医生应坐在观片灯或专业显示屏的正面，使自己能在50cm距离内读片，不可侧坐或距离过远。根据需要随时更换动态胸片和标准片。读片时间不宜过长，一般在 1.5h 左右休息一次，以确保良好的分辨能力。

（陈钧强　金盛辉）

第八节　尘肺病的诊断与鉴定

尘肺病诊断与鉴定工作应当按照《职业病防治法》《职业病分类和目录》及国家职业病诊断标准进行，遵循科学、公正、及时、便捷的原则。

一、职业病诊断资格

尘肺病应由取得职业病诊断资格（尘肺病诊断）的执业医师进行诊断。从事职业病诊断的医师应当具备下列条件，并取得省级卫生健康行政部门颁发的职业病诊断资格证书：

（1）具有医师执业证书；

（2）具有中级以上卫生专业技术职务任职资格；

（3）熟悉职业病防治法律法规和职业病诊断标准；

（4）从事职业病诊断、鉴定相关工作三年以上；

（5）按规定参加职业病诊断医师相应专业的培训，并考核合格。

从事职业病诊断的医师应当依法在职业病诊断机构备案的诊断项目范围内从事职业病诊断工作，不得从事超出其职业病诊断资格范围的职业病诊断工作；从事职业病诊断的医师应当按照有关规定参加职业卫生、放射卫生、职业医学等领域的继续医学教育。

二、尘肺病诊断流程

劳动者可以在用人单位所在地、本人户籍所在地或者经常居住地的职业病诊断机构进行尘肺病诊断，但不得重复诊断。劳动者依法要求尘肺病诊断的，职业病诊断机构在备案的诊断项目范围内不得拒绝劳动者进行尘肺病诊断的要求，并告知劳动者尘肺病诊断的程序和所需材料。劳动者应当填写《职业病诊断就诊登记表》，并提供本人掌握的职业病诊断有关资料。尘肺病诊断应当按照《职业病防治法》《职业病诊断与鉴定管理办法》的有关规定及《职业病分类和目录》、《职业性尘肺病的诊断》和《职业性尘肺病的病理诊断》进行诊断，依据劳动者的职业史、职业病危害接触史和工作场所职业病危害因素情况、临床表现以及辅助检查结果等，进行综合分析。

（一）尘肺病诊断需要的资料

（1）劳动者的粉尘接触史（包括在岗时间、工种、岗位、接触的职业病危害因素名称等）；

（2）劳动者的职业健康检查结果，工作场所职业病危害因素检测结果；

（3）高千伏后前位胸片，必要时需要肺部 CT；

（4）临床表现和实验室检查，排除其他类似肺部疾病。

材料齐全的，职业病诊断机构应当在收齐材料之日起 30 日内作出诊断结论。

（二）职业史、职业病危害接触史认定

用人单位接到职业病诊断机构要求其提供劳动者尘肺病诊断所需资料的书面通知后 10 日内未提

供资料的，职业病诊断机构应提请卫生健康行政部门督促其提供。经卫生健康行政部门督促，用人单位仍不提供工作场所职业病危害因素检测结果、职业健康监护档案等资料或者提供资料不全的，职业病诊断机构应当结合劳动者的临床表现、辅助检查结果和劳动者的职业史、职业病危害接触史，并参考劳动者自述或工友旁证资料、卫生健康等有关部门提供的日常监督检查信息等，作出职业病诊断结论。

在确认劳动者职业史、职业病危害接触史时，当事人对劳动关系、工种、工作岗位或者在岗时间有争议的，职业病诊断机构应当告知当事人依法向用人单位所在地的劳动人事争议仲裁委员会申请仲裁。

三、尘肺病诊断鉴定制度

当事人对职业病诊断机构作出的职业病诊断有异议的，可以在接到职业病诊断证明书之日起30日内，向作出诊断的职业病诊断机构所在地设区的市级卫生健康行政部门申请鉴定。

职业病诊断鉴定实行两级鉴定制，设区的市级职业病诊断鉴定委员会负责职业病诊断争议的首次鉴定。

当事人对设区的市级职业病鉴定结论不服的，可以在接到诊断鉴定书之日起15日内，向原鉴定组织所在地省级卫生健康行政部门申请再鉴定，省级鉴定为最终鉴定。

职业病诊断鉴定应当提供以下资料：

（1）职业病诊断鉴定申请书；

（2）职业病诊断证明书；

（3）申请省级鉴定的还应当提交市级职业病诊断鉴定书。

（李　颖　谭　勇）

06

第六章　不同类型尘肺病的特征及病因诊断

第一节　矽　肺

矽肺（silicosis）是一种可预防的疾病，是指长期吸入游离的结晶型 SiO_2 粉尘导致肺脏炎症和以矽结节为病理特征的肺纤维化，使肺脏结构破坏，患者出现劳力性呼吸困难、肺功能障碍，丧失劳动能力，严重者发生呼吸衰竭的一种呼吸疾病，是尘肺病中肺纤维化程度较为严重的疾病类型之一。

一、概述

矽肺是一种古老的疾病，有文字记载的矽肺病例可以追溯至古埃及和古希腊。矽肺疾病的名称最早见于 1871 年，直至 1930 年在南非约翰内斯堡举行的 ILO 会议正式将该病命名为“矽肺”。1958 年，ILO 描述了矽肺的胸部 X 射线特征。1995 年，ILO 与 WHO 共同发起全球消除矽肺计划（global programme for the elimination of silicosis，GPES）。我国在《“健康中国 2030”规划纲要》中提出，开展职业病危害基本情况普查，健全有针对性的健康干预措施，进一步完善职业安全卫生标准体系，建立完善重点职业病监测与职业病危害因素监测、报告和管理网络，遏制尘肺病高发势头。

二、流行病学

矽肺在全球范围内均有发病，2017 年全球疾病负担（global burden of diseases，GBD）研究报告新发矽肺患者 23695 例，占新发尘肺病的 39%。在全球范围内，发病例数最多的国家是中国（9066 例）和印度（1464 例）。2017 年，全球矽肺的年龄标化发病率为 0.30/10 万，其中东亚地区的年龄标化发病率最高，为 0.78/10 万。

三、病因与发病机制

（一）病因

1. 二氧化硅（silica，化学式 SiO_2）粉尘

硅或二氧化硅是地球上含量最为丰富的矿物质，是由硅和氧元素在高温和高压条件下形成的。自然界中 SiO_2 以结晶 SiO_2 和无定形 SiO_2 两种形态存在。结晶 SiO_2 因晶体结构不同，分为石英、鳞石英和方石英三种。自然界存在的硅藻土是无定形 SiO_2，是低等水生植物硅藻的遗体，为白色固体或粉末状，多孔、质轻、松软，吸附性强。吸入游离的结晶型 SiO_2 粉尘可以导致矽肺。游离结晶

型 SiO_2 含量超过 10% 的粉尘称为硅尘，其中直径<15μm 的粉尘容易吸入至下呼吸道而致病，称为 RCS。

2. 接触机会

SiO_2 的用途非常广泛，很多工业生产过程中均可以接触到矽尘，尤其是以下这些工作岗位，如防护措施不当可能患病。矽尘接触行业举例：（1）玻璃制造：SiO_2 是各种玻璃的主要原料；（2）陶瓷及耐火材料：瓷器的坯料和釉料，窑炉用高硅砖、普通硅砖以及碳化硅等的原料；（3）冶金：硅金属、硅铁合金和硅铝合金等的原料或添加剂、熔剂；（4）建筑：混凝土、胶凝材料、筑路材料、人造大理石、水泥砂等；（5）化工：硅化合物和水玻璃等的原料，硫酸塔的填充物，无定形 SiO_2 微粉；（6）机械：铸造型砂的主要原料，研磨材料（喷砂、砂纸等）；（7）电子：高纯度单晶硅、通信用光纤等；（8）橡胶、塑料、涂料：用于提高耐磨性和耐候性的填料；（9）食品工业：抗结剂、消泡剂、增稠剂、助滤剂、澄清剂；（10）饲料：添加剂等；（11）工艺品：宝石以及各种石材的研磨和加工。

3. 矽肺分型

根据起病方式、胸部影像和自然病程，矽肺分为急性矽肺（acute silicosis）、加速 / 快速进展性矽肺（accelerated/rapidly progressive silicosis）和慢性矽肺（chronic silicosis）（见表 6–1）。其中慢性矽肺分为单纯性矽肺（simple silicosis）和复杂性矽肺（complicated silicosis）。单纯性矽肺的胸片可见多发小结节影，无融合团块。复杂性矽肺是指胸片可见直径≥1cm 的纤维团块影，即大阴影，也称为进展性大块纤维化（progressive massive fibrosis，PMF）（见表 6–1）。煤矿作业劳动者因工种、接触粉尘的性质和浓度不同，可罹患煤尘肺（anthracosis）、煤矽肺（anthracosilicosis）、矽肺和混合性尘肺病（mixed–dust pneumoconiosis），统称为煤工尘肺。

表 6–1 矽肺分型

矽肺分型	呼吸性粉尘浓度	暴露时间	特征
急性矽肺（矽性肺泡蛋白沉着症）	很高浓度 RCS	数月至 3 年	快速进展性呼吸困难、咳嗽和乏力、消瘦，胸部影像示肺泡填充影伴小叶间隔增厚，可发生呼吸衰竭
快速 / 加速进展性矽肺	高浓度 RCS	<10 年	进展性呼吸困难、咳嗽、消瘦，可发生呼吸衰竭
慢性矽肺			
单纯性矽肺	低浓度 RCS	通常 10~25 年	胸片显示双肺多发小结节影
复杂性矽肺	较高浓度 RCS	通常 20~40 年	胸片显示直径>1cm 的大阴影，提示 PMF，可见肺气肿
混合性尘肺	RCS 及其他硅酸盐粉尘（伴或不伴有其他粉尘，如碳尘）	通常>10 年	合并尘斑，混合性纤维结节伴或不伴有矽结节

（二）发病机制

大量结晶 SiO_2 粉尘经过呼吸道吸入肺脏，肺泡巨噬细胞吞噬过量的粉尘颗粒，使肺泡巨噬细胞活化，释放促炎症和促纤维化介质，引起巨噬细胞炎、矽性肉芽肿。同时，肺脏活性氧、活性氮的增加，促进Ⅱ型肺泡上皮细胞损伤。吞噬粉尘的巨噬细胞易于凋亡，凋亡的巨噬细胞碎片和释放的

SiO_2颗粒再次被其他肺泡巨噬细胞吞噬，释放出氧化物、促炎症和促肺纤维化介质，吞噬颗粒、细胞凋亡和炎症介质释放反复循环，加剧炎症反应。过量的粉尘颗粒转移至肺间质，间质巨噬细胞包裹粉尘颗粒，刺激间质淋巴细胞发生免疫应答，激活成纤维细胞，促进其增殖、分化，导致胶原沉积、肺脏结构破坏，肺纤维化形成。

四、组织病理学

典型矽肺的肺部大体病理改变呈结节型，以尘性胶原纤维结节为主，肺内结节型病变可以融合，形成大块纤维化。肉眼观察，尘肺结节呈类圆形、境界清楚、色灰黑，触摸有坚实感。光学显微镜下，表现为以胶原纤维为核心的矽结节，也可以出现胶原纤维与粉尘相间杂的混合性尘结节，其中胶原纤维成分占半数以上；还可以形成矽结核结节，即矽结节或混合尘结节与结核病灶混合形成结节。

五、临床表现

（一）症状

矽肺患者早期可无症状，临床表现缺乏特异性。随着疾病的进展，出现咳嗽、咳痰、活动性气短，也可出现不同程度的全身症状，如乏力、纳差、消瘦。

（二）体征

早期可以没有阳性体征。合并肺气肿的患者可见桶状胸。合并慢性阻塞性肺疾病的患者双肺可闻及干性或湿性啰音。合并气胸的患者，通常气管向健侧偏斜，患侧胸廓饱满，肋间隙增宽，触觉语颤减弱甚至消失，叩诊呈鼓音，听诊呼吸音减弱或消失。重症患者出现紫绀、“三凹征”以及肺源性心脏病的相应体征。

（三）并发症 / 合并症

矽尘暴露可引起一组粉尘相关性疾病，与矽肺互为共病，使患者在多种疾病的共同作用下，导致患者的生活质量下降，出现器官功能障碍（见表6-2）。

表6-2　矽尘暴露相关性疾病谱

疾病	呼吸性粉尘浓度	暴露时间	特征
气道疾病			
慢性支气管炎	RCS及其他呼吸性粉尘	通常>10年，呈剂量依赖关系	慢性咳嗽、咳痰
慢性阻塞性肺疾病	RCS及其他呼吸性粉尘	通常>10年，呈剂量依赖关系	与吸烟有协同作用
肺气肿	RCS及其他粉尘可能相关	呈剂量依赖关系	与吸烟有协同作用
小气道功能障碍	RCS及其他呼吸性粉尘	尚不清楚	粉尘沉积在呼吸性细支气管，引起炎症和气道重塑
感染性疾病			
肺结核	RCS及其他呼吸性粉尘	呈剂量依赖关系，风险增加	矽肺结核患病风险增加，尤其是PMF
非结核分枝杆菌病	RCS	尚不清楚	咳嗽、咯血伴发热、乏力

续表

疾病	呼吸性粉尘浓度	暴露时间	特征
真菌病	RCS	尚不清楚	见于慢性矽肺，常形成曲霉菌病
肺癌	RCS	尚不清楚	RCS是I类致癌物，增加患肺癌的风险
结缔组织病（SSc，RA，SLE，pSS，MCTD，ANCA相关性血管炎）	RCS	尚不清楚	见于急性或慢性硅尘暴露
慢性肾脏病	RCS	尚不清楚	急性和慢性肾小球肾炎
心血管疾病	RCS	尚不清楚	硅尘暴露可能增加患病风险

注：RCS为呼吸性结晶型SiO_2；SSc为系统性硬化；RA为类风湿性关节炎；SLE为系统性红斑狼疮；pSS为原发性干燥综合征；MCTD为混合结缔组织病；ANCA为抗中性粒细胞胞浆抗体。

六、实验室检查及其他辅助检查

（一）实验室检查

矽肺患者进行病理生理评估时，需要做动脉血气分析，评价酸碱平衡、有无过度通气或二氧化碳潴留，以及氧合状态。伴有并发症/合并症时，可相应地进行结核杆菌T淋巴细胞斑点实验、肿瘤标志物、自身抗体等检查。

（二）肺功能检查

矽肺早期可以出现小气道功能障碍，肺通气、弥散功能指标在正常范围。随着矽肺期别增高，可出现阻塞性通气障碍或混合性通气障碍，伴弥散量下降。尤其是合并肺气肿、肺大疱的患者，弥散量下降较为明显。以6~12个月为周期观察肺功能的变化，有助于识别矽肺纤维化的进展。

（三）影像学检查

1. 胸部X射线

矽肺X射线胸片主要表现为小结节影（通常小阴影直径为1~3mm）和融合的纤维化团块影（大阴影直径>1cm），其次为双肺纹理、肺门和胸膜病变。接触矽尘含量高和浓度大的矽肺患者，常以圆形和类圆形小阴影为主，以双上肺叶分布较为显著，也有部分患者先分布在双中下肺内中带，以右侧较为显著，随后逐渐向上肺扩展。接触含矽尘量低或为混合性粉尘的矽肺患者，以类圆形或不规则形小阴影为主。大阴影多见于双肺上叶中外带，呈对称性、跨叶的八字形，其外缘肺野透过度增高。由于大块肺纤维化收缩使肺门上移，增粗的双肺纹理呈垂柳状，并出现气管纵隔移位。肺门改变主要为小阴影密度增加，有时可见蛋壳样钙化的淋巴结。可伴有胸膜增厚、粘连或钙化。

2. 胸部CT

单纯性矽肺的胸部CT表现为双肺弥漫性间质小结节影，结节密度高，边界清晰，直径不等，以双中上肺野较为显著，多沿着淋巴道分布；通常可见纵隔和肺门淋巴结增大，边界清晰伴钙化。复杂性矽肺的胸部CT表现为双肺高密度的纤维团块影，直径大于1cm，甚至直径超过5cm，边界清晰，可伴粗毛刺，以双中上肺野较为显著，沿肺门呈八字形分布；纤维团块旁可伴牵拉性肺气肿、肺大疱；纵隔和肺门淋巴结增大，可伴蛋壳样钙化。

（四）肺组织活检

采用CT或B超导向经皮肤肺组织病灶穿刺活检术，或酌情经外科胸腔镜肺活检，获取组织标本进行组织病理学分析，有助于粉尘暴露史不明确、胸部CT显示为不典型的团块或结节影患者的诊断，可鉴别肺结核、肺癌或结节病。

七、诊断与鉴别诊断

根据可靠的矽尘接触史，以胸部影像表现为主要依据，结合现场职业卫生学、尘肺病流行病学调查资料和健康监护资料，参考临床表现和实验室检查，排除其他肺部类似疾病后，可以诊断为矽肺。经皮穿刺肺部大阴影进行活检，以及经支气管肺活检对支持诊断和鉴别诊断具有一定的价值。目前依据粉尘接触史、病史、影像和（或）肺脏组织病理，可以做出矽肺的医学诊断。当进行职业性矽肺诊断时，需要依据国家职业卫生标准《职业性尘肺病的诊断》（GBZ 70—2015），对照尘肺病诊断标准片，小阴影总体密集度至少达到1级，分布范围至少达到2个肺区，方可作出职业性矽肺的诊断。

根据暴露因素、临床表现、影像病理特征，矽肺需要与以下疾病相鉴别，包括结节病、慢性铍病、过敏性肺炎、血行播散性肺结核和继发性肺结核、肺癌、肺转移瘤以及肺泡微石症。

八、预防与治疗

（一）预防

1. 控制现场粉尘

确定现场硅尘职业接触限值（occupational exposure limits，OELs）（见表6-3）和监测现场粉尘浓度，按照“革、水、密、风、护、管、教、查”的八字方针，控制工作场所的粉尘，尤其是RCS，减少和杜绝尘肺病的发病。

表6-3　我国工作场所硅尘职业接触限值（GBZ 2.1—2019）

硅尘含量	PC-TWA（mg/m^3）*	
	总尘	RCS
10%≤游离 SiO_2 含量≤50%	1	0.7
50%<游离 SiO_2 含量≤80%	0.7	0.3
游离 SiO_2 含量>80%	0.5	0.2

注：*：以时间为权数规定的8h工作日、40h工作周的平均容许接触浓度；PC-TWA：时间加权平均容许浓度；RCS：呼吸性结晶型矽尘。

2. 职业健康监护

做好职业健康监护是二级预防的重要措施。依照我国法律法规的相关规定，从事粉尘作业的人员必须进行上岗前健康检查。在职和离职的从事粉尘作业的人员，根据接触的粉尘种类和粉尘浓度，每隔1~3年进行1次健康检查。早期发现疑似尘肺病者，及时调离粉尘作业岗位，妥善安置。粉尘作业的职业禁忌证包括活动性肺结核、慢性呼吸疾病、严重的上呼吸道或支气管疾病，严重影响肺功能的胸膜、胸廓疾病，以及严重的心血管疾病等。

3. 做好三级预防

已经罹患矽肺的患者应调离粉尘作业岗位，及时到医疗机构就诊，医务人员给予医学建议和健康宣教。患者保持良好的生活习惯，均衡营养，远离烟酒，坚持适当的体育锻炼，进行呼吸康复，预防呼吸道感染，以减轻症状，提高生活质量，预防和治疗并发症 / 合并症。

（二）非药物治疗

1. 避免粉尘和烟草暴露

矽肺患者应调离粉尘作业岗位，避免继续粉尘暴露。吸烟与矽尘暴露具有协同致病作用，导致肺功能障碍，必须劝导和帮助患者戒烟。

2. 氧疗

对已出现呼吸衰竭的矽肺患者应进行氧疗，氧疗能够纠正患者的缺氧，改善呼吸道症状，提高生活质量。参照慢性阻塞性肺疾病氧疗指征，对于符合指征的矽肺患者应接受长程家庭氧疗，氧疗时间每天大于 15h。

3. 机械通气

无创正压通气可能改善部分矽肺患者的缺氧状态，减轻呼吸困难症状和呼吸肌肉疲劳。对于预后不良的终末期矽肺患者，气管插管机械通气治疗不能降低病死率，但可以作为肺移植术前的桥接治疗。

4. 呼吸康复

呼吸康复旨在减轻症状，改善机体功能，稳定或延缓疾病发展。呼吸康复的内容包括呼吸生理治疗、肌肉训练（全身性运动和呼吸肌锻炼）、营养支持、精神治疗和教育。针对不同严重程度的矽肺患者，应采用不同训练强度和不同方式的呼吸康复方案。

5. 肺移植

肺移植可以改善终末期矽肺患者生活质量，延长生存时间。对于严重肺功能障碍、低氧血症、肺动脉高压且病情逐渐恶化者，应行肺移植。符合适应证的患者应进行移植前评估，纳入肺移植等待名单。我国报道的矽肺患者单肺移植后 3 年生存率为 77%。

6. 全肺灌洗

全肺灌洗清除肺脏矽尘的作用极为有限。矽肺患者接受全肺灌洗后，部分患者的呼吸道症状一过性改善，但是胸部影像和肺功能无变化。目前不推荐矽肺患者进行全肺灌洗。

（三）药物治疗

1. 药物治疗

尚无公认有效的药物能够延缓矽肺纤维化的进展。动物实验数据显示，汉防己甲素全程或晚期给药能够抑制矽尘所致肺脏矽结节的形成。汉防己甲素、克矽平、哌喹类、有机铝制剂、吡非尼酮和尼达尼布，均缺乏前瞻性大样本随机对照试验评价治疗矽肺的有效性。在为期 12 个月的盐酸替洛肟治疗矽肺有效性和安全性的随机对照试验中，与安慰剂相比，盐酸替洛肟未能显示出对单纯性矽肺患者胸部影像和肺功能指标进展的延缓作用。

2. 对症治疗

对咳嗽、咳痰严重且影响生活质量的患者应给予对症止咳、化痰治疗。终末期患者给予相应的对症支持治疗。

（四）预后

急性矽肺、快速进展性矽肺患者，病情在短时间内快速进展为呼吸衰竭，预后不良。复杂性矽肺患者肺纤维化进展较快，容易合并肺动脉高压、自发性气胸、肺结核，PMF压迫支气管导致呼吸衰竭、死亡。

（叶　俏）

第二节　煤工尘肺

煤工尘肺是指煤矿作业劳动者长期吸入生产环境中矿物性粉尘所引起的肺部病变的总称。煤矿行业中，由于工种的不同，劳动者可分别接触到煤尘、煤矽混合尘和矽尘，将由此引起的尘肺统称为煤工尘肺。根据我国粉尘标准，煤工尘肺主要包括三种类型。一是煤肺，游离 SiO_2 含量5%以下，主要由采煤和造煤作业劳动者吸入纯煤粉尘所致。二是矽肺，游离 SiO_2 含量大于10%，主要由岩石掘进工吸入矽尘所引起。三是煤矽肺，游离 SiO_2 含量介于5%~10%，主要发生在既掘进又采煤的混合工种中，由吸入煤尘和矽尘等混合性粉尘所引起。我国最新公布的《职业病分类和目录》及《职业性尘肺病的诊断》（GBZ 70—2015）中可以诊断的“其他尘肺”中并没有“煤矽肺”一词，目前“煤矽肺”已不作为尘肺的诊断名称。

一、概述

煤炭是古代植物埋藏在地下，经过亿万年复杂的生物化学变化及地壳运动，沉积变质而成的固体可燃性矿物。煤炭主要分为烟煤、无烟煤和褐煤三类。我国目前烟煤的产量较多，其次为无烟煤、褐煤。煤矿开采有两种基本形式：地下开采和露天开采。我国绝大部分煤矿采用地下开采，煤层最深的位于地下数百米。地下开采首先要建立井筒及开凿井下运煤巷道，这些工程都需要岩石钻孔、爆破、装渣、运输等工序。使用风动或电动工具钻孔及爆破时都能产生大量的岩石粉尘，是煤矿粉尘危害最严重的工序。

二、流行病学

在我国职业病病例中，煤工尘肺发病率远高于其他病种。长期从事掘进工作以接触岩石粉尘为主的患者病情严重，进展快，而以采煤为主的患者病情相对较轻，进展亦较缓慢。矿尘中游离 SiO_2 含量越高，煤工尘肺的发病率越高。在相同环境条件和粉尘浓度下工作的矿工，工龄越长，煤工尘肺的发病率越高。煤工尘肺患病率存在着地理性差异和煤品位间的差异，高品位煤矿显示煤工尘肺患病率较高。尘肺病发病与煤矿对防尘重视程度、管理水平、技术水平、地质及开采条件等方面有关。煤工尘肺的病死率与尘肺类型有关，矽肺病死率高于煤工尘肺。不同煤矿由于煤田地质构造不同，尘肺患病率与死亡率也各不相同。尘肺病患病率高的煤矿，尘肺病病死率也相对较高。尘肺病患者人数分布有从东部地区向中西部地区转移的趋势。中西部地区尘肺病患者以中青年居多，越是劳务大省尘肺病患者越多。煤工尘肺病例主要分布在湖南、重庆、四川、山西和北京。绝大多数分布在煤炭行业，病例最主要为采煤工。煤工尘肺主要发生在地下开采工中，露天煤矿开采工中患病率较低。

三、病理

煤工尘肺系因吸入煤尘导致肺泡损伤，早期表现为巨噬细胞肺泡炎，晚期可出现不同程度的纤维化。煤工尘肺的基本病理改变主要表现为巨噬细胞性肺泡炎、煤斑和尘性纤维化。

（一）巨噬细胞性肺泡炎

煤尘通过呼吸道进入肺泡内，首先引起巨噬细胞性肺泡炎。最初肺泡内出现以大量中性粒细胞为主要成分的炎性渗出物，而后肺泡内巨噬细胞增多并取代中性粒细胞而形成以肺泡巨噬细胞占绝对优势，伴有少量中性粒细胞和巨噬细胞、脱落的上皮细胞、脂类及蛋白成分的肺泡炎。

（二）煤斑

在巨噬细胞肺泡炎的基础上，煤尘和含尘的巨噬细胞在肺组织的呼吸性细小支气管及肺泡内、肺泡壁、小叶间隔、血管及支气管周围、胸膜下及区域性淋巴细胞组织内聚集形成煤尘灶即煤斑（尘斑）。煤斑是煤工尘肺最常见的原发性特征性病变，也是病理诊断的基础指标。肉眼可见，煤斑呈灶状，直径 1~4mm，质软，呈圆形或不规则形，色墨黑，多在肺小叶间隔和胸膜交角处，呈网状或条索状分布，融合后可增大并联结成片。镜检可见，煤斑呈星芒状，紧伴扩大的呼吸支气管腔，由大量噬煤尘细胞组成，其中交织大量网织纤维及少数胶原纤维。煤斑分布于全肺，以肺上叶数量最多。

（三）尘性纤维化

肺间质可见弥漫性的煤尘沉着和煤尘灶的形成，在小血管、细支气管周围、肺泡间隔、小叶间隔和胸膜下纤维增生，逐渐形成弥漫性纤维网架和粗细不等的条索，构成肺间质弥漫性纤维化。当肺泡结构受到严重破坏，不能完全修复时，则为胶原纤维所取代而形成结节性肺纤维化，严重者形成大块纤维化。病变外形不规则，严重者可侵犯整个肺大叶，甚至与相邻肺叶的大块病变通过胸膜炎而粘连，形成 X 射线大阴影贯穿一侧肺的影像。肉眼可见，切面黑色有光泽，橡胶样硬度，质地均匀，少见结节轮廓，块中常见空腔，内存黑色稀薄液体。镜检可见，大块病变由平行排列的致密而粗大的胶原纤维束组成，纤维束偶有交错并发生透明性变，纤维束间堆积大黑色尘细胞和淋巴细胞小灶，块内小支气管和小血管损毁，多数肺泡为尘细胞充填。

四、发病机制

煤工尘肺是煤矿作业劳动者长期吸入生产环境中粉尘所引起的肺部病变的总称。煤工尘肺患病率与劳动者接触粉尘的年限及工作环境粉尘的浓度有关。长期吸入煤尘是煤工尘肺发病最主要的原因。煤尘颗粒进入呼吸性支气管及肺泡时，巨噬细胞不能及时将煤尘吞噬，致使大量煤尘及吞噬了煤尘的巨噬细胞较长时间滞留在呼吸性支气管及肺泡中，引起呼吸性支气管及肺泡管的狭窄、阻塞及炎症，并可压迫支气管管壁平滑肌和弹力纤维，使之受到损害。煤尘可以引起巨噬细胞释放多种细胞因子，如肿瘤坏死因子、成纤维细胞生长因子、表皮细胞生长因子、转化细胞生长因子、拟胰岛素生长因子、血小板生长因子、白细胞三烯、白细胞介素、淋巴因子等。细胞因子介导的各种细胞间的相互作用在肺纤维化的发生发展中具有重要意义。个体差异可能导致对煤尘暴露的敏感性不同，从而影响发病。

五、临床表现

煤工尘肺是一种慢性进展性疾病，病程及临床表现取决于暴露的生产环境粉尘浓度、暴露的时间、累积暴露剂量、有无合并症以及个体因素。

（一）症状

煤工尘肺患者的症状是非特异性的，早期可无症状。随着煤工尘肺病变的进展，逐渐出现呼吸道的症状，如咳嗽、咳痰、胸痛、呼吸困难等，这些症状常与季节、气候变化以及患者的合并症或并发症有关。咳嗽是煤工尘肺最常见的主诉，早期不多见，随着病程进展，患者多合并慢性支气管炎，晚期患者易合并肺部感染，均可使咳嗽明显加重。咳痰是煤工尘肺的常见症状，是呼吸系统对粉尘的清除导致分泌物增加所致。患者痰多为黑色，晚期煤工尘肺患者可咳出大量黑色黏液状痰，其中还可见煤尘颗粒。煤工尘肺患者大多有不同程度的胸闷或胸痛感觉，呈间断隐痛或针刺痛，劳动后或剧咳时更明显。患者胸痛程度与尘肺期别及临床表现多无相关关系，早晚期均可出现胸痛。呼吸困难是煤工尘肺的固有症状，与病情严重程度相关，随着肺纤维化的加重，有效呼吸面积减少，通气 / 血流比例失调，缺氧，均可导致呼吸困难加重，引发心肺功能损失代偿，导致心力衰竭、呼吸衰竭。单纯煤工尘肺患者很少出现咯血，咯血多出现在煤工尘肺合并肺结核的患者。

（二）体征

煤工尘肺早期体征较少。少数患者可能因上呼吸道受煤尘刺激，出现鼻腔干燥、鼻毛减少所形成的干燥性鼻炎症状。随着病变的进展及并发症或合并症的出现，如肺气肿，可出现桶状胸、杵状指、紫绀等，胸部叩诊呈过清音，胸部听诊呼吸音粗糙，合并呼吸道感染时可闻及干、湿性啰音或哮鸣音。晚期重症患者可出现端坐呼吸、夜间阵发性呼吸困难。

六、影像改变

（一）煤工尘肺 X 射线特点

煤工尘肺的 X 射线改变有圆形小阴影、不规则形小阴影和大阴影，胸膜改变相对少见。煤工尘肺胸片上圆形小阴影较多见，分布以两肺中区最多，常最早出现在右肺中区，然后向左中、下肺区扩展，左下及两上肺区出现较晚。随着病变进展，小阴影增多、增大，密集度增多，分布可扩展至全肺。以不规则形小阴影表现为主者仅占很少数，呈网状或蜂窝状，密集度不高。胸膜改变一般出现在石棉肺患者的胸片中。叁期煤工尘肺的大阴影，一般多对称分布在两肺上、中肺区，在连续胸片的观察中可以看到大阴影形成的各个阶段。它是由小阴影的增大、密集、融合最后形成致密的大阴影。大阴影一般边界清楚，呈圆形、椭圆形或长条形，有的状似腊肠样，大阴影周边可看到密集减低的气肿带。

（二）煤工尘肺胸部 CT 特点

圆形小阴影是煤工尘肺在 CT 上最早的表现。圆形小阴影大小不一，直径多为 2~5mm，密度较低，边缘不规则或模糊，弥漫分布于双肺，以肺上叶内最多见。q 或 r 型小阴影则表现为边缘清楚的圆形结节或不规则收缩结节。当小阴影发生聚集或融合成团块时，有向肺门收缩的倾向。在 CT 上可表现为上、后肺部的卵圆形或不规则大团块影，周围无或仅有少量瘢痕性肺气肿，可伴有针尖状或块状钙化，可见肺门及纵隔淋巴结肿大。

七、肺功能测定

呼吸功能测定是评价煤工尘肺患者劳动能力、代偿机能、致残程度的主要手段。煤工尘肺弥漫性肺间质纤维化病变、肺气肿以及大块纤维团块病变，都可导致组织弹性纤维破坏，不仅使通气功能受到明显损害，弥散功能和毛细血管气体交换等换气功能也有不同程度的损害。支气管炎及肺部感染可加重肺功能损害。煤工尘肺患者通气功能指标 FVC、MVV、FEV_1 均有下降，肺通气功能测定值与年龄因素相关，在评价肺功能及劳动能力鉴定时需考虑年龄因素。单纯煤工尘肺患者通气功能以阻塞性损害为主，也可出现限制性损害或两种损害同时存在。

八、诊断与鉴别诊断

煤工尘肺是我国现行《职业病分类和目录》中规定的尘肺，其诊断原则应遵循《职业性尘肺病的诊断》(GBZ 70—2015)标准进行诊断、鉴别诊断和分期。符合投照质量要求的胸部X射线胸片是煤工尘肺诊断和分期的主要方法和依据。煤工尘肺的诊断原则：根据可靠的生产性矿物性粉尘接触史，以技术质量合格的X射线高千伏或数字化摄影(DR)后前位胸片表现为主要依据，结合工作场所职业卫生学、尘肺流行病学调查资料和职业健康监护资料，参考临床表现和实验室检查，排除其他类似肺部疾病后，对照尘肺病诊断标准片，方可诊断。煤矿作业劳动者接触煤尘的职业史是煤工尘肺诊断的基本条件。煤矿作业劳动者可向其户籍所在地或单位所在地或长期居住地具有尘肺病诊断资质的医疗机构提出诊断申请，提交填写完整的由工作单位盖公章的职业病就诊登记表申请职业性煤工尘肺诊断。如无确切的煤尘接触史，即使胸片上有类似煤工尘肺的改变，也不能做出职业性煤工尘肺的诊断。

煤工尘肺需要与一些疾病如肺癌、肺结核、胸膜间皮瘤、特发性肺间质纤维化、外源性过敏性肺泡炎、肺含铁血黄素沉积症、肺泡微石症、肺结节病、肺胞浆菌病等疾病进行鉴别诊断。

九、预防与治疗

煤工尘肺为一种不可逆性疾病，一经诊断即应脱离粉尘作业环境，并不得再重新从事其他接触粉尘作业，定期参加职业健康体检。根据病情需要进行综合治疗，积极预防和治疗并发症及合并症，积极进行肺康复治疗和训练，减轻临床症状，延缓病情进展。加强对煤工尘肺患者的健康宣教，助其建立良好的生活习惯，如戒烟、避免生活性粉尘的接触、加强营养，以提高其生活质量，保持相对健全的社会活动能力。

(一)药物治疗

抗纤维化药物对煤工尘肺已经形成的肺纤维化无法消融，但可以延缓尘肺病变进展，止咳、祛痰、平喘药物可以缓解咳嗽、痰多、喘息等症状。合并感染者可结合病原检测结果予以相应抗炎治疗，对出现其他合并症或并发症者，可按相关疾病诊疗指南进行治疗。

(二)合理氧疗

根据患者的缺氧程度给予吸氧(鼻导管给氧或面罩给氧)，提高患者的动脉血氧分压和血氧饱和度，改善全身器官的氧供。

(三)肺康复治疗

煤工尘肺患者肺康复治疗是以慢性病健康管理基本原则为指导，贯穿煤工尘肺病程的全过程，是最有效的煤工尘肺患者健康管理对策。煤工尘肺患者肺康复可以通过健康管理、健康教育、心理干预、改变生活行为方式，采取运动训练、呼吸肌训练、合理营养等综合干预措施，以期储备和改善呼吸功能，延缓病情进展，减少临床症状，减轻患者痛苦，增强患者信心，最大限度地提高患者生活质量，实现带病延年的生存目标。

(四)全肺灌洗

部分煤工尘肺患者的呼吸道症状一过性改善，但是胸部影像和肺功能无变化。由于罹患煤工尘肺往往需要10~20年以上的接尘史，粉尘不断被肺巨噬细胞吞噬而转运至肺间质，并形成肺脏巨噬细胞炎、矽结节和尘斑。绝大多数粉尘无法通过灌洗气道和肺泡腔而排出体外。同时，全肺灌洗术可能增加患者的治疗风险和医疗花费。

（五）手术治疗

对于病情严重的终末期煤工尘肺患者，可能需要通过肺移植手术进行治疗，治疗费用较高，需要综合考虑。

（李宝平　孙治平）

第三节　石墨尘肺

石墨是一种用途极广的金属矿物，它具有耐高温、导热、导电、润滑、可塑和抗腐蚀等优良性能。石墨被广泛用于电力、钢铁、国防、原子能、日用和化学燃料等工业中。长期吸入较高浓度的生产性石墨粉尘可引起石墨尘肺（graphite pneumocniosis）。石墨尘肺是我国法定的职业病之一，属于碳系尘肺。

一、概述

石墨是结晶型炭，呈银灰色，具有金属光泽。石墨按其生成来源，可分为人造石墨和天然石墨两种。人造石墨又称高温石墨，是用无烟煤、焦炭、沥青等为原料，在电炉中经3000℃高温处理而成，为较纯净的结晶型炭，游离 SiO_2 含量极低（0.1% 以下）。天然石墨多为煤层受岩浆的渗透、地壳变动、高温、高压变质而成，按其结晶形态及颗粒大小，又分为晶质石墨和土状石墨两种。晶质石墨质量好，但矿石品位较低（5%~10%）。土状石墨又称无定型石墨，其品位较高，但工业性能较晶质石墨差。由于石墨的产地、矿石和制品不同，其游离 SiO_2 含量占 5%~15% 不等。石墨矿石经粉碎、筛选等加工处理成为商品石墨。石墨的主要成分为固定碳，此外还可含有少量结合的或游离的 SiO_2，以及铅、钙、镁、铁等元素。

在石墨的生产和使用过程中，劳动者均可接触到石墨粉尘。天然石墨的生产包括采矿和石墨矿石加工。采矿作业劳动者接触的是围岩和石墨矿石的混合粉尘，对健康危害性较大。石墨加工程序：粉碎→选矿→脱水→烘干→过筛→包装。其中粉碎、过筛和包装车间石墨粉尘浓度较大。人造石墨的生产过程中可产生大量的石墨粉尘，特别是石墨成品包装工序，粉尘浓度高、分散度高、质轻，在空气中悬浮的粉尘几乎都是呼吸性粉尘，对人体危害较大。近年来，我国在石墨加工及制品生产过程中均采用了防尘措施，生产现场粉尘浓度已大大降低。

二、流行病学

石墨矿山的掘进、采矿和矿石粉碎作业劳动者，因其接触的是石墨矿石及其围岩的粉尘，所发生的尘肺应视为混合性尘肺（石墨矽肺）。从事石墨选矿、过筛、包装和石墨制品以及人造石墨生产劳动者所接触的是单纯的石墨粉尘，所发生的尘肺为石墨尘肺。

石墨尘肺的发病与劳动者接触的石墨粉尘性质（尤其是游离 SiO_2 含量）、粉尘浓度、接尘工龄长短、劳动强度、个体防护等因素有关。石墨尘肺的发病工龄平均为 15~20 年，病变进展较缓慢，患病率 2%~7.9%。国外学者沃森（Watson）报道一个电极制造厂工龄 10 年以上的 15 名劳动者中，9 例胸片上有尘肺改变，其中 4 例为复杂性尘肺，2 例有大块纤维化病变者，解剖后发现其中 1 例并发结核。王志刚等报道 52 例石墨尘肺均为男性，年龄 39~75 岁，平均 51 岁；接尘工龄 7~39 年，平均

25.94 年。52 例石墨尘肺中，壹期 42 例，贰期 9 例，叁期 1 例。

三、发病机理

目前，一般认为石墨尘肺发病机理与煤工尘肺相似。大量石墨粉尘进入呼吸性支气管和肺泡时，由于巨噬细胞未能及时将石墨粉尘吞噬，致使大量石墨粉尘滞留在呼吸性支气管和肺泡里，加上部分含尘巨噬细胞穿过肺泡壁进入肺间质、呼吸性支气管和小血管的周围，形成石墨粉尘细胞灶。大量石墨粉尘和含尘巨噬细胞长时间滞留在呼吸性支气管和肺泡里，可形成灶性肺气肿。目前认为石墨粉尘属于轻度危害的惰性粉尘，但混杂在石墨粉尘中的游离 SiO_2 在石墨尘肺致病中起到不可忽视的作用。

四、病理改变

石墨尘肺病理改变酷似煤工尘肺。肉眼可见，肺脏呈黑色或黑灰色。肺标本切面不光滑，呈黑色或黑灰色，并有散在或成簇的黑色斑点，手触之有颗粒感，但无硅结节坚硬。肺门及纵隔淋巴结也呈黑色，轻度增大和变硬。有些病例有明显肺气肿和坏死性空洞形成。显微镜下见到细支气管、肺泡、肺小血管周围有大量的石墨粉尘和含尘细胞的聚集，形成石墨粉尘细胞灶，粉尘细胞灶直径为 0.5~1.5mm。在粉尘细胞灶的周围常可见到膨大的肺泡，与煤工尘肺的灶性肺气肿相似。有的粉尘细胞灶内可见纤维增生，形成石墨粉尘纤维灶，经胶原染色纤维灶内见有少量胶原纤维。有时肺标本中有星形的小体——石墨小体，也称为“假石棉小体”（pseudoasbestos body），小体的周围包绕着一层金黄色的膜状物，认为是含铁的蛋白质组成，普鲁士蓝染呈阳性反应。在中小支气管有时可看到慢性支气管炎的表现。单纯石墨尘肺发生大块纤维化病变者较少。

五、临床表现

石墨尘肺患者症状较轻微，阳性体征较少，病情进展较缓慢。部分患者以口腔、鼻咽部干燥为主，多有咳嗽、咳黑色痰，但痰量不多。劳动后可出现胸闷、气短等症状，少数患者肺功能可有损害，主要表现为最大通气量和时间肺活量下降。晚期特别是有肺气肿等合并症时，患者的症状与阳性体征比较明显。石墨尘肺的预后一般较好。

六、影像表现

石墨尘肺的 X 射线表现与煤工尘肺相似，主要表现为不规则形小阴影“s”和圆形小阴影“p”。“s”影早期多见于两中肺区的中外带，继而逐渐增多，扩展到两下肺区，也可扩至上肺区。此时，肺野可呈磨砂样改变。“p”影密度稍低，但其边缘尚可辨认，多先见于两肺中下肺区。少数患者胸片上还可见到“t”或“q”小阴影。可发生大块融合灶，但少见。偶能见到轻度胸膜增厚、肋膈角变钝等表现。石墨尘肺进展缓慢，进展为尘肺病贰期者较为少见。

七、诊断和鉴别诊断

根据患者详细的接触石墨粉尘的职业史和 X 射线表现以及有关临床表现，并排除其他类似的肺部疾病，按尘肺病的诊断标准，即可诊断为石墨尘肺。若在 CT 检查、肺活检、痰和支气管肺泡灌洗液检出“假石棉小体”，均可提供诊断和鉴别诊断的依据。在石墨尘肺的诊断过程中，特别应与如下疾病相鉴别：肺含铁血黄素沉着症、特发性弥漫性肺间质纤维化、肺结核（急性粟粒型肺结核、亚急性或慢性血行播散型肺结核）、肺泡微石症、肺癌（肺泡癌）和外源性过敏性肺泡炎。

八、预防与治疗

一经诊断为石墨尘肺，患者应该脱离原粉尘作业岗位，并不得再重新从事其他接触粉尘的作业；必须戒烟，包括二手烟；定期复查胸片和肺功能，并进行呼吸康复、随访及对症、药物治疗，预防并发症的发生。

（黄　蕾　李　欣）

第四节　炭黑尘肺

炭黑（carbon black）是碳氢化合物受热分解而成的极细小的无定形碳粒。生产和使用炭黑的工人长期吸入炭黑粉尘可引起炭黑尘肺（carbon black pneumoconiosis）。炭黑尘肺属碳系尘肺，1987 年炭黑尘肺被列入我国原卫生部等公布的《职业病目录》中。

一、概述

炭黑是气态或液态碳氢化合物如天然气、重油、焦炭等在空气不足的条件下经不完全燃烧或热裂分解而得的产物，为球形、直径不大于 1μm 的无定形碳粒。炭黑一般分为灯黑、乙炔黑、热裂黑、槽黑和炉黑等，为疏松、质轻而极细的黑色粉末。纯净炭黑为无定形碳粒，但由于炭黑生产工艺、生产设备等因素影响，炭黑粉尘中可混有极少量氢、氧、氮、硫及钙、钠、镁等元素，还可混有极微量的游离 SiO_2。2019 年我国国家卫生健康委发布的《工作场所有害因素职业接触限值　第 1 部分：化学有害因素》（GBZ 2.1—2019）中规定车间空气中炭黑粉尘最高容许浓度为 $4mg/m^3$。

生产和使用炭黑的劳动者均可接触炭黑粉尘。由于炭黑疏松、质轻、颗粒非常细小，因而极易飞扬且长时间悬浮于空气中。炭黑生产过程中以筛分、包装车间粉尘浓度最高，特别是在工艺落后、防尘不好时粉尘浓度可达数百毫克 / 立方米。炭黑应用较广泛，如轮胎、塑料、电极制造，油漆、油墨、墨汁生产，都使用炭黑作填充剂或色素。橡胶、塑料、电极、油漆、油墨等厂的配料、搅拌等工序，均接触炭黑粉尘。

二、流行病学

劳动者长期吸入炭黑粉尘可发生炭黑尘肺。Gartner H（1951 年）首次描述了德国一家大型炭黑厂劳动者的炭黑尘肺。我国李洪祥（1980 年）报告一例炭黑尘肺病例。1949—1986 年全国尘肺流行病学调查研究资料显示，至 1986 年底，我国共诊断炭黑尘肺 732 例，已死亡 59 例，病死率 8.06%。现患病例病期构成，壹期占 87.37%、贰期占 11.89%、叁期占 0.74%。主要分布在辽宁、湖南、上海、黑龙江等 20 余个省、市。壹期炭黑尘肺平均发病工龄，5% 的病例为 10.9 年，10% 的病例为 13.9 年，50% 的病例为 24.3 年，90% 的病例为 33.5 年，95% 的病例为 35.0 年，表明炭黑尘肺发病工龄较长，在 10 年以上。

三、发病机理

针对炭黑尘肺的发病机理一直存在两种观点：一种观点认为炭黑是一种“惰性粉尘”，不具细胞毒性作用，不会引起尘肺；肺组织纤维化的发生主要归因于粉尘混杂的游离 SiO_2，或其他感染和免疫机制。另一种观点认为纯炭黑粉尘大量入肺时即可引发肺组织发生异物炎性反应及机化、纤维化过程。炭黑尘肺病变程度与肺内粉尘滞留总量的多少相平行，即染尘时间越长，肺内粉尘滞留量越大，X 射线胸片显示病变越显著。

四、病理改变

炭黑尘肺的病理改变与石墨尘肺、煤工尘肺极为相似。我国炭黑尘肺病理资料极少，有个案报道制墨厂劳动者尸检可见肺胸膜稍增厚，胸膜表面可见直径 1~3mm 的黑色斑点，肺切面有直径 0.5~2mm 的黑色斑点、质软，斑点呈多角形，并有直径 2~5mm 的小叶中心性肺气肿。肺门淋巴结亦有粉尘沉着。镜检所见：粉尘病变多在肺间质的血管周围，聚集成直径 0.5~1.5mm 的粉尘细胞灶，粉尘细胞灶内有很多吞噬了大量炭黑粉尘的巨噬细胞，几乎看不清巨噬细胞的胞体及胞膜。在尘细胞间能看到极少量的网状和胶原纤维。肺泡腔内滞留的尘细胞及游离粉尘亦较多。肺门及气管旁淋巴结亦能看到大量的炭黑粉尘，但未形成明显纤维化。肺间质粉尘细胞灶内的血管有轻度内膜增厚，未看到血管闭塞改变。粉尘细胞灶周围有时可看到肺气肿。炭黑尘肺肺内沉积的炭黑粉尘颗粒直径 0.1~0.5um，与患者生前工作环境悬浮粉尘的分散度一致。

五、临床表现

炭黑尘肺患者症状多不明显，很少有阳性体征，一般都能参加正常生产劳动。

六、影像表现

炭黑尘肺 X 射线改变主要表现为进展缓慢、弥散分布的细小不规则“s”影和圆形“p”影。小阴影先出现于中下肺区，随病情进展可分布于各个肺区。“p”影密度较低，不如矽肺坚实。有的患者也可表现为“q”影。若反复并发严重的肺部感染，也可发生大阴影。肺气肿和胸膜增厚常见。

七、诊断和鉴别诊断

炭黑尘肺的诊断依据为详尽可靠的炭黑粉尘职业接触史，有关的职业病流行病学资料和符合要求的 X 射线胸片以及必要的临床资料。职业接触史应包括接尘工种、工龄，工艺流程，作业环境粉尘浓度和成分分析等资料。依据职业接触史及必要的职业病流行病学资料进行炭黑尘肺的病因学诊断。依据 X 射线胸片小阴影的密集度和分布范围、大阴影的有无，严格按照“尘肺病诊断标准”，对照标准片，确定炭黑尘肺的分期。依据炭黑尘肺 X 射线特点以及患者临床症状、体征、实验室检查、肺功能测定和某些必要的特殊检查，进行合并症诊断和鉴别诊断及代偿功能诊断。患者生前未能明确诊断的，可尸解进行病理诊断。

八、预防与治疗

一经诊断为炭黑尘肺，患者应该脱离原粉尘作业岗位，并不得再重新从事其他接触粉尘的作业；

必须戒烟，包括二手烟；定期复查胸片和肺功能，并进行呼吸康复、随访及对症、药物治疗，预防并发症的发生。

（黄　蕾　李　欣）

第五节　石棉肺

石棉肺（asbestosis）是在生产过程中长期吸入石棉纤维所引起的以肺部间质性纤维化改变为特征的职业性呼吸系统疾病。接触石棉纤维还会诱发良性胸膜炎和恶性胸膜间皮瘤，与肺癌的高发也有相关关系。有文献报道，2019 年全球疾病负担数据库（GBD）显示全球石棉肺年发病病例数为 36339 例，年死亡病例数为 3572 例，其中我国石棉肺年发病病例数为 4065 例，年死亡病例数为 239 例。

一、概述

石棉的名称来源于古希腊，意为“不可毁灭”。“石棉”这个术语不是矿物学的，而是商业性的术语。它是一组天然纤维状的硅酸盐类矿物的总称。根据其矿物成分和结构，石棉可分为两大类：（1）蛇纹石类，主要为温石棉，是由硅氧四面体和氢氧化镁石八面体组成的双层型结构的三八面体硅酸盐矿物，呈空心管状，其纤维长而柔软，具有卷曲性，纤维强度强；（2）角闪石类，是链状结构的硅酸盐矿物，呈长柱状或针状，其纤维短细、坚硬，纤维强度相对较弱。以上两类石棉还可细分为六种，即温石棉、褐（铁）石棉、青石棉、直闪石、透闪石、阳起石。石棉具有耐酸碱、耐腐蚀、耐摩擦、绝缘、保温、隔声等特性。一般石棉纤维长度＞5μm，直径＜3μm。ILO 将直径＜3μm，且长径比＞3 ∶ 1 的纤维列为可吸入性石棉纤维；WHO 石棉纤维计数标准为长度＞5μm，且直径为 0.2~3μm。

由于石棉容易开采、价格低廉，同时具有优异的矿物学特性，世界各国在工业发展初期都曾经大量使用，其中使用最多的为温石棉。纤维较长的石棉可用于纺线、织布，加上橡胶和金属物质可制造耐摩擦材料、保温隔热材料、绝缘材料等而广泛用于船舶、汽车、机械、电力等制造业。纤维较短的石棉可用于水泥制品制造，如高压水泥管、保温隔声建筑材料等。劳动者在石棉开采、石棉制品生产使用，以及含石棉产品的维修保养和拆除过程中，均有机会接触石棉纤维。另外，一些地区的石棉矿位于地表浅层，石棉纤维会散发到大气中，附近的居民会暴露并吸入石棉纤维。20 世纪 80 年代至 21 世纪初，欧洲、美国、日本等发达地区和国家认识到石棉致癌的危害性，已经采取严厉措施限制石棉的生产和使用，至今全球已有 60 多个国家禁止使用石棉。而 20 世纪 70 年代至今，亚洲的石棉消费比重由 19% 上升至 60%。2013 年，俄罗斯、印度尼西亚、中国、巴西、哈萨克斯坦、印度成为全球主要的石棉生产和（或）使用国。我国的劳动者和部分地区居民有可能有更多机会暴露于石棉纤维。

二、致病机制

石棉纤维长度、直径、性状的差异可影响其在气道中的分布与沉积。空气动力学直径＞5μm 的纤维在惯性碰撞力作用下，截留于气管分叉处；而空气动力学直径＜5μm 的纤维，可深入呼吸性细支气管、肺泡管、肺泡。石棉肺患者肺组织中温石棉的检出率高于角闪石类石棉。相较于温石棉，角闪石类石棉在肺部的蓄积时间可能更长。啮齿动物实验数据提示，温石棉从肺组织清除的半衰期约 1 个月，而青石棉的半衰期可达 2.7 年。但也有证据表明，粉尘作业劳动者即便在脱离岗位 30 年后，肺组织内仍可见温石棉。蓄积于肺泡的石棉纤维可迅速激活补体 C5，趋化肺泡巨噬细胞。巨噬细胞可吞噬长度$<15\mu m$的纤维，并将其向肺门淋巴结转运；未能充分清除的石棉纤维引发氧化应激反应和（或）炎症效应。其中，活性氧可活化 TGFβ，而 TGFβ 参与肺成纤维细胞上皮－间质转化。除了肺泡炎症，石棉纤维还可通过肺泡Ⅰ型上皮细胞转至肺间质，形成间质性炎症，炎症效应可累及细支气管。炎症因子和中性粒细胞浸润可募集成纤维细胞，促进细胞增殖，生成胶原蛋白。在此过程中，吸烟可能抑制巨噬细胞吞噬石棉纤维的能力，进而协同参与石棉肺的进展。石棉纤维可能穿透上皮细胞或借助细胞间隙侵入胸膜腔，刺激胸膜细胞并释放趋化因子与生长因子，诱发胸膜病变。此外，石棉纤维还可造成气道上皮细胞和（或）间皮细胞 DNA 损伤、干扰细胞有丝分裂、刺激细胞增殖，继而产生促癌效应。

三、病理改变

石棉肺的病理特征为特定型肺纤维化伴随肺内多量石棉沉着，病灶常始于呼吸性细支气管附近，逐渐向外扩展并侵及周围越来越多的肺腺泡，直至这些独立的纤维灶相连，形成典型的弥漫性纤维化病变。石棉肺的诊断需满足如下条件：（1）肺泡间隔纤维化；（2）每 $2cm^2$ 肺组织中平均至少有 2 个石棉小体。病变轻微的石棉肺肉眼难以察觉微小病灶，病变较重时出现小的、蜂窝状的肺纤维化，晚期病例或可见蜂窝肺病变，囊肿直径约 15mm，并伴弥漫性脏层胸膜纤维化、肋膈角变钝。镜下石棉肺的纤维化常为寡细胞型，不会有严重的炎症出现，纤维为胶原纤维而不是纤维母细胞。石棉肺早期，其纤维化仅局限于支气管周围的肺泡壁。从小叶中央开始，纤维化向外延伸，最终延伸到邻近的小支气管，此时，最先发生在细支气管周围的纤维化可能不再明显。与矽肺以玻璃样变胶原纤维环绕成类圆形的矽结节（常常分布于上肺区）不同，石棉肺纤维化常分布在肺底部；与混合性尘肺以不规则的小叶中央肺间质纤维化且伴粉尘沉着不同，石棉肺以弥漫性纤维化及石棉小体为特征。石棉小体是铁蛋白黏多糖沉积于石棉纤维表面而形成的，呈黄褐色，串珠状或哑铃状，有一个较细的、半透明状的核。典型的石棉小体常见于纤维组织中，也可见于肺泡腔内、肺泡巨噬细胞或多核巨细胞内、肺门淋巴结内、细支气管周围。单独检出石棉小体仅表明有过石棉接触。此外，还可见Ⅱ型肺泡巨噬细胞增生，巨噬细胞胞浆玻璃变小体，小片状骨组化生，血管周纤维化及纤维化引起的血管壁增厚，终致管腔变窄等。

弥漫性肺纤维化程度较轻的石棉肺，常见脏层胸膜纤维化，多伴壁层胸膜局限性增厚（即胸膜斑）。胸膜斑多位于胸膜或胸腔后外侧壁，呈白色或象牙色板状不规则隆起，硬如软骨，表面光滑或多结节状，与周围正常胸膜有明显分界，少数累及脏层胸膜，一般不粘连，厚度常为 2~5mm，镜下其由板层状的玻璃样变胶原纤维层层重叠而构成，并可发生钙化。

四、临床表现与辅助检查

（一）症状与体征

石棉肺患者早期无明显不适症状。随着病情进展或在其他诱因（如季节变换）作用下，患者可出现呼吸困难与干咳表现；部分患者咳嗽加剧伴少许黏液性痰、气促、体力活动能力下降。此外，尚有患者可出现反复性发热、胸痛（心绞痛样）或胸闷感。持续性咳嗽和（或）进行性呼吸困难是石棉肺患者就诊的首要原因。双肺或可闻及干（湿）啰音、摩擦音、呼吸音减低；可见部分患者呼吸运动受限、杵状指；重症患者下肢浮肿、肝区叩诊浊音界下移、心浊音界不易叩出。

（二）实验室检查

肺功能检查与弥散功能测试结果多提示限制性通气功能障碍（FVC、VC 下降），可伴 DLCO 降低或混合性通气功能障碍。长期肺通气障碍患者存在低氧血症可能，继而诱发冠状动脉痉挛，产生心电图异常改变。血常规检查可见红细胞增多，支气管肺泡灌洗液显微镜检查可找到石棉小体，呼出气冷凝物中可检出半胱氨酰白三烯、白三烯 C4、氮氧化物、8- 异前列腺素等。

（三）X 射线表现

石棉肺在胸片上的主要表现为网状不规则小阴影，不规则小阴影以“s”影、“t”影为主，小阴影集中于中下肺。随着病变进展，部分不规则形小阴影有可能逐渐变成圆形小阴影。部分石棉肺可呈现囊性蜂窝状改变。此外，石棉肺可伴局限性胸膜增厚征象，在排除肺尖及肋膈角区又确定为＞5mm 的胸膜增厚应定为胸膜斑。胸膜斑是石棉接触的特征性表现，以条状影居多，易于双侧胸壁的第 6 至第 9 肋间与横膈部位被发现。尚可见心影和（或）横膈轮廓界限不清，提示石棉肺进行性发展。

五、诊断与鉴别诊断

（一）诊断

石棉肺主要依据《职业性尘肺病的诊断》（GBZ 70—2015）进行诊断。以 X 射线后前位胸片表现为主要依据，结合石棉肺流行病学调查资料、现场职业卫生学和石棉尘职业接触史，参考临床表现和实验室检查，排除其他肺部类似疾病后，对照尘肺病诊断标准片作出石棉肺的诊断。胸膜斑或支气管肺泡灌洗液中的石棉小体（＞1 个 /mL）可作为石棉接触证据，双侧弥漫性胸膜增厚提示以往有过大量的石棉接触。通过胸片小阴影总体密集度和分布范围对石棉肺进行分期：若总体密集度 1 级的小阴影，分布范围达到 1 个肺区或小阴影密集度达到 0/1，分布范围至少达到 2 个肺区，如有胸膜斑，可诊断为石棉肺壹期；若总体密集度 1 级的小阴影，分布范围超过 4 个肺区或总体密集度 2 级的小阴影，分布范围达到 4 个肺区，如胸膜斑累及部分心缘或膈面，可诊断为石棉肺贰期；若总体密集度 3 级的小阴影，分布范围达到 4 个肺区，如单个或两侧多个胸膜斑长度之和超过单侧胸壁长度的二分之一，或累及心缘使其部分显示蓬乱，可诊断为石棉肺叁期。低剂量高分辨率 CT 可作为石棉肺诊断的辅助手段，特别是如下情况：①肺纤维化胸片征象难以区分（如小阴影密集度为 0/1 或 1/0）；②广泛性胸膜病变并严重影响肺实质影像学征象；③肺功能检查显示限制性通气障碍而胸片无阳性发现。

（二）鉴别诊断

石棉肺应与其他原因所致肺间质性炎症和纤维化病变相鉴别，如特发性间质性纤维化、慢性阻塞性肺疾病、过敏性肺泡炎、结节病、服用胺碘酮与癌症放射治疗引起肺间质纤维化。其中，特发性间质性纤维化患者血清抗核抗体或类风湿因子、乳酸脱氢酶、中性粒细胞浆抗体可能阳性，胸膜受累的影像学征象较少；结节病患者可出现多脏器生理和（或）病理改变，双肺门及纵隔淋巴结呈对称性肿大，伴肺内结节状、网状或斑片状阴影。

石棉肺应与其他原因所致胸膜增厚病变相鉴别，如结核病、肺脓肿、胸部外伤、胸膜间皮瘤等。这些病变所致弥漫性胸膜增厚影像学征象多为单侧，结合疾病进展、职业史、既往史和手术史等临床资料，可以进行鉴别。

六、预防与治疗

目前尚无治疗石棉肺的药物，主要以支持与对症疗法为主，缓解患者不适症状，改善生存质量。有学者建议，石棉肺患者接种肺炎球菌和流感疫苗；伴通气功能障碍的石棉肺患者适当参与康复训练，改善肺功能；伴肺心病的叁期石棉肺患者考虑氧疗。

主要依据《石棉作业职业卫生管理规范》（GBZ/T 193—2007）和GBZ 188预防和控制石棉肺。禁止生产和使用青石棉，严格管理温石棉加工，加强作业场所石棉暴露浓度的监测，开展石棉接触劳动者的职业卫生培训教育工作，并鼓励劳动者戒烟，做好职业健康监护工作，及早调离有石棉相关疾病征象或职业禁忌证的劳动者，警惕石棉肺和（或）胸膜斑人群的肺癌与胸膜间皮瘤发病风险。

（陈钧强）

第六节　滑石尘肺

滑石尘肺（talcosis）是职业活动中长期吸入滑石粉尘并在肺内潴留而引起的以肺组织弥漫性纤维化为主的疾病，属硅酸盐类尘肺，是我国现行《职业病分类和目录》中法定尘肺病之一。

一、概述

滑石是一种具有特殊层状结构的含镁硅酸盐或碳酸盐化合物，根据滑石矿的成因和种类不同，滑石矿中常含有石英、长石、方解石、白云石和石棉等伴生矿物或杂质。滑石化学成分差别较大。纯净滑石致纤维化作用相对较弱；含有石棉、直闪石、透闪石等的滑石称为纤维滑石，具有石棉样生物作用；SiO_2含量越高，致纤维化作用越强。由于所含的杂质种类及含量的不同，滑石常呈现不同的颜色，解离面上呈珍珠光泽。我国滑石资源丰富，储量和保有储量均居世界前列。我国滑石矿床相对集中分布在辽宁、山东、广西、江西、青海五省（区），占全国滑石储量的92%。

滑石产品按加工的精细程度和用途可分为两大类：一类是未研磨滑石，如滑石块（块度≥20mm）等；另一类是经研磨滑石，主要是滑石粉（粒径10~1000μm）等。

根据滑石的应用范围和纯净程度可将滑石分为商品级滑石和工业级滑石。前者即所谓“纯”滑石，石棉含量不可检出，其他矿物质含量也极少。后者含有一定量的石棉或游离SiO_2。

滑石矿的开采、运输、储藏是滑石粉尘职业性接触的主要来源之一。矿石类型分为块滑石型和共生矿物－滑石型两类。不同产地、不同级别滑石粉的组成不同，不同滑石加工或应用岗位劳动者接触的滑石粉尘致病性有差异，需加以注意。

滑石的加工与滑石粉的应用过程也是滑石粉尘职业性接触的来源之一。滑石粉广泛用于造纸、陶瓷、塑料、涂料、化妆品、医药、食品加工、屋面材料、纺织等众多领域，其中造纸、塑料、陶瓷和涂料是滑石粉的四大主要应用领域，占全球滑石粉消费量的85%，占中国滑石粉用量的60%。约10%的滑石粉用于屋顶防水材料、化妆品及医药添加剂。随着科技发展，滑石粉的应用领域也在不断拓宽，如在阳离子改性滑石、固体石蜡、AKD（alkyl ketene dimers）改性滑石、涂料中代替钛白粉。滑石粉较轻，分散度高，易扬尘造成环境污染。

二、流行病学

19 世纪法国托雷尔（Therel）报道滑石等硅酸盐与肺部疾病有关。1935 年德里森（Dreesen）等报道美国滑石矿及滑石加工厂劳动者接触高浓度滑石粉尘罹患尘肺。我国自 1958 年以来辽宁、广西、山东、北京、上海等地陆续有滑石尘肺的报道。纯净滑石粉尘致病能力相对较低，国内外报道滑石尘肺多在接触滑石粉尘 10~15 年发病，多为 20~30 年。有滑石矿工脱尘后 4~10 年发病的晚发滑石尘肺病例报道。我国海城滑石矿调查，1960—1974 年滑石尘肺年发病率波动于 1.0%~4.3%。原山东省劳研所曾对山东某县滑石矿、滑石雕刻厂进行调查，环境滑石尘浓度为 31.1~118.5mg/m^3，粉尘分散度 5μm 以下的占 73.8%，滑石中游离 SiO_2 含量 1.28%~9.04%（平均 3.74%）。接触滑石粉尘劳动者 1634 人，检查确诊职业性滑石尘肺 100 例（患病率 6.12%），其中Ⅰ～Ⅰ$^+$期 73 例，Ⅱ～Ⅱ$^+$期 25 例，Ⅲ期 2 例。

滑石粉尘致癌的研究报道结果不一，与其石棉和游离 SiO_2 含量有关。对某油毡厂 1992—1996 年滑石粉尘作业劳动者、滑石肺患者的死因调查发现，无论接触滑石尘劳动者，还是滑石尘肺病患者，肺癌均为排在第一位的致死因素。

三、病理改变

滑石尘肺病理改变有 3 种病变形式：不规则结节型纤维化、弥漫间质纤维化、异物肉芽肿。

不规则结节型纤维化眼观病灶弥漫分布，以中下肺较多，灰白色，形状不规则。镜检呈星芒状，分布在呼吸性细支气管及小血管周围，由粉尘、聚集的巨噬细胞、尘细胞、交织的胶原纤维及损毁的肺泡组成。

弥漫间质纤维化显示呼吸性细支气管、小支气管及小血管周围弥漫性胶原纤维增生，肺泡壁增厚，可见肺泡和小叶结构破坏。

异物肉芽肿由上皮样细胞、异物巨细胞和成纤维细胞组成，其中可见双折光的滑石颗粒，外周可有少量淋巴细胞。病灶内可查出“滑石小体”，其形态与石棉小体相似，末端呈杵状，分节或不分节，普鲁士蓝反应呈阳性。此外，眼观胸膜多有纤维性粘连和局限性增厚，常发生在侧胸壁的壁层胸膜、膈肌腱部、纵隔和心包等的壁层胸膜，增厚的胸膜可发生透明性变、钙化，称为滑石斑。晚期病例可见块状纤维化。

不同滑石尘肺病例，3 种病变可单独出现，也可并存，这取决于患者吸入的滑石粉尘成分、吸入量以及个体反应。当滑石粉尘中混杂有较多游离 SiO_2 时，可出现典型的矽结节；当滑石粉尘中混杂有石棉时，可有胸膜改变。因此，有人将滑石尘肺分为 3 种情况：纯滑石肺、滑石矽肺、滑石石棉肺。

四、发病机理

滑石粉尘致病能力相对较低。劳动者长期大量吸入滑石粉尘，可引起弥漫性肺间质纤维化，发生滑石尘肺。滑石引起的肺纤维化在脱离粉尘后仍然持续进展。滑石尘肺患者反复发作支气管炎及细支气管炎，加之胸膜的改变，可影响患者的肺通气功能和弥散功能，肺功能改变比 X 射线胸片变化更为明显。

五、临床表现

滑石尘肺早期多无明显临床症状，或有轻度干咳或咳痰。晚期可出现气短、胸痛，滑石致肺纤维化病情进展慢，心肺并发症少，如无合并症、并发症，症状体征多不明显。有报道弥漫性纤维化型滑石尘肺患者痰中可检出“滑石小体”。滑石尘肺患者常合并肺结核，可表现有肺结核相应症状体征。滑石尘肺患者及滑石粉尘接触者可出现肺通气功能降低，早期弥散功能下降，FVC、FEV_1、V50、V75 等指标实测值低于预计值百分比。

六、影像表现

滑石尘肺不同的病理改变在 X 射线胸片上的表现也有不同。不规则结节纤维化型病理改变的 X 射线表现以圆形小阴影为主，大小多在直径 3mm 以下（即 p、q 影）。相对矽肺圆形小阴影密度较低，滑石尘肺圆形小阴影密度较淡，轮廓清楚。弥漫间质纤维化型病理改变的 X 射线表现以不规则形小阴影为主，大小多在宽度 3mm 以下（即 s、t 影）。圆形或不规则形小阴影先出现于两肺中下肺区，随病变进展蔓延至两上肺区，密集度逐步增高。不规则结节纤维化和弥漫间质纤维化两种病理改变常混合存在，X 射线表现为圆形和不规则形小阴影混合存在，是滑石尘肺最多见的 X 射线表现，即在不规则小阴影的基础上有散在分布圆形小阴影。晚期滑石尘肺可出现大阴影，大阴影形态可为典型八字形，对称出现于两肺上区，也有个别病例单个出现于下肺区。大阴影密度不甚高，边缘也不十分锐利。在接触含有纤维状透闪石等的滑石尘肺患者的肺部，在侧胸壁、横膈面、纵隔旁可发现类似石棉肺的胸膜斑状的“滑石斑”。HRCT 发现，滑石尘肺常表现为小叶中央分布结节。有报道滑石尘肺 $Ⅱ^+$ 期 HRCT 表现为双肺野磨玻璃样改变，见弥漫性大小不等的粟粒样结节影，部分融合，主要分布于中上肺呼吸性细支气管、小血管周围及胸膜下区，并伴有散在小片状高密度影，边缘模糊；纵隔内见多发大小不等的淋巴结影，两侧胸膜局限性增厚。

七、诊断与鉴别诊断

滑石尘肺的诊断要对滑石作业劳动者接触的生产性粉尘进行深入调查。滑石矿床的含矿建造类型不同，不同行业使用的滑石粉品级不同，劳动者接触的滑石粉尘组成不同。滑石中混杂的石英、透闪石、温石棉等矿物对滑石的致病性有重要影响。因此，对接触滑石粉尘中混有多量温石棉、透闪石、石英的作业者，应结合患者临床表现、X 射线胸片表现的特点、病情进展以及肺功能检测结果综合评估，从尘肺病因学进行石棉肺、矽肺的鉴别诊断。对接触高纯度滑石粉尘作业者，应对照尘肺诊断标准片，对患者质量优良的 X 射线胸片小阴影形态、密集度进行分级，判定大阴影、胸膜病变有无，排除其他疾病后，按照尘肺病诊断标准做出滑石尘肺诊断。

八、预防与治疗

滑石尘肺的预防关键在滑石矿的开采、运输、粉碎以及滑石粉的加工、应用过程，特别是纤维滑石的开采、应用过程，以及如造纸、塑料、陶瓷和涂料四大产业中滑石的加工和应用。我国专家总结的“革、水、密、风、护、管、教、查”八字方针，同样适合于滑石尘肺的预防。首先，建议改进生产工艺，提高生产过程的机械化、自动化、密闭化程度，避免扬尘；其次，加强生产环境的通风除尘；再次，为劳动者发放合理的个人防护用品，并督促劳动者正确佩戴；最后，加强劳动者的职业健康监护，早期筛查职业禁忌、职业相关健康损害和（或）疑似滑石尘肺，早期脱离滑石粉尘作业环境，并妥善安置。同时，滑石尘肺患者也不得再重新从事其他接触粉尘作业，并严格戒烟。对于滑石肺患者应根据患者临床症状、病情程度、心肺功能及有无并发症等进行综合评估，并开始初始治疗，定期随访，根据疗效及时调整治疗方案。病情稳定期，积极进行肺康复治疗，积极预防并发症及合并症，缓解临床症状，控制病情进展，提高患者的自我健康管理意识和能力，提高其生活质量。

具体治疗可参考《尘肺病临床路径》《尘肺病治疗中国专家共识》《尘肺病肺康复中国专家共识》。

（范晓丽　闫永建）

第七节　水泥尘肺

水泥尘肺（cement pneumoconiosis）是长期吸入水泥粉尘而引起肺部弥漫性纤维化的一种疾病，属于硅酸盐类尘肺。由于建筑工业的发展，生产和使用水泥的人群数相当庞大，尤其20世纪70年代乡镇小水泥厂的兴起，忽视防尘措施，劳动者在生产运输和使用水泥过程中接触大量粉尘，严重危害劳动者身体健康。

一、概述

（一）水泥的种类及化学组成

水泥分天然水泥和人工水泥。天然水泥是将有水泥样结构的自然矿物质经过煅烧、粉碎而形成。人工水泥因其具有与英国波特兰建筑岩相同的颜色，故称为波特兰水泥（portland cement），在我国称之为硅酸盐水泥。近百年来由于工业不断发展，制成了各种特殊用途的水泥，如高强度硬水泥、矾土水泥、膨胀水泥、抗酸水泥以及油井水泥等。硅酸盐水泥是以石灰石、黏土为主要原料与少量校正原料如铁粉等经破碎后按一定比例混合、磨细、混匀而成的原料。原料在水泥窑内煅烧至部分融熔，即为熟料，再加适量石膏、矿渣或外加剂磨细、混匀即为水泥。

水泥化学成分主要包括：CaO 62%~67%、结合 SiO_2 20%~24%、Al_2O_3 4%~7%、Fe_2O_3 2%~6%，此外还含有氧化镁（MgO）、硫酐（SO_3）、碱性氧化物（Na_2O、K_2O）、氧化钛（TiO_2）、氧化锰（Mn_2O_3）、五氧化二磷（P_2O_5）等。生产水泥的各种原料含有不同量的游离 SiO_2，如石灰石、矿渣含5%~8%，石膏、铁粉含14%~15%，砂页岩和黏土含40%~50%，而成品水泥只含2%左右。此外，水泥粉尘中还含有钙、硅、铝、铁和镁等化合物以及铬、钴、镍等微量元素。因此，水泥粉尘是成分复杂的混合性粉尘。

（二）接触机会

水泥生产过程中的原料粉碎、混合、成品的包装、运输等作业均产生大量粉尘，是职业接触的主要来源。

二、流行病学

我国已报道的水泥尘肺病例的职业危害因素是硅酸盐水泥生料、熟料、水泥粉尘。硅酸盐水泥作业劳动者接触的水泥生料、熟料、水泥粉尘是成分复杂的混合粉尘。水泥粉尘致肺纤维化作用相对较弱，发病工龄长，病情进展慢。水泥尘肺的发病工龄在15年以上，多在20~30年，最短10年。水泥尘肺的发病与接尘时间、粉尘浓度、分散度和个体防护及体质有关，各地报道的水泥尘肺检出率差异较大（0.65%~18.2%）。

20 世纪 70 年代兴起的职业危害严重的小水泥厂生产，随市场经济发展正加速转型退出。但是市场经济下用人单位与劳动者双向选择的用工制度对发病工龄长的水泥从业者的职业健康监护及职业病诊断提出了新挑战。

三、发病机理

硅酸盐水泥生料、熟料、水泥粉尘都会引起肺纤维化，但其致病能力较弱。水泥粉尘中混杂的游离 SiO_2 也是水泥尘肺肺纤维化发生的不可忽视的原因。

四、病理改变

据有限的尸解材料报道，水泥尘肺病理改变以尘斑和尘斑灶周围气肿为主要改变，并有间质纤维化，亦可有尘斑和胶原纤维共同形成的大块病灶。

（一）尘斑

尘斑弥漫分布全肺各叶，呈黑色，圆形或不规则形，直径 1~5mm，质软。镜下尘斑为粉尘纤维灶，呈星芒状，多位于呼吸性细支气管和小血管周围。粉尘纤维灶主要由游离尘粒、尘细胞、成纤维细胞、淋巴细胞、“水泥小体”以及不等量交错走行的胶原纤维组成。显微灰化片粉尘纤维灶内“水泥小体”于扫描电镜下呈圆球体或椭圆球体，平均大小 5μm ×8μm，其核心含有不等量的 Si、Fe、Ca、Al、S、Zn、K 和 Mg，个别小体尚含微量 Ti，与水泥生产现场元素成分基本一致。

（二）灶周肺气肿

肺气肿与尘斑互相伴随，尘斑周围可环绕着几个气肿腔，尘斑密集处肺气肿也较明显，甚至出现蜂窝变，直至形成肺大疱。镜检主要表现为破坏性小叶中心性肺气肿。魏格特（Weigert）染色显示呼吸性细支气管的平滑肌和弹力纤维减少或消失，其管壁常被含尘纤维组织所代替。

（三）间质轻度纤维化

呼吸性细支管及其伴行小血管周围和少数小叶间隔呈轻微纤维化，间质的肌型动脉呈不同程度的硬化改变。

（四）大块纤维化

大块纤维化多发生在肺上叶，靠近胸膜，呈不规则形，黑灰色，发亮、质硬。镜检显示，大块纤维化由粗大密集多向走行的胶原纤维和大量粉尘构成。对大块纤维化原位断面扫描结果，水泥尘肺的大块纤维化中含有与水泥粉尘相同的元素成分，其中 Si 的重量百分比为 19.67%，明显低于矽肺大块纤维化中的 Si 重量（35.7%）。SEM－EDAX 观测由大块纤维化中分离出的粉尘颗粒，大部分为硅酸盐结晶，石英结晶极少。因此，水泥尘肺大块纤维化病理改变有别于硅尘所致矽肺的大块纤维化，后者以变形的胶原纤维为主。

（五）尘性慢性支气管炎、支气管扩张

尘性慢性支气管炎、支气管扩张以细支气管以下部分最为显著，其正常结构几乎完全消失，而被结缔组织所代替，屡见粉尘纤维灶与管壁紧密相连。

五、临床表现

水泥尘肺的发病工龄较长，病情进展缓慢。临床症状主要表现是以气短为主的呼吸系统症状，

早期出现轻微气短，平路急走、爬坡、上楼时加重；其次咳嗽，多为间断性干咳，很少出现干（湿）啰音。如并发呼吸道感染时可出现咳嗽、咳痰加重，胸部可听到呼吸音粗糙、干（湿）啰音。患者可出现肺功能的损伤，首先是累及小气道，以后逐渐出现大气道改变，表现为阻塞性通气功能障碍为主的损害，这种改变往往先于自觉症状和胸部X射线表现。晚期水泥尘肺可出现混合性通气功能障碍。水泥尘肺如没有并发症预后较好。

六、影像表现

水泥尘肺胸部X射线表现是以由粗细、长短和形态不一的致密交叉而形成的不规则形小阴影“s”为主，在不规则形小阴影之中也可见到密度较淡、形态不整、轮廓不清的圆形小阴影，一般在1.5~3mm。病变早期分布在中下肺区。随着尘肺病变的进展，小阴影数量逐渐增多、增大，可出现“t”和“q”的小阴影。病变可发展到肺上区，少数病例在两肺上区可出现典型的大阴影，为圆形或长条形，呈与肋骨走形相垂直的八字形，周边有气肿带。

七、诊断与鉴别诊断

根据患者详细的接触水泥生料、熟料、水泥粉尘的职业史和X射线表现以及有关临床表现，结合有关的职业流行病学资料，排除其他类似的肺部疾病，按尘肺病的诊断标准，可做出水泥尘肺诊断。水泥作业者可罹患尘性慢性支气管炎和支气管扩张，故水泥尘肺应注意与单纯慢性支气管炎和支气管扩张进行鉴别。

八、预防与治疗

一经诊断为水泥尘肺，患者应该脱离原粉尘作业岗位，并不得再重新从事其他接触粉尘的作业；必须戒烟，包括二手烟；定期复查胸片和肺功能，并进行呼吸康复、随访及对症、药物治疗，预防并发症的发生。

（黄 蕾 李 欣 谭 勇）

第八节 云母尘肺

云母尘肺（mica pneumoconiosis）是长期接触生产性云母粉尘而引起的以肺部弥漫性纤维化为主的疾病，属硅酸盐类尘肺，是我国现行《职业病分类和目录》中法定尘肺病之一。

一、概述

云母是含锂、钠、钾、镁、铝、锌、铁、钒等金属元素并具有层状结构的铝硅酸盐，云母族矿物有天然云母和人工合成云母两种。天然云母分为3个亚类：白云母、黑云母和锂云母。天然云母具有较高的绝缘强度和较大的电阻、较低的电介质损耗和抗电弧、耐电晕等优良的介电性能，而且质地坚硬，机械强度高，耐高温和温度急剧变化并具有耐酸碱，良好的弹性、韧性和滑动性等物化性能。天然云母产品有云母片、云母粉、云母碎片。云母片在电工产品中广泛用作绝缘材料。云母粉主要用于涂料、化妆品、塑料、电子、橡胶、耐火材料、焊条、陶瓷、建材等的生产制造。云母粉还可做润滑剂、脱膜剂，制作云母纸、云母板、珠光云母颜料、云母熔铸制品等。云母碎片是生产云母纸和磨制云母粉的原料，也是油井泥浆添加剂及特殊油漆辅料。人工合成云母又称氟金云母，是用氟硅酸钾、石英粉、电熔镁砂、氧化铝粉和碳酸钾为原料，经常压高温熔融冷却析晶而制得，属于单斜晶系，为典型的层状铝硅酸盐，是电机、电器、电子航空等现代工业和高技术装备的重要非金属绝缘材料。

云母矿的开采、运输、储藏、加工及云母粉、云母碎片的使用，人工合成云母的生产与应用是云母粉尘职业性接触的主要来源。

二、流行病学

不同云母矿床围岩不同，云母伴生矿不同，云母所含杂质也不同，其伴生的花岗岩、花岗伟晶岩游离 SiO_2 含量高。因而云母矿工除了接触云母粉尘，还接触游离 SiO_2 粉尘。云母开采作业粉尘中游离 SiO_2 含量均超过 10%，一般为 20%~55%，有的可高达 77%。根据《工作场所有害因素职业接触限值　第 1 部分：化学有害因素》（GBZ 2.1—2019）规定，空气中云母粉尘时间加权平均容许浓度，总尘为 $2mg/m^3$，呼尘为 $1.5mg/m^3$。

我国报道的云母尘肺病例，主要分布在内蒙古、新疆、四川。尚未见人工合成云母的生产、加工作业者中云母尘肺病例报道。

三、病理改变

动物实验观察到云母粉尘有致纤维化作用。大鼠、狗气管注入游离 SiO_2 含量小于 2% 的云母粉尘，早期表现为急性细支气管肺泡炎，随后有细胞性结构形成。3 个月后细胞结节内网织纤维、胶原纤维逐渐产生，形成细胞纤维结节。晚期细胞纤维结节明显增多，有个别无同心圆结构的细小纤维结节形成。经气管吸入的云母粉尘对大鼠肺脏的致纤维化作用远比石英粉尘小，但比正常对照组大。当云母染尘后半个月，镜下可见大鼠大部分肺泡腔中散在尘细胞，1 个月后个别肺区呈现片状的尘细胞聚集，3~6 个月以肺泡间隔增厚为主，9 个月至 1 年可见由尘细胞、纤维母细胞及少量胶原纤维形成的边缘不整形，有小结节。

云母尘肺病理改变类型为弥漫纤维化型，病变以尘性弥漫灶性程度较轻的胶原纤维增生为主。云母尘肺早期主要表现为肺泡间隔增厚，小血管和细支气管周围、小叶间隔、胸膜可见含云母晶体的异物肉芽肿，肉芽肿内有网织纤维和少量胶原纤维生成，还可伴有脱屑性细支气管炎，晚期可发展成边缘呈放射状的纤维结节。

四、临床表现

云母采矿工中的云母尘肺患者，由于接触的粉尘中游离 SiO_2 含量较高，其发病工龄相对短，病变进展较快。患者自觉症状也较多，主要有胸闷、气短、咳嗽，症状随期别增加而加重，体征不明显，少数患有鼻炎。云母加工工中的云母尘肺患者，其接触的粉尘中也含有一定量的游离 SiO_2，但较云母采矿工低，其发病工龄较长、病情进展较慢，症状较少。患者主要临床症状为气短、胸闷、咳嗽、咳痰、胸痛，胸部体征无明显异常，少数呼吸音粗糙，鼻炎、咽炎较常见。对内蒙古某云母矿尘肺发病状况调查显示，呼吸系统疾病、高血压心脏病以及恶性肿瘤是尘肺患者的主要死因。在呼吸系统疾病中，肺结核排在尘肺病死因的第 1 位，肺心病和高血压心脏病也是造成尘肺病患者死亡的主要并发症。

五、影像表现

云母开采工中的云母尘肺患者吸入的混合性粉尘既含有云母粉尘的结合型 SiO_2 又含有浓度较高的游离 SiO_2，其肺部 X 射线改变与矽肺相似。云母加工工中的云母尘肺患者主要表现为广泛分布的不规则形小阴影和少量散在分布的圆形小阴影。不规则形小阴影以 s 影为主，也可见少量 t 影。圆形小阴影以 p 影为主，密度较低，边缘模糊，呈不规则形。小阴影先见于两中下肺区，随病变进展而分布于全肺。有的病例可见胸膜增厚改变。若采用高分辨 CT 摄影，云母尘肺患者可显示弥漫性肺纤维化和局灶性肺气肿病变。

六、诊断与鉴别诊断

云母采矿工和云母加工工两者都接触云母粉尘，但云母采矿工与云母加工工相比，尘肺发病率较高，发病工龄较短，病变进展较快，X 射线胸片改变与矽肺相似，临床症状亦较多。

云母加工工接触的粉尘中游离 SiO_2 含量一般在 10% 以内，其主要致病粉尘是云母。云母加工工尘肺患者的尘肺病理改变早期主要是弥漫性含云母尘粒的肉芽肿，晚期可发展为尘性弥漫性肺纤维化。X 射线改变主要表现为广泛分布的 s 影和少量散在分布的 p 影。p 影密度较低，边缘模糊。云母尘肺发病率较低，发病工龄较长，病变进展较慢。依据详尽可靠的云母粉尘职业接触史以及职业流行病学资料，结合 X 射线胸片改变特点，可以做出云母尘肺的诊断。患者生前未能明确诊断的，可尸解进行病理诊断。云母尘肺与其他疾病的鉴别诊断同矽肺。

人工合成云母制造与应用产业在加速发展，其生产性粉尘职业危害有待研究。

七、病程及预防

云母粉尘致肺纤维化作用较 SiO_2 粉尘弱，云母尘肺发病工龄、晋期年限较矽肺长，发病工龄在 15 年以上，病情进展慢，症状较少，一般预后较好。

云母尘肺的预防应采取综合性的三级预防措施。一级预防，使云母作业者生产环境粉尘浓度达到卫生标准，加强作业者个人防护，预防云母粉尘的吸入。二级预防，规范实施云母粉尘作业劳动者健康监护以及上岗前、在岗期间、离岗时职业健康检查和离岗后医学随访，及时发现云母尘肺病例。三级预防，及时治疗云母尘肺及其并发症，延缓病情进展，改善患者生活质量。

（梁伟辉）

第九节　陶工尘肺

陶工尘肺（pottery worker’s pneumoconiosis）是指在生产过程中长期吸入陶瓷粉尘并在肺内潴留而引起的以肺组织弥漫性纤维化为主的疾病，包括采矿作业劳动者和陶瓷制造作业劳动者所患的尘肺。由于多数厂矿不同工序混在一起，劳动者所接触的多是混合性陶瓷粉尘，所患尘肺属于混合性尘肺。陶工尘肺是我国现行《职业病分类和目录》中法定尘肺病之一。

一、概述

制造陶瓷的原料来源于瓷石矿和瓷土矿两大类。瓷石是一种石质原料，主要的矿物组成包括石英、长石、绢云母和高岭石等，含有一定比例的 SiO_2。瓷土即高岭土，为含水的硅酸盐，是以高岭石或多水高岭石为主要矿物成分的软质黏土。

黏土很少由单一矿物组成，而是多种微细矿物的混合体，包括高岭土、瓷石、蒙脱石、膨润土、叶蜡石等。黏土的粒径一般小于 2μm，主要化学成分是 SiO_2、Ai_2O_3 和结晶水（H_2O），以及少量的 K_2O、Na_2O、CaO、MgO、Fe_2O_3、TiO_2 等。黏土是陶瓷坯体烧结时的主体，起黏结成型作用，在原种中的比例一般为 40%~60%。

石英是以 SiO_2 为主要组分的天然矿物，生产中使用的一般为脉石英或石英岩。石英在陶瓷生产中作为瘠性原料起骨架的作用，可调节泥料的可塑性。长石是陶瓷生产中的主要熔剂原料，起助熔作用，一般用作坯料、釉料、色料熔剂的基本成分，用量较大，是陶瓷的三大原料之一。釉是覆盖在陶瓷坯体上的一层均匀的玻璃薄层。釉料配方也是以黏土、石英、长石为基本原料，纯度要求高，使其能在高温中熔融成半流动体的玻璃态物质。为使釉料的性质满足美观与使用的要求，还经常在釉料配制中加入一些化工原料，如钙、镁、锌的氧化物和碳酸盐类等。

由于陶瓷具有抗氧化、抗酸碱、耐高温、绝缘等许多优点，因此广泛应用于生产和日常生活中，如建筑业中的砖瓦、电器中的绝缘瓷、化学实验中的坩埚、日常生活中的餐具、艺术陶瓷等，特别是近年来装修中使用的各种墙砖、地砖、洁具等，都是陶瓷制品。

随着航空、原子能、电子计算机、空间技术、新能源开发等科学技术的发展，陶瓷的种类从传统的日用陶瓷、建筑陶瓷等发展到氧化物陶瓷、金属陶瓷等特种陶瓷。特种陶瓷所用的主要原料不再是黏土、长石、石英，有的坯体使用一些黏土或长石，但更多的是采用纯粹的氧化物和具有特殊性能的原料。如高铝质瓷，以氧化铝为主；锆质瓷，以氧化锆为主。锆质瓷的特点是不含黏土或含极少量的黏土，在国防工业中多用此类瓷，如火箭、导弹上的挡板。此外，锆质瓷也可用于飞机、汽车上的火花塞，快速切削用的陶瓷刀等。

二、流行病学

陶瓷是用黏土、石英、长石等天然矿物按适当的比例，经配料、粉碎、成型、高温烧成等一系列的物理化学反应所制成的具有一定形状和强度的制品。矿物原料的开采，以及陶瓷制作过程都可接触粉尘。陶瓷制作主要包括原料粗碎、球磨、进料、干燥、压机成型、流水线、验坯、施釉、烧窑、检验、成型包装等工序。

由于用人单位对作业环境及个体的防护不同，以及工序岗位的不同，作业现场粉尘浓度波动较大，其 C_{TWA} 可低至 $0.10mg/m^3$，也可高达 $326mg/m^3$。作业劳动者主要集中在球磨、进料、干燥和压机成型等岗位，粉尘浓度也较高。陶瓷生产车间游离 SiO_2 含量多在 20% 以上，防护较差的车间可达 70% 以上。

中国最大的陶瓷生产基地江西景德镇的相关资料表明，截至 1993 年，共确诊陶工尘肺 1644 例，患病率为 6.86%。其中壹期尘肺 1169 例，贰期尘肺 415 例，叁期尘肺 60 例，分别占陶工尘肺总病例数的 71%、25% 和 4%。随着现代瓷砖企业生产自动化程度提高，劳动保护加强，陶工尘肺发病率呈下降趋势。对某建筑陶瓷厂 885 名粉尘作业劳动者进行危害调查及职业病诊断，陶瓷粉尘中游离

SiO_2 质量分数为 21.1%~38.0%，总粉尘时间加权平均浓度为 0.10~8.20 mg/m^3，超标率 28.95%，最高超过职业接触限值 7.2 倍；呼吸性粉尘 C_{TWA} 为 0.10~1.79 mg/m^3，超标率为 18.42%，最高超过职业接触限值 1.6 倍；接尘工龄为 4~9 年，诊断陶工尘肺 6 例，初诊率 0.68%。陶工尘肺的发病有一定的潜伏期，有文献报道接尘工龄一般为 1~33 年，平均为 12.49 ± 7.64 年，最短可为 0.3 年（球磨工）。由于工作性质关系，男性患者明显多于女性。某市对 1962 年至 2011 年初发陶工尘肺进行统计，657 例中 40 岁、41~50 岁和 50 岁以上分别占 6.24%、38.05% 和 55.71%。粉尘作业劳动者肺功能损害明显高于非粉尘作业劳动者，多为通气功能轻度损害。

三、病理改变

陶瓷粉尘是一种以高岭石为主要矿物成分的混合型粉尘，主要致病因素为含游离 SiO_2 的硅尘及硅酸盐尘。因此陶工尘肺属于混合性尘肺，具有矽肺、硅酸盐肺的病理特征。

高岭土粉尘所致肺组织病变，以间质纤维化为主，肺泡及肺泡间隔、支气管、小血管周围纤维增生比较明显，肺实质可见一定的纤维结节，重症病例可见胶原纤维化，其改变与矽肺类似。高岭土粉尘所致肺部病理改变，常以两上肺及肺门为重，胸膜肥厚也常以肺尖部明显。

长期接触陶瓷粉尘的劳动者，其鼻腔、咽喉、气管等气道持续受到刺激而出现毛细血管黏膜红肿、干燥、肥厚及炎症反应等病理改变，易导致咳嗽、多痰、胸痛、慢性鼻炎、慢性咽炎等呼吸道症状的出现。

有文献报道锆具有细胞毒性，可引起免疫功能紊乱，主要靶器官是皮肤和肺，病理改变主要为过敏性肉芽肿，可能导致肺纤维化，应引起关注。

四、临床表现

陶工尘肺患者一般无临床症状或症状轻微，多是在职业健康检查中发现。患者早期可有轻度咳嗽、少量咳痰，当体力劳动或爬坡时可感到胸闷、气短。中晚期患者由于肺组织出现较广泛的纤维化改变，胸膜也显著增厚，从而引起肺组织弹性降低，肺循环阻力增加，患者可表现出明显的胸闷及呼吸困难。个别患者由于胸膜增厚，当气候发生变化时可出现针刺样胸痛。与其他尘肺病类似，早期陶工尘肺以限制型通气功能损伤为主。有学者比较两组陶工尘肺和电焊工尘肺患者，发现陶工尘肺患者的诊断年龄、潜伏期以及肺功能异常率均高于电焊工尘肺患者，其肺功能异常与小阴影分布肺区数目呈正相关。

五、影像表现

由于接触粉尘的性质不同，陶工尘肺的胸片 X 射线表现亦不同。多数陶工尘肺胸片 X 射线所见主要为圆形及不规则形小阴影，以 p 影和 s 影为主。陶工尘肺可出现不同类型、不同程度的肺气肿，主要为局限性或弥漫性肺气肿。胸膜肥厚以肺尖最为明显，常表现为“肺尖帽征”，两下胸膜亦常累及。

HRCT 在肺气肿、胸膜下弧线影、网格蜂窝状影、小叶间隔增厚、主肺动脉增粗、淋巴结钙化、胸膜增厚、小阴影、大阴影方面的检出率远比胸部的常规胸部 CT 的高。对 35 例陶工尘肺壹期患者进行胸部 CT 检查（层厚、间层距 5mm），结果显示表现为小结节密度浅淡的有 22 例（占 62.9%），CT 值峰值为（−736.7 ± 53.3）HU；小结节＜3mm 的有 34 例（占 97.1%）；MPR 图像冠状面两肺上叶优势分布的有 32 例（占 91.4%）；MPR 图像矢状面两肺上叶后部优势分布的有 22 例（占 62.9%），有纤维灶的 19 例（占 54.3%），小结节有融合趋势的 14 例（占 40.0%），合并胸膜增厚的 10 例（占 28.6%），纵隔淋巴结密度增高 / 结节样钙化的 31 例（占 88.6%），合并肺部基础性疾病的 12 例（占 34.3%），其中肺大疱 9 例（占 25.7%）。

六、诊断与鉴别诊断

根据可靠的陶瓷粉尘接触史、胸片 X 射线表现，参考动态观察资料和流行病学情况，一般可作出陶工尘肺的诊断与分期。陶工尘肺的鉴别诊断同矽肺。

七、病程及预防

陶工尘肺患者一般来说病情较轻，进展较慢，其病程主要决定于是否有合并症，如肺结核、肺心病、肺部感染和肺癌等。

陶工尘肺预防的关键在于防尘、降尘，在有粉尘产生的工序均应制定相应防尘措施。原料粉碎产生的粉尘最多，应采用湿式作业、机械作业、控制区与粉尘作业区隔离、加料口设密闭罩或吸风罩防止粉尘逸出。其他工序也应采用湿式作业，必须干法作业时应在吸风罩、通风柜内进行。

从事陶瓷粉尘作业的人员应加强个人防护，佩戴符合国家卫生标准的防护口罩等。用人单位应建立管理制度，保障防尘、降尘的落实。依法对作业劳动者进行上岗前、在岗期间及离岗时的职业健康检查，及时发现职业禁忌证及职业病。陶工尘肺及其并发症患者应及时治疗，可有效延缓病情进展。

（梁伟辉）

第十节　铝尘肺

铝尘肺（aluminum pneumoconiosis）是一种由于长期暴露于金属铝或含氧化铝的粉尘中而引起的职业性肺部疾病。在工业生产过程中，铝粉尘在人体内长时间停留并沉积在肺组织中，可导致肺纤维化。自 1987 年起，我国将铝尘肺列为法定职业病之一。铝尘肺根据暴露的铝粉尘类型和病理表现可以分为以下三种类型：金属铝尘肺、氧化铝尘肺和铝矾土尘肺。

一、概述

（一）铝的种类及化学组成

铝（Al）是一种化学元素，其原子序数为 13，原子量约为 26.98。铝在地壳中广泛分布，是地球上含量第三丰富的金属。铝以多种化合物的形式存在，最常见的是铝土矿（bauxite）和三氧化二铝（Al_2O_3），它们是铝的主要矿石。

铝因其轻便、耐腐蚀、良好的导热性和导电性而受到青睐，被广泛用于航空航天、建筑材料制造、电力行业、包装和运输等领域。铝的冶炼过程和铝粉的生产是重要的工业活动。铝粉通常用于制造炸药、导火线和其他爆炸性材料。另外，通过电炉熔炼的氧化铝可以制成聚晶体，用于制造磨料和磨具。

长期暴露于铝粉尘中会对肺部健康产生潜在的危害。铝尘肺是一种职业性肺部疾病，其发生取决于暴露的铝化合物类型、暴露剂量和时间。金属铝和氧化铝粉尘在动物实验中都显示出对肺部组织可能产生纤维化作用的潜力。不同晶格结构的铝化合物，如 $\gamma-Al_2O_3$ 和 $\alpha-Al_2O_3$，对肺部的影响有所不同，其中 $\gamma-Al_2O_3$ 可能导致较为严重的肺部纤维化。

（二）对铝的研究与认识变迁

早期的观点认为铝难以被吸收且对人体无生物学影响，因此铝粉尘被视为相对无害。甚至某些早期动物实验表明，金属铝能够降低石英的溶解度，但不会导致肺组织纤维化，因此曾被用于治疗矽肺。然而，随着研究的深入，特别是近年来的研究表明，铝粉尘对肺部的影响与其化合物类型和暴露剂量有关，长期暴露于铝粉尘中可能会导致铝尘肺的发生，这使得人们对铝粉尘对健康影响的认识发生了重大变化。

二、流行病学

1934 年，国外学者巴德尔（Baader）首次报告铝尘肺，二战期间，在德国、英国、加拿大生产炸药、烟火的劳动者中相继有病例发生。20 世纪 40 年代后期，加拿大学者谢弗（Shaver）等报道了氧化铝磨料工尘肺（Shaver 病），临床症状多为咳嗽、咳痰、呼吸困难，无明显阳性体征。英国、瑞典、日本等国相继也有病例报道。20 世纪 80 年代起，我国陆续有铝尘肺的报道，大多为烟花工、铝厂电解 $A1_2O_3$ 的劳动者、生产片状铝粉的球磨工、抛光工，生产粒状铝粉、片状铝粉或混合有粒状和片状铝粉的劳动者，刚玉磨料车间的劳动者。

铝粉尘的主要职业暴露途径包括铝冶炼、铸造、焊接、磨削和电解铝生产等，劳动者在这些工作环境中长期接触铝粉尘，容易导致铝尘肺的发生。

铝粉尘的空气浓度、粒径大小以及工作场所的通风条件都会影响劳动者的暴露水平和健康风险。铝尘肺的发病与劳动者长期接触铝粉尘的性质（尤其是 SiO_2 的含量）、粉尘浓度、接尘工龄、劳动强度以及个体防护水平密切相关。尽管国外关于铝尘肺的报道较少，但国内的流行病学调查显示，铝尘肺的确诊率和发病率不容忽视，接触铝粉尘对从事相关工作的人员的健康构成一定的风险。

三、病理改变

铝尘肺的病理特点因其暴露于不同类型的铝粉尘而有所不同。尽管不同类型的铝尘肺在病理表现上有所差异，但其共同点是长期暴露于铝粉尘环境中可导致肺部组织的纤维化和结构变化，进而影响呼吸功能和健康。

（一）病理特点

铝粉尘对肺脏的有害作用导致细胞增生和纤维性变。动物实验显示，染尘后 3~6 个月，肺部会出现胶原纤维的沉积，肺表面会变得光滑而质硬，可见到灰黑色的尘斑切面呈放射状分布，镜下观察显示这些尘斑由组织细胞、成纤维细胞、尘粒和多核异物巨细胞组成的肉芽肿构成。这些肉芽肿多分布在终末细支气管和呼吸性细支气管周围及肺泡隔内，伴有少量胶原纤维沉积。

（二）病理表现

金属铝尘肺：主要表现为尘斑病变，特征是在肺部呼吸性细支气管、小血管及小支气管周围出现尘细胞沉积，并伴有网状纤维和胶原纤维的增生。

氧化铝尘肺：主要引起非结节性弥漫性纤维化和肺气肿，主要是吸入氧化铝粉尘引起的肺部纤维化作用。

铝矾土尘肺：是指长期暴露于铝矾土粉尘环境中引起的混合性尘肺。铝矾土的主要成分包括 SiO_2 和 Al_2O_3，其特性导致不同于金属铝尘肺和氧化铝尘肺的病理特点。铝矾土尘肺的早期病变表现为尘斑和肺气肿，尘斑常伴有间质纤维化，而肺气肿表现为灶周性、小叶中心性或全小叶性肺气肿。

胸膜增厚：铝尘肺常伴有胸膜增厚的现象，这可能是慢性炎症反应引起的。

四、发病机理

关于铝尘肺的发病机理，目前的研究确实尚未完全阐明。铝粉尘在肺部沉积后，可能通过其化学特性或物理性质对肺组织产生直接的毒性作用，导致一种特殊的肺部炎症反应。铝粉尘的长期接触可能促使肺内潜在的生物因子活跃起来，加重了纤维化的过程。这表明铝粉尘可能通过刺激肺部的生物学反应途径，特别是促进胶原蛋白的合成和沉积，从而引发了肺部的纤维化反应。铝粉尘的化学刺激和肺部的机械性刺激可能共同促进了肺组织中胶原纤维的过度沉积，导致肺部结构的改变和纤维化的发展。

五、临床表现

铝尘肺的病程演变较为缓慢，根据疾病阶段不同其临床表现有所不同。

（一）潜伏期和早期症状

潜伏期较长：一般需要 10~15 年的时间才能显现出明显的症状，这说明铝尘肺的发展是一个较为慢性的过程。

早期症状轻微：主要表现为轻度的气短、胸闷、胸痛，偶尔伴有轻微的咳嗽，咯血较为罕见。患者可能感到倦怠、无力，这些症状也比较常见。

鼻咽部的慢性损害：铝粉尘还可能通过机械性刺激和化学作用影响鼻咽部。鼻部症状：包括鼻黏膜充血、鼻腔干燥、鼻甲肥大等。咽部症状：表现为咽部慢性充血和炎症。

并发感染时的症状和体征：当铝尘肺合并支气管和肺部感染时，症状会加重，出现咳痰和发热，这些都是感染的典型表现。肺部可闻及干（湿）啰音。

（二）肺功能损伤的特征

早期肺功能轻度损伤：主要表现为阻塞型或限制型通气功能障碍。

晚期肺功能改变：随着疾病的进展，肺容积可能会缩小，导致更为严重的限制性或混合性通气功能障碍，同时伴有换气功能障碍。在铝尘肺晚期，患者可能出现反复的肺内感染，最终可能导致呼吸衰竭和死亡。

六、影像表现

X 射线和 CT 在铝尘肺的诊断中扮演着重要角色，尤其是在早期诊断上有着不同的表现和作用。

（一）X 射线影像特点

X 射线是常用的影像学检查方法之一，用于评估肺部疾病。然而，铝尘肺的早期 X 射线表现通常是阴性或非特异性的。

X 射线特征为以较细的不规则形小阴影为主，可伴有较粗大不规则的粗网影和少数直径 1~3mm

的圆形小阴影。早期两肺的中下部肺区较多见，继而以中、上肺野较明显，可表现为两肺中下肺区的中外带可见细小而广泛的不规则“s”小阴影，部分呈网织状，网格宽度均在1.5mm以下。部分病例由于不规则形小阴影增多使整个肺野的透明度降低，形成所谓磨玻璃状改变。在不规则形小阴影广泛增多的基础上，首先在中下肺区，特别是中肺区的中外带出现相当于“p”的小圆形阴影，密度低，边界不清。随病情进展，小阴影可在两上、中肺区聚集、融合成团块影，对称或不对称出现，一般右侧要早发于左侧，大阴影形态不一，可为类圆形、长条形、发辫形等，以发辫形和长条形居多。

（二）CT扫描的优势

CT由于其高分辨率的特点，在铝尘肺的早期诊断中显得更为有效。

胸部动态胸片或CT可观察到团块由错乱的条索状阴影逐渐向中心聚集融合而成，形成中间密度高、边缘密度稀疏的特点，周边有气肿或肺组织蜂窝样改变，团块周围多发肺大疱或肺组织蜂窝样改变，是临床患者易并发自发性气胸的基础。胸膜早期受累不明显，在贰期、叁期铝尘肺时两上侧壁胸膜可见与肺内阴影部分粘连和弥漫性增厚。

因此，尽管X射线在肺部疾病的初步筛查中有用，但在铝尘肺的早期诊断中，CT扫描的高灵敏度和高分辨率特点使其成为更可靠的工具，尤其是在发现微小和早期病变方面具有显著优势。

七、诊断与鉴别诊断

（一）铝尘肺的诊断

铝尘肺的诊断主要依靠患者的职业史和与铝粉尘暴露相关的工作环境史、现场粉尘浓度测定、肺部X射线表现。对于临床需要进一步确认的患者，可以进行肺泡灌洗或经支气管镜肺组织活检，从灌洗液或组织标本中查找铝元素的存在，并排除其他类似的肺部疾病，按尘肺病的诊断标准，即可诊断为铝尘肺。

（二）鉴别诊断

在铝尘肺的诊断过程中，需要与以下几种肺部疾病进行鉴别：肺结核（急性粟粒型肺结核、亚急性或慢性血行播散型肺结核）、特发性弥漫性肺间质纤维化、外源性过敏性肺泡炎、肺癌（肺泡癌）、肺含铁血黄素沉着症、肺泡微石症等。

八、预防与治疗

预防铝尘肺要加强作业劳动者的劳动防护和健康教育。一经诊断为铝尘肺，患者应该脱离原粉尘作业岗位，并不得再重新从事其他接触粉尘的作业；必须戒烟，包括二手烟；定期复查胸片和肺功能，并进行呼吸康复、随访及对症、药物治疗，预防并发症的发生。

（李　颖　张晓华　谭　勇）

第十一节　电焊工尘肺

电焊工尘肺（welders’pneumoconiosis）是指在生产过程中长期吸入电焊烟尘并在肺内潴留而引起的以肺组织弥漫性纤维化为主的疾病。

一、概述

电焊工艺种类很多，根据其热源的产生来区分，目前基本可分为电弧焊、电阻焊、高能束焊（包括激光焊）和钎焊4个大类。其中电弧焊是目前应用最广泛的焊接方法，包括手工电弧焊、埋弧焊、气体保护焊等。

电焊烟尘是焊接材料及母材在焊接产生的高温作用下，熔融蒸发和氧化所生成高温金属蒸气，在空气中迅速蒸发—氧化—冷凝，并飘浮于空气中的各种氧化物和氟化物烟雾状固体微粒。焊条药皮主要由大理石、萤石、石英、长石、锰铁、硅铁、钛铁、白云石、云母和纯碱等组成。电焊作业在电弧高温作用下，焊芯、药皮、焊接母材发生复杂的冶金反应，生成大部分氧化铁，并可产生 SiO_2、MnO、氟化物、臭氧、各种微量金属和氮氧化物的混合物烟尘或气溶胶。对二氧化碳气体保护焊和药芯气体保护焊产生的烟尘进行检测，发现各类金属质量分数从大到小依次为 Fe>Mn>Zn>Ti>Ni>Cu>Cr>Pb，其中 Fe 和 Mn 含量最高。

二、流行病学

焊接作业场所中电焊烟尘暴露受工作负荷、焊接工艺、作业环境特征、通风等多方面因素的影响。有研究割灌机 CO_2 电弧焊和焊条电弧焊电焊烟尘浓度超标率较高，氩弧焊（熔化极）电焊烟尘浓度较低。电焊烟尘其分散度高，粒径<10μm 的占 99.4%，其中粒径<5μm 的占 94.2%。造船行业电焊烟尘的暴露水平和超标率最高，其次是专用设备制造业。某造船企业检测发现有限空间作业电焊烟尘的暴露水平最高（工作场所电焊烟尘暴露水平为 8.00mg/m^3，劳动者接触电焊烟尘的水平为 19.67mg/m^3），室内作业电焊烟尘的暴露水平次之，室外露天电焊烟尘的暴露水平最低（工作场所和劳动者接触的电焊烟尘水平分别为 2.23mg/m^3 和 4.81mg/m^3）。

某市 2001—2020 年新发电焊工尘肺病例诊断年龄为 54.30 岁，接尘工龄为 25.92 年。病例涉及 26 个行业，主要分布在通用设备制造、专用设备制造、黑色金属冶炼和压延加工业、非金属矿物制品业等行业。对某轨道交通制造业 10 年现场监测、职业健康监护及电焊工尘肺发病显示，多焊点作业电焊烟尘超标率达 31.40%，电焊工尘肺发病率达 5.51%，电焊工尘肺平均发病工龄 23.54 ± 8.29 年。根据《工作场所有害因素职业接触限值　第 1 部分：化学有害因素》（GBZ 2.1—2019）规定，空气中电焊烟尘总尘时间加权平均容许浓度为 4mg/m^3。

电焊作业含有多种危害因素，对电焊作业劳动者的健康影响是多方面的。劳动者年龄与工龄是肺功能以及高血压异常率升高的独立因素。对某市 2019 年 16895 名电焊作业劳动者在岗期间健康检查结果统计显示，劳动者以年龄在 40 岁以内、工龄 10 年以内为主，高血压、心电图和肺功能异常检出率分别为 24.98%、11.69% 和 3.56%，随年龄和工龄的增加呈现上升趋势。肺功能异常以限制性通气功能障碍为主。

国内外文献显示在控制了吸烟因素后接触电焊烟尘仍会增加 COPD 的发病风险。

三、病理改变

研究发现，当致病因素加强时，肺损伤自动修复与粉尘致炎性作用的动态平衡受到破坏，超过巨噬细胞的清除作用形成粉尘沉积，气道黏膜受损长期存在，导致气道结构破坏、重塑。早期 X 射线胸片可见肺纹理增多、增粗，走行紊乱等支气管炎表现，胸部 HRCT 出现多发磨玻璃密度结节。

动物试验也证实，长期暴露于高剂量电焊烟尘的大鼠出现不可逆的肺纤维化。

电焊工尘肺大体标本，灰黑色肺内可见散在直径 1mm 以下大小不等的不规则形或星芒状尘灶，少数是类圆形。尘灶胶原纤维含量一般在 50% 以下，部分尘灶为单纯粉尘沉着，以尘斑形式存在。尘斑分布在肺泡腔、肺泡间隔、呼吸性细支气管和血管周围，铁染色呈阳性，未发现双折光尘粒。电焊工尘肺患者肺内可见散在分布的 2mm 左右的结节，其内可见较粗大的胶原纤维。在尘斑和结节周围常可见到程度不同的灶周气肿。电焊工尘肺尸检证明，肺内可见由多量密集的粉尘纤维灶及广泛的间质纤维化构成的大块肺纤维化。

四、临床表现

电焊工尘肺发病工龄通常在 10 年以上，范围在 15~20 年，发病缓慢。电焊工尘肺一般临床症状轻，患合并症时可出现相应的临床症状。在临床几乎没有见到电焊工尘肺叁期的病例。有学者统计发现电焊工尘肺患者肺功能以混合性通气功能障碍为主，特别是小气道损伤明显。

五、影像表现

电焊工尘肺 X 射线胸片表现以不规则小阴影为主，多先在中下肺区出现交织成细网状的不规则形小阴影 s，其中夹杂少量圆形小阴影 p，分布较疏散。小阴影密集度很少达到 3 级，极少见到大阴影。肺门改变轻微，很少看到肺门阴影增大和增密。

相关专家对 103 例电焊工尘肺壹期和贰期患者胸部 CT 分析显示小叶中心磨玻璃密度微小结节影及小叶分支线状影为电焊工尘肺的特征表现。103 例电焊工尘肺患者中，合并肺结核有 6 例，伴有胸膜增厚 19 例，肺气肿 15 例，肺大疱 14 例，淋巴结肿大 9 例。

另有相关专家对电焊工尘肺患者随访观察，发现部分患者胸片以 p 影为主的圆形小阴影呈逐渐减少的趋势，与粉尘沉着表现一致。

六、诊断与鉴别诊断

有确切可靠的电焊烟尘接触史，有胸片 X 射线表现，参考动态观察资料和流行病学情况，一般可作出电焊工尘肺的诊断与分期。电焊工尘肺的鉴别诊断同矽肺。

此外，电焊工尘肺还需要与电焊烟尘所致的氧化铁金属粉尘肺沉着病相鉴别。当产生的烟尘是以氧化铁为主的金属粉尘时，可能主要引起金属粉尘肺沉着病，需要动态观察 X 射线胸片。也有学者认为，有短期高强度电焊作业或密闭空间作业短期暴露高浓度电焊烟尘的工作史，胸片显示以大量模糊的类圆形小阴影为主，脱离电焊作业数年后，肺部阴影还可以逐渐变淡、减少或消失，可能是电焊烟尘致肺损伤的早期阶段，未达到不可逆的肺纤维化。

七、病程及预防

电焊工尘肺起病缓慢，病程长，进展缓慢，大多数患者可以达到或接近当地平均寿命。

应采取综合措施预防和控制电焊烟尘，例如：工艺改革，采用自动焊接替代手工焊接，减少作业劳动者接触电焊烟尘的机会。相关用人单位应合理布置通风装置，加强除尘器使用与推广；检查电焊作业劳动者防尘防毒口罩佩戴情况，指导劳动者正确佩戴和使用。电焊作业劳动者及时进行职业健康检查，诊治职业禁忌证及职业病。用人单位职业健康管理人员应加强培训学习。相关部门应督导用人单位依照《职业病防治法》完善用人单位职业健康管理制度，从源头防治职业病。

有学者采用 Logistic 回归模型的非线性回归分析，通过接尘浓度、工龄预测电焊工尘肺发病概率，为电焊工尘肺的预防控制提供了理论依据。还可采用半定量综合指数法和 ICMM 定量法评估等方法，做好职业健康风险评估。有研究发现，传统的质量浓度不能真实反映超细颗粒的剂量 – 反应关系，应采用数量和表面积浓度测定，较质量浓度能更准确地评估工作场所纳米颗粒暴露水平，值得进一步深入研究。

（梁伟辉）

第十二节　铸工尘肺

铸工尘肺（foundry work's pneumoconiosis）是指铸造作业劳动者在生产过程中长期吸入成分复杂但游离 SiO_2 含量较低的粉尘，如高岭土、膨润土、金属合金粉尘、石墨、煤粉、石灰石和滑石粉等混合性粉尘，在肺内滞留而引起的尘肺。

一、概述

铸造是将金属熔炼成符合一定要求的液体，并浇灌进铸形里，经冷却凝固、清整处理后得到有预定形状、大小和性能的铸件的工艺过程。砂型铸造、特种铸造和铸件处理都要接触粉尘。铸钢、铸铁及铸有色合金件都是砂型铸造生产而成的，砂型铸造包括型砂配制、砂型制作、砂型干燥、浇铸、打箱和清砂等工序。砂型铸造生产原料包括石英砂、高岭土、膨润土等，石英砂中 SiO_2 的含量高，可达 80% 以上；高岭土、膨润土的主要成分为硅酸铝。随着铸造工艺的改进，砂型铸造时所用的石英砂逐渐被酚醛树脂砂代替，其所用涂料主要为锆英砂、莫来砂、硅砂以及一些铁粉、铝矾土、二氧化锰、酚醛树脂、糠醛树脂等混合而成。砂型铸造由于不同铸造对型砂耐火性的要求不同，需用型砂也不同。

特种铸造包括熔模铸造、壳型铸造、陶瓷铸造等铸型，原材料主要包括原砂、黏土、水玻璃、树脂及其他辅助材料，根据不同性能要求添加一些如碳、磷、硅、锰等成分。在砂型表面上的涂料如石墨粉，比重轻，颗粒微细，而特种铸造作业劳动者吸入的粉尘主要是硅酸盐粉尘，含有石墨、煤粉、石灰石和滑石粉、耐火泥等。铸造过程中根据产品需要加入比例不同的型砂、石英砂等。铸造行业中除配砂、打箱、清砂以外的砂型制造中的岗位和特种铸造岗位接触粉尘以硅酸铝、硅酸锆、SiO_2、金属合金粉尘、煤粉、石墨粉、滑石粉等混合性粉尘为主，不同工种接触的粉尘不同，如清砂工种接触游离 SiO_2 高的粉尘所致尘肺为矽肺，发病率最高。铸工行业生产过程中产生的粉尘成分及比例不同，游离 SiO_2 的含量也各不相同，这种混合性粉尘中 SiO_2 的含量相对较低，致纤维化作用也相对较低，所致尘肺统称为铸工尘肺。

一般的铸工尘肺发病缓慢，研究显示发病工龄在 15 年以上，但都会呈进行性加重，即使脱离尘源病情也会进展。铸工尘肺可并发肺气肿，肺功能不同程度损伤。混合粉尘中各种粉尘之间的相互作用，特别是不同金属粉尘对致病作用的影响需要引起重视。在铸造工艺中，有时需要使用少量的石棉，以温石棉为主，如在砂型铸造合箱之间使用石棉垫，或在铸型中加入石棉以提高铸件的质量，因此也应关注石棉对铸造作业劳动者的危害。

二、病理改变

铸工尘肺的病理改变，国内外虽早有报道，但为数不多。

相关学者等报告了铸工尘肺 16 例病理分析，铸工粉尘进入肺内后主要引起淋巴结和肺间质纤维化。大体标本上，肺的表面和切面均可见尘斑，大小不等，直径为 0.2~0.5cm，呈星芒状，双肺中、下野比较明显，尘斑会随病情进展不断增多，朝上肺野扩展，此发展为不可逆的，严重者遍布全肺，少数可互相融合成块影。肺气肿为弥漫性小叶中心型或大泡型，肺呈蜂窝状，小叶间隔增厚。铸钢作业劳动者淋巴结质地稍硬，出现灰白色纤维化病变，也有支气管肺门淋巴结内大量黑色粉尘沉着，纤维化程度不一。镜下见粉尘颗粒在呼吸性细支气管、肺泡及小血管周围大量分布，巨噬细胞吞噬尘粒后形成尘细胞，尘细胞及周围的胶原纤维形成尘纤维灶，肺泡腔内则含有大量粉尘及尘细胞，在尘纤维灶周围常伴有小叶中心型肺气肿。粉尘沉着引起呼吸性细支气管及所属肺泡发生扩张，严重时肺组织正常结构完全被破坏，个别病例出现蜂窝样改变，有时可看到肺泡呈轻度坏死改变。

三、临床症状

铸工尘肺发病缓慢，早期常无自觉症状，随着病变进展，可出现胸闷、胸痛、咳嗽、气促等症状，在活动时加重。病变初期肺功能多正常，以后逐渐出现混合型肺功能障碍。未合并支气管和肺疾病者，通气功能障碍较轻。当铸工尘肺合并慢性支气管炎、肺气肿、肺结核、气胸、肺源性心脏病、呼吸衰竭时可出现相应的临床症状。

四、影像表现

两肺中下区出现不规则形小阴影，其特点是不规则 t 阴影较多，且多形成粗网状或蜂窝状，而 s 影相对较少。在不规则形小阴影的背景上可出现圆形小阴影，数量较少，阴影密度较小，多为 p 影，q 影较少。随着病变的进展，不规则形小阴影逐渐增多增密，且向两侧中上肺区发展。圆形小阴影也逐渐增多增浓，形成 t/p 等以不规则形小阴影为主的混合形小阴影，严重者有小阴影聚集融合趋势，融合成大阴影。铸工尘肺出现的以不规则形小阴影为主同时有少量圆形小阴影（p 影）的 X 射线表现，与慢性支气管炎有些相似，有时很难鉴别。铸工尘肺的不规则形小阴影在两侧中下肺区较对称，且无炎症感染所造成的模糊小片状阴影，随着病变的进展，不规则形小阴影增多增粗，但该处的肺纹理却减少甚至消失。在作业过程中吸入的粉尘如含有石棉尘，则有可能看到胸膜斑及石棉肺样改变。

五、诊断与鉴别诊断

铸工尘肺的诊断与其他尘肺诊断相似，根据详尽可靠的铸工粉尘职业接触史、现场劳动卫生学调查资料，以技术质量合格的 X 射线后前位胸片表现作为主要依据，参考动态观察病情及尘肺流行病学调查情况，结合临床表现和实验室检查，排除其他疾病后，依据《职业性尘肺病的诊断》（GBZ 70—2015）可以作出铸工尘肺以及分期的诊断。诊断时需要与肺结核、特发性弥漫性肺组织纤维化、过敏性肺泡炎等疾病相鉴别。影像表现相似时，需要观察病情经过，进行必要的痰检、肺泡灌洗液检以及肺组织病理活检，其结果可作为诊断和鉴别诊断的有价值的依据，必要时可进行诊断性治疗来加以鉴别。

过敏性肺炎、肺结核、特发性肺间质纤维化病情变化快，症状重，诊断性治疗常常有影像好转的效果，而铸工尘肺病情发展缓慢，常规的治疗措施对影像改变无效。

六、预防与治疗

一经诊断为铸工尘肺，患者应该脱离原粉尘作业岗位，并不得再重新从事其他接触粉尘的作业。吸烟的铸工尘肺患者必须戒烟，包括二手烟。铸工尘肺是慢性进展性疾病，需要定期复查胸片和肺功能，并进行呼吸康复、随访及对症、药物治疗，预防并发症的发生。

（彭莉君）

第十三节　其他尘肺病

一、宝石加工以及人造石材作业所致尘肺病

近年来，因长期从事宝石加工以及人造石材作业引起的尘肺病日益得到关注，在宝石加工和人造石材生产加工过程中存在严重的粉尘危害，严重影响从业者的身体健康。因长期接触宝石加工或者人造石材生产加工产生的生产性粉尘引起的尘肺病被广泛报道，分析宝石加工、人造石材粉尘及其致病特点，有助于更好地做好相关疾病的诊断。

（一）宝石加工行业接触粉尘的机会

宝石加工行业的职业病危害因素复杂，宝石加工过程包括切粒、磨珠、打孔、抛光等工序，均会产生大量矿物性生产性粉尘。这些粉尘主要由矿石碎屑、金属粉末、磨料等构成，其中游离 SiO_2 含量较高，硅尘是该行业最主要的职业病危害因素。宝石加工劳动者在生产过程中长期反复吸入游离 SiO_2 含量高的硅尘，极易导致矽肺的发生。天然宝石，如白水晶、紫黄晶、东陵石、玛瑙等，在加工过程中产生的粉尘浓度较大，游离 SiO_2 含量较高。有报道称，宝石加工行业加工现场的浓度有时可高达 $1506mg/m^3$。

（二）人造石材粉尘的接触机会

人造石材是一种新兴的装饰建材，是通过加工天然岩石，用于建筑装饰、碑石、工艺品等行业的材料。人造石材 1965 年诞生于美国，是以不饱和聚酯树脂、水泥为黏合剂，配以天然石材碎（粉）料、氢氧化铝粉等无机物粉料以及颜料、适量阻燃剂等，经混合、振动、挤压等工序成型固化而成，主要包括人造石实体面材、人造石英石和人造大理石。人造石实体面材以不饱和聚酯树脂、甲基丙烯酸甲酯为基体，氢氧化铝为填料，经浇铸成型、真空模塑或模压成型。人造石英石以有机物高分子材料为主体，因此具有可加热弯曲、耐污染、抗冲击等天然石材不可比拟的优势，主要应用于厨房台面、卫浴设施等。人造大理石以大理石、石灰石等的碎粉料为主要原材料，大多数用于室内墙面、地面装饰。人造石材广泛应用于建筑装饰行业，世界各地陆续出现人造石材加工相关的尘肺病例。与天然石材相比，人造石材同样含有较高的游离 SiO_2，作业场所粉尘浓度也很高，同样对劳动者健康产生很大危害。

（三）宝石加工以及人造石材作业所致尘肺病的特征

由于宝石加工、人造石材行业所产生的粉尘中游离 SiO_2 含量较其他粉尘要高得多，其所造成矽

肺的发生、发展和预后较其他尘肺有不同特点，包括发病年龄小、接尘工龄短，咳嗽、胸闷、气促等呼吸系统刺激症状明显，肺结核、胸膜改变、肺气肿等并发症多和致残程度较严重、预后更差等。具体特征表现为以下五个方面。

一是临床表现为急进型矽肺，即在较短时间内吸入高浓度的游离 SiO_2 粉尘后发病的矽肺类型。相较于典型矽肺的长期暴露，其病程进展更为迅速。

二是通常出现双肺弥漫结节性肺纤维化，且病情会快速进展为双肺融合的纤维团块。这种快速的纤维化进程是急进型矽肺的一个显著特点。

三是随着肺纤维化的快速发展，患者会出现呼吸困难进行性加重的症状。这是肺部功能受到严重影响，导致呼吸不畅。

四是由于病情进展迅速，此类矽肺患者更容易出现肺功能衰竭。肺功能衰竭是矽肺的一种严重并发症，可能危及生命。

五是与高浓度的游离 SiO_2 粉尘暴露有关。这种高浓度的暴露会加速肺部病变的进程，导致更严重的病情。

（四）宝石加工以及人造石材作业所致尘肺病的诊断

宝石加工和人造石材作业所致尘肺病的诊断是一个复杂而细致的过程。在宝石、人造石材的加工、生产过程中，劳动者经常需要进行打磨、切割和抛光等操作，如果工作场所的通风不良，或者劳动者未佩戴符合防治职业病要求的个体防护用品，这些粉尘就很容易被吸入肺部。长期吸入这些粉尘后，粉尘中高浓度游离 SiO_2 会在肺部沉积，引发肺组织的炎症反应，最终导致肺纤维化。因此，宝石加工、人造石材作业所致尘肺病的病因诊断应考虑以下因素。

（1）确认患者是否有长期接触宝石加工、人造石材粉尘的职业史。

（2）结合患者的临床症状和体征进行诊断。尘肺病患者通常会出现咳嗽、咳痰、胸痛、呼吸困难等症状，这些症状虽然并非尘肺病特有，但在结合职业史的情况下，可以为诊断提供重要线索。

（3）进一步的诊断手段包括胸部 X 射线或 CT 检查，这些影像检查可以直观地显示肺部的病变情况，如肺纹理增多、增粗，出现小结节影等。这些影像学表现与尘肺病的病理改变相吻合，为诊断提供了有力的证据。

（4）肺功能测试也是诊断过程中的重要环节。尘肺病患者通常会出现肺功能下降，通过肺功能测试可以客观地评估患者的呼吸功能状况，进一步支持尘肺病的诊断。

（五）宝石加工以及人造石材作业所致尘肺病的治疗与预防

宝石加工、人造石材作业所致尘肺病的病因均为长时间吸入高浓度游离 SiO_2 的粉尘所致的矽肺，且工作场所职业病防护设施差，有些加工工作场所甚至根本没有防护设施。因此，宝石加工、人造石材作业所致的尘肺病的治疗和预防同矽肺的治疗和预防。

二、义齿材料加工作业所致尘肺病

（一）义齿的概念与制作过程

义齿是用于替代缺失牙齿的假牙装置，旨在恢复咀嚼功能、改善发音和提升美观。义齿主要分为几种类型：全口义齿用于替代所有缺失的牙齿，通常由丙烯酸树脂制成；部分义齿用于替代部分缺失的牙齿，通过金属夹或其他固定装置与剩余的健康牙齿连接；固定义齿包括牙冠和牙桥，通过固定在自然牙齿或种植体上的修复体来提供长期稳定的修复；种植义齿通过牙科种植体支撑，提供更稳定的固定；临时义齿则用于固定义齿制作期间提供短期修复。

义齿的制作过程涉及从初步诊断到最终适配的多个步骤，包括口腔检查与印模、设计与材料选择、制作与试戴以及最终加工与交付，以确保最终产品的舒适度、功能性和美观性。首先，牙医进行口腔检查并制作印模，获取患者的口腔模型。随后，根据模型，牙科技师使用丙烯酸树脂、金属合金、陶瓷或复合材料进行设计和加工。丙烯酸树脂通过混合、倒模、加热固化等步骤形成基托，并将假牙嵌入其中，然后进行修整和抛光。金属材料如钴铬合金通过铸造或激光熔融工艺制作框架，随后进行机械加工和抛光。陶瓷材料经过设计、涂覆、烧结等工艺制成修复体，并进行最终调整和抛光。复合材料则通过混合、成型和固化完成。整个加工过程需精细操作，以确保义齿的功能性、舒适性和美观性符合患者的需求。

（二）义齿材料与加工

义齿材料的选择对修复体的功能、美观、耐久性以及患者的舒适度具有重要影响。常用的义齿材料包括树脂类、金属类、陶瓷类材料和复合材料等。树脂材料如丙烯酸树脂和复合树脂，因其良好的美观性和相对较低的成本，广泛用于全口义齿和部分义齿的制作。金属材料如钴铬合金、钛合金和贵金属合金，具有优良的强度和耐腐蚀性，常用于制作金属框架义齿和种植牙修复体，其中贵金属合金因其卓越的生物相容性在高端修复中应用较广。陶瓷材料如氧化锆陶瓷和二氧化硅陶瓷则因其接近天然牙的外观和高强度，常用于高美观要求的修复体制作。纤维增强复合材料则凭借其轻便和高强度，适用于某些特殊修复需求。

义齿材料的加工过程包括多个关键步骤，以确保最终产品的质量和适用性。首先，获取患者的口腔模型，通常使用印模材料或数字化技术进行。随后，根据患者需求和设计要求，选择适当的材料，如丙烯酸树脂、金属合金、陶瓷或复合材料。对于丙烯酸树脂，混合树脂材料后倒入模具中，加热固化形成基托，然后将假牙嵌入其中，最终进行修整和抛光。金属材料如钴铬合金通常通过铸造或激光熔融工艺加工成框架，之后进行机械加工和抛光，以确保其与义齿基托的完美配合。陶瓷材料则需通过设计、涂覆、烧结等过程制成修复体，最后进行调整和抛光。复合材料则通过混合、成型、固化及修整来完成。整个过程需要精准的工艺和细致的操作，以确保义齿的功能、舒适度和美观性符合患者的需求。

（三）义齿材料加工与尘肺病

在义齿材料加工过程中，工作人员面临尘肺病的风险，尤其是在处理金属合金和陶瓷材料时。加工金属合金（如钴铬合金和钛合金）时，产生的金属尘埃和烟雾可能被吸入，长期暴露可能导致尘肺病或其他呼吸系统问题。类似地，陶瓷材料（如氧化锆和二氧化硅）的研磨和切割过程中产生的陶瓷尘埃也可能对呼吸系统造成伤害。尽管树脂材料产生的尘埃较少，但其固化过程中释放的有害气体仍可能影响健康。

有关义齿材料加工相关的尘肺病称为牙科技师尘肺（dental technician’s pneumoconiosis，简称DTP）。有报道，学生在牙科学校实验室中接触了高浓度的丙烯酸塑料，牙医在工作中采用喷砂处理义齿的金属材料，均患有牙科技师尘肺，临床表现为干咳和劳力性呼吸困难。X 射线胸片显示双侧肺上、中叶的肺间质中出现弥漫性微结节，胸部高分辨率 CT 显示双侧肺部呈现粟粒样微结节，以上叶较为明显，在双侧脏层胸膜中也可见小结节。肺功能显示小气道功能障碍。外科肺活检可见肺间质炎症伴有大量泡沫状巨噬细胞在肺泡内聚集，吞噬粉尘颗粒的巨噬细胞聚集形成尘斑，可见呈同心圆排列的矽结节。

为减少义齿材料加工过程中吸入粉尘的健康风险，应开展对该行业的流行病学调查和用人单位及劳动者的健康促进工作，督促采取一系列防护措施，包括在加工区域安装有效的通风系统、佩戴高效过滤口罩或呼吸器、进行定期健康检查，以及提供有关尘肺病及其预防的培训。这些措施能够有效地降低尘肺病的风险，保护义齿材料加工作业人员的健康和安全。

三、蔺草染土加工作业所致尘肺病

蔺草又称灯心草，系草本植物，是加工生产草席的原材料。为了增加蔺草的色调和光泽度，生产草席前有一道“浸草”的工序，将蔺草浸入称为“染土”的混悬液中。蔺草染土粉尘危害并非来自蔺草本身，而是来自加工过程中黏附在蔺草表面的矿物粉尘。劳动者在蔺草席加工生产过程中长期吸入蔺草染土粉尘，可导致尘肺病的发生。

（一）染土的理化性质

染土的矿物学构成以石英、高岭土、叶腊石、明矾石为主，还夹杂少量其他矿物，经破碎、研磨、筛分后加工成混合粉尘。染土的化学组成以 SiO_2 和 Al_2O_3 为主，另有少量铁、锰、钛等化合物。一般来说，染土的游离 SiO_2 含量在 15%~30%。不同产地的染土，不仅外观颜色不同，而且内在矿物学构成和化学成分也不完全相同，这是由于不同产地的矿物有不同的地质学成因，并且与伴生矿物性质也有关。

（二）染土粉尘的接触机会

20 世纪 80—90 年代，我国上海和浙江宁波地区蔺草席生产迅速发展，宁波亦成为我国最大的蔺草种植和蔺草席加工基地，其出口量约占全国出口总量的 75%。虽然各用人单位加工规模大小不一，但生产工艺过程基本相同。劳动者将收割下的蔺草浸入事先配制好的染土混悬液池中，捞出烘干后装袋备用。接下来的工序有：出仓→拔草→切根→拣配草→湿润→编织→修席→烘席→检验→成品包装，以上工序除了编织、烘席为半机械化外，其余均为手工作业。车间环境中总粉尘浓度从高到低的操作依次为：进出仓、切草根、拔草、拣草、配草、编织，呼吸性粉尘浓度排序与其基本相同，总粉尘浓度为 $27.09 \pm 2.82mg/m^3$，呼吸性粉尘浓度为 $6.78 \pm 2.52mg/m^3$。蔺草生产加工行业劳动者每日工作时间有的长达 10~12h，且有的需要连续工作半年，如果不采取预防控制措施，劳动者吸入的粉尘量远大于人体的清除能力，造成了肺内蔺草染土粉尘的蓄积。

（三）蔺草染土加工作业所致尘肺病的致病机制

蔺草染土粉尘含有较大量的游离 SiO_2，加上高浓度长时间暴露，是导致尘肺病发生的主要原因。动物实验证实，蔺草染土粉尘的致病机制和矽肺有相似之处。大鼠在接触蔺草染土粉尘 6 个月后，在高倍镜下可见肺组织内肉芽肿样结节性改变，粉尘颗粒的沉着，巨噬细胞和成纤维细胞的浸润；随着染尘时间推移、染尘量的增加，导致巨噬细胞不断地吞噬裂解，破裂的巨噬细胞又会释放成纤维因子，导致胶原纤维增生，从而使肺部的病变不断进展而发展成为肺间质纤维化。因此，蔺草席加工劳动者长期吸入蔺草染土粉尘，易导致呼吸道黏膜受到损伤。另外，粉尘在肺内潴留，可引起肺间质弥漫性纤维化、结节形成，细支气管痉挛、狭窄、扭曲、变形，从而导致肺功能损伤。目前为止的研究结果表明，蔺草染土粉尘主要引起肺肉芽肿样肺泡炎，致纤维化程度较低。对于这类致纤维化能力较弱的粉尘，粉尘作业劳动者脱离粉尘作业环境，其肺肉芽肿样肺泡炎或肺间质纤维化是否会逆转恢复，尚无研究证实。

（四）蔺草染土加工作业所致尘肺病的临床表现

蔺草染土加工作业所致尘肺病的临床表现与矽肺类似，早期多无明显的临床症状，故患者容易忽视染土粉尘对自身健康的危害。随着肺部病变程度的加重，患者出现胸痛、胸闷、气喘、呼吸困难等临床症状，少数患者有头痛、乏力及颌下淋巴结肿大。蔺草染土加工作业所致尘肺病早期多无异常体征，晚期伴有合并症如肺气肿、肺源性心脏病、气胸、继发肺感染时，就会出现较多相应体征，如紫绀、肺部啰音、呼吸音低、下肢浮肿、颈静脉怒张、肝大、腹水、心脏杂音、心律失常等。如伴有肺结核，也会出现相应的症状和体征。

（五）蔺草染土加工作业所致尘肺病的诊断与鉴别诊断

蔺草染土加工作业所致尘肺病的X射线胸片主要表现为圆形小阴影，阴影分布全肺，上肺野较密集，阴影密度较低，边缘并不十分清楚，可伴有少量不规则形阴影，显示有间质性纤维化征象，与典型矽肺的X射线胸片表现有所区别。CT和HRCT显示结节影和间质纤维化表现明显优于X射线胸片，主要有弥漫性细微结节影分布于上中下肺野，边缘不甚清楚，未见小叶间隔增厚，也无支气管壁增厚征象。HRCT可见早期的微小结节散布于肺小叶范围内，不限于小叶中心，在小叶的边缘区同样可见小结节影，推测其病理改变主要因为累及并损害呼吸性细支气管远端的肺泡管、肺泡囊结构。蔺草染土加工作业所致尘肺病的圆形小阴影与典型矽肺的圆形小阴影虽然均多表现为p影或q影，但圆形小阴影的密度通常比典型矽肺的圆形小阴影密度低，有鉴别诊断意义。与50例典型矽肺病例进行对比分析，发现50例蔺草染土尘肺中有42例其圆形小阴影密度较典型矽肺为低。日本学者上田（Ueda）等报道蔺草染土粉尘所致尘肺病也可表现为不规则形小阴影。贰期以上的尘肺病进展较快，病变可从小阴影聚集迅速融合形成典型的大阴影，这样的变化可能与合并肺结核感染有关。

肺弥漫结节性疾病多达150余种，病因甚多，蔺草染土加工作业所致尘肺病仅是其中一种，必须与粟粒性肺结核、含铁血黄素沉着症、肺泡微结石症、肺结节病、肺转移癌等疾病相鉴别。诊断时应重视患者有无长期从事蔺草加工作业、有无染土粉尘接触史的情况，结合不同的临床表现及实验室检查，蔺草染土粉尘所致尘肺病诊断不难。与典型矽肺相比，蔺草染土加工作业所致尘肺病存在以下特点：（1）圆形小阴影密度略显浅淡，可能与其接触工龄较短、发展较快有关；（2）晚期可出现大阴影表现，但常有广泛间质性纤维化，呈显著网状改变的征象，这与典型矽肺不同，考虑与患者接触混合性粉尘有关。

（六）蔺草染土加工作业所致尘肺病的治疗

目前尚无特效方法治疗蔺草染土加工作业所致尘肺病。有报道可行肺泡灌洗治疗，但是支气管肺泡灌洗术毕竟是一种侵入性治疗，存在一定的风险，而且虽然支气管肺泡灌洗术可将吸入肺内的有害粉尘清除体外，但是对逆转肺组织纤维化，减少或缩小肺内已有结节可能效果甚微，同时治疗费用较高，不易普及。因此，目前临床上仍以对症处理、治疗并发症为主。

（七）蔺草染土加工作业所致尘肺病的预防

根治蔺草染土加工作业所致尘肺病的关键在于预防。蔺草加工企业大部分规模较小，生产不稳定，劳动者流动性大，管理力量相对薄弱，企业负责人对职业病防治工作重视不够，劳动者个人防护意识有待提升，工作场所防护设施符合率较低。建议采取以下措施：（1）做好蔺草加工企业人员的职业健康教育和职业健康检查；（2）以拔草车间作为粉尘治理重点，配置整体通风和局部通风相结合的通风除尘设备，降低作业环境的粉尘浓度；（3）每天清除工作场所地面积尘，避免二次扬尘；（4）改革用工方式，劳动者一天的工作时间不应超过8小时，每周应有一至两天的休息时间，以减少劳动者的粉尘暴露；（5）积极预防肺结核病，防止早期尘肺病迅速发展为叁期尘肺病。

四、稀土生产加工作业所致尘肺病

稀土矿是一种重要的矿产资源，其含有化学元素周期表中镧系的15个元素，以及21号元素钪和39号元素钇，共17种元素。中国是全球稀土储量最丰富的国家，约占全球稀土总储量的30%，主要集中在内蒙古包头的白云鄂博、江西赣南、广东粤北与四川凉山四个地区。其他主要稀土生产国家包括美国、俄罗斯、印度和南非等。长期接触稀土粉尘可导致支气管炎、肺气肿和尘肺病的发生，在稀土开发较早的地区，如美国俄亥俄州，早在20世纪40年代就发现了稀土生产加工作业所致尘肺病。

（一）稀土粉尘的理化性质

稀土粉尘的理化性质主要与其组成成分——稀土元素及其化合物密切相关。由于稀土元素种类繁多，其粉尘的理化性质也会有所差异。稀土的颜色多样，可能因稀土元素种类及其氧化态的不同而呈现白色、淡黄色、淡蓝色、粉红色、黑褐色等。稀土粉尘颗粒细小，表面积大，密度通常较大，具有很强的吸附性和表面活性，容易被人体吸入并沉积在肺部等器官中，对人体健康造成危害。稀土熔点与沸点高，具有很强的化学活泼性，容易与空气中的氧气、水分等发生反应。稀土具有独特的催化性能，在化学反应中能起到催化剂的作用。

（二）稀土粉尘的接触机会

稀土粉尘的接触机会主要存在于与稀土材料相关的多个行业和领域，包括稀土开采与精炼加工行业、稀土材料应用行业，如冶金、石化、光学、显示面板、磁性材料、航空航天、机器人、新能源汽车等领域。劳动者在稀土矿山开采、爆破、运输等环节中容易接触稀土粉尘。矿石经过破碎、筛分、磨矿等加工过程，会释放出大量稀土粉尘。在稀土冶炼和提取过程中，如熔盐电解、溶剂萃取等，会产生含有稀土元素的废气、废水和废渣。在新材料研发领域，研发人员在制备、测试稀土新材料的过程中可能会接触到稀土粉尘。

（三）稀土生产加工作业所致尘肺病的致病机制

稀土粉尘颗粒在肺泡内沉积后，会激活肺泡巨噬细胞等免疫细胞，巨噬细胞吞噬粉尘颗粒并释放出一系列细胞因子和炎症介质，进一步引发肺部的炎症反应，导致肺组织受损，最后因成纤维细胞增殖和胶原纤维合成过度导致肺纤维化。稀土氧化物的毒性与其可溶性大小有关。不溶性的稀土氧化物粉尘进入呼吸道后，会刺激和损害呼吸道黏膜，引起咳嗽、咳痰、呼吸困难等症状，粉尘在肺部长时间滞留，可能导致支气管炎、肺气肿和尘肺病的发生。可溶性稀土氧化物（如硝酸镧、氯化铈等）在肺泡表面液体中易溶解，释放出具有较高化学活性的稀土离子（如La^{3+}、Ce^{3+}），直接进入细胞或血液循环，可能干扰细胞内酶系统、破坏氧化还原平衡，或与生物分子（如DNA、蛋白质）结合。短期高浓度暴露可能导致咳嗽、呼吸困难，甚至急性肺损伤。虽然可溶性粉尘能更快被清除，但其释放的离子持续激活肺成纤维细胞，长期接触也会导致间质性肺纤维化。稀土元素如铈可引起血栓，导致肺及肝脏血管阻塞。钐可诱导大鼠肝和肺组织的病变，降低超氧化物歧化酶活性，增加丙二醛含量。稀土粉尘的成分和粒径也对其致病性有重要影响。不同稀土元素及其化合物在生物体内的毒性和代谢途径各异，因此对肺部造成的损伤程度也不同。

（四）稀土生产加工作业所致尘肺病的临床表现

稀土生产加工作业所致尘肺病的病程通常较为缓慢，从粉尘暴露到出现明显症状往往需要数年甚至数十年的时间。患者早期通常无明显症状或仅有轻微的呼吸道刺激症状，如咳嗽、咳痰等。随着病情的发展，患者呼吸困难逐渐加重，胸痛、气短等症状逐渐明显。胸痛是稀土生产加工作业所致尘肺病患者常见的症状之一，这主要是肺部纤维化导致肺组织牵拉、胸膜粘连等引起的。胸痛的程度和性质因人而异，有的患者可能表现为轻微的隐痛或钝痛，而有的患者则可能出现剧烈的刺痛或刀割样疼痛。稀土生产加工作业所致尘肺病患者常伴随多种并发症，如肺部感染、肺结核、自发性气胸、肺源性心脏病等。

（五）稀土生产加工作业所致尘肺病的诊断与鉴别诊断

稀土生产加工作业所致尘肺病的诊断通常包括职业史、临床表现、影像学特征和肺功能损害等多个方面，根据《职业性尘肺病的诊断》（GBZ 70—2015）等相关规定，结合患者的具体情况，可作出明确的诊断。职业史询问是诊断稀土生产加工作业所致尘肺病的第一步。通过询问患者的职业经历，了解其是否曾从事稀土开采、加工、冶炼等相关行业，以及接触稀土粉尘的时间、浓度、防护措施等情况。临床表现是诊断稀土生产加工作业所致尘肺病的重要依据，患者常表现为逐渐加重的咳嗽、咳痰、胸闷、气短、呼吸困难等症状。随着病情的进展，患者还可能出现全身症状，如乏力、消瘦、食欲减退、体重下降等，往往与患者的营养状况、免疫功能及心理状态等多种因素有关。稀土生产加工作业所致尘肺病在胸部影像学上具有一定的特征性表现，可出现弥漫性纤维化改变，表现为肺纹理增多，肺实质内出现网状、条索状或结节状阴影，肺门淋巴结肿大等。稀土作业所致尘肺病需与其他类型的肺病进行鉴别诊断，如肺结核、肺癌、慢性阻塞性肺疾病等。

（六）稀土生产加工作业所致尘肺病的治疗与预防

为了减轻稀土生产加工作业中的粉尘危害，应采取以下预防措施：加强通风，在生产现场安装有效的通风设备，确保空气流通，减少粉尘的积聚；劳动者应佩戴防尘口罩、防尘安全帽等防护用品，以减少粉尘的吸入；对从事稀土生产加工作业的劳动者进行定期的健康检查，及时发现和处理肺部疾病；加强宣传教育，提高劳动者对粉尘危害的认识，增强自我保护。

稀土加工所致尘肺与矽肺、煤工尘肺等其他类型尘肺的治疗原则上相似，但由于致病粉尘的成分、病理机制和并发症有差异，具体的治疗策略和侧重点可能有所不同。粉尘中含有稀土元素、金属氧化物、放射性物质（如钍、铀）或其他化学添加剂的，这些成分引发更复杂的肺部炎症反应和纤维化，应根据实际情况予以治疗。如有放射损害的，治疗侧重点需监测放射性物质暴露的影响，必要时进行放射性元素螯合治疗或针对性解毒处理。

五、高原接尘作业所致尘肺病

高原接尘作业是指在海拔 3000m 以上的高原地区进行的涉及大量粉尘产生的作业活动。这种作业环境具有其独特性和挑战性，需要采取改善作业环境、加强个人防护、定期健康检查以及教育培训等综合措施，以有效降低职业病的发生率和危害程度，保障作业人员的健康和安全。

（一）高原接尘作业的特点

高原地区海拔较高，空气中氧分压降低，导致人体摄氧不足，容易引发高原反应，如头晕、头痛、心慌、气短等，会直接影响作业人员的体力和工作效率。高原地区气候多变，常伴随大风、低温、强紫外线等不利因素，不仅增加了作业的难度，还加剧了粉尘对人体的危害。高原地区特有的地形地貌导致空气流动性差，粉尘易于聚集，粉尘浓度往往较高。这些粉尘可能来源于矿石开采、金属冶炼、建筑材料加工等多种生产活动。

（二）高原接尘作业的接触机会

在高原地区，许多行业都涉及粉尘作业，如隧道和铁路建设、矿业（矿石开采、破碎、筛分等）、建材业（水泥生产、石料加工等）、冶金业（金属冶炼、铸造等）和运输等，在生产作业过程中会产生大量的粉尘。即使在远离粉尘源的区域，由于高原地区风力较大，粉尘容易随风飘散到较远的地方，作业人员也可能通过空气吸入间接接触粉尘。

（三）高原接尘作业所致尘肺病的致病机制

长期吸入矿物性粉尘可能导致尘肺病。高原地区尘肺病的发病率通常高于平原地区，这主要与高原地区粉尘暴露水平较高和缺氧有关。

高原地区的低氧环境和粉尘暴露之间存在交互作用。一方面，低氧环境可能降低人体对粉尘的清除能力，从而增加患病风险；另一方面，长期吸入粉尘又可能加重低氧环境下肺部的损害。在正常氧气条件下，肺部可以通过各种机制（如咳嗽、纤毛运动、巨噬细胞吞噬等）有效地清除吸入的粉尘。在低氧环境中，这些清除机制可能会受到抑制或减弱，如纤毛运动需要足够的氧气供应来维持其正常功能，低氧可能导致纤毛运动减缓或停止，从而影响粉尘的清除。尘肺病患者本身由于长期低氧血症，肺内广泛纤维化及气道阻力增加，导致肺通气量减少，低氧环境又加剧通气功能受限。这种交互作用使得患者肺部的纤维化程度更加严重，且炎症反应更加剧烈，导致高原接尘作业所致尘肺病的发展更加迅速和严重。

（四）高原接尘作业所致尘肺病的临床表现

由于高原地区低氧环境的影响，高原接尘作业所致尘肺病的患者在临床上的表现除了一般尘肺病呼吸困难、咳嗽、咳痰、胸痛、胸闷、气促等常见症状，还容易出现心血管系统并发症，如肺动脉高压、肺心病等。这些并发症的出现进一步加剧了患者的病情，降低了患者的生活质量。研究表明，高原地区尘肺病患者多重并发症检出率高，其中慢性肺源性心脏病检出率比海拔 1000m 以下平原地区高。有研究表明，高原地区导致煤工尘肺患者死亡的首位原因是肺源性心脏病，其占煤工尘肺死因构成的比例（41.05%）明显高于平原地区（5.30%）。高原地区尘肺病平均发病年龄为 47.6 ± 9.0 岁，平均发病工龄为 16.8 ± 9.3 年，平均晋级年限为 5.9 年，均低于平原地区。

（五）高原接尘作业所致尘肺病的治疗与预防措施

早期发现和干预是预防高原接尘作业所致尘肺病的重要措施之一。高原作业的职业禁忌证包括：中枢神经系统器质性疾病、器质性心脏病、2 级及以上高血压或低血压、慢性阻塞性肺病、慢性间质性肺病、伴肺功能损害的疾病、贫血、红细胞增多症等。上岗前职业健康检查中，应重点询问有无高血压、心脏病、造血系统及中枢神经系统疾病史等；体格检查应重点关注心血管系统和呼吸系统检查、神经系统常规检查、眼科常规检查和眼底等；实验室必检项目包括血常规如红细胞压积、尿常规、心电图、血清 ALT、胸部 X 射线摄片、肺功能等。岗中和离岗时的职业健康检查以及应急健康检查的具体要求可参照 GBZ 188。目前针对高原接尘作业所致尘肺病的治疗方法主要包括药物治疗、氧疗、康复治疗等。然而，由于高原接尘作业所致尘肺病的特殊性和复杂性，治疗难度较大且效果有限。因此，预防高原接尘作业所致尘肺病的发生显得尤为重要。

（叶　俏　刘移民　李　涛　陈钧强　王焕强　贺咏平）

07 第七章　职业性尘肺病与常见呼吸系统疾病的鉴别诊断

第一节　肺结核病

肺结核是由结核分枝杆菌引起的一种慢性传染性肺部疾病，可在肺组织、气管、支气管和胸膜发生，在全球广泛流行。结核分枝杆菌的形态为细长直或稍弯曲、两端圆钝的杆菌，长1~4μm，宽0.3~0.6μm。肺结核病的主要传染源是痰涂片阳性肺结核患者，结核分枝杆菌通过咳嗽、咳痰、打喷嚏随呼吸道排出到空气中，当大量、毒力强的结核分枝杆菌侵袭而机体免疫力不足时会受到感染。未受结核分枝杆菌感染的人具有普遍易感性，引起机体免疫与变态反应即第Ⅳ型（迟发型）变态反应，出现发热、乏力及食欲减退等全身症状，结核菌素皮肤试验可呈阳性反应。

WHO全球肺结核病报告显示，2023年有1060万名新发肺结核病患者，发病率133例/10万。自20世纪90年代以来，我国积极实施全程督导短程化学治疗策略，肺结核痰涂片阳性患病率下降65%，新发病例数及病死率逐年下降，但是耐药结核疾病负担增加，耐多药率达6.8%。同时流动人口增加，给全球肺结核病预防控制带来严重挑战，肺结核病成为威胁人类健康重大公共卫生问题之一。

一、病因与发病机制

结核分枝杆菌主要通过呼吸道传播，当大量毒力强的结核分枝杆菌侵袭而人体免疫力低下时，感染后就会发病。肺结核病发病与免疫、变态反应有非常密切的关系。巨噬细胞是结核感染的主要靶细胞，而中性粒细胞则最早募集到炎症部位来杀灭病原微生物。在抗结核的细胞免疫反应中，主要参与的细胞是CD4和CD8T细胞，被巨噬细胞吞噬的结核分枝杆菌通过抗原递呈机制给CD4T细胞，在细胞因子IL-12、IL-18等诱导下，CD4细胞向TH1型细胞分化，这种分化的CD4T细胞产生大量的γ-干扰素（IFN-γ），激活巨噬细胞，加速吞噬和杀灭结核分枝杆菌。只有巨噬细胞和T细胞活化之间达到平衡，感染才能被有效控制，否则形成恶性循环导致肺结核病持续进展。结核分枝杆菌与人体免疫力之间的相互作用过程非常复杂，但是基本病变有三种，即渗出、增生和变质，三种病变可以同时存在一个病灶当中，但往往以一种病变为主，如干酪样坏死基础上伴随炎症渗出和纤维组织增生。肺结核病可分为原发性和继发性两大类，原发性肺结核可发展为急性粟粒型肺结核、干酪样肺炎、结核性胸膜炎。而继发性肺结核则表现为浸润性肺结核，可发展出慢性纤维性空洞。

二、临床表现

（一）症状

典型肺结核患者的主要临床表现为咳嗽、咳痰3周以上，伴低热、盗汗、食欲差等全身症状，或者伴有咯血、胸痛，甚至呼吸困难等呼吸系统症状；典型的胸部影像学表现是分布于肺上叶尖后段、下叶背段或后基底段，呈渗出、增生、纤维、干酪坏死或钙化的多形态病灶，易合并空洞，可伴胸膜炎，痰结核菌阳性。不典型肺结核包括体检发现无症状患者，有症状但影像学不典型者（如不明原因发热），或表现为关节疼痛和皮肤结节样红斑、滤泡性结膜炎、角膜炎等过敏性反应，痰结核菌阴性者，免疫功能低下或伴有其他疾病的肺结核等。

（二）体征

肺结核患者早期肺部体征不明显，当病变累及范围较大时，局部叩诊呈浊音，听诊可闻及管状呼吸音，合并感染或合并支气管扩张时，可闻及湿啰音。当病变累及气管、支气管，引起局部狭窄时，听诊可闻及固定、局限性的哮鸣音。当引起肺不张时，可表现为气管向患侧移位，患侧胸廓塌陷、肋间隙变窄，叩诊为浊音或实音，听诊呼吸音减弱或消失。当病变累及胸膜时，早期于患侧可闻及胸膜摩擦音，随着胸腔积液的增加，患侧胸廓饱满，肋间隙增宽，气管向健侧移位，叩诊呈浊音至实音，听诊呼吸音减弱至消失。当积液减少或消失后，可出现胸膜增厚、粘连，气管向患侧移位，患侧胸廓可塌陷，肋间隙变窄、呼吸运动受限，叩诊为浊音，听诊呼吸音减弱。原发性肺结核可伴有浅表淋巴结肿大，血行播散性肺结核可伴肝脾肿大、眼底脉络膜结节。

（三）影像学诊断

1. 原发性肺结核

原发性肺结核主要表现为肺内原发病灶及胸内淋巴结肿大，或单纯胸内淋巴结肿大。

2. 血行播散性肺结核

急性血行播散性肺结核表现为两肺均匀分布有大小、密度一致的粟粒阴影。亚急性或慢性血行播散性肺结核的弥漫病灶，多分布于两肺的上中部，大小不一，密度不等，可有融合。

3. 继发性肺结核

继发性肺结核胸部影像表现多样。症状轻者主要表现为斑片、结节及索条影、结核瘤或孤立空洞；症状重者可表现为大叶性浸润、干酪性肺炎、多发空洞形成和支气管播散等；病情反复迁延进展者可出现肺损毁，损毁肺组织体积缩小，其内多发纤维厚壁空洞、继发性支气管扩张，或伴有多发钙化等，邻近肺门和纵隔结构牵拉移位，胸廓塌陷，胸膜增厚粘连，其他肺组织出现代偿性肺过度充气和新旧不一的支气管播散病灶等。

4. 气管、支气管结核

气管及支气管结核主要表现为气管或支气管壁不规则增厚、管腔狭窄或阻塞，狭窄支气管远端肺组织可出现继发性不张或实变、支气管扩张及其他部位支气管播散病灶等。

5. 结核性胸膜炎

结核性胸膜炎分为干性胸膜炎和渗出性胸膜炎。干性胸膜炎为胸膜的早期炎性反应，通常无明显的影像表现。渗出性胸膜炎主要表现为胸腔积液，且胸腔积液可表现为少量或中大量的游离积液，也可表现为存在于胸腔任何部位的局限积液。胸腔积液吸收缓慢者常合并胸膜增厚粘连，也可演变为胸膜结核瘤及脓胸等。

（四）实验室检查

实验室检查主要包括细菌学检查和分子生物学检查。细菌学检查时，涂片显微镜检查阳性，分枝杆菌培养阳性，菌种鉴定为结核分枝杆菌复合群。分子生物学检查时，结核分枝杆菌核酸检测阳性。

（五）病理学检查

肺结核病的病理学改变表现为上皮细胞样肉芽肿性炎，光学显微镜下可见大小不等和数量不同的坏死性和非坏死性的肉芽肿。肉芽肿是由上皮样细胞结节融合而成的。典型的肺结核病变由融合的上皮样细胞结节组成，中心为干酪样坏死，周边可见郎罕氏多核巨细胞，外层为淋巴细胞浸润和增生的纤维结缔组织。证明结核性病变，需要在病变区找到病原菌。组织病理学通常可采用抗酸染色方法。切片染色后，在显微镜下常常可以在坏死区中心或坏死区与上皮样肉芽肿交界处查见红染的两端钝圆并稍弯曲的短棒状杆菌；用金胺－罗丹明荧光染色，在荧光显微镜下也可查见杆菌。利用聚合酶链式反应（PCR）技术能对石蜡包埋组织中结核分枝杆菌 DNA 进行检测，并与其他抗酸杆菌相鉴别。对一些陈旧性结核病变，仅有凝固性坏死和纤维化病变，在抗酸染色未找到结核分枝杆菌情况下，应用 PCR 对结核分枝杆菌 DNA 进行检测，敏感性和特异性高，对于确定诊断有较好帮助。

（六）其他辅助检查

其他辅助检查包括免疫学检查、支气管镜检查。免疫学检查时，结核菌素皮肤试验中度阳性或强阳性，γ- 干扰素释放试验阳性，结核分枝杆菌抗体阳性。支气管镜检查可直接观察气管和支气管病变，也可以抽吸分泌物、刷检及活检。

三、诊断与鉴别诊断

（一）诊断要点

肺结核的诊断是以病原学（包括细菌学、分子生物学）检查为主，结合流行病史、临床表现、胸部影像、相关的辅助检查及鉴别诊断等，进行综合分析作出诊断，以病原学、病理学结果作为确诊依据。依据诊断条件，肺结核病例可分为疑似病例、临床诊断病例、确诊病例。肺结核的症状、体征和影像学表现与许多胸部疾病相似，在诊断肺结核时，应注意与其他疾病相鉴别，包括与非结核分枝杆菌肺病相鉴别。

尘肺合并肺结核的诊断应根据可靠的矿物性粉尘接触史、系列胸部 X 射线和 / 或 CT 表现的动态观察，结合工作场所职业卫生学、尘肺和结核病流行病学调查资料、职业健康监护资料，参考或依靠临床表现、实验室检查（主要包括结核病原的细菌学、分子生物学、病理学和免疫学检查）和 / 或支气管镜检查，排除其他类似肺部疾病后，综合分析作出诊断。由于肺结核是感染率较高的慢性传染性疾病，缺乏诊断的“金标准”。但近年来，随着对潜伏性肺结核、菌阴肺结核及耐药肺结核的逐步深入认识，结合分子诊断技术的应用，尤其是宏基因二代测序，临床医师对尘肺合并肺结核的诊断能力有了长足进步。依据《结核病分类》（WS 196—2017），尘肺病合并结核有四种情况：尘肺病合并潜伏性感染、活动性肺结核、非活动性肺结核、肺外结核。

（二）与尘肺病的鉴别

由于尘肺结核是粉尘与结核菌协同作用引起的组织反应，病理基础复杂，在胸片影像学及临床表现上，改变了尘肺与肺结核两个病各自原有的特征，给诊断和治疗带来很大困难，而及早识别与正确诊断尘肺结核，不仅使患者能及时接受抗结核治疗，还能控制感染源，这对保护粉尘作业劳动者和尘肺患者预防结核有非常重要的现实意义。因此尘肺结核在尘肺的合并症中占有突出的地位。尘肺一旦合并肺结核，尘肺病变的进展将会加速，结核治疗也会更加艰难。尘肺病是连续动态影像学变化，且由于尘肺病的X射线胸片诊断胸部疾病的特异性不强，常发生漏诊或误诊，尘肺病诊断关键是鉴别诊断。

1. 血行播散性肺结核与壹、贰期尘肺病的鉴别

血行播散性肺结核主要与尘肺病壹、贰期相鉴别。急性血行播散性肺结核起病急，伴有明显结核中毒症状，影像学显示双肺分布均匀、大小密度一致的粟粒状阴影，直径2~3mm，与尘肺病粟粒样阴影相比，其分布更加广泛，纤维化和网状结构改变较少。短期内，动态观察影像学的变化较快，抗痨治疗病灶吸收或融合。而尘肺无结核全身中毒症状，肺部病灶2~3年以上才有明显变化。亚急性血行播散性肺结核，影像学显示双肺分布大小、密度不一致的粟粒状阴影，病变病灶集中上部，呈现新旧病灶混合，在抵抗力较差和治疗不当的情况下，可有程度不等的病灶润合而形成斑片阴影，进一步发展出现大片渗出、干酪、空洞等影响，以上特点是尘肺所不具备的。贰期尘肺小阴影在逐渐增大、融合时往往向外带扩展，边缘清晰，随着小阴影增多，出现灶周肺气肿，肺纹理减少或严重变形，掩盖尘肺小阴影。当尘肺合并肺结核时部分阴影变大、边缘不清，密度增高。单侧尘肺合并肺结核时，可使两肺病灶显得不对称，肺部病变加速，治疗效果变差。

2. 浸润性肺结核与贰、叁期尘肺病的鉴别

浸润性肺结核影像学改变主要是大小范围不等的斑片、结核球阴影，多分布在两上肺野，与尘肺大阴影有相似之处。其鉴别点主要在于结核球好发于上叶尖后、下叶尖段，直径多小于3cm，很少超过5cm，常有纤维包膜形成。影像学显示结核球边缘清晰光滑，结核球内可有透光区或空洞形成。有时结核球内有钙化存在，呈同心环形、弧形或点状钙化。结核球邻近区域常有许多小卫星病灶，也可有引流支气管呈细长条状阴影，伴随胸膜粘连。尘肺大阴影一般在2~10cm不等，密度较高且较为均匀，大多呈对称性分布，形态多为椭圆形，常呈纵轴排列，往往在肺的外带，其动态变化极为缓慢，周边伴有肺气肿阴影。早期尘肺大阴影密度较低，随着病情发展，大阴影逐渐密实、向心性收缩。根据这些特点即可鉴别浸润性肺结核与贰、叁期尘肺。

3. 单发或多发尘肺大阴影与浸润性肺结核斑片阴影的鉴别

两者都可发生在肺上叶，病变呈斑片样分布，并可动态变化。但尘肺病斑片阴影多出现在两肺上叶外带，呈对称性纵向排列，密度较低且均匀。肺结核早期的浸润阴影多发生在锁骨下，斑片阴影密度不均，病灶周围模糊，可出现空洞。当病灶以纤维增殖成分为主时，则可能有纤维硬结或钙化表现，病灶局部可出现卫星灶，并产生相应的胸膜粘连，病灶无定向排列顺序。除纤维硬结节病灶和包膜完整的结核球外，动态变化都比较迅速。

4. 肺结核空洞与尘肺空洞的鉴别

肺结核和尘肺在疾病发展过程中均可出现空洞。单纯尘肺空洞较为少见，大多发生在上中肺野的大阴影当中，空洞多为单发、中心性、厚壁，直径较小，其他肺野有圆形小阴影和不规则形小阴影背景。结核性空洞可为单发，也可呈多发的形态不一的空洞，多在上叶尖后段、下叶尖段。如在大块干酪灶结核球内出现空洞，往往有偏心溶解现象。尘肺病患者大阴影发生空洞也常常是在尘肺的基础上合并肺结核的结果。

四、预防与治疗

肺结核临床症状多样化且为非特异性，诱因或好发因素包括糖尿病患者、免疫抑制性疾病患者、接受糖皮质激素或免疫抑制剂治疗者、硅沉着病患者、婴幼儿和儿童有家庭开放性肺结核密切接触者等，善于发现高危人群并给予积极排查，是早期预防和诊断肺结核的关键。

（1）结核分枝杆菌潜伏感染：结核潜伏感染（LTBI）是指机体内感染结核分枝杆菌，但没有发生临床肺结核病，没有临床细菌学或影像学方面活动性肺结核证据。LTBI 近年来日趋受到重视，2015 年 WHO 发布《结核潜伏感染管理指南》，并多次进行修订，对结核潜伏感染者的筛查及预防治疗提出推荐意见。结核菌素皮肤试验（tuberculin skin test，TST）阳性，提示结核分枝杆菌感染，但需要结合受试者既往卡介苗接种情况和所在地区非结核分枝杆菌流行情况，进行阳性结果判断。在卡介苗接种地区和非结核分枝杆菌流行地区，PDD≥10mm 为结核感染标准。

（2）γ- 干扰素释放试验：肺结核感染者体内存在特异的效应 T 淋巴细胞，效应 T 淋巴细胞再次受到结核抗原刺激时会分泌多种细胞因子（IFN-γ）。因此，检测效应 T 淋巴细胞可用于肺结核病或肺结核潜伏感染者的诊断。由于效应 T 细胞存活时间很短，而且具有特异性，因此可以作为判断机体是否正处于被感染的指标，无论是否有临床症状。

基于 γ- 干扰素释放试验原理的产品目前已被美国等二十余个国家写入本国的结核诊疗指南中。LTBI 绝大多数无症状或体征，但具有进展为活动性肺结核病的风险，肺结核感染者有 10% 的可能发生活动性肺结核，机体的免疫状态是关键因素。

（3）肺结核病早期诊断：为了提高肺结核病早期诊断率，近年来新型检测技术不断应用临床。基于核酸扩增试验的分子生物学诊断技术是目前诊断肺结核的重要手段，能够直接对痰液和支气管肺泡灌洗液进行快速检测，24h 内出结果。WHO 推荐 XpertMTB/RIF 用于肺结核病的诊断，可同时识别结核分枝杆菌和利福平耐药性，为涂阴肺结核的诊断提供了广阔前景。结核感染 T 细胞斑点试验（FSPOT.TB）可快速诊断涂阴肺结核，较传统的结核菌素皮肤试验、结核抗体检测具有更高敏感度和特异性，但对活动性肺结核的确证价值尚待商讨。

肺结核病的治疗首先以全身化学治疗为主，其次为外科治疗。化学治疗受多种因素和病情影响，所采取的治疗方案可能不同，但都必须遵循“早期、规律、全程、联合、适量”的化学治疗原则，以期达到杀灭结核分枝杆菌、促进病灶愈合、消除症状和防止复发的目的。

（朱　钧）

第二节　特发性肺间质纤维化

肺纤维化是多种间质性肺疾病共同的终末期病理改变，以异常的成纤维细胞增殖、大量细胞外基质沉积，并伴炎症损伤、肺组织结构及功能障碍为特征，导致患者呼吸衰竭，给患者带来重大的疾病负担。特发性肺间质纤维化（IPF）是一种进行性纤维化性肺疾病，胸部影像或病理特征为普通型间质性肺炎（UIP），表现为劳力性呼吸困难，可伴有咳嗽、肺功能进行性恶化，导致呼吸衰竭，甚至死亡。

我国尚缺乏有关 IPF 的发病率和患病率的流行病学数据。中国台湾 IPF 的发病率和患病率分别为0.35/万人和0.57/万人，日本IPF的患病率为0.89/万人；欧洲IPF的发病率和患病率分别为0.09~0.49/万人和0.33~2.51/万人；北美IPF的发病率和患病率分别为0.75~0.93/万人和2.40~2.98/万人。由于研究方法的差异，各国报告的IPF发病率和患病率存在差异。在全球范围内，IPF的总体发病率为0.09~1.30/万人，患病率为0.33~4.51/万人。据估计，全球约有300万人受到IPF的影响，IPF的发病率随年龄增长呈上升趋势。根据流行病学调查，IPF属于一种罕见疾病，我国已经将IPF列入首批罕见病目录。IPF患者对医疗保健服务的需求较高，给社会和经济带来了沉重的负担。

一、病因与发病机制

IPF的病因尚未完全阐明。在易感基因和环境因素、危险因素的交互作用下，吸烟、慢性微吸入、职业暴露、环境污染、生活方式、病毒感染以及机械牵张，导致肺泡上皮细胞老化、反复损伤和异常激活，分泌促纤维化介质，包括转化生长因子、成纤维细胞生长因子、结缔组织生长因子、趋化因子等；同时免疫细胞如巨噬细胞，可分泌血小板衍生生长因子、基质金属蛋白酶等，参与炎症反应和修复。上述物质通过肺间质细胞、肺间质周围细胞、循环纤维细胞、上皮间充质转化、内皮间充质转化和巨噬细胞转化等多种途径，促进成纤维细胞增殖、转化为肌成纤维细胞。肌成纤维细胞是IPF的主要效应细胞，可通过酪氨酸激酶、丝氨酸－苏氨酸激酶、G蛋白耦联等多种通路分泌大量细胞外基质，异常聚集形成瘢痕组织，导致肺结构重塑和功能丧失。

二、临床表现

（一）症状

IPF患者的临床表现不具有特异性，表现为劳力性呼吸困难，伴有或不伴有干咳。由于起病隐匿，这种呼吸道症状可能被误以为是衰老、体能下降或其他并随疾病，例如，肺气肿、心血管疾病、肥胖等所致，因此首次诊断往往延迟。美国的IPF患者从首次诊断为呼吸道疾病，到诊断为IPF的平均时间为2.7年。半数患者在诊断为IPF之前经历了两次或两次以上与呼吸疾病相关的住院。37%的患者在诊断为IPF前已进行家庭氧疗。

（二）体征

在体格检查中，通常可闻及双肺基底部吸气相爆裂音，超过30%的患者出现杵状指（趾）。

（三）肺功能

肺功能表现为限制性通气障碍，FVC和TLC减少，以及气体交换障碍、DLCO降低。早期疾病或与肺气肿并存时，可表现为肺容积正常，仅有DLCO降低。

（四）胸部影像

IPF的胸部HRCT影像特征为UIP型。（1）UIP：影像UIP型与肺组织病理UIP型的一致性达到90%以上，病变呈双肺基底部、胸膜下分布，偶尔弥漫性，可以呈不对称分布，表现为蜂窝肺伴或不伴牵拉性支气管扩张，不规则的小叶间隔增厚，轻度磨玻璃影，可存在肺骨化。（2）可能UIP（probable UIP）：与肺组织病理的一致性为70%~89%，胸部HRCT的病变表现为双下肺胸膜下分布，呈网格影伴牵拉性支气管扩张，无蜂窝肺，可有轻度磨玻璃影。（3）不确定UIP（indeterminate UIP）：与肺组织病理UIP型的一致性估计为51%~69%，其胸部HRCT的病变呈弥漫性分布而非胸膜下分布，病变特征提示肺纤维化，但是不符合任何特异性类型。

HRCT具有以下表现时，可能提示其他疾病，与肺组织病理UIP型的一致性低于50%。（1）分布上以支气管血管周围为主，伴有胸膜下区域相对正常（考虑非特异性间质性肺炎），沿淋巴管周围分布（考虑结节病），呈上肺或中肺受累（考虑纤维化性过敏性肺炎、结缔组织疾病相关间质性肺疾病和结节病），或者胸膜下区域不受累（考虑非特异性间质性肺炎或吸烟相关性间质性肺疾病）；（2）肺囊肿（考虑淋巴管平滑肌瘤病、肺朗格汉斯细胞组织细胞增生症、淋巴细胞性间质性肺炎和脱屑性间质性肺炎）、马赛克衰减或三种密度征（考虑过敏性肺炎）、以磨玻璃影为主（考虑过敏性肺炎、吸烟相关性肺疾病、药物性肺损伤和间质性肺疾病急性加重）、大量小叶中央微小结节（考虑过敏性肺炎、吸烟相关性肺疾病、尘肺病）、结节（考虑结节病、尘肺病）以及实变（考虑机化性肺炎等）；（3）胸膜斑（考虑石棉肺）、食管扩张（考虑结缔组织疾病）。

（五）肺组织病理

IPF 的肺组织病理特征是 UIP 型。UIP 诊断依赖于肺组织活检的以下几个组合特征：（1）斑片状致密的肺纤维化伴肺脏结构破坏，即瘢痕形成和（或）蜂窝肺；（2）呈胸膜下和间隔旁分布；（3）可见成纤维细胞灶；（4）缺乏提示其他疾病诊断的特征。当存在所有上述特征时为 UIP 型。可能的 UIP 型，是指肺组织中可见部分上述特征，且不提示其他疾病的诊断。

（六）特发性肺间质纤维化急性加重

IPF 患者预后差，其自然病程呈现显著的异质性，大多数 IPF 患者自然病程呈缓慢渐进性，少部分患者病情进展迅速，呼吸困难和病理生理指标急剧恶化，进展为呼吸衰竭甚至死亡。在疾病过程中，IPF 患者还可能发生急性加重（acute exacerbation，AE），未经治疗的 AE-IPF 患者诊断后中位生存期仅为 3~5 年。

AE-IPF 指 IPF 患者在短期内出现不明原因的病情急剧恶化，表现为呼吸系统症状明显加重、低氧血症或气体交换严重障碍，导致呼吸衰竭甚至死亡，其诊断应排除心力衰竭或液体负荷过载。一项研究纳入 461 例 IPF 患者，在随访期间患者 IPF 急性加重的 1 年和 3 年发病率分别为 14.2% 和 20.7%，住院病死率和 90 天病死率分别为 50% 和 60%。诱发 AE-IPF 可能与下列危险因素有关：肺纤维化程度重，例如，FVC 低、DLCO 低、动脉血氧分压降低、胸部 HRCT 蜂窝肺程度重；进行过胸部有创性操作和手术，包括支气管肺泡灌洗术、外科肺活检、肺叶切除术；下呼吸道感染和微生物组变化、空气污染、季节变化、职业暴露、胃食管反流等。

三、诊断与鉴别诊断

（一）诊断要点

IPF 诊断标准包括以下条件：（1）除外其他已知原因的间质性肺疾病，例如，居家和职业环境暴露、结缔组织病相关间质性肺疾病、药物毒性，以及下列（2）或（3）；（2）胸部 HRCT 符合 UIP；（3）结合胸部 HRCT 和肺组织病理的表现（见表 7-1）。

可能 IPF（likely IPF）：是指符合以下任何一项时可诊断为 IPF。（1）在 50 岁以上的男性或 60 岁以上的女性中，出现中度至重度的牵拉性支气管扩张和 / 或细支气管扩张［定义为在 4 个或更多肺叶（包括舌叶）中出现轻度牵拉性支气管扩张和 / 或细支气管扩张，或在两个或更多肺叶中出现中至重度牵拉性支气管扩张］；（2）HRCT 中出现广泛的（＞30%）网状影，且年龄超过 70 岁；（3）支气管肺泡灌洗液中出现中性粒细胞增多和 / 或无淋巴细胞增多；（4）多学科讨论支持 IPF 的诊断。

不确定 IPF（indeterminate UIP）：是指符合以下任何一项时，可判断为不确定 IPF。（1）未获取充足的肺活检样本时，临床诊断将被归为不确定 IPF；（2）获取充足的肺活检样本，经多学科讨论后考虑其他特异性诊断。

表 7-1　基于胸部 HRCT 和肺组织病理经多学科讨论的 IPF 诊断

疑似 IPF		组织病理类型			
		UIP	很可能 UIP	不确定 UIP 或未做病理	诊断为其他疾病
HRCT 类型	UIP	IPF	IPF	IPF	非 IPF
	可能 UIP	IPF	IPF	可能 IPF	非 IPF
	不确定	IPF	可能 IPF	不确定 IPF	非 IPF
	其他诊断	可能 IPF	不确定 IPF	非 IPF	非 IPF

（二）与尘肺病的鉴别

IPF 是一种慢性、进展性纤维化性间质性肺疾病，其病因不明，可能的危险因素包括老龄、吸烟、环境暴露、职业接触、胃食管反流以及机械牵拉等。IPF 临床表现为渐进性劳力性呼吸困难，可伴咳嗽，查体可见双肺基底部可闻及吸气相爆裂音、杵状指（趾）。IPF 的胸部 HRCT 和肺脏组织学为 UIP 型。IPF 的诊断需排除其他病因相关的间质性肺疾病。尘肺病中石棉肺需要与 IPF 相鉴别。

石棉肺是在生产过程中长期吸入石棉粉尘引起的一种肺脏弥漫性纤维化性间质性肺疾病，患者具有明确的石棉接触史。石棉肺的临床表现为活动性气短，可伴有干咳，查体通常可闻及吸气相爆裂音，重症患者可见杵状指（趾）。石棉肺胸部 HRCT 可见网状影、磨玻璃影，其中约 10% 的患者可呈现 UIP 型，从临床特征上需要与 IPF 相鉴别。但是石棉接触往往可以引起胸膜纤维化，胸部 CT 表现为胸膜斑、弥漫性胸膜增厚，分布于胸壁胸膜、膈胸膜和纵隔胸膜，以此可以与 IPF 从影像上相鉴别。石棉肺的肺脏组织病理可特征性地出现石棉小体，可与 IPF/UIP 相鉴别。总体上，通过职业接触史、临床表现、体征、影像学表现和病理检查，可对 IPF 和石棉肺进行鉴别诊断。

四、预防与治疗

由于 IPF 的病因未明，因此，目前还没有明确的预防方法。生活中避免烟草、微生物以及有害物质的吸入，加强锻炼，改善营养状态，提高自身的免疫力等，可对 IPF 的预防起到一定的作用。

（一）非药物治疗

1. 氧疗

伴严重静息低氧血症的 IPF 患者应使用长期氧疗。氧疗的指征可参照慢性阻塞性肺疾病患者长程氧疗的指征：静息状态下 $PaO_2 \leqslant 55mmHg$（7.3kPa）或脉搏血氧饱和度（SpO_2）$\leqslant 88\%$，或者 PaO_2 为 56~60mmHg（7.5~8.0kPa）或 $SpO_2 \leqslant 89\%$ 且满足以下至少一项：红细胞增多症（红细胞压积 $>55\%$）、肺动脉高压、右心衰竭、非呼吸暂停性夜间血氧饱和度下降。对于出现活动时低氧血症的 IPF 患者，在运动时可进行移动性氧疗。

2. 呼吸康复

呼吸康复是一种改善慢性肺病患者运动能力和减轻症状的有效治疗方法。接受肺康复治疗后，IPF 患者的 6min 步行距离和健康相关生活质量得到改善。康复计划应当在专科肺康复中心、住院或门诊中开始，并在专业医务人员的指导和监督下进行。

3. 肺移植

肺移植可以显著延长IPF患者预期寿命，改善患者生活质量。建议诊断IPF后评估肺移植的可能性，对于符合条件的患者应尽早考虑肺移植，并在临床需要时转诊至专业移植机构。

（二）药物治疗

1. 吡非尼酮

吡非尼酮（Pirfenidone）是一种吡啶酮类小分子药物，通过调节TGF-β生成，抑制成纤维细胞增殖和胶原蛋白合成，从而发挥抗纤维化、抗炎和抗氧化的作用。多项随机对照临床试验证实，吡非尼酮可以延缓IPF患者肺功能FVC下降、6min步行距离的下降，并显著地改善患者的无进展生存期（progress free survival，PFS）。并且，吡非尼酮的初始治疗时机不受基线肺功能的影响。吡非尼酮的初始剂量为每次200mg，每日3次，可在两周内通过每次增加200mg剂量，最后达到每次600mg（每日1800mg）的维持剂量。在吡非尼酮治疗期间，患者主要的不良反应为光过敏症、食欲不振、胃部不适、恶心。

2. 尼达尼布

尼达尼布（Nintedanib）是一种小分子酪氨酸激酶抑制剂，通过抑制参与纤维化和血管生成的关键生长因子受体家族发挥药理作用。多项随机对照临床试验证实，尼达尼布可以延缓轻、中、重度IPF患者肺功能FVC下降，降低急性加重发生率，显著地降低患者的死亡率。口服尼达尼布的剂量为每次150mg，每日两次。腹泻是尼达尼布最常见的不良反应，腹泻导致永久停药的病例不到5%，其他常见的不良反应包括恶心、呕吐、体重减轻和肝酶升高等。

3. 对症治疗

40%~80%的IPF患者伴有慢性咳嗽导致的睡眠障碍、肌肉骨骼疼痛、尿失禁、言语受限或氧饱和度下降，严重地影响患者的生活质量，且与疾病进展相关。根据患者情况，个性化选择镇咳药物可作为辅助治疗手段，可选镇咳药物有右美沙芬、苯丙哌林、喷托维林、莫吉司坦、美敏伪麻片、复方甘草片、神经调节剂加巴喷丁以及低剂量控释吗啡等。

（叶　俏）

第三节　肺癌与胸膜间皮瘤

一、肺癌

肺癌（Lung Cancer）是人类发病率和死亡率增长快的恶性肿瘤之一。国家癌症中心基于肿瘤登记及随访监测最新数据发布的2022年中国恶性肿瘤疾病负担情况显示，肺癌发病数已达106.06万人，死亡数73.33万人，肺癌是我国恶性肿瘤发病和死亡的首位原因。目前认为吸烟是肺癌的最重要危险因素，而工业发展带来的大气污染与吸烟则相互促进，起协同作用。职业暴露也在肺癌的发生中起到重要作用。长期吸入砷化物可引起以鳞癌为主、未分化小细胞为次的肺癌。我国云南个旧锡矿肺癌的高发病率就和其坑下作业环境中砷的含量过高有关。20世纪30年代，欧美等国就通过流行病学调查证实了铬酸盐制造厂的六价铬接触会导致肺癌，并将其写入职业病目录。焦炉逸散物中因含有以苯并［a］芘、蒽等为代表的多环芳烃（PAHs），也被认为可导致肺癌。国际癌症研究机构（IARC）已将所有形式的石棉列为人类Ⅰ类致癌物，包括温石棉，已知证据显示石棉粉尘可引起肺癌和胸腹膜恶性间皮瘤。国外报道石棉累积接触量达 25f·y（纤维·年）时，肺癌发病风险增高 2 倍。石棉所致肺癌的发病率和石棉的种类及接触浓度有关，并受多种因素的影响，如是否吸烟和患石棉肺等情况。有石棉肺的劳动者罹患肺癌的风险可能高于无石棉肺的正常石棉接触人群，伴石棉肺的肺癌患者的病死率也会有所增加。其他易导致肺癌的致癌物还有氯甲醚、二氯甲醚、毛沸石等。

（一）病理改变

在病理上，可将肺癌简略地分为鳞癌、腺癌、大细胞癌和小细胞癌 4 类，或将细支气管肺泡癌从腺癌中分出单独作为一型，另列为一类。近些年，我国腺癌的发病率呈上升趋势，腺癌已占肺原发肿瘤的 40%~50%，而且有逐年升高的趋势。在所有肺癌类型中，腺癌发病率最高。肺癌在大体形态上可分为管内型、管壁型、球型、巨块型和弥漫型，其中后三种特别要注意和尘肺病作 X 射线鉴别诊断。

（二）临床表现

肺癌的临床表现复杂，大致可归纳为由原发肿块、胸内蔓延、远处播散引起的症状以及肺外表现，症状和体征与肿瘤发生的部位、大小、病理类型、病程长短、有无转移和有无并发症有关。肺癌的常见症状有咳嗽、咯血或痰中带血、胸痛、胸闷等。当肿瘤有转移时多表现为锁骨上下、颈部和腋下部淋巴结呈单个或多个坚硬的结节状转移，不同部位的远处转移常引起相应症状。

（三）X 射线表现

胸部 X 射线检查是发现肺癌的基本方法。根据肿瘤的发生部位可将肺癌分为中央型、周围型和弥漫型。典型的中央型肺癌可表现为一侧肺门类圆形阴影，边缘毛刺，可有分叶或切迹。当肿块与肺不张、阻塞性肺炎并存时，可呈现 S 形 X 射线征象。周围型肺癌早期常有局限性小斑片状阴影，也可呈结节状、球形（直径<2cm）、网状阴影。肿块周边可有毛刺、切迹和分叶，可见偏心性癌性空洞，内壁不规则，凹凸不平。弥漫型肺癌则多见于支气管肺泡细胞癌，在两肺形成广泛的结节性或浸润性病变。结节的大小多在 1~2mm 或 3~5mm，密度均匀，轮廓清楚，有融合倾向。结节在两肺内的分布常不对称和不均匀，在一部分肺内病变较密集，当融合时，病灶内有支气管空气征。

（四）与尘肺病的鉴别

在胸片上弥漫型肺癌需要和壹、贰期尘肺病相鉴别。尘肺病患者除有生产性矿物性粉尘接触史外，发病过程相较于肿瘤发展缓慢、病程较长。尘肺病的小阴影大小基本一致，在肺内分布也较为均匀。周围型肺癌则要与叁期尘肺病的大阴影相区别，肺癌中的肿块多为单个，发生在肺的前部，如上叶前段、中叶等处，呈类圆形，边缘有分叶、毛刺，肿块内钙化少见。而叁期尘肺病的大阴影一般在小阴影较密集的部位缓慢发展起来，周围一般还能观察到散在的小阴影；大阴影多为两侧性，位于两上肺后部较多，正位片上可呈长条状，侧位片上多呈梭形，边缘无毛刺，内部常可见钙化，周围肺部可有瘢痕旁型肺气肿。

石棉肺很少出现大阴影，而且其纤维化主要表现为不规则小阴影，且多位于下叶，与一般人群的肺癌中小阴影多见于上叶有所差异。石棉还会引起胸膜斑、弥漫性胸膜增厚和圆形肺不张，此时要从胸片上排查肺癌会发生困难，应结合胸部 CT、临床症状、癌症相关的其他检查进一步确认。

（五）预防与治疗

预防肺癌的关键在于减少危险因素的暴露，虽然在职业活动中也有可能接触一些致癌化学物质，但吸烟仍然是最主要的危险因素。因此，戒烟是最有效的预防肺癌的措施，包括避免二手烟。当然，早期筛查也是一种有效的预防手段，在高风险人群中推荐低剂量螺旋 CT 扫描，以便早期发现肺癌。

治疗肺癌的方法包括手术、放疗和化疗，具体选择取决于癌症的类型、分期及患者的整体健康状况。近年来，免疫疗法和靶向治疗等新兴治疗手段为许多肺癌患者提供了新的希望，这些方法通过激活患者的免疫系统或针对癌细胞特定的分子靶点，实现更精准的治疗。

总而言之，肺癌的预防和治疗需要多方面的努力，包括公共卫生政策、早期筛查和个体化治疗策略，以提高患者的生存率和生活质量。

二、胸膜间皮瘤

恶性间皮瘤（malignant mesothelioma，MM）是一种罕见的、起源于胸膜或腹膜间皮细胞的原发性肿瘤。MM 的主要致病物质为各类石棉和毛沸石，流行病学调查显示 MM 患者中 80% 以上有石棉接触史，潜伏期在 20~40 年。从致 MM 的危险性看，毛沸石＞青石棉＞铁石棉＞温石棉＞直闪石。MM 的确诊较为困难，主要以病理诊断为准，病理形态有上皮型、肉瘤型、双相型等，确诊以及鉴别诊断需要增加免疫组化技术，目前已有国际认可的诊断指南。值得注意的是，全球的恶性间皮瘤的报告数在不断增加，近年来我国的恶性间皮瘤报告数也在增加。MM 中以胸膜恶性间皮瘤（pleural malignant mesothelioma，MPM）为最多，是最常见的胸膜肿瘤。

（一）病理改变

根据组织学特征，MPM 可分为上皮型、肉瘤型和混合（双相）型。上皮型 MPM 由多角形、卵圆形或立方形细胞组成，常与反应性间皮细胞相似。肉瘤型 MPM 通常由梭形细胞组成，但可能由淋巴组织细胞瘤组成，也可能包含不同的横纹肌肉瘤、骨肉瘤或软骨肉瘤成分。混合（双相）型 MPM 指在同一肿块内有上皮样和肉瘤样的区域。MPM 最常见的组织学类型是上皮型，包括以下几种类型：管状乳头状、腺泡状（腺状）、腺瘤样（也称为微腺型）、实体型、透明细胞型、蜕膜样、腺囊样、印戒细胞型、小细胞型、杆状、多型样等。

（二）临床表现

MPM 患者男性多于女性（比例为 2∶1），大多数患者在 40~70 岁，国外患者平均年龄为 60 岁，我国患者平均年龄为 45.2 岁。MPM 患者的典型临床表现包括胸痛、呼吸困难、咳嗽、体重减轻、疲乏，偶伴发热和夜间盗汗。上述症状可在确诊前就存在数月。

MPM 患者查体时发现的异常体征包括叩诊浊音，听诊时呼吸音减弱，双侧胸廓不对称。MPM 早中期病变常局限于单侧胸腔，最常见的转移部位包括纵隔和肺门淋巴结、病变对侧胸膜、肺和胸腔。肝、骨、脑转移较少见。局部广泛进展的病变常引起死亡，死因常是呼吸衰竭或心力衰竭。

（三）X 射线表现

X 射线胸片是胸膜病变最常用的基本检查方法，可及时发现胸膜病变。MPM 在 X 射线胸片上早期可表现为与胸壁连接、边缘清楚的孤立性圆形或椭圆形软组织的肿块，随后出现弥漫性胸膜增厚，并向膈肌延伸，致肋膈角消失。此时胸壁上可出现一系列高低不一的结节，同时伴随胸腔积液，这是 MPM 最常见的表现。如果肿瘤沿浆膜面播散，侵犯脏层胸膜时，还会出现广泛的叶间裂增厚。MPM 也可表现为散在的胸膜肿块，多为多发性，较大，直径常在 5cm 或以上，并常侵犯胸壁或纵隔。同侧肺门肿块提示肺门淋巴结转移，但更多的是肿瘤直接侵犯纵隔的结果。

CT 在早期检出 MPM 异常上优于胸片，它可显示胸片上被肺内病变掩盖的胸膜肿块和胸腔积液，当胸片上有可疑 MPM 时，CT 可明确其形态和范围。在 MPM 的 CT 上，92% 可见到胸膜增厚，86%

可见到叶间裂增厚。CT 还可容易地观察到环状、结节状胸膜增厚，而这在胸片上都不易辨认。CT 对确定 MPM 有无侵犯包括心脏、大血管、食道和气管等在内的周围组织非常有用，当它们周围的脂肪层消失时或血管被 MPM 包围达 50% 以上时为受侵的强烈证据。胸壁受侵可由脂肪层模糊、肋间肌和肋骨破坏而诊断。

（四）与尘肺病的鉴别

石棉肺患者常出现胸膜斑和弥漫性胸膜增厚等胸膜改变，需和 MPM 进行鉴别。胸膜斑的形成，主要是吸入的石棉纤维穿通脏层胸膜到达胸腔，刺激壁层胸膜而产生。一般认为胸膜斑不是 MPM 发生的基础，也就是说接触石棉粉尘出现了胸膜斑，并不一定会发展成 MPM。单纯依靠影像学不能明确诊断 MPM，最好的确诊方法是行胸腔镜检查，以获得病理学组织标本进行病理学及免疫组化检查，排除肺腺癌转移、反应性间皮细胞增生和纤维性胸膜炎等可能。

（五）预防与治疗

预防 MPM 的关键在于减少石棉的使用和暴露，避免在工作和生活环境中接触石棉。同时，还需要提高公众对石棉危害的认识。MPM 的治疗方案通常包括手术切除、放射治疗和化学治疗的综合应用，但是大多数患者在确诊时已为晚期，治疗效果普遍欠佳。对于局限性病变，根治性手术（如胸膜全肺切除术）可能是有效的。对于无法手术的 MPM 晚期患者，标准治疗方案为培美曲塞 + 顺铂联合化疗。近年来，PD-1/CTLA-4 双抗联合疗法进一步拓展了 MPM 的治疗手段。

（陈钧强）

第四节　过敏性肺炎

过敏性肺炎（hypersensitivity pneumonitis，HP）也称为外源性过敏性肺泡炎（extrinsic allergic alveolitis，EAA），是易感个体接触已知或未知抗原后，由机体免疫介导的一组弥漫性肺脏炎症和纤维化疾病。劳动者在职业活动中短时间或反复多次吸入生物性有机粉尘或特定的化学物质后引起的以肺泡和肺间质炎症改变为主的免疫介导性肺部疾病，称为职业性过敏性肺炎（occupational HP，OHP）。各种病因所致 HP 的临床表现相同，根据其起病方式，HP 可分为急性、亚急性或慢性；根据是否发生肺纤维化和疾病预后，HP 可分为非纤维化性 HP（non-fibrotic HP）和纤维化性 HP（fibrotic HP）。HP 以肺脏间质淋巴细胞性炎症渗出、细胞性细支气管炎和散在分布的非干酪样坏死性肉芽肿，以及肺纤维化为特征性病理改变。HP 起病隐匿、病因多种多样、临床诊断较为困难，其发病率和患病率难以确定。英国流行病学调查显示，HP 死亡率为 30.7/1000，5 年生存率为 82%，作为同期对照的健康人群年粗死亡率为 14.1/1000，5 年生存率为 93%。美国国家卫生统计中心 1998—2002 年多死因数据显示，工业中的不同产业，HP 比例死亡率在畜牧业和农作物生产中较高，分别为 19.3%、4.3%；不同职业中，HP 比例死亡率在农民中显著增高，为 8.1%。

一、病因与发病机制

（一）病因

根据暴露因素，常见的 HP 包括农民肺、蔗渣肺、蘑菇肺、饲鸟者肺、橡树软木尘病、麦芽工人肺、枫树皮剥脱工人肺、空调和加湿器肺、吗啡工人肺、木（尘）肺等。生物性有机粉尘主要包括细菌、真菌类抗原及动植物蛋白，特定的化学物质主要指具有半抗原性质的活性化学物质（见表 7–2）。大量直径<5μm 的颗粒可到达远端气道并在肺泡中沉积导致 HP。HP 相关抗原类型呈逐渐增多的趋势，当人群暴露于含有足够数量抗原的环境时可能罹患 HP。并且，HP 不总是由单一抗原引起，也可以由多种抗原的混合物导致。常见的抗原如下。

1. 细菌类抗原

通过发霉的干草、混合肥料、甘蔗渣、洗涤剂等可以接触到细菌类抗原，常见菌种有嗜热放线菌、普通高温放线菌、芽孢杆菌等。

2. 真菌类抗原

通过发霉的谷物、蘑菇堆肥、乳酪、烟草、软木、枫树皮及使用金属工作液（金属产品的加工和塑形）等可以接触到真菌类抗原，常见菌种有青霉菌属、曲霉菌属、支链孢属、葡萄孢属等。

3. 动植物蛋白

从事鸟类饲养、软体动物壳加工、养蚕、大豆及咖啡加工等可以接触到动植物蛋白抗原，常见的动物性蛋白有鸟类蛋白、软体动物壳蛋白、丝虫幼虫蛋白等；常见的植物性蛋白有大豆、咖啡等。

4. 化学物质

具有半抗原性质的异氰酸酯、酸酐类小分子量化学物也可导致 HP。

表 7–2　职业性过敏性肺炎常见的致病物质及其来源

疾病名称	致病物质	来源
农民肺	嗜热放线菌	发霉的植物
	费恩小多孢菌	发霉的干草
	普通高温放线菌	发霉的干草和混合肥料
蔗渣肺	甘蔗热放线菌	发霉的甘蔗残渣
蘑菇肺	青霉菌	发霉的蘑菇堆肥
饲鸟者肺、鸽子肺	鸟类蛋白	鸟的排泄物、血液或羽毛
机器操作者肺	细菌和真菌	污染的金属工作液
橡树软木尘病	普通青霉菌	发霉的软木
枫树皮剥脱工人肺	皮质隐子座菌	发霉的枫树皮
木工（尘）肺	产黄青霉菌	发霉的木尘
	出芽短柄霉菌	发霉的红杉粉尘
	支链孢属	原木或木浆
麦芽工人肺	棒曲菌	发霉的谷物
烟草工人肺	曲霉属	烟草
油漆工肺（抛光工肺）	异氰酸酯	油漆、塑料
化学工人肺、塑料工人肺、环氧树脂工人肺	酸酐	塑料
咖啡工人肺	咖啡豆粉尘	咖啡
大豆工人肺	大豆壳蛋白	大豆
牡蛎壳肺	软体动物壳蛋白	软体动物壳粉尘
空调和加湿器肺	白色嗜热放线菌	空调和加湿器中受污染的水
洗涤剂工人肺	枯草芽孢杆菌	洗涤剂酵素
乳酪清洗工人肺	乳酪青霉菌	发霉的乳酪

（二）发病机制

在致敏个体中，抗原暴露后的免疫反应包括体液免疫反应（抗原特异性 IgG 抗体）和 T 辅助细胞 1 型（Th1）细胞免疫反应。上述反应导致以淋巴细胞为主的炎症模式和肉芽肿性炎症。中性粒细胞炎症可能在疾病早期和随后纤维化过程中发挥作用，而 T 调节细胞功能受损可能在过度的免疫反应中起作用。T 辅助细胞 1 型向 2 型反应转变、上皮细胞凋亡增加和成纤维细胞活性的异常可能导致肺纤维化，这种纤维化类型与普通型间质性肺炎相似。部分 HP 患者具有自身免疫特征，其潜在机制尚未阐明。

HP 易感性的宿主因素具有遗传变异的证据，与先天和适应性免疫相关的基因变异可能促使个体对致敏物质产生过敏反应。主要组织相容性复合体Ⅱ类、多聚体、转运蛋白和基质金属蛋白酶抑制剂的基因多态性与 HP 发病有关。在纤维化 HP 患者中，黏蛋白 5B（MUC5B）启动子多态性比一般人群更为常见，并与生存期较短有关。与特发性肺纤维化患者和健康女性相比，HP 患者中更大比例存在微嵌合（microchimerism）现象；在女性 HP 患者中，微嵌合与较低的弥散能力有关。

二、临床表现

（一）临床肺泡炎

患者吸入生物性有机粉尘或特定的化学物质数小时后出现呼吸困难、干咳、胸闷，胸部影像学检查未见肺实质和间质改变。上述症状多于脱离接触致病物质后 1~3 天内自然消失。

（二）临床表现与诊断分级

1. 急性过敏性肺炎

患者常在短时间吸入生物性有机粉尘或特定的化学物质数小时后，出现下列临床表现，包括干咳、胸闷、呼吸困难，并可以有发热、畏寒、寒战、出汗、周身不适、食欲不振、头痛、肌痛等，肺部可闻及吸气相爆裂音。胸部影像学检查显示双肺间质浸润性炎症改变。

2. 慢性过敏性肺炎

患者常有上述急性过敏性肺炎反复发作的病史，也可以因为反复吸入生物性有机粉尘或特定的化学物质后隐匿发生，出现下列临床表现，包括渐进性呼吸困难及咳嗽、咳痰，体重明显下降，双肺可闻及固定吸气相爆裂音。胸部影像学检查显示双肺磨玻璃网格影、小叶中央性结节，甚至出现蜂窝肺和牵拉性支气管扩张。

（三）临床亚型

HP 类型与病原种类及患者的生活和工作环境密切相关。

HP 最常见的抗原是禽类抗原，暴露者通常诊断为农民肺和饲鸟者肺。农民暴露于发霉干草，其农民肺患病率为 1%~19%。人群暴露于鸟类的羽毛和粪便，其饲鸟者肺患病率为 6%~20%。HP 易发生在细菌、真菌生长和鸟类饲养环境中，主要暴露是鸟类蛋白和真菌。鸽子和鹦鹉是饲鸟者肺最常见的致病鸟类，其他如家禽、雀类、斑鸠、金丝雀等也可以导致 HP。据统计，英国 10%~12% 的居民家中饲养鹦鹉，鹦鹉饲养者肺在饲养鹦鹉人群中的患病率为 0.5%~7.5%。饲鸟者肺还与使用羽毛枕、羽绒被、宠物鸟羽毛制作的饰品以及清洗鸽子饲养员的工作服有关。北京朝阳医院报道的 34 例 HP 中，饲鸟者肺占 88%。

家庭环境中真菌暴露可引起家庭型 HP。家庭中患 HP 与羽绒被暴露，受污染的加湿器和大量真菌暴露有关。儿童罹患 HP 可能与室内水栽植物和真菌暴露有关。

金属加工液肺与金属加工液（metal working fluid，MWF）暴露有关。MWF 用于机械制造和金属模件塑形，劳动者在金属加工、锻造及压模的过程中可接触 MWF 而导致 HP，考虑为 MWF 中分枝杆菌的暴露，导致机体致敏。英国一家汽车发动机制造厂 12 名劳动者患 HP，该工厂使用铝合金或铸铁制造组装汽车发动机，加工过程使用含化学添加剂及灭菌剂的 MWF，调查发现，从储油槽中使用 MWF 的劳动者 HP 患病率为 27.3%，显著高于在其他生产区域工作的劳动者（HP 患病率为 7.9%）；与其他生产区域工作的劳动者相比，接触 MWF 的劳动者患 HP 的风险显著增加。

食品加工厂中暴露于香菇和干香肠的劳动者患 HP 风险增高，可能与潜在抗原混合物及青霉菌暴露有关。西班牙曾报道过香肠工肺病例，共调查了 5 例平均年龄 41 岁的患者，其中 3 名为女性，他们因暴露于干燥的香肠粉尘而患 HP。对其中 3 例进行了抗原支气管激发试验，其中 2 例对干香肠粉尘提取物呈阳性反应，第 3 例对青霉菌呈阳性反应。

温室玫瑰、蔬菜大棚种植劳动者以及空调暴露人群的 HP 病原体常为黑曲霉菌。甘蔗种植劳动者、加湿器暴露人群病原体常为普通嗜热放线菌。热浴盆肺可因在热水浴缸、温泉、治疗水池、淋浴、室内游泳池的温热水雾中接触鸟分枝杆菌而引起，是非结核分枝杆菌所致的 HP 类型。

长号肺和萨克斯肺的报道显示，1 名 35 岁男性患者，为专业长号演奏者，其长号中存在白色斑块提示乐器被污染，患者在演奏过程中吸入抗原物质而致病，包括分枝杆菌、镰刀菌属、嗜麦芽寡养单胞菌、埃希菌等。1 名 48 岁白领劳动者喜爱吹奏萨克斯，无宠物、鸟类、药物或家中真菌接触史，在其萨克斯中发现单格孢属、葡萄孢属、茎点霉属。

（四）胸部影像学

1. 非纤维化性 HP

典型的 HRCT 征象：实质浸润的异常，包括磨玻璃影、马赛克衰减；小气道疾病的异常，包括界限不清的中央小叶结节、气体陷闭（air trapping）；分布特征为弥漫性分布，伴有或没有部分地基底部保留。符合非纤维化 HP 的 HRCT 征象：肺实质异常，包括均匀且轻微的磨玻璃影、气腔实变、肺气囊；肺实质异常的分布，头尾方向呈弥漫性（变异：下叶为主），轴向呈弥漫性（变异：支气管血管周围分布为主）。

2. 纤维化性 HP

典型的 HRCT 征象：提示肺纤维化的 HRCT 异常最常见的是由不规则的线性密度影 / 粗网格影伴随肺组织变形组成的；可能存在牵拉性支气管扩张和蜂窝状改变，但不占主导地位。肺纤维化的分布呈随机的轴向和头尾分布，或轻度肺区较为显著，下肺区相对不受累。小气道疾病表现包括界限不清的中央小叶结节和（或）磨玻璃影、马赛克灌注、三种密度征和（或）气体陷闭。符合纤维化性 HP 的 HRCT 征象：肺纤维化不同类型，包括 UIP，广泛的磨玻璃影伴肺纤维化。分布特征包括沿着支气管血管束分布，胸膜下分布以及上肺区分布。小气道疾病表现包括界限不清的中央小叶结节、三种密度征和（或）气体陷闭。

（五）支气管肺泡灌洗液细胞计数和分类

支气管肺泡灌洗液细胞总数显著增高，可以达健康人群的 5~10 倍。细胞分类以淋巴细胞比例增高为主，通常大于 50%，尤其是 CD8+ 淋巴细胞明显增加，导致 CD4/CD8 小于 1 或正常，但是 CD4/CD8 也可以大于 1。中性粒细胞、嗜酸粒细胞和肥大细胞比例轻度增高，可以见到浆细胞。细胞形态学有下列改变：激活淋巴细胞的细胞核呈折叠状、胞浆丰富；巨噬细胞的胞浆呈泡沫样改变。

（六）抗原特异性 IgG 抗体

HP 的针对需要通过详细的病史和经过验证的问卷以识别潜在的暴露源，通过血清 IgG 抗体检测与 HP 相关的潜在抗原，以识别可能的暴露源，例如，针对鸟类特异性 IgG（如鸽子、虎皮鹦鹉）抗体、曲霉菌特异性 IgG 抗体等。

（七）肺活检组织病理

经过多学科讨论临床和影像学发现、暴露史以及支气管肺泡灌洗液淋巴细胞增多的情况下，如果能够作出明确的 HP 诊断，应该避免进行肺活检。对于怀疑 HP 但无法基于现有证据作出明确诊断的患者，建议在权衡个人风险和获益后活检获取肺组织进行病理诊断。

典型的非纤维化性 HP 具有四个关键特征：（1）小气道受累；（2）均匀分布的细胞性间质炎症；（3）以淋巴细胞为主；（4）至少有一个形成不良的非坏死性肉芽肿和 / 或多核巨细胞。均匀的细胞性炎症可能表现为气道壁的炎症、细胞性细支气管炎或细胞性非特异性间质性肺炎区域。如果其他三个特征存在，即使没有肉芽肿或多核巨细胞，仍然可以认为与 HP 相符。如果只有其中一两个特征存在，那么在临床和影像学支持的情况下，其他次要特征可能支持诊断。这些次要特征包括局灶性机化性肺炎（masson 小体）、泡沫样巨噬细胞、胆固醇裂隙、舒曼（schaumann）小体、草酸钙结晶和广泛的周围支气管化生。

纤维化性 HP 的组织学类型类似于 UIP，典型的纤维化性 HP 有三个关键特征：（1）以气道为中心的纤维化，伴或不伴广泛的周围支气管化生；（2）纤维化间质性肺炎，可能表现为纤维化非特异性间质性肺炎、UIP、孤立的支气管周围纤维化或无法明确分类的纤维化肺病；（3）形成不良的非坏死性肉芽肿。支气管周围化生可见于多种疾病，但如果>50% 的细支气管受累，HP 的可能性更大。与非纤维化性 HP 一样，如果其他特征存在，即使没有肉芽肿或多核巨细胞，仍然可以认为与纤维化性 HP 相符。如果支气管周围炎症更明显，应进行深入的临床和影像学评估，以排查胃食管疾病，因为慢性误吸的病理学表现可能类似于纤维化 HP。

三、诊断与鉴别诊断

（一）诊断要点

HP 的诊断主要是根据职业或环境暴露因素、疾病的潜伏期、起病方式、呼吸系统症状、体征以及胸部 HRCT 征象、肺功能结果进行综合判定的。支气管肺泡灌洗液细胞计数和分类、肺组织活检病理检查有助于疾病诊断。对于纤维化性 HP，采用经支气管肺冷冻活检或外科肺活检获得肺组织进行病理诊断。

根据短时间或反复多次吸入生物性有机粉尘或特定的化学物质的职业史，出现以呼吸系统损害为主的临床症状、特征和胸部影像学表现，结合实验室辅助检查结果，参考现场职业卫生学调查，综合分析，排除其他原因所致的类似疾病后，可以诊断为 OHP。

（二）与尘肺病的鉴别

1. 非纤维化性 HP 与尘肺病的鉴别

非纤维化性 HP 从胸部 HRCT 上可表现为磨玻璃影、马赛克衰减、弥漫性中央小叶结节、气体陷闭，需要与电焊工尘肺相鉴别。电焊工尘肺是在生产过程中从事电焊工作的人员长期吸入电焊烟尘，导致细支气管及其肺泡分布的肺脏巨噬细胞炎症。电焊工尘肺胸部 HRCT 呈双肺弥漫性小叶中央性结节，从影像上需要与非纤维化性 HP 相鉴别。电焊工尘肺患者有明确的职业接触史，其支气管肺泡灌洗液中可见吞噬电焊烟尘颗粒的巨噬细胞，经普鲁士蓝染色为蓝色。并且，电焊工尘肺的肺组织病理表现为小气道及周围分布的巨噬细胞性细支气管炎和肺泡炎，可与非纤维化性 HP 相鉴别。

2. 纤维化性 HP 与尘肺病的鉴别

纤维化性 HP 从胸部 HRCT 上可表现为不规则的线性密度影 / 粗网格影伴随肺组织变形，可伴牵拉性支气管扩张和蜂窝状改变，需要与石棉肺相鉴别。石棉肺是在生产过程中长期吸入石棉粉尘所引起的一种肺脏弥漫性纤维化性间质性肺疾病，有肯定的石棉接触史。石棉肺的临床表现为活动性气短，可伴有干咳，查体通常可闻及吸气相爆裂音，终末期可见杵状指（趾）。石棉肺与纤维化性 HP 均为吸入粉尘所致的肺疾病，胸部 HRCT 均可见小气道受累的表现，以及网状影、磨玻璃影。但是石棉接触往往可以引起良性胸膜纤维化，胸部 CT 表现为胸膜斑、弥漫性胸膜增厚，分布于胸壁胸膜、膈胸膜和纵隔胸膜，以此可以与纤维化性 HP 从影像上相鉴别。石棉肺的肺脏组织病理可特征性地出现石棉小体，可与纤维化性 HP 相鉴别。通过职业接触史、临床表现、体征、影像学表现和病理检查，可对纤维化性 HP 和石棉肺进行鉴别诊断。

四、预防与治疗

（一）预防措施

（1）HP 的罹患具有个体易感性，在职业活动中具有生物性有机粉尘或特定的化学物质暴露的劳动者需要定期进行职业健康检查。

（2）具有生物性有机粉尘或特定的化学物质暴露的劳动场所应该具备通风设施，劳动者需要加强个人防护，佩戴防尘口罩。

（3）在职业活动中对生物性有机粉尘或特定的化学物质的暴露发生接触反应，或罹患职业性过敏性肺炎的劳动者，应当调离原岗位，避免再次暴露。

（4）在室内密闭环境中避免饲养鸽子和鹦鹉等鸟类，注意保持居室内干燥和通风避免霉变，加湿器、雾喷泉、无创呼吸机的加湿罐和桑拿浴室等要注意清洁和更换清洁的水，吹奏的乐器要经常清洁和保持干燥。

（二）治疗措施

（1）识别和脱离暴露的抗原，如果持续接触抗原，HP 肺脏炎症和纤维化会持续存在并进展。

（2）免疫抑制治疗：目前尚缺乏循证医学证据，糖皮质激素、霉酚酸酯（MMF）、硫唑嘌呤、利妥昔单抗单药或联合有助于控制肺脏炎症，稳定和改善肺功能。

（3）抗肺纤维化治疗：对于表现为进展性肺纤维化的 HP 患者，可口服尼达尼布或吡非尼酮。

（4）肺移植：肺移植可以提高部分表现为进展性肺纤维化的 HP 患者生存率。2000—2013 年，1 家美国中心对 31 名接受肺移植的 HP 患者进行了随访，1 年、3 年和 5 年的生存率分别为 96%、89% 和 89%。国际心肺移植学会的指南建议，应尽早将终末期纤维化性 HP 患者转诊进行肺移植评估，以最大限度地增加其被列入移植候选名单的机会。

（叶　俏）

第五节 结节病

结节病（sarcoidosis）是一种原因不明的肉芽肿性疾病，病理特征为非干酪样坏死性上皮细胞肉芽肿。结节病以中青年发病为主，临床表现多种多样。结节病可以无明显的临床症状，也可以表现为发热、胸痛、咳嗽、咳痰等症状。结节病的诊断需要依靠临床、影像和病理进行综合判断。糖皮质激素是结节病的主要治疗手段。大部分病例预后良好，呈自限性，可自然缓解；少数病例持续进展，晚期出现脏器功能衰竭。

一、病因与发病机制

结节病的病因未明，一般认为可能与基因易感性及环境因素有关，即不明病因触发机体异常免疫反应所致。

目前研究结果显示，结节病是由基因易感个体对特殊的抗原发生免疫反应的结果，细胞免疫和体液免疫参与介导肉芽肿形成和组织纤维化。结节病的病理特征是非干酪样坏死性上皮细胞肉芽肿，典型病变分为中心区和周边区。结节病肉芽肿可彼此融合，晚期结节病以广泛肺纤维化为特征。

二、临床表现

结节病可累及全身各系统，90% 以上的患者为胸内结节病，以肺外病变作为首发症状的结节病较少见，各系统受累频率从高到低排列依次为肺、肝脏、脾脏、关节、外周淋巴结、皮肤、眼睛、鼻黏膜、骨髓、腮腺、心脏、骨、神经系统、胸膜等。临床上 30%~60% 的结节病患者可无症状，在胸部 X 射线检查时被发现。约 1/3 的结节病患者可出现非特异性的表现，如发热、乏力、胸痛和体重下降等。

根据结节病临床表现，可以将结节病分为急性和慢性两种类型。急性型结节病表现为急性发作的结节性红斑、双肺门淋巴结肿大、发热和多关节炎，临床称为 Lofgren 综合征，这类患者预后好，自愈率高。慢性型结节病常隐匿起病，容易出现狼疮样冻疮结节、多脏器受累和眼部慢性表现，病程往往大于 2 年。根据胸部 X 射线表现，结节病的胸内改变可分为五期，见表 7–3。

表 7–3 胸内结节病的分期

分期	X 射线表现	分期	X 射线表现
0 期	无异常 X 射线所见	Ⅲ期	肺部弥漫性病变，不伴肺门淋巴结肿大
Ⅰ期	肺门淋巴结肿大，而肺部无异常	Ⅳ期	肺纤维化
Ⅱ期	肺部弥漫性病变，同时有肺门淋巴结肿大		

不典型胸内结节病可有如下表现：支气管狭窄或局部阻塞致肺不张，肺内孤立阴影，空洞病变，肺实变，粟粒样结节，胸腔积液，气胸，纵隔和 / 或肺门淋巴结肿大及淋巴结钙化等。

三、诊断与鉴别诊断

（一）诊断要点

结节病的诊断应根据临床表现、胸部影像学、免疫学、血清学、支气管肺泡灌洗液和核素扫描等检查进行综合判断，确诊依赖于病理学检查。诊断结节病的重要辅助参考指标包括：支气管肺泡灌洗液中 T 淋巴细胞比例和 / 或 CD4/CD8 比值升高；血清血管紧张素转换酶升高；结核菌素纯蛋白衍生物（tuberculin purified protein derivative，PPD）皮肤试验为阴性或弱阳性反应；18- 氟脱氧葡萄糖 - 正电子体层扫描成像或 67Ga 放射性核素扫描阳性及高钙血症、尿钙增多。

结节病的确诊需在上述参考指标基础上，符合以下条件：

（1）X 射线胸片示双侧肺门及纵隔对称性淋巴结肿大，伴有或不伴有肺内网状、结节及斑片状阴影；

（2）组织活检证实或符合结节病；

（3）需除外结核病、淋巴系统肿瘤或其他肉芽肿性疾病。

（二）与尘肺病的鉴别

结节病需要和尘肺病进行鉴别。结节病发病以中青年发病为主，好发于 40 岁左右，无职业性无机粉尘接触史；尘肺病患者有职业性无机粉尘接触史，发病与接触无机粉尘的特性、浓度和累积时间有关，多见于中老年劳动者。结节病的临床表现多种多样，最常侵犯的部位首先是双侧肺门和纵隔淋巴结，其次是肺脏、皮肤、眼睛、肝脏、肾脏、神经系统等；尘肺病主要累及肺脏，表现为肺组织纤维化，可伴有肺门淋巴结肿大。结节病可以无明显症状，也可以表现为发热、胸痛、咳嗽、咳痰等症状；尘肺病主要表现为呼吸系统症状，如气短、胸闷、咳嗽等。尘肺病患者肺内结节主要呈小叶中心分布或淋巴管周围分布，双肺上叶常可见融合团块，肺门及纵隔内常可见钙化淋巴结；呈淋巴管周围分布时，结节主要位于胸膜下和小叶中心是特征，这与结节病的结节主要位于胸膜下和支气管血管束近端以及双肺门淋巴结对称性肿大而有不同。结节病多呈自限性，可自然缓解，糖皮质激素是主要治疗手段，大部分预后良好；尘肺病的肺组织纤维化不可逆转，表现为持续进展。通过以上职业史、临床表现、影像特征和治疗反应可以对结节病和尘肺病进行鉴别。

四、预防与治疗

结节病由于病因未明，可能与基因易感性及环境因素有关，尚未发现有效的预防方法。绝大部分结节病患者不经治疗可自行缓解，药物治疗的目的在于控制结节病活动，保护重要脏器功能，要考虑到使用药物能带来的益处和潜在的副作用。糖皮质激素为结节病治疗的首选药物。当激素治疗无效、不能耐受激素副作用或者有使用激素的禁忌证时，要考虑使用其他替代药物，如细胞毒性药物、生物制剂等。

（张雁林）

第六节　需要鉴别诊断的其他呼吸系统疾病

一、特发性肺含铁血黄素沉着症

特发性肺含铁血黄素沉着症（idiopathic pulmonary hemosiderosis，IPH）是一种罕见病，以弥漫性肺泡毛细血管出血、肺间质含铁血黄素沉着为特征。IPH 病因不明，好发于儿童，病死率高。典型的临床三联征为反复咯血、缺铁性贫血、弥漫性肺浸润。IPH 从症状出现到最终诊断的时间较长，容易导致漏诊和误诊。

（一）病因与发病机制

IPH 的病因及发病机制尚不明确，可能与免疫因素、肺脏结构异常有关，也可能与对牛奶、食物或化学药物过敏相关，环境、遗传因素也参与发病。目前主要有四种病因学假说：自身免疫性因素、过敏因素、遗传因素、环境学说。IPH 按病理可分为三期：急性期、慢性期、后遗期。最终，肺内形成广泛的间质纤维化，可导致慢性肺源性心脏病。

（二）临床表现

IPH 的临床特征多变，多数病程长，发作与自动缓解交替出现。缺铁性贫血、咯血和肺内弥散性浸润影是 IPH 的典型表现，三种症状出现的比例分别达到 81%、62% 和 54%。咯血是成人 IPH 最常见的临床症状。急性期多以反复发作的呼吸系统症状（咳嗽、咯血及呼吸困难）、乏力、贫血为常见表现，继发感染时可出现发热、咳脓痰。慢性期可能伴有咳嗽、呼吸困难、疲劳、间歇性咯血和不同程度的贫血。后遗期可发展为肺纤维化、肺源性心脏病、心力衰竭。

IPH 的影像改变是非特异性的，依据疾病分期的不同显示不同的特征。血常规提示不同程度的小细胞低色素性贫血，网织红细胞升高，而无血小板质量或数量上的缺陷。骨髓象示红细胞增生活跃和髓内储存铁降低，血清铁及血清铁饱和度下降。肺组织活检可能是最终排除其他疾病的必要条件，其主要表现为肺泡和细支气管腔内出血，含铁血黄素沉着和炎症细胞浸润。

（三）诊断与鉴别诊断

1. 诊断要点

患者出现与弥散性肺内出血相关的临床表现，影像学发现肺弥漫性斑片影等特征性改变，血象支持继发性缺铁性贫血，痰液、支气管肺泡灌洗液（bronchoalveolar lavage fluid，BALF）中找到大量的红细胞和含铁血黄素巨噬细胞。通过支气管镜或开胸肺活检，如见到典型的 IPH 病理改变，即可确诊。

2. 与尘肺病的鉴别

IPH 病因不明，好发于儿童，无职业性无机粉尘接触史；尘肺病患者有职业性无机粉尘接触史，发病与接触无机粉尘的特性、浓度和累积时间有关，多见于中老年劳动者。IPH 常表现为典型的临床三联征：反复咯血、缺铁性贫血、弥漫性肺浸润；尘肺病主要累及肺脏，主要表现为呼吸系统症状，如气短、胸闷、咳嗽等，咯血少见。尘肺病患者肺内结节主要呈小叶中心分布或淋巴管周围分布，双肺上叶常可见融合团块，肺门及纵隔内常可见钙化淋巴结；而 IPH 的肺部影像学改变是非特异的。IPH 的 BALF 中找到大量的红细胞和含铁血黄素巨噬细胞；而尘肺病患者的 BALF 中无此特征。通过以上职业史、临床表现和影像特征，可以对 IPH 和尘肺病进行鉴别。

（四）预防与治疗

IPH 病因及发病机制尚不明确，可能与免疫因素、肺脏结构异常有关，尚无明确的预防方法。目前对 IPH 没有统一的治疗标准，糖皮质激素及免疫调节剂为 IPH 主要的治疗用药。对激素治疗反应欠佳或对激素有依赖性，导致反复顽固性出血者，可联合或单独使用免疫抑制剂。

二、肺泡微结石症

肺泡微结石症（pulmonary alveolar microlithiasis，PAM）是一种罕见的肺部疾病，以磷酸钙盐颗粒在双肺肺泡内沉积以及继发性肺间质纤维化为特征。PAM 为常染色体隐性遗传，多数患者有阳性家族史。PAM 可发生于任何年龄，以中青年为主，确诊年龄多在 20~40 岁。

（一）病因与发病机制

近年发现 PAM 为溶质转运蛋白家族成员（solute carrier family 34 member 2，SLC34A2）基因突变所引起的常染色体隐性遗传性疾病，有家族发病倾向。SLC34A2 基因编码一种磷酸钠协同转运蛋白，当该基因发生突变时，蛋白失去正常的磷转运功能，磷盐及钙螯合物在肺泡内沉积形成微结石。散发病例可能和接触油印墨盒及含钙盐的烟草等有害物质有关。

PAM 主要侵犯两肺，病变肺变硬，重量明显增加，触之有沙砾感，切面呈“细砂纸”状纹理，主要成分为磷酸钙盐。微结石主要分布于中下肺。镜下 70%~80% 的肺泡内有特征性的层状、年轮状、洋葱皮状微结石形成。

（二）临床表现

PAM 进展缓慢，症状无特异性，体征少，症状轻微甚至无症状，经常与影像学表现不符。部分患者在随访中逐渐出现咳嗽、气促、咳痰、胸痛、胸闷、心悸等症状，个别患者痰中带有沙砾样物。PAM 晚期可并发肺间质纤维化、肺源性心脏病、肺气肿、自发性气胸、大咯血及因心肺功能衰竭而引发猝死。临床症状轻微而影像异常明显是 PAM 的最大特征，有助于诊断。

X 射线检查表现为两肺弥漫性分布、边缘锐利、大小基本一致、呈钙化密度的沙砾样微结节，肺下野多于上野。随病情进展，两肺结节影密集，可出现病灶聚集融合，心膈模糊，呈“沙暴”或“雪暴”样。病情较重者，可呈“白肺样”表现，肺组织、纵隔及肋骨完全被掩盖。在侧胸壁与肺外缘之间可见狭长透亮带，称为“黑胸膜线”。CT 检查主要表现为双肺透亮度降低，呈磨砂玻璃样改变；部分呈肺间质纤维化的表现；胸膜下排列成行的直径 5~10mm 薄壁小气囊形成黑胸膜线。肺功能早期多为正常，这与影像学上的明显异常相分离。

（三）诊断与鉴别诊断

1. 诊断要点

PAM 的临床表现一般没有特异性，偶有患者可咳出沙砾样结石。症状与影像学相分离是本病的重要特征，诊断主要依靠影像学与病理学。由于本病较罕见，目前世界范围内还没有完全统一的诊断标准。当患者符合以下条件时，可作出临床诊断：（1）临床表现不明显，但肺部影像学与之不相称，且病变进展缓慢；（2）特征性的肺部影像学改变；（3）既往无相关病史及粉尘接触史；（4）有家族史。PAM 的确诊依赖肺组织的病理检查。

2. 与尘肺病的鉴别

PAM 发病以中青年为主，确诊年龄多在 20~40 岁，无职业性无机粉尘接触史；尘肺病患者有职业性无机粉尘接触史，发病与接触无机粉尘的浓度和累积时间有关，多见于中老年劳动者。PAM 症状轻微甚至无症状，体征少，经常与影像学表现不符，个别患者痰中带有沙砾样物；尘肺病主要表现为呼吸系统症状，如气短、胸闷、咳嗽等。PAM 的 X 射线检查表现为两肺弥漫性分布、边缘锐利、大小基本一致、呈钙化密度的沙砂样微结节，肺下野多于上野，严重者病灶聚集融合，心膈模糊，可呈“白肺样”表现，肺组织、纵隔及肋骨完全被掩盖；尘肺病 X 射线检查表现为两肺弥漫分布的结节影或线网影，多分布于上肺。通过以上职业史、临床表现和影像特征，可以对 PAM 和尘肺病进行鉴别。

（四）预防与治疗

PAM 属常染色体隐性遗传性疾病，也可能和接触油印墨及烟草等物质有关，做好遗传学筛查并避免接触相关有害物质可能有预防作用。本病尚无明确有效的治疗方法，仅在出现肺气肿、肺心病、呼吸衰竭等并发症时予对症支持治疗。国外有应用羟乙磷酸钠治疗 PAM 取得较好疗效的个案报道，基因治疗在 PAM 中的应用有望拓展。终末期患者可考虑进行全肺移植手术。

三、组织胞浆菌病

组织胞浆菌病（histoplasmosis）是临床上较少见的一种具传染性的深部真菌感染性疾病，常常无症状或呈急性自限性过程，有些患者可出现严重肺部感染甚至引起进行性全身播散性感染。组织胞浆菌病在世界各地几乎都有病例报道，主要流行于温带地区。

（一）病因与发病机制

本病的病原菌为组织胞浆菌（histoplasma），属于真菌界中的半知菌亚门、丝孢菌纲、丝孢目、丛梗孢科。组织胞浆菌包括三个变种：组织胞浆菌荚膜变种、组织胞浆菌杜波氏变种、组织胞浆菌马皮疽变种。宿主感染组织胞浆菌后产生疾病与否及疾病的严重性，与接触真菌的量和宿主免疫状态有关。本病在病理上常表现为多样的肉芽肿性炎症，其中以上皮样肉芽肿、巨噬细胞肉芽肿和纤维干酪性肉芽肿常见，偶尔可见肉瘤样肉芽肿；化脓性炎症较少见。在病变组织中可见通常为 2~4μm 大小的酵母型组织胞浆菌，多位于巨噬细胞或多核细胞内。

（二）临床表现

组织胞浆菌病的潜伏期一般为 9~17 天，潜伏期长短与暴露剂量有关。任何年龄均可发病，成年男性多见，可能与成年男性接触传染源的机会较多有关。组织胞浆菌病的临床表现分为无症状型、急性型、亚急性型和慢性型。无症状型可无发热、咳嗽、乏力等症状。急性型起病较急，可有发热、畏寒、寒战、头痛、肌痛、疲劳、乏力、食欲减退、干咳和胸痛等症状。急性期维持 1 周左右，绝大多数自愈。亚急性型症状较隐匿且较轻微，但病程可长达数月。慢性型临床表现与肺结核极为相似，常有低热、乏力、体重减轻、呼吸困难和胸痛等症状，大多数患者咳嗽、咳黏脓痰，可有盗汗（较肺结核少见且较轻）。

组织胞浆菌病的胸部 X 射线检查也与肺结核相似，大多数患者表现为肺上叶单个或多个空洞，其周围的肺组织有炎症浸润。组织胞浆菌病的实验室检查主要包括真菌培养、细胞学和组织病理检查、抗原检测、抗体检测、核酸 PCR 检测和皮肤试验等。

（三）诊断与鉴别诊断

1. 诊断要点

组织胞浆菌病在流行区很常见，非流行区亦有散发病例。对于疑似病例，如发热性疾病原因不明或发热伴肝脾肿大、贫血和肺部病变者，肺结核病久治不愈者，特别是来自流行区，应提高警觉性，进行相关检查。若病原菌培养阳性，则可以确诊。组织病理学或骨髓细胞学检查发现病原菌也可确诊，有条件者可行组织胞浆菌抗原检测。

2. 与尘肺病的鉴别

组织胞浆菌病任何年龄均可发病，成年男性多见，无职业性无机粉尘接触史；尘肺病患者有职业性无机粉尘接触史，发病与接触无机粉尘的浓度和累积时间有关，多见于中老年劳动者。急性型组织胞浆菌病可有发热、畏寒、寒战、头痛、肌痛、疲劳、乏力、食欲减退、干咳和胸痛等症状，急性期维持 1 周左右，绝大多数自愈；慢性型临床表现与肺结核极为相似，常有低热、乏力、体重减轻、呼吸困难和胸痛等，可有咳嗽、咳痰、盗汗症状。尘肺病主要表现为呼吸系统症状，如气短、胸闷、咳嗽等。组织胞浆菌病胸部 X 射线检查大多数患者表现为肺上叶单个或多个空洞，其周围的肺组织有炎症浸润；尘肺病胸部 X 射线检查表现为两肺弥漫分布的结节影或线网影。组织胞浆菌病的实验室检查可查到相应病原体；尘肺病的相应病原体检查为阴性。通过以上职业史、临床表现、影像特征和实验室检查，可以对组织胞浆菌和尘肺病进行鉴别。

（四）预防与治疗

组织胞浆菌主要流行于温带地区，做好针对组织胞浆菌的接触防护，可预防组织胞浆菌病。如发生组织胞浆菌病，可根据组织胞浆菌病的临床类型、病情严重程度和基础免疫状况选用不同的治疗方案。急性型、亚急性型组织胞浆菌病通常不需抗真菌药物治疗，可自愈。病情较严重、胸部影像学显示两肺弥漫性浸润的患者应给予抗真菌治疗。

（张雁林）

第七节　金属及其化合物粉尘肺沉着病

金属及其化合物粉尘肺沉着病（thesaurosis of metal dust）是指人体接触并吸入某些金属或金属化合物粉尘后，粉尘滞留于肺部，而不引起明显的肺部病变；有时伴有轻度结缔组织增生，或对肺功能造成一定影响，但这些变化多为可逆的，脱离粉尘接触后，症状减轻或消失。常见的金属及其化合物粉尘肺沉着病有锡末沉着症、锑末沉着症、铁末沉着症及钡末沉着症等。研究表明，金属及其化合物粉尘在肺内的沉积一般不会造成肺功能的损害，也不会导致肺组织纤维化的发生。但是作为一种异物在肺内沉积，还是会导致肺组织的各种反应和变化，甚至可引起急性支气管炎或哮喘的发生。暴露劳动者的 X 射线胸片表现为以密度增高、边缘清晰的小圆形阴影为主的 X 射线征象，停止接尘后一定时间肺部 X 射线阴影可自行消退，患者症状不明显，肺组织无明显的纤维化。

一、病因与发病机制

金属及其化合物粉尘肺沉着病是环境和遗传因素共同作用的结果。职业性接触常见的主要有锡、铁、锑、钡金属及其化合物粉尘等。

某些金属（如锡、铁、锑、钡等）及其化合物粉尘致肺纤维化作用弱。长期吸入这些粉尘，吞噬金属及其化合物颗粒的巨噬细胞在肺终末细支气管及其周围的肺泡腔内聚集，形成巨噬细胞炎，不易导致肺纤维化，脱离接触后肺部病变通常是可逆的，可以部分或全部吸收。

二、临床表现

（一）锡末沉着症

长期吸入锡蒸气或氧化锡粉尘后，可引起锡末沉着症，也称为“锡肺”。锡末沉着症患者发病工龄最短 6 年，多则 10 余年。早期患者无特异性临床症状和体征，肺功能无明显改变。随病情进展，患者可出现咳嗽、咳痰、疲倦、胸痛等症状。部分患者可出现轻度肺气肿。当合并肺部感染时，患者的症状和体征增多。在锡矿的开采和冶炼中，矿工和炼锡工均有肺癌发生，矿工肺癌发生率较高，可能与生产环境中存在其他有害因素有关。

锡末沉着症的 X 射线表现为早期肺野内见弥漫的、密度很高、边缘清晰锐利的圆形小阴影，以 p 影为主，不融合，有的类圆形阴影集合而形成花瓣状阴影。病情较重患者 X 射线显示密度较高阴影，部分可形成致密结节，直径多在 4~5mm，不规则阴影较少，肺纹理轻度改变或无明显改变。病情严重患者在二、三级支气管与气管周围有不规则形、轨道状、索条状、斑块状的致密阴影，沿支气管及气管弥散分布，并且随病情发展阴影密度增高、范围增宽，可能逐渐连成一线或一片，宛如金属铸型，称为“铸型征”；另有一种阴影的分布，即气管区域弥散分布带状阴影，并有规律地出现横行的较为透光的斑纹，似受环状软骨阻隔，宛如冻雨在树枝上凝结的冰霜，称为“凝霜征”。一些病例可以在两肺下叶外侧、肋膈角区见到长 1~3cm、宽 l~2mm 的水平线状阴影（Kerley B 线）及胸膜改变。锡末沉着症 X 射线显示肺门大小正常，但密度增加呈金属密度。

（二）锑末沉着症

有长期明确的锑末接触史可引起肺的锑末沉着症。锑末沉着症患者发病工龄从 1~41 年均可出现，平均约 15 年。有报道 69 名铸铁冶炼劳动者，分别出现了肺炎、气管炎、支气管炎、咽炎、喉炎、鼻炎、鼻中隔穿孔等疾病。也存在极少数因意外吸入锑粉引起急性阻塞性肺病而致死的劳动者。锑末沉着症的 X 射线胸片表现可见肺纹理出现网状纹理，特别是细网纹理增强，肺野呈现“磨玻璃”或“薄雾状”透明度减低的现象，有的还出现条索状阴影与增强的肺纹理相互交错。两肺野可见弥漫性类圆形阴影，直径为 0.5~2.0mm，边缘模糊，结节阴影大小、分布可能不均，未见结节融合趋向。

（三）铁末沉着症

铁末沉着症又称为铁尘肺，是由于长期吸入铁或氧化铁粉尘而引起的肺内粉尘沉积和结缔组织轻度增生病变。铁末沉着症患者的发病工龄一般在 10~20 年，甚至更长时间，病程进展缓慢，病程长。随着病程进展，患者可出现咳嗽、咳痰、胸痛、胸闷、气喘、呼吸困难以及呼吸道阻塞等症状，部分患者可能出现肺气肿表现，但总体无特异性症状。

单纯铁末沉着症的 X 射线胸片呈现双肺弥漫性小圆形阴影为主，不规则小阴影为辅，无大块融合，部分患者可见膈上横线。肺纹理改变主要表现为部分或大部分肺纹理消失。铁末沉着症多为壹至贰期尘肺。肺门淋巴结不增大，但密度增加。脱离铁或氧化铁粉尘接触多年后，X 射线阴影变淡甚至消失。

（四）钡末沉着症

有长期明确的金属钡及硫酸钡粉尘接触史的劳动者可引起肺的钡末沉着症，也称为“钡肺”。患者临床表现不明显，可有轻微咳嗽、咳痰症状，但一般无气促、呼吸困难，肺功能检查无明显异常。短期接触钡尘的患者，X 射线胸片检查就可以看到高密度阴影，大量散在的不透明结节呈现浓而独立的、大小为 1~3mm 的小点状阴影，均匀分布在整个肺野，一般不会出现团块阴影。Kerley B 线明显，支气管肺门淋巴结增密，但不增大。长期接触钡尘的患者，可观察到大而坚硬的阴影，类似融合病灶。脱离接触钡尘后，这些阴影缓慢消失，肺野逐渐清晰。

三、诊断与鉴别诊断

金属及其化合物粉尘肺沉着病目前主要依照《职业性金属及其化合物粉尘（锡、铁、锑、钡及其化合物等）肺沉着病的诊断》（GBZ 292—2016）进行诊断，即根据可靠的锡、铁、锑、钡及其化合物粉尘职业接触史，以胸部 X 射线影像学表现为主要依据，结合工作场所职业卫生学、流行病学调查资料及职业健康监护资料，参考临床表现和实验室检查结果，综合分析，排除其他类似肺部疾病，方可诊断。

本病与尘肺病较难以鉴别，因为两种疾病都可伴有不同程度的咳嗽、胸闷等呼吸系统损害临床表现，但不具有特异性。通过肺组织纤维化改变情况，可发现尘肺病的病变是肺组织纤维化改变，且可以逐渐加重，而金属及其化合物粉尘肺沉着病一般不会引起严重的肺部纤维化，脱离接触粉尘后，这些阴影缓慢消失，肺野逐渐清晰。

四、预防与治疗

金属及其化合物粉尘肺沉着病一般不会引起严重的肺部纤维化，虽然有时会对肺功能造成一定的影响，但多数为可自愈的变化，故患者一般不需要特殊治疗，及时脱离粉尘作业环境，适当增加营养及对症处理，定期拍片体检以动态观察肺部 X 射线的变化即可。

（刘移民　李　涛）

第八节　硬金属肺病

硬金属肺病（hard metal lung disease，HMLD）是反复或长期吸入硬金属粉尘引起的以肺间质或肺泡炎症病变为主的呼吸系统疾病。硬金属是以碳化钨（≥80%）为主要成分，金属钴（5%~20%）作为黏结剂，并加入少量镍、钛等金属，经粉末冶金工艺制成的一类超硬合金。接触硬金属粉尘可致皮肤过敏、职业性哮喘以及硬金属肺病。硬金属粉尘致病机制尚未明了，一般认为和钴有关。

硬金属粉尘接触机会主要见于：（1）硬金属生产过程；（2）硬金属产品生产，如钨钢、钨钢球、钨钢铣刀、齿轮刀具、螺纹刀、拉刀、铣刀、绞刀、钻头、车刀、牙具、喷丝板及镍氢电池（储氢合金粉）等生产过程；（3）硬金属及产品应用过程，如硬金属刀具、磨具的切削、研磨、磨削等。

一、病因与发病机制

巨细胞间质性肺炎（giant cell interstitial pneumonia，GIP）是硬金属肺病的特征性病理改变，肺泡内见巨噬细胞和大量多核巨细胞聚集，多核巨细胞胞质不均匀，内可见被吞噬的炎细胞和较小多核巨细胞，病变多围绕细支气管周围间质。肺泡间隔纤维组织增生，慢性炎症细胞浸润（如图 7-1 所示）。但 GIP 样改变并不是硬金属肺病唯一病理改变，其他改变还包括过敏性肺炎样改变、结节病样肉芽肿改变、肺间质纤维化及蜂窝肺等多种组织学改变。肺组织病理学是诊断硬金属肺病的重要依据。

肺组织病理学检查的同时，还可以测定组织中钴、钨成分，也是诊断重要依据。

支气管肺泡灌洗液（BALF）检查，简单易行，如发现多核巨细胞，则支持本病的诊断。

二、临床表现

（一）潜伏期

硬金属肺病具有明显异质性，发病潜伏期差别较大，暴露 2 年后可发病，多数于暴露后 10~20 年发病，平均潜伏期为 12.6 年。过敏性肺炎以暴露后 2~5 年发病居多。硬金属诱发的支气管哮喘从暴露至发病的中位时间在 0.5~3 年。

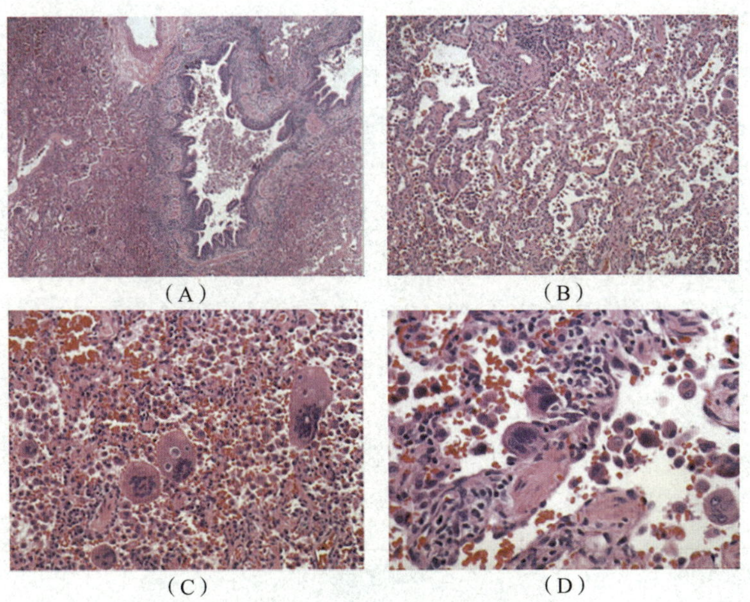

图 7-1 巨细胞间质性肺炎

(A) HE 染色，特征性的肺泡内巨噬细胞和多核巨细胞，支气管周围呈慢性炎症和纤维化表现；(B) 高分辨率显示轻度间质性肺炎和纤维化，肺泡内见巨噬细胞、多核巨细胞；(C) 更高分辨率下的多核巨细胞，特征性光环周围见吞噬的炎症细胞；(D) 显示多核巨细胞的高倍视野

(二) 症状及体征

硬金属肺病的症状与职业接触关系明显，其早期主要表现为气道黏膜刺激症状：打喷嚏、流鼻涕、鼻塞、咽喉痛、胸闷、气短、咳嗽等，有的患者可有喘息或哮喘样发作。咳嗽多为干咳，少痰。有的患者胸闷、气短进行性加重。脱离接触硬金属粉尘后症状可缓解，再次接触硬金属粉尘时症状加重。多数患者可伴有接触性皮肤过敏现象。随着接触时间延长、病情进展，患者呼吸困难加重，可见消瘦、杵状指、紫绀、肺气肿、肺动脉高压、肺心病等相应体征，肺部可闻及 Velcro 啰音。

(三) 影像学表现

硬金属肺病的 X 射线胸片早期表现为磨玻璃影、实变影和弥漫性小结节影；晚期不规则小阴影增粗、增密，形成网状，双肺肺门阴影增大、密度增高，出现牵拉性支气管扩张、囊状阴影及蜂窝状肺。

硬金属肺病的肺部 HRCT 显示，急性期可表现为肺野薄雾状透光减低或磨玻璃影、斑片状影、弥漫模糊小结节影及实变影（如图 7-2 所示），慢性期可见线条影、网格影、小结节影及实变影，晚期可见囊状影和 / 或蜂窝样改变。

(四) 肺功能检查

硬金属肺病患者肺功能检查显示，早期可见气道高反应性、小气道病变或弥散功能下降或可逆性通气功能障碍，后期可见限制性、阻塞性或混合性通气功能障碍。

(五) 实验室检查

粉尘成分分析、尿钴及 BALF/ 肺组织中钨、钴成分测定，可作为本病与尘肺病鉴别诊断的重要依据。

（1）车间空气中硬金属粉尘的暴露情况主要通过测定空气中钨、钴的含量来确定。国际上已有十余个国家制定了工作环境空气中钨、钴含量的测定方法和卫生标准，我国于 2004 年颁布了车间空气中钨、钴含量的测定方法，且已制定相应的职业接触限值，即钴的PC-TWA（Permissible concentration-Time Weighted Average，时间加权平均容许浓度）为0.05mg/m³，PC-STEL（Permissible concentration-Short Term Exposure Limit，短时间接触容许浓度）为0.10mg/m³；钨的PC-TWA为5.00mg/m³，PC-STEL为10.00mg/m³。

（2）尿钴：钴为硬金属肺病主要致病因素，主要经尿液排泄。尿钴不仅体现机体内的暴露剂量，而且与作业场所钴尘暴露浓度平行，所以尿钴可作为硬金属肺病的生物标志物，可采用石墨炉原子吸收光谱法或电感耦合等离子体质谱法（ICP-MS）测定。目前我国尚未制订尿钴生物接触限值。日本JSOH尿钴生物接触限值为工作周末班末尿钴35μg/L；美国ACGIH尿钴生物接触限值为工作周末班末尿钴15μg/L。非职业接触者尿钴含量一般很少超过1μg/L，血钴含量一般低于2μg/L。

（3）组织钴：可采用ICP-MS、电子探针显微分析或X射线衍射能谱分析（energy dispersion X-ray microanalysis）测定，10%左右的硬金属肺病患者的肺组织中检测到钴。

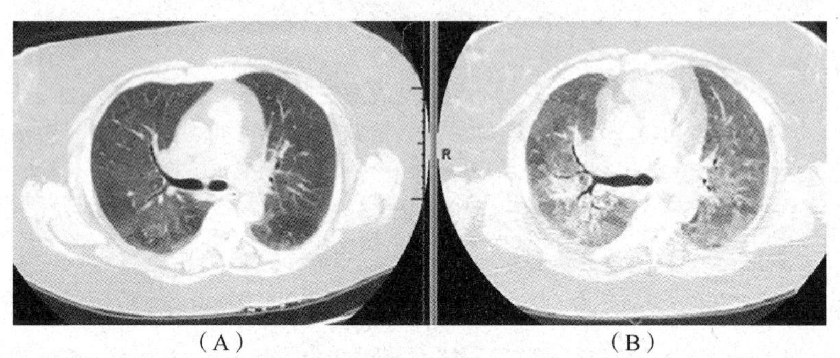

（A）　　（B）

图7-2　硬金属肺病弥漫性毛玻璃样改变及斑片状影

（A）经病理组织学证实为GIP的患者的横截面CT图像显示弥漫性毛玻璃样改变；（B）同一患者在4年后的高分辨率CT图像显示弥漫性毛玻璃样改变及斑片状影，在支气管周围逐步进展加重

三、诊断与鉴别诊断

（一）诊断要点

硬金属肺病依据国家职业病诊断标准《职业性硬金属肺病的诊断》（GBZ 290—2017）作出诊断，主要诊断要点如下。

1. 有明确的反复或长期吸入硬金属粉尘的职业接触史

如果硬金属粉尘接触史不明确，可行下列实验室检测，符合其中一项者可确认：（1）测定所接触粉尘中含有钨、钴成分；（2）肺组织或肺泡灌洗液中检测出钨、钴成分。

2. 典型的呼吸系统临床表现

（1）多数患者慢性起病，出现不同程度的咳嗽、咳痰、胸闷或胸部紧束感、进行性呼吸困难等症状，肺部可闻及爆裂音、捻发音或哮鸣音；（2）部分患者表现为过敏性哮喘和过敏性肺炎。

3. 肺部影像学表现

（1）硬金属肺病急性期典型改变为双肺野磨玻璃样改变，可见边缘模糊的粟粒样或腺泡状小结节影，或片状致密影。慢性期主要表现为线状、细网状或网结节影。晚期或严重病例可见弥漫性间质纤维化、牵拉性支气管扩张及蜂窝状肺。

（2）硬金属肺病HRCT表现：急性期可表现为肺野薄雾状密度减低或磨玻璃影、斑片状影、弥漫模糊小结节影；慢性期可见磨玻璃影、线条影、网格影、小结节影及实变影，可局限或弥漫分布，可见小叶间隔不规则增厚，支气管血管束增粗、僵直、扭曲，不规则索条影，局限性肺气肿征；晚期可见囊状影和/或蜂窝样改变。

4. 肺组织病理学检查

硬金属肺病的特征性病理表现为GIP样改变，少数表现为其他间质病变。肺组织中检查见钨、钴成分，高度支持本病的诊断。

（二）与尘肺病的鉴别

硬金属肺病与尘肺病的鉴别要点如下。

（1）职业接触史不同，硬金属肺病患者具有硬金属粉尘接触史。

（2）临床表现不同：硬金属肺病症状较明显，潜伏期相对较短，早期脱离硬金属粉尘接触治疗效果明显，影像改变可恢复；尿钴增高。

（3）影像表现不同：硬金属肺病表现多样化，动态变化大，早期主要是弥漫肺野薄雾状密度减低或磨玻璃影、斑片状影、弥漫模糊小结节影，晚期主要是弥漫间质纤维化改变。

（4）硬金属肺病病理表现具有一定特征性，肺组织可查见钨、钴成分。

四、预防与治疗

诊断硬金属肺病后建议早期脱离硬金属作业环境，根据病情适量使用肾上腺糖皮质激素，可给予吸氧、抗过敏、抗感染、止咳、平喘、抗纤维化等对症治疗。

（闫永建）

08 第八章　职业性尘肺病的治疗

第一节　我国尘肺病治疗研究的成就

尘肺病是我国危害最严重的职业病，不仅给患者带来病痛和劳动能力的降低，影响劳动力人力资源的可持续发展，而且也极大地影响了企业生产和社会经济发展。防治尘肺病、保障尘肺病患者的合法权益一直受到党和国家的高度重视，自 20 世纪 50 年代末，我国开展了大量的尘肺病治疗研究，并取得一些成绩。我国尘肺病的治疗研究先后经历了以下四个阶段。

一、临床治疗探索阶段

20 世纪 50 年代末和 60 年代初我国尘肺病高发，大量尘肺病患者的出现迫切需要临床治疗。当时我国开展的尘肺病治疗研究主要是对症治疗，并采取保健措施，如定期疗养、呼吸体操、服用酸牛奶和维生素等。

二、中草药筛选阶段

为找到能更好地治疗尘肺病的药物，满足患者治疗的需要，20 世纪 60 年代起在全国大部分地区开展了治疗尘肺药物的筛选，其中筛选过的中草药就有 1200 多种，如姜半夏、小檗碱，主要是根据中医辨证论治的理论，以生津润肺和软坚散结、标本兼治的原则，开展了中医治疗矽肺的药物筛选。

三、抗纤维化治疗阶段

1961 年，德国学者报告克矽平（PVNO，聚 -2- 乙烯吡啶一氮氧化物，P204）对实验性矽肺有效，我国科学家通过动物实验发现磷酸哌喹、汉防己甲素、磷酸羟基哌喹、柠檬酸铝等均有不同程度抑制纤维化的作用，将汉防己甲素与克矽平或磷酸羟基哌喹两种药物联合使用，可有更好的治疗效果，同时可减少毒副作用。临床治疗有效性主要表现在对实验组患者的呼吸系统症状缓解、肺功能改善、X 射线胸片阴影稳定率或改善率、晋期年限缩短等方面均明显优于对照组，特别是呼吸系统症状的改善可明显提高患者的生活质量。

（一）克矽平（PVNO，P204）

克矽平可在 SiO_2 表面形成一层聚合物膜，阻止硅烷醇基与细胞膜作用，保持巨噬细胞生物膜的通透性，减少溶酶体释放，降低矽尘对巨噬细胞的毒性作用；促使矽尘从支气管排出体外，间接增强肺组织对矽尘的廓清能力，阻断和延缓胶原的形成。

（二）磷酸哌喹（抗矽 14）

磷酸哌喹有抗炎作用，同时控制巨噬细胞产生及由幼稚巨噬细胞分化为成熟巨噬细胞，降低巨噬细胞吞噬矽尘能力；防治巨噬细胞生物膜破坏；抑制胶原合成和胶原聚合成纤维；抑制巨噬细胞膜脂类过氧化反应。磷酸哌喹可抑制正常矽肺胶原纤维的产生，同时对不溶性的矽肺胶原蛋白可降解为小分子的肽段，降低脂类与糖含量，减少形成矽结节的基质，有类激素及免疫抑制作用。

（三）磷酸羟基哌喹（抗矽 1 号）

磷酸羟基哌喹有稳定和保护巨噬细胞溶酶体膜、阻止胶原的交联反应的作用，抑制胶原纤维形成。

（四）汉防己甲素（粉防己碱）

汉防己甲素可抑制胶原合成，影响细胞分泌功能，阻止胶原、黏多糖从细胞内向细胞外分泌，使其不能在细胞外形成胶原纤维，同时使不溶性的矽肺胶原蛋白降解为小分子的肽段，与铜离子络合，影响胶原的交联反应。汉防己甲素也能抑制脂类与糖代谢，减少形成矽结节的基质。

（五）柠檬酸铝

柠檬酸铝与矽尘表面有较强的亲和力，维持巨噬细胞膜的稳定性，降低矽尘对细胞的毒性反应，抑制巨噬细胞膜脂类过氧化反应，从而起到抑制肺纤维化的作用。

（六）联合用药

汉防己甲素 + 克矽平联合用药，汉防己甲素 100mg，每日 2 次口服，每周服用 6 天，用药 3 个月为一疗程，休息一个月继续下一疗程；1% 克矽平 144mL 在纤维支气管镜导入下滴注，每年滴注一次。

汉防己甲素 + 磷酸羟基哌喹联合用药，汉防己甲素 100mg，每日 2 次口服，每周服用 6 天，磷酸羟基哌喹每周 0.5g，3 个月为一疗程，休息一个月后继续下一疗程。

汉防己甲素、磷酸哌喹、磷酸羟基哌喹、柠檬酸铝用药不良反应相似，主要表现为：（1）胃肠道症状，多发生在开始几次服药后，口苦、胃纳减退、胃痛、腹泻及腹胀，可自行缓解；（2）少数患者出现窦性心动过缓；（3）肝功能异常，特别血清丙氨酸转氨酶升高，部分病例无须停药自然恢复，部分病例停药后恢复；（4）皮肤色素沉着，以汉防己甲素为甚，多发生在 1~2 个疗程以后，停药后自行消失。

四、探索尘肺病治疗新途径

1966 年，国外学者首先将全肺灌洗技术应用于治疗肺泡蛋白沉积症，随后除了肺泡蛋白沉积症，全肺灌洗技术还用于肺囊性纤维化、慢性支气管炎等疾患。全肺灌洗可清除呼吸道和肺泡中分泌物，缓解气道阻塞，改善呼吸功能，控制感染等。自 20 世纪 80 年代开始，许多医疗机构采用全肺灌洗方法治疗尘肺病，希望通过全肺灌洗冲洗出部分致病性粉尘和纤维化因子达到延缓尘肺病进展的目的。经过 40 余年的努力，全肺灌洗技术日臻成熟，医疗安全性得到很大提高，但其毕竟是一个具有创伤性的治疗技术，应该严格掌握灌洗的适应证和禁忌证，权衡利弊，预防和处理术中及术后并发症是重点。全肺灌洗技术除了可以排出部分沉积于呼吸道和肺泡中的粉尘，还可能排出粉尘刺激所生成的与纤维化有关的细胞因子，但长期的治疗效果，特别是对肺纤维化的治疗效果仍需要获得严格的临床试验的证实和评估。

（毛　翎）

第二节 尘肺病治疗的目标和原则

一、尘肺病治疗的目标

尘肺的基本病理改变是肺间质弥漫性纤维化，在矽尘的持续刺激下，机械牵张、环境污染、致病性微生物、吸烟以及易感基因的共同作用，肺部形成慢性炎症反应与纤维化反应共存的独特微环境，在促炎、促纤维化介质和巨噬细胞共同参与下，导致肺泡上皮细胞老化和反复损伤，异常聚集形成瘢痕组织，肺结构重塑和功能丧失。

抗纤维化治疗药物主要针对肺泡上皮细胞老化和损伤，减少其分泌促炎、促纤维化介质；减轻炎症反应，减少免疫细胞分泌细胞因子；抑制成纤维细胞转化为肌成纤维细胞，减少细胞外基质的产生和沉积，减慢甚至阻止肺纤维化发生，延缓肺功能下降。到目前为止，国内外均没有有效治愈尘肺病肺纤维化的药物和措施，而且肺组织已经形成的纤维化目前是不可逆转和恢复的，因此尘肺病仍是一个没有医疗终结的疾病。然而，大量临床实践证明，一些基本的临床干预措施，比如预防呼吸道感染和肺结核，改变不良的生活习惯、加强营养，避免粉尘继续暴露等均能明确地相对延缓肺纤维化的快速进展；肺结核、肺部感染、肺心病等尘肺并发症是尘肺病情恶化和死亡的主要原因，及时诊断和治疗各种尘肺并发症，能显著地改变病程的转归和预后。

故对尘肺病的治疗目标要有正确的认识，即减轻患者痛苦，延缓病情进展，提高患者生活质量和社会参与程度，提高其生存收益，延长患者寿命。

二、尘肺病治疗的原则

尘肺病是个慢性疾病，其发病机制仍不完全清楚，目前也没有具有明确疗效的药物可供临床作为常规治疗方案。尘肺病的治疗原则应该是以全面的健康管理为基础，以临床综合治疗为关键，积极预防和治疗并发症，结合康复治疗，达到尘肺病的治疗目的。

（毛　翎）

第三节 尘肺病的抗肺纤维化治疗

尘肺病基本病理改变是肺纤维化，目前的基本共识是尘肺病已经形成的肺部胶原纤维是无法消融的。然而尘肺病发病和病程进展是一个非常复杂的病理过程，探索和研究抗肺纤维化药物，延缓尘肺病进展一直是研究热点。如克矽平、磷酸羟基哌喹等曾在临床证明具有良好的抗尘肺纤维化作用，但因缺乏生产厂家，影响临床应用。

国内外研究表明，一些药物在延缓肺纤维化（包括尘肺病肺纤维化）治疗上取得较好的疗效，其中汉防己甲素（粉防己碱）和尼达尼布是具有循证医学证据，并且医药市场可行的尘肺病抗纤维化治疗药物，推荐矽肺、煤工尘肺（煤矽肺），特别是快进型矽肺患者，早期开始并坚持长期服用。常规治疗时汉防己甲素和尼达尼布两种药物选择一种即可。

一、汉防己甲素（粉防己碱）

汉防己甲素是从防己科千金藤属植物粉防己块根中提取的一种生物碱，属于双苄基异喹啉类化合物，国内对其延缓尘肺病肺纤维化进展的机制进行了大量的实验研究，并进行了长期的临床治疗实践，证明汉防己甲素对矽肺，特别是快进型矽肺肺纤维化的进展具有明确的延缓作用。

实验研究表明，汉防己甲素可能通过多途径延缓肺纤维化的进展。它可通过影响成纤维细胞内DNA的代谢从而抑制其增殖，也可通过抑制胶原基因的转录，阻止糖胺聚糖的细胞外分泌，减弱细胞分泌前胶原的功能，降低和阻碍胶原的合成；还可抑制肺泡巨噬细胞中NOD样受体热蛋白结构域相关蛋白3（NOD-like receptor thermal protein domain associated protein 3，NLRP3）炎性小体的激活，达到抗炎和延缓纤维化进展的效果。除此之外，汉防己甲素对肺泡周围脂蛋白代谢沉着物的抑制是快进型矽肺磨玻璃影、团块周围雾状阴影消散的病理基础。

在一项对89例快进型矽肺患者开展的回顾性队列研究中，采用汉防己甲素治疗3个月后HRCT显示磨玻璃影明显吸收，与对照组相比，治疗12个月后HRCT进展率从92%下降到5.3%。在另一项回顾性研究中，经过13个月治疗，汉防己甲素可使矽肺团块缩小。

用药方法：矽肺，包括快进型矽肺患者可早期服用汉防己甲素，并坚持多疗程治疗。口服，每次60~100mg，1天3次，服用6天，停药1天，服用3个月停1个月。对煤工尘肺（煤矽肺）和其他尘肺病患者也建议根据病情使用汉防己甲素治疗。

不良反应及注意事项：偶有轻度嗜睡、乏力、腹胀以及面部色素沉着，停药后可消退。汉防己甲素经小肠吸收最多，多分布于肺、肝、脾，大部分经消化道排出体外。严重肠道疾病及肝功能不全者慎用，对本药过敏者禁用。

二、尼达尼布

尼达尼布是一种细胞内酪氨酸激酶抑制剂，靶向作用于成纤维细胞生长因子受体、血小板源性生长因子受体和血管内皮生长因子受体，抑制成纤维细胞的增殖、迁移和转化，抑制纤维化进展。尼达尼布用于治疗IPF和系统性硬化病相关的间质性肺病，能够延缓用力肺活量（FVC）下降。2019年在15个国家663名非IPF的进行性纤维化间质性肺病（PF-ILD）患者中开展的随机对照临床试验结果显示，尼达尼布延缓试验组FVC年下降107mL，显著降低PF-ILD患者急性加重或死亡风险33%。其中39名研究对象是职业暴露间质性肺病患者，与安慰剂组相比，尼达尼布延缓FVC年下降252.8mL。值得注意的是，上述研究入选患者未包括矽肺。根据研究入选的PF-ILD患者和研究结果，尼达尼布可用于类似特发性肺纤维化，呼吸道症状、影像和肺功能显示肺纤维化进展的石棉肺，以及其他职业粉尘暴露相关的普通型间质性肺炎、非特异性间质性肺炎和不可分类的间质性肺炎，但不包括矽肺、煤矽肺。尼达尼布对矽肺、煤矽肺治疗的有效性需要临床研究进一步证实。

用药方法：口服，每次150mg，1日2次，长期服用。

不良反应及注意事项：尼达尼布最常见的不良反应包括腹泻、恶心和呕吐、腹痛、食欲减退、体重下降和转氨酶升高。大部分患者表现为轻、中度腹泻和恶心呕吐，应予对症处理；如重度腹泻或呕吐持续存在则应停药。肝酶升高在降低剂量或停药后恢复正常，氨基转移酶恢复至基线值后，可再次增加至完整剂量或低剂量重新开始治疗。

（毛　翎）

第四节　对症治疗

控制咳嗽、咳痰、胸闷、气喘等尘肺病常见临床症状是尘肺病治疗首要目标，一般可采用镇咳、祛痰、平喘药物和氧气疗法对症处理。

一、药物治疗

（一）镇咳药物

镇咳药有中枢性和外周性两大类，前者直接抑制延脑咳嗽中枢而发挥作用，适用于干咳患者；后者抑制咳嗽反射感受器以及效应器而发挥作用。

1. 可待因

中枢性镇咳药，镇咳作用强且有成瘾性和依赖性，可用于干咳和刺激性咳嗽，尤其伴有胸痛的患者。口服或皮下注射，每次 15~30mg，每天 3 次。

2. 右美沙芬

中枢性镇咳药，是目前临床上应用最广的镇咳药，作用与可待因相似，但无成瘾性和镇痛作用，适用于痰量少或无痰的咳嗽，痰多者不宜使用。口服每次 15~30mg，每天 3 次。

3. 那可丁

外周性镇咳药，为阿片所含的异喹啉类生物碱，作用与可待因相当，但无依赖性，适用于不同原因引起的咳嗽。口服每次 15~30mg，每天 3 次。

4. 中药

具有镇咳作用的中药也可作为选择。

（二）祛痰药物

粉尘对气道的刺激可致慢性非特异性炎症，如并发呼吸道感染，则痰量明显增多，大量痰液阻塞气道引起气急甚至窒息，同时又容易滋生病原菌引起继发感染，故祛痰治疗是重要的尘肺病对症治疗措施之一。祛痰药物种类很多，其中黏液溶解剂因祛痰效果好、不良反应少，在临床上使用广泛。

1. 强力稀化黏素

强力稀化黏素属于黏痰溶解剂，具有溶解黏液，促进浆液分泌和支气管扩张作用，并提高纤毛清除功能，每次口服 300mg，每天 3 次。

2. N– 乙酰半胱氨酸

N– 乙酰半胱氨酸有片剂、颗粒剂、泡腾片等剂型，作用机制是分裂糖蛋白分子间的二硫键，使痰液黏稠度减低。每次 600mg，每天 1~2 次。此药对胃肠道有一定刺激性，少数患者可有轻度恶心、呕吐，一般不影响用药。

3. 氨溴索

氨溴索为溴己新的衍生物，作用较溴己新更强，其作用机制是可致酸性糖蛋白纤维断裂，从而降低痰液黏稠度，同时有一定的镇咳作用。口服每次 30~60mg，每天 3 次。静脉注射，每次 15mg，每天 2~3 次。

4. 舍雷肽酶

舍雷肽酶的作用机制是裂解糖蛋白中蛋白质部分，使痰液黏度降低。口服一次 5~10mg，每天 3 次，副作用主要为皮疹及消化道反应。

5. 中药

许多中药成药或组方具有可靠的化痰作用可作为选择。

（三）平喘药物

1. β_2 受体激动剂

β_2 受体激动剂分短效和长效两种类型，主要通过刺激 β_2 肾上腺素受体，增加环腺苷酸（cAMP），使气道平滑肌放松，不良反应较少。常用的 β_2 受体激动剂主要有以下 3 种。沙丁胺醇气雾剂：是短效支气管扩张剂，每次吸入 100~200μg（喷吸 1~2 次），每天 3~4 次或按需使用，吸入后 5min 起效，10~15min 出现最大疗效，作用维持时间 4~5h。特布他林雾化溶液：每次雾化吸入 5mg，不超过每天 4 次。福莫特罗粉雾剂：每次 12μg，吸入后 5min 起效，作用时间持续 12h，每天 2 次。

2. 抗胆碱能药物

抗胆碱能药物通过阻滞乙酰胆碱与位于呼吸道平滑肌、气道黏膜下腺体的胆碱能 M3 受体结合，发挥松弛支气管平滑肌、抑制腺体分泌的作用。少数患者出现口干、咽部刺激感、恶心和咳嗽，青光眼和前列腺肥大患者慎用。常用的抗胆碱能药物有以下两种。异丙托溴铵：一般采用气雾或雾化吸入，5min 起效，30~60min 达最大效果，维持 4~6h；气雾吸入每次 40~80μg，每天 4 次；雾化溶液吸入，每次 0.5~1mg，每天 3~4 次。噻托溴铵：干粉每次吸入 18μg，软雾每次吸入 5μg，每天给药 1 次，作用持续 15h 以上。

3. 双支扩制剂

双支扩制剂由胆碱受体阻滞剂和 β_2 受体激动剂组成，其中格隆溴铵福莫特罗吸入气雾剂药物 5min 内快速起效，药效可维持 12h，每天 2 次，每次 2 吸。定量气雾剂对患者吸气流速要求低。乌美溴铵维兰特罗吸入粉雾剂操作简单方便，对患者手口协调能力要求低，每天 1 次，每次 1 吸。

选择合适的吸入装置并正确使用是吸入疗法的基础，患者可根据吸气流速、吸入能力和对装置的偏好选择不同装置。

4. 茶碱类药物

茶碱类药物支气管扩张作用相对较弱，但有抗炎及免疫调节作用，临床经常应用。因茶碱有效血药浓度与其发生毒副作用的浓度十分接近，因此有条件时，建议检测茶碱类药物血药浓度，指导临床调整剂量。常用的茶碱类药物有两种。二丙羟茶碱：扩张支气管作用比氨茶碱弱，口服每次 0.2g，每天 2~3 次；静脉滴注每次 0.25~0.5g，加入 5% 葡萄糖溶液 250~500mL 中滴注。多索茶碱：支气管扩张作用是氨茶碱的 10~15 倍，且有镇咳作用，无茶碱的中枢和胃肠道不良反应，也无药物依赖性；口服每次 200~400mg，每天 2 次；也可 300mg 加入 5% 葡萄糖溶液或生理盐水 100mL 中静脉滴注，每天 1 次。

二、氧疗

（一）氧疗概述

随着尘肺病肺间质弥漫纤维化不断进展，导致肺通气功能、换气功能受损，患者通常出现慢性低氧血症和 / 或 CO_2 潴留等慢性呼吸衰竭表现，而尘肺病患者常易合并呼吸系统感染、气胸、肺结核、心功能衰竭等，致病情急性加重，出现急性呼吸衰竭或慢性呼吸衰竭急性加重，多种病因相互影响，首先应判断患者属于急性还是慢性缺氧，其次要判断是何种性质的缺氧，即阻塞性肺病（肺气肿、肺心病、哮喘）、非阻塞性肺病（肺炎、肺水肿、肺不张等），或神经肌肉、胸廓、呼吸肌等病变导致缺氧。

氧疗通过增加吸入氧浓度，提高肺泡氧分压，加大肺泡膜两侧氧分压差，促进氧气弥散，从而提高动脉血氧分压和动脉血氧饱和度，改善全身器官的氧气供给，可以有效改善尘肺病患者呼吸困难、气喘、憋气等症状，延缓肺功能下降，提高患者生存率。当尘肺病患者合并静息或劳力后中度氧饱和度下降，可根据患者个体情况制订个性化氧疗方案，采取间断或持续低流量吸氧以纠正缺氧状态，改善肺通气功能和缓解呼吸肌疲劳，以维持患者正常生理功能和改善其生活品质，减少住院的需要。但氧疗应注意指征、方法、剂量、疗程、评估疗效及不良反应，如持续性高浓度氧疗会引起氧中毒。

（二）氧疗的分类

1. 急性缺氧或急性低氧血症氧疗

给予吸入较高浓度氧气（35%~50%）或高浓度氧（大于 50%），仍不能改善，伴有肺内静脉分流量 30% 以上的，应给予呼吸末正压通气治疗，伴有 CO_2 潴留缺氧严重的，应采用机械通气氧疗支持。

2. 慢性缺氧氧疗

通常采取长期氧疗（long-term oxygen therapy，LTOT），即每天吸氧超过 15h。在临床实践中需要根据患者情况，选择个体化治疗策略。LTOT 通常应用 PaO_2 和 SaO_2 血液中的氧气水平参数来评估患者的氧合状态，适用于存在如下特征的尘肺病患者：3 周内 2 次确认 $PaO_2 \leq 55mmHg$ 或 $SaO_2 \leq 88\%$，伴或不伴有高碳酸血症；或者 PaO_2 在 55~60mmHg 之间，且 SaO_2 为 88% 时，并存在肺动脉高压、提示充血性心力衰竭的外周水肿或红细胞增多症证据。一旦接受 LTOT，则应在 60~90 天后复查吸入环境空气及一定吸氧浓度 / 流量时的动脉血气或血氧饱和度，以确定是否仍需要氧疗，如果需要，则进行治疗。

（三）氧疗方式

1. 鼻导管给氧

鼻导管和鼻塞用具简单方便，是临床最常用的轻中度低氧血症患者的给氧方法。吸入氧浓度与吸氧流量、患者通气量和吸呼气时间比有关，推算增加 1L 氧流量提高 4% 吸氧浓度。

2. 面罩给氧

面罩给氧浓度稳定，可提供中等氧浓度，一般适用于需要较高氧浓度的患者。简单面罩给氧适用于无 CO_2 潴留的明显低氧血症患者。储气囊面罩适用于严重低氧血症伴通气过度呼吸性碱中毒的患者。可调式吸氧面罩吸氧浓度不受通气量影响，可以准确控制，适用于低氧血症伴高碳酸血症的患者。

3. 无创正压通气（non-invasive positive pressure ventilation，NIPPV）

由于尘肺合并呼吸衰竭常是换气障碍的肺部病变所致，加上呼吸肌疲劳，使用呼吸兴奋剂改善通气弊大于益，因此应以 NIPPV 作为改善通气量的首选方法。在保证气道通畅的前提下进行鼻导管或面罩吸氧，吸入氧浓度以 SaO_2 达到 90% 为标准。高碳酸血症时，应增加通气量促进排出 CO_2，积极纠正酸碱失衡和电解质紊乱，改善机体代谢状况，可以显著改善患者生存期和住院风险，对呼吸衰竭治疗效果有非常重要的意义。尘肺病合并睡眠呼吸暂停综合征是应用无创正压通气的指征。

4. 经鼻高流量（high flow nasal cannula，HFNC）氧疗

HFNC 作为一种新呼吸支持技术近年得到临床广泛应用，伴严重低氧血症的尘肺合并呼吸衰竭患者在稳定期可使用 HFNC 以降低 $PaCO_2$ 水平，改善生活质量，减少再住院次数。同时，可使用 HFNC 联合 NIPPV 序贯治疗，以改善膈肌疲劳，促进呼吸肌力恢复。

（毛　翎　崔　萍　马　丽）

第五节　中医治疗

尘肺是因长期工作或生活于尘埃环境，粉尘吸入，沉积于肺，阻塞肺络，肺失清肃、宣发所致，临床以长年咳嗽不止，胸闷、胸痛、盗汗，久则动辄气喘等为特征的慢性肺系病。中医学根据其症状及发病特点，将其归属中医“咳嗽”“喘证”“肺痹”“肺痿”等范畴。中医对尘肺病的明确记载始于北宋，《孔氏谈苑》中“贾古山采石人，末石伤肺，肺焦多死”，详细描述了尘肺病的发病过程。然而，古代尘肺病并没有专属病名，多以“石匠痨病”“挖煤工痨病”“矿工咳嗽病”代替。

由中华中医药学会发布的《尘肺病证候诊断标准》指出，尘肺病早期以肺燥伤阴证为常见，以阴虚为主。随着疾病的进展，在疾病中后期多为虚实夹杂、以虚为主，虚则见于肺气虚证、肺脾气虚证、肺肾气虚证，实则见于痰湿阻肺证、瘀阻肺络证，其中瘀阻肺络证常兼于其他证候。临床实际中痰湿阻肺证、瘀阻肺络证二者常兼杂形成痰瘀阻肺证的实证复合证候；痰湿阻肺证、瘀阻肺络证常见诸虚证类证候而成为虚实夹杂的复合证候。根据不同的证候类型，其治疗方式有所区别。

一、辨证论治

尘肺病中医治疗以扶正祛邪、滋阴润肺为主要治则。常见的中医症候如下。

（一）虚证类

1. 肺燥伤阴证

（1）主症：干咳，痰少，喘促，胸痛，口干，咽干，舌质红，舌苔少，舌苔燥，脉数；次症：咳嗽，痰黏难咯，胸闷，气短，口渴，盗汗，舌苔薄黄，脉细。

（2）肺燥伤阴证诊断条件：①干咳，或痰少或痰黏难咯；②喘促或气短；③胸闷，甚则胸痛；④口干、咽干或口渴；⑤盗汗；⑥舌质红、舌苔少、薄黄或干燥，或脉细数。

（3）肺燥伤阴证诊断标准：具备①、②、③中两项，加④、⑤、⑥中的两项即可诊断。

（4）治法：润肺养阴、清化燥热。

（5）方药：麦门冬汤合清燥救肺汤、紫菀散加减。药如麦冬、西洋参、玄参、阿胶、瓜蒌、浙贝母、赤芍、郁金、紫菀、陈皮、桔梗、炙甘草等。

2. 肺气虚证

（1）主症：咳嗽，气短，神疲，自汗，恶风，舌质淡，脉沉细；次症：胸闷，喘促，乏力，易感冒，动辄汗出。

（2）肺气虚证诊断条件：①咳嗽、喘促或气短或胸闷；②恶风或易感冒；③神疲或乏力，动辄加重；④自汗，动辄加重；⑤舌质淡或脉沉细。

（3）肺气虚证诊断标准：具备①项，加②、③、④、⑤中的两项即可诊断。

（4）治法：补益肺气、化痰止咳。

（5）方药：补肺汤（《妇人大全良方》）合人参养肺汤（《杂症会心录》）加减，药如人参、胡桃仁、阿胶、绞股蓝、浙贝母、紫菀、防己、姜黄、桑白皮、紫苏子、陈皮等。

3. 肺脾气虚证

（1）主症：咳嗽，喘促，气短，乏力，神疲，食少，腹胀，纳呆，便溏，舌体胖大；次症：胸闷，自汗，易感冒，胃脘痞满，舌质淡，舌苔白腻，舌有齿痕，脉细，脉沉。

（2）肺脾气虚证诊断条件：①咳嗽、喘促、气短或胸闷；②乏力或神疲，动辄加重；③自汗或易感冒；④胃脘痞满或腹胀或便溏；⑤纳呆或食少；⑥舌体胖大或有齿痕、舌质淡、苔白腻或脉沉细。

（3）肺脾气虚证诊断标准：具备①、②、③中的两项，加④、⑤、⑥中的两项即可诊断。

（4）治法：补肺健脾、佐以化痰活血。

（5）方药：六安煎合六君子汤加减，药如人参、白术、茯苓、半夏、厚朴、陈皮、川贝母、紫菀、百部、紫苏子、姜黄、牡丹皮、桔梗等。

4. 肺肾气虚证

（1）主症：咳嗽，喘促，动辄喘甚，气短，神疲，易感冒，耳鸣，夜尿多，脉沉细，脉弱；次症：乏力，畏风寒，自汗，腰膝酸软，面目虚浮，小便频数，咳时遗尿，舌质淡。

（2）肺肾气虚证诊断条件：①喘促、咳嗽或气短，动辄加重；②神疲、乏力或自汗，动辄加重；③易感冒或畏风寒；④腰膝酸软或耳鸣；⑤面目虚浮；⑥小便频数、夜尿多或咳时遗尿；⑦舌质淡或脉沉细或弱。

（3）肺肾气虚证诊断标准：具备①、②、③中的两项，加④、⑤、⑥、⑦中的两项即可诊断。

（4）治法：补益肺肾、止咳平喘。

（5）方药：人参补肺汤（《外科枢要》）合人参补肺饮（《症因脉治》）加减，药如人参、黄芪、枸杞子、麦冬、五味子、淫羊藿、浙贝母、紫苏子、牡丹皮、姜黄、沉香、薏苡仁、陈皮、炙甘草等。

（二）实证类

1. 痰湿阻肺证

（1）主症：咳嗽，痰多，痰色白，气短，胸闷，肢体困倦，舌苔白腻，脉滑；次症：喘促，痰质黏，食少，纳滞，胃脘痞满，脉濡。

（2）痰湿阻肺证诊断条件：①咳嗽、气短或胸闷；②痰多或白黏；③食少或纳呆；④胃脘痞满；⑤肢体困倦；⑥舌苔白腻或脉滑或濡。

（3）痰湿阻肺证诊断标准：具备①、②两项，加③、④、⑤、⑥中的两项即可诊断。

（4）治法：燥湿化痰、宣降止咳。

（5）方药：六安煎合六君子汤、薏苡仁散加减，药如党参、白术、茯苓、薏苡仁、淫羊藿、浙贝母、紫苏子、陈皮、半夏、厚朴、防己、郁金等。

2. 瘀阻肺络证

（1）主症：胸痛如刺，面色晦暗，舌质紫暗，舌有瘀点或瘀斑，舌下脉络迂曲、粗乱；次症：口唇、爪甲青紫。

（2）瘀阻肺络证诊断条件：①胸痛如刺；②面色晦暗；③口唇、爪甲青紫；④舌质紫暗、有瘀点或瘀斑；⑤舌下脉络迂曲、粗乱。

（3）瘀阻肺络证诊断标准：具备①、②、③、④、⑤中的1项即可诊断。

（4）治法：活血化瘀。

（5）方药：姜黄、莪术、郁金、赤芍、牡丹皮等，或者选用血府逐瘀汤等制剂。

临床实际中，可根据所见诸虚实证候的不同而加减用药。

（三）虚实夹杂类

临床实际中尘肺病患者常呈虚实夹杂的复合证候，如肺气虚痰湿证，肺脾气虚痰湿证、肺脾气虚血瘀证、肺脾气虚痰瘀证等。临床医师必须四诊合参，根据病情资料进行综合分析，确定患者的证候后，进行辨证论治。既要考虑补益正气，又要顾及祛除邪气，以达到阴阳平衡、脏腑和谐的状态。

二、其他中医治疗

尘肺病的其他中医治疗是在辨证论治的基础上，实施以外治技术为主的治疗方法，包括针灸、中药穴位贴敷、艾灸和督灸等。

（一）针灸

针灸治疗可以改善心肺和周围肌肉耐力，增强体质。取手太阴肺经的少商、太渊、孔最、尺泽、中府、云门穴，手阳明大肠经的合谷穴，足太阳膀胱经的肺俞、厥阴俞穴、心俞穴，足阳明胃经的丰隆穴，任脉的膻中、中脘穴，经外奇穴的定喘穴，每天1次，留针30min。

（二）中药穴位贴敷

药物外敷于穴位上则刺激了穴位本身，激发了经气，调动了经脉的功能，使之更好地发挥行气血、营阴阳，增强患者免疫力的整体作用。可用配方：白芥子15g、延胡索15g、甘遂8g、细辛8g、肉桂8g研末，姜汁适量。配穴：大椎、定喘、肺俞、心俞、膈俞、天突、足三里。敷贴时间：2~4h/次，1次/周。

（三）艾灸、督灸

艾灸和督灸都是中医的传统疗法。艾灸是用艾叶制成的，艾热刺激体表穴位，调整人体紊乱的生理生化功能，从而达到防病治病的目的。艾灸常包括艾卷灸、温针灸、直接灸等，具有温经散寒、行气通络、扶阳固脱等作用。督灸则是艾灸的一种特殊形式，又称督脉铺灸或长蛇灸，是在背部督脉的循行部位进行隔药灸。督脉为阳脉之海，总督人体诸阳，对全身阳经气血起调节作用。督灸通过刺激督脉，可以达到刺激人体阳气、促进阳气滋生的效果，具有扶正固本、温阳散寒的功效。

三、预防保健

八段锦与太极拳是古代导引术的一种。八段锦具有“形与神合，气蕴其中，松紧结合，动静相兼，舒展柔和，圆活连贯”的特点。太极拳强调动静结合、刚柔相济，要求以气运全身，起到调和气血、调养脏腑经络的作用。

八段锦属中低强度有氧运动，注重深而缓的腹式呼吸模式，可增加尘肺病患者的潮气量，且配合上举下按的动作，利于胸廓、膈肌与腹肌的扩张，改善尘肺病患者的肺功能，提高患者生活质量。

进行太极拳锻炼过程中，通过深度隔膜呼吸使身体整体协调运动，在身体和大脑之间实现协调平衡，并促进内部能量的流动，经常练习可提高尘肺病患者的有氧能力、肌肉力量、平衡、健康有关的生活质量及心理健康。

（崔　萍　马艳红）

第六节　综合治疗

尘肺病以弥漫性肺间质纤维化持续性、进行性加重为突出特点，尽管尘肺病目前尚无根治的药物和措施，但多年的临床研究已证实，尘肺病是完全可以预防，并能够控制的慢性呼吸系统疾病。因每位患者肺部纤维化程度、进程、营养状况、个体体质不同以及是否有合并症，其临床表现和转归有很大差别，建议根据病情需要进行个性化综合治疗，即在心理干预、饮食与营养、提高机体免疫力的基础上，采取脱离粉尘作业、抗纤维化、对症治疗、防治并发症 / 合并症和康复治疗等，达到减轻患者痛苦、延缓病情进展、提高生活质量和社会参与程度、延长患者寿命的目的。本节重点阐述心理干预、饮食与营养、提高机体免疫力的治疗作用。

一、心理干预

尘肺病病程长、肺部纤维化渐进性进展、呼吸困难逐渐加重，患者不能继续工作、无可靠的经济来源且目前无特效的治疗药物和措施等，患者普遍存在不同程度焦虑、恐惧、孤独、寂寞、自卑等情绪，易产生抑郁、悲观等不良精神状态，这些情绪在疾病急性发作时可能会加剧。不良精神状况反复发作、迁延不愈，不但影响患者生活质量也会加重呼吸系统症状。因此心理干预与心理治疗有助于尘肺病患者减轻心理问题。严重精神疾患必要时应转至精神专科治疗。

心理干预医师应与尘肺病患者建立良好的医患关系，增强患者信任感，提高治疗依从性；提高患者对尘肺病的正确认识，科学面对疾病认知；应用正面认知法，帮助患者改变对疾病的负面认知，调整消极的思维模式和行为习惯，增强自我管理能力；通过腹式呼吸、音乐治疗、瑜伽、放松治疗等使患者放松身心，减轻其紧张、焦虑情绪；鼓励患者参与社交活动，加强与家人、朋友和医疗机构的联系，获得情感支持，减轻孤独感；要帮助患者加强自我管理，保持积极心态，学习有效的情绪调节技巧。结合肺康复训练，改善呼吸困难，增加患者的运动耐量，减少残疾，也有助于改善患者的心理症状，提高患者的生活质量。

二、饮食与营养

尘肺病病程平均长达 30 年，具有病情逐渐加重，并发感染、肺结核、心功能不全等特点，常因病情消耗、药物副作用、胃肠道淤血等原因，从而导致消化吸收功能减弱，引起营养不良。营养不良会对呼吸肌功能、机体免疫力和肺功能造成负面影响，同时损害机体的防御功能和免疫功能，更易反复感染，增加病情恶化和死亡率的风险，所以尘肺病与营养不良常易互相影响形成恶性循环，在治疗尘肺病的同时，应提前关注患者的饮食，预防和纠正营养不良。

全身营养支持在纠正营养不良的同时，不仅可以增强患者免疫能力，还可以延缓肌肉萎缩，包括呼吸肌萎缩，从而改善肺功能。尘肺病患者应食物多样化，保证全面的营养，饮食清淡易于消化吸收，饮食结构成分包括优质高蛋白质、维生素、清肺润肺食物和增强免疫力的食物等。科学膳食，增加富含蛋白质食物的摄入如蛋类、奶类、瘦肉等；食物应多样化，保证其他营养元素的摄取，蛋白质、脂肪、碳水化合物三者的合理供能比例应为2∶3∶5。对于体质较差、基础疾病较重、合并症较多的患者，可以在专业医生指导下补充一些营养制剂，提供必要的营养支持，以促进病情的恢复。

慢性阻塞性肺疾病全球倡议组织（GOLD）指南提出“营养性抗氧化剂”的概念，包括维生素C和维生素E、锌和硒等元素，这些元素被证明能够改善氧化应激、股四头肌肌力和血清总蛋白水平，但并不一定会进一步改善股四头肌耐力。另外，只对营养不良的患者进行营养干预，可以显著改善患者六分钟步行试验结果、呼吸肌力和健康状况。

营养不良采用体重指数（BMI）和去脂体重指数（FFMI）进行评估，同时参考血液学相关检查，监测尘肺病患者的营养状况，并根据患者的情况定期复查，根据结果制订营养支持计划。营养状态评估包括体重指数、三头肌皮褶厚度、血浆蛋白、氮平衡、血常规、尿常规、呼吸肌肌力、骨骼肌肌力、肌肉耐力、体能活力等总体健康相关评估。

三、提高机体免疫力

尘肺病患者常出于以下原因导致机体免疫力下降，首先，肺间质纤维化的不均匀性和收缩、相互牵拉可致支气管扭曲、变形、狭窄，导致呼吸系统的正常生理清除功能下降；其次，尘肺病慢性长期病程使患者免疫功能紊乱导致机体抵抗力低下；最后，临床上不规范长期使用抗生素和激素，以及侵袭性诊疗等，导致患者机体免疫力下降。提高免疫力对减缓疾病进展、减少并发症的发生至关重要，可通过以下方面提高尘肺病患者的机体免疫力。

1. 均衡饮食

确保摄入充足的营养，特别是富含蛋白质和维生素的食物，如瘦肉、鱼类、蛋类、奶制品、新鲜蔬菜和水果（如番茄、柑橘类富含维生素C，胡萝卜、菠菜等富含维生素A），这些都能帮助患者增强免疫系统功能。

2. 规律运动

适度的有氧运动，如散步、慢跑、游泳或骑自行车，能增强心肺功能，增加肺活量，改善呼吸功能，从而提高患者呼吸系统的免疫力。太极、瑜伽等轻柔运动也有助于患者身心放松，间接提升免疫力。

3. 充足睡眠

保证足够的休息和高质量的睡眠，有助于患者身体修复和免疫系统的正常运作。

4. 戒烟限酒

避免吸烟和过量饮酒，因为这些习惯会严重损害呼吸系统，降低免疫力。

5. 个人卫生

保持良好的个人卫生习惯，如勤洗手，减少接触病原体的机会。

6. 接种疫苗

按时接种流感疫苗和肺炎球菌疫苗等，预防呼吸系统相关的传染病。

7. 减压

采取有效方式减轻压力，如冥想、深呼吸练习等，因为长期的压力会削弱免疫系统功能。

8. 药物调理

在医生指导下，适当使用增强免疫力的药物，如胸腺肽、转移因子等，或者针对特定疾病的治疗药物，以防病情加重。

9. 保持良好生活环境

保持室内空气清新，避免有害气体和粉尘的吸入，定期开窗通风，使用空气净化器等设备。

10. 中医调理

根据个人体质，可以考虑采用中医方法，如食疗、中药调理（如玉屏风散、黄芪等）来增强体质和呼吸系统免疫力。

（崔　萍　马　丽）

第七节　并发症与合并症治疗

一、尘肺病合并呼吸系统感染的治疗

尘肺病患者由于肺间质纤维化的不均匀性和收缩、相互牵拉可致支气管扭曲、变形、狭窄，导致呼吸系统的正常生理清除功能下降；尘肺病慢性长期病程使患者免疫功能紊乱导致机体抵抗力低下；临床上不规范长期使用抗生素和激素，以及侵袭性诊疗等，是尘肺病患者常常合并呼吸系统感染的主要原因。相对于普通人群的呼吸系统感染，尘肺并发呼吸系统感染的治疗难度加大。尘肺易合并呼吸系统病毒、细菌、真菌、肺炎支原体、肺炎衣原体感染。

（一）尘肺合并呼吸系统病毒感染

1. 尘肺合并急性上呼吸道感染

上呼吸道的解剖范围包括鼻腔－鼻窦、咽（鼻咽、口咽、喉咽）、喉和中耳以及隆突以上的气管部分，凡是这些部位的感染都属于上呼吸道感染。尘肺病患者常发生急性上呼吸道感染，表现为在原有尘肺病症状基础上，出现流涕、喷嚏、鼻塞、咽部灼热感、声嘶、咽喉疼痛等。尘肺合并急性上呼吸道感染，多由病毒引起，而细菌、支原体、衣原体、真菌、螺旋体亦有所见，其中主要包括流感病毒、副流感病毒、呼吸道合胞病毒、腺病毒、新型冠状病毒、鼻病毒、柯萨奇病毒等。

（1）尘肺合并普通感冒。

感冒是尘肺病合并急性上呼吸道病毒感染中最常见的病种，多呈自限性但发生率高。感冒有关病原体包括鼻病毒、腺病毒、呼吸道合胞病毒。病理变化与病毒毒力和感染范围有关。一般在呼吸道上皮细胞检测不到明显的病理改变，但仍可出现一些炎症反应，呼吸道黏膜水肿、充血，出现渗液（漏出或渗出），多形核白细胞在感染早期即浸润鼻黏膜上皮细胞，但这种炎症仅在有症状的情况下被观察到，修复较为迅速，一般不造成组织损伤。不同病毒可引起不同程度的细胞增殖和变性。鼻黏膜纤毛的破坏持续时间可达 2~10 周。当感染严重时，鼻窦、咽鼓管和中耳道可能被阻塞，造成继发感染。普通感冒主要依据鼻炎、流鼻涕、打喷嚏、鼻塞、轻度咽炎和咳嗽等上呼吸道症状明显而全身症状相对较轻，并排除过敏性鼻炎等非感染性上呼吸道炎即可作出诊断。常用对症药物包括伪麻黄碱和抗组胺药。伪麻黄碱作用于呼吸道黏膜 α－肾上腺素能受体，可缓解鼻黏膜充血，但对心脏和其他外周血管 α－受体作用甚微。伪麻黄碱可减轻鼻塞，改善鼻腔通气，改善睡眠，但不宜长期应用，3~5 天为宜。抗组胺药中，非选择性抗组胺药如溴苯那敏、氯苯那敏和氯马斯汀，能缓解喷嚏和流鼻涕的症状，但可能引起镇静等副作用。抗病毒药物和抗生素一般不建议用于普通感冒。

（2）尘肺合并流行性感冒。

流行性感冒简称流感，是流感病毒引起的急性呼吸道传染病。流感病毒的主要特点为抗原多变性、季节流行性强，对人群和社会的影响巨大。流感病毒引起的呼吸系统感染性疾病，老人和慢性病患者是主要高发人群，常可造成高死亡率。甲、乙、丙型流感病毒均可引起典型流感症状。流感病毒直径大约为120nm，被球状脂质包裹，病毒表面包裹着血凝素（HA）和神经氨酸酶（NA）两种穗状糖蛋白，类脂膜下面上有一层M1蛋白包围着核糖核蛋白（RNP）核心，这个核心里包含有RNA节段。迄今动物流感病毒中共有16个HA亚型和9个NA亚型，但其中只有3个HA亚型（H1、H2、H3）和2个NA亚型（N1、N2）能感染人类并引起暴发。流感病毒不断改变其抗原性，使其可以在人类中持续传播并难以预测。抗原性转变可以在两个同种或异种的流感病毒感染同一个细胞发生的重配过程中出现。当对这种病毒没有免疫力的人群被感染，就可能引起流感大流行。流感病毒全球性分布，每年都会发生强度不一的暴发，突然暴发和感染性传播是流行性感冒的特点，这些特点与流感的潜伏期短以及发病初期呼吸道分泌物中病毒浓度高有关。流感病毒潜伏期平均2天，一般1~5天。流感病毒主要在咳嗽、喷嚏、说话的过程中，通过空气散播飞沫在人际传播，小颗粒气溶胶、手部受污染后自我感染也有助于流感病毒的传播。

典型的流感病毒感染可引起明显全身症状，发热、头痛、肌痛以及咳嗽和咽痛，常见的症状还有咽部充血和结膜充血、颈淋巴结肿大以及鼻分泌物的清除。发热等全身症状一般需3~5天才能消除，但干咳和鼻塞等呼吸道症状会持续2~4周。流感病毒感染早期中性粒细胞轻微增多及淋巴细胞轻微减少，可伴中性粒细胞减少。流感病毒感染可致血清淀粉样蛋白A和C反应蛋白升高。流感可能会导致一过性小气道功能障碍。流感并发症较常见，可表现为中耳炎、鼻窦炎、支气管炎、哮喘和肺炎。尘肺病患者应注意观察避免加重为流感性肺炎。流感的治疗主要为解热镇痛药，包括对乙酰氨基酚或非甾体抗炎药，用于解热、解痛或其他全身症状。镇咳药通常用于减缓咳嗽。抗生素没有证据表明有利于缩短病程或减少并发症的可能性，应仅限于细菌性并发症。

2. 尘肺合并病毒性肺炎

尘肺病患者合并病毒性肺炎常见的病原体有严重急性呼吸系统综合征冠状病毒（severe acute respiratory syndrome coronavirus，SARS-CoV-1、SARS-CoV-2）、流感病毒、副流感病毒、高致病性禽流感病毒、腺病毒、呼吸道合胞病毒。呼吸道病毒感染具有较强的传染性和一定季节性。尘肺合并病毒性肺炎的临床表现和病情严重程度差异很大，大多急性起病，症状包括发热、头痛、全身肌肉酸痛、乏力等，呼吸道症状表现为原有尘肺症状的加重，可伴有明显喘息、呼吸困难，严重者可有心肺功能衰竭表现。尘肺合并病毒性肺炎者的胸部计算机断层扫描的表现多为间质性浸润，呈磨玻璃状，随着病情发展可出现肺泡实变和融合，呈小片浸润乃至大片致密影。尘肺合并病毒性肺炎的诊断需要进行病毒核酸检测、血清免疫学检测以及基因测序。结合流行病学（如流行季节和疫区旅行史等）和临床特征进行早期诊断、早期抗病毒及合理的对症支持治疗是降低病死率的关键。抗病毒治疗特异性较强的药物包括：流感病毒感染早期（48h内）可选用神经氨酸酶抑制剂奥司他韦和扎那米韦，对甲型、乙型流感均有效；尘肺合并COVID-19应尽早使用莫诺拉韦胶囊、阿兹夫定片、奈玛特韦/利托那韦片组合包装（paxlovid）；尘肺合并呼吸道合胞病毒肺炎可早期使用利巴韦林口服；尘肺合并巨细胞病毒肺炎可首选静脉应用更昔洛韦治疗。

（二）尘肺合并呼吸系统细菌感染

尘肺合并呼吸系统细菌感染以革兰氏阴性菌为主，包括肺炎克雷伯菌、大肠埃希菌、铜绿假单胞菌、鲍曼不动杆菌等，革兰氏阳性菌主要为金黄色葡萄球菌。尘肺合并呼吸系统细菌感染临床表现为尘肺病原有症状突然加重，咳嗽、咳痰量增多，痰可为白色黏稠状，也可呈黄色脓性，呼吸困难加重，可伴发热、乏力、食欲不振。实验室检查多有外周血白细胞升高，中性粒细胞比例增高或核左移。降钙素原是细菌感染早期的诊断指标，与病情严重程度及预后密切相关。影像学表现为在原有尘肺病灶的基础上出现斑片浸润影、肺叶或肺段实变影、弥漫性小片状模糊影、磨玻璃影或间质性改变，少数可伴胸腔积液。相对于单纯细菌性肺炎的治疗，尘肺合并呼吸系统细菌感染的治疗更困难，疗程更长，治疗应遵循以下原则：根据病情的严重程度和治疗方法的需要选择门诊或住院治疗；在诊断明确并安排标本采样送病原学检查后，及时启动经验性抗感染治疗；根据病原学结果并参考体外药敏结果进行针对性治疗；动态评估经验性抗感染效果，初始治疗失败时查找原因，并及时调整方案；重视肺功能评定，适时进行物理治疗、雾化、辅助排痰、呼吸康复、营养支持等辅助性治疗，开展健康教育和心理辅导。

1. 尘肺合并肺炎克雷伯菌肺炎

针对尘肺合并肺炎克雷伯菌肺炎的抗感染治疗可选择β-内酰胺类，重症者可联合氨基糖苷类或喹诺酮类。对于抗生素使用频度较低的患者或药敏试验证明敏感，可以选用第一至第三代头孢菌素或广谱抗生素；对于肺炎克雷伯菌产超广谱β-内酰胺酶（ESBLs）株感染者，常呈多耐药，需应用碳青霉烯类抗生素。

2. 尘肺合并铜绿假单胞菌感染

铜绿假单胞菌是医院获得性肺炎的常见病原菌。针对尘肺合并铜绿假单胞菌感染的经验性抗感染治疗通常可选择一种具有抗假单胞菌活性、可单药用于肺部感染的抗菌药物；若存在脓毒症等重症情况或有耐药菌感染的危险因素，则选择可能敏感的两种不同类别的抗菌药物联合治疗。轻症患者可口服给药，重症患者应静脉给药。通常使用含酶抑制剂的复方制剂（哌拉西林/他唑巴坦、头孢哌酮/舒巴坦、替卡西林/克拉维酸钾）、头孢菌素类（头孢他啶、头孢吡肟）和碳青霉烯类（亚胺培南、美罗培南），并给予充分的剂量。氟喹诺酮类和氨基糖苷类可在β-内酰胺类过敏或不能使用时选用或作为联合治疗用药。由于耐药发生率高，在获得培养和药敏结果后，应根据临床治疗反应和药敏试验结果调整抗生素治疗，疗程为2~3周。

3. 尘肺合并葡萄球菌肺炎

尘肺合并葡萄球菌肺炎的治疗按分离菌株对甲氧西林是否耐药而定。对甲氧西林敏感型金黄色葡萄球菌引起的肺炎，可选择甲氧西林、苯唑西林、氯唑西林或双氯西林、第一代头孢菌素如头孢左林进行治疗。抗甲氧西林金黄色葡萄球菌（methicillin resistant Staphylococcus aureus，MRSA）引起的肺炎治疗时需使用糖肽类抗生素（万古霉素、去甲万古霉素、替考拉宁），必要时联合利福平或呋地西酸。利奈唑胺穿透力强，肺组织浓度很高，推荐用于MRSA所致医院获得性肺炎（hospital-acquired pneumonia，HAP）/呼吸机相关性肺炎（ventilator-associated pneumonia，VAP）的治疗。

4. 尘肺合并肺炎衣原体肺炎、肺炎支原体肺炎

尘肺合并肺炎衣原体肺炎、肺炎支原体肺炎的抗感染治疗可选用大环内酯类、四环素类或喹诺酮类药物，疗程10~14天。

（三）尘肺合并呼吸系统真菌感染

由于抗生素、激素和免疫抑制剂等药物的广泛使用及侵袭性诊疗技术的发展，尘肺合并呼吸系统真菌感染日渐增多，其危险因素包括：外周血中性粒细胞缺乏且持续10天以上；发热或体温过

低，同时伴有中性粒细胞减少 10 天以上；持续使用糖皮质激素 3 周以上；长时间机械通气；体内留置导管；侵袭性检查；长期使用广谱抗生素等。

尘肺合并呼吸系统真菌感染的诊断根据高危因素、临床表现、微生物证据、病理证据，分为确诊、临床诊断及疑似诊断 3 个级别，具备 4 个证据可以确诊，具备 3 个证据而缺乏病理证据为临床诊断，只具备有高危因素和临床表现，缺乏微生物和病理证据为疑似诊断。

尘肺合并呼吸系统真菌感染的治疗原则：积极处理原发病，尽可能去除危险因素；加强支持治疗；重视全身和局部的综合治疗；及时抗真菌治疗，合理选用抗真菌药物。治疗常需静脉给药，疗程一般 6~12 周以上至症状消失或血培养连续 2 次阴性，或者肺部病灶大部分吸收、空洞闭合。严重感染者应采用有协同作用的抗真菌药物联合治疗。

1. 尘肺合并肺念珠菌病

尘肺合并肺念珠菌病临床表现有持续发热，咳嗽加重、咳痰明显增多，痰液黏稠或呈黏液胶质样，偶有痰中带血，伴呼吸困难、胸痛，部分患者口咽部可见鹅口疮或散在白膜，影像学可仅表现出尘肺改变。根据上述分级诊断标准，尘肺病患者出现相应的临床表现，合格痰或肺泡灌洗液标本多次分离到同一种念珠菌，且镜检同时发现多量假菌丝和孢子，可作为临床诊断证据，如真菌 G 试验阳性则更加支持诊断。本病的治疗可选择氟康唑、伊曲康唑、伏立康唑、两性霉素 B、卡泊芬净或米卡芬净。

2. 尘肺合并肺曲霉病

尘肺合并肺曲霉病包括变应性支气管肺曲菌病（ABPA）、肺曲霉球和急性侵袭性肺曲霉病（IPA）。ABPA 的特征性表现为反复发作的喘息、咯血，影像学表现为中心性支气管扩张或黏液嵌塞形成的圆形致密阴影伴半月形透光区，实验室检查可有周围血嗜酸性粒细胞增高，血清总 IgE 及特异性 IgE 和 IgG 升高。ABPA 的治疗首选激素治疗，可缓解症状，并可预防支气管扩张、不可逆性气道堵塞和肺纤维化发生。抗真菌药物治疗有助于急性症状消退，但一些症状仍可反复发作，如咯血反复发作且量较多时可予以手术切除治疗。IPA 是尘肺病患者合并曲霉菌感染最常见的表现，可表现为发热、胸痛、咯血，严重者出现呼吸衰竭，胸部 CT 显示浸润性肺部阴影边缘有晕影和空气半月征对诊断有重要提示意义。血清检测曲霉抗原半乳糖甘露聚糖敏感性和特异性均较高，有重要的诊断意义。IPA 的治疗可选用伏立康唑、伊曲康唑、含脂质两性霉素 B、卡泊芬净或米卡芬净。

3. 尘肺合并肺隐球菌病

尘肺合并肺隐球菌病较少见，临床症状轻重不一，可有发热、干咳，偶有少量咯血、乏力、体重减轻，重症患者出现呼吸困难和低氧血症，合并脑膜炎者有头痛、头晕、呕吐等脑膜刺激征。本病影像学表现多样，较为特征的征象为单发或多发结节，但与尘肺结节病灶不易区分，常有空洞形成，多位于周围肺野。痰液和下呼吸道采样培养阳性率不高，但对于尘肺病患者诊断仍有参考价值；多糖抗原检测隐球菌荚膜特异性高，快速灵敏，提倡应用肺泡灌洗液或胸腔积液送检；凡有条件者应采取经皮或经支气管肺活检，进行病理组织学检查。轻中症患者治疗推荐使用氟康唑或伊曲康唑；重症患者的治疗诱导期使用两性霉素 B 联合 5- 氟胞嘧啶，巩固期及加强期使用氟康唑。

4. 尘肺合并肺孢子菌肺炎

尘肺合并肺孢子菌肺炎的患者主要的临床表现为发热、干咳和渐进性呼吸困难，影像学早期表现为在尘肺弥漫小阴影的基础上出现磨玻璃样间质性浸润性阴影，迅速融合而成为广泛肺实变，可见支气管充气征，一般不累及肺尖、肺底和肺外带。痰液、肺泡灌洗液标本或肺活检标本仍是目前本病基本的诊断方法。本病治疗的首选药物是甲氧苄啶 – 磺胺甲噁唑（TMP–SMZ），重症者可加用糖皮质激素。

（四）病原检测新技术的应用

尘肺病患者常常合并肺部感染，且感染病原类型复杂，在感染病菌不明的情况下经验性抗感染治疗效果多不佳，因此感染病菌原检测对治疗非常重要。但传统的病原检测方法包括培养及涂片、生物标志物检测、靶向分子检测等，覆盖病原相对不足，感染病因难以明确。随着宏基因组新一代测序技术（metagenomics next generation sequencing，mNGS）的广泛应用和不断成熟，该技术已成为感染检测的重要手段。mNGS 通过对临床样本的 DNA 或 RNA 进行鸟枪法测序，可以无偏倚地检测多种病原微生物（包括病毒、细菌、真菌和寄生虫）。当尘肺病患者病情加重，高度怀疑感染所致但多种传统技术反复检测无法明确致病性微生物时，建议尽快开展 mNGS 检测。通过经皮肺穿刺组织、经支气管镜肺活检组织及经超声支气管镜淋巴结穿刺活检组织等，标本采集难度高，重复采集可能性低，具有局限性，送检 mNGS 可提高病原诊断灵敏度，尽早进行目标性治疗。需特别注意的是，目前没有国家和地区正式批准 mNGS 用于临床感染性疾病的病原诊断，因此原则上 mNGS 检测结果不能单独作为病原学确诊或排除的证据，需要其他方法验证，并结合患者临床背景、影像学资料及其他实验室检查结果，综合判断。

二、尘肺合并慢性阻塞性肺疾病的治疗

尘肺病是一种肺纤维化性疾病，肺功能以限制性通气功能障碍和弥散功能障碍为主，同时长期粉尘暴露造成气道慢性炎症，导致不可逆气流受限，阻塞性通气功能障碍也是很常见的表现，因此 COPD 是尘肺病常见的合并症，严重影响尘肺病患者的生存质量、疾病治疗、病情进展和预后，并加速患者死亡。尘肺病患者合并慢性阻塞性肺疾病的患病率为 32.7%，并随吸烟包年、接尘工龄以及尘肺分期的增加而增加。

（一）临床表现

尘肺合并 COPD 患者同样表现为慢性和进行性加重的呼吸困难、反复咳嗽和咳痰，早期表现为劳力后胸闷、气喘或呼吸费力，随后逐渐加重，日常活动甚至休息时也感到气短。慢性咳嗽通常为首发症状，少数病例无咳嗽症状。痰液一般为少量的黏液性痰，合并感染时痰量增多，可伴脓性痰。病情较重的患者常伴有食欲减退、体重下降、外周肌肉萎缩和功能障碍，以及精神抑郁和焦虑。尘肺合并 COPD 患者未来急性加重风险更高，预后更差，伴有团块的尘肺病患者的住院时间更长，住院费用更高，呼吸道分泌物和 / 或血培养物中感染性微生物的比例更高。

尘肺合并 COPD 患者通常胸廓前后径增大不明显，桶状胸少见，重症患者可见呼吸浅快，辅助呼吸肌参与呼吸运动，出现胸腹矛盾运动，强迫前倾坐位呼吸，低氧血症患者出现皮肤发绀。肺气肿严重的患者叩诊过清音，双肺呼吸音减低，呼气延长，心音遥远，伴感染时可闻及双肺散在湿啰音。

（二）检查

1. 肺功能检查

患者吸入支气管舒张剂后一秒率（第一秒用力呼气量占用力肺活量的比值，FEV_1/FVC）<70%，可以确定为持续存在气流受限，这是诊断 COPD 的重要指标。FEV_1 占预计值的 80%、50%、30% 将气流受限分为轻度、中度、重度和极重度四个等级。尘肺合并 COPD 患者大多同时存在弥散功能下降。

2. 胸部影像学检查

COPD 早期，尘肺合并 COPD 患者影像学表现以尘肺病改变为主，肺气肿严重时，表现为肺野透亮度增高，肺门血管纹理呈残根状，有时可见肺大疱。胸部 CT 检查有利于鉴别诊断，排除其他肺部疾病。HRCT 对辨别小叶中央型或全小叶型肺气肿及确定肺大疱的数量有很高的敏感性和特异性。

（三）诊断及病情评估

尘肺病患者有呼吸困难、慢性咳嗽或咳痰等临床表现，肺功能检查显示吸入支气管舒张剂后 FEV_1/FVC＜70%，除外其他疾病后可确诊为尘肺合并 COPD。但有些快进型矽肺的年轻患者，数年之内肺组织结构发生明显改变，肺功能从限制性通气功能障碍伴 / 不伴弥散功能减退，到出现吸入支气管舒张剂后 FEV_1/FVC＜70%，这种情况下 COPD 诊断应慎重。

尘肺合并 COPD 的病情评估，首先根据肺功能检查明确气流受限严重程度分级，然后根据临床症状、中重度急性加重病史情况进行综合评估，分为 A、B、E 三个组，目的是确定疾病严重程度，指导治疗。

（四）治疗

尘肺合并 COPD 稳定期管理，其治疗目标是减轻症状，降低未来急性加重风险。A 组患者给予缓解症状的一种支气管扩张剂治疗，短效或长效均可，如治疗有效则继续使用，否则更换另一种支气管扩张剂。B 组患者应考虑长效双联支气管扩张剂［长效 β2 受体激动剂（long acting beta agonist，LABA）+ 长效抗胆碱能药物（long acting muscarine anticholinergic，LAMA）］，根据个体需要选择合适的支气管扩张剂种类。E 组患者初始治疗应使用 LABA+LAMA，如果血液中嗜酸性粒细胞数≥300 个 /μL，推荐使用 LABA+LAMA+ 吸入糖皮质激素（inhaled corticosteroid，ICS）。除了药物治疗，尘肺合并 COPD 稳定期治疗还应戒烟及避免粉尘接触，加强肺康复和健康教育以及合理氧疗。

病毒感染、空气污染加重气道炎症，进而诱发细菌感染是 COPD 急性加重（acute exacerbation of COPD，AECOPD）的主要发病机制。尘肺合并 AECOPD 的治疗目标是最小化本次急性加重的影响，预防再次急性加重的发生。尘肺合并 AECOPD 治疗包括支气管扩张剂（以短效 LABA 或 LAMA 或 LABA+LAMA 为主），在此基础上加用糖皮质激素（可雾化或口服或静脉用药）可缩短康复时间，改善肺功能和氧合；可根据临床表现是否合并感染和实验室检查如血常规、C 反应蛋白和降钙素原检查以确定是否使用抗菌药物，必要时氧疗及无创机械通气。

三、尘肺合并肺结核的治疗

肺结核是尘肺病最常见的合并症，是尘肺病快速进展和死亡的重要原因，其中以矽肺合并肺结核最为常见。据统计，叁期矽肺患者中合并肺结核的比例高达 50%，而肺结核导致的死亡占矽肺死因的 34.25%。近年来，尘肺合并肺结核的患者数量逐年增加，早期诊断和及时治疗对于改善患者预后至关重要，不仅能显著降低病死率，还能有效延缓尘肺病肺纤维化的进展。

（一）临床表现

尘肺合并肺结核可出现常见的低热、乏力、盗汗、咳嗽等肺结核症状。矽肺合并结核胸片可表现为结节影、团块影、空洞、大片渗出改变和结核性胸膜炎。结核病灶多发生于上叶尖后段或下叶背段，病灶不对称，密度不均匀。而矽肺小阴影病灶分布广泛，密度基本一致，与矽肺结核病变有较明显区别。矽肺团块基础上发生的干酪性肺炎，原团块失去对称性，边界变模糊，病变向外周发展，其中可有不规则透亮区。矽肺结核空洞较大而不规则，内壁凹凸不平。矽肺小阴影或团块影短期内增大明显，密度不均，大小不等，或病灶短期内多变，要考虑结核感染的可能。气管及支气管结核主要表现为气管或支气管壁不规则增厚，管腔狭窄或阻塞，远端肺组织可出现继发性不张或实变、支气管扩张及其他部位支气管播散病灶。

（二）诊断

矽肺病变中结核分枝杆菌病灶被纤维组织包围，使分枝杆菌不易经支气管进入痰液，病灶周围纤维组织收缩，引起支气管扭曲、变形和闭塞，也不易从痰中排出，因此矽肺合并肺结核患者痰抗酸染色涂片阳性率不高。有肺结核影像学改变特征，而无病原学和病理学确诊依据，如同时伴有肺结核临床表现或结核免疫学指标阳性（结核菌素皮试中度阳性或强阳性或 γ 干扰素释放试验阳性、结核分枝杆菌抗体阳性），排除其他肺部疾病，可临床诊断肺结核。

利福平耐药实时荧光定量核酸扩增技术（GeneXpert MTB/RIF）检测法诊断结核分枝杆菌感染是目前 WHO 唯一推荐的快速检测结核感染的检查方法。此外采用分子诊断技术，通过分析同源 DNA 序列组成差异将细菌鉴定至种的水平，是目前菌种鉴定的“金标准”，可实现肺结核菌种的精准诊断。

肺结核确诊应符合下列情况之一：（1）两次痰涂片检查抗酸杆菌阳性；（2）一次痰涂片阳性加一次痰培养结核分枝杆菌阳性；（3）肺部影像学有结核样改变，同时一次痰涂片阳性或痰培养阳性或分子生物学结核核酸检测阳性；（4）肺组织病理学检查符合肺结核诊断。

（三）治疗措施

首先，改变生活环境，避免继续接触粉尘环境，及时调离原工作岗位。

其次，保持良好的生活环境，注意室内空气流通，减少污染。同时加强个人卫生，勤洗手，做好戴口罩等防护措施。

最后，化学治疗的主要作用是迅速杀死病灶中大量繁殖的结核分枝杆菌，降低传染性，减轻组织破坏，缩短治疗时间；防止获得性耐药细菌出现，彻底杀灭结核病变中半静止或代谢缓慢结核分枝杆菌，治疗后无复发或复发率很低。结核分枝杆菌根据代谢状态分为 A、B、C、D 4 个菌群。A 菌群快速繁殖，占结核繁殖杆菌的绝大多数，易产生耐药变异菌。B 菌群处于半静止状态，多位于空洞壁坏死组织中。C 菌群处于半静止状态，可有突然间歇短暂生长繁殖，许多生物学特点尚不清楚。D 菌群，处于休眠状态，不繁殖，数量很少。抗结核药对不同菌群的作用各异，随着药物治疗作用发挥和病变变化，各菌群之间也互相变化。通常大多数抗结核药可用于 A 菌群。异烟肼和利福平具有早期杀菌作用，即在治疗的 48h 内迅速杀菌，使菌群数量明显减少，传染性减少或消失，痰菌转阴，防止获得性耐药菌产生。临床研究证实抗结核药顿服效果优于分次口服。抗结核治疗遵循“早期、联合、适量、规律、全程”的治疗原则，常用一线抗结核药物有吡嗪酰胺、异烟肼、利福平、乙胺丁醇等，需根据病情选择合适的用药方案。制订治疗方案需要依据患者的病情特点、耐药情况、用药史，以及是否是初治、复治及有无合并症等综合考虑，没有统一的治疗标准方案，用药时间因人而异。通常治疗时间较单纯肺结核疗程延长，且复发率高，易出现副作用。

（四）化学治疗方案

1. 常用抗结核药物

（1）异烟肼（缩写 INH，H）：INH 是单一抗结核药物中杀菌力，特别是早期杀菌力最强者，对巨噬细胞内外结核杆菌均具有杀菌作用。成人剂量 300mg，顿服，结核性脑膜炎、血行播散型肺结核的用药加大。肝功能异常慎用，需注意观察。用药不良反应为可发生周围性神经炎，需服用维生

素 B_6。

（2）利福平（缩写 RFP，R）：RFP 对巨噬细胞内外结核杆菌均有快速杀菌作用，特别是对 C 菌具有独特杀菌作用。INH 与 RFP 联合可显著缩短疗程，代谢后形成肝肠循环，推荐 450mg 顿服，体重 50kg 以上 600mg 顿服。服药后可出现一过性转氨酶增高，出现黄疸应立即停药。

（3）吡嗪酰胺（缩写 PZA，Z）：主要杀灭 B 菌群，应联合用药。对于新发现初治涂阳患者需 2 个月疗程。成人用药每天 1.5g。用药不良反应有高尿酸症、肝损害、食欲不振、关节痛和恶心。

（4）乙胺丁醇（缩写 EMB，E）：EMB 渗透进入结核杆菌，干扰其 RNA 的合成，对细胞壁有破壁作用，抑制细菌繁殖。成人剂量为每天 0.75~1.0g，每周 3 次用药时的剂量为每天 1.0~1.25g。用药不良反应为视神经炎。

（5）链霉素（缩写 SM，S）：SM 是广谱氨基糖苷抗生素，作用结核杆菌的核糖体，诱导遗传密码错读，抑制信使 RNA 转译。SM 具有强大的抑菌作用。肌内注射，每日量为 0.75g，每周 5 次。此药物的副作用是具有耳毒性、肾毒性。

2. 为了规范抗结核治疗，选择标准化学治疗方案

（1）初治活动性肺结核治疗方案（含涂阳和涂阴）：①每日用药方案：强化期顿服 2 个月，巩固期顿服 4 个月，简写为 2HRZE/4HR；②间歇用药方案：隔日一次或每周 3 次，2 个月；③巩固期用药方案：隔日一次或每周 3 次，4 个月，简写为 2H3R3Z3E3/4H3R3。尘肺合并肺结核总疗程应≥12 个月。

（2）复治涂阳肺结核治疗方案：复治涂阳肺结核患者强烈推荐进行药物敏感性试验，敏感患者按下列方案治疗，耐药患者纳入耐药方案治疗。复治涂阳敏感用药方案：2HRZSE/6~10HRE。间歇用药：2H3R3Z3S3E3/4~10H3R3E3，为保证患者不间断用药，必须采用全程督导化疗管理。

（3）耐多药结核病（MDR–TB）治疗方案：耐多药结核病对结核病防控构成严峻挑战，WHO 制定 MDR–TB 治疗方案，将治疗 MDR–TB 结核药物分为五组。治疗方案应含有≥4 种敏感抗结核药物 + 吡嗪酰胺，若无 4 种敏感抗结核药组成方案，应使用≥5 种抗结核药，以 1 种二线注射剂和 1 种喹诺酮为核心药物，加用 2~3 种口服二线药物和尚敏感的一线药物，每日给药，注射剂使用≥6 个月或痰菌阴转后≥4 个月。强化期和巩固期疗程一般为 20 个月，痰培养阴转后继续治疗≥12 个月。

（4）尘肺合并结核化学性预防治疗方案：通常选择以下方案之一，异烟肼 300mg/ 天，持续 24 周；异烟肼 300mg/ 天，利福平 600mg/ 天，持续 12 周；利福平 600mg/ 天，持续 16 周。研究表明使用化学药物预防肺结核，5 年后会使肺结核发病风险降低约 50%。

定期监测药物疗效和不良反应，及时调整治疗方案。

避免吸烟和饮酒，减少对肺部的刺激。保持良好的作息习惯，保证充足的睡眠。均衡饮食，摄入足够的营养，增强身体抵抗力。适当锻炼，增强肺功能，提高身体免疫力。

定期复诊，患者需定期到医院复诊，检查肺部情况，监测病情变化。医生会根据患者情况，调整治疗方案，确保治疗效果。

尘肺合并肺结核患者的治疗结局和治疗方案以及治疗疗程的制定相关。尘肺合并肺结核患者应加强抗结核治疗方案强度，以及保证足够抗结核治疗疗程，才能提高治疗结局，降低未来复发概率。敏感结核尽量选择标准一线的四联抗结核治疗方案，疗程应不低于 6~8 个月；对于病灶较重，合并气管、胸膜结核或其他肺外结核患者，疗程应不低于 9~12 个月。目前针对尘肺不同分期的治疗方案是否一致，尚无临床证据对其分类，认为随着尘肺的分期水平不断增高，应有更强的抗结核治疗方案用于治疗尘肺合并肺结核方能获得更可靠的治疗效果。

四、尘肺并发气胸的治疗

胸膜腔是不含有空气的密闭的潜在腔隙，一旦胸膜腔内有气体聚集，即称气胸（pneumothorax）。气胸是尘肺病常见的并发症，也是尘肺病患者急诊就诊甚至死亡的主要原因之一。随着尘肺病期别的增加，气胸的严重度、并发症检出率、治疗时间及复发风险均随之增高。尘肺病患者并发气胸主要是肺组织纤维化致肺通气功能不均所致。尘肺病肺组织纤维化部位通气下降，周边部位代偿性气肿，泡性气肿互相融合形成肺大疱；肺部纤维化可致细支气管牵拉、扭曲、狭窄，产生活瓣机制，支气管内发生部分阻塞或者全部阻塞，导致肺内的压力明显增加，加重肺气肿和肺大疱的形成。任何使肺内压急剧升高的原因都可导致肺大疱破裂，肺内空气通过破损的肺泡和脏层胸膜进入胸腔，从而导致气胸的形成。尘肺病患者呼吸系统感染引起咳嗽、咳痰、气喘加重、呛咳，异物对咽部及上呼吸道的刺激；过度用力憋气、提取重物、用力大便、胸膜的纤维化及纤维化组织的牵拉和收缩等都是尘肺并发生气胸的原因。由于 SiO_2 对肺部的直接毒性损伤，形成的炎症产物会破坏肺泡壁的弹性纤维，也可导致气胸发生。急性进展的矽肺多数都合并气胸的发生。

（一）尘肺并发气胸的临床类型

尘肺并发气胸通常分为以下三种类型。

1. 闭合性（单纯性）气胸

闭合性（单纯性）气胸多由于肺大疱破裂，破裂口较小，气体进入胸膜腔，病情相对较轻。

2. 交通性（开放性）气胸

交通性（开放性）气胸破裂口较大或因两层胸膜间有粘连或牵拉，使破口持续开放，呼气与吸气时空气自由进出胸膜腔。

3. 张力性（高压性）气胸

张力性（高压性）气胸破裂口呈单向活瓣或活塞作用，吸气时活瓣打开，空气进入胸膜腔；呼气时活瓣关闭，致使胸膜腔内空气越积越多，内压持续升高，使肺脏受压，纵隔向健侧移位，影响心脏血液回流，对机体呼吸循环功能的影响最大，起病急骤，病情严重，必须紧急抢救处理。

（二）临床表现

1. 症状

尘肺合并气胸起病前有的患者可能有持重物、屏气、剧烈体力活动等诱因，但大多数患者在正常活动或安静休息时发生。大多数起病急骤，患者突感一侧胸痛，针刺样或刀割样，持续时间短暂，继之出现胸闷和呼吸困难，可伴有刺激性咳嗽，系气体刺激胸膜所致。积气量大或原已有较严重的慢性肺疾病者，呼吸困难明显，不能平卧。出现张力性气胸时胸膜腔内压骤然升高，肺被压缩，纵隔移位，迅速出现严重呼吸循环障碍；患者表情紧张、胸闷、挣扎坐起、烦躁不安、发绀、冒冷汗、脉速、虚脱、心律失常，甚至发生意识不清、呼吸衰竭。

2. 体征

少量气胸体征不明显，尤其在肺气肿患者身上更难确定，听诊呼吸音减弱对判断有无气胸具有重要意义。大量气胸时，气管向健侧移位，患侧胸部隆起，呼吸运动与触觉语颤减弱，叩诊过清音或鼓音，心或肝浊音界缩小或消失，听诊呼吸音减弱或消失。液气胸时，胸内有振水声。血气胸如失血量过多，可使血压下降，甚至发生失血性休克。

3. 严重程度评估

为了便于临床观察和处理，根据临床症状、体征及影像学表现，气胸的诊断通常并不困难。X射线或CT显示气胸线是确诊依据，若病情十分危重无法搬动患者做X射线检查时，应当机立断在患侧胸腔体征最明显处试验穿刺，如抽出气体，可证实气胸的诊断。

X射线胸片检查典型表现为外凸弧形的细线条形阴影，称为气胸线，线外透亮度增高，无肺纹理，线内为压缩的肺组织。大量气胸时，肺脏向肺门回缩，呈圆球形阴影。大量气胸或张力性气胸常显示纵隔及心脏移向健侧。合并纵隔气肿在纵隔旁和心缘旁可见透光带。肺结核或肺部慢性炎症使胸膜多处粘连，气胸时多呈局限性包裹。合并胸腔积液时，显示气液平面。胸部CT表现为胸膜腔内出现极低密度的气体影，伴有肺组织不同程度的萎缩改变。CT对于小量气胸、局限性气胸以及肺大疱与气胸的鉴别比X射线胸片更敏感和准确。对气胸量大小的评价也更为准确。

（三）治疗

治疗的目的是促进患侧肺复张、减少复发。尘肺病患者本身肺功能受损，代偿能力弱，一旦出现气胸，症状明显加重，如果压缩量超过30%，则需要处理。具体治疗措施有保守治疗、排气疗法、化学性胸膜固定术、自体血封堵术等。应根据气胸的类型、发生频次、肺压缩程度、病情状态选择适当处理方式。部分轻症患者可经保守治疗治愈，但多数需做胸腔减压帮助患肺复张，少数患者需手术治疗。

1. 保守治疗

保守治疗适用于稳定型小量气胸以及首次发生的症状较轻的闭合性气胸。患者应严格卧床休息，酌情吸氧、对症治疗等，每日可自行吸收胸腔内气体容积（胸片的气胸面积）的1.25%~2.20%。

2. 排气疗法

（1）胸腔穿刺抽气。

胸腔穿刺抽气适用于小量气胸（30%以下）以及呼吸困难较轻、心肺功能尚好的闭合性气胸患者。通常选择患侧胸部锁骨中线第2肋间为穿刺点，局限性气胸则要选择相应的穿刺部位。皮肤消毒后用气胸针或细导管直接穿刺入胸腔，连接于50mL或100mL注射器抽气，直到患者呼吸困难缓解为止。一次抽气量不宜超过1000mL，每日或隔日抽气1次。因尘肺病患者胸膜病变，肺泡弹性差，胸腔穿刺抽气方法效果常常不太理想。

（2）胸腔闭式引流。

尘肺合并气胸，呼吸困难明显、肺压缩程度较重以及交通性或张力性气胸，反复发生气胸的患者，无论其气胸容量多少，均应尽早行胸腔闭式引流。对经胸腔穿刺抽气效果不佳者也应插管引流。插管部位一般多取锁骨中线外侧第2肋间，或者腋前线第4~5肋间，如为局限性气胸或需引流胸腔积液，则应根据X射线胸片选择适当部位插管。目前多用带有针芯的硅胶管，经切口直接插入胸腔，拔去针芯即可，使用方便。导管固定后，置于水封瓶的水面下1~2cm，使胸膜腔内压力保持在–2~–1cmH_2O或以下，插管成功则导管持续逸出气泡，患者呼吸困难迅速缓解，压缩的肺可在几小时至数天内复张。对肺压缩严重、时间较长的患者，插管后应夹住引流管分次引流，避免胸腔内压力骤降产生肺复张后肺水肿。

尘肺合并气胸部分患者尤其初次气胸患者经导管引流后，可使肺完全复张；但尘肺合并气胸常因气胸分隔，单导管引流效果不佳，有时需在患侧胸腔插入多根导管。两侧同时发生气胸者，需要在双侧胸腔做插管引流。若经水封瓶引流后胸膜破口仍未愈合，表现为水封瓶中持续气泡逸出，可加用负压吸引装置。

3. 化学性胸膜固定术

由于气胸复发率高，为了预防复发，可在胸腔内注入硬化剂，产生无菌性胸膜炎症，使脏层和壁层胸膜粘连从而消灭胸膜腔间隙。此方法适用于不宜手术或拒绝手术的下列患者：（1）持续性或复发性气胸；（2）双侧气胸；（3）合并肺大疱；（4）肺功能不全，不能耐受手术者。常用硬化剂有多西环素、米诺环素等，用生理盐水 60~100mL 稀释后经胸腔导管注入，夹管 1~2h 后引流，观察 1~3 天，经 X 射线胸片证实气胸已吸收，可拔除引流管。

4. 自体血封堵术

自体血封堵术是一种用于治疗难治性气胸的技术，通过使用自体血液封堵支气管，以减少气体泄漏，帮助肺组织复张。在局麻状态下，通过支气管镜使用球囊确定责任支气管。随后，抽取患者静脉血，通过球囊快速注入血凝酶及自体血，使责任支气管开口被血凝块封堵。术后患者需侧卧位休息，并口服镇咳药。72h 后，水泡无明显溢出，胸腔呈负压状态。进行胸片检查确认患肺已复张，夹闭引流管 24h 后复查，未见气胸，再拔除胸腔引流管。

5. 手术治疗

经内科治疗无效的难治性气胸为手术适应证，主要适应于长期气胸、血气胸、双侧气胸、复发性气胸、张力性气胸引流失败者以及胸膜增厚致肺膨胀不全或多发性肺大疱者。

手术治疗主要有胸腔镜直视下粘连带烙断术和开胸手术。如无禁忌，可考虑开胸修补破口，或者肺大疱结扎。

6. 并发症及其处理

（1）脓气胸：病情多危重，常有支气管胸膜瘘形成，脓液中可查到病原菌。除积极使用抗生素外，应插管引流，胸腔内用生理盐水冲洗，必要时应根据具体情况考虑手术。

（2）血气胸：气胸伴有胸膜腔内出血常与胸膜粘连带内血管断裂有关，肺完全复张后，出血多能自行停止。若出血不止，除抽气排液及适当输血外，应考虑开胸结扎出血的血管。

（3）纵隔气肿与皮下气肿：纵隔气肿及皮下气肿随胸腔内气体排出减压而自行吸收。吸入较高浓度的氧气可增加纵隔内氧浓度，有利于气肿消散。若纵隔气肿张力过高影响呼吸及循环，可做胸骨上窝切开排气。

（四）预防

尘肺合并气胸患者应积极治疗肺部基础疾病，避免吸烟等诱因。同时，患者需要密切监测病情，保持良好的生活习惯，有肺大疱患者应避免拎重物等重体力劳动，避免剧烈咳嗽，避免跑步、骑车等剧烈运动，避免去高海拔地区，以防止气胸发生。

（毛　翎　朱　钧　彭莉君）

第八节　非药物治疗

非药物治疗是药物治疗的重要补充，也是尘肺病综合治疗的一部分。

一、大容量全肺灌洗

大容量全肺灌洗（whole lung lavage，WLL）是针对尘肺病患者始终存在于肺部的粉尘性和巨噬细胞性肺泡炎而采取的治疗措施，患者在静脉复合全身麻醉下，用双腔支气管导管置于患者气管与支气管内，一侧肺纯氧通气，另一侧肺用灌洗液反复灌洗，以清除肺泡腔、支气管树内、肺间质内的粉尘、尘细胞、细胞碎片和致炎性、致纤维化因子，起到去除病因、缓解症状、改善肺功能、延缓病变进展的作用；同时患者在灌洗后通过咳嗽反射排痰而廓清肺内痰栓、粉尘及脱落上皮细胞等异物，而达到疏通气道、缓解气道痉挛的效果，还可以增加肺的通气量和血氧比值，提高氧的弥散功能。WLL 既是一种对症治疗，也是一种病因疗法，对有接尘史及可疑尘肺劳动者进行灌洗可预防其发病，起到二级预防作用。

（一）大容量全肺灌洗术的临床应用

1. 大容量全肺灌洗术医疗护理常规及操作规程

肺灌洗经历了气道冲洗、支气管肺泡灌洗及大容量全肺灌洗三个发展阶段及大容量单肺分期灌洗、双肺同期灌洗、技术规范、并发症防范等四个里程碑式的发展过程。“双肺同期灌洗”的技术突破在于创用了“加压通气”方法，使得刚刚灌洗过的肺脏功能迅速恢复，承担起灌洗另一侧肺脏时的呼吸功能，使得两肺灌洗间隔时间由过去 5~10 天缩短到 60min 左右，提高了功效，并促使全肺灌洗技术得以普及。由于各地大容量全肺灌洗操作方法不规范，术中术后并发症和不良反应较高，难以推广应用，国内专家编著了《大容量全肺灌洗术医疗护理常规及操作规程》《大容量全肺灌洗术风险防范及并发症处理》，使这一临床技术得以规范，不良反应率下降到 2.79% 以下，该技术被逐步推广应用。

2. 大容量全肺灌洗术适应证

一般要求患者年龄在 65 岁以下。肺功能检查方面，肺活量（VC）、最大通气量（MVV）达到预计值 60%；用力呼出 50% 肺活量流速（FEF50）、用力呼出 75% 肺活量流速（FEF75）、用力肺活量 25%~75% 的最大流速（FEF25—75），达到预计值 50%；第一秒时间肺活量（FEF1.0），一秒率（FEF1.0%）达到预计值 65%；残气量 / 肺总量（RV/TLC）≤50%；弥散功能（DLCO）均达到预计值 60%。动脉血氧分压大于 9.3kPa（70mmHg），心、肝、肾功能及各项化验指标均正常。

（1）各期各类单纯尘肺病为 WLL 的最主要适应证：煤工尘肺、矽肺与其他各种无机粉尘所致的尘肺及肺尘着症。除传统认知的矿工、建筑工、焊工等人群是尘肺病的高发群体外，近年来，一些新型的行业或工艺作业中，如牛仔服砂洗作业、厨房台面等人造石材加工、义齿加工、珠宝抛光和水力压裂页岩气开采等作业人员也是尘肺病高发群体。尘肺病各期均有适应证，病变越轻，采用 WLL 治疗效果越佳。

（2）肺泡蛋白沉积症。

（3）黏液黏稠病。

（4）慢性非局限性化脓性支气管扩张症。

（5）慢性以痰栓阻塞为主的感染性支气管炎。

（6）吸入性肺炎（含吸入粉末或液体状异物的清除）。

（7）放射性粉尘吸入。

3. 大容量全肺灌洗术禁忌证

（1）严重气管及支气管畸形，致使双腔支气管导管不能就位者。

（2）合并有活动性肺结核。

（3）胸膜下有直径大于 2cm 的肺大疱。

（4）重度肺气肿。

（5）重度肺功能低下。

（6）合并心、脑、肝、肾等主要脏器严重疾病或功能障碍。

（7）凝血机能障碍。

（8）恶性肿瘤，或免疫机能低下。

4. 大容量全肺灌洗术相对适应证

对重症、超体重、具有合并症的复杂病例，由于多因素交叉，完成肺灌洗技术难度较大。这部分病例介于适应证和禁忌证之间，是否适合肺灌洗手术难以决断，称为相对适应证。临床多采用风险指数积分法进行选择。单项 3 分或累加 6 分以上，一般放弃肺灌洗治疗；单项 2 分以内或累加 5 分以内可考虑肺灌洗，但需针对可能发生的情况，充分做好术前准备，见表 8–1。

表 8–1 病例选择风险指数积分

风险指数（分）	年龄（岁）	体重（kg）	尘肺分期	合并症病情	肺功能
0	≤55	≤70	壹期	无	正常
1	56~60	71~85	贰期	轻度	轻度损害
2	61~65	86~100	叁期	中度	中度损害
3	≥66	≥101	叁期	重度	重度损害

（二）大容量全肺灌洗术操作流程

WLL 是在全身麻醉状态下，插入双腔支气管导管，一侧肺机械通气，另一侧肺反复灌洗，一般一次灌入 37℃生理盐水 1~1.5L，灌洗 12~15 次，至灌洗回收液由黑色混浊变得澄清，灌洗总量 12~20L。术中间断正压通气，交替负压吸引，灌洗完毕双肺通气，待达到第二侧肺灌洗条件时，进行另一侧肺灌洗。灌洗结束，双肺通气达到停止麻醉条件时停止麻醉，待患者意识清醒、肌力Ⅳ级以上、自主呼吸恢复、各项指标无异常后拔管，观察无特殊情况出手术室。术中密切监测通气肺呼吸音、呼吸力学指标、生命指征等变化并及时处理异常情况。WLL 灌洗装置如图 8–1 所示：灌洗瓶与 Y 形管连接，悬挂于距腋中线 30~40cm 高处，引流瓶与 Y 形管连接置于距腋中线 50~60cm 低处，Y 形管另一端与灌洗侧支气管导管连接，用两把止血钳控制灌洗液的进出。

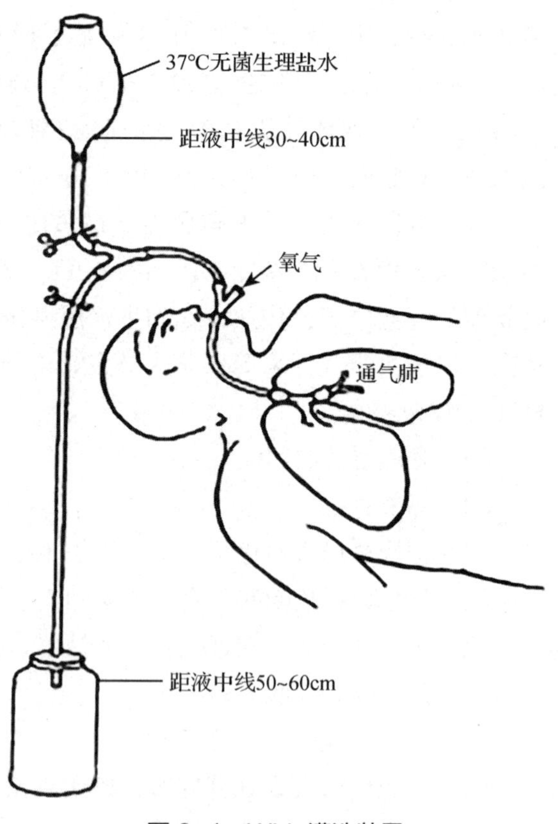

图 8–1 WLL 灌洗装置

大容量全肺灌洗术操作流程如图 8–2 所示。

（三）大容量全肺灌洗术的安全性

WLL 涉及呼吸内科、心胸外科、麻醉、护理、职业病等多个学科，且支持器官与治疗器官均是患病的肺脏，治疗过程中因大量灌洗液的进入导致的气压伤

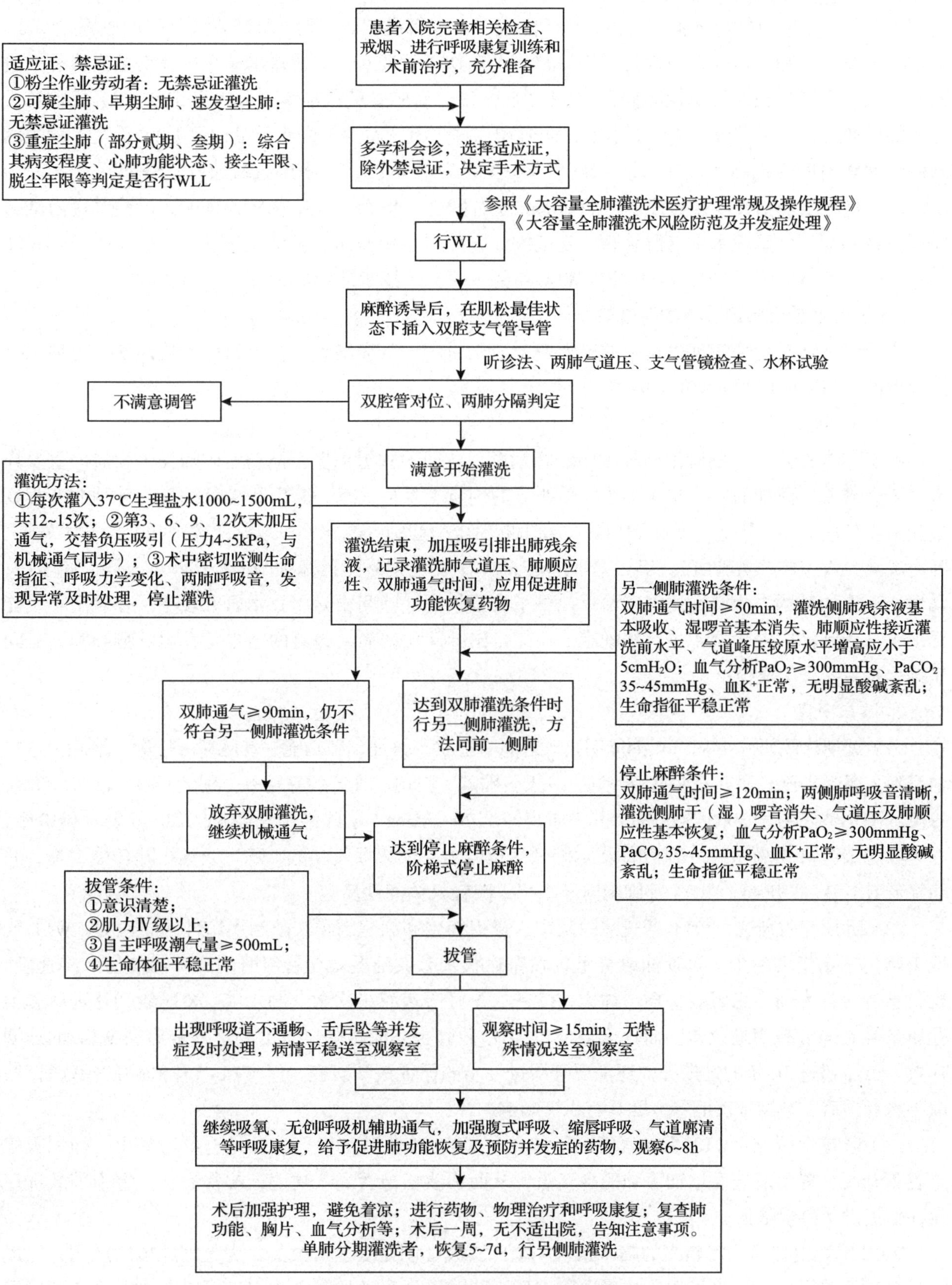

图 8-2　大容量全肺灌洗术操作流程

和气血分流、肺表面活性物质（pulmonary surfactant，PS）的丢失、呼吸机及加压通气导致的气压伤均不可避免。术中可能出现低氧血症、低钾血症、支气管痉挛、气胸、胸腔积液、肺渗血等并发症，但这些并发症均为一过性，对症处理均好转。犬动物试验证实，大量盐水灌洗后肺泡基底膜有一过性、轻微、可逆的充血渗出性改变，但24~48h恢复。双腔管就位准确、分隔可靠是WLL成败的关键，加压通气技术可有效防治低氧血症，同时增加排尘量，减少肺内残余量，促进PS恢复，缩短两肺灌洗间隔时间，提高手术安全性。WLL术中虽丢失部分PS，但术中机械通气、PEEP、药物应用等，均可促进表面活性物质合成，一般60min左右恢复。40余年的临床实践证明，严格掌握灌洗适应证、禁忌证，并重视术中麻醉管理、规范操作，加强术中监测、精细化护理、术后康复等，WLL不良反应发生率可控制在2.79%以下，WLL作为一项治疗技术是安全的。

（四）大容量全肺灌洗术的有效性

全肺灌洗针对尘肺病理过程中的肺泡炎，清除粉尘、巨噬细胞和致炎致纤维化因子，有理论上的合理性和临床应用所证明的有效性。

1. 实验研究

由于SiO_2粉尘引起的肺泡巨噬细胞破坏崩解，从而使肺组织发生损伤是矽肺发生发展的重要环节。研究表明，矽肺的发生与粉尘浓度呈明显的剂量－反应关系，肺内粉尘沉积量与矽肺病变程度呈剂量－效应关系。因此，排出肺内粉尘或阻断粉尘引起肺纤维化，可以延缓矽肺病变的发生发展。肺灌洗减尘效应体外实验研究表明，不同剂量的SiO_2粉尘对吞尘巨噬细胞的损伤程度不同，减尘后，其损伤程度均减弱，为肺灌洗临床治疗提供了实验依据。肺间质封闭技术研究表明，肺灌洗不仅能排出支气管肺泡内粉尘及吞尘巨噬细胞，还能排出肺间质内尚未包裹的粉尘及吞尘巨噬细胞，且间质排尘是主要排尘途径。

2. 临床研究

（1）近期疗效研究：WLL近期能明显改善患者症状、体征、肺功能、动脉氧分压等，清除大量粉尘及吞尘巨噬细胞。研究表明WLL术后10天，胸闷、胸痛、气短的好转率分别为99%、86%、88%；每侧肺平均清除粉尘3000~5000mg，其中游离SiO_2 70~200mg；清除细胞总数3.2×108~1.23×1010个，吞尘巨噬细胞占87%~95%。肺功能提示降低气道阻力、改善通气功能，稳定或延缓肺功能下降，并能降低IL1-β、TNF-α、MDA等细胞因子水平，减轻机体炎性反应。

（2）远期疗效研究：WLL通过清除灰尘、炎症细胞和细胞因子来限制疾病进展的速度，WLL能洗出肺内一定量的粉尘，远期能改善患者临床症状，有效延缓病变晋级时间和肺功能的下降速度，延长患者生存寿命。患者在体质、体力、症状、上呼吸道感染次数、肺功能、X射线胸片进展和生存质量等方面均有明显改善。而且重复WLL治疗矽肺也是安全的，有助于进一步提高WLL的远期疗效。虽然超过10年的远期疗效还需要开展进一步的循证医学研究，但WLL在尘肺病的治疗管理、改善患者预后、减少肺浸润等方面具有积极影响。

（3）影像学研究：WLL后支气管内径增宽，肺CT值、肺密度值、自身重量均减小，肺深吸气末容积升高，提示灌洗后增加了肺的含气量，从而为改善患者通气功能，改善症状，也为肺灌洗疗效评估提供了科学依据。

WLL作为尘肺病治疗新兴的临床技术，临床实践证明是安全有效的，为更好地推广应用，应进一步严格规范操作，严格把握该技术适用人群，同时设计科学的研究方案，开展多中心临床试验研究，使该技术更加科学有效，惠及更多尘肺病患者。

二、肺移植

（一）概述

随着尘肺病病情的进展，患者逐渐出现以呼吸系统为主的症状，即使脱离粉尘作业环境，病情仍会进展和加重。尘肺病晚期患者出现呼吸衰竭，生活质量显著下降，甚至危及生命，当其经内科最优化的保守治疗仍然无效时，可尽早进行肺移植评估。肺移植指将他人捐献的相对健康的肺脏移植到患者体内替代病肺的一种外科手术，经过数十年发展，已成为治疗各种终末期肺疾病，挽救患者生命，延长其生存寿命的唯一有效手段，其中位生存期约为 6.7 年。

目前研究显示尘肺病患者行肺移植手术预后与其他原发病行肺移植的效果基本一致。美国从 1991—2018 年累计有 230 例尘肺病患者接受了肺移植，主要包括石棉肺、矽肺、煤工尘肺等，患者移植时的年龄范围为 48.8~62.1 岁。石棉肺患者的中位移植后生存期为 8.2 年，煤工尘肺患者为 6.6 年，矽肺患者为 7.8 年，与特发性肺纤维化患者相比死亡风险没有差异。国内无锡市人民医院 2002—2015 年完成 32 例肺移植治疗晚期矽肺，其术后 1 年和 3 年累积生存率分别达到 80.8% 和 76.7%，显示出良好的预后。

（二）肺移植术前评估

1. 尘肺病肺移植时机的选择

同其他终末期肺疾病进行肺移植手术的时机选择原则一致，当评估其经充分治疗后尘肺病患者的肺功能仍进行性下降、预期寿命不足 2 年时，应考虑行肺移植评估并列入等待名单。尘肺病可因间质性改变进行性加重表现为严重限制性通气功能障碍，也可因合并 COPD 表现为阻塞性通气功能障碍或混合性通气功能障碍，但目前还没有统一的移植指征，其不同表型可能应选择不同的评价标准。选择手术时机应同时考虑患者并发症情况，如有反复气胸、肺动脉高压和肺源性心脏病等应尽早行肺移植。推荐终末期尘肺病经内科最优化的保守治疗仍然无效的患者，尽力争取在较好的全身状态下接受肺移植，从而降低等待期死亡率和围术期并发症的发生率。

2. 手术禁忌证

尘肺病行肺移植手术禁忌证与其他疾病基本相同，包括：（1）近期（2 年以内）的恶性肿瘤病史；（2）难以纠正的心、肝、肾等脏器功能不全；（3）难以纠正的出血倾向；（4）急性事件（急性败血症、心肌梗死、肝脏衰竭等）；（5）高危和 / 或有耐药性的慢性感染，活动性结核；（6）显著的胸壁或脊柱畸形；（7）依从性差，不能配合治疗或定期随访；未治疗的精神病或心理状况无法配合；无家庭支持或社会保障；（8）Ⅱ ~ Ⅲ类肥胖（BMI＞35.0）；营养和功能状况差，康复潜力差；（9）近 6 个月内持续的严重不良嗜好（酒精、烟草、麻醉药等）。

3. 术前管理和预康复

在肺移植术前应对患者进行全面的评估，包括评估肺部疾病的严重程度、解剖结构、营养状况、虚弱程度、合并症的存在和严重程度、心理社会环境以及影响康复和长期生存的健康习惯等。

（1）术前检查。

肺移植术前应完成各脏器功能检查以及感染免疫方面的检查，包括：心肺功能评价，如血气分析、肺功能检查、心脏超声、胸部 CT、肺动脉增强 CT、通气灌注显像检查及六分钟步行试验等；其他主要脏器功能的实验室及器械检查；完善感染及免疫方面相关检查，尤其是分枝杆菌、多重耐药细菌和真菌；完成配型检查（包括供体特异性抗体、群体反应抗体及人类白细胞抗原检测等）；完成恶性肿瘤筛查。

（2）营养状态评价和干预。

尘肺病患者常年患病，通常体形消瘦，术前应排除恶病质、重度肥胖等手术相对禁忌证，根据BMI及营养状况对患者进行个体化干预，包括膳食方案的调整及肠内、肠外营养的配置，为移植手术创造条件。

（3）健康教育及家庭社会支持。

评估患者的心理、精神状态及依从性，并根据情况给予相应的治疗和干预。重视患者、家庭成员和相关护理人员的健康教育。评估患者的家庭支持情况，包括经济支持力度和得到人文关怀的程度。

（4）重症患者的呼吸支持。

患者术前可能存在慢性2型呼吸衰竭，选择合适的呼吸治疗模式有助于患者术前状态维持，如低流量氧疗、无创辅助通气甚至有创机械通气。在有经验的医疗机构，可以考虑对严格选择的患者进行体外生命支持（ECLS），作为肺移植的桥梁。

（三）肺移植手术处理

1. 受体评估和获取

自2015年以来，公民心脑死亡器官捐献供体已成为我国器官移植的唯一供肺来源，我国的器官捐献体系已逐渐与国际移植接轨。对于供肺选择，除大小、血型等相匹配外，早期国外许多中心依据理想供肺标准进行评估，但随着肺移植学科的发展，近年来边缘性供肺也被广泛应用于临床肺移植，一般认为理想供体和可接受供体的使用不影响患者术后远期预后。

当从中国人体器官分配与共享计算机系统获取供体分配后，移植团队前往供体所在地执行获取手术。手术过程包括开胸、灌注液顺行灌注、心肺分离和逆行灌注，然后将供体肺放入灌注保存液中尽快低温运输至接受移植的医院。

2. 肺移植手术方式

尘肺病患者的肺移植手术方式选择是一个复杂的决策过程，需要综合考虑患者的年龄、病情严重程度、并发症、手术风险以及术后恢复情况。

（1）双肺移植。

双肺移植的指征包括：年龄小于60岁的患者；存在合并难治性慢性肺部感染的患者；肺动脉高压和右心功能不全。

手术方式：受者采取仰卧位，切口多选取双侧前外侧切口或后外侧切口，当尘肺病患者胸腔粘连严重或者需要置入中心ECMO（extracorporeal membrane oxygenation，体外膜肺氧合）时，可选择横断胸骨，使切口类似“蛤壳状”，称之为Clam-shell切口。根据术前评估情况，可先切除肺功能较差的一侧或者右侧，以减少需进行ECMO支持的可能性。术中先游离肺动、静脉，阻断肺动脉并试验性对单侧肺通气，如氧和、循环可耐受，则可按顺序结扎并切断肺动脉和各肺静脉分支，主支气管则在距上叶开口2个软骨环处切断，并尽可能保留周围组织。当胸膜粘连严重时，可先处理肺门再游离周围粘连，以减少创面出血。在切除病肺的同时，进行供肺修剪，同样需尽量保留支气管周围组织。随后将修剪好的供肺按支气管、动脉、心房的顺序分别吻合，心房袖吻合最后一针在肺动脉开放排气后完成结扎，移植肺逐步恢复正常的通气和灌注。最后以同样的方式完成另一侧肺的切除和植入。

（2）单肺移植。

单肺移植的指征包括：体弱高龄；单肺移植出血量大于3000mL；一侧肺毁损实变并难以手术。

手术方式：根据术前评估，确定是否需要ECMO辅助。术中体位一般采用侧卧位后外侧切口，该切口具有术野大、暴露好等优点，适合粘连多、切肺困难的受者。其余手术过程基本上与双肺移植中第一侧肺移植过程相同。

（3）术中注意事项。

①出血风险：尘肺病患者常存在慢性炎症或反复气胸导致的肺部广泛粘连，切除病肺难度大，术中出血风险高。

②单双肺的选择：尘肺病患者行单肺移植并不会因为保留自体肺而导致术后肺部并发症或感染增加；单肺移植和双肺移植对尘肺病患者的预后无显著差异，表明并非所有尘肺病患者都必须进行双肺移植。尽管双肺移植手术创伤更大、冷缺血时间更长，但对于年轻患者，双肺移植可能带来更好的运动能力和肺功能储备。尘肺病患者肺移植手术方式的选择需要综合考虑多种因素，并且应由经验丰富的多学科团队进行详细评估和决策。

3. 体外膜肺氧合的选择和使用

ECMO在肺移植中用途广泛，可应用于各种需要改善氧合的场景。根据患者术前或术中情况决定是否行ECMO，当患者合并中重度肺动脉高压，或患者氧合较差，不能耐受术中单肺通气，经评估后可在手术之前先行ECMO转流术。选择静脉到动脉ECMO（VA ECMO）还是静脉到静脉ECMO（VV ECMO）要根据患者心功能情况，前者适合于氧合较差，且心功能欠佳、血流动力学不稳定的患者，后者适合于心功能良好、循环稳定、单纯氧合较差的患者。在术中或术后早期若出现氧合下降、血流动力学不稳定的情况，比如严重的原发性移植物失功时，可紧急置入ECMO。

ECMO转流过程中需要注意抗凝，监测活化凝血时间（ACT）或活化部分凝血活酶时间（APTT）。ECMO最常见的并发症包括出血、感染、肾衰竭和肢体缺血等。通过采用规范化操作流程、运用清单式管理、加强医护团队合作，能有效减少并发症的出现。

术后对于达标患者应及时撤除ECMO，包括在手术室撤除或带入ICU后再予撤除；部分患者在肺移植术后可按需要调整ECMO模式，如从VA转为VV模式继续支持。

（四）肺移植术后管理和并发症的处理

1. 围术期管理和并发症处理

（1）原发性移植物功能障碍。

肺移植受者的术后ICU管理对改善其预后起着至关重要的作用。在早期并发症中，最常见的是原发性移植物功能障碍（primary graft dysfunction，PGD），这是一种特殊形式的急性呼吸窘迫综合征（ARDS），主要由缺血再灌注损伤引起。20%~30%的受者会发生这种情况。国际心肺移植学会工作组基于氧合指数和胸片上的渗出情况提出了原发移植物功能障碍的标准化定义和分级。

PGD的基本处理原则包括保护性肺通气策略和严格的液体管理。对于单肺移植患者，需衡量自体肺和移植肺的总潮气量，如自体肺存在阻塞性通气功能障碍可适当延长呼气时间。液体管理在肺移植围术期至关重要，其核心目标是维持适当的血容量和组织灌注，同时避免过量液体导致肺再灌注损伤。对于严重的PGD，还可考虑俯卧位通气、肌松和吸入一氧化氮等。更危重的PGD则可能需要ECMO的支持治疗，对于移植后PGD高危受者，在术后早期预防性使用ECMO也是一种策略。

（2）心脏并发症的管理。

肺移植术后心力衰竭包括左心衰竭、右心衰竭以及全心衰竭。停用镇静及撤出呼吸机等过程中，最容易发生急性左心衰竭。若左心衰竭控制不佳，可进一步导致右心衰竭、全心衰竭，甚至死亡。

肺移植患者的术后早期室上性心动过速发生率极高，据报道，心房颤动的发生率为20%~39%。在绝大多数肺移植受者中，房颤等室上性心动过速是一种暂时性事件，抗心律失常药物可作为一线治疗，电复律仅适用于不稳定的患者或药物治疗无效的患者。

（3）神经系统并发症的管理。

术后早期神经系统并发症，包括谵妄、中风、后部可逆性脑病综合征、膈神经和喉返神经损伤以及ICU获得性虚弱等，接近半数患者肺移植术后早期会出现神经系统并发症，并与预后相关。选择合适的镇静镇痛药物，及时发现免疫抑制剂导致的神经中毒，可减少相关神经系统并发症。

（4）营养支持。

与其他大手术的患者相似，肺移植术后早期的每日卡路里摄入量为25~35kcal/kg。在无并发症（如吞咽困难、反复吸入）的情况下，一般在拔管后重新开始经口进食；在需要长时间机械通气和ICU停留的病例中，也应尽早开始肠内营养。

胃食道反流是肺移植后的一种非常常见的并发症，与胸部力学改变、术后迷走神经功能障碍、免疫抑制治疗或原发病有关。由于胃食道反流与慢性肺移植功能障碍的发生有关，因此对患者的体位（床头抬高30°）、质子泵抑制剂和促动力药的使用至关重要。

2. 术后免疫抑制管理

（1）使用原则。

通常采用免疫抑制剂联合用药方案，包括钙调磷酸酶抑制剂（如环孢素A或他克莫司）、抗增殖药物（如麦考酚酸酯）和糖皮质激素。应对患者制订个体化用药方案，根据患者的具体情况（如年龄、体重、合并症等）调整药物种类和剂量。某些免疫抑制剂需通过监测血药浓度及时调整剂量，避免免疫抑制不足或过度。肺移植术后早期需较高的免疫抑制强度，维持期应酌情降低免疫抑制强度，长期服用以预防慢性排斥反应。

（2）超急性排斥反应。

超急性排斥反应（hyperacute rejection，HAR）是最为严重的、灾难性的移植肺排斥反应，受者体内预存抗体与移植肺内的移植抗原结合后迅速激活补体级联反应导致广泛的血液循环障碍，移植肺常常在术中或术后数小时内失功。

（3）急性细胞性排斥反应。

急性细胞性排斥反应（acute cellular rejection，ACR）是急性排斥反应的主要形式，多见于肺移植术后早期，尤其是术后3~12个月。相对典型的临床表现为低氧血症，伴有不同程度的呼吸困难、焦虑及乏力等。胸部CT可包括双肺磨玻璃影（下叶为主）以及小叶间隔增厚等，移植肺组织活检是诊断ACR的“金标准”。ACR的治疗方案主要为糖皮质激素，但剂量及疗程尚无统一标准，同时可进行免疫抑制方案调整。

（4）抗体介导排斥反应。

抗体介导排斥反应（antibody—mediated rejection，AMR）是由于受者体内抗供者HLA和/或非HLA抗体导致的排斥反应，是急性排斥反应的另外一种表现形式。临床型AMR诊断标准包括：排除其他原因引起的移植肺功能障碍；供者特异性抗体（donor-specific antibody，DSA）阳性；符合AMR

的组织病理学标准；组织 C4d 染色阳性。上述 4 项全部符合为确诊，符合 3 项为疑诊，符合 2 项为拟诊。AMR 的治疗缺乏足够的循证医学证据，目前的治疗策略主要是消耗和减少循环中的 DSA。

（5）慢性排斥反应。

慢性排斥反应是慢性移植物失功（chronic lung allograft dysfunction，CLAD）的最主要原因，多见于肺移植 1 年后，主要有两种表型：以慢性小气道阻塞性改变为特征的闭塞性细支气管炎综合征（bronchiolitis obliterans syndrome，BOS）和以限制性通气障碍、周边肺纤维化改变为特征的限制性移植物功能障碍综合征（restrictive allograft syndrome，RAS）。临床表现缺乏特异性，主要是逐渐或快速进展的呼吸困难，胸部 CT 上 BOS 可见细支气管空气潴留（马赛克灌注）和支气管扩张（常见于病情进展者），RAS 可有间质改变和小叶间隔增厚，但影像学的诊断作用有限，主要应排除其他引起肺功能下降的原因。总体来说，慢性排斥反应的治疗效果不佳。

3. 感染的预防和治疗

（1）细菌感染的防治。

肺移植术后应常规预防阳性菌和阴性菌，送检病原学检查，及时精准治疗；如果患者术前近期因为急性加重而接受抗生素治疗，在移植后继续同样的抗生素治疗，多数情况应选择覆盖产 ESBL 肠杆菌。在与存在医疗设备（如中心静脉导管）相关感染的情况下，需要在可能的情况下尽量移除该导管。

（2）真菌感染的防治。

肺移植术后早期需要接受真菌感染的普遍预防，包括三唑类、棘白菌素的全身用药和两性霉素 B 雾化用药，需维持到支气管吻合口愈合良好。肺孢子菌的预防一般选用磺胺甲噁唑，需终身预防。当出现侵袭性真菌感染（包括气道侵袭）时，应进行全身治疗，用药时应注意药物间相互作用、肝肾功能副作用和足疗程使用。

（3）病毒感染的防治。

肺移植术后患者普遍属于巨细胞病毒感染中危人群，建议进行 3 个月以上的普遍预防，做好 CMV 病毒 DNA 载量监测。预防和治疗药物主要包括更昔洛韦、缬更昔洛韦等。

4. 气道并发症

气道并发症（airway complications，ACs）一直是肺移植术后导致患者死亡的重要病因之一。随着吻合技术、供肺保存以及综合医疗管理水平的提高，肺移植术后早期严重气道并发症发生率已逐渐降低。国际心肺移植协会（ISHLT）在 2018 年发布了《成人和儿童肺移植术后气道并发症管理共识：定义、分级系统和治疗》，将 ACs 分类为缺血性坏死、裂开、狭窄和软化。供肺气道缺血最初表现为黏膜改变，进一步发展可导致支气管壁坏死，最终开裂。此外，缺血性改变还会促使纤维组织增生、肉芽组织形成和气道结构完整性受损，这些过程在临床上远期表现为狭窄和软化。气管镜检查是诊断肺移植术后气道并发症的主要手段，高分辨率 CT 可以显示移植后气道解剖细节和并发症的特征。

对任何支气管内感染都应积极治疗，增强营养支持，控制血糖水平，并审慎使用类固醇，以促进气道愈合的过程。经详细评估的存在较严重的气管裂开患者，可以考虑采用支气管镜下放置金属支架的治疗方法。气管镜下球囊扩张治疗应作为肺移植术后气道狭窄的初始治疗方法；对于存在呼吸困难症状的严重气道狭窄患者，建议考虑行支气管内支架置入术。无症状的气道软化不需要治疗，而应考虑处理相关危险因素；对于存在呼吸困难的患者，首选使用无创呼吸机治疗；对于依赖机械通气的危重患者，如果气道软化相对局限，可以考虑实施支气管支架置入或手术矫正。

5. 其他并发症

（1）肾脏并发症。

急性肾损伤（AKI）在肺移植术后十分常见，与多种不可避免的风险因素相关，包括术后肺移植急性肺损伤（PGD）、循环容量不足、钙调磷酸酶抑制剂和其他肾毒性药物的使用、大量失血及脓毒性休克等。因此，关键在于及时识别AKI，最小化肾毒性暴露，进行精确的容量管理，并及时进行血液净化，以减少对肾脏的进一步损伤。

在肺移植患者中，肾功能通常在术后第一年内下降，五年后超过50%的患者会发展为慢性肾病（CKD）。肺移植术后CKD多表现为隐匿或慢性起病，临床症状可能不典型，少数患者可出现急性病情加重。虽然CKD通常不可逆转，但仍需对病因、并发症及风险因素进行综合管理，以防止病情进一步恶化。对于出现尿毒症相关临床表现和体征的患者，应考虑启动透析治疗或进行肾移植评估。

（2）消化系统并发症。

在肺移植术后，消化道并发症可发生在任何时间点，包括胃食管反流病（GERD）、胃轻瘫和艰难梭菌相关性腹泻等。免疫抑制、药物并发症和迷走神经损伤等因素使得胃肠道并发症的总体发生率较高，这些并发症可能直接或间接导致移植后受者的药物吸收障碍、营养不良并可能诱发慢性移植物失功（CLAD）。此外，常见的消化系统并发症还包括胰腺炎、病毒性肝炎和药物性肝损等，这些通常与移植手术及术后免疫抑制状态相关。

（3）代谢综合征。

在器官移植术后，代谢综合征（metabolic syndrome，MS）是一种常见的并发症，其特征包括高血压、糖尿病或血糖控制障碍、异常血脂水平以及腹部肥胖。肺移植受者需要重视代谢病的监测，根据情况及时进行免疫抑制方案的调整，应至少每6个月评价1次，以减少药物长期毒性，并重视可能继发的心血管事件及肾功能损害。

6. 肺移植术后随访

肺移植已成为治疗终末期尘肺病的一种有效策略，不仅能缓解患者的生理和心理负担，还能延长患者的生命并显著提升其生活质量。深入探讨术后患者生活质量的现状及其影响因素，对于临床实践具有重要价值，有助于预测患者生存状况并识别其变化趋势，从而优化临床管理策略。

建立一套全面的肺移植术后随访系统至关重要，以便有效监测患者的恢复进度和生活质量，及时发现并处理感染、免疫排斥反应以及药物副作用等并发症。建议患者固定选择特定的医疗机构和医生，建立详细的个人化随访档案，记录包括手术细节、当前的药物使用情况和剂量、术后并发症及其他关键医疗指标（如免疫抑制剂血药浓度、全血细胞计数、肝肾功能测试、肺功能评估以及六分钟步行试验结果）。患者在每次复诊时应携带这些随访记录，并在每次复诊后及时更新相关信息。

（陈　刚　卫　栋　黄　曼　陈静瑜）

第九节　干细胞与免疫细胞治疗

尘肺病作为病因明确疾病，在发展中国家的患病率和发病率较高。迄今为止，尚无有效的治疗方法来阻止或逆转由SiO_2诱导的肺损伤引起的疾病进展。近年来，随着生物技术快速发展，作为“活体药物”的细胞治疗技术，有望改变人类目前尚无有效治疗手段治疗某些疾病的局面，呈现巨大的发展潜力。作为前沿技术，细胞治疗已被认为是下一代药物发展方向。细胞治疗主要分为干细胞治疗、免疫细胞治疗和其他体细胞治疗，其中干细胞治疗和免疫细胞治疗是目前最主要的两类细胞治疗方式。

一、干细胞的定义

干细胞是一类具有自我复制能力、分泌生长因子等多潜能的细胞，来自自体的全能干细胞，在特定的条件下可以分裂分化成为多种功能的体细胞。这些具有再生成各类器官、组织的潜在功能的细胞，可用于治疗多种难以攻克的疾病，比如白血病、先天性代谢疾病、心脑血管相关疾病。胚胎干细胞及脂肪间充质干细胞在整个医学乃至生命科学领域都有着极其大的潜力潜能，因而被称为医学界的万用细胞。异体脐血来源干细胞分泌的细胞因子，也称为外泌体，具有可刺激体细胞迅速分裂分化的特性，也被医学界广泛利用。在实验室内的形态观察及分子生物学领域上，通过观察干细胞的形态结构从一定程度上可以有效地识别干细胞，但单从形态学上区分干细胞是不客观的，因此干细胞的区分一定要从功能学来进行定义和区分。干细胞是人体最初始的细胞，理论上讲干细胞在人体内可以分化产生全部种类的体细胞。尤其是在复杂的器官中，为了区别干细胞和其他各种类型的母细胞，对其进行功能上的区分可能更精确和必要。因为干细胞和母细胞的定义是由其是否具有自我更新能力所决定的。干细胞一旦分化为母细胞后就失去了自我更新的能力，出现对称性的有丝分裂，母细胞的数量只有通过干细胞的增殖分化来补充，但是母细胞仍然保持高度的增殖能力。就造血干细胞而言，各系统造血过程中细胞的大量扩增主要依靠造血母细胞的增殖。从实验角度而言，干细胞具有生长速度快、生命周期长、生存环境要求较低等多样优点。

二、干细胞对肺部疾病的治疗

肺是人体较脆弱的器官之一，容易产生各种疾病。尽管肺具有内源性修复能力，但当处于各种病原体侵袭的病理状态时，内源性修复机制往往不足以挽救肺损伤。肺内皮细胞的损伤常发生在肺上皮细胞损伤之前，因此，内皮是第一道屏障，保护内皮屏障的完整性对于急性呼吸窘迫综合征（ARDS）的治疗至关重要。近年来，随着科技的进步，分子生物学及细胞生物学对于人体病症的本质发现，有了质的飞跃，原本的病症也逐渐被分解成为细胞异常的集合。因此解决一类异常细胞引起的炎症反应抑或是一类细胞异常增生引起的毛细血管狭窄，腺体异常增生引起的各类病症，干细胞疗法为肺脏疾病提供了更新更好的治疗策略和方法。首先干细胞作为一种具有多分化潜能（可分裂分化为各类别各形态的体细胞）及自我复制能力超强的早期未分化（全能）细胞，根据自体干细胞具有的特性可再生肺实质和气道细胞，能让肺损伤、炎症显著减少，细菌清除得到改进，使肺部组织再生，改善肺功能。目前，已有越来越多的临床研究探讨了干细胞治疗肺脏疾病的安全性和有效性，并且取得了很大的突破。干细胞是再生医学理想的种子细胞，临床试验表明，自体干细胞能够分化成包括支气管上皮细胞在内的不同肺部细胞类型，可再生支气管结构、修复肺部的损伤、帮助机体恢复正常的呼吸功能。同时干细胞分泌的细胞因子，在加速细胞线粒体功能层面效果显著，而细胞线粒体供能所需要的各类酶类催化剂，在干细胞外泌体中皆为富含状态。由此，干细胞疗法对于各类肺脏疾病，均呈现显著改良效果。

提及干细胞对于肺脏治疗发挥的重要作用，其主要的机制包括以下几个方面。

（1）细胞更新及替代作用：间充质干细胞可分化为肺实质细胞（肺实质是指气管、支气管和肺泡等组织，肺实质与外界空气相通，里面充有氧气，包括上皮细胞、肌肉细胞、神经细胞等），替代那些因炎症而受损的肺部细胞，帮助恢复正常的呼吸功能，因此对于肺功能综合促进和改善有重大意义。

（2）抑炎作用：炎症是使自体内环境达到平衡状态的一个重要机制，在机体异常时会导致疾病发生，炎症细胞会不断地向间质系统中分泌。SASP（senescence-associated secretory phenotype）因子具备散播炎症的特性，会将正常的体细胞影响为炎症或癌前病变细胞，而炎性的产生以及炎性体细胞的聚集与慢性阻塞性肺疾病的产生是息息相关的。长期的慢性炎症会引起支气管狭窄，气体排出受阻。研究表明，间充质干细胞与巨噬细胞可相互作用抑制调节炎症反应，会降低肺部促炎细胞因子的分泌水平，抑制炎症信号通路，使得肺部炎症反应大幅减轻，进而减少炎症对于肺部细胞的伤害。

（3）旁分泌作用：间充质干细胞可以诱导生长因子的分泌，如 HGF（肝脏细胞生长因子）、EGF（表皮细胞生长因子）和 SLPI 蛋白（酸稳定蛋白）等。而这些生长因子可以修复受损的肺部细胞，保护肺部细胞免受损伤，防止病情的进一步恶化。

（4）免疫调节作用：慢性阻塞性肺疾病的特征为下呼吸道异常免疫反应，其中淋巴滤泡的形成及先天的免疫细胞浸润与疾病的进展息息相关，已有研究表明，适应性免疫反应在慢阻肺病程发展中起重要作用。主要参与反应的为 T 淋巴细胞及 B 淋巴细胞。

结合实际案例总结干细胞对于肺部疾病的具体研究主要见于如下几种疾病。

（一）干细胞治疗肺部纤维化

2019 年，《干细胞转化医学》杂志报道了人体内高剂量干细胞治疗特发性肺纤维化伴肺功能快速下降的临床研究结果。20 名受试者被随机分为两组，分别为间充质干细胞治疗组和安慰剂组。肺功能指标的分析显示，干细胞具有一定的治疗效果，遏制了肺纤维化的快速发展，安全性评估未发现治疗相关的显著不良反应事件，证明了干细胞治疗的有效性和安全性。

（二）干细胞治疗慢性阻塞性肺疾病

慢性阻塞性肺疾病（COPD）是一种常见的慢性气道疾病，其特征是持续存在的气流受限和相应的呼吸系统症状，比如咳嗽、咳痰、呼吸困难等。大量的临床前研究表明，干细胞输注可减少炎症和肺实质损伤。干细胞可再生肺实质和气道细胞，减少炎症和肺损伤，使肺部组织保持稳态，肺功能得以维持，从而改善慢性阻塞性肺疾病患者的肺功能，延长患者生存期。2022 年，意大利帕尔马大学的研究团队在《细胞》杂志上发表了基于干细胞的再生疗法以及衍生产品对 COPD 患者的疗效情况，这项研究分析了 11 项临床研究，共提取了 371 名 COPD 患者的数据，结果表明：基于干细胞的再生疗法和衍生产品对 COPD 患者有着一定的治疗效果。

（三）干细胞治疗哮喘

干细胞具有多向分化潜能的特点，输入人体的干细胞可以迁移到受损的肺组织，分化成特定的细胞，修复损伤，促进气道重建。而且干细胞还具有明显的抗炎、调节免疫、促进组织修复的作用，可通过细胞间的直接接触、产生细胞因子等多种途径抑制 T 细胞的增殖、NK 细胞的杀伤作用、树突状细胞的成熟和内吞功能，并上调 Treg 的表达，从而有效缓解炎症，治愈哮喘。

三、免疫细胞对肺部疾病的治疗

（一）免疫细胞的分类

因免疫细胞种类繁多，此次仅将免疫细胞大致划分为 4 类。

1. NK 细胞

NK 细胞为自然性杀伤细胞，巨噬细胞类，对细菌感染、病毒感染、炎症细胞、衰老细胞、肿瘤细胞均有一定杀伤作用，但由于不具备特异性，因此能力弱，但广谱性强。

2. DC 细胞

DC 细胞为树突状细胞，俗称为哨兵细胞，负责人体全面免疫监察，无论是被细菌病毒感染的细胞，还是炎症细胞、衰老细胞、肿瘤细胞，此类异常的体细胞因细胞膜表面表达蛋白不同，会被 DC 细胞识别，及时传递给免疫系统，免疫系统及时作出响应。

3. CTL 细胞

CTL 细胞即细胞毒性 T 细胞，人体所有细胞免疫均依赖于细胞毒性 T 细胞，它具有强大的特异性及靶向性，对于肿瘤细胞的针对性也是所有细胞中最强的。

4. B 淋巴细胞

B 淋巴细胞主要负责分泌抗体，抗体又会主动结合靶细胞，是人体体液免疫的关键细胞。

（二）免疫细胞对于肺病的治疗

自体免疫细胞可以对各类肺癌治疗起到极大的作用。（1）NK 细胞对于肺部炎症及白肺的治疗：NK 对于炎症细胞的清除能力，在出现肺部感染、肺部炎症细胞增多引起的各类病症时，NK 细胞能够有效地抑制炎症细胞的分裂。（2）DC 细胞和 CTL 细胞联合对于肺部结节及早期肺腺癌的治疗：DC 细胞能够有效地传递肿瘤表面表达的异样蛋白，并且及时将异样蛋白信息准确地传递给具有分化功能的 T 淋巴细胞，T 淋巴细胞对肿瘤新抗原能进行针对性地分化，形成肿瘤新抗原特异性 CTL 细胞。通过过继性免疫治疗可以将此类细胞大量快速地扩增，最终达到结节缩小或消失、肺腺癌的抑制与防止转移。

四、尘肺的细胞治疗

吸入 SiO_2 颗粒可引起肺部伴有肉芽肿形成的持续炎症，导致组织重塑和肺功能受损，并极易合并结核病、慢性阻塞性肺疾病、类风湿性关节炎及肺癌，终末期因呼吸衰竭而死亡。迄今为止，矽肺病的现有治疗主要集中在控制相关症状和合并症上，没有治疗方法可以阻止或逆转疾病进展。尘肺的主要发病机制是游离 SiO_2 的直接细胞毒性、氧自由基产生，活性氧（ROS）和活性氮（RNS）、炎症和纤维化介质的分泌、胶原和弹性蛋白沉积进行肺重塑以及细胞凋亡。由于干细胞是体内调节修复关键的关键靶点，找到肺组织干细胞非常重要，目前观点基底细胞、克拉拉细胞和 2 型肺泡上皮细胞是各自生态位的干细胞。早期研究使用骨髓来源的单核细胞（BMDMC）治疗矽肺。由于 BMDMC 很容易用于自体移植，使用成本低，并且没有细胞排斥的风险。临床前研究表明，气管内滴注 BMDMC 可改善小鼠矽肺病的肺力学并减少纤维化。通过支气管镜检查对矽肺患者进行自体 BMDMC 给药手术耐受性良好，随访期间未观察到不良事件。尽管肺功能和生活质量没有显著变化，但自体 BMDMC 移植似乎导致双肺底部的灌注提前增加，在随访期间一直增加。自体 BMDMC 或间充质干细胞（MSCs）这两种细胞都具有特殊的优势。BMDMC 可以在收获的同一天用于自体移植，避免了移植物抗宿主病等常见并发症，而 MSCs 具有多谱系分化潜力和免疫特权特征，可以同种异体使用。到目前为止，临床研究已经证明全身性 BMDMC/MSCs 输注在肺部疾病中的安全性，没有早期或晚期不良反应的报道。静脉输注常用于临床前和临床研究，用于递送各种细胞类型，因为这种给药途径具有更广泛的生物分布，并且易于进行。干细胞的体内成像和定量是干细胞追踪的重要工具，尽管它有固有的局限性。使用骨髓单核细胞的缺点是手术的侵入性以及骨髓构成的可变性。

MSCs 来自骨髓、脂肪组织，由于其有限的异质性和独特性，易于分离和培养，无须面临伦理道德问题。近年来，针对间充质细胞对矽肺病的细胞治疗也做了许多研究，发现骨髓来源的间充质细胞（BMSC）促进了矽肺病大鼠模型中纤维化和炎症的改善，其机制可能与 BMDMC 治疗相似：通过 IL1-Ra 抑制 IL1 信号传导和降低 TNF-α 表达。最近发表了一项使用间充质基质细胞和间充质细胞转基因培养的临床试验结果。在这项研究中，MSC 的给药不会引起任何不良反应，并且 6 个月后患者血液中的氧合血红蛋白饱和表明肺部气体交换的改善，在一些患者中，还观察到 SiO_2 结节的数量减少。

细胞治疗是一种很有前途的矽肺病治疗方法。这种疗法的主要作用包括减少有害的促炎和促纤维化过程，减少细胞凋亡和增强肺损伤后的修复。对于这些作用机制不十分清楚，可能是旁分泌 / 内分泌作用，例如，分泌抗炎、抗纤维化介质和细胞外囊泡。由于细胞治疗选择的广泛性，细胞治疗方案的优化和临床试验的进步一定会给尘肺病患者的治疗带来重要突破。

（朱　钧）

第十节　病情评估与分级治疗

我国《职业病分类和目录》中规定了 12 种不同生产性粉尘所致的尘肺病，由于不同粉尘所致纤维化的能力不同，其病情、进展、预后也有很大不同，进展较快、对劳动者健康危害大的是矽肺、石棉肺以及煤工尘肺。尘肺病诊断分期是肺纤维化严重程度的反映，是疾病的病理基础。尘肺病早期症状轻，肺功能影响小，随着疾病进展，肺通气功能和弥散功能开始损伤，严重时出现呼吸衰竭。尘肺病患者容易发生气胸、肺结核等并发症，直接影响尘肺病进展和预后。因此，尘肺病患者病情评估应以尘肺种类、期别、症状、肺功能、血气分析、并发症等 6 项指标为主进行综合分析。每个尘肺病患者在健康管理中均应定期或不定期进行病情评估，病情明显变化和住院治疗期间，更应及时进行病情评定，根据评定结果随时调整治疗方案，进入分级治疗。

根据病情进行分级治疗，是合理利用医疗资源，为尘肺病患者提供正确医疗服务的需要。具体病情评估是分级治疗疾病的依据。

一、门诊治疗

病情稳定但需药物持续治疗的尘肺病患者，或者病情加重时门诊用药可缓解的尘肺病患者进行门诊治疗即可。患者除了自我管理，还应按时服药、及时复查，并积极参与康复治疗。

二、住院治疗

出现下述情况之一的患者应住院治疗：呼吸系统症状明显加重或突然出现，门诊治疗不能缓解；近期或突然出现的严重咳嗽、咳痰、呼吸困难、咯血、胸痛、下肢浮肿等，多可能是发生肺部严重感染、气胸或心衰，需要住院检查明确诊断和进一步治疗的；重度肺功能损伤的；需要住院做特殊检查的。

三、危重急救

出现威胁生命的以下情况之一的患者应即刻住院急救或入住重症监护病房：严重呼吸困难且对初始治疗反应差；出现意识模糊、昏睡、昏迷等意识状态改变；氧疗和无创机械通气后低氧血症持续或进行性恶化；需要有创机械通气；血流动力学不稳定。

四、姑息治疗和临终关怀

尘肺病是一个慢性进展性疾病，肺功能逐渐下降，且受各种并发症的影响，病情会逐渐加重，死亡风险日益增加。对于病情严重的终末期尘肺病患者，当积极治疗患者已不再获益时，姑息治疗和临终关怀是治疗的重要组成部分。采取姑息治疗，医生应同患者及家人进行充分的交流沟通，告知可能发生的各种危急情况及相应的治疗措施和经济负担，姑息治疗主要是缓解症状、减轻痛苦、改善生活质量。

预期生存时间仅几天至几周的危重患者应予以临终关怀，强化医疗护理，减轻症状，减少痛苦，尽最大努力维护患者的生命尊严。

（毛　翎）

第十一节　尘肺病患者的健康管理

一、尘肺病患者的登记报告、定期健康检查与门诊复查

（一）登记报告

当职业病诊断机构或职业健康检查机构发现尘肺病患者或者疑似尘肺病患者时，应当及时向所在地卫生健康行政部门报告。职业病诊断机构应当在作出尘肺病诊断之日起 15 日内通过职业病及健康危害因素监测信息系统进行信息报告，并确保报告信息的完整、真实和准确。确诊为尘肺病的，职业病诊断机构可以根据需要，向卫生健康行政部门、用人单位提出专业建议，告知尘肺病患者依法享有的职业健康权益。

未承担职业病诊断工作的医疗卫生机构，在诊疗活动中发现劳动者的健康损害可能与其所从事的职业有关时，应及时告知劳动者到职业病诊断机构进行职业病诊断。

（二）定期健康检查

尘肺病患者定期健康检查非常重要，有助于监测病情进展、及时发现并发症，并调整治疗方案。

1. 定期健康检查的内容

（1）胸部影像学检查：如胸部 X 射线或高分辨率 CT，通过观察肺部纤维结节和斑片状阴影的存在情况，评估肺部病变的范围、程度和进展情况。

（2）肺功能检查：包括肺的通气功能检查、弥散功能检查、肺容积及肺气量、流速 – 容量曲线，用于评估患者的肺功能情况及治疗效果。

（3）实验室检查：包括血常规检查、生化检查、血气分析、免疫学检查、细菌学检查等，具体检查项目应由专业医生根据尘肺病患者具体病情变化酌情选择。

（4）心电图：捕捉心电图早期变化，早期干预，延缓尘肺病并发心脏病变的发展进程。

2. 检查周期

尘肺病患者定期健康检查的频率应根据患者的病情严重程度而定。病情较轻者可每年检查 1~2 次；病情较重者或出现严重并发症时，检查间隔时间应相应缩短，具体检查时间、检查项目由专业医师根据病情变化综合确定。

（三）门诊复查

门诊复查是尘肺病患者健康管理的重要环节，尘肺病患者需按照医生的建议，在指定时间前往门诊进行复查。复查内容通常包括体格检查、影像学检查、肺功能检查等，以便全面评估患者的健康状况。

在门诊复查过程中，患者应注意以下几点：首先，提前预约复查时间，避免排队等待时间过长；其次，携带好相关证件和既往病历资料，以便医生了解病情；最后，按照医生的指导进行各项检查，并如实陈述身体状况和症状变化。

二、尘肺病患者的劳动能力分级

根据《劳动能力鉴定　职工工伤与职业病致残等级》（GB/T 16180—2014），伤残等级根据严重程度分为一到十级，一级最严重，十级最轻。各期尘肺的伤残等级分别对应如下。

（一）尘肺壹期的伤残等级鉴定

（1）肺功能正常者：七级。

（2）伴肺功能轻度损伤及（或）轻度低氧血症者：六级。

（3）伴肺功能中度损伤或中度低氧血症者：四级。

（4）伴活动性肺结核：四级。

（二）尘肺贰期的伤残等级鉴定

（1）单纯尘肺贰期者：四级。

（2）伴肺功能中度损伤及（或）中度低氧血症者：三级。

（3）合并活动性肺结核者：三级。

（4）伴肺功能重度损伤及（或）重度低氧血症［PO_2<5.3kPa（40mmHg）］者：二级。

（三）尘肺叁期的伤残等级鉴定

（1）单纯尘肺叁期者：三级。

（2）伴活动性肺结核者：二级。

（3）伴肺功能中度损伤及（或）中度低氧血症者：二级。

（4）伴肺功能重度损伤及（或）重度低氧血症［PO_2<5.3kPa（40mmHg）］者：一级。

三、尘肺病患者工伤保障

尘肺病是工伤的一种，尘肺病患者依法享受工伤保险待遇，包括工伤医疗待遇、伤残待遇以及生活护理费。劳动者被诊断为尘肺病的，还需要到劳动保障部门认定工伤。提出工伤认定申请应当提交下列材料：工伤认定申请表；与用人单位存在劳动关系（包括事实劳动关系）的证明材料；职业病诊断证明书（或者职业病诊断鉴定书）。

《工伤保险条例》规定了工伤保险待遇的类别与标准、支付主体。医疗费、到统筹地区以外就医所需的交通费、住院伙食补助费、康复费、评残后生活护理费、伤残补助金、伤残津贴、工伤医疗补助金等由保险基金支付；停工留薪期内的工资福利待遇、护理费、伤残就业补助金等由单位支付。

根据《工伤保险条例》规定，劳动者患职业病进行治疗的，享受工伤医疗待遇。劳动能力鉴定致残的，享受伤残待遇，伤残待遇分为一次性伤残补助金和按月领取的伤残津贴。被鉴定为一级至四级伤残的，保留劳动关系，退出工作岗位。一次性伤残补助金按伤残等级由工伤保险基金一次性支付。

生活自理障碍分为三个等级：生活完全不能自理、生活大部分不能自理和生活部分不能自理。认定为工伤的劳动者已经评定伤残等级并经劳动能力鉴定委员会确认需要生活护理的，从工伤保险基金按月支付生活护理费。生活不能自理的认定为工伤的劳动者在停工留薪期需要护理的，由所在单位负责。

劳动者治疗工伤应当在签订服务协议的医疗机构就医，情况紧急时可以先到就近的医疗机构急救。治疗工伤所需费用符合工伤保险诊疗项目目录、工伤保险药品目录、工伤保险住院服务标准的，从工伤保险基金支付。劳动者住院治疗工伤的伙食补助费，就医所需的交通、食宿费用从工伤保险基金支付。劳动者需要暂停工作接受工伤医疗的，在停工留薪期内，原工资福利待遇不变，由所在单位按月支付。经认定为工伤的劳动者本人提出，该劳动者可以与用人单位解除或者终止劳动关系，由工伤保险基金支付一次性工伤医疗补助金，由用人单位支付一次性伤残就业补助金。

四、尘肺病患者的自我管理

自我管理是应对慢性疾病的过程中发展起来的一种管理症状、生理、治疗和心理社会变化，以及做出生活方式改变的能力，是用自我管理的方法来控制慢性病，实质上是患者教育项目。在医务人员的指导下，患者正确认识尘肺病对健康的危害，学习掌握健康的生活方式和规范治疗康复技能，与医生共同按照制订的管理计划开展自身管理。尘肺病是一种长期性、渐进的慢性疾病。尘肺病患者对疾病的发生、发展过程非常了解，尘肺病患者自己才是慢性病控制及管理的最佳人选。有效的自我管理，可以帮助患者监测自己的病情，预防和控制并发症，提高生活质量。

1. 正确认识尘肺病

医务人员要帮助患者树立健康意识和自我管理意识，加强疾病相关知识的培训，改变不良管理行为，提高自我管理水平。目前，对于尘肺病的治疗尚无特效的方法，只能是对症处理、缓解症状、预防并发症、延长寿命。尘肺病患者的健康管理主体还是患者本人，所以实施自我管理教育、重视患者长期的自我管理非常重要。

2. 戒烟

吸烟是慢性支气管炎的主要致病因素。吸烟可诱发呼吸道的一些慢性疾病，如气管炎、肺气肿、心血管和脑血管疾病，以及引起溃疡病的复发和加重。大量资料表明，吸烟同样能加重从事粉尘作业劳动者的健康危害，香烟中含焦油、尼古丁等化学物质可损伤气道上皮细胞。现已证实，吸烟的煤矿作业劳动者患尘肺和肺气肿的机会明显超过不吸烟的煤矿作业劳动者。医务人员应加强戒烟知识宣教，提高患者戒烟意识，家属也要督促患者戒烟，增强其行为控制能力，提高自我管理依从性。

3. 预防呼吸道感染、合并症和并发症

关注和识别呼吸道感染、慢性阻塞性肺疾病、肺结核、气胸、呼吸衰竭、肺心病等并发症。每年接种流感疫苗有助于预防呼吸道感染。

4. 家庭氧疗

吸入氧气是肺功能损害、低氧血症必要的科学治疗手段，及时补充氧气可增加患者吸入气体氧含量，减轻呼吸做功，弥补呼吸功能不全，提高动脉氧分压，对因动脉血氧分压下降引起的缺氧疗效较好。通过改善组织缺氧，使脑、心、肾等重要脏器功能得以维持，提高生活质量，延长生命。尘肺病合并慢性阻塞性肺疾病一般采用低浓度氧疗。对于伴有慢性呼吸衰竭者，应低流量持续给氧，一般控制在1~3L/min，每日氧疗至少15~18h。尘肺并发慢性呼吸衰竭通过长期氧疗能提高慢性呼吸衰竭患者PaO_2，增加组织供氧，改善心脑肺功能，降低肺动脉压、红细胞和血黏度，减轻水钠潴留，改善呼吸困难和睡眠，增加活动能力和耐力，从而减少患者的急性发作和住院次数、时间及费用，提高其生活质量，延长患者的寿命。因此，家庭氧疗在临床疗效、经济学意义和患者利益方面均具有显著效果。根据患者病情严重程度制订吸氧计划，包括吸氧时机、时间、浓度、流量等，告知氧疗相关知识、作用及注意事项，并示范氧疗方法。家庭氧疗一般采用氧气瓶和制氧机，一般推荐制氧机，但在家中进行氧疗时需注意以下问题。

（1）合理选择吸氧时间。每日给予15h以上的氧疗。对部分患者平时无或仅有轻度低氧血症者，在活动、紧张或劳累时，短时间给氧可减轻“气短”的不适感。

（2）注意控制氧流量，一般为1~1.5L/min，且应调好流量再使用。因为高流量吸氧可加重慢性阻塞性肺疾病的二氧化碳潴留，诱发肺性脑病。

（3）注意用氧安全的重要性，供氧装置应防震、防油、防火、防热。氧气瓶搬运时应避免倾倒碰撞，防止爆炸。因氧气能助燃，故氧气瓶应放置于阴凉处，并远离烟火和易燃品，至少距离火炉5m、距离暖气1m。

（4）注意氧气的湿化。从压缩瓶内放出的氧气湿度大多低于4%，低流量给氧一般应用气泡式湿化瓶，湿化瓶内应加1/2的冷开水。

（5）鼻导管、鼻塞、湿化瓶等应定期消毒。

5. 药物治疗

尘肺病的治疗药物主要是止咳化痰、平喘、抗肺纤维化药物、吸入制剂、抗结核药物，医务人员应耐心讲解用药管理知识的重要性，让患者了解坚持规律用药的目的，掌握用药的注意事项和技巧，增强药物治疗的依从性。

6. 肺康复

肺康复是临床治疗的延续，也是对肺疾病的预防。肺康复训练可以缓解或控制呼吸疾病的急性症状及并发症，消除疾病遗留的功能障碍和心理影响。尘肺病患者要掌握缩唇呼吸、腹式呼吸、简单呼吸操，运动训练、呼吸肌训练、健康教育、心理和行为干预及其效果评价，其中运动训练是肺康复的核心。

7. 营养管理

适时给予营养支持治疗，同时加强健康教育，使其增强保健意识、提高生活质量，对消除尘肺病患者不良心理，延缓病情进展极为必要。指导患者食用富含蛋白质的肉、鸡蛋、牛奶、豆制品等食物，做到少食多餐。

8. 急救药品的储备

可采用沙丁胺醇、异丙托溴铵、糖皮质激素、乙酰半胱氨酸的雾化治疗，自备脉搏血氧饱和度仪。

9. 定期随访

对没有并发症或者没有症状加重的尘肺病患者，建议每年定期随访 1 次。有并发症或者症状逐渐加重的患者，建议 3~6 个月复查 1 次。复查内容包括肺功能、胸片、mMRC 和 CAT 量表评分。但实际上，由于尘肺病患者短时间内的不适症状并不会明显增强，如果复查结果没有明显改变，在期别上不能晋级，并且由于没有工伤保险的尘肺病患者需要自费复查等原因，所以定期复查率和就医率比率均较低。

当前我国对于尘肺病自我管理的研究甚少，尚未建立系统科学的自我管理体系。有必要探索科学理论指导下尘肺病患者的自我管理教育项目，开展同伴教育，让家属参与到患者的自我管理中，社会各界多种力量给予支持，帮助患者树立正确的自我管理态度，与医生护士建立良好的信任关系，从而提高治疗依从性，不断完善自我管理能力，提高尘肺病患者生活质量。

（李　颖　陈　刚　谭　勇）

09 第九章　职业性尘肺病的康复

第一节　尘肺病呼吸康复

尘肺病是一种慢性疾病，应以慢性病防治为基本防治原则，即实行全面的健康管理，及时发现和治疗各种并发症/合并症，开展在医疗指导下的全面的呼吸康复行动，以达到减轻尘肺病患者痛苦、延缓病情发展、提高生活质量和社会参与程度，延长患者寿命的目的。

一、尘肺病呼吸康复概述

（一）定义

呼吸康复（pulmonary rehabilitation）是基于对患者病情的全面评估，为患者量身定制的综合干预措施，包括但不局限于运动训练、患者教育和行为改变，旨在改善慢性呼吸道疾病患者的生理和心理状况，促进其对增进健康行为的长期依从性。呼吸康复是慢性呼吸疾病管理的核心组成部分，是基于对患者病情的全面评估，为患者量身定制的综合干预措施，是最具成本效益的非药物治疗手段之一。尘肺病呼吸康复是针对尘肺病患者这一特定人群开展的呼吸康复。

呼吸康复可减轻呼吸慢性疾病患者的症状，提高运动能力，提升与健康相关的生活质量，改善患者情绪及认知和自我效能，减少住院率，具有良好的健康经济效益，是慢性呼吸系统疾病患者综合照护的重要组成部分。

（二）基本要求

尘肺病呼吸康复治疗是以慢性病健康管理基本原则为指导，贯穿于尘肺病病程的全过程。为实现尽可能大的功能性收益，应针对患者开展基于评估的个体化综合呼吸康复方案，其流程是在对病情进行全面评估的基础上进行呼吸康复计划和方案制订、康复实施、康复效果评价、康复方案的调整和修改、再实施、再评估，形成往复循环的链状管理模式（或闭环管理，即始于评估、止于评估）。呼吸康复计划应是动态的，需要根据患者病情变化和阶段评估情况随时进行调整和修正。呼吸康复评估内容应包括患者基本信息的采集，病史、临床症状的记录，对患者体适能力（运动耐力、呼吸肌肌力）、心肺功能及血气分析的测试和日常活动能力、心理状态、营养状态、睡眠、吞咽功能的评估，以及对康复计划可能的风险分层（呼吸系统风险、其他系统风险）进行评估。

（三）主要内容

呼吸康复的基本组成部分包含运动训练、患者教育、心理、营养咨询，其中运动训练是呼吸康复的核心，包含有氧运动及抗阻训练等，活动耐量下降和功能能力的丧失可以通过运动训练来改善。

运动训练需要考虑个体化、整体化、循序渐进以及持之以恒原则。

其他呼吸康复内容涉及呼吸模式训练（腹式呼吸、缩唇呼吸等）、呼吸肌训练、日常生活能力训练、吞咽训练、呼吸治疗等综合康复措施。通过呼吸康复以期提高治疗的依从性，储备和改善患者呼吸功能，减轻临床症状，延缓病情进展，增强患者信心，最大限度地提高患者生活质量，实现带病延年的生存目标。

二、尘肺病呼吸康复的意义及必要性

近年来，全球尘肺发病率有所下降，但受尘肺病影响的人数仍然很多。尘肺是我国主要的职业病，也是慢性呼吸道疾病的第三大病因。一项共纳入 26 个研究的定性分析结果显示，1990—2019 年，在全球因尘肺引起的总负担中，超过 60% 在中国，我国受尘肺病的危害最大。另外，据研究统计，我国每例尘肺病患者年均医疗费用约 1.905 万元，其他交通费、营养费、误工费等 4.579 万元，平均每例患者终生经济负担为 207.5 万元。尘肺病已给国家、社会、家庭和个人的经济和健康带来了沉重的负担。因此，减轻尘肺病带来的负担仍然是我国的一项紧迫任务。尘肺病患者的治疗目标为减轻患者症状负担，延缓病情进展，提高生活质量和社会参与程度，提高生存收益，延长患者寿命。尘肺病患者的疾病管理必须从整体健康和积极干预的整体战略入手，包含症状治疗、并发症 / 合并症治疗和康复治疗。

呼吸康复是一项全面的治疗措施，广泛应用于肺部疾病的治疗，并已被证明能改善多种慢性呼吸疾病患者的症状，改善躯体功能及运动耐力、提高健康相关生活质量，减少临床照护需求，对患者的身体、情绪、社会和经济状况产生积极影响。已发表的关于尘肺病呼吸康复的临床随机对照试验及 Meta 分析显示，患者在 6min 步行距离、圣乔治呼吸问卷、改良医学研究委员会呼吸困难量表、36 项简明健康调查表测试和肺功能方面有着显著改善，且未在任何一项研究中发现康复相关不良反应。结果表明，呼吸康复在一定程度上可以提高尘肺病患者的运动能力和生活质量。亚组研究表明，增加呼吸康复时间或将运动训练与其他形式的呼吸康复相结合，如营养干预和心理社会支持，可能会提高肺功能。然而由于研究高度的异质性，还需更多高质量的研究来评估康复对于尘肺病患者的影响。目前的证据在很大程度上支持呼吸康复作为尘肺病治疗的常规内容。《尘肺病治疗中国专家共识（2024 年版）》指出，尘肺病患者宜加强全面的健康管理，积极开展呼吸康复治疗。

尽管呼吸康复可以改善尘肺病患者症状和生活质量，节省医疗费用，具有良好的成本效益，但无论是在发达国家还是中低收入国家，其可及性、接受度和完成程度均不理想，呼吸康复还未得到充分的利用。这可以归因于多种因素，例如，医疗保健专业人员对呼吸康复的认识不足、患者对呼吸康复缺乏认知、呼吸康复专业人员缺乏、呼吸康复资源有限以及医疗保险覆盖不足等。近年来，呼吸康复越来越受到国内外同行的重视，我国呼吸康复也得到迅速发展。2019 年，国家卫生健康委等部门联合下发了《关于印发尘肺病防治攻坚行动方案的通知》；2020 年，国家卫生健康委发布《关于开展基层医疗机构尘肺病康复站（康复点）试点工作的通知》，为系统开展尘肺病患者呼吸康复建立了基层平台，将开启尘肺病呼吸康复治疗新的里程碑。

（赵红梅　李丹叶）

第二节　尘肺病住院康复

一、尘肺病康复评估概述

尘肺病患者肺康复治疗以慢性病健康管理基本原则为指导，贯穿于尘肺病病程的全过程，是最有效的尘肺病患者健康管理对策。对尘肺病患者实施系统、全面、持续的肺康复治疗，其流程应遵循一个往复循环的链状管理模式。该流程具体为在对病情进行全面评估的基础上，制订肺康复计划和方案、实施肺康复、评价肺康复效果、调整和修改肺康复方案、再实施、再评估的过程。肺康复计划是动态的，需要根据患者病情变化和阶段评估情况经常进行调整、更新和修正。

尘肺病肺康复的主要评估内容包括临床评估、体适能评估、肺功能评估、血气分析、生活质量评估、日常生活活动能力评估、心理状态评估、营养状态评估、睡眠评估、吞咽功能评估、呼吸系统风险评估等。

二、尘肺病康复的常用指标

（一）临床评估

1. 基本信息采集

基本信息采集包括年龄、性别、职业史（包括接触和非接触粉尘）、家族史、吸烟史、文化程度、家庭经济情况、住址、生活环境条件、紧急联系人电话等。

2. 病史采集

病史采集主要是尘肺病的疾病史（包括职业暴露史如粉尘的性质、工种、接尘工龄、接尘浓度、防护情况等，尘肺病诊断经过、症状及体征变化、治疗情况以及肺功能等辅助检查结果）和并发症/合并症的有无，以及其他呼吸系统疾病和全面健康状况评估。

3. 主要症状评估

尘肺病呼吸系统症状主要是咳嗽、咳痰，胸痛，呼吸困难。

（1）咳嗽、咳痰：询问患者咳嗽发生的频率和持续性，有无明显的诱因如天气、季节、温度变化，有无花粉等植物源性过敏物质接触史，咳嗽、咳痰和吸烟的关系等；观察痰液的颜色、性质、痰量、气味，有无肉眼可见的异常物质等；依次评估患者咳嗽、咳痰和尘肺病、并发症/合并症、吸烟等的相关性以及有无对某些物质的过敏史等。

（2）胸痛：询问胸痛的起病情况、部位、性质、持续时间、影响因素和伴随症状等。

（3）呼吸困难：评估呼吸困难时应注意起病缓急、有无诱因、伴随症状、活动情况、心理反应、用药情况等。需要观察患者神志、面容与表情、呼吸频率、深度和节律、有无辅助呼吸肌参与呼吸运动、“三凹征”、异常呼吸音、哮鸣音、干/湿啰音等。改良的英国医学研究委员会呼吸困难量表与呼吸困难和患者病情的严重程度相关，适用于评价患者日常活动中轻、中度呼吸困难的影响，评价呼吸困难较真实准确。

（二）体适能评估

1. 运动耐力评估

参加呼吸康复的尘肺病患者首先需要测试运动耐力。运动耐力测试可以评定患者的健康状态，评价运动耐力，确定康复医学运动处方，评定肺康复治疗效果。

（1）六分钟步行试验：此试验是测量测试者 6min 所步行的距离，主要适用于评估心脏或肺疾病患者的心肺功能状态、自身日常锻炼能力或预测发病率和死亡率以及对医疗干预的反应。目前该试验已经被公认为评价慢性阻塞性肺疾病、肺动脉高压、慢性心力衰竭患者运动能力、生活质量的研究方法之一。

（2）心肺运动测试：该测试通过同步记录个体在额定运动应激过程中心血管、呼吸等系统参数变化情况，进而评估其运动整体及相关各器官系统的功能水平，是目前无创性心肺功能评估的“金标准”。在进行肺康复之前，明确尘肺病患者峰值摄氧量、无氧阈、代谢当量等参数，可以保证训练的安全和确定最佳训练强度。心肺运动测试是极量或亚极量的负荷试验，存在一定的危险性。据统计，测试期间死亡率约为十万分之三，因此，在测试前必须明确测试的适应证与禁忌证，并在测试场地配置相应的抢救设备及具有相关资格认证的专业人员以保证安全。

（3）肌力、肌张力的评估：通过肌肉功能性评估有助于了解患者的肌肉状态，是制订运动处方的依据，是评估康复治疗有效性和判定预后的指标。常用的肌肉功能检查方法包括握力测试、伸膝力测试、坐站 5 次测试等。

（4）平衡能力评估：平衡能力是指在重力作用下维持身体姿势的能力，特别是在较小的支撑面上，控制身体重心的能力，是一切静态与动态活动的基础能力。通过平衡能力评估，确定是否存在影响行走或其他功能性活动的平衡障碍；确定障碍的水平或程度；寻找和确定平衡障碍的发生原因；指导制订康复治疗计划并保障康复运动的安全实施。常用的平衡功能测试方法有单腿直立平衡试验、SPPB 测试（串联站立测试、4 米步行速度测试、坐站 5 次测试）、3m 往返步行测试等。常用的量表评定法有 Berg 平衡量表、Fugl-meyer 平衡量表、Brunel 平衡量表、Tinetti 量表等。

（5）柔韧性评估：柔韧性是指人体各个关节活动幅度以及肌肉、肌腱、韧带等组织的弹性、伸展能力、灵活性。柔韧性的优劣主要取决于跨过关节的肌肉、韧带、肌腱的伸展范围和弹性，取决于肌肉活动中的收缩与放松的协调能力。在心肺康复中，柔韧性训练有助于增加关节活动度和关节营养、预防运动损伤。常用柔韧性评估方法有抓背试验、座椅前伸试验、改良转体试验。

2. 呼吸肌肌力评估

（1）呼吸肌力量评估：是对全部吸气肌和呼气肌强度的测定。主要测定指标有最大吸气压（MIP）和最大呼气压（MEP）。

（2）呼吸肌耐力评估：呼吸肌耐力是指呼吸肌在一定的力量或做功的负荷下维持收缩而不出现疲劳的时间，即反映肌肉的耐力。主要测定指标有最大通气量（MVV）和最大维持通气量（MSVC）。

（三）肺功能评估

肺功能是非常重要的评估指标，用以判断尘肺病肺损伤的程度、类型和对运动的耐受程度。肺功能检查通常包括通气功能、换气功能、呼吸调节功能以及肺循环功能检查。临床上开展较为广泛的是肺的通气功能及弥散功能检查，其他一些辅助检查如支气管舒张试验、支气管激发试验等也较常用。

1. 通气功能评估

通气功能是评价早期尘肺病患者肺功能损伤程度和代偿功能分级的基本依据。

（1）阻塞性通气功能障碍评估：阻塞性通气功能障碍指气道阻塞或狭窄而引起的气体流量下降，典型肺功能特征为 FEV、$FEV_1/FVC\%$ 下降，MVV 明显下降，RV、TLC 增高，而 VC、FVC 可以正常，只有病情严重时才下降。MVV 下降与病情严重程度成正比。

（2）限制性通气功能障碍评估：限制性通气功能障碍指肺组织扩张受限引起肺容量减少而不伴有气体流量下降。典型肺功能特征为深吸气量（IC）下降，导致 VC、TLC 下降，RV 相对增高，FRC 减少，MVV 下降。

（3）混合性通气功能障碍评估：患者同时存在阻塞性通气功能障碍和限制性通气功能障碍的改变，其具体评估指标包括 FVC 下降，FEV_1 明显下降，FEV_1/FVC 下降，RV、TLC 则不确定。

2. 弥散功能评估

肺的主要功能是在通气的基础上进行气体交换，使 O_2 和 CO_2 通过弥散进出肺泡。影响尘肺病弥散功能的因素主要是肺间质纤维化导致的呼吸膜增厚、通气血流比例失调、呼吸膜面积减少等。

3. 小气道功能评估

小气道一般指内径≤2mm 的细支气管，小气道功能检查是为了发现常规肺功能检查不能发现的早期小气道病变。评价指标有最大呼气流量－容积曲线、闭合容量等流量容积、最大呼气中期流速、动态顺应性及阻力测定。

4. 气道阻力评估

气道阻力测定有多种方法，包括体积描计法、强迫振荡法、脉冲振荡法、口腔阻断法。

（四）血气分析

血气分析是指测定血液中氧分压、二氧化碳分压、血氧饱和度，以及测定血液酸碱度、碳酸氢盐、阴离子间隙等参数，通过分析判定而了解肺的通气与换气功能、呼吸衰竭类型与严重程度，以及各种类型的酸碱失衡情况。

（五）生活质量评估

生活质量是不同文化和价值体系中个体对与他们的目标、期望、标准以及所关心的事情有关的生存状况的体验，是个体的主观体验（对身体、精神和社会适应的满意度）指标。生活质量评估是多维度的评估，包括身体功能、心理状态、独立生活和活动能力、社会人际关系、工作和生活环境等，还需要考虑相应的文化背景和价值体系。生活质量量表按使用对象分类可分为普适性量表、疾病专用量表、领域专用量表，按应用目的可分为判别量表、评定量表、预测量表。常用的生活质量量表有 SF-36、WHOQOL-100 量表以及 WHOQOL-BREF 量表。

（六）日常生活活动能力评估

日常生活活动能力，是指个人为了满足日常生活的需要每天所进行的必要的活动的能力，通常分为基础性日常生活活动能力和工具性日常生活活动能力。慢性肺疾病的患者影响活动的主要原因是呼吸困难和疲乏，因此进行日常生活活动能力评价是了解由于呼吸困难而影响患者日常生活活动能力的程度。日常生活活动能力呼吸困难评分（TDI）将日常生活活动与呼吸困难评分结合起来。可以动态观察康复后的效果，更全面地评价慢性肺疾病患者的日常生活活动能力。

（七）心理状态评估

心理状态评估是指有计划、系统地收集资料，运用多种手段从各方面获取信息，对患者心理现象做全面、系统和深入的客观描述，以了解患者的心理健康状态。对于慢性心肺疾病的患者应当进行常规心理障碍的评估，主要使用的评估量表有以下 6 种。抑郁自评量表用于衡量抑郁状态的轻重程度及其在治疗中的变化；焦虑自评量表是一种分析患者主观症状的相当简便的临床工具；SCL-90 症状自评量表可了解存在躯体疾病患者的精神症状，有助于发现患者是否存在心理情绪障碍；HAD 情绪测定表主要应用于综合医院患者中焦虑和抑郁情绪的筛查；汉密尔顿抑郁量表是评定抑郁状态时应用最为普遍的医生用评定量表；汉密尔顿焦虑量表可作为焦虑症的诊断及程度划分的依据。

（八）营养状态评估

对于尘肺病患者的营养状态评估，可有针对性地对个体的饮食进行指导，将有助于肺康复的实施。营养状态评估指标有体重指数、三头肌皮褶厚度、血浆蛋白、血常规、尿常规、氮平衡、肝肾功能等。

（九）睡眠评估

睡眠评估是肺康复患者评估中的一个重要组成部分。评估患者的睡眠状况，改善睡眠状态以促进健康是肺康复的内容之一。

（十）吞咽功能评估

在吞咽过程中，食物通过咽－食管遇到阻碍，通过不顺畅或不能通过称为吞咽障碍。常见的吞咽功能评估标准有反复唾液吞咽试验、饮水吞咽试验、简易吞咽激发试验、咳嗽反射试验。

（十一）呼吸系统风险评估

由临床医师判断尘肺病患者目前病情是否稳定，是否合并有COPD或哮喘以及是否正在规范药物治疗。如有这些合并症，应先行对症治疗，待病情稳定后再进行评估。

三、尘肺病康复的常用方法

尘肺病康复的常用方法包括呼吸训练、气道廓清技术、运动训练、中医康复、心理干预、营养干预等。

（一）呼吸训练

呼吸训练通过改变患者的异常呼吸模式，提高呼吸肌的肌力、耐力及协调性，教育患者处理呼吸急促，从而改善通气，提高咳嗽效率，促进放松，增强患者整体呼吸功能，缓解呼吸困难症状。

1. 缩唇呼吸

缩唇呼吸是一种自我控制的呼气末端正压呼吸方式，通过呼气时缩紧嘴唇的方式增加呼气阻力，延长呼气时间，提高气道内压力，防止呼气时气道的过早塌陷，使气体充分排出，减少残气量，从而改善通气功能。

缩唇呼吸方法：患者处于舒适放松体位，用鼻深吸气，心里默数“1，2”；然后缩唇做吹口哨状，轻柔呼出气体，心里默数“1，2，3，4”。吸气和呼气时间比为1∶2，如图9–1所示。建议呼吸频率控制在10次/min左右，每次训练10~20min，每天训练2次。

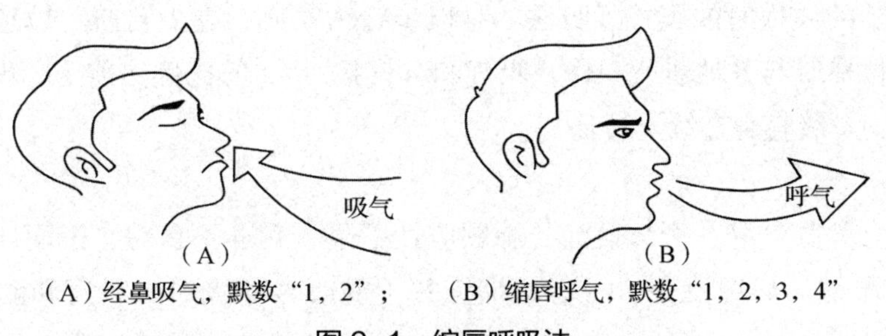

（A）经鼻吸气，默数“1，2”；（B）缩唇呼气，默数“1，2，3，4”

图9–1 缩唇呼吸法

2. 腹式呼吸

腹式呼吸中主要使用的呼吸肌为横膈，故又称膈式呼吸。此呼吸法通过增大横膈的活动范围，提高肺的伸缩性来增加通气，从而使每次通气量、呼吸效率、动脉氧分压上升；同时减少胸锁乳突肌、斜角肌等呼吸辅助肌不必要的使用。横膈活动每增加 1cm，可增加肺通气量 250~300mL，膈肌较薄，收缩时耗氧量相对较少，因而采用腹式呼吸可以提高呼吸效率，缓解呼吸困难。

腹式呼吸可在卧位、坐位、立位、步行、上下楼梯、上下坡道等日常生活动作中使用。下面以仰卧位时的腹式呼吸为例进行介绍。让患者髋关节、膝关节轻度屈曲，肩背放松，全身处于舒适的仰卧位。呼吸时用鼻吸气的同时，使腹部隆起；然后经口缓慢呼气，使腹部回缩。患者可将双手分别放在腹部和上胸部，体会吸气和呼气时腹部和胸部的起伏，如图 9-2 所示。建议每次训练 15~20min，每日 2 次。注意开始时不要进行深呼吸，因患者集中精力地进行深呼吸，可能加重呼吸困难。可在肺活量 1/3~2/3 通气量的程度上进行练习，患者熟练掌握后可同时配合缩唇呼吸。

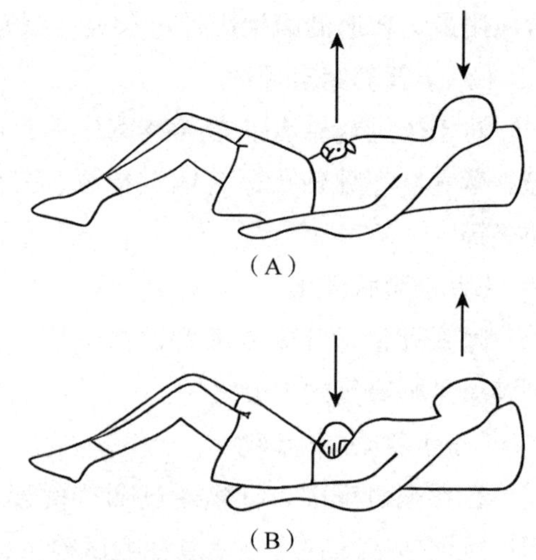

（A）经鼻吸气，使腹部隆起，心里默数“1，2”；
（B）经口呼气，使腹部回缩，心里默数“1，2，3，4”

图 9-2　仰卧位腹式呼吸法

平地步行时的腹式呼吸是把腹式呼吸与行走的步数相协调、相一致起来的训练法，训练的目的是使患者在快速行走、长距离行走时也不出现呼吸急促。一般患者在行走时吸气和呼气的比例为 1：2，也就是两步吸气，四步呼气，如图 9-3 所示。注意应先从短距离开始，采用尽量不出现呼吸急促的步行速度。

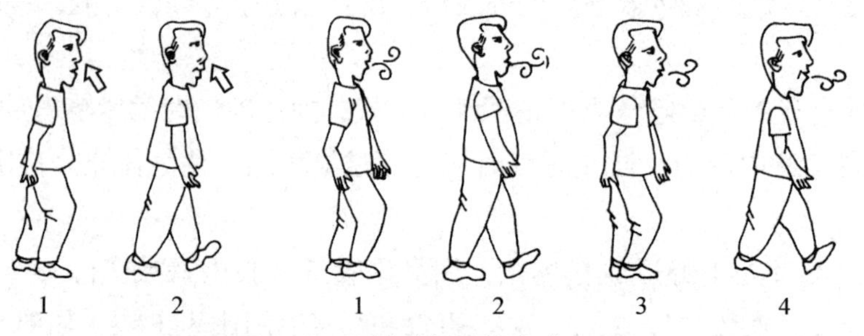

图 9-3　平地步行时的腹式呼吸

在上下台阶、陡的坡道时的腹式呼吸法，是以步行为基础，在上台阶、坡道时呼气时迈步，吸气时停止迈步。下楼梯时与平地步行一样，吸气和呼气按 1：2 的比例往前走。患者可先从一级楼梯练起，逐渐到两级、三级直到连续上楼梯。

3. 呼吸肌训练

尘肺病患者多合并肺气肿、低氧血症、肺顺应性下降、营养不良等，进而导致呼吸肌受损，甚至存在不同程度的萎缩。研究发现全身运动训练并不能改善呼吸肌的肌力和耐力。呼吸肌训练包括吸气肌训练（inspiratory muscle training，IMT）和呼气肌训练，以 IMT 更常见。IMT 可以提高吸气肌力量和耐力，降低呼吸困难程度；还可以作为多维呼吸康复训练计划的一个环节，为呼吸困难和运动不耐受患者，以及因害怕运动性呼吸困难而避免活动的患者提供一种过渡到有氧和抗阻训练的替代性治疗。IMT 适用于最大吸气压（maximal inspiratory pressure，PImax）<70% 预计值的

患者。IMT起始强度为30%PImax，每周递增5%，推荐每天30min的间歇训练，至少4~5天/周，持续超过4周。为维持已取得的效果，建议继续每周2次的训练。训练时可辅助使用阈值型呼吸训练器或者抗阻型呼吸训练器。IMT应避免患者出现呼吸肌疲劳，应控制在症状限制Borg评分的4~6分。

膈肌起搏运用功能性脉冲电流刺激膈神经增强膈肌收缩，可增加呼吸中枢驱动，增加膈肌功能性运动单位的总数。根据电极安放位置不同可分为植入式膈肌起搏器和体外膈肌起搏器。国内体外膈肌起搏器应用较多。体外膈肌起搏治疗对尘肺病患者的康复有显著的效果，通过增加膈肌运动，达到增加肺通气量，改善肺功能和心肺功能状态的目的。

4. 其他呼吸训练方法

（1）放松训练。患者呼吸困难加重时常出现情绪焦虑和颈背部肌肉紧张，从而导致耗氧量增加。放松训练可以减少呼吸肌耗氧量，减轻呼吸困难症状。放松的方法有许多，要依照当时的环境和条件而定，例如，安静的环境、舒适的姿势、宽松的衣服、缓慢的腹式呼吸、播放为放松所准备的录音带并随之冥想。放松体位常用前倾依靠位、椅后依靠位、前倾站位。

（2）局部呼吸训练。局部呼吸训练指在胸廓局部加压的呼吸方法。治疗师或患者把手放于需加强部位，在吸气时施加压力或患者使用毛巾施加压力，用于增加胸部局部的呼吸能力，如图9-4所示。

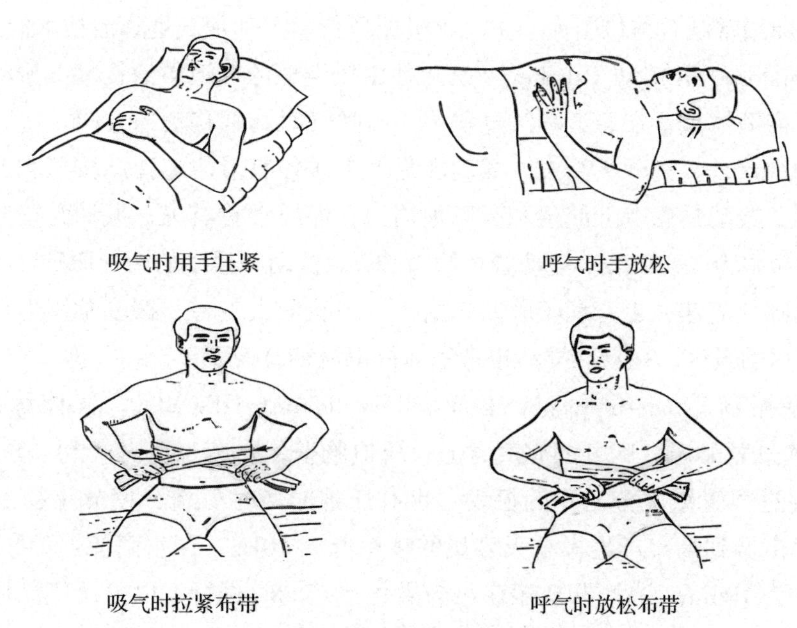

图9-4　局部呼吸训练

（3）胸廓扩张运动。胸廓扩张运动是指着重于吸气的深呼吸运动。吸气是主动运动，在吸气末通常需屏气3s，然后完成被动呼气动作。胸廓扩张运动有助于肺组织的充分扩张，有助于移除和清理过量的支气管分泌物，可以减少肺组织的塌陷。胸廓扩张运动可连续使用，也可以在呼吸控制之间使用。物理治疗师可以将手置于患者被鼓励进行胸部运动的那部分胸壁上，通过本体感受刺激进一步促进胸部扩张运动。最初可能引起这部分肺的通气增加，随后，胸壁运动也相应增加。有时候，在深吸气末，采用一种"嗅气"策略可以使肺容积进一步增加，但这一策略可能不适用于过度通气的患者。

（4）呼吸操。呼吸操是一种腹式呼吸与缩唇呼吸联合应用的全身参与运动的呼吸康复训练方式。

呼吸操根据姿势可分为卧位呼吸操、坐位呼吸操及立位呼吸操。呼吸操没有固定的步骤顺序，需根据患者的个体差异、病情制订合适的呼吸操训练计划。

（二）气道廓清技术

针对气道分泌物增多或分泌物排出困难的尘肺病患者，可借助气道廓清技术，协助把气道分泌物排出体外，提高咳嗽效率，避免无效的咳嗽引起额外的能量消耗。常见的气道廓清技术原理有松动气管壁上的分泌物、借助重力使分泌物由小气道向大气道移动、增加呼气流速气流或其他，一些气道廓清技术常不只含一种原理。

除体位引流外其他需在胸部表面操作的气道廓清技术禁忌证有：皮下气肿，治疗部位皮肤破损和皮肤感染，近期安装心脏起搏器，近期肋骨骨折，胸部疼痛，重度骨质疏松，凝血功能障碍，未控制的气道高反应性，大咯血，未控制的低氧血症，肺挫伤，脊柱力学不稳等。

1. 松动气管壁上的分泌物的气道廓清技术

此技术常见有叩拍、振动和摇动、高频胸壁振荡、肺内叩击通气。

（1）叩拍（clapping）。治疗者手呈杯状，通过腕部有节奏地屈伸运动叩拍需要治疗的部位。通常用双手叩拍，频率在100~480次/min，每个部位叩击1~2min。叩拍时不应直接接触皮肤，应隔一层衣物，避开胸骨、脊柱、肝脏、肾脏、乳房等位置，叩拍绝不能使患者感觉不适。叩拍与氧饱和度下降有关，因而对出现氧饱和度下降的患者，在叩拍过程中可进行胸扩张运动、间歇呼吸控制或额外高浓度氧供。叩拍常结合体位引流、主动呼吸循环技术等其他气道廓清技术使用。

（2）振动（vibratory）和摇动（shaking）是两种比较类似的气道廓清技术。振动时治疗者双手重叠置于治疗部位，借助体重，在患者呼气过程中，沿呼气时胸廓移动的方向，持续施加压力同时上肢持续收缩以振动胸壁，直到呼吸结束。摇动在呼气末缓慢有节律地弹动按压胸壁，又被称为肋骨弹跳。两者的区别：振动是患者上肢温和高频地用力，而摇动更有力；振动为精细运动，摇动为粗糙运动；徒手振动频率为12~20Hz，摇动频率约为2Hz。振动和摇动的治疗原理除了松动气管壁上的分泌物，还可增加呼气流速，更有利于分泌物由小气道流向大气道，振动常用力至患者完成补呼气量，会促进随后更深的吸气。振动和摇动也常和体位引流结合使用。

（3）高频胸壁振荡（high-frequency chest wall oscillation，HFCWO）。气体脉冲发生器通常以5~25Hz的频率，通过紧贴患者胸壁的充气背心，压迫胸壁，引起气道内气流“振荡”。治疗原理既有通过振荡气流促进气管壁上分泌物的松动，也有压迫时产生气流，使分泌物由小气道向大气道移动。治疗时频率由低到高，产生大呼吸容量的频率低于10Hz，产生高流速的频率大于13Hz，每个频率治疗时间约为10min。高频胸壁振荡可与雾化治疗同时进行，以抵消气流加速后引起的吸道干燥。

（4）肺内叩击通气（intrapulmonary percussive ventilation，TPV）类似无创通气，在吸气过程中，产生高频脉冲气流，呼气过程中维持呼气正压。脉冲气流可产生不同的剪切应力，松动气管壁上的分泌物，呼气正压稳定气道，使分泌物更好地由小气道流向大气道。对需要通气支持的患者，以高压力和低频率开始，随后增加压力，至胸部触诊可以感觉到振动；有自主呼吸的患者，以低压力和高频率开始，至胸部触诊可以感觉到振动。治疗过程中可结合雾化和湿化，减少分泌物黏稠度，每次治疗时间约为20min。

2. 借助重力使分泌物由小气道流向大气道的气道廓清技术

此类气道廓清技术主要有体位引流。体位引流时，让患者处于特定的体位，使被引流的肺段处于肺门上方。气道分泌物在自身重力作用下，由小气道流向大气道。每个体位应维持 5~10min，如有数个部位，则总时间不超过 30min，每天进行 2~3 次。体位引流过程中，若结合其他气道廓清技术如叩拍、振动等，则可缩短每个体位的时间；鼓励患者深呼吸和咳嗽，不能过度换气或呼吸急促。体位引流结束后缓慢坐起，防止姿势性低血压；有意识地咳嗽或运用用力呼气技术，可将分泌物更好地从大气道排出。

体位引流有增加食管反流的风险，可在进食后 2h 进行。病重的患者应在体位引流期间密切监测生命体征。体位引流前可使用雾化吸入支气管扩张剂或黏液溶解剂以促进排痰。

体位引流禁忌证有：颅内压大于 20mmHg，头颈部受伤稳定前，脊柱力学不稳，血流动力学不稳定，咯血，脓胸，活动性肺结核，支气管胸膜瘘，大量胸腔积液，肺栓塞，意识不清，肋骨骨折，胸部近期手术。

3. 增加呼气气流的气道廓清技术

呼吸系统分泌物由小气道移动到大气道，除了纤毛系统的单向移动，分泌物还会随着呼气气流向外移动，因而一部分气道廓清技术是使更多的肺泡有气体充盈，使连接这些肺泡的呼吸道有气流，还有一部分气道廓清技术是增加呼气流速使分泌物由小气道向大气道流动，另外一部分气道廓清技术是模拟咳嗽时高速的呼气气流。

（1）徒手过度通气：主要是针对有人工气道（如气管切开、气管插管）的患者，使用简易呼吸球囊，帮助患者缓慢深吸气使肺膨胀，到吸气末，短暂停留，再快速释放球囊以产生高速的气流。本技术主要是使肺充分扩张，并模拟咳嗽的 3 个阶段，深吸气、闭气和用力呼气。

（2）辅助咳嗽装置：该装置类似机械通气，吸气时提供正压，使肺达到最大限度地扩张，吸气末时，气道压力突然转为负压，模拟出咳嗽时的高速呼气气流，从而把分泌物排出呼吸系统。当装置提供正压时，应提示患者进行深吸气；当转为负压时，患者可配合进行咳嗽动作。

（3）呼气正压（positive expiratory pressure，PEP）/ 振荡呼气正压（oscillation positive expiratory pressure，OPEP）：PEP 通过呼气时产生 10~20cmH20 的正压，使气道在呼气过程中保持开放，同时气流经过旁系通气系统，促进分泌物向大气道移动，还能改善通气、气体交换。OPEP 在 PEP 的基础上额外产生 6~26Hz 的气道内振动，促进气道内壁上的分泌物松动。

（4）自主引流：该方法通过患者不同的呼吸方式达到排出分泌物的目的。自主引流分为松动、聚集和排出 3 个阶段，改变呼气气流，用膈式呼吸移动分泌物。松动阶段先正常呼气然后闭气，通过侧支使肺泡有同样的充盈；然后深吸气到最大，使外周分泌物被肺泡挤压向气道移动。聚集阶段是潮气量由补吸气量变为补呼气量范围，由外周清除分泌物，即在呼气时有足够的气体流速，又不会使气道塌陷地呼气，时间较长的呼气使分泌物被移动得更远。排出阶段是深吸气，然后哈气。

4. 主动循环呼吸技术

主动循环呼吸技术（active cycle of breathing techniques，ACBT）利用胸廓扩张运动期间，塌陷区域的肺泡重新通气，并通过肺泡旁路通气增加肺泡间气体的流动，降低通气的不均匀性；同时在呼气相，通过高肺容量位的压力提高呼气流速来帮助气道分泌物的清除。ACBT 包括三个阶段：呼吸控制（breathing control，BC）、胸廓扩张（thoracic expansion exercises，TEE）、用力呼气技术（forced expiration technique，FET）。

呼吸控制，指患者按自己的呼吸频率和幅度进行潮式呼吸，鼓励患者放松，特别是上胸部和肩部，尽可能利用膈肌呼吸模式。

胸廓扩张，指患者进行深吸气，吸气末通常闭气，然后被动呼气。吸气末闭气可使气流经过旁系通气系统，使分泌物由小气道向大气道移动，同时相邻肺泡扩张，也可移动分泌物。一般建议3次胸廓扩张后进行呼吸控制，因为深吸气可引起过度通气和患者疲劳，使用力呼气次数减少，呼吸困难患者可减少胸廓扩张次数。也可将治疗师手置于患者需治疗部位的胸壁上，通过本体感觉刺激促进胸廓扩张。胸廓扩张时，也可结合叩拍或振动等其他气道廓清技术。

用力呼气技术，是由进行1~2次用力呼气（呵气）组成，一般为胸廓扩张—呼吸控制—呼气，呼气使低肺容积位的外周分泌物移出，当分泌物到更大、近段的上呼吸道时，深吸气后呼气或咳嗽可排出分泌物。呼气使分泌物更好地移动到上呼吸道，可减少无效的咳嗽。

尘肺病康复常用的气道廓清技术见表9-1。

表9-1　尘肺病康复常用的气道廓清技术

注意事项	不依赖设备的技术				依赖设备的技术	
	运动	手法排痰和体位引流	主动循环呼吸技术	自主引流	呼气正压/振荡呼气正压	高频胸壁振荡
配合程度	主动	被动	主动	主动	主动	被动
协助人员	不需要	需要	不需要	不需要	不需要	不需要
年龄要求	儿童/成人	无	≥4岁	≥12岁	儿童/成人	≥2岁
联合雾化	运动前	直立位/侧卧位	直立位/侧卧位	治疗前	治疗前	能
体位要求	不需要	需要	不需要	不需要	不需要	不需要
设备要求	灵活多变	不需要	不需要	不需要	需要	需要
花费	取决于运动类型	时间	无	无	低	高
方便携带	是	是	是	是	是	一般
学习难度	容易	容易	中等	困难	中等	容易
能否在急性加重期使用	否	能	很难操作	很难操作	否	能
其他事项	可能诱发支气管痉挛，血氧饱和度下降，气道廓清的辅助	需要调整引流体位，警惕头低脚高位	需要患者注意力集中，急性加重时很难完成	需要患者注意力集中，急性加重时很难完成	对严重肺大疱的患者可能造成气胸	胸管、留置导管或其他位于胸部区域的装置

（三）运动训练

尘肺病患者由于呼吸困难等症状，骨骼肌消耗、功能障碍，以及心肺功能下降，导致其活动能力和运动耐力逐渐下降。运动训练是呼吸康复的基石，可促进肌肉蛋白合成，提高肌肉力量，改善心肺功能，减少患者负面情绪，从而改善健康相关生活质量和运动耐量。尘肺病患者的运动训练主要包括有氧运动、抗阻运动、柔韧性运动等。

1. 有氧运动、抗阻运动和柔韧性运动

（1）有氧运动（aerobic exercise）：有氧运动也称为耐力运动，是指运动时以有氧代谢系统供能为主的、身体大肌群参与的、较长时间的持续性运动。有氧运动可以优化人体代谢功能（如血糖、血脂等），改善心肺耐力（cardiorespiratory endurance）、提高肌肉耐力，缓解呼吸困难程度，以及改善日常活动能力。心肺耐力是指持续身体活动中呼吸、循环系统供氧及骨骼肌利用氧气的能力。心肺耐力是健康相关体适能的核心要素，较高水平的心肺耐力可显著降低人体心血管疾病风险和全因死亡率。

（2）抗阻运动（resistance exercise）：抗阻运动又称力量练习，是指人体调动身体的骨骼肌收缩来对抗外部阻力的运动方式，包括增加骨骼肌的力量、耐力、爆发力和体积的身体活动或运动。抗阻运动对通气需求依赖性较低，非常适合严重气流阻塞和重度呼吸困难患者。抗阻运动还可改善或至少保持骨密度水平。抗阻运动是有氧运动的有益补充，可以改善患者日常生活活动能力和生活质量，且不会对心血管系统产生明显的压力。

（3）柔韧性运动（flexibility exercise）：柔韧性运动也常被称为伸展运动或拉伸运动，是一种旨在增加肌肉的伸展性和关节活动范围的运动形式。有效柔韧性运动，有助于提高运动效率，减少受伤风险，并可以改善身体的整体运动能力。尘肺病患者进行柔韧性运动，有助于更好地完成运动训练，提升锻炼主动性，提高日常活动水平。

2. 运动训练的原则

（1）个体化原则：在呼吸康复运动处方制订过程中，需要充分考虑个体差异，结合患者病情的具体情况和个体康复的特殊需求，制订个体化运动训练方案，并根据治疗进度及功能恢复情况及时调整方案。

（2）整体化原则：人体是多器官、多组织、多系统组成和协调的整体，在制订运动方案时，要防止运动过分集中在某一部位，以免产生疲劳，既要重点突出，又要注重与全身运动相结合，全面锻炼。

（3）循序渐进原则：运动训练的目的在于提高患者的运动适应能力，所采用的负荷应略高于患者现有能力水平，使患者通过努力才能完成。为使锻炼既有效又安全，采用的运动强度和运动量要循序渐进，动作和内容要求要由易到难。

（4）持之以恒原则：运动训练需要持续一定的时间才能获得显著疗效，但停止训练后效应将逐步消退，因此运动训练需要保持长期性、系统性，反复强化巩固，通过长期训练，逐步积累效果。

3. 运动训练的适应证

运动训练是尘肺病康复的重要内容，适应证较为广泛，凡是能引起呼吸困难、疲累、运动耐力下降等临床表现的呼吸系统疾病均可行运动训练。

4. 运动训练的禁忌证

尘肺病患者康复运动训练的绝大多数禁忌证都与患者的心血管疾病相关。

（1）绝对禁忌证：严重心肌缺血、心肌梗死等近期急性冠脉事件（2天内），不稳定型心绞痛，可引起症状或血流动力学改变的未控制的心律失常，严重的症状性主动脉狭窄，失代偿期的心力衰竭，严重肺动脉高压（平均肺动脉压＞55mmHg），未处理的主动脉夹层，马方综合征，急性心肌炎、心包炎、心内膜炎，急性肺梗死，脓毒血症等。

（2）相对禁忌证：冠状动脉轻中度狭窄，中度狭窄的心瓣膜病，心动过速或心动过缓，肥厚型心肌病或其他形式的流出道狭窄，严重的神经肌肉疾病及骨关节疾病，重度房室传导阻滞，室壁瘤，电解质紊乱（如低钾血症、低镁血症），未控制的代谢性疾病（如糖尿病、甲亢、甲减），未控制的高血压，植入起搏器或除颤仪，慢性感染性疾病（如单核细胞增多症、肝炎、艾滋病），咯血，活动性肺结核，巨型肺大疱等，精神或躯体障碍导致的运动能力显著下降。

5. 运动终止指征和紧急处理

尘肺病患者康复运动终止指征有:(1)心前区不适;(2)随着运动强度增加,收缩压下降≥10mmHg;(3)收缩压≥220mmHg或舒张压>115mmHg;(4)极度气促、喘憋、肌肉抽搐、跛行;(5)血液灌注不足的表现,如意识不清、头晕眼花、脸色苍白、口唇发绀、运动失协调、恶心、皮肤湿冷;(6)随着运动强度增加,心率未相应提高;(7)ST段改变>2mm或严重的心律失常;(8)身体或言语表现出严重疲劳;(9)患者要求停止。

紧急处理方法包括:(1)立即让患者停止运动训练,取合适的体位休息,保持气道通畅,鼓励患者放松;(2)监测患者的生命体征,包括意识、呼吸、脉搏、心率、血压、血氧饱和度,可考虑心电图、血气分析等检查;(3)根据监测结果,予以吸氧或使用支气管扩张剂等药物改善患者肺通气;如果出现恶性心律失常等情况时,需立即予以电除颤,改善大脑等重要脏器血流灌注;(4)尽可能快速地给予高级生命支持,并请相关科室协助处理。

6. 运动训练注意事项

尘肺病患者康复运动训练可在住院部、门诊、家庭或社区中进行。运动训练前应进行医学评估(包括尘肺病及其并发症/合并症的控制情况、发生心脑血管事件风险、用药情况等)、运动损伤风险评估以及运动能力评估,还应该了解并防范运动性病症风险。运动能力评估主要包括:(1)心肺耐力(观察不同运动负荷运动中的心血管反应);(2)肌肉力量和肌肉耐力;(3)柔韧性;(4)平衡能力;(5)身体成分或体重指数;(6)低体重老年必要时需评估身体活动能力。运动性病症包括运动性中暑、运动性脱水、运动性腹痛、低血糖、晕厥、横纹肌溶解症、贫血等。训练过程中,有效实时监测患者的生命指征,对出现突发情况者,应及时作出正确处理。

运动前要有热身运动阶段(5~15min),提高体温,缓慢增加心率、呼吸频率和软组织灌注,使肌肉的收缩效率、身体柔韧性增加,防止运动损伤。训练后要有合理的恢复运动阶段(5~12min),逐渐降低运动强度和心率,帮助身体平稳地从较高强度的运动状态过渡到静息状态,它可以带来多种健康益处,包括减少肌肉疼痛和损伤风险、促进肌肉的恢复和重建、提高柔韧性、降低心血管系统的压力等。

7. 运动方案

2018年第十版《ACSM运动测试与运动处方指南》中将运动处方(exercise prescription)定义为:"运动处方包括运动频率(frequency,F)、运动强度(intensity,I)、运动时间(time,T)、运动方式(type,T)、运动量(volume,V)及运动进阶(progression,P)等要素,是为不同年龄、不同体适能水平以及存在/不存在冠心病危险因素或冠心病的人群制定的,用于促进健康及防治慢病的运动锻炼指导方案。"FITT-VP为运动处方的6个核心要素。

(1)运动频率(F)。

运动频率是指每周执行运动计划的天数,在促进健康和改善健康体适能中起重要作用。

WHO推荐有氧运动频率不少于3天/周,建议将每周的运动时间分散在3~5天。每周仅运动1~2次仍可获得健康益处,如降低全因死亡风险、心血管疾病和癌症的死亡风险等,但每周仅通过1~2次运动达到推荐量,可能会增加运动损伤和运动中心血管事件的风险。在抗阻运动中,运动频率以隔天一次为佳,2~3天/周。柔韧性运动频率至少2~3天/周,最好每天都进行。

(2)运动强度(I)。

运动强度是指机体在运动过程中的用力程度,是运动处方的重要组成要素。

有氧运动的强度可分为绝对强度和相对强度。有氧运动的绝对强度通常表示为能量消耗的速率，即每分钟的千卡数（kcal/min）或代谢当量（metabolic equivalent，MET）。MET 是运动时的代谢率与安静时代谢率的比值。1MET 相当于安静、坐位时的能量代谢率，即摄氧量约等于 3.5mL/（kg · min）。对于成年人有氧运动的绝对强度，低强度体力活动为 1.6~2.9METs，中等强度体力活动为 3.0~5.9METs，较大强度体力活动为 6METs 以上。

相对强度的确定要依据个体的生理状态，如最大摄氧量（maximal oxygen uptake，VO_2max）、最大心率（maximal heart rate，HRmax）、储备心率等（heart rate reserve，HRR）。VO_2max 是心肺耐力的客观测量指标，它是指人体在进行有大量肌肉群参加的长时间剧烈运动中，当心、肺功能和肌肉利用氧的能力达到本人极限水平时，单位时间内（通常以每分钟为计算单位）所能摄取（利用）的氧量。运动中当运动强度增加到一定水平，心率不再随运动强度增加，达到稳定状态，称为 HRmax。在运动强度设定中，常使用 HRmax，有条件时可以通过运动负荷试验直接测得 HRmax，当条件不允许时，也可使用公式（HRmax=207–0.7 × 年龄）推测 HRmax，此公式适用于所有年龄段和体适能水平的成年男女。HRR 是 HRmax 与安静心率（RHR）之间的差值，即 HRR= HRmax–RHR，反映了人体在劳动或运动时心率可能增加的潜在能力。可用于建立靶心率（target heart rate，THR）和评价运动强度，THR=HRR × 目标强度% + RHR。主观用力感觉量表（rating of perceived exertion，RPE）常用于不能监测心率或使用了影响心率药物的患者，其他有监测心率的患者也应常规使用。RPE 最常用的是 Borg 主观用力感觉量表，近些年来多采用 0~10 分的 RPE，5~6 分表示中等强度，7~8 分表示较大强度。谈话试验也是一种有效且可靠的运动强度评价方法，进行中等强度有氧运动的人可以说话但不能唱歌，进行较大强度运动时则通常不能说出完整的句子。

合理增加运动强度会带来健康和体适能益处的积极剂量效应，低于最低强度阈值的运动将无法充分获得生理指标的变化。制订尘肺病患者的运动处方时，建议采用相对强度。多种有效地确定运动强度的方法（见表 9–2），通过递增运动负荷心肺耐力测试直接测得运动中的生理指标是确定运动强度的首选方法。根据运动习惯、健康状态确定起始运动强度。建议以低强度有氧运动起始，逐步增至中等强度至较大强度的有氧运动。

表 9–2　有氧运动强度分级

强度分级	相对强度					绝对强度（METs）
	%HRR 或 %VO_2R	%HRmax	%VO_2max	RPE（0~10 分）	谈话试验	
低	<30	<57	<37	很轻松（<3）	能说话也能唱歌	<2.0
较低	30~39	57~63	37~45	很轻松到轻松（3~4）		2.0~2.9
中等	40~59	64~76	46~63	轻松到有些吃力（5~6）	能说话不能唱歌	3.0~5.9
较大	60~89	77~95	64~90	有些吃力到很吃力（7~8）	不能说出完整句子	6.0~8.7
次最大到最大	≥90	≥96	≥91	很吃力（≥9）		≥8.8

注：HRR 为储备心率；VO_2R 为储备摄氧量；HRmax 为最大心率；VO_2max 为最大摄氧量；RPE 为主观用力感觉量表；MET 为代谢当量。

抗阻运动的强度则取决于局部肌群对抗阻力或承受重量的大小。1 次最大重复阻力（one-repetition maximum，1–RM）指使用适当技术 1 次举起或对抗的最大重量或阻力。1–RM 是肌肉力量的标准评价指标，常用1-RM百分比设定抗阻练习的强度。初始负荷可以重复10~15次的重量，患者能轻松运动12~15次时，可增加5%负荷。RPE控制在2~4分。

柔韧性运动训练则以牵伸至感觉到拉紧至轻微的不适为宜。

慢性呼吸道疾病患者有氧和抗阻运动训练的运动处方建议见表9-3。

表9-3　慢性呼吸道疾病患者有氧和抗阻运动训练的运动处方建议

类型	频率	强度	持续时间或频率	方式
有氧运动训练	每周3~5天（最少）	30%~40%的峰值负荷	每次20~60min，持续4~12周	步行/恒定功率自行车
抗阻运动训练	相同肌群隔天1次	60%~70% 1-RM	8~10次/组，1~3组	哑铃/弹力带

注：1-RM为1次最大重复阻力。

（3）运动时间（T）。

有氧运动的时间是指一天中进行运动的总时间，推荐每天20~60min（不包括准备、整理活动）的持续运动或间歇运动，持续4~12周。对不能连续运动20min的患者可分为几组5~10min的运动，直到患者能连续完成20~30min的运动。间歇训练与持续训练相比，在总运动量相同的条件下产生相同的效果，且产生更少的呼吸困难情况，被推荐为有严重呼吸困难症状的患者持续耐力训练的替代方案。肌肉力量运动处方和柔韧性运动处方中，则需要规定完成每个动作的组数、每组的重复次数、每组练习所需要的时间、共需要完成几组、两组的时间间隔等。

（4）运动方式（T）。

有氧运动的方式主要有步行、跑步、水中运动、骑自行车或功率车、上下台阶、登山、游泳、滑雪、滑冰、球类运动，以及我国民族传统体育项目，如太极拳、五禽戏、八段锦、扭秧歌等。步行是一种被人们普遍接受的有氧运动方式。可以按照运动方式的性质、所需要的技能状态和体适能水平将有氧运动方式分为4类（见表9-4）。虽然很多运动方式可提高心肺耐力，但是运动初期建议采用强度恒定的运动方式如骑自行车和运动平板，然后过渡到不同强度的运动方式。制订个性化运动处方时，还应考虑不同运动模式生物力学因素，比如肥胖患者采用不负重（如骑自行车、游泳等）运动风险比承重运动（步行、跑步等）低，同时还应根据患者的兴趣爱好、客观环境选择运动方式。

表9-4　提高心肺耐力的有氧运动类型

运动分组	运动类型	推荐人群	运动举例
A	需要最少技能或体适能的耐力活动	所有成年人和老年人	步行、休闲自行车、水中有氧运动、有氧舞蹈、太极拳、五禽戏、八段锦、导引养生功等
B	需要最少技能的较大强度耐力运动	有规律运动的成年人和/或至少中等体适能水平者	慢跑、跑步、划船、有氧健身操、动感单车、椭圆机运动、登台阶、快舞
C	需要技能的耐力运动	有技能的成年人和/或至少中等体适能水平者	游泳、越野滑雪、滑冰
D	休闲运动	有规律运动计划的成年人和/或至少中等体适能水平者	网球、羽毛球、篮球、足球、高山速降滑雪、徒步旅行

抗阻运动可以利用自身重量或特定的训练器械实施，如弹力带、杠铃、哑铃或固定器械等。举起或放下重物时应缓慢，保持规律的呼吸方式，避免憋气（用力的时候呼气）和紧张，避免因支撑、

紧抓引起的血压过度反应。

柔韧性运动应分阶段实施静态、动态或本体感觉神经肌肉促进牵伸技术，要持之以恒，循序渐进，严禁强制硬压；压腿、压髋前要充分做好准备活动，提高肌肉温度，避免肌肉、韧带拉伤。

（5）运动量（V）。

运动量是指每周的运动总量，运动强度、时间、频率是影响、决定运动总量的因素。有氧运动的运动量由运动的时间、频率和强度共同组成。抗阻运动的运动量由运动的强度、频率和每个肌群练习的组数及每组重复的次数组成。

运动量在实现运动促进健康/体适能效应中起重要作用。WHO 推荐成年人每周至少累计进行 150~300min 中等强度的有氧运动，或 75~150min 较大强度的有氧运动，或中等和较大强度有氧运动相结合的等效组合，每周运动量超过 300min 中等强度或 150min 较大强度将获得更多健康益处。心肺耐力运动处方的一般准则是 2min 中等强度有氧运动相当于 1min 较大强度有氧运动。

运动量也可用来计算个体运动处方的总能量消耗。估算运动量的标准单位可以用梅脱-小时/周（MET-h/w）和千卡/周（kcal/w）表示，MET-h/w 相当于 1 周内以 1MET 的运动强度运动多少小时，可采用公式 kcal=1.05 × MET-h × kg 计算运动中的能量消耗。对于大多数成年人来说，每周运动量≥8.5~17.0MET-h 是一个合理的运动量，相当于消耗 1000~2000kcal/w 的能量，可通过 150~300min/w 中等强度运动完成。低于此运动量也可为初始运动者带来健康/体适能益处。步数是评估运动量的简便方法，成人 100 步/min 的步频符合中等强度运动的最低阈值。每天 10000 步常被作为运动的目标，但是与获得健康益处有关的每天最低运动量是 6000~8000 步，其中至少应该有 3000 步是快走（步频≥100 步/min）。

（6）运动进阶（P）。

运动进阶应包括三个阶段，即适应阶段、提高阶段和维持阶段。运动计划的进阶速度取决于个体的健康状况、体适能、运动反应和运动计划目标。进阶可以通过增加个人所能耐受的运动处方的 FITT 原则中的任何组成部分，通常是先调节运动的频率和每天运动的时间，最后调整运动强度。

适应阶段：旨在使患者逐渐适应训练计划，一般持续 1~6 周。结合患者体力活动水平、运动习惯和身体功能评估的具体情况，选择和确定运动要素。起始一般采用较低至中等运动强度（见表 9-2），每次 15~30min，每周 3~5 次。对有氧能力低下或无规律运动习惯的患者，采取“低起点，缓慢加”的策略，低运动强度，每次 15min，每周 3 次，可降低运动相关的心血管事件和损伤风险，以及增加个体对运动的适应性和依从性。有运动经验或有氧能力较高的患者也可从更高运动水平开始。

提高阶段：坚持超负荷原则、针对性原则、个体化原则、可逆性原则，循序渐进推进，以促进身体机能持续提升。本阶段的心肺耐力改善速度会比初期更快。为巩固运动效能，要特别注意运动间歇的休息安排以及运动后的身体机能恢复情况。提高阶段通常持续 5~6 个月。

维持阶段：运动处方实施到一定阶段，运动适应性变化不再因 FITT 的调整或不能继续对 FITT 进行调整而持续提升，运动能力及功能水平保持稳定状态，进入稳定期。如果不坚持运动训练，有氧能力在 4~12 周会下降 50%。此阶段应维持提高期末的运动量，不随意停止运动，以保持良好的身体机能和代谢状态，维持运动带来的健康效益。维持阶段应继续运动测试，以确认训练目标是否达到，并修正运动处方、培养运动习惯，达到保持和改善心肺耐力的目的。

（四）中医康复

中医康复可促进尘肺病患者膈肌运动，改善肺泡通气功能，减少呼吸做功，达到身心自我调节的目的，符合肺康复理论中低强度和有氧运动的策略要求。以下是几种主要的尘肺病的中医康复技术。

（1）传统健身功法：主要包括健身气功和太极拳两大类，健身气功又包括五禽戏、八段锦、六字诀、易筋经等。气功运用以八段锦和六字诀最常见，六字诀即嘘、呵、呼、呬、吹、嘻六法。

（2）推拿按摩：摩腹、摩丹田（顺时针摩腹然后逆时针摩腹），附加掌按、拿揉手法。

（3）吐纳训练：即呼吸功能导引训练。中医呼吸导引可以改善临床症状，改善肺功能，提升运动能力和生活质量。

（4）针灸疗法：其以调补肺、脾、肾三脏为原则，必要时增加电针治疗，配合疏密波加强穴位刺激。针灸疗法能提高患者免疫力，改善肺功能，提高患者生存质量。

（5）穴位贴敷：贴敷药物、穴位、时间和刺激强度等因素都能影响穴位贴敷的疗效。

（五）心理干预

尘肺病病程长，患者普遍存在焦虑、恐惧、孤独、寂寞、自卑、自责情绪，易产生抑郁、悲观等不良心理。部分患者不良精神状况反复发作，迁延不愈，气促、呼吸困难，活动耐力下降，预后差，严重影响其生活质量。因此，应对这一类患者进行心理状态的评估和干预。

心理干预是治疗尘肺病患者心理疾病，增进康复的手段，临床常用的方法包括健康教育、运动疗法、心理治疗、药物治疗、物理因子治疗等。心理治疗常见方法主要包括 3 种。

（1）支持性心理治疗：从患者的病情和心理状态出发，用理解、同情、共情等方法，与患者及其家属形成同盟，针对患者的心理和情绪问题寻找解决方法，提高患者自尊和自信，减轻焦虑、改善症状。

（2）生物反馈放松训练：利用生物反馈治疗仪帮助患者有意识地控制全身不同部位的肌肉由紧张到松弛的过程，1 次 / 天，15~25min/ 次。

（3）认知行为疗法（cognitive behavioural therapy，CBT）：由心理治疗师帮助患者认识产生痛苦的原因，有针对性地改变其错误认知，打破思维恶性循环，按照医生的指导配合治疗。由治疗师采用强化疗法或系统脱敏疗法帮助患者纠正异常行为，建立新的反射模式。

有条件的患者可由心理治疗师专人辅导，临床医生亦应该具备开展心理康复的基本知识。定期开展形式多样的活动，通过讲座、发放宣传手册、示范指导、患者之间的交流鼓励，学习新知识和新的训练技能等。若患者在治疗或康复过程中反复出现依从性不佳，出现明显的焦虑、抑郁症状或行为异常如自伤行为，应推荐至精神科或临床心理科就诊。

（六）营养干预

病情较重或合并肺结核或反复肺部感染的尘肺患者常伴营养不良，而营养不良损害机体的防御功能和免疫功能，极易反复感染导致病情加重。全身营养支持不仅可以增强免疫能力，还可以延缓肌肉萎缩，包括呼吸肌萎缩，从而改善肺功能。

推荐营养不良的患者达到每天 30kcal/kg 能量和 1.2g/kg 蛋白质的营养干预目标，至少摄入 1500g 水果和蔬菜提供必要的维生素和矿物质、纤维和植物营养素。亮氨酸可以有效刺激骨骼肌的合成代谢，活性亮氨酸代谢物 β－羟基－β－甲基丁酸酯（β-hydroxy-β-methylbutyric acid，HMB）可以防止卧床期间去脂体重丢失。除锻炼外，口服 HMB 或必需氨基酸制剂，可能改善患者身体成分、骨密度、肌肉力量、日常生活能力和生活质量。n-3 多不饱和脂肪酸（n-3 polyunsaturated fatty acids，N-3 PUFA）可促进患者的抗炎，还可增强呼吸肌的功能，可通过增加鱼肉的摄入补充 n-3 多不饱和脂肪酸。雄激素合成代谢类固醇（androgenic-anabolic steroids，AASs），可以有效增加肌肉的大小和力量，营养支持与 AASs 治疗联合应用的综合治疗方案，应用于晚期慢性阻塞性肺疾病或慢性呼吸衰竭患者的肺部康复治疗中，能有效提高患者的运动能力和健康相关生活质量，首选葵酸诺龙 50~200mg，每周肌内注射 1 次，疗程 12 周。

四、尘肺病肺康复的管理

（一）尘肺病患者肺康复计划与康复方案制定

实施尘肺病患者肺康复的必要条件有康复团队、场地和设备 3 个方面。

1. 康复团队

尘肺病患者肺康复应是多学科人员的整合团队，组织形式可以依据医疗机构的实际情况而定，但基本要求和任务是相同的，核心人员（康复项目负责人、呼吸专科医师或职业病科医师、康复医师、康复治疗师与康复护士）需通过心肺复苏术正规培训，其他人员，如临床药师、营养师和心理医师可兼职或可以与其他学科协作，人员需固定，能确保配合完成对尘肺病患者肺康复所需相关干预的咨询和治疗，并定期参与患者教育。

2. 场地

需设有康复诊室、康复功能评估室及治疗室，包括运动训练室、理疗室、咨询室（用于心理咨询、营养指导、戒烟指导）、健康教育室等；需设立可以开展相关尘肺病患者康复服务的尘肺康复病房，并设置醒目的指引和位置标识；业务用房建筑面积不少于 $50m^2$，每位患者康复运动活动空间不低于 $1m^2$；必备六分钟步行试验场地，直线步行距离不低于 25m，具备距离标识，配备保护措施；健康教育区提供休息椅，配备视听资料、宣教资料等；应该明晰并张贴患者和工作人员动线图、中心管理规定、急救设备放置位置、紧急联系方式、火警等情况下的逃生路线图等。

3. 设备

尘肺病患者肺康复使用的设备必须考虑全面性和合规性。

（1）全面性。需要覆盖评估、康复、监测、急救功能类别的需求，还需覆盖每一项业务开展的全面性需求。

（2）合规性。设备需严格依据行业需求标准的要求配置和符合国家对于医疗器械管理的标准，必须具有医疗器械产品注册证、软件注册证书、软件产品证及软件著作权证，且生产企业符合国家有关医疗器械生产厂商的资质要求，具备医疗器械生产许可证等。

尘肺病患者肺康复的常用设备包括：六分钟步行试验设备、便携式肺功能仪、心理评估系统、功率车、呼吸训练器、运动监护系统、制氧机、血氧仪、PT 床、滑轮牵引装置、抗阻训练器械、排痰仪、岩盐气溶胶仪和岩盐气溶胶治疗室、呼吸机等急救设备、沙袋、哑铃等。

（二）尘肺病患者肺康复常用方案

1. 医疗机构康复

医疗机构承接的大多是急危重症尘肺病患者，首先应采取临床治疗使患者由危重急性期转为稳定期，然后再开展肺康复治疗。医疗机构康复具体流程如图 9-5 所示。

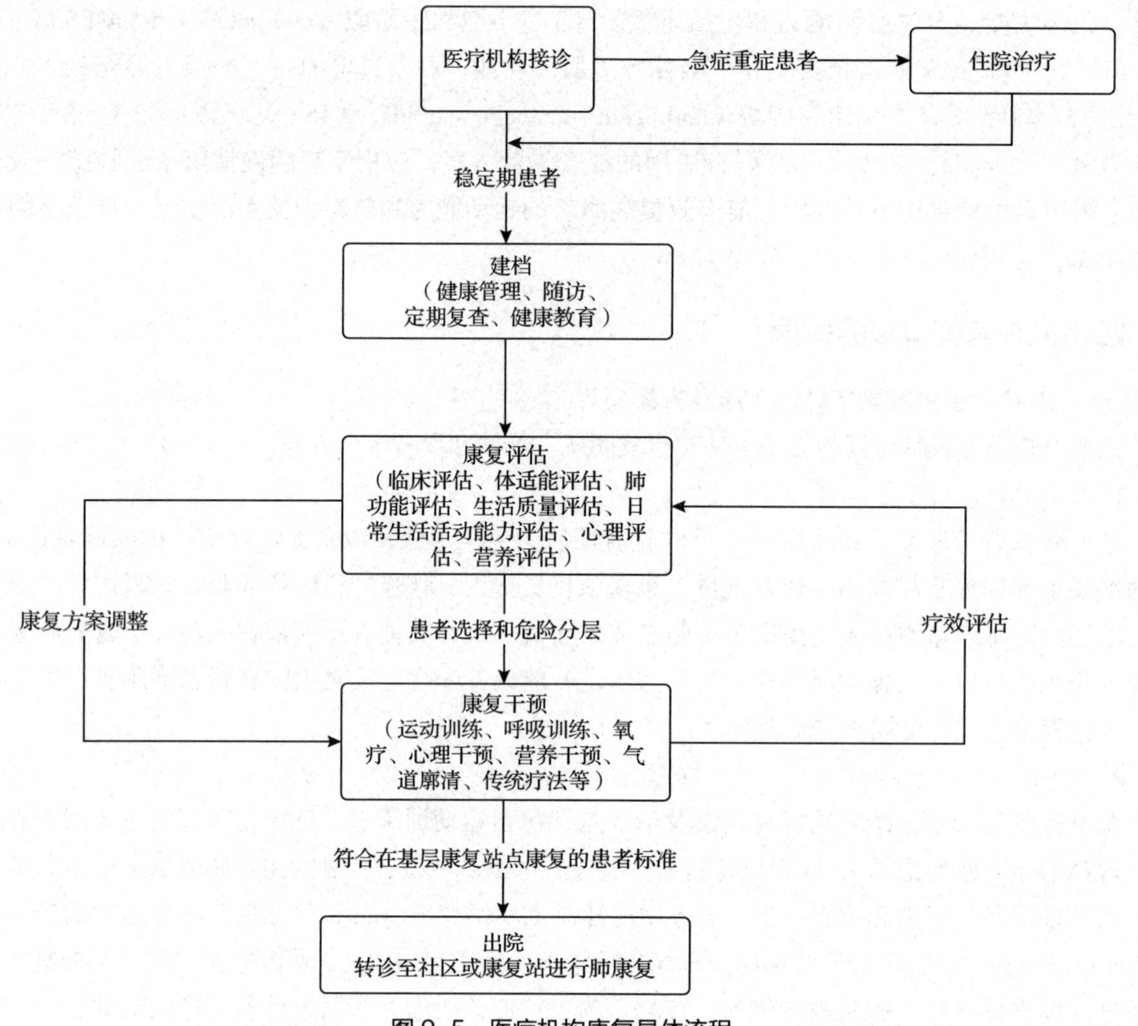

图 9-5　医疗机构康复具体流程

2. 社区 / 康复站康复

社区应该是尘肺病患者康复的主要组织者和实施者，社区建立尘肺病康复站，是尘肺病患者肺康复的主要基地。病情稳定的轻中度尘肺病患者，应以坚持参与社区肺康复为主，采取全面康复模式。从尘肺病预防到尘肺病患者的医疗、教育、职业、社会等方面，对康复对象进行指导和帮助，鼓励在自助、互助原则下实施重建功能的训练，以提高尘肺病患者的自我护理、自我保健意识和能力。社区 / 康复站康复的主要内容为尘肺病预防与普查、康复训练、教育康复、职业康复、社会康复、咨询转介和随访服务等。社区 / 康复站康复具体流程如图 9-6 所示。

3. 居家康复

居家康复也是住院康复计划结束后进行长期持续照护的一种重要方式，可由康复医师根据患者病情为患者制订可行的居家康复方案，远程（或线上）监测康复疗效，给予专业指导和定期随访。居家运动训练主要是鼓励尘肺病患者合理运动及改变生活方式，以促进健康和功能状况的改善。居家康复主要内容可包括自我腹式呼吸训练、抗阻呼气训练（可采用缩唇呼吸、吹瓶呼吸和发音呼吸等）、排痰训练（体位引流、胸部叩击或震颤再嘱患者咳嗽以排痰、咳嗽训练等）、全身训练（下肢训练如快走、划船、骑车等，上肢训练如提重物训练等）、呼吸肌训练（吸气训练、呼气训练）以及日常生活指导等。

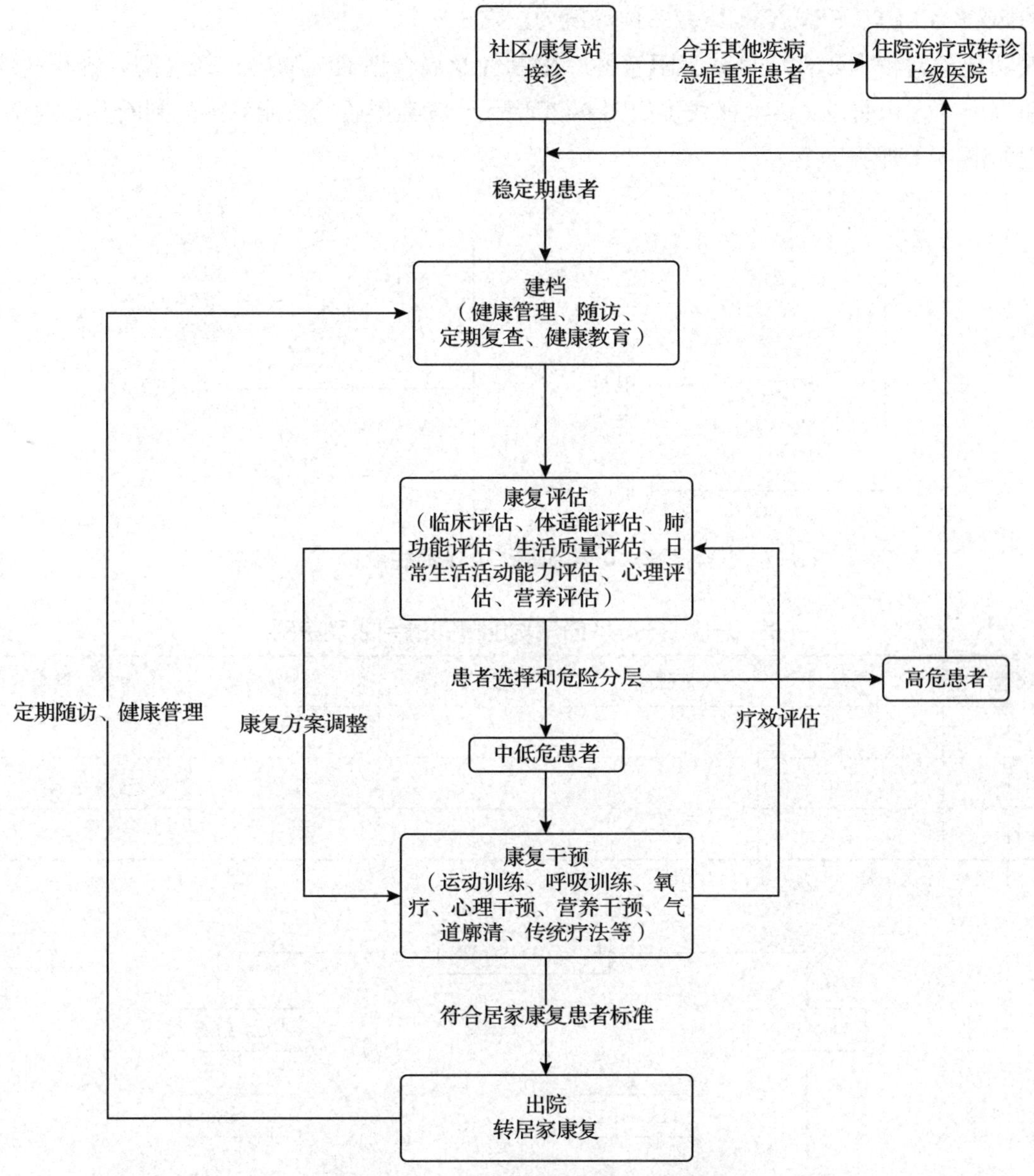

图 9-6 社区 / 康复站康复具体流程

五、康复效果评估

（一）肺功能评估

肺功能作为评估慢性肺部疾病病情、疗效和预后最主要的检测手段，也成为尘肺病患者呼吸康复效果评价体系中的重要组成之一。

1. 通气功能

通气功能是评价早期尘肺病患者肺功能损伤程度和代偿功能分级的基本依据。通气功能障碍评判指标主要有肺活量（VC）、用力肺活量（FVC）、第一秒用力呼气量（FEV_1）、一秒率（FEV_1/FVC）、残气量（RV）、肺总量（TLC）、最大呼气中段流量（MMEF）、用力呼出50%肺活量的呼气流量（FEF50%）、最大通气量（MVV）等。肺功能正常范围为肺功能参考方程的95%可信限，此最低临界值称为正常值下限（lower limit of normal，LLN）。临床上为了方便，FVC、FEV_1 等指标直接以参考值的 80%为 LLN，FEV_1/FVC≥92%预计值为正常。

通气功能障碍依据其性质可分为阻塞性、限制性及混合性通气障碍，其时间 - 容积曲线（V-T 曲线）和流量 - 容积曲线（F-V 曲线）如图 9-7 所示。各类型通气功能障碍的判断及鉴别见表 9-5，判断流程如图 9-8 所示。

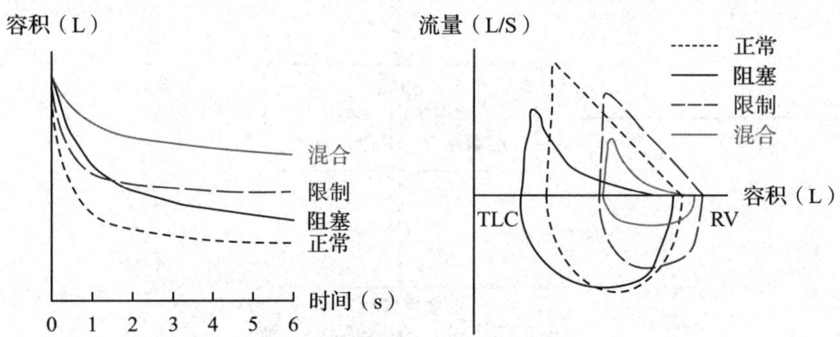

图 9-7 各类型通气功能障碍的 V-T 曲线和 F-V 曲线特征

表 9-5 各类型通气功能障碍的判断及鉴别

障碍类型	FVC	FEV_1	FEV_1/FVC	RV	TLC
阻塞性	–/ ↓	↓	↓	↑	↑
限制性	↓	↓ /–	–/ ↑	↓ /–	↓
混合性	↓	↓ ↓	↓	?	?

注：– 为正常；↓ 为下降；↑ 为上升；? 为不明。

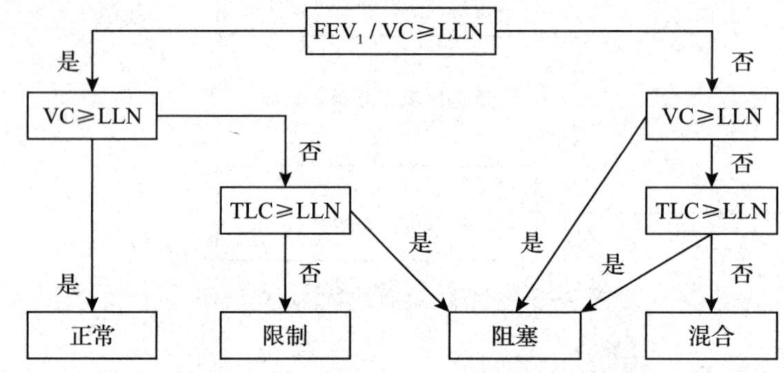

图 9-8 各类型通气功能障碍的判断流程

（1）阻塞性通气功能障碍：指气道阻塞引起的通气障碍，原则上以 FEV_1/FVC 下降为标准。若 FEV_1/FVC 低于预计值的 92%，即使 FEV_1 占预计值百分比>80%亦可判断为阻塞性通气功能障碍。MMEF、FEF50%等指标显著下降，MVV 也可下降，但 FVC 可在正常范围或只轻度下降。流量 - 容积曲线的特征性改变为呼气相降支向容量轴的凹陷，凹陷越明显者气流受限越重。肺功能检查表现为持续气流受限是确诊慢性阻塞性肺疾病的必备条件，吸入支气管舒张剂后 FEV_1/FVC<70%即明确存在持续的气流受限。

小气道功能障碍：是气道阻塞的早期表现。小气道数量多，总横截面积大，对气流的阻力仅占总阻力的 20%以下，早期病变时临床上可无症状和体征，通气功能改变也不显著，FVC、FEV_1 及 FEV_1/FVC 尚在正常范围，但 MMEF、FEF50%、FEF75%可显著下降，说明其对通气功能的影响主要为呼气中、后期的流量受限。当该3项指标中有2项低于LLN，可判断为小气道功能障碍。尘肺病早期易发生小气道功能障碍。

（2）限制性通气功能障碍：指胸肺扩张受限引起的通气障碍，主要表现为FVC明显下降（如图9-7所示）。气流明显受限者FVC也可下降，FVC的判断效能受影响，故肺容量指标如TLC、RV及RV/TLC对限制性通气障碍的判断更为精确。

（3）混合性通气障碍：兼有阻塞性及限制性通气功能障碍2种表现，主要为TLC、VC及FEV_1/FVC的下降，而FEV_1降低更明显。F-V曲线显示肺容量减少及呼气相降支向容量轴的凹陷（如图9-7所示）。此时应与假性混合性通气障碍区别，后者的VC减少是肺内RV增加所致，做RV测定或支气管舒张试验可用来鉴别。

（4）肺通气功能障碍的程度：通气功能障碍程度的判断应结合临床资料，其划分目的是协助判断疾病的严重程度。建议不论阻塞性、限制性或混合性通气功能障碍，均依照FEV_1占预计值%来判断（见表9-6）。

表9-6　肺通气功能障碍程度分级

严重程度	FEV_1占预计值%
轻度	≥70%，但＜LLN或FEV_1/FVC比值＜LLN
中度	60%~69%
中重度	50%~59%
重度	35%~49%
极重度	＜35%

2. 弥散功能

肺的主要功能是在通气的基础上进行气体交换，使O_2和CO_2通过弥散进出肺泡。影响尘肺病弥散功能的因素主要是肺间质纤维化导致的呼吸膜增厚、通气血流比例失调、呼吸膜面积减少等。

肺一氧化碳弥散量（DLCO）、DLCO与肺泡通气量（VA）的比值（DLCO/VA，比弥散率）直接以预计值的80%为LLN，低于该值视为异常。肺弥散功能损害严重程度分级主要有4类。（1）正常：DLCO占预计值%≥80%或LLN；（2）轻度障碍：60%≤DLCO占预计值%＜80%或LLN；（3）中度障碍：40%≤DLCO占预计值%＜60%；（4）重度障碍：DLCO占预计值%＜40%。

（二）血气分析

常用血气分析判断参数包括以下5项指标。

1. 动脉血氧分压（arterial blood pressure of oxygen，PaO_2）

动脉血氧分压指物理溶解在动脉血液中的O_2分子所产生的压力，正常值95~100mmHg（1mmHg=0.133kPa），临床上主要用于判断机体是否缺氧和缺氧的程度。低氧血症分为轻、中、重三型：60~80mmHg为轻度，40~60mmHg为中度，＜40mmHg为重度。在海平面平静呼吸空气条件下PaO_2＜60mmHg，或吸O_2条件下氧合指数（PaO_2/FiO_2）＜300mmHg提示存在呼吸衰竭。

2. 动脉二氧化碳分压（arterial blood pressure of carbon dioxide，$PaCO_2$）

动脉二氧化碳分压指物理溶解在动脉血液中的CO_2分子所产生的压力，是酸碱平衡呼吸因素的唯一指标，正常值为35~45mmHg。$PaCO_2$主要用于：①判断肺泡通气状态：$PaCO_2$升高提示肺泡通气不足，而$PaCO_2$降低提示肺泡通气过度；②判断呼吸衰竭类型：$PaCO_2$＞50mmHg提示Ⅱ型呼吸衰竭；③判断有无呼吸性酸碱失衡或代谢性酸碱失衡的呼吸代偿反应。

3. 动脉血氧饱和度（arterial oxygen saturation，SaO_2）

动脉血氧饱和度是指动脉血氧与血红蛋白结合的程度，正常范围为95%~99%，可作为判断机体是否缺氧的一个指标。SaO_2与PaO_2间的关系即氧解离曲线，P50是SaO_2为50%时的PaO_2值，正常为26.6mmHg，升高时曲线右移。反之，曲线左移。

4. 肺泡－动脉血氧分压差［alveolar–arterial oxygen difference，$P(A-a)O_2$］

肺泡－动脉血氧分压差指肺泡氧分压与动脉血氧分压之间的差值，是反映肺换气功能的指标，能较早地反映肺部氧摄取状况。在吸气时，正常青年人的$P(A-a)O_2$为15~20mmHg，随年龄增长而增大，但上限一般不超过30mmHg。$P(A-a)O_2$增高的主要原因为肺内解剖分流、通气/血流比例失调和弥散障碍。吸入氧浓度、氧耗量、心排出量和氧解离曲线均可影响$P(A-a)O_2$。

5. 氧合指数（oxygenation index，PaO_2/FiO_2）

氧合指数为动脉血氧分压与吸入氧浓度（fraction of inspiration O_2，FiO_2）的比值，是较为稳定地反映肺换气功能的指标，其正常值为400~500mmHg，低于300mmHg提示可能有急性肺损伤，小于200mmHg为ARDS的诊断指标之一。

（三）呼吸困难评价

呼吸困难是尘肺病中晚期症状，肺纤维化程度越重，呼吸困难程度越重，多呈现为进行性加重，并发症/合并症会加重呼吸困难的程度和发展速度。

评估呼吸困难时应注意起病缓急、有无诱因、伴随症状、活动情况、心理反应、用药情况等。需要观察患者神志、面容与表情、呼吸频率、深度和节律、有无辅助呼吸肌参与呼吸运动、“三凹征”、异常呼吸音、哮鸣音、干/湿啰音等。

1. 日常活动诱发的呼吸困难评定方法

改良的医学研究会呼吸困难量表（modified medical research council dyspnea scale，mMRC）可用于日常活动诱发的呼吸困难的评定，mMRC从0~4共分5级，患者按照表中各级的描述来选择符合自己呼吸困难程度的级别，然后计分。该量表与其他健康状态评分量表的相关性好，且能预测未来的病死可能性（见表9–7）。

表9–7　改良的医学研究会呼吸困难量表

分级	症状
0	除剧烈运动外没有呼吸困难
1	平地快步行走或步行爬小坡时出现气短
2	由于气短，平地步行时比同龄人慢或者需要停下来休息
3	在行走100m左右或数分钟后需要停下来休息
4	因严重呼吸困难以致不能离开家，或在穿、脱衣服时出现呼吸困难

2. 运动性呼吸困难评定方法

用于运动性呼吸困难评价的方法主要有以下2种。

（1）视觉类比呼吸困难评分法（visual analog scale，VAS）：由一条100mm长的水平线或垂直线构成，有关呼吸困难严重性的描述被排列在线的不同位置，测量量表一端（无呼吸困难端）和患者标记点之间的距离来表示患者呼吸困难的得分。在使用VAS时，经常遇到的问题是患者在运动时很难看清楚线及作出标记，用于不同患者之间的比较时也有不足之处，而且该量表目前并没有统一的标准和规定。

（2）伯格量表（Borg scale）：由伯格（Borg）于1970年设计，改进后的量表由0~10级构成，自下而上排列，量表的顶端即10级用于描述患者在极度剧烈运动情况下的呼吸努力程度，量表的底端即0级用于描述患者在休息时的呼吸情况，患者在运动时被要求选择最能描述他们呼吸努力程度的等级（由助手帮助标出）。该量表可直接用于患者之间的比较，在运动实验中，伯格量表的使用也有统一的标准（见表9-8）。

表9-8　Borg呼吸困难评分标准

评分	呼吸困难或自我感觉劳累程度
0分	完全没有（代表您没感觉到任何费力，没有肌肉劳累，没有气喘吁吁或呼吸困难）
0.5分	刚刚感觉到（非常微弱，刚刚有感觉）
1分	很轻微（代表很轻微地费力，按照自己的步伐，您愿意走更近的路程）
2分	轻微（微弱）
3分	中等（代表有些但不是非常的困难，感觉继续进行是尚可的、不困难的）
4分	稍微严重
5分	严重（代表非常困难、劳累，但是继续进行不是非常困难，该程度大约是“最大值”的一半）
6分	5~7
7分	非常严重（代表您能够继续进行，但是您不得不强迫自己而且您非常劳累）
8分	7~9
9分	非常非常严重（几乎达到最大值）
10分	最大值（“最大值”是极其强烈的水平，对大多数人来讲这是他们以前生活中所经历的最强烈的程度）

3. 呼吸困难的有关问卷

（1）肺功能状况和呼吸困难问卷（pulmonary functional status and dyspnea questionnaire，PFSDQ）。该问卷中共包括6个方面的79种活动，其中有自我照料（15种活动）、活动性（14种活动）、进餐（8种活动）、家务劳动（22种活动）、社会活动（10种活动）和娱乐（10种活动）。这些活动指的是患者独立完成时的状况，并且与呼吸困难相关联。研究发现，这个问卷在测定呼吸困难和活动之间的变化时相对比较敏感。

（2）圣地亚哥加利福尼亚大学呼吸缩短问卷（the University of California at San Diego shortness breath questionnaire，UCSDQ）。该问卷的特点是患者容易理解，包括了21种日常生活活动，而且都与不同水平的用力活动相关。同时，问卷也包括了引起呼吸困难的原因和患者对呼吸困难及机体受到损害的担心。

（3）慢性呼吸病问卷（chronic respiratory questionnaire，CRQ）。该问卷共有20个问题，覆盖了4个方面的内容，有呼吸困难、疲劳、情感功能和相关呼吸知识。这些问题评估了患者呼吸困难的水平，可以用来评价康复或药物治疗的效果，它的可靠性得到了大多数研究者的认可。

（4）圣·乔治医院呼吸问卷（St George’s respiratory questionnaire，SGRQ）。该问卷是疾病特异性生活质量问卷，它共有53个问题，包括了疾病的3个方面，即症状、活动能力和疾病对日常生活的影响。在症状条目下包括了咳嗽、咳痰、喘息和呼吸困难。该问卷的优点是患者可以自己完成，缺点是呼吸困难不能作为单独的症状测定，因此不能单独测定呼吸困难对治疗和康复的反应。

（李宝平　李智民　孙治平　陈志军）

第三节　尘肺病的社区和居家康复

一、社区和居家康复的重要性

目前肺康复已广泛应用于尘肺病患者，肺康复可改善患者呼吸困难症状，延缓肺功能下降以及减少并发症的发生。尘肺病具有逐渐进展、并发症高、病情易反复等特点，有效持续肺康复护理是改善症状、延缓疾病发展的关键。尘肺病肺康复的场所分为医院、社区和家庭。社区和居家康复可降低医疗花费，减轻患者负担，对患者的日常生活影响较小，可提高患者的康复参与率和依从性。目前大部分医护人员主要重视住院期间患者的康复，但是患者出院后由于缺乏医护人员有效监管，自我管理能力下降，康复治疗得不到延续性，从而影响了疾病的治疗效果。因而，在出院后能够给予患者全面的持续康复，对于控制尘肺病病情进展非常重要。

二、社区－居家联动康复

社区康复和居家康复相结合的管理模式能够为尘肺病患者提供持续、全面、系统的康复治疗。尘肺病患者从医院治疗平稳过渡到社区治疗后，社区医生为患者提供全面、全程、高效的康复治疗方案，以促进患者自我管理能力的提升，改善患者肺功能，延缓尘肺病进展，改善其生活质量。社区医护人员、家属及患者共同参与康复管理，能够为家属和患者提供知识指导与康复培训，加强医护人员与患者及其家属的交流沟通，可增加患者的信任，提高患者治疗配合度，有助于改善患者生活质量。

三、做好健康宣教

由于患者认知程度有限，患者出院后的社区、居家康复干预往往出现与住院康复的脱节与中断，对疾病的康复产生不良影响，所以健康宣教贯穿在尘肺病患者康复治疗的全过程，是尘肺病患者康复的重要组成部分。健康宣教首要的任务是让尘肺病患者认识康复治疗的重要性，长期坚持可获得相关益处，让患者提高康复治疗依从性。健康宣教主要内容包括尘肺病的病因、预防、诊断、治疗，肺康复治疗的目的、原则和主要方法，药物的使用方法及注意事项，日常生活指导、氧疗知识、识别急性并发症的症状或体征。患者每次来社区复查时，均要及时做好健康宣教。

四、延续性康复方案

社区康复有不住院、便利、省钱等好处，但最终目的是让患者学会居家自我健康管理。在患者经过规范化的住院期康复，病情平稳后，社区医师需要对患者进行居家康复前的评估，以了解患者是否掌握居家的管理要点及康复相关技术，从而维持患者长期持续性居家康复。

（一）居家肺康复方案

（1）评估：评估患者对尘肺病病情和肺康复治疗的认知程度，患者对自己肺康复运动处方的掌握程度。

（2）戒烟指导：吸烟可影响人群期望寿命，造成严重的健康危害。加强对尘肺病患者早期戒烟干预，可以延缓病情的进展。患者不但要自己戒烟，还要远离二手烟的危害。

（3）情绪管理：患者产生焦虑情绪对于自我管理行为是有一定影响的，患者存在焦虑情绪时，不能积极地参与和配合治疗，所以尘肺病患者要管理好自己的焦虑情绪，这样有助于疾病的康复。

（4）合理膳食：尘肺病患者通常会因为呼吸肌负荷过重和缺氧情况，使能量消耗大，易导致营养不良。患者需要注意饮食习惯，蛋白质、脂肪、碳水化合物三者的合理供能比例应为2∶3∶5，以增加患者的呼吸肌肌力和免疫力，帮助患者尽早恢复健康。患者忌烟酒等辛辣食物、生冷食物及含气饮料。

（5）氧疗：根据临床医生或康复站医生的指导进行家庭氧疗，氧疗的时间及流量根据医生的建议使用，在使用过程中注意安全问题，做到四防，即防火、防油、防热、防震。

（6）肺康复技术：包括呼吸训练、运动训练、有效咳嗽、气道廓清、呼吸功能锻炼器的使用等。

（二）随访和监测

对尘肺病患者及其家属进行定期随访及居家康复指导、训练，可提高患者的康复效果。

1. 传统模式

社区医护人员可以通过定期电话或者微信进行随访和监测，或者尘肺病患者到社区找医护人员复查，同时通过在社区举办健康教育讲座，使患者参与康复从被动到主动，从被动监管到主动自觉，提高患者依从性和康复信心。

2. 远程监测

自物联网技术广泛应用于康复领域以来，提高了慢性病患者居家康复的便捷性和有效性。尘肺病患者通过可穿戴设备、移动通信网络，将患者相关的危险因素和健康信息实时传输到医护人员的通信设备，通过PC或移动端平台数据同步，让医生及家属及时掌握患者的生活、健康、安全等状况，形成了全面、量化、个体化、可持续的居家运动康复新模式，提高了尘肺病患者康复的有效性及安全性。

3. 家庭医生

家庭医生签约服务采取的是团队服务形式，主要由家庭医生、社区护士、公卫医师、精防医生等组成，以建立契约服务的形式为患者和家属提供专业知识指导和康复培训，能够对患者康复情况进行动态跟踪，发现问题、及时沟通，为尘肺病患者的居家康复提供了具体的可操作的方案。由家庭医生团队为尘肺病患者提供综合康复管理，包括疾病评估、肺康复评估、肺康复方案和技术指导、完善健康档案、开展健康教育、提供药物指导，进行心理护理、生活技能和社会功能训练，采用微信互动等手段管理患者，提高其服药依从性和病情稳定性，提高其生活质量。因此，将尘肺病居家康复与家庭医生签约服务有机结合，既能满足尘肺病患者的专业照护需求，又能减轻患者家属的照护负担。

（李　颖　谭　勇）

第四节　尘肺病康复站康复

尘肺病康复根据患者病情及康复场所，分为三个层级，即住院康复、社区康复和居家康复，社区康复在社区卫生服务中心或乡镇卫生院开展。2020 年，国家卫生健康委发布《关于开展基层医疗机构尘肺病康复站（点）试点工作的通知》，要求在符合建站条件的基层医疗机构（乡镇卫生院和社区卫生服务中心）建设尘肺病康复站。基层医疗机构承担了慢病管理职责，而尘肺病属于呼吸慢病，在基层医疗机构内建设尘肺病康复站的优势在于具备开展肺康复的基本技术条件，且距离患者居住地更近，能方便患者就近完成康复训练。尘肺病康复站（以下简称康复站）的服务对象包括辖区内的职业性尘肺病患者和临床诊断的尘肺病患者。

一、康复站配置标准

康复站按照“七个一”标准建设，即每个康复站有一块尘肺病康复站标牌、一名经过康复医学培训的康复员、一名康复护理员、一处康复场所、一组经济实用的康复器材、一系列上墙的康复站职责制度、一套患者康复档案。

康复器材包括吸氧装置，指脉氧监测仪，具有评估、训练、检测等多种功能的肺功能仪、电动 PT 床、股四头肌训练仪、功率自行车、床边踏车、呼吸机、膈肌起搏治疗仪、滑轮牵伸装置、多功能组合训练仪、弹力带等，有条件可选配小型岩盐气溶胶治疗仪相关设备设施。

二、康复流程

（一）接诊

通过与患者及家属深度交流，建立信任，了解患者的个人信息及病史等。

（二）健康管理

（1）建档：了解患者的基础信息后，在尘肺病管理系统上建档，纳入持续的健康管理。

（2）脱尘：尘肺病患者一经诊断，应脱离粉尘作业。

（3）定期体检：定期体检对象为全部尘肺病患者，每年至少体检一次，体检项目应包括血常规、胸片、肺功能、心电图，可根据病情增加体检项目。

（4）健康宣教：定期通过义诊、讲座、微信平台等方式对患者及其家属进行健康知识宣传教育。

（5）患者随访：已参加康复训练的患者每月至少随访 1 次，已建档尚未参加康复训练的患者至少 3~6 个月随访 1 次。

（6）工作指导：针对仍继续工作的尘肺病患者，应避免从事有毒有害工作，不宜从事重体力劳动，避免过劳。

（三）临床评估

通过病史、症状、体征结合辅助检查（血常规、心电图、胸片等）结果，进行临床评估，其目的首先是筛查出急危重症患者，给予应急处置或转上级医院治疗。同时，通过临床评估还可排除下列康复禁忌证：活动性肺结核及其他传染性疾病；严重心、脑血管器质性疾病；痴呆、精神疾病；高度视力障碍，听力障碍；合并多个或严重尘肺并发症；静息时血氧饱和度小于等于 90%，心率≥100 次 / 分；收缩压≥160mmHg，舒张压≥100mmHg；其他风险较高，超出康复站救治能力的情况。

（四）康复评估

康复评估包括肺功能、呼吸肌肌力、六分钟步行试验及日常生活活动能力评定等量表评估，如果日常生活能力评分（ADLs）＜50 分，则属于高危患者，暂不纳入康复站康复训练。

（五）康复方案制定

根据康复评估结果得出康复诊断，如咳嗽功能不足、异常呼吸形态、运动耐力不足、呼吸频率过快、膈肌乏力等，在此基础上结合患者主观意愿及预期目标，制订个体化康复方案。

（六）康复实施

根据康复方案进行规范的康复治疗，治疗过程中应密切观察患者的反应，需要注意安全性和有效性。

（七）疗效评估

患者经过一定疗程的康复训练后需进行疗效评估及阶段小结，调整运动及呼吸训练、健康教育、营养支持、社会心理支持方案等，制订长期治疗与随访计划。

（八）双向转诊

1. 向上转诊

尘肺病患者出现以下情况之一者，应当及时建议患者及家属向上级医院或职业病医院转诊：①咳嗽、咳痰、呼吸困难等呼吸系统症状加重，或日常药物不能控制；②近期或突然出现严重咳嗽、咯血、胸痛、下肢水肿等新发症状，需要明确诊断和治疗；③肺部出现严重感染、气胸、呼吸衰竭、肺心病或心衰的；④康复站无法解决的其他情况。

2. 向下转诊

经康复站治疗或评估后，能同时满足下列条件的尘肺病患者，可转尘肺病康复点继续康复治疗：①日常生活能力评分（ADLs）≥70 分，呼吸困难评分（BORG）≤3 分；②呼吸频率 16~22 次 /min，脉搏 60~100 次 /min，静息血氧饱和度≥93%；③无并发活动性肺结核和其他传染病。

尘肺病康复站康复流程如图 9–9 所示。

三、健康宣教

（一）健康宣教的目的及意义

健康宣教应贯穿于尘肺病康复的全过程，其目的是让患者了解尘肺病病因、病程、发展、预后和转归，认识尘肺病治疗的目的、原则和主要方法，熟悉氧疗和药物使用方法及注意事项，提高治疗依从性，同时认识康复治疗的重要性、长期性以及可获得的相关益处。

（二）健康宣教的主要内容

健康宣教的主要内容包括：尘肺病的临床表现、并发症、诊断、治疗、康复及预后相关知识；尘肺病的药物治疗，如抗纤维化、对症治疗、吸入制剂等药物的使用；日常生活指导，包括戒烟、膳食指导、节能技术、日常活动等；合理氧疗及其重要性；告知患者如何识别急性并发症的症状，了解社区急救医疗资源如急救电话等；管理焦虑和抑郁的应对方法；居家康复技能，如自主咳痰、体位引流、腹式呼吸、深吸慢呼；预防呼吸道感染策略，适时注射流感疫苗或肺炎球菌疫苗等。

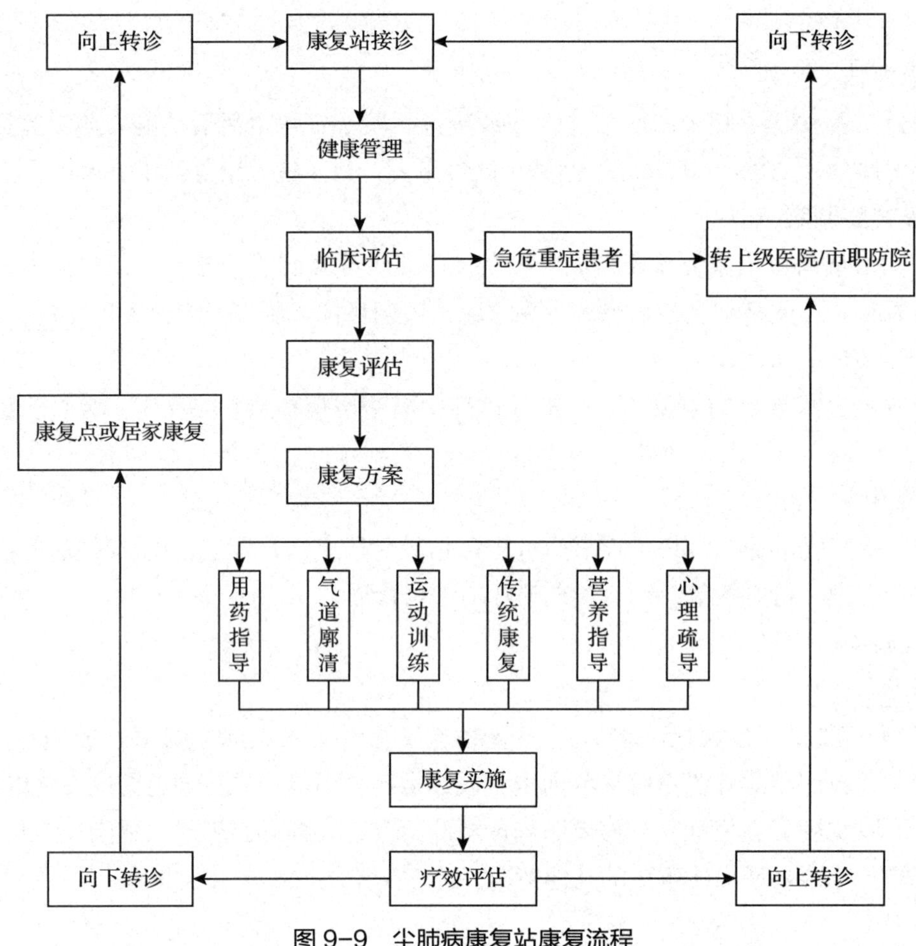

图 9-9　尘肺病康复站康复流程

（三）健康宣教的形式

健康宣教主要采取一对一沟通，开展讲座、义诊，进行上门随访，通过宣传栏、微信、电话、宣传视频、宣传手册资料等多种形式进行。

四、康复评估和康复治疗

（一）康复评估

康复评估包括功能评估和问卷评估，具体内容详见本章第二节。

1. 功能评估

功能评估项目包括肺功能、最大吸气压（MIP）、最大呼气压（MEP）、六分钟步行试验（6MWT）、徒手肌力检查、吞咽功能评估等。

2. 问卷评估

问卷评估主要采用圣·乔治医院呼吸问卷（SGRQ）、慢性阻塞性肺疾病评估测试（CAT）、改良巴氏指数（BADL）、改良呼吸困难指数（mMRC）、伯格量表、抑郁自评量表、焦虑自评量表、匹兹堡睡眠质量指数量表（PSQI）、营养筛查（NRS 2002）等方式进行。

（二）康复治疗

1. 氧疗

氧疗是减轻呼吸困难最有效、最基本的康复治疗干预措施，可使患者增加活动能力及运动耐力，提高日常生活自理能力，减少住院的需要。氧疗包括长期氧疗、夜间氧疗、动态氧疗等，其中动态氧疗包括体能训练联合氧疗、呼吸肌训练联合氧疗等，动态氧疗在康复训练中对增强运动耐力方面要优于长期氧疗。

2. 气道廓清技术

气道廓清技术是利用物理或机械方式作用于气流，帮助气管、支气管内的痰液排出或诱发咳嗽使痰液排出。

常用气道廓清技术有：（1）呼吸技术：有效咳嗽、用力呼气技术、自主呼吸循环技术；（2）机械设备技术：振荡呼气正压、体外振动排痰、高频胸壁振动等；（3）手法/体位管理：体位引流、手法辅助排痰。

3. 呼吸训练

呼吸训练的方法有放松练习、腹式呼吸、缩唇呼吸、呼吸肌训练、呼吸操等。

4. 体外膈肌起搏

体外膈肌起搏指通过增加膈肌运动，达到增加肺通气量，改善肺功能和心肺功能状态的目的。

5. 运动训练

运动训练是肺康复训练的关键和核心，需考虑个体化、整体化、循序渐进以及持之以恒原则。运动训练包括有氧训练、力量训练、平衡及柔韧性训练。运动训练处方建议表见表 9–9。

表 9–9　运动训练处方建议表

类型	频率	强度	持续时间或频率	方式
有氧训练	每周 3~5 天（最少）	30%~40% 的峰值负荷	每次 20~60min，持续 4~12 周	步行/慢跑/恒定功率自行车
力量训练	相同肌群隔天一次	60%~70% 的一次性负荷量最大重复次数（1RM）	8~10 次/组，1~3 组	哑铃/弹力带/股四头肌训练仪

6. 中医传统康复

尘肺病康复站通常和乡镇卫生院（社区卫生服务中心）的中医馆建在一起，二者资源是共用的。由于尘肺病患者对中医疗法的信任度较高，可将中医传统康复技术用于有适应证的尘肺病患者，以提高康复的依从性。中医传统康复技术种类多样，建议根据评估结果并结合患者的感受来选择康复措施。中医传统康复的常用方法包括八段锦、太极拳、六字诀、针灸、推拿、穴位贴敷、膏方、药膳食疗等。

7. 心理干预

有条件的康复站可设置心理治疗室。心理治疗室的布置应给人温馨、舒适、简洁的感觉，使患者能很好地放松；色彩以淡雅为主，光线适中，不宜有较多的摆放；应配有沙发、茶几或桌椅，有条件的康复站可配置音乐治疗设施。心理治疗频率一般 1~4 次/周，每次 45~50min。

对于经心理评估存在焦虑、抑郁等症状的尘肺病患者应进行心理干预。首先，患者参与肺康复的行为本身就具有心理干预作用，因康复训练可减轻患者的咳嗽、咳痰和呼吸困难等症状，一定程度上可缓解其焦虑抑郁情绪。其可能的机制是，运动本身就具有改善情绪的作用，同时肺康复已经包含一些心理治疗的理念，如康复目标的设定，强调个性化的方案，自我管理的教育，压力管理（呼吸、放松技巧），长期稳定以及可信赖的医患关系。其次，认知行为疗法（cognitive behavioral therapy，CBT）被认为能有效减轻呼吸慢病患者焦虑、抑郁症状，能帮助患者理解想法、情绪、感觉和行为是如何相互影响的，引导其改掉负面的思考习惯和行为，而采取更加积极的态度面对问题。此外，正念减压法、放松疗法对减轻焦虑、抑郁也有一定的效果。对于存在严重心理障碍的患者则应转至精神专科治疗。

8. 营养干预

患者在接受康复治疗之前，应进行营养筛查，符合营养干预适应证的患者可给予营养干预，以提高康复效果。尘肺病患者的饮食原则为营养全面、进食清淡、易于消化吸收。其饮食结构成分包括优质蛋白质、维生素、清肺润肺食物和增强免疫力的食物等。推荐营养不良的尘肺病患者达到每天 30kcal/kg 能量和 1.2g/kg 蛋白质的营养干预目标。推荐使用含有必需氨基酸或构建机体蛋白质所必需的支链氨基酸及其代谢物的补充剂，推荐口服亮氨酸或活性亮氨酸代谢物 β 羟基－β－甲基丁酸酯（HMB），剂量为 1~3 g/ 天。亮氨酸可以有效刺激骨骼肌的合成代谢，活性亮氨酸代谢物 HMB 可以防止患者卧床期间去脂体重丢失。维生素 A、C 和 E 有抗炎和抗氧化作用，尘肺病患者每天至少摄入 1500g 水果和蔬菜，为他们提供必要的维生素和矿物质、纤维和植物营养素。在呼吸康复期间，大剂量补充维生素 D 可增加呼吸肌力和最大运动耐力。

五、指导居家康复

居家康复是最基本的康复，康复站应针对所有尘肺病患者提供居家康复指导。应根据评估结果制订个性化居家康复方案，给予专业指导和定期随访，远程监测康复疗效。鼓励尘肺病患者合理运动及改变生活方式。居家康复的主要内容有腹式呼吸、排痰训练、呼吸肌训练以及日常生活指导等，具体内容见本章第三节。

（王永义）

第十章　职业性尘肺病的预防

10

尘肺病是病因明确的外源性疾病，其病因为劳动者在职业活动中长期吸入接触的生产性粉尘。因此，可以认为尘肺病是由于人类生产活动带来的、完全可以预防的疾病，理论上，从根本上消除或者控制了工作场所生产性粉尘的产生或作用条件，就可以消除或减少生产性粉尘对人体的作用和损害，控制尘肺病的发生。由于尘肺病的发病与接触生产性粉尘的水平有着直接的关系，在治疗上又无特效的治疗手段，所以，防治尘肺病的关键在于"预防"。理想的危害控制对策是从源头上消除生产性粉尘危害，从根本上消除粉尘危害的接触，而职业病的三级预防是尘肺病预防的根本策略。

第一节　尘肺病的三级预防原则

接触生产性粉尘是发生尘肺病的唯一原因。生产性粉尘，是指在生产活动中产生的，能够较长时间飘浮于生产环境中的固体颗粒物，是污染作业环境、损害劳动者健康的重要的职业危害因素，可引起包括尘肺病在内的多种职业性肺部疾患。因此，预防尘肺病的关键是对工作场所生产性粉尘的产生、逸散或者播散的控制，采取有效的预防控制技术包括工艺技术（消除、替代、生产自动化、密闭化等）、隔离与工程技术、组织管理和个体防护措施等。为预防、消除或降低工作场所的粉尘危害，减少生产性粉尘对劳动者健康的危害或影响，达到保护劳动者健康目的，实际工作中往往采取多项综合技术措施，并按其优先等级进行实施。

一、职业危害控制原则与层级

职业危害控制措施的选择、确定应遵循消除、替代、工程控制、管理控制、个体防护的原则和层级，排序越靠前的方法优先级越高，如图 10-1 所示。

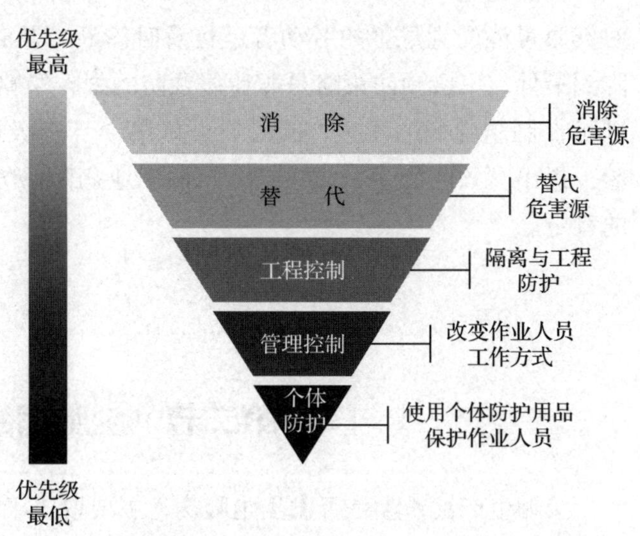

图 10-1　职业危害控制措施优先层级

消除，是从源头上控制职业危害，是最有效的职业危害控制技术。如在建设项目设计阶段，采用有利于防治职业病和保护劳动者健康的新技术、新工艺、新设备、新材料，限制使用或者淘汰职业危害严重的技术、工艺、设备、材料；在生产运行阶段，改进生产工艺和设备，都可从根本上消除或控制职业危害因素对劳动者的健康损害。

替代，是指在工业生产使用原料及各种辅助材料时，尽量以无害或低害代替有害或高害，尤其是以无毒代替有毒，是从根本上解决职业危害因素造成人体健康危害的最佳措施。

工程控制，是通过工程技术手段对污染物进行控制，如防尘、防毒、防噪、防震、防暑、防寒、防湿、防非电离辐射、防电离辐射、防生物危害等工程控制技术，可有效降低工作场所职业危害因素的浓度（或强度）；也可通过生产密闭化、自动化、机械化等工程技术，将劳动者的操作地点与生产设备（污染源）隔离开来，减少劳动者直接与职业危害因素的接触。

管理控制，是通过规划劳动组织、劳动者工作任务和作业行为，以控制或降低劳动者实际接触职业危害因素水平的措施，如工作场所管理、合理的工作任务与负荷、适当的工作站与作业姿势、工作岗位轮换、作业与工间休息制度、宣传教育与培训、卫生保健等。管理控制措施通常配合预防和控制危害接触的其他措施使用。

个体防护，即劳动者在职业活动中防御物理、化学、生物因素等危害而穿戴、配备和使用的劳动防护用品。当所采取的工程措施、管理措施不能理想实现有效控制时，应联合使用其他控制措施和适当的个体防护用品，个体防护措施通常被视为职业接触控制的最后一道防线。一般而言，应依层次选择消除、替代、工程控制、管理控制等职业危害控制措施，只有在下列情况才应考虑使用个人防护用品：没有或无法取得相应的控制技术或控制设备；由于接触时间或机会，或因工艺、作业或工作性质等，采用、配置或提供的控制方法或控制系统不合适或不可行；控制系统或设备短时间发生故障而失效；不能预测风险的特殊情况，或无法配置控制系统或设备。正确佩戴符合标准的呼吸防护用品，对于接触产生或存在生产性粉尘的作业场所的劳动者尤为必要。

二、尘肺病三级预防策略

如同传染病的控制策略，职业危害的控制同样遵循三级预防策略。通过职业危害的源头控制，可消除产生生产性粉尘的尘源——消除危害源。通过工程控制措施，加强劳动过程中生产性粉尘危害的防护、治理与管理，可降低工作场所空气中的粉尘浓度，改善工作场所环境；通过作业管理、管理控制、个体防护，有助于减少劳动者工作时与生产性粉尘的接触——切断粉尘播散途径。加强劳动者的健康管理，对接触粉尘作业的劳动者，按规定组织开展劳动者健康监护，对职业危害防护措施效果进行目标跟踪，保护从事接触生产性粉尘作业的劳动者的健康——保护易感人群。对健康可能受到危害的劳动者进行及时诊断、及时治疗、及时康复，尽可能把劳动者的健康损害降到最低。三级预防策略是职业病预防的根本策略，一级预防是根本，只要真正做好第一级预防，则可控制尘肺病的发生。同时要做好第二、三级预防。《职业病防治法》总结我国职业病防治经验，提出“预防为主、防治结合”的职业病防治方针，是从法律层面对我国职业病三级预防策略的肯定。

（李　涛　张华东　王焕强）

第二节　尘肺病的预防控制措施

接触生产性粉尘是否发生尘肺病，主要取决于粉尘固有的理化性质、粉尘粒径和分散度、工作场所空气中粉尘的浓度、接触粉尘的累积时间、个体防护等。此外，个体的健康状态、免疫能力、个体易感性等也是影响尘肺病发病的因素。因此，尘肺病的防控必须采取综合措施，做好三级预防。例如，从源头上控制粉尘的产生和排放；对无法直接消除的粉尘作业，采取湿式作业、密闭吸风、局部抽风等措施控制粉尘的播散；定期检测工作场所空气中的粉尘浓度，确保劳动者接触粉尘水平符合国家职业卫生标准；为接触粉尘的劳动者提供个人防护用品并确保正确使用；加强接触粉尘的劳动者健康管理，对接触粉尘的劳动者进行职业健康知识培训，增强职业病防治意识，组织实施劳动者健康监护，定期对粉尘接触人群进行医学监测；加强对用人单位的监管，督促用人单位落实职业病防治主体责任。

一、控制尘源

接触生产性粉尘是发生职业性尘肺病的唯一原因。预防尘肺病的关键就是控制工作场所生产性粉尘的产生、逸散或播散。我国在控制粉尘发生、降低粉尘浓度方面积累了非常成熟的经验，并取得了明确的效果，这就是防尘降尘的“八字方针”，概括为“革、水、密、风、护、管、教、查”。

“革”即改革工艺、革新技术，重点是：替代或者减少原料中游离二氧化硅或其的含量；实施机械化、连续化、自动化生产，减少尘源；减轻体力劳动负荷；减少劳动者与粉尘的接触。“水”即坚持湿式作业，防止粉尘播散，降低环境粉尘浓度。“密”即密闭尘源或密闭产生粉尘的设备，隔离操作。“风”即通风除尘、排风除尘，通过局部通风技术，抽出工作场所中的含尘空气，同时将新鲜空气送入工作场所。“护”即加强个体防护和养成良好的工作和生活行为方式，特别是在通过工程控制措施不能理想实现对粉尘的控制情况下，尤应佩戴有效的防尘口罩。“管”即加强防尘设备的维护管理，确保防护设备的正常运转。“教”即职业健康知识教育培训。“查”即监督检查。实践证明，这是行之有效的防尘降尘方法，是尘肺病一级预防的重要措施。

二、开展职业健康监测

尘肺病的发生和发展是一个渐进的过程，从开始接触粉尘到发生尘肺病，一般要经过十多年或更长时间，其进程取决于所接触粉尘的性质、接触浓度、接触时间、累积接触剂量，以及个体特征和有无合并症等。机体呼吸器官对粉尘的清除、防御机制也是决定是否发生尘肺病的重要因素。存在生产性粉尘危害的用人单位，应当建立职业健康监测制度，实施由专人负责的工作场所职业危害因素日常监测，并按规定定期对工作场所进行职业危害因素检测、评价；对从事接触粉尘作业的劳动者开展健康监护，定期进行职业健康和医学检查，早期发现尘肺病患者或高危人群，早期采取干预措施。做好劳动者健康监护是做好尘肺病二级预防的重要措施。

三、做好三级预防

尘肺病的典型病理特征是肺组织的弥漫性纤维化，理论上已经形成的肺组织纤维，是一个不可逆转的病理过程。尘肺病的临床特点之一是，即使脱离粉尘作业环境，病情仍会进展和加重，随着病情的进展，有时还会出现各种并发症或者合并症，严重影响患者的寿命。因此，应及时发现患者、对已患尘肺病的患者积极开展第三级预防，即加强患者全面的健康管理，预防并发症 / 合并症的发生。第三级预防的措施包括实施对症治疗、合理监护，改善临床症状，减轻患者痛苦；早期发现治疗并发症，尤其是预防感冒和发生呼吸系统感染；加强个体保健和适当的体育活动，增强机体的抵抗力；建立良好的生活习惯，不吸烟；积极进行康复训练，提高患者生活质量和社会参与程度，进而达到延缓病情进展、延长患者寿命、提高患者生活质量的目的。

（李　涛　张华东　王焕强）

第三节　我国尘肺病防治进展

党中央和国务院一直对尘肺病防治工作高度重视。特别是党的十八大以来，在习近平新时代中国特色社会主义思想的指引下，通过制定并实施一系列政策法规，加强对重点行业的监管，推动企业进行技术改造和产业升级，减少粉尘排放，尘肺病危害源头治理及专项整治力度持续加大，工作场所粉尘危害得到有效控制。同时，社会各界积极参与尘肺病防治工作，形成了政府主导、企业负责、社会参与的多元共治格局，在实现“劳动者应依法享有职业健康保护的权利”的目标上取得了显著的工作成效，我国尘肺病防治工作取得明显进步，最大限度地遏制了尘肺病的高发态势，但是目前和未来相当长的一段时间，我国尘肺病防治的任务依然艰巨。尘肺病仍然是我国当前乃至今后一段时间内最主要和最严重的职业病。

一、粉尘危害防治法律法规与治理体系建设

中华人民共和国成立以来，在工作场所粉尘危害预防、尘肺病诊断、治疗和工伤保障待遇法律法规建设方面，经历了法制体系逐步完善的过程，形成了以《职业病防治法》为主体，以相关法规、规章和标准为辅助，并与其他部门法规密切衔接的职业病防治法律法规体系框架。

1956 年，国务院第 29 次全体会议通过并颁布了《厂矿企业预防矽尘危害的决定》。这是国家就防止矽尘危害发出的第一个行政决定。1958 年，原卫生部会同原劳动部同时发布了《矿山预防矽尘危害技术措施》和《矽尘暴露工人预防肺结核的规定》等技术管理性文件。1963 年，原卫生部颁布了《矽尘作业工人医学预防实施措施》，规定对接触粉尘作业的劳动者应该进行定期的健康检查，开始对接触粉尘作业的人群进行健康监护。1987 年 12 月，国务院发布《中华人民共和国尘肺病防治条例》。2001 年，全国人大颁布《职业病防治法》并于 2001 年正式实施，之后分别于 2011 年、2016 年、2017 年、2018 年对《职业病防治法》进行了 4 次修订，同步制、修订《职业健康检查管理办法》《职业病诊断与鉴定管理办法》《职业病分类和目录》等 10 余部部门规章，我国尘肺病防治工作由简单的行政管理走上了法治化的轨道。

在尘肺病防治技术标准体系建设方面，多次修订和完善了工作场所空气中粉尘的职业接触限值及测定方法、粉尘危害控制指南性标准，以及《职业性尘肺病的诊断》和《职业健康监护技术规范》等标准，形成了较为完善的工作场所粉尘危害防治标准体系。

随着经济的迅猛发展和现代化治理的需求，国家对粉尘作业人群进行定期健康检查，保证尘肺病患者早发现、早诊断、早报告、早脱离，对患病的劳动者给予及时的诊断、治疗和保障，有效开展职业性尘肺病三级预防工作，对遏制尘肺病高发势头、保护劳动者健康权益起到了重要的作用。

二、形成了比较完善的尘肺病防治技术与监督管理体系

自 2002 年以来，我国尘肺病的预防和诊治能力取得了长足的进步，形成了以各级疾病预防控

制中心和职业病防治院所为核心、社会机构为补充的国家、省、市、县4级职业病防治技术体系。2023年，全国共有职业卫生技术服务机构1201家，职业健康检查机构5342家，共报告职业健康检查个案信息1808万例，发现职业禁忌证32.8万人、疑似职业病1.2万人；职业病诊断机构591家，共完成25500人次的职业病诊断。

通过优化技术服务机构审批程序，加强技术支撑机构建设规划布局和能力建设，基本形成了我国职业病危害因素监测评估、职业病危害工程防护、职业病诊断救治康复及专业技术服务相结合的技术支撑网络，构建起“省市鉴定、地市诊断、县区体检、乡镇康复”的职业病管理体系，加强了基层尘肺病诊治康复能力建设。

三、职业病统计报告与职业病监测系统不断加强和完善

2014年，在全国职业病网络直报系统基础上改造升级的“职业病与职业卫生信息监测系统”实现了职业病网络直报，为职业病防治提供了重要的基础数据。目前报告的病种范围涵盖2024年12月最新发布的《职业病分类和目录》12大类135种职业病中的9大类121种，包括职业性尘肺病及其他呼吸系统疾病。

为对职业病报告数据进行补充和完善，2009年，原卫生部在中西部的22个省（区、市）设立45个监测点开展煤工尘肺、矽肺、石棉肺等9种职业病病种的重点职业病监测工作；2014年，监测点数达到123个。从2015年起，重点职业病监测工作覆盖22个省（区、市）所辖的所有县级行政区，目前已经涵盖所有种类的尘肺病。职业病统计报告、重点职业病监测、职业病防治情况统计和调查分析构成了新时期职业病统计报告和监测的新内涵，成为我国职业病防治的重要基础性工作。

四、尘肺病防诊治与康复技术不断进步

我国作为全球制造业大国，工业生产过程中产生的粉尘污染问题较为突出，特别是在煤炭、钢铁、建材等行业，由于生产工艺的特殊性，粉尘排放量较大。同时，建筑施工领域也是粉尘污染的重要来源，施工过程中产生的扬尘不仅影响空气质量，也威胁着劳动者的健康。针对这些情况，各地厂矿企业、科研单位和职业病防治机构不断学习适合我国国情的尘肺病预防“革、水、密、风、护、管、教、查”的八字方针，在生产性粉尘预防中发挥了重要的作用。近年来，我国在粉尘治理领域取得了显著成果和进步。首先，技术创新为粉尘治理工作注入了强大动力。通过引进和自主研发，一系列高效除尘设备和技术应运而生，如布袋除尘器、电除尘器等，极大地提高了粉尘捕集效率。其次，企业也积极响应政策号召，对生产线进行改造升级，降低粉尘排放，从源头上减少了尘肺病的发生。最后，通过定期开展员工职业健康检查，对疑似尘肺病患者进行及时诊断和治疗，有效保障了员工的健康权益。

近10年来，在粉尘致病机制研究领域，我国学者在有影响力的国际学术期刊（影响因子大于3）发表论文64篇（占67%），说明我国在全球尘肺病机制研究中拥有一定的科研实力。1958年，我国学者制定了首个《矽肺病诊断标准（草案）》，逐步发展成为国家卫生标准《职业性尘肺病的诊断》，为职业性尘肺病的诊断提供了标准和依据。随着医学技术的不断进步，CT等影像学技术被广泛应用于尘肺病的诊断中，极大地提高了诊断的准确性和效率。此外，肺功能检测等技术的引入也为尘肺病的早期发现和治疗提供了有力支持。

我国尘肺病治疗药物研究始于20世纪50年代末，相继研制出克矽平、磷酸哌喹、羟基哌喹、汉防己甲素、柠檬酸铝、盐酸替洛肟等药物，以及以矽肺宁为代表的中药配方。受限于当时的医学技术与研究水平，这些药物能够部分地改善矽肺患者的症状，但是未能证实具有延缓尘肺纤维化进展的疗效，且不良反应较多。针对不同类型的尘肺病，我国采取了多种治疗方法和手段。药物治疗是尘肺病治疗的基础，通过服用抗纤维化药物、止咳化痰药物等改善患者症状，延缓病情发展。康复训练则通过呼吸训练、体能训练等方式提高患者的肺功能和身体素质。对于病情严重患者，肺部移植手术已成为一种有效的治疗手段。此外，中医药在尘肺病治疗中也发挥了重要作用，通过辨证施治、调理气血等方式改善患者病情。

2020年，中央转移地方1.92亿元专项经费，支持在28个省（区、市）及新疆生产建设兵团试点建设康复站（点），为尘肺病患者免费提供治疗康复。根据国家卫生健康委发布的数据，截至2024年6月，28个省（区、市）利用中央转移地方资金建设了829家尘肺病康复站（点），累计提供45万人次的康复服务，初步构建了全国范围内的尘肺病康复服务网络。尘肺病康复站提供的服务主要包括康复训练、药物治疗、氧疗、健康教育等。这些服务旨在帮助患者改善呼吸功能、增强身体素质、提高生活质量，并增强患者对康复的信心。

五、尘肺病攻坚与健康促进行动

近年来，在国务院和各级政府部门的号召下，在用人单位和社会力量的积极配合下，多措并举，我国持续加强尘肺病预防控制和尘肺病患者救治救助工作，切实保障了劳动者的职业健康权益。2016年12月，国家卫生健康委等10部门联合制定了《关于加强农民工尘肺病防治工作的意见》，湖南省率先将用人单位已不存在或无法确认劳动关系等无责任主体的农民工尘肺病纳入临床诊断，在全省大规模开展农民工尘肺病基本医疗救治救助活动，至2019年共救治救助18870例无责任主体农民工尘肺病患者，为全国开展农民工尘肺病救治救助提供了成功经验。

2019年6月，国务院颁布了《关于实施健康中国行动的意见》，将实施职业健康保护行动作为主要任务之一。同年7月11日，经国务院同意，国家卫生健康委、民政部等10个部门联合印发了《尘肺病防治攻坚行动方案》，在全国范围内开展粉尘危害专项治理行动、职业健康监管执法行动、用人单位主体责任落实行动、防治技术能力提升行动和尘肺病患者救治救助行动，实现了“摸清底数，加强预防，控制增量，保障存量”的工作目标。在矿山、冶金、建材等19个重点行业开展职业病危害专项治理，督促企业改进生产工艺、淘汰落后技术、完善防护设施、加强个人防护，作业环境明显改善。

根据我国第四次全国经济普查数据，在注册法人用人单位中，中小微企业占比达99%，从业人数2.3亿人，中小微企业从业人数占到从业人员总数的79.4%。为切实保护劳动者的健康权益，我国在“十四五”职业病防治规划中就设定了中小微企业职业健康帮扶专栏，提升中小微企业的职业健康管理能力。

国家卫生健康委联合全国总工会、人力资源社会保障部在全国职业病防治机构和各类企业持续开展健康促进行动，已连续23年在全国组织开展《职业病防治法》宣传周活动，组织制定重点人群职业健康指南，积极推进健康企业建设、争做“职业健康达人”、职业健康传播作品征集等系列活动，已累计建成1.3万家健康企业，选树4.1万名“职业健康达人”，入库300余件传播作品，开展重点人群职业健康素养监测与干预，职业健康社会文化氛围日益浓厚，广大劳动者职业健康获得感、幸福感显著增强。这些重大举措，是在健康中国大背景下造福人民的战略大计，为尘肺病防治工作提供了一个全新的历史机遇。

六、尘肺病工伤保险与社会保障体系建设

我国尘肺病医疗与社会保障相关的法律、法规与政策体系日趋完善，形成了工伤保险、医疗保险、医疗救助、民政救助、尘肺病农民工群体专项保障 5 个层面的保障体系。2019 年，国民经济和社会发展统计公报显示，截至 2019 年底，我国工伤保险参保人数达到 2.55 亿人，基本医疗保险覆盖人数超过 13.5 亿人，参保覆盖率稳定在 95% 以上，以职工基本医疗保险、城镇居民基本医疗保险、新型农村合作医疗为主体和城乡医疗救助制度共同构成的全民医疗保障体系初步实现并稳步推进。随着尘肺病社会保障制度的日臻完善，越来越多的尘肺病患者得到了相应的社会保障，工伤保险覆盖率有所提高。2013 年，人力资源社会保障部发布了《关于执行〈工伤保险条例〉若干问题的意见》，规定退休后或离岗后诊断为职业病的人员，应被认定为工伤并享受所有待遇。《关于加强农民工尘肺病防治工作的意见》中对社会保障和民政部门救治救助尘肺病患者均提出了明确的要求。各地因地制宜地探索尘肺病社会保障模式，“湖南模式”“重庆模式”“湖北模式”等应运而生，减轻了当地尘肺病患者的经济负担，一定程度上保证了尘肺病患者的诊治。2019 年 12 月 2 日，人力资源社会保障部、国家卫生健康委联合发布《关于做好尘肺病重点行业工伤保险有关工作的通知》，计划用 3 年时间将尘肺病重点行业全面纳入工伤保险。

我国在尘肺病诊断与救治领域取得了显著成效。通过不断提高诊断技术水平、优化治疗方法、加强预防策略和健康教育以及保障患者权益和康复服务等方面的工作，我国有效应对了尘肺病带来的挑战。尽管我国在尘肺病检测治疗领域取得了显著成效，但仍面临一些问题和挑战。首先，尘肺病防治工作仍存在不平衡、不充分的现象，部分地区和企业的防治措施还有待加强。其次，随着新技术、新工艺的发展，新型职业危害因素的出现给尘肺病防治工作带来了新的挑战。最后，我国应继续加强尘肺病防治工作，推动技术创新和进步，提高尘肺病防治工作的整体水平。

（王焕强　叶　俏　张华东　李　涛）

11

第十一章　职业性尘肺病诊疗康复典型案例

第一节　尘肺病职业健康监护质量控制典型案例及分析

一、病例资料

患者罗某某，男，50岁，1994年12月至2006年10月在某矿山从事隧道风钻工作，接触矽尘。2021年9月体检报告显示，胸片（如图11–1所示）和肺部CT（如图11–2所示）未见异常。2022年5月胸片（如图11–3所示）结果显示双肺少许点状阴影，2022年12月胸片（如图11–4所示）结果显示双肺少量点状阴影，2023年12月胸片（如图11–5所示）和肺部CT（如图11–6所示）结果显示考虑疑似尘肺病。单位安排患者到职业病诊断机构进行职业病诊断。患者临床表现：咳嗽、咳痰、胸闷、气促；实验室检查结果：血常规、血生化、炎性指标、肿瘤指标、结核指标结果均正常，心脏及腹部彩超检查无明显异常；心电图：电轴右偏，慢性缺氧相关，血气分析显示氧分压74.00mmHg；肺功能提示轻度限制性肺通气功能障碍，弥散功能轻度下降。职业病诊断结果为：职业性矽肺壹期。

二、案例分析

（一）加强粉尘作业检查数字化摄影（DR）质量

DR高千伏胸片目前仍是我国职业性尘肺病筛查和诊断的指标，如果胸片质量不好，则会产生误诊和漏诊风险。本案例患者2021年9月1日胸片显示双侧肩胛骨均与肺野重叠，胸片等级为三级；2022年5月13日及12月26日两张胸片显示双侧肺野外带均因曝光度高肺纹理显示欠佳，胸片等级为三级。三次体检胸片虽然均为三级质量，也均为粉尘作业体检的合格片，但不是优片，一定程度上影响结果的判断。2023年12月26日胸片显示肺纹理从肺门延伸到肺野外带，肺野部清晰显示直径为2mm的血管影像，胸片等级为一级。

依据GBZ 188附录C粉尘作业人员胸部DR质量具体要求，DR胸片图像包括肺纹理从肺门延伸到肺野外带，肺野部清晰见直径为2mm的血管影像，气管和气管分叉显示清楚；摄影要求包括摄影体位为胸部后前立位，肩胛骨尽量不和肺野重叠；摄影电压90~125kV，曝光时间＜100ms，曝光应在充分吸气后屏气状态时进行。目前备案职业健康检查机构较多，但DR高千伏胸片质量技术与水平参差不齐，尤其是基层职业健康体检机构设备条件差、投照技师经验不足，因此需要加强对职业健康检查机构的技术培训、质量控制和考核，及时更换不合格设备。

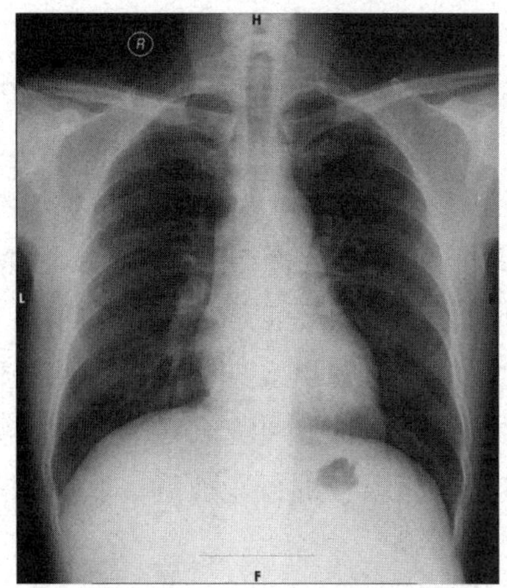

图 11-1　X 胸片双肺未见明显异常

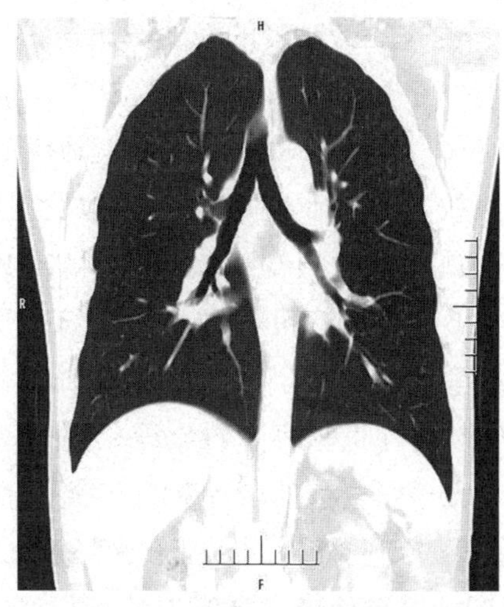

图 11-2　肺部 CT 未见明显异常

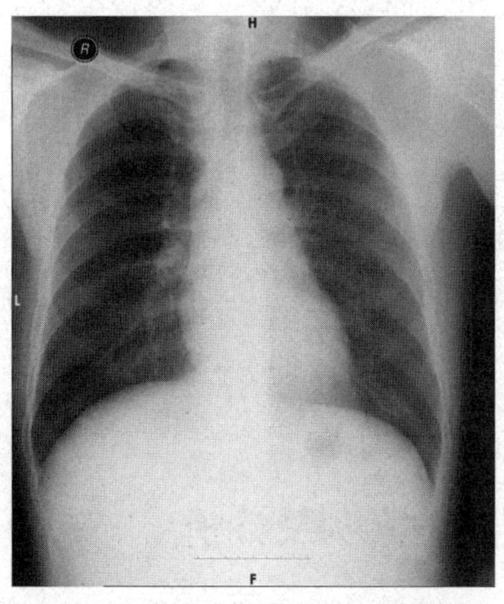

图 11-3　2022 年 5 月 X 胸片显示双上肺区少许圆形小阴影

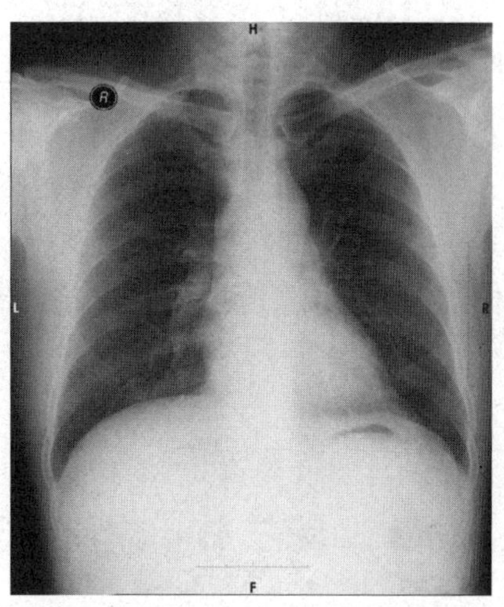

图 11-4　2022 年 12 月 X 胸片显示双上肺区少许圆形小阴影

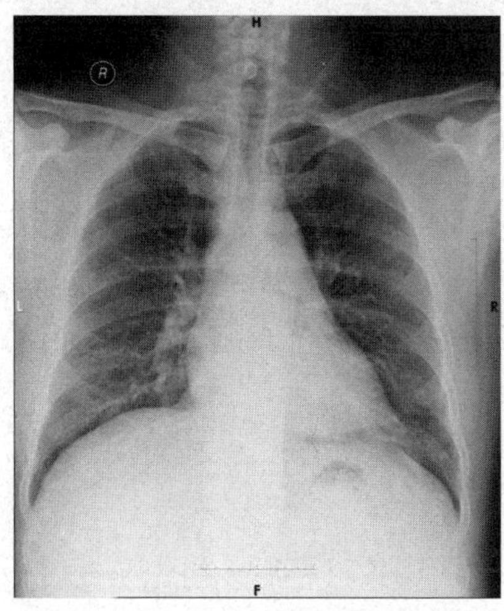

图 11-5　X 胸片显示双肺弥漫分布圆形小阴影

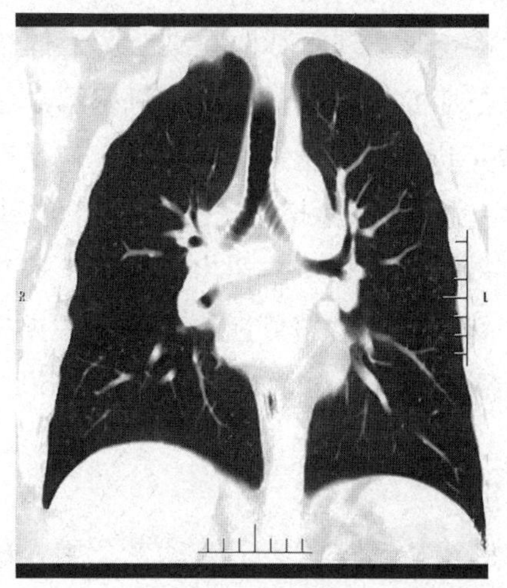

图 11-6　肺部 CT 显示双肺弥漫分布圆形小阴影

（二）加强粉尘作业劳动者的职业健康监护

在对粉尘作业劳动者的职业健康检查中，应遵循“早发现、早诊断、早调离”的原则，及时识别可能患有尘肺病的劳动者并作出疑似尘肺病的检查结论，以利于早期采取干预措施，切实维护劳动者的职业健康权益。职业健康检查机构发现疑似尘肺病患者后，职业健康主检医师应对检查结果进行复核并确认，及时通知用人单位，告知劳动者职业健康检查结果。《疑似职业病界定标准》（GBZ/T 325—2022）于 2022 年 9 月实施，该标准有利于及时发现疑似职业病患者和提高疑似职业病患者的要求诊断率和确诊率。本案例患者 2022 年 12 月胸部影像学检查结果已提示疑似尘肺病，但于 2023 年 12 月才进行职业病诊断流程。用人单位应加强劳动者上岗前、在岗期间及离岗时的职业健康检查，及时安排需复查的劳动者进行复查和疑似职业病患者进行职业病诊断。职业健康检查机构履行疑似职业病告知、报告的职责和义务。

（三）加强职业健康检查“疑似尘肺病”复核工作

有些职业健康检查机构能力不足，尤其是主检医师对职业禁忌证“判定”、疑似职业病“界定”的能力不足，容易出现误判。本案例在 2022 年 5 月、2022 年 12 月职业健康检查胸片结果提示“双肺少许点状影”和“疑似尘肺病”，主检医师未对该检查结果进行复核确认。建议年轻或者经验不足的主检医师在判定过程中，如遇可疑结果时，可请高年资或上级医师复核，有助于早期发现职业性尘肺病。随着《胸部 CT 辅助诊断尘肺病技术指南》的颁布，CT 诊断尘肺病技术已经提升至新诊断技术层面，尤其在疑似尘肺病鉴别诊断上发挥出积极作用。目前 CT 在基层医院已非常普及，所以基层职业健康体检机构相关人员应提高尘肺病肺部 CT 阅片能力。

（陆长城　李　颖）

第二节　尘肺病诊断典型案例及分析

一、病例资料

劳动者王某某，男，出生于 1966 年 7 月，因接触粉尘作业 10 年，2019 年 2 月在岗期间职业健康检查中胸片检查时发现双肺散在结节影，体检结论为：疑似尘肺病。2019 年 6 月 4 日，劳动者王某某向单位所在地的一家职业病诊断机构提出了职业性尘肺病诊断的申请，诊断机构告知用人单位并要求其提供劳动者的职业史证明，内容包括劳动者工种、接触粉尘的起止时间，以及所在岗位接触的粉尘名称、性质、检测浓度等。用人单位开具了职业史证明，证明中叙述：该劳动者从 2009 年 9 月至 2017 年 5 月在某管道公司出箱岗位工作 7 年零 8 个月，主要接触石英砂粉尘，2017 年 6 月至 2019 年 6 月在该公司电路熔炼岗位工作，主要接触石墨粉尘。但未能提供工作场所粉尘检测报告及日常监督检查信息，职业病诊断机构接诊并开启诊断程序。

二、诊断过程

职业病诊断机构反复核实了劳动者及用人单位提供的相关材料后，组织了 3 名专家进行第一次讨论，依据劳动者 10 年的粉尘接触史，其中近 8 年石英砂粉尘接触史，2 年的石墨粉尘接触史，结合患者间断咳嗽咳痰的临床症状，近 3 年内体检中的胸部影像检查报告，及职业病诊断机构的第一

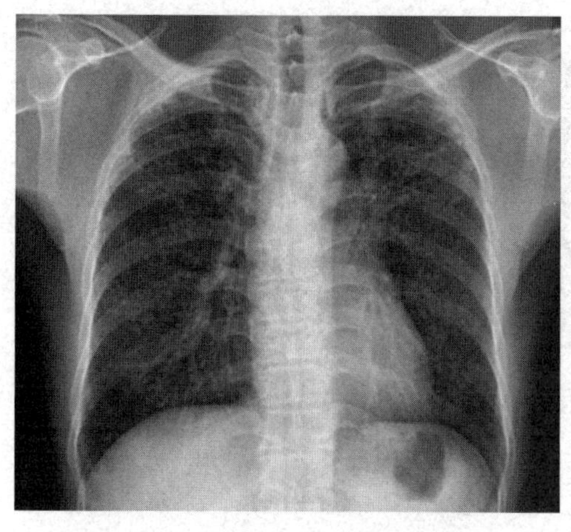

图 11-7　2019 年 7 月 1 日胸片

次 DR 高千伏后前位胸片（如图 11-7 所示）、胸部 CT 片（如图 11-8 所示），依据《职业性尘肺病诊断》（GBZ 70—2015）标准，并对照标准片，该劳动者双肺野内弥漫直径 1.5~3mm 大小的圆形小结节影，按双肺 6 个肺区 4 大级 12 小级分类法进行每一肺区的分级，有最高密集度为 2 级的 q/q 圆形阴影肺区，结节影分布范围达 6 个肺区，基本排除尘肺病以外的其他间质性疾病。2019 年 10 月 23 日，职业病诊断机构做出了第一次诊断，诊断结论为“职业性矽肺贰期”，并提出脱离粉尘接触和门诊复查治疗的处理建议。

劳动者和用人单位领取职业病诊断证明书后，用人单位对诊断结论不服，收到职业病诊断书的第 21 天向当地市级职业病鉴定机构申请了鉴定。职业病鉴定机构组织了环境评价相关专家进行了工作场所、该单位及同行其他单位的尘肺病发病情况的调查后，按程序抽取了专家库里的 5 名专家进行了鉴定，鉴定结论为“职业性矽肺贰期”。用人单位未再申请省级鉴定，按工伤程序为劳动者认定了工伤。

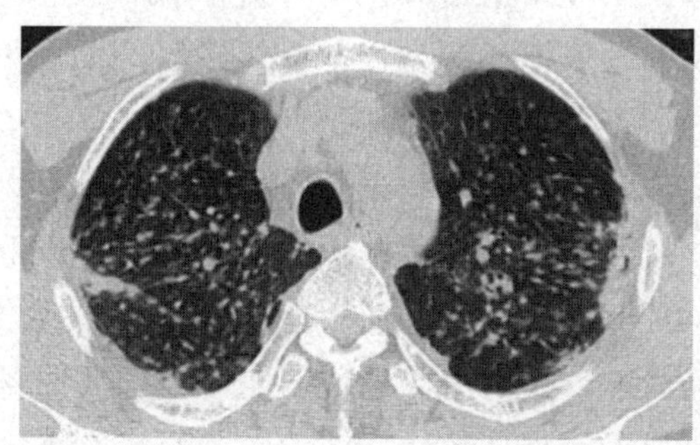
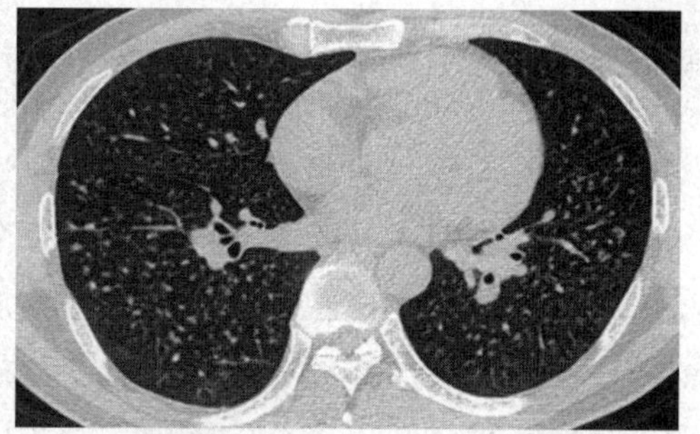

图 11-8　2019 年 8 月 7 日胸部 CT

2022 年 7 月 8 日，该劳动者再次就诊复查，高千伏胸片如图 11-9 所示，双下肺小阴影数量减少，双上肺小阴影聚集成团，劳动者在原职业病诊断机构申请了第二次职业性尘肺病的诊断，并补充了 2019 年 7 月以后未再接触粉尘的情况说明。2022 年 8 月 7 日，职业病诊断机构再次予以胸部 CT 检查（如图 11-10 所示），双上肺出现对称团块影。2022 年 10 月 13 日，职业病诊断机构做出了“职业性矽肺叁期”的诊断结论，并增加了“肺气肿，肺功能中度下降”的合并症诊断。

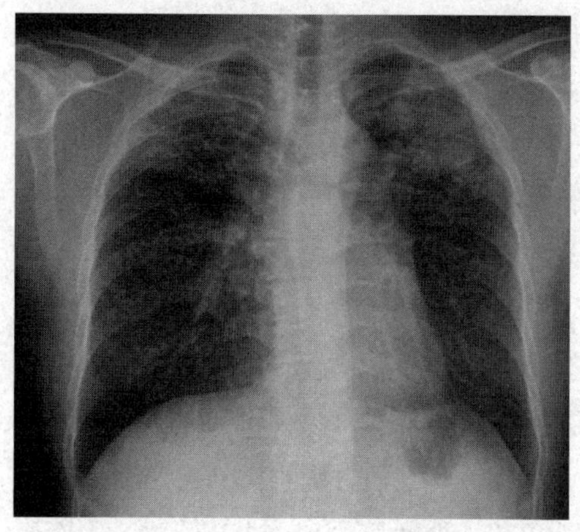

图 11-9　2022 年 7 月 8 日胸片

三、案例分析

（一）粉尘接触史的确认是职业性尘肺病诊断的关键环节

在诊断职业性尘肺病时，确切的粉尘接触史是关键依据之一，但粉尘接触史的收集常常成为诊断程序开启的第一个难点。本案例中的劳动者申请职业性尘肺病诊断时提供职业史等材料，也是职业病诊断机构与用人单位多次沟通并请提供如劳动者的工作年限、岗位职责、作业环境、工种工艺、时间关联、防护措施等内容的要求，最后用人

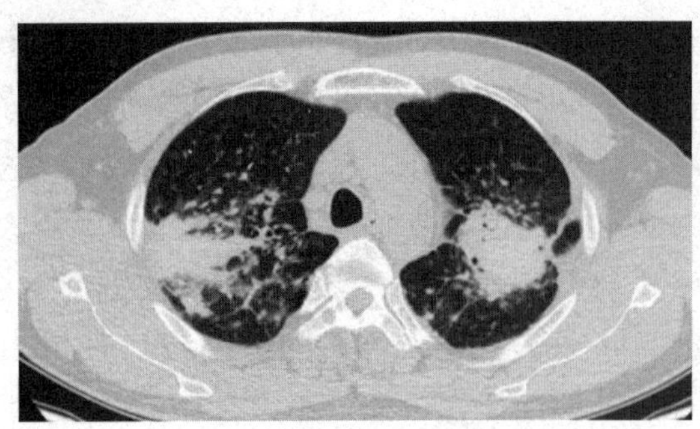
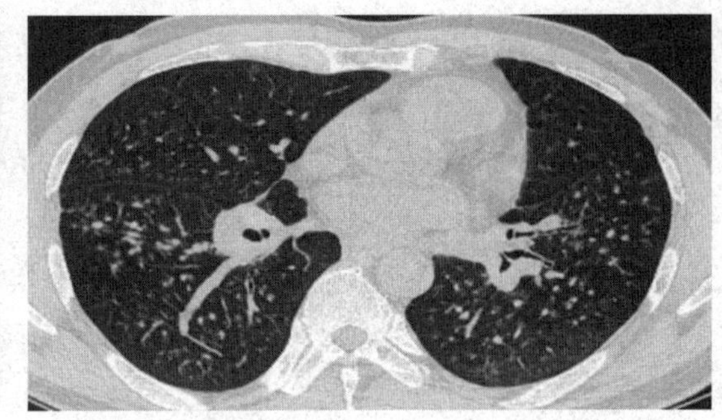

图 11-10　2022 年 8 月 7 日胸部 CT

单位开具了证明，但仍然未能提供完整的工作场所检测报告。日常诊断中，若劳动者无法提供直接证据，依据《职业病诊断与鉴定管理办法》，职业病诊断机构需要了解工作场所粉尘等危害因素情况时，可以对工作场所进行现场调查，若劳动者对用人单位提供的工作场所职业病危害因素检测结果等资料有异议，职业病诊断机构也可以依法提请用人单位所在地卫生健康行政部门进行调查，调查工作环境情况、工艺生产过程，调阅劳动合同、工友证实等，证明劳动关系及工作年限。在确认劳动者粉尘危害接触史时，当事人对劳动关系、工种、工作岗位或者在岗时间有争议的，职业病诊断机构应当告知当事人依法向用人单位所在地的劳动人事争议仲裁委员会申请仲裁，通过以上方式解决粉尘接触史证据不足的问题，为诊断职业性尘肺病提供病因学的判断。

本案例中，用人单位未能提供工作场所职业病危害因素检测结果，但提供了“既往检测报告缺失”的情况说明，也告知了劳动者在前 7 年零 8 个月的工作过程中接触的主要是石英砂粉尘，所以诊断程序相对顺利。日常工作中，部分劳动者先后从业单位多，职业史复杂，岗位繁多，难以获取粉尘接触史的证据，造成诊断程序启动艰难。此外，尘肺病本身为慢性迟发性疾病，脱离粉尘后仍然可以发病，若发病时已脱离当初的岗位，则难以追溯病因证据链。依据《职业病诊断与鉴定管理办法》第二十八条规定，如经卫生健康行政部门督促，用人单位仍不提供工作场所职业病危害因素检测结果、职业健康监护档案等资料或者提供资料不全的，职业病诊断机构应当结合劳动者的临床表现、辅助检查结果和劳动者的职业史、职业病危害接触史，并参考劳动者自述或工友旁证资料、卫生健康等有关部门提供的日常监督检查信息等，作出职业病诊断结论。

（二）质量合格的 X 射线高千伏片是尘肺病诊断的重要依据

原则上依据两张以上间隔时间超过半年的动态高千伏胸片的影像判别尘肺病的期别，因此质量合格的 X 射线高千伏胸片是确保尘肺病诊断准确性的关键条件。日常工作中，会因为设备调试未到位、曝光不准确、患者屏气时配合不佳、后期图像处理不当等原因而导致胸片质量达不到要求，出现诊断结果的偏差。《职业性尘肺病诊断》附录中对胸片质量的控制包括设备、摄影、胶片打印及读片都应达到规范的技术要求。诊断过程中，高千伏胸片确实有难以准确判断的影像时可以联合质量合格的高分辨 CT 进行辅助诊断。

（三）鉴别诊断是职业性尘肺病诊断的重要步骤

尘肺病诊断原则上是一个排他性诊断，有可靠的生产性矿物性粉尘接触史为病因条件，以技术质量合格的 X 射线高千伏或数字化摄影后前位胸片表现为主要依据，结合工作场所职业卫生学、尘肺流行病学调查资料和职业健康监护资料，参考临床表现和实验室检查，排除其他类似肺部疾病后，对照尘肺病诊断标准片，才可做出职业性尘肺病的诊断。在诊断中需要做好全面的鉴别诊断，尤其要注意合并症的诊断，以免延误治疗，导致病情快速进展，并给患者带来更大的医疗负担。本案例中先以双肺弥漫圆形结节影为主要影像改变，后逐渐融合成对称团块影，经历前后两次诊断，仅有间断咳嗽咳痰及活动后气紧的症状，并未发现特异性的生物学指标。尽管 X 射线胸片影像表现有一定特征，仍需要鉴别以下主要疾病。

1. 粟粒性肺结核

本案例第一次诊断时因为双肺弥漫结节影需要鉴别粟粒性肺结核，该病是结核分枝杆菌经血行播散引起的全身性感染，其诊断需结合临床、影像学、微生物学及病理学证据，其临床多表现为发热、盗汗、咳嗽等。胸部影像学典型表现为双肺弥漫分布的粟粒样结节，呈“三均匀”分布特点，可合并胸腔积液、纵隔淋巴结肿大。可结合微生物学检查，痰/支气管肺泡灌洗液的抗酸染色、结核培养等检查，必要时可行肺组织病理学检查，病理可见干酪样坏死或结核性肉芽肿。结核菌素试验（PPD）或 γ-干扰素释放试验（IGRA）也有参考作用。本案例劳动者症状不明显，无发热等全身症状，肺结节阴影分布不太均匀，上多下少，内中多，外周少，结节大小多在 2~3mm，发病过程和特点不考虑粟粒性肺结核。最难鉴别的是尘肺病合并粟粒性肺结核，两病重叠时，需要先明确诊断，并进行抗结核治疗后再行职业性尘肺病的诊断。

2. 结节病

临床上结节病的典型表现为双侧肺门淋巴结肿大伴中上肺野分布的多发结节，晚期可有纤维化表现，影像改变与症状有很大程度的相似性，明确的粉尘作业接触史常常成为否定该病的第一要素，难以鉴别时，进一步病理检查可加以鉴别。结节病病理可见非干酪样肉芽肿改变，而矽肺的病理呈同心圆状或旋涡状排列的胶原纤维，伴玻璃样变性，结节中央可有坏死或钙化，周围有淋巴细胞和成纤维细胞浸润的改变，病因和病理改变是鉴别的重点。

3. 肺肿瘤

该案例中劳动者双肺小结节影逐渐聚集成团，形成对称的块影，第二次诊断时因为双上肺对称大阴影而诊断为矽肺叁期。诊断时，叁期矽肺需要与肺癌鉴别，有特征性的表现为“八”字型双侧对称的大阴影，加上明确的粉尘接触史可以诊断为叁期尘肺，一般不需要完成病理学检查。如出现单侧块影，或短期内病情变化，必要时需经支气管镜或肺活检，排除肺癌，并发现硅结节（同心圆排列的胶原纤维）才能确诊为尘肺病，同时需要注意结合血清学（如自身抗体）、病原学（如结核、真菌）及肿瘤筛查排除其他原因。也要注意尘肺病和其他共病存在的可能，如矽肺合并结核、真菌感染，合并恶性肿瘤等。

（四）控制尘肺病情进展需要规范的管理和治疗

一旦做出尘肺病的诊断之后，患者应遵建议进行规范的健康管理进行抗纤维化及康复治疗。本案例劳动者在第一次诊断矽肺贰期后，调离了粉尘岗位，也进行了劳动能力认定，但未按处理建议进行治疗和复查。时隔三年后，发现病情已经进展，且肺功能明显下降。目前矽肺病虽然无根治药物，但规范随访、勿吸烟、脱离粉尘、抗纤维化药物治疗、早期的肺灌洗治疗以及在肺康复评估的基础上进行康复训练，能有效控制病情进展。

虽然矽肺和肺结核是两种不同的肺部疾病，但二者关系密切，矽肺患者是肺结核发病的高危人群，因此矽肺合并肺结核的病例极其多见。一方面，矽肺患者肺组织的弥漫性纤维化对肺内血液循环系统和淋巴循环系统具有较大的危害性，降低了肺的防御功能，导致结核菌感染的概率增加。另一方面，矽尘进入呼吸系统之后，损害呼吸道黏膜，尤其是纤毛上皮组织，导致纤毛活动减弱，弱化了肺的自我净化功能，进一步增加了结核菌侵害的危险。一旦矽肺合并肺结核，矽肺与肺结核两者可相互促进，肺结核可促进矽肺结节快速融合和肺纤维化进程，大块的矽肺结核病灶内极易出现空洞，导致患者病情迅速恶化。叁期矽肺合并肺结核会导致斑块空洞形成概率大大提升，空洞形态往往呈现为不规则状，洞壁表现凹凸不平，主要居于双肺上叶，单、多发均存在，可形成多房性空洞，伴支气管播散灶。本案例劳动者在影像中的表现为矽肺结核团块内出现空洞的形态，双肺除有不对称团块外，肺野内尚有直径在 2~5mm 大小的结节影，结节轮廓不清，大小不等，密度不均，边缘模糊，且团块状阴影中液化呈空洞，洞壁凹凸不平，病变周围有卫星灶，团块周边气肿不明显。动态观察，团块与肺门有索条状引流征，病变进展以横向为主。本案例中，在诊断结论出现争议后，临床医生进行了进一步鉴别，完善了 CT 引导下的肺穿刺活检，穿刺病理提示矽肺病变，临床最终诊断为矽肺叁期并肺结核。

（五）规范治疗是改善预后的关键

一旦做出矽肺合并结核的诊断之后，应尽快进行规范的抗结核治疗。本案例劳动者在进行抗结核治疗之后，临床症状得到明显改善，虽然影像学吸收不明显，但劳动者的生活质量已经得到明显提高。目前矽肺尚无根治药物，而肺结核的发展要比矽肺快，矽肺结核的治疗主要是抗结核治疗，遵循结核病的治疗原则，“早期、全程、联用、规律、适量”，越早介入就越有利于患者的预后和转归。矽肺患者肺间质纤维组织增生，肺弹性减退，肺组织血液循环差，导致抗结核药物难以充分到达病灶部位，从而疗效欠佳。因此应对矽肺结核患者进行个体化评估用药，疗程应适当延长，延长至 1 年甚至更长时间，另外需加强营养支持对症治疗，有助于帮助患者完成足疗程治疗，提高治愈率。

（六）诊断鉴定过程是否需要优化

本案例中，诊断过程完全按照职业病诊断程序进行，有单位开具的 11 年爆破工粉尘接触职业史证明，有 2021 年的环境粉尘检测报告，但缺乏历年检查的系列胸片。如果该劳动者或单位能提供历年的体检胸片，或者能按要求进行职业健康检查，应该可以早发现、早诊断，也可以避免发展到病情复杂导致误诊。此外，在病情复杂时，在组织诊断和鉴定时应尽量抽取临床、影像等多学科专家进行讨论诊断，避免误诊。

（彭莉君）

第三节　尘肺病治疗典型案例及分析

尘肺病是没有医疗终结的慢性进行性疾病，在长期的病程发展过程中会出现肺气肿、气胸、肺动脉高压、呼吸衰竭并发症，随着患者的年龄增长、抵抗力降低，尘肺病患者也会出现呼吸系统感染、肺结核、慢性阻塞性肺疾病、肺部肿瘤等合并症，因此，规范、科学地治疗尘肺病非常重要。尘肺病适合慢性病治疗管理的基本原则，抗纤维化治疗是快进型矽肺治疗的关键，同时及时正确诊断和治疗各种并发症 / 合并症，是抢救患者生命、改善病情、延长寿命、提高患者生命质量的重要保障。

一、快进型矽肺抗纤维化治疗案例

（一）病例资料

患者男性，1993 年 2 月出生，安徽阜阳籍。

职业病危害因素暴露史：2014—2019 年，在小作坊从事人造石英石板材加工作业 5 年，作业现场无防尘降尘设备，干式作业；2019 年 2 月后，脱离粉尘作业；无吸烟史。

病史特点：2019 年 2 月，因咳嗽、咳痰 6 个月伴活动后气促就诊。胸部影像学检查发现肺部弥漫小结节影，符合矽肺贰期诊断。随即开始汉防己甲素抗纤维化治疗，180mg/ 天，服用 6 天停 1 天、3 个月停 1 个月的规律口服。患者咳嗽明显减轻，气喘有所好转，规律用药 2 年余，自行停药。停药 18 个月后，因气喘加重紧急送医后发现自发性气胸。

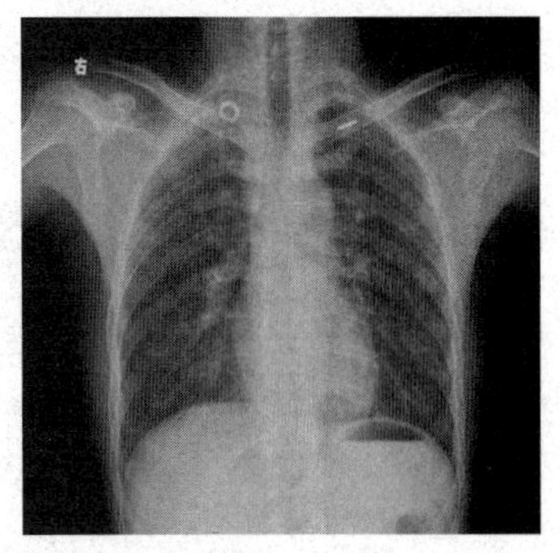

图 11–11　2019 年 3 月 5 日患者抗纤维化治疗前胸部 DR

注：两肺广泛分布小阴影 q 影，总体密集度 3 级，分布范围 6 个肺区，符合贰期矽肺诊断。

影像学检查：如图 11–11~ 图 11–14 所示。

肺功能检查：2019 年 2 月 26 日，抗纤维化治疗前，FVC% 50.3%，FEV_1% 51.2%，DLCO% 48.2%；2019 年 6 月 25 日，抗纤维化 4 个月，FVC% 62.6%，FEV_1% 64.5%，DLCO% 67.1%；2021 年 9 月 28 日，抗纤维化治疗 2 年，FVC% 69.7%，FEV_1% 66.5%，DLCO% 78.7%。

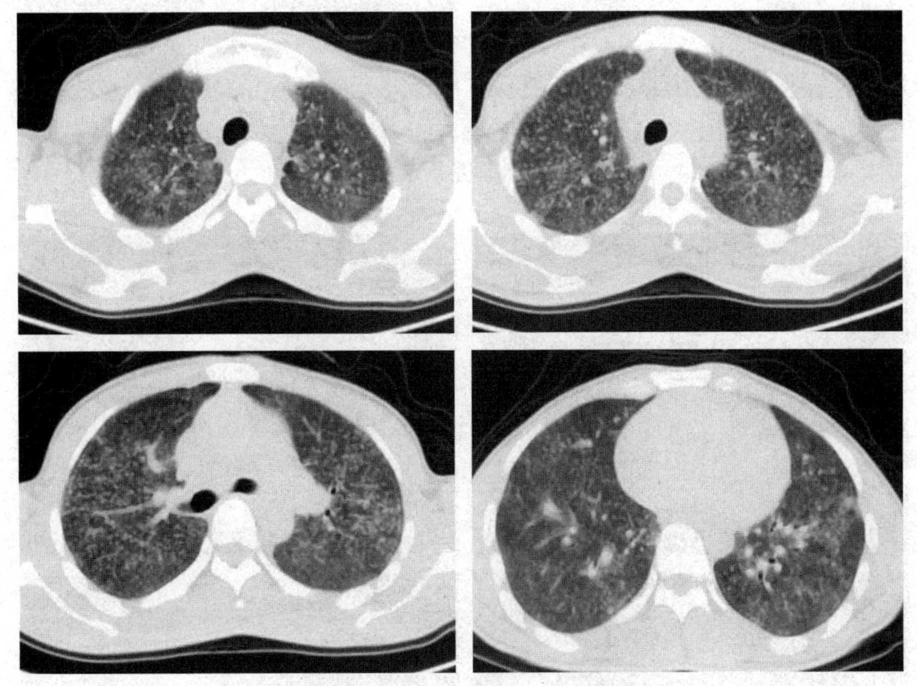

图 11–12　2019 年 2 月 22 日患者抗纤维化治疗前胸部 CT

注：两肺广泛小结节影伴磨玻璃影。

（二）病情分析

首先，人造石英石板材是近 20 年来在建筑装饰板材市场出现的一种广受欢迎的新型板材，因其质地坚硬、结构致密，具有其他石材无法比拟的耐磨、耐压、耐高温、抗腐蚀、防渗漏等性能，广泛应用于台面、地面和墙面的装饰，特别是家居厨房台面。人造石英石板材加工粉尘引起的矽肺在国内外多次报道并引起专家和学者的广泛关注。由于人造石英石 SiO_2 含量在 70% 以上，而装修行业在切割、打磨等加工安装时多为干式作业，作业场所粉尘浓度严重超过国家卫生标准。因此，人造石英石粉尘引起的矽肺近年来正在成为快进型矽肺的重要组成。本案例患者初诊时仅26岁，人造石英石板材加工工龄5年，达到矽肺贰期诊断标准。

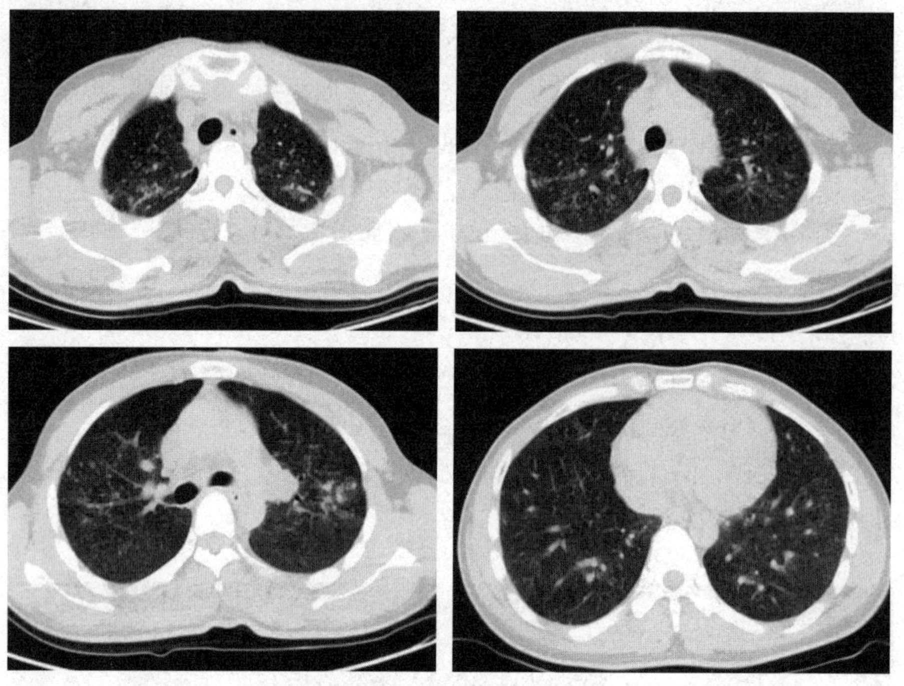

图 11-13　2021 年 3 月 9 日患者抗纤维化治疗 2 年后胸部 CT

注：两肺小结节影和磨玻璃影比治疗前有所减少和吸收。

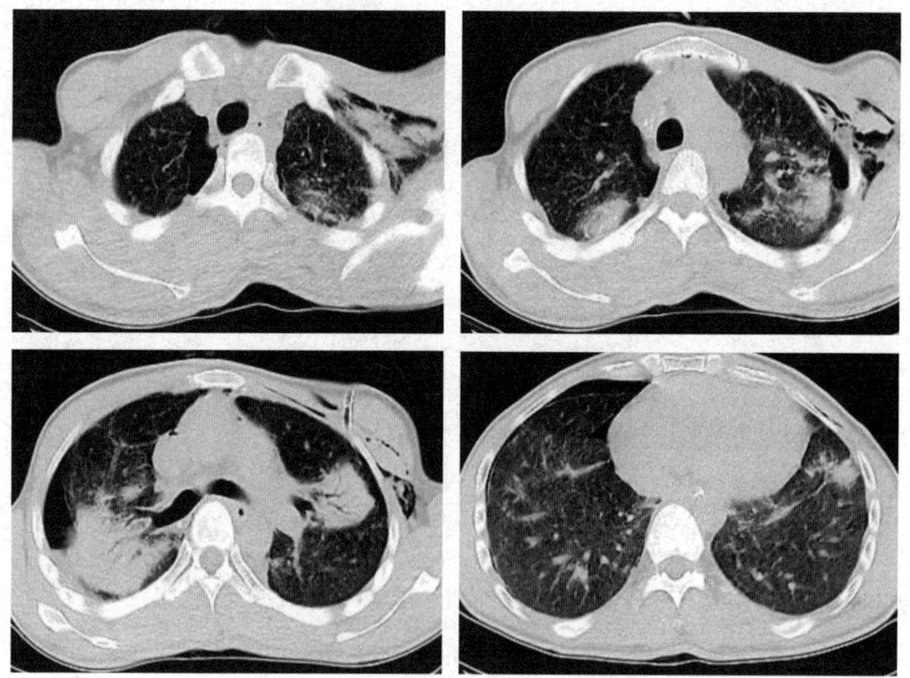

图 11-14　2024 年 4 月 18 日患者胸部 CT

注：患者自行停用汉防己甲素 18 个月，双肺出现团块影，磨玻璃影，双侧气胸，左肺基本复张，但仍有皮下气肿，右肺大部分复张。

其次，汉防己甲素是快进型矽肺患者重要的抗纤维化治疗药物，专家共识推荐早期用药、多疗程用药。本案例患者服用汉防己甲素连续治疗 2 年，胸部 CT 弥漫磨玻璃影明显减少，而且未见矽肺小结节影聚集或融合团块形成，说明抗纤维化治疗有效。同时，患者临床症状改善，肺功能也有所提高，证实矽肺纤维化进展确实得到控制。

最后，对快进型矽肺来说，抗纤维化治疗需要长期甚至终身用药，如停药，需要在严密的医学观察下，必要时即刻开始用药。人造石英石板材加工粉尘所致矽肺是一种典型快进型矽肺，接尘工龄短，病情严重，并发症多，进展快，预后差。研究发现，2 个月 ~2 年复查胸部 CT 的 67 例患者，89.6% 患者 CT 表现进展，出现小结节影增多、新出现融合团块、肺气肿加重，出现空洞、气胸等。本案例患者抗纤维化治疗 2 年临床效果很不错，无论是胸部影像学表现还是肺功能，不但没有明显进展，还有一定程度的改善。然而，长期用药对患者来说除了经济负担较重，也是一个不容易坚持的习惯，这个过程需要规律地随访复诊，医生的鼓励和督促也很重要。

二、慢性矽肺治疗案例

（一）病例资料

患者男性，1978 年 11 月出生，甘肃籍。

职业病危害因素暴露史：2004—2007 年，在上海某石材厂从事天然花岗岩、大理石石材切割、打磨作业；2007—2013 年，在同车间管理岗位工作。患者合计接尘 9 年，作业现场无防尘降尘设备，患者无防尘口罩。2013 年 7 月后，患者脱离粉尘作业，无吸烟史。

病史特点：2013 年 8 月，因间断性咳嗽、气促 2 年余就诊。患者有 9 年石材加工作业史，但从未进行上岗前和在岗期间职业健康检查。胸部影像学检查发现肺部弥漫小结节影，伴两肺多个融合团块，诊断为矽肺叁期、肺气肿、慢性阻塞性肺病、慢性肺心病。治疗从平喘、化痰、吸氧等对症治疗，到后期增加扩管、利尿等减轻心脏负荷，合并气胸或肺部感染时进行针对性排气、引流、抗感染等治疗。2021 年 4 月，患者病情加重到无法脱离氧气，采取左肺单肺移植。

影像学检查：如图 11-15~ 图 11-18 所示。

肺功能检查：2013 年 8 月 15 日，FVC% 49.5%，FEV_1% 24.7%，DLCO% 55.3%；2021 年 6 月 9 日，单肺移植后 2 个月，FVC% 44.0%，FEV_1% 27.8%，DLCO% 55.3%；2023 年 4 月 22 日，单肺移植后 2 年，FVC% 61.4%，FEV_1% 38.0%，DLCO% 59.2%。

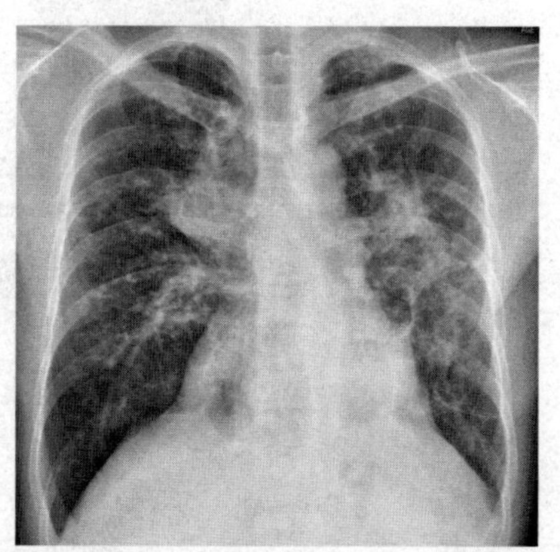

图 11-15　2013 年 8 月 19 日患者胸部 DR 片

注：两肺多发团块影，大者超过 2cm×1cm，达到矽肺叁期诊断。

（二）病情分析

石材加工是典型的引起矽肺的作业，本案例患者工龄 9 年，从未进行职业健康检查，2013 年 8 月因咳嗽、气喘症状第一次就诊时，肺部已经出现多个融合团块，肺通气功能极重度减退。因此，主要采取对症治疗，必要时进行抗感染、扩管、利尿等治疗。随着病情逐年加重，2021 年 4 月患者只有 43 岁时已经无法脱离氧气自由出行，经评估和协商后进行了左肺单肺移植手术。经过一段时间恢复，尽管患者仍有咳嗽、气喘症状，但比移植前明显改善，且移植肺运行正常，肺功能有所提高，出行可以不必携带氧气。

终末期尘肺病经内科最优化的保守治疗仍然无效的患者，应尽早进行肺移植评估。尽力争取在较好的全身状态下接受肺移植，可以延长患者生存期限，改善肺功能和提高生活质量。

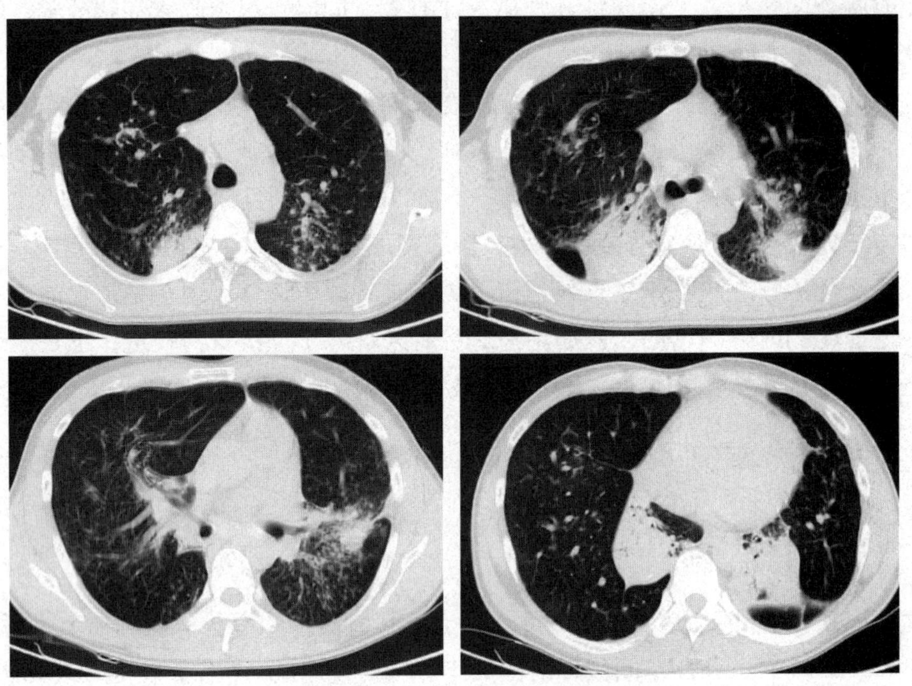

图 11-16 2013 年 8 月 15 日患者胸部 CT

注：两肺多发团块影、小结节影，肺气肿，肺大疱。

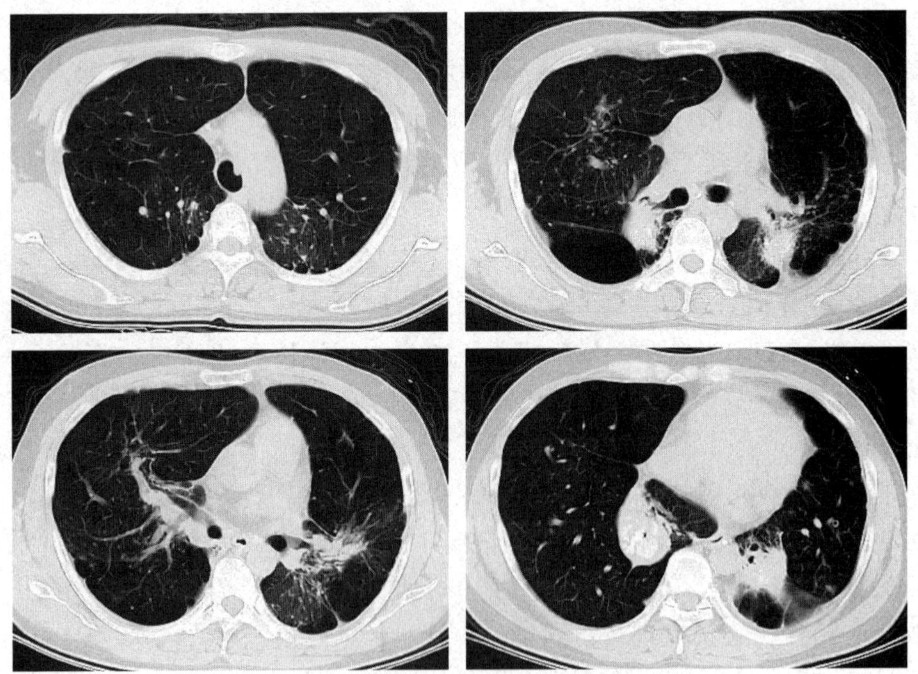

图 11-17 2021 年 3 月 23 日患者肺移植前胸部 CT

注：团块影变得紧致，肺大疱增加，肺气肿加重。

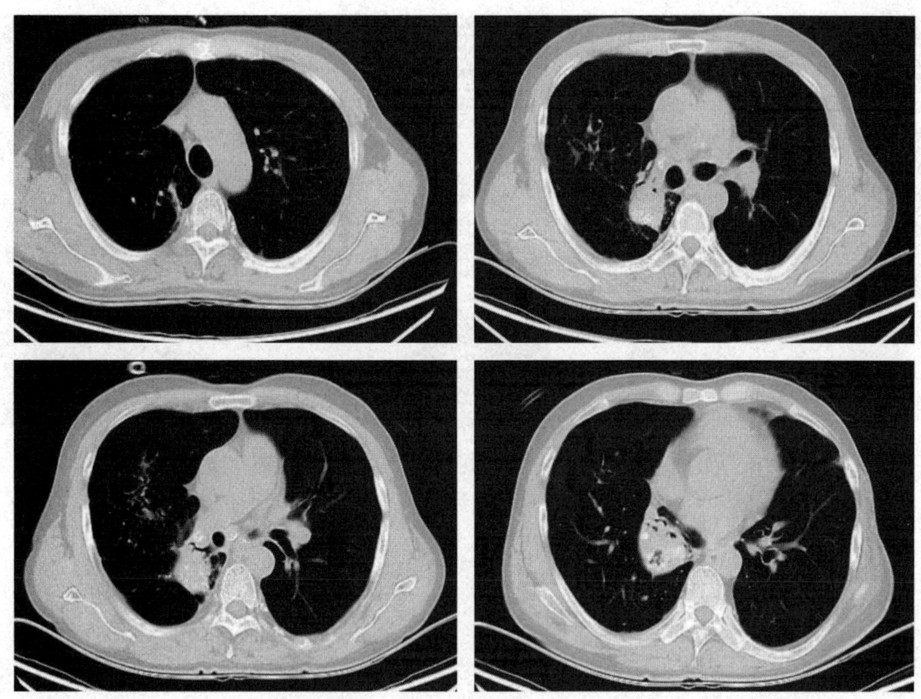

图 11-18　2024 年 4 月 15 日患者左肺单肺移植后 3 年胸部 CT

（毛　翎）

第四节　尘肺病肺康复治疗典型案例及分析

尘肺病患者免疫力低下，容易合并感染，痰液浓稠，且其病程较长、治愈难度较大，长期使用抗生素易导致细菌产生耐药性，且随着耐药细菌不断繁衍，相关耐药性基因传递，使其后代耐药性不断增强，最终导致抗生素失效。综合气道廓清是肺康复的一种重要技术，能经济、有效地缓解患者病情，促进患者康复。

一、病例资料

患者戴某，女性，82 岁，粉尘作业退休劳动者，因反复咳嗽、咳痰，胸闷气喘 30 余年，咳大量黄色脓痰 10 余天于 2020 年 8 月收入院。入院时体温 36.4℃，脉搏 99 次 /min，呼吸 25 次 /min，血压 126/61mmHg，SpO_2 55%，言语断续。呼吸急促，双肺听诊呼吸音粗，满布干（湿）啰音，可闻及痰鸣音。PaO_2 41mmHg、$PaCO_2$ 74mmHg、WBC19.84 × 10^9/L、NE80.24%、CRP106mg/L，痰培养铜绿假单胞菌，胸片可见大量大小不等囊状、蜂窝状及卷毛样病变；胸部 CT 显示部分病变壁明显增厚，内可见液平面，双肺多发支气管扩张并感染，如图 11-19 和图 11-20 所示。入院诊断：矽肺壹期；支气管扩张症并感染；Ⅱ型呼吸衰竭；慢性阻塞性肺疾病；肺源性心脏病。入院后予以抗感染、解痉平喘治疗，低流量吸氧，高流量湿化氧疗，无创呼吸机辅助通气，营养支持，同时予以肺康复治疗。

二、肺康复方案

该患者肺康复是由尘肺科康复医师主导的多学科团队开展的综合干预方法。呼吸康复的干预路

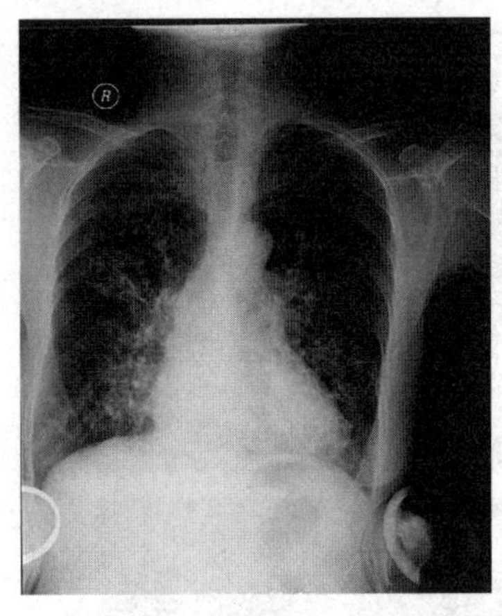

图 11-19　矽肺并支气管扩张感染胸片

注：患者胸片显示大小不等囊状、蜂窝状及卷毛样病变。

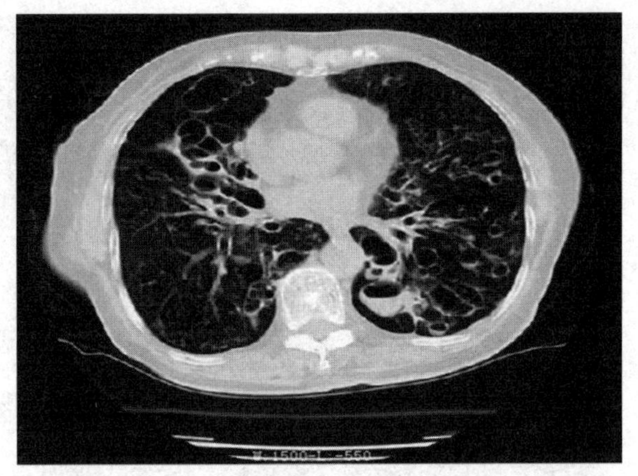

图 11-20　矽肺并支气管扩张感染 CT

注：患者 CT 显示部分病变囊腔壁明显增厚，内可见液平面。

径包括临床诊疗、呼吸康复过程、居家康复管理三方面。临床诊疗方面包括确定诊断、制订诊疗方案、风险评估、排除康复禁忌等。呼吸康复过程包括呼吸康复评估、问题点分析、呼吸康复目标制定、呼吸康复方案制订、呼吸康复方案实施五方面。患者出院后的居家康复管理包括自我管理、药物治疗、居家康复训练、远程健康管理。肺康复流程如图 11-21 所示。

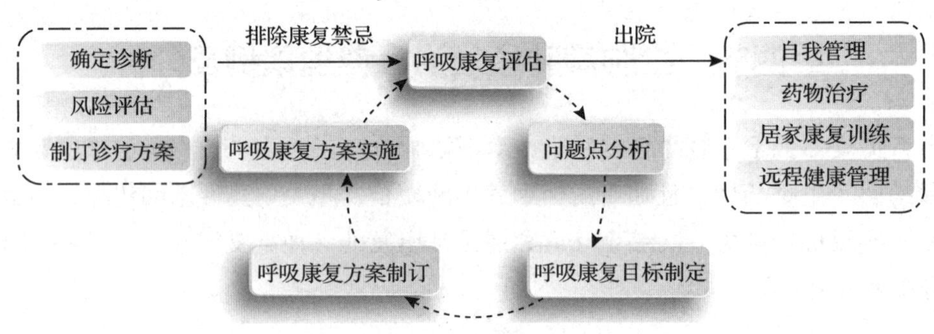

图 11-21　肺康复流程

（一）肺康复评估

对于该患者的呼吸康复治疗，应先进行肺康复评估，评估具体内容见表 11-1。

表 11-1　肺康复评估

项目	结果	项目	结果
Borg 评分	7 分	四肢肌力	3 级
mMRC 评分	4 级	六分钟步行试验	不能耐受
痰量	50mL	ADL 评分	25 分（重度依赖）
咳嗽力量	2 级	深静脉血栓风险评估	4 分（高危）
咳嗽情况	咳脓绿痰	简易营养状态评估	7 分（营养不良）
BODE 评分	10 分	MMSE	27 分（正常）

续表

项目	结果	项目	结果
BMI 指数	18.5	血氧饱和度	55%
心率	102 次 /min	匹兹堡睡眠质量指数	19 分（睡眠质量很差）
呼吸频率	24 次 /min	肌力、肌张力、ROM	3 级（ROM 正常）
纽约心功能分级	Ⅳ级	生活状态	刷牙、洗脸气促明显，以抬高床头休息为主

评估分析该患者存在问题如下：

（1）气道廓清障碍；（2）胸廓活动度减小；（3）呼吸肌力弱；（4）四肢肌力及耐力减退；（5）营养不良；（6）情绪焦虑；（7）日常生活活动能力及运动耐力降低，日常生活都难以耐受；（8）睡眠障碍，焦虑状态。

（二）制定个性化呼吸康复目标

肺康复团队针对评估结果进行主要问题点分析，同时结合患者诉求，为患者制定了个性化呼吸康复目标。根据患者问题，制定的治疗目标如下。

1. 短期目标（2 周内）

（1）尽快排出痰液，控制感染。

（2）学会呼吸控制，改善气喘情况。

（3）在监护下室内步行。

（4）减轻患者焦虑情况。

2. 中期目标（4~6 周）

增强运动信心，在监护下走廊步行，改善睡眠。

3. 长期目标

（1）缓解症状，减少急性发作。

（2）提高运动能力，回归家庭，提高生活质量。

（3）延长生命。

（三）康复计划与实施

1. 家属及患者宣教

通过针对性地科普尘肺、呼吸康复方法以及心理认知干预，取得患者和家属的配合。理解患者情绪，鼓励家属参与配合患者的心肺康复，并制订吸氧方案。

2. 呼吸节能技术宣教

治疗师给患者演示如何节能地去进行洗漱、如厕、穿衣等日常生活行为，比如提前做好准备，避免不必要的动作，当出现呼吸困难时，学会用呼吸控制缓解呼吸困难。

3. 综合气道廓清术

给予患者综合气道廓清术帮助排痰，具体内容包括高流量湿化氧疗、主动循环呼吸技术、体位引流、正压振动排痰装置 Acapella、高频胸壁振荡、有氧运动、雾化等综合措施，遵循将痰液松动、聚集、排出的顺序实施气道廓清措施（如图 11-22~ 图 11-24 所示），包括叩拍、摇动、震动、压迫手法；高频胸壁振荡频率为 10~12Hz，10~15min/ 次，3 次 / 天；使用 Acapella 装置：10~15min/ 次，3 次 / 天。

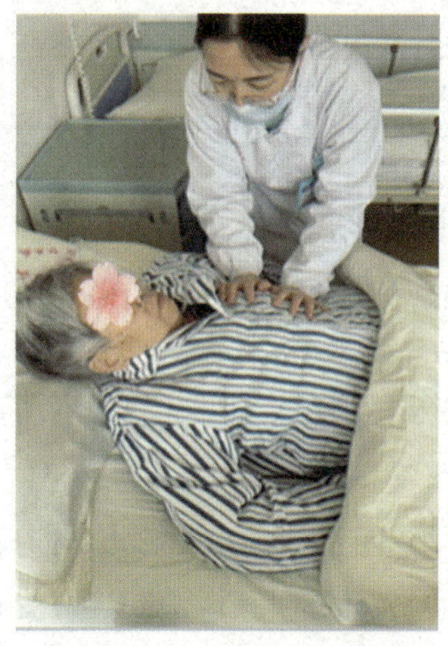

图 11–22　胸壁手法排痰

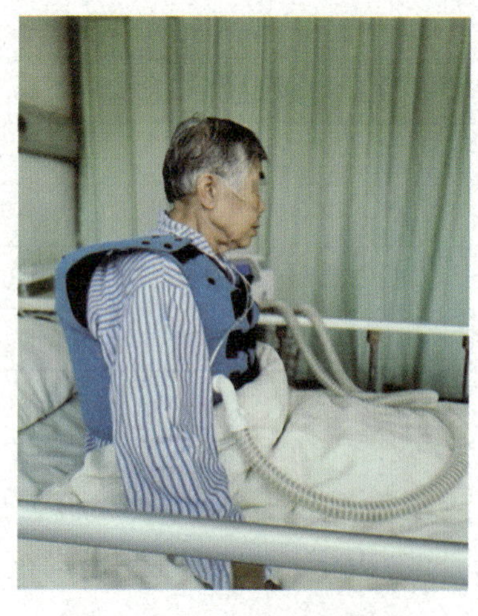
图 11–23　高频胸壁振荡

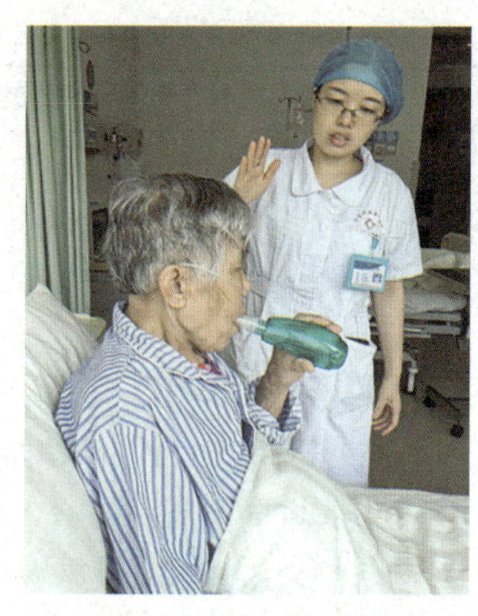
图 11–24　振荡呼气正压

（1）主动循环呼吸技术的运用如图 11–25 所示。

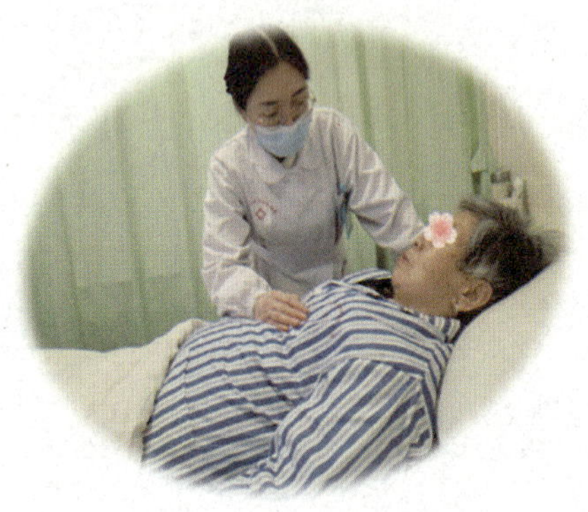

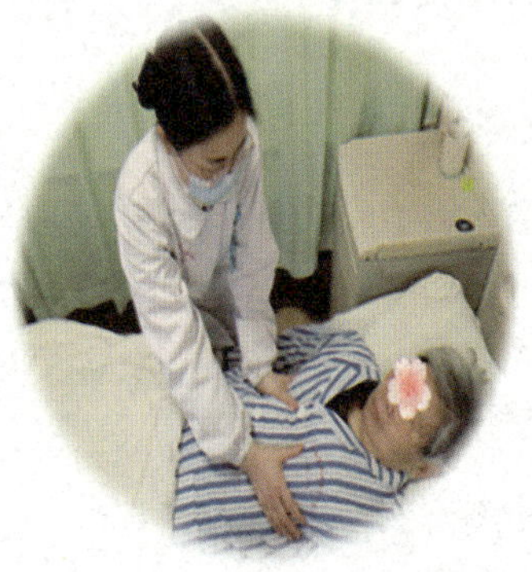

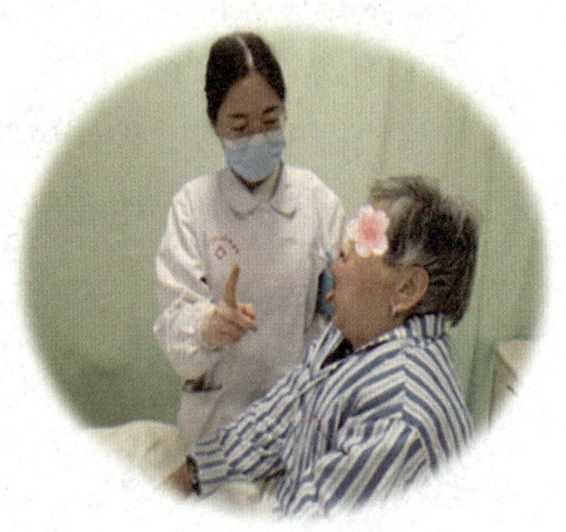

图 11–25　主动循环呼吸技术的运用

（2）体位引流，以肺部听诊为导向的体位引流 3 次 / 天，10~15min/ 次，结合主动循环技术进行，如图 11–26 所示。

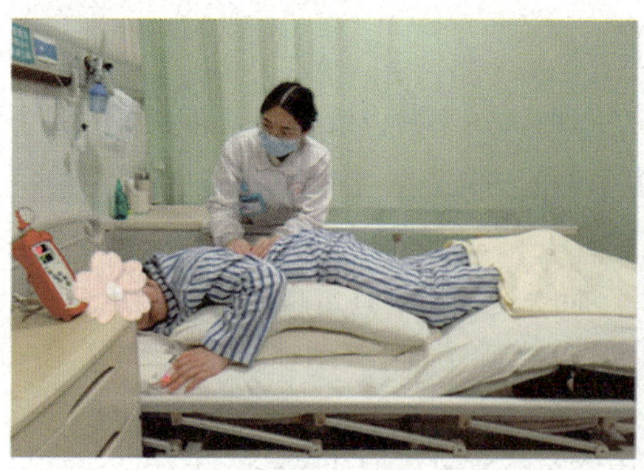

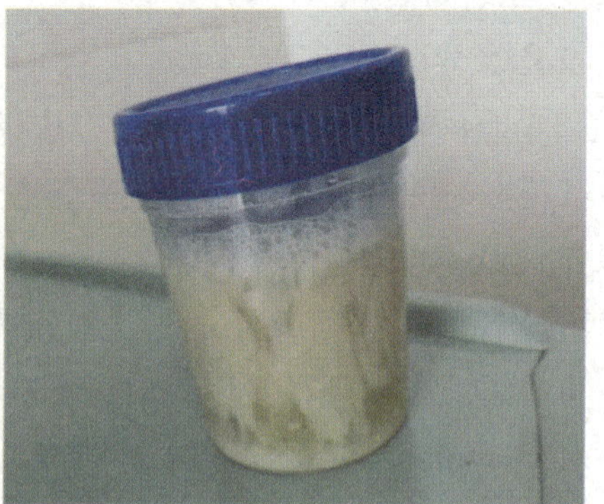

图 11–26　气道廓清技术的运用

（3）实施过程注意事项：该患者痰液黏稠，为脓绿痰，部分痰液呈胶冻状，患者以无力低效的湿性咳嗽为主，痰液难以咳出，遵医嘱使用乙酰半胱氨酸雾化促进痰液清除，同时予高流量湿化氧疗，改善患者氧合，加强气道湿化。患者在乙酰半胱氨酸雾化实施后进行高频胸壁振荡，频率

10~12Hz，10~15min/ 次，每天 3 次，在实施过程中需要引导患者咳嗽。随即实施主动循环呼吸技术，注意呼吸控制、胸廓扩张运动和用力呼气技术可根据患者情况和治疗周期进行灵活调整，在完成两组胸廓扩张运动后，接着进行用力呼气技术，中间可配合体位引流、叩拍、胸部摇动、振动等手法。

4. 有氧训练（如图 11–27 所示）

（1）床旁脚踏车 10~15min。

（2）弹力绷带训练：弹力绷带 2 次 / 天，10~20min/ 次。

（3）上肢负重训练：举哑铃 4 次 / 天，10~15min/ 次。

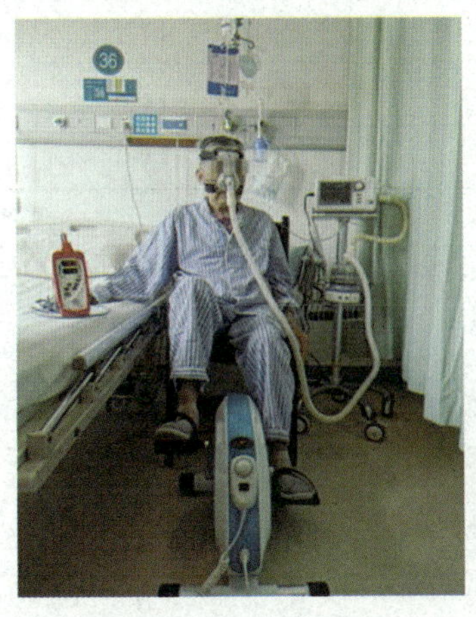

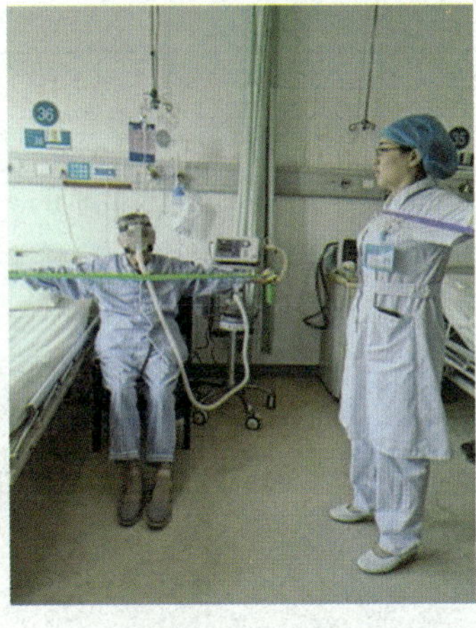

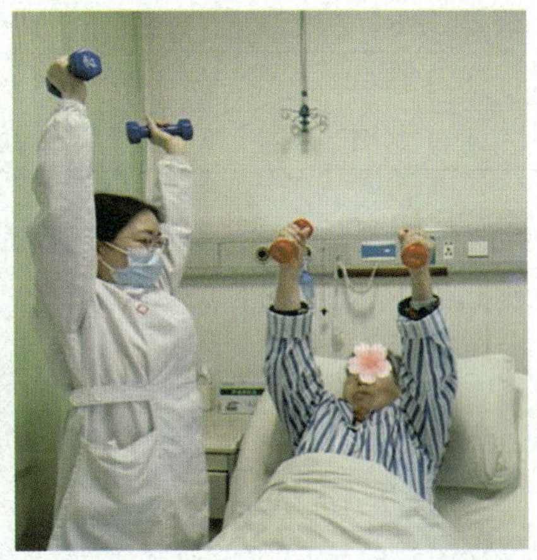

图 11–27　有氧训练

5. 呼吸训练

患者可进行吸气肌肌力训练，吸气肌训练仪吸气负压初始挡位 8cmH_2O，20 个 / 次，可根据患者情况逐渐增加。患者还可以通过吹气球来锻炼肺功能。呼吸训练参数见表 11–2。

表 11–2　呼吸训练参数

参数 / 次数	8 月 12 日	8 月 13 日
训练挡位（设定吸气负压）（cmH_2O）	8	10
训练次数（次）	20	30
吸气峰流速（L/s）	0.22	0.44
深吸气容积（L）	0.07	0.18

6. 制订全面营养计划

（1）高蛋白高热量饮食及宣教，参照 2016 年 SCCM/ASPEN 重症营养指南，患者能量供给量为 25~30kcal/（kg · d），且该患者合并 COPD、慢性呼吸衰竭等并发症，该患者蛋白质的供给量为 1.2~1.5g/kg，其中优质蛋白比例达到一半以上，多进食瘦肉、鱼、蛋、牛奶等食物。

（2）安素营养粉 200mL/ 次，3 次 / 天。

（3）氨基酸 250mL/ 天。

7. 无创呼吸机管理

密切监测患者生命体征，包括意识、血氧饱和度、血气分析及人机协调性等，根据患者血气结果及病情变化随时调整呼吸机参数。

三、康复效果评价

经过肺康复治疗后，该患者白细胞计数、中性粒细胞及其百分比、C 反应蛋白逐渐下降并恢复至正常。WBC、NE%、CRP 变化见表 11–3。

表 11–3　WBC、NE%、CRP 变化

日期	WBC（$\times10^9$/L）	NE（%）	CRP（mg/L）
8 月 1 日	7.79	77.9	24.2
8 月 6 日	8.22	70.9	17.4
8 月 15 日	6.95	69.4	12.8
8 月 24 日	6.32	63.4	11.9

经过肺康复治疗后，该患者呼吸症状明显缓解，咳嗽力量和上下肢肌力加强。呼吸症状评估量表见表 11–4。

表 11–4　呼吸症状评估量表

名称	8 月 1 日	8 月 10 日	8 月 24 日
Borg 评分（分）	7	6	4
mMRC 评分（分）	4	4	3
CAT 评分（分）	35	32	29
咳嗽力量（分）	2	3	4
上下肢肌力（级）	3	4	4
痰量（mL）	50	120	30
6MWT（M）	无法耐受	—	200

入院时患者双肺可见多发大小不等囊状病变，并可见印戒征，部分病变壁增厚，内可见小气液平面，说明患者肺泡腔里存在大量痰液，经过综合气道廓清技术干预后，患者肺内气液平面消失。

四、治疗经验

分泌物多的尘肺病患者，气道容易堵塞，经过采用高流量湿化氧疗、无创呼吸机辅助通气序贯疗法，再辅以使用气道廓清技术，尽快排出气道分泌物，从而使呼吸膜的通透性增加，厚度减小，扩散面积增大，有效改善患者的通气 / 血流比值，纠正患者 CO_2 潴留。综合气道廓清技术实施后予以无创呼吸机辅助通气，患者 CO_2 潴留改善明显。

气道廓清技术主要包括患者评估、方案制订、方案执行和监测、回顾和记录 4 个步骤，每日应当对患者重新评估，以不断优化气道廓清方案。在实施过程中应遵循将痰液松动、聚集、排出的顺序，然后鼓励患者进行吸气肌肉、呼气肌肉和咳嗽能力的锻炼，促进气道廓清。同时辅以四肢肌力耐力训练、营养支持，使患者尽早回归正常生活。

（李　颖　郭林红）

第五节 尘肺病康复站的建设与运行管理

尘肺病是我国目前最为严重的职业病，约占全部报告职业病例总数的90%。为切实保障劳动者职业健康权益，国家卫生健康委等10部门于2019年7月联合制定了《尘肺病防治攻坚行动方案》，按照“地市能诊断，县区能体检，镇街有康复站，村居有康复点”的目标，加强基层尘肺病诊治康复能力建设。为探索基层尘肺病患者的康复治疗模式，确保尘肺病患者得到及时、就近的康复治疗服务。

尘肺病康复站建设和运行管理尚处于起步探索阶段，为指导和加强基层医疗机构尘肺病康复站规范化建设和运行管理，突出尘肺病康复特色，提高康复综合疗效，切实为尘肺病患者提供便利、有效的康复服务，根据《2020年职业病防治能力提升项目实施方案》《国家卫生健康委办公厅关于开展基层医疗机构尘肺病康复站（点）试点工作的通知》（国卫办职健函〔2020〕558号）文件内容，结合乡镇卫生院和社区卫生服务中心的特点，国家卫生健康委组织研究制定了《基层医疗机构尘肺病康复站建设与管理指南（试行）》。

一、康复站建设

康复站是以康复理论为指导，以减轻尘肺病患者痛苦、缓解患者病情、提高社会参与程度为目标。在基本康复技术基础上，开展中西医结合的呼吸评估、呼吸康复治疗，采取健康教育、康复训练、用药、营养和心理指导等综合措施，建立患者健康档案，为尘肺病患者提供全面、系统的康复医学服务。

（一）建设原则

1. 依托原则

依托县（区）街道或社区卫生服务中心和乡镇卫生院等建设尘肺病康复站。

2. 协同合作原则

坚持政府主导、部门配合、社会参与、创新机制、多措并举的原则，加强基层康复机构建设，确保全面完成尘肺病康复站建设工作任务。

3. 特色原则

根据辖区尘肺病患者人数、尘肺病患者的类别和康复需求，确定康复站建站特色、规模等。

4. 公益性原则

坚持低投入、广覆盖，为尘肺病患者提供康复训练指导、心理疏导、知识普及、简易康复技术培训，广泛开展尘肺病宣传教育活动，满足尘肺病患者基本康复需求。

5. 资源共享原则

充分发挥相关部门优势，利用现有条件、资源，落实康复场所、人员配备、康复器材、康复服务等。

（二）建设标准

康复站按照“七个一”标准建设，即每个康复站必须有一块尘肺病康复站标牌、一名经过康复医学培训的康复员、一名康复护理员、一处康复场所、一组经济实用的康复器材、一系列上墙的康复站职责制度、一套患者康复档案。

（1）一块尘肺病康复站标牌。标牌应为 ×× 县（区）×× 镇尘肺病康复站或 ×× 县（区）××

街道尘肺病康复站。

（2）一名经过康复医学培训的康复员。康复员具有中医或中西医结合医师资质且热爱康复工作，掌握尘肺病概论、尘肺病康复概述、呼吸运动的概述及评价、呼吸康复中的物理治疗、中医传统康复、营养康复、心理评估与咨询等内容，并通过技术支撑机构培训取得合格证。

（3）一名康复护理员。康复护理员具有护师资格且热爱康复工作，通过技术支撑机构培训尘肺病、COPD、部分慢性支气管哮喘、心理评估与咨询等理论和操作培训并取得合格证。

（4）一处康复场所。康复场所不小于 $80m^2$，由康复诊室、运动治疗室、针灸室、氧疗室、宣教室、无障碍平直楼道组成。

（5）一组经济实用的康复器材。康复站应当配备吸氧装置、指脉氧监测仪，具有评估、训练、检测等多种功能的肺功能仪、电动 PT 床、股四头肌训练仪、功率自行车、床边踏车、呼吸机、膈肌起搏治疗仪、滑轮牵伸装置、多功能组合训练仪、弹力带等有助于提高康复疗效水平的设备设施，有条件的可选配小型岩盐气溶胶治疗仪相关设备设施。

（6）一系列上墙的康复站职责制度。康复站应建立健全并严格执行各项规章制度、岗位职责、诊疗方案与各种诊疗设备的技术操作规程，包含康复站质量管理制度、仪器保管维护保养制度、突发事件处理制度、院内感染管理制度、人员岗位责任制度以及各种设备操作规程等。

（7）一套患者康复档案。档案盒竖标用绿色、黄色、红色为尘肺病患者分期，绿色为壹期尘肺病患者，黄色为贰期尘肺病患者，红色为叁期尘肺病患者。档案盒中包含患者基本信息、身份证复印件、疾病诊断证明书、工伤鉴定书、康复资料等。

（三）房间面积及布置要求

1. 房间面积

康复站康复诊室不少于 $10m^2$、肺功能检测室不少于 $10m^2$、运动治疗室不少于 $20m^2$、针灸室不少于 $20m^2$、氧疗室（输液室可代替）不少于 $10m^2$、宣教室（会议室可代替）不少于 $30m^2$，康复站设置有长 15~30m 无步行障碍平直楼道，作为六分钟步行试验区。各房间须符合消防安全、电力保障等相关要求。

2. 房间布置

房间平面布置以康复诊室优先、集中设置为核心，方便患者进行问诊、评估、康复。房间竖向布置应在底楼，如有电梯可以布置在楼上。各房间可以按图 11-28、图 11-29、图 11-30 进行布置。

（四）环境氛围

康复站应开设独立的康复门诊，根据康复工作情况，可开设相应的康复功能治疗区，如传统康复方法治疗区、现代康复治疗区等，统一管理。各区域布局合理，就诊流程便捷，治疗区域应有保护患者隐私的设置。建筑格局和设施应符合医院感染管理规范要求。

康复站应根据本单位实际情况，在环境形象建设上注重营造尘肺病肺康复特色氛围。通过内部装饰、展板布置等形式，重点传播预防和改善功能障碍的理念，介绍肺康复技术，彰显康复特色，营造良好的氛围。根据不同的区域、内容，悬挂人体骨骼肌肉解剖图、经络、穴位等相关知识的挂图。设立尘肺病预防常识宣传栏，也可通过视频、折页等形式进行宣传。康复区应能提供清洁的水源便于患者补充水分，且设在患者便于出入的地方。通行区域应体现无障碍设计和辅助站立扶手，地面防滑。

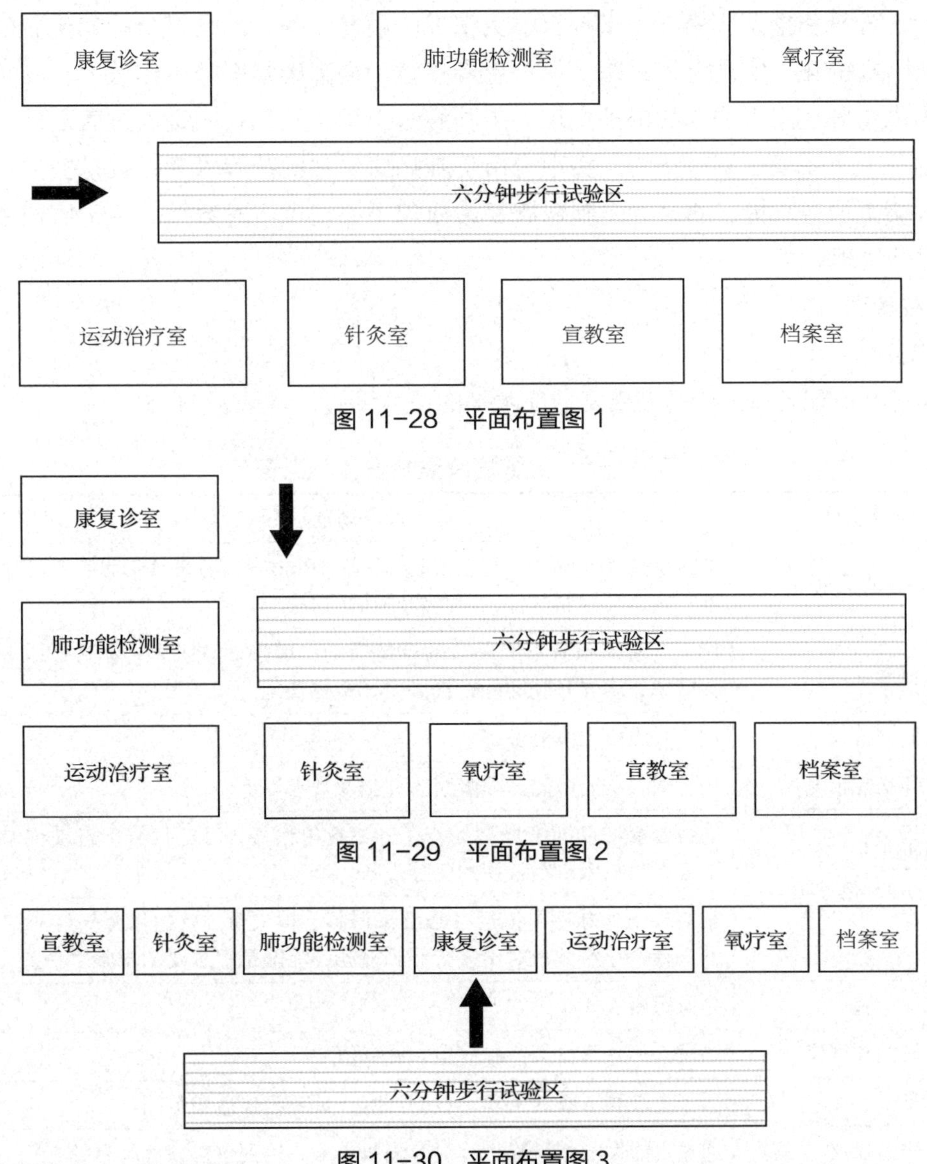

图 11-28　平面布置图 1

图 11-29　平面布置图 2

图 11-30　平面布置图 3

注：图 11-28~ 图 11-30 中的“➡”代表患者来院方向

二、康复站运行管理

康复站应以尘肺病患者肺功能康复为重点，与其他临床科室建立密切的团队工作模式，提高患者整体治疗效果，为患者回归社会和家庭做好准备。康复站应注重继承发扬中医传统康复技术，掌握传统与现代相结合的康复适宜性新技术。

（一）组织管理

乡镇卫生院或社区卫生服务中心应成立尘肺病康复站领导小组负责康复站的建设和运行管理，领导小组半年至少组织 1 次专题会议研究康复站工作和计划。康复站应设立科主任负责康复医疗质量、患者安全管理和持续改进工作。

（二）信息管理

尘肺病康复管理信息平台根据尘肺病康复业务流程，利用智能信息采集、共享、分析和存储技术，结合康复过程的各项康复标准、禁忌和要求，实现如下功能：一是对尘肺病患者的各类数据进行采集、统计、分析和挖掘应用，为患者提供更精准的康复服务；二是将尘肺病患者的治疗、康复等过程数据化、标准化，实现全程跟踪，保护患者权益，提高康复医师工作效率；三是通过持续的健康管理，增强尘肺病患者的自我保护意识、尘肺病科学预防知识；四是通过康复站与主管机构数据的互联互通、上下联通、实时传输，实现全市尘肺病康复站的统筹管理；五是实现远程会诊、随访管理和在线康复服务功能；六是为尘肺病康复站质控中心提供实时数据，便于质控中心对康复站进行指导、评估管理。

（三）设备管理

1. 设备配置

尘肺病康复站应配备有助于提高康复治疗水平的设备设施，详见表 11–5。

表 11–5　尘肺病康复站设备一览表

序号	设备名称	设备功能	备注
1	6 min 步行试验包	通过受试者 6min 内可步行最大距离、Brog 等信息来评估患者心肺功能；带运动控制软件，可与管理系统连接	必配设备
2	功率自行车	用于尘肺病患者下肢关节的训练活动，增强下肢肌力，提高身体平衡能力，增强心肺功能，提高身体整体功能	必配设备
3	呼吸功能训练仪	用于呼吸肌力康复训练	必配设备
4	便携式肺功能检测仪	用于通气功能检测、呼吸肌力评估及呼吸训练	必配设备
5	心电图机	能将心脏活动时心肌激动产生的生物电信号（心电信号）自动记录下来，为临床诊断常用的医疗设备	必配设备
6	除颤仪	利用较强的脉冲电流通过心脏来消除心律失常，使之恢复窦性心律的一种医疗器械；对于进行心肺复苏，除颤是很重要的步骤之一	必配设备
7	制氧机	制取医用氧气	必配设备
8	脉搏血氧饱和度仪	测量人体脉搏血氧饱和度值、脉率值	必配设备
9	床边踏车	用于上肢和下肢的主动、被动训练，具有超强适用范围	选配设备
10	膈肌起搏治疗仪	通过功能性电刺激膈神经引起膈肌收缩，达到改善通气的目的	选配设备
11	排痰仪	能用于增强患者的排痰能力	选配设备
12	无创呼吸机	用于呼吸衰竭患者的治疗	选配设备
13	小型岩盐气溶胶治疗仪	将专用岩盐配料进行干性雾化，并通过患者吸入，达到预期的治疗效果，增强气道廓清能力，同时减轻气道炎症	选配设备
14	电动 PT 床	用于运动康复，可以对尘肺病患者进行各种形式的康复训练活动	选配设备
15	股四头肌训练仪	用于尘肺病患者股四头肌抗阻训练，也可进行膝关节活动范围受限的牵引	必配设备
16	弹力带	有效改善肌力、身体活动能力和灵活性	选配设备
17	滑轮牵引装置	适用于肌力、关节活动度和放松调整训练，也可以进行牵引训练	选配设备
18	多功能组合训练器	用于运动全身，改善关节活动范围	选配设备
19	跑步机	有助于增加心肺功能	选配设备
20	沙袋	可以提高腿部的爆发力，能够增强肌肉的收缩舒张能力	选配设备
21	哑铃	用于肌力训练、肌肉复合动作训练	选配设备

2. 设备管理

康复设备应由专人负责保管，每个评定或治疗室有康复设备登记本。所有评定和治疗设备的使用者必须经过专门培训，合格后方可使用。仪器应有说明书和操作规程，且操作规程需上墙。仪器摆放应固定位置，不宜经常移动，需移动时应轻拿轻放，在使用过程中应禁止挪动，以免损坏。所有仪器均需防潮、防晒、防震、防尘和防止过热，应放在干燥、通风、绝缘的地方，夏天需有散热降温设备。仪器外壳每天清洁 1 次，仪器上不得放置物品，不用时必须切断仪器电源，下班前用塑料布或机器套罩好仪器。

3. 设备维护

康复站应当保证各类康复设备维护良好，每 3 个月检查 1 次，并有相关记录。康复设备完好率应≥90%，保证康复医疗质量和患者安全。

（四）评估管理

为加强尘肺病康复站管理，提高技术水平和服务能力，更好地满足尘肺病患者康复需求，对康复站进行评估工作。评估工作坚持客观公正、科学管理、突出重点、统筹兼顾、因地制宜的原则。评估工作主要从组织管理、健康管理、技术服务、建筑要求、设备维护保养及操作规程、环境建设等 6 个方面进行。通过康复站自我评估、专家实地核查得出综合评估成绩（满分为 100 分）。根据综合评估成绩分星级（大于等于 90 分）、合格（70~89 分）、基本合格（60~69 分）、不合格（59 分及以下）等 4 个档次康复站。发生安全事件的康复站，考核结果一律为不合格。

（罗　东）

附录　职业性尘肺病相关标准文件

1.《职业性尘肺病的诊断》(GBZ 70—2015)
2.《职业性尘肺病的病理诊断》(GBZ 25—2014)
3.《尘肺病治疗中国专家共识》(2024 年版)
4.《尘肺病肺康复中国专家共识》(2022 年版)
5.《尘肺病胸部 CT 规范化检查技术专家共识》(2020 年版)
6.《尘肺合并肺结核胸部影像学诊断指南》(TWSJD 31—2023)
7.《胸部 CT 辅助诊断尘肺病技术指南》(TWSJD 32—2023)

扫码查看相关资料

参考文献

[1] 李德鸿 . 尘肺病［ M ］. 北京：化学工业出版社，2010.

[2] 高俊玲，王海涛 . 矿山尘肺基础医学［ M ］. 北京：北京大学医学出版社，2021.

[3] 沈国安 . 职业性肺病［ M ］. 北京：中国医药科技出版社，1999.

[4] 金泰庭，王生，邬堂春，等 . 现代职业卫生与职业医学［ M ］. 北京：人民卫生出版社，2011.

[5] 李德鸿，赵金垣，李涛 . 中华职业医学［ M ］.2 版 . 北京：人民卫生出版社，2019.

[6] 邬堂春 . 职业卫生与职业医学［ M ］.8 版 . 北京：人民卫生出版社，2019.

[7] 李德鸿 . 职业病医师培训教材 第一篇：尘肺病［ M ］. 北京：人民日报出版社，2004.

[8] 郎胜喜，汪莹 . 职业健康检查监督工作指南［ M ］. 北京：中国人口出版社，2020.

[9] 赵金垣，李树强 . 临床路径释义 职业病分册［ M ］. 北京：中国协和医科大学出版社，2018.

[10] 伍建林，王云华，吴宁 . 肺癌综合影像诊断学［ M ］. 北京：科学出版社，2019.

[11] 苏敏，邹昌淇 . 尘肺病理诊断图谱［ M ］. 北京：人民卫生出版社，2019.

[12] 格日力 . 高原医学与生理学［ M ］. 北京：北京大学医学出版社，2021.

[13] 陈荣昌，钟南山，刘又宁 . 呼吸病学［ M ］.3 版 . 北京：人民卫生出版社，2022.

[14] 张鸣生 . 呼吸康复［ M ］. 北京：人民卫生出版社，2019.

[15] 李智民，刘璐，张健杰 . 尘肺病的护理与康复［ M ］. 北京：人民卫生出版社，2017.

[16] 黄杰，公维军 . 康复治疗师临床工作指南——运动治疗技术［ M ］. 北京：人民卫生出版社，2019.

[17] 燕铁斌，陈文华 . 康复治疗指南［ M ］. 北京：人民卫生出版社，2020.

[18] 齐素萍 . 康复治疗技术［ M ］. 2 版 . 北京：中国中医药出版社，2017.

[19] 宁滨莲 . 沸石粉尘危害性的研究［ J ］. 中国工业医学杂志，1996（4）：241–242.

[20] 中华预防医学会劳动卫生与职业病分会职业性肺部疾病学组 . 尘肺病治疗中国专家共识（2024 年版）［ J ］. 环境与职业医学，2024，41（1）：1–21.

[21] 邓利红，王志鹏 . 尘肺病常见并发症发生情况的 Meta 分析［ J ］. 中华劳动卫生职业病杂志，2023，141（12）：931–938.

[22] 李颖，闾丘思嘉，刘贵钱，等 . 湖南省 26131 例农民工尘肺病患者临床诊断基本特征分析［ J ］. 中华劳动卫生职业病杂志，2023，41（7）：533–535.

[23] 中华医学会呼吸病学分会慢性阻塞性肺疾病学组，中国医师协会呼吸医师分会慢性阻塞性肺疾病工作委员会 . 慢性阻塞性肺疾病诊治指南（2021 年修订版）［ J ］. 中华结核和呼吸杂志，2021，44（3）：170–205.

[24] 张鹏，邹雁秋，杜文，等 . 华西职业性尘肺病回顾性队列研究对象基线特征分析［ J ］. 现代预

防医学，2022，49（19）：3481–3487.
[25] 中华预防医学会劳动卫生与职业病分会尘肺病影像学组．尘肺病胸部 CT 规范化检查技术专家共识（2020 年版）[J]．环境与职业医学，2020，37（10）：943–949.
[26] 符绍昌，于得汶，杨贵春，等．云母粉尘对大鼠肺脏致纤维化作用的实验研究 [J]．卫生研究，1981（4）：113–118.
[27] 火忠礼，卜晓岩，高艳荣．内蒙古某云母矿尘肺发病状况调查 [J]．职业与健康，2008（21）：2271–2272.
[28] 邓雪凝，叶恩林，徐娜，等．某建筑陶瓷厂粉尘危害调查分析 [J]．中国职业医学，2014，41（5）：552–555.
[29] 张建中，陈法明，周峰．长沙市陶瓷制作业尘肺病现况流行病学研究 [J]．中国预防医学杂志，2012，13（10）：779–782.
[30] 郑亦沐，赵赞梅，关晓旭，等．电焊工尘肺与陶工尘肺临床特征对比 [J]．中国工业医学杂志，2022，35（5）：414–417.
[31] 姚文妍，刘荣荣，刘杰，等.35 例某卫浴企业陶工尘肺 I 期患者胸部 CT 影像分析 [J]．职业与健康，2020，36（16）：2176–2179，2183.
[32] 丁璐，范存华，余彬，等．熔模精密铸造企业的职业病危害特点分析 [J]．江苏预防医学，2015，26（4）：93–94.
[33] 王明贵，高奎珍，赵金铎．铸工尘肺 16 例病理分析 [J]．中国工业医学杂志，1989，2（2）：9–10.
[34] 色音图，王琳琳，贺咏平，等．稀土尘肺病的影像学研究 [J]．中国冶金工业医学杂志，2020，37（2）：141–142.
[35] 单颖．高海拔地区 153 例尘肺患者并发症及护理特点分析 [J]. 职业卫生与病伤，2019，34(6)：380–383.
[36] 史春波．高海拔地区煤工尘肺患者的期望寿命与死因分析 [J]．青海医药杂志，2000，30（5）：17–20.
[37] 康海丽．高海拔地区尘肺病发病情况调查分析 [J]．中国工业医学杂志，2009，22（3）：213–214.
[38] 中华医学会呼吸病学分会间质性肺疾病学组．特发性肺纤维化诊断和治疗中国专家共识 [J]．中华结核和呼吸杂志，2016，39（6）：427–432.
[39] 中华医学会呼吸病学分会间质性肺病学组，中国医师协会呼吸医师分会间质性肺疾病工作委员会．特发性肺纤维化急性加重诊断和治疗中国专家共识 [J]．中华医学杂志，2019，99（26）：2014–2023.
[40] 李德鸿．不要把尘肺病防治引入歧途 [J]．环境与职业医学，2018，35（4）：283–285.
[41] 中华医学会呼吸病学分会感染学组，中华结核和呼吸杂志编辑委员会．肺真菌病诊断和治疗专家共识 [J]．中华结核和呼吸杂志，2007，30（11）：821–834.
[42] 中华医学会细菌感染与耐药防治分会．呼吸系统感染中宏基因组测序技术临床应用与结果解读专家共识 [J]．中华临床感染病杂志，2022，15（2）：90–102.
[43] 中华医学会呼吸病学分会慢性阻塞性肺疾病学组，中国医师协会呼吸医师分会慢性阻塞性肺

疾病工作委员会．慢性阻塞性肺疾病诊治指南（2021 年修订版）[J]．中华结核和呼吸杂志，2021，44（3）：170–205.

[44] 中华预防医学会劳动卫生与职业病分会职业性肺病学组，中华预防医学会煤炭系统分会职业病学组．尘肺病肺康复中国专家共识（2022 年版）[J]．环境与职业医学，2022，39（5）：574–588.

[45] 陈赟，吕向裴，陈刚，等．中国 2018—2021 年尘肺病患者全肺灌洗利用情况及其影响因素 [J]．中国职业医学，2023，50（1）：7–16.

[46] 中华预防医学会劳动卫生与职业病分会职业性肺部疾病学组，毛翎．尘肺病治疗中国专家共识（2024 年版）[J]．环境与职业医学，2024，41（1）：1–21.

[47] 卫栋，范立，班乐．中国肺移植术后并发症诊疗和随访技术规范（2019 版）[J]．中华移植杂志（电子版），2019，13（2）：99–108.

[48] 李涛，李霜．健康中国战略与职业健康保护 [J]．中国职业医学，2020，47（5）：505–511.

[49] 中华预防医学会劳动卫生与职业病分会，职业性肺病学组，中华预防医学会煤炭系统分会职业病学组．尘肺病呼吸康复中国专家共识（2022 年版）[J]．环境与职业医学，2022，39（5）：574–588.

[50] 毛翎，彭莉君，王焕强，等．尘肺病治疗中国专家共识（2024 年版）[J]．环境与职业医学，2024，（1）：1–21.

[51]《运动处方中国专家共识（2023）》专家组．运动处方中国专家共识（2023）[J]．中国运动医学杂志，2023，42（1）：3–13.

[52] 中国医师协会呼吸医师分会，中华医学会呼吸病学分会，中国康复医学会呼吸康复专业委员会，等．中国慢性呼吸道疾病呼吸康复管理指南（2021 年）[J]．中华健康管理学杂志，2021，15（6）：521–538.

[53] 赵红梅，王辰．中国慢性呼吸道疾病呼吸康复管理指南（2021 年）[J]．中华健康管理学杂志，2021，15（6）：521–538.

[54] 国家卫生和计划生育委员会．职业健康监护技术规范（GBZ 188—2014）[S]．北京：中国标准出版社，2014.

[55] 中华人民共和国卫生部．工作场所职业病危害作业分级 第 1 部分：生产性粉尘（GBZ/T 229.1—2010）[S]．北京：人民卫生出版社，2010.

[56] 国家卫生健康委员会．工作场所有害因素职业接触限值 第 1 部分：化学有害因素（GBZ 2.1—2019）[S]．北京：中国标准出版社，2019.

[57] 国家卫生健康委员会．疑似职业病界定标准（GBZ/T 325—2022）[S]．北京：中国标准出版社，2022.

[58] 国家卫生和计划生育委员会．职业性肿瘤的诊断（GBZ 94—2017）[S]．北京：中国标准出版社，2017.

[59] 国家卫生和计划生育委员会．职业性金属及其化合物粉尘（锡、铁、锑、钡及其化合物等）肺沉着病的诊断（GBZ 292—2016）[S]．北京：中国标准出版社，2017.

[60] 国家卫生健康委员会．职业性哮喘的诊断（GBZ 57—2019）[S]．北京：中国标准出版社，2019.

[61] 国家铁路局 . 肺结核诊断（WS 288—2017）[S] . 北京：中国标准出版社，2018.

[62] 中国卫生监督协会 . 胸部 CT 辅助诊断尘肺病技术指南（T/WSJD 32—2023）[S] . 团体标准，2023.

[63] 中华人民共和国人力资源和社会保障部 . 劳动能力鉴定 职工工伤与职业病致残等级（GB/T 16180—2014）[S] . 北京：中国标准出版社，2014.

[64] 国家卫生和计划生育委员会 . 职业性尘肺病的诊断（GBZ 70—2015）[S] . 北京：中国标准出版社，2015.

[65] YüKSEL YAVUZ M，COŞKUN BEYAN A，AYIK TüRK M，et al. Survival analysis of patients with pneumoconiosis followed in occupational medicine clinics：10 years experience [J] . BMC Pulm Med，2025，25（1）：236.

[66] QINGSONG M，XIAO R，YANG W，et al. Global burden of pneumoconiosis attributable to occupational particulate matter，gasses，and fumes from 1990~2021 and forecasting the future trends：a population-based study [J] . Front Public Health，2024，12：1494942.

[67] CHEN Y，LIU D，JI H，et al. Global and regional burden of pneumoconiosis，1990-2021：an analysis of data from the global burden of disease study 2021 [J] . Front Med（Lausanne），2025，12：1559540.

[68] BELL J L，MAZUREK J M. Trends in pneumoconiosis deaths - United States，1999-2018 [J] . MMWR Morb Mortal Wkly Rep，2020，69（23）：693-8.

[69] LIU X，JIANG Q，WU P，et al. Global incidence，prevalence and disease burden of silicosis：30 years' overview and forecasted trends [J] . BMC Public Health，2023，23（1）：1366.

[70] ZHANG X，ZHAO L，HE M，et al. Burden of silicosis based on the Global Burden of Disease Study 2021：trend analysis of incidence，mortality，and disability-adjusted life years，and projections for the next 30 years [J] . J Thorac Dis，2025，17（2）：872-86.

[71] QI X M，LUO Y，SONG M Y，et al. Pneumoconiosis：current status and future prospects [J] . Chin Med J（Engl），2021，134（8）：898-907.

[72] LI J，YIN P，WANG H，et al. The burden of pneumoconiosis in China：an analysis from the Global Burden of Disease Study 2019 [J] . BMC Public Health，2022，22（1）：1114.

[73] Miedema J R，Moor C C，Veltkamp M，et al. Safety and tolerability of pirfenidone in asbestosis：a prospective multicenter study [J] . Respir Res，2022，23（1）：139.

[74] Di Lorenzo L，Inchingolo F，Pipoli A，et al. Mixed-dust pneumoconiosis in a dental technician：a multidisciplinary diagnosis case report [J] . BMC Pulm Med，2022，22（1）：161.

[75] Okamoto M，Tominaga M，Shimizu S，et al. Dental Technicians' Pneumoconiosis [J] . Intern Med，2017，56（24）：3323-3326.

[76] Saha BK，Bonnier A，Saha S，et al. Adult patients with idiopathic pulmonary hemosiderosis：a comprehensive review of the literature [J] . Clin Rheumatol，2022，41（6）：1627-1640.

[77] ATS Committee on Proficiency Standards for Clinical Pulmonary function Laboratories. ATS statement：guidelines for the six-minute walk test [J] . Am J Respir Crit Care Med，2002，166（1）：111-117.